Studien zum europäischen und deutschen Öffentlichen Recht

herausgegeben von

Christian Calliess und Matthias Ruffert

30

Maximilian Mödinger

Bessere Rechtsetzung

Leistungsfähigkeit eines europäischen Konzepts

Mohr Siebeck

Maximilian Mödinger, geboren 1988; Studium der Rechtswissenschaft an der Universität Heidelberg; 2014 Erste juristische Prüfung; Referendariat am Landgericht Heidelberg; 2016 Zweite juristische Prüfung; 2016–19 Wissenschaftlicher Mitarbeiter am Institut für deutsches und europäisches Verwaltungsrecht der Universität Heidelberg; derzeit Richter am Verwaltungsgericht Karlsruhe.

ISBN 978-3-16-159212-6 / eISBN 978-3-16-159213-3
DOI 10.1628/978-3-16-159213-3

ISSN 2192-2470 / eISSN 2569-443X
(Studien zum europäischen und deutschen Öffentlichen Recht)

Die Deutsche Nationalbibliothek verzeichnet diese Publikation in der Deutschen Nationalbibliographie; detaillierte bibliographische Daten sind über *http://dnb.dnb.de* abrufbar.

Das Buch wurde von epline in Böblingen aus der Times New Roman gesetzt, von Gulde Druck in Tübingen auf alterungsbeständiges Werkdruckpapier gedruckt und von der Buchbinderei Nädele in Nehren gebunden.

Printed in Germany.

Vorwort

Die vorliegende Arbeit wurde im Wintersemester 2019/2020 von der Juristischen Fakultät der Ruprecht-Karls-Universität Heidelberg als Dissertation angenommen. Literatur und Rechtsprechung wurden bis Oktober 2019 berücksichtigt.

Für die Unterstützung und fürsorgliche Betreuung der Arbeit sowie die Anfertigung des Erstgutachtens bedanke ich mich zuvörderst und besonders bei meinem Doktorvater, Herrn Prof. Dr. Dr. h. c. Wolfgang Kahl, M. A. Verbindlicher Dank gilt auch Herrn Prof. Dr. Martin Borowski für die Erstellung des Zweitgutachtens sowie Herrn Prof. Dr. Christian Calliess und Herrn Prof. Dr. Matthias Ruffert für die Aufnahme der Arbeit in die Schriftenreihe „Studien zum europäischen und deutschen Öffentlichen Recht". Bei Frau Prof. Dr. Ute Mager bedanke ich mich für eine interessante und lehrreiche Zeit, die ich während meiner Promotion als wissenschaftlicher Mitarbeiter an ihrem Lehrstuhl verbringen durfte.

Dank gebührt außerdem allen, die mich während der Promotion unterstützt haben. Neben den Kollegen am Institut für deutsches und europäisches Verwaltungsrecht der Universität Heidelberg richtet sich dieser Dank namentlich an Herrn Dr. Peter Zoth und Frau Victoria Caillet.

Frau Dr. Jacqueline Lorenzen und Herrn Felix Bruckert danke ich für anregende Diskussionen, hilfreiche Ratschläge und die kritische Durchsicht der Arbeit. Schließlich gilt mein besonders herzlicher Dank meinen Eltern sowie meiner Frau, Miriam Mödinger, die auch und gerade in der Promotionszeit bedingungslos hinter mir gestanden haben.

Neckargemünd, im November 2019 — Maximilian Mödinger

Inhaltsübersicht

Inhaltsverzeichnis

Abkürzungsverzeichnis

a. A.	andere Ansicht
a. a. O.	am angegebenen Ort
a. F.	alte Fassung
ABl.	Amtsblatt der Europäischen Union
Abs.	Absatz
ähnl.	ähnlich
AöR	Archiv des öffentlichen Rechts
Art.	Artikel
AStV	Ausschuss Ständiger Vertreter der Mitgliedstaaten
BB	Betriebsberater
BEUC	Europäischer Verbraucherverband
BGBl.	Bundesgesetzblatt
BMI	Bundesministerium des Innern, für Bau und Heimat
BMJV	Bundesministerium für Justiz und Verbraucherschutz
bspw.	beispielsweise
bzw.	beziehungsweise
ca.	circa
CBA	Kosten-Nutzen-Analyse
CCA	Kumulative Kostenabschätzung
CepInput	Centrum für Europäische Politik
CEPS	Centre for European Policy Studies
CMLR	Common Market Law Review
dass.	dasselbe
ders.	derselbe
DG EPRS	Directorate-General for Parliamentary Research Services
dies.	dieselbe
DJT	Deutscher Juristen Tag
dms	der moderne staat: Zeitschrift für Public Policy, Recht und Management
Dok.	Dokument
DNR	Deutscher Naturschutzring
DÖV	Die Öffentliche Verwaltung
DRiZ	Deutsche Richterzeitung
DVBl.	Deutsches Verwaltungsblatt
EAL	European Association of Legislation
EAVA	European Added Value Unit
EC	Europäische Kommission
ECAS	Aktionsdienst Europäische Bürger
ECLI	European Case Law Identifier
ECN	Europäisches Wettbewerbsnetz
EJLR	European Journal of Law Reform

EJRR	European Journal of Risk Regulation
EJPR	European Journal of Political Research
ELJ	European Law Journal
EnZW	Zeitschrift für das gesamte Recht der Energiewirtschaft
EPL	European Public Law
EU	Europäische Union
EuG	Gericht der Europäischen Union
EuGH	Europäischer Gerichtshof
EuR	Zeitschrift Europarecht
EurUP	Zeitschrift für Europäisches Umwelt- und Planungsrecht
EuZW	Europäische Zeitschrift für Wirtschaftsrecht
FFH	Flora, Fauna, Habitat
FS	Festschrift
GABl.	Gemeinsames Amtsblatt des Landes Baden-Württemberg
GDV	Gesamtverband der Deutschen Versicherungswirtschaft
GO-KOM	Geschäftsordnung der Europäischen Kommission
GS	Gedächtnisschrift
Hb.	Handbuch
Hrsg.	Herausgeber
Hs.	Halbsatz
IAL	International Association of Legislation
IEEP	Institute for European Environmental Policy
IMPA	Ex-Ante Impact Assessment Unit
IMPEL	Netz der Europäischen Union für die Anwendung und Durchsetzung des Umweltrechts
IMPT	Ex-Post Impact Assessment Unit
insb.	insbesondere
JbUTR	Jahrbuch des Umwelt- und Technikrechts
JEPP	Journal of European Public Policy
JPAFL	Journal of Public Administration, Finance and Law
JRP	Journal für Rechtspolitik
JRR	Journal of Risk Research
JuS	Juristische Schulung
JZ	JuristenZeitung
KMU	kleinere und mittlere Unternehmen
lat.	lateinisch
LEG	Qualität der Gesetzgebung
m. w. N.	mit weiteren Nachweisen
m. z. w. N.	mit zahlreichen weiteren Nachweisen
MJECL	Maastricht Journal of European Comparative Law
NJW	Neue Juristische Wochenschrift
No	Nummer
Nr.	Nummer
NVwZ	Neue Zeitschrift für Verwaltungsrecht
OECD	Organisation für wirtschaftliche Zusammenarbeit und Entwicklung
PA	Public Administration
PL	Public Law
PS	Policy Studies
REFIT	Effizienz und Leistungsfähigkeit der Rechtsetzung

Rn.	Randnummer
Rs.	Rechtssache
Rspr.	Rechtsprechung
s.	siehe
S.	Seite
SächsGVBl.	Sächsisches Gesetz- und Verordnungsblatt
Slg.	Sammlung
SLIM	Simpler Legislation for the Internal Market
sog.	sogenannt
SOLVIT	eine wirksame Problemlösung im Binnenmarkt
st. Rspr.	ständige Rechtsprechung
str.	strittig
SWD	Arbeitsdokument der Europäischen Kommission
TTIP	Transatlantische Handels- und Investitionspartnerschaft
u.	und
u. a.	und andere
UAbs.	Unterabsatz
VCI	Verband chemischer Industrie
verb. Rs.	verbundene Rechtssache
VerwArch	Verwaltungsarchiv
vgl.	vergleiche
VO	Verordnung
v.	von
VR	Verwaltungsrundschau
VVDStRL	Veröffentlichungen der Vereinigung der Deutschen Staatsrechtslehrer
wbl	wirtschaftsrechtliche Blätter
WEP	West European Politics
YEL	Yearbook of European Law
ZfU	Zeitschrift für Umweltpolitik & Umweltrecht
ZG	Zeitschrift für Gesetzgebung
ZRP	Zeitschrift für Rechtspolitik
ZUR	Zeitschrift für Umweltrecht

Kapitel 1

Einleitung

A. Problemaufriss

Rechtsetzung soll das menschliche Leben in einer Gesellschaft ordnen und gestalten.[1] Als Steuerungsinstrument trifft das Recht in westlichen Industriegesellschaften jedoch auf vielfältige Herausforderungen. Zunehmender Pluralismus und stetig komplizierter werdende Probleme stellen seine Steuerungsfähigkeit in Frage.[2] Dies gilt nicht nur für das nationale Recht, sondern auch für die Rechtsetzung der Europäischen Union (EU). Mittlerweile muss sich die EU zahlreichen Herausforderungen – wie etwa Klimawandel und Migration – stellen, denen die Mitgliedstaaten allein nicht gewachsen sind. Gleichzeitig schwächen eine wachsende Anzahl von EU-Kritikern und nationalistische Bestrebungen ihre Handlungsfähigkeit und bedrohen Rechtsstaatlichkeit und Demokratie.[3] In dieser Situation ist eine funktionsfähige Rechtsordnung mit verständlichen und wirkungsvollen Rechtsvorschriften zentrale Voraussetzung dafür, die gegenwärtigen Herausforderungen zu bewältigen und die politisch angestrebten Ziele zu verwirklichen.[4] Ob das Unionsrecht diesen Anforderungen genügt, ist allerdings zweifelhaft, ist es doch durch unverständliche und unübersichtliche Rechtsvorschriften in Verruf geraten.[5] Gesprochen wird vom Verfall der europäischen Rechtssprache und Rechtskultur.[6] Dabei sind die Mängel der europäischen Rechtsetzung seit langem hinreichend bekannt.[7] Seit

---

[1] Vgl. nur *Röhl/Röhl*, Allgemeine Rechtslehre, S. 251; *Rüthers/Fischer/Birk*, Rechtstheorie, S. 51 ff.

[2] Vgl. ähnl. *F. Reimer*, in: Hoffmann-Riem/Schmidt-Aßmann/Voßkuhle, Grundlagen des Verwaltungsrechts I, § 9 Rn. 97 und *Schreckenberger*, in: Schreckenberger, Gesetzgebungslehre, S. 21 (36).

[3] S. zu diesen Entwicklungen nur *Grabow/Hartleb*, Europa – Nein Danke?, Studie zum Aufstieg Rechts- und Nationalpopulistischer Parteien in Europa, S. 6 ff.

[4] Vgl. ähnl. COM(2015) 215 endgültig vom 19. Mai 2015, S. 2 f.

[5] *Grams*, Zur Gesetzgebung der Europäischen Union, S. 237; vgl. zur diesbezüglichen Kritik an der europäischen Rechtsetzung beispielhaft *Mußgnug*, in: Hill, Zustand und Perspektiven der Gesetzgebung, S. 23 (32); vgl. ausführlich m. z. w. N. *Grüner*, Quantität und Qualität der europäischen Rechtsetzung, S. 5 ff.

[6] Vgl. etwa *Reinhardt*, in: NJW 2003, S. 3449 (3449 ff.); *Wägenbauer*, in: ZRP 2002, S. 454 (454).

[7] S. beispielhaft die ausführlichen Darstellungen bei *Grams*, Zur Gesetzgebung der Europäischen Union, S. 194 ff.; *Grüner*, Quantität und Qualität der europäischen Rechtsetzung, S. 35 ff. und S. 139 ff. sowie Beiträge in Sammelwerken, wie etwa *Müller-Graff*, in: Keller-

nunmehr über 20 Jahren versucht die EU, ihre Rechtsetzung zu verbessern und europäische Rechtsvorschriften nicht nur einfacher und verständlicher,[8] sondern auch effektiver und kostengünstiger zu gestalten.[9] Im Jahr 2015 reformierte die EU die bis dahin ergriffenen Maßnahmen für eine Bessere Rechtsetzung umfassend.[10] Obwohl diese Agenda darauf abzielte, den Unionsbürgern, der Verwaltung der Mitgliedstaaten und der europäischen Wirtschaft „konkrete und nachhaltige Nutzen [zu] bringen"[11], mehren sich kritische Stimmen, die die Bessere Rechtsetzung insgesamt in Frage stellen.[12] Es wird bezweifelt, dass sie geeignet sei, die Mängel der europäischen Rechtsetzung und deren Ursachen zu beseitigen.[13] Andere unterstellen der EU, sie verschleiere mit ihrer Agenda für Bessere Rechtsetzung eine breit angelegte Deregulierungsstrategie, die darauf abziele, durch den systematischen Abbau von Schutzstandards in Gesetzen die europäische Wirtschaft auf Kosten von Umwelt und Verbrauchern zu entlasten.[14] Wieder andere befürchten, dass die Bessere Rechtsetzung das Kompetenzgefüge zwischen den am Rechtsetzungsverfahren beteiligten Unionsorganen beeinträchtigen könnte und werfen der Europäischen Kommission vor, sie strebe eine unzulässige Erweiterung ihrer Befugnisse an.[15] Die Bessere Rechtsetzung ist somit nicht nur für die Bewältigung aktueller politischer Herausforderungen von Bedeutung, sondern ist selbst eine Herausforderung, die politisch und rechtlich bewältigt werden muss.

---

mann/Azzi/Jacobs/Deighton-Smith, Improving the Quality of Legislation in Europe, S. 111 (111 ff.) und *Voermans*, in: Mader/de Almeida, Quality of Legislation, S. 31 (43 ff.).

[8] So bereits im Jahr 1992 der bereits der *Europäische Rat*, Schlussfolgerung vom 11. und 12. Dezember 1992 in Edinburgh, Teil A, Anlage 3. Erneut bekräftigten die drei Unionsorgane dies in der Interinstitutionellen Vereinbarung über Bessere Rechtsetzung vom 13. April 2016, ABl. 2016 L 123/1, S. 2.

[9] COM(2015) 215 endgültig vom 19. Mai 2015, S. 5.

[10] S. dazu im Einzelnen COM(2015) 215 endgültig vom 19. Mai 2015, S. 2 ff.

[11] So ausdrücklich die Mitteilung der Kommision COM(2015) 215 endgültig vom 19. Mai 2015, S. 2.

[12] Vgl. bspw. *Alemanno*, in: EJRR 2015, S. 344 (351) und *Wegrich*, in: EJRR 2015, S. 369 (369 f.); s. mit umfassender Kritik auch *Better Regulation Watchdog*, Open letter, S. 1 ff. sowie näher dazu *ders.*, Founding Statement and Members, S. 1 f. sowie *de Pous*, Better Regulation, TTIP under the Radar?, S. 3 ff. und *Vossen*, „Bessere" Rechtsetzung auf Kosten der Umwelt, S. 1 ff.

[13] Vgl. etwa skeptisch *Garben*, in: Garben/Govaere, The EU Better Regulation Agenda, S. 217 (242); *Radaelli/Schrefler*, in: EJRR 2015, S. 357 (358); *Robinson*, in: The Theory and Practice of Legislation 2015, S. 257 (259); *Schulze-Fielitz*, in: FS Scheuing, S. 183 (187).

[14] S. beispielhaft *DNR*, Bessere Rechtsetzung oder Deregulierung, S. 2; *E. Wagner*, in: EurUP 2016, S. 121 (131); vgl. berichtend *Schroeder*, in: ZG 2016, S. 193 (213).

[15] S. hierzu *Dunlop/Radaelli*, in: EJRR 2015, S. 27 (33) und *de Mulder*, in: Garben/Govaere, The EU Better Regulation Agenda, S. 137 (179); vgl. berichtend *Schroeder*, in: ZG 2016, S. 193 (213).

B. Rechtswissenschaftliches Forschungsinteresse

Im politischen Diskurs um eine Bessere Rechtsetzung werden nicht nur berechtigte Forderungen an die Rechtsetzung gestellt.[16] Er ist vielmehr teilweise auch von zweifelhafter Rhetorik[17] – gelegentlich mit wenig hilfreichem Rekurs auf literarische oder philosophische Zitate[18] – sowie der gezielten Verbreitung unzutreffender Annahmen über die europäische Rechtsetzung geprägt.[19] Die eigentlich entscheidende Frage nach der tatsächlichen Leistungsfähigkeit der Besseren Rechtsetzung tritt dabei häufig in den Hintergrund.[20] Leistungsfähigkeit ist hier nicht im physikalischen oder ökonomischen Sinne zu verstehen, sondern allgemein als ein Zustand, in dem jemand oder etwas in der Lage ist, Leistung, also ein bestimmtes, erwartetes Ergebnis, zu erbringen.[21] Bezogen auf die Bessere Rechtsetzung ist Leistungsfähigkeit also der Maßstab für die Frage, ob bestimmte Maßnahmen, Mechanismen und Instrumente geeignet sind, zu einer Verbesserung der Rechtsetzung beizutragen.[22] Diese Frage kann aus unterschiedlicher, etwa sozialwissenschaftlicher, politikwissenschaftlicher oder verwaltungswissenschaftlicher Perspektive gestellt werden. Die Leistungsfähigkeit des Konzepts der Besseren Rechtsetzung wird dann unter Zuhilfenahme der in diesen Disziplinen gebräuchlichen Methoden bewertet.[23] Die Rechtsetzung und das Rechtsetzungsverfahren sind allerdings auch Forschungsgegenstände der Gesetzgebungslehre, weswegen auch sie die Bessere Rechtsetzung untersucht.[24] Ein rechtswissenschaftliches Forschungs-

[16] Solche Forderungen sind bspw. die Verständlichkeit und Systematik der Rechtsetzung, vgl. dazu exemplarisch die Aufzählung bei *Schroeder*, in: ZG 2016, S. 193 (196).

[17] S. dazu die Zusammenstellung bei *Grüner*, Quantität und Qualität der europäischen Rechtsetzung, S. 5 ff.; s. beispielhaft auch *Fliedner*, Rechtsetzung in Deutschland, S. 45 ff., der die Rhetorik über die „Normflut" als „Sonntagsreden" bezeichnet und ferner auch *Pfeifer*, Bessere Rechtsetzung, S. 17, der konstatiert, dass der Begriff „Bessere Rechtsetzung" teilweise die Eigenschaft eines „politischen Slogans" angenommen habe.

[18] Häufig zitiert wird etwa der zu Unrecht Montesquieu zugeschriebene Satz: „Wenn es nicht notwendig ist, ein Gesetz zu erlassen, ist es notwendig, kein Gesetz zu erlassen", vgl. dazu *Fliedner*, Rechtsetzung in Deutschland, S. 49; vgl. mit weiteren Zitaten über die Rechtsetzung aus Literatur und Philosophie *Grüner*, Quantität und Qualität der europäischen Rechtsetzung, S. 2.

[19] Beispielhaft hierfür sind die sog. Europmythen. Sie bezeichnen bewusst unwahre oder nur teilweise zutreffende Behauptungen über die EU, ihre Verwaltung und ihre Rechtsetzung, die darauf abzielen, die Ablehnung der EU zu fördern und damit auch geeignet sind, eine erkenntnisbringende Diskussion um eine Bessere Rechtsetzung zu beeinträchtigen, vgl. dazu *Kelemen*, in: Garben/Govaere, The EU Better Regulation Agenda, S. 205 (210).

[20] S. ähnl. *Pedersen*, in: EJLR 2016, S. 159 (160).

[21] Vgl. nur *Duden*, Wörterbuch, Stichwort „Leistungsfähigkeit".

[22] S. in diesem Zusammenhang den Begriff der Rechtsetzungsqualität in Kapitel 2 S. 26 ff.

[23] S. exemplarisch etwa *Veit*, Bessere Gesetze durch Folgenabschätzung?, S. 15 ff.; *Wegrich*, Better Regulation, S. 7 ff.

[24] Vgl. nur *Karpen*, Gesetzgebungslehre – neu evaluiert, S. 9; *Schäffer*, in: Schäffer, Theo-

interesse resultiert daraus, dass Rechtsfindung und Rechtsanwendung von der Auslegung und damit auch von der Verständlichkeit des entsprechenden Rechtstexts abhängen.[25] Darüber hinaus offenbart die Diskussion um die Bessere Rechtsetzung – etwa mit Blick auf einen befürchteten Abbau von Schutzstandards oder der Beeinträchtigung des unionalen Kompetenzgefüges – einen verfassungsrechtlichen Bezug. In diesem Kontext stellen sich originär rechtswissenschaftliche Fragen nach der rechtsdogmatischen Verankerung der Besseren Rechtsetzung sowie nach ihrer Vereinbarkeit mit höherrangigem Recht. Von diesen Fragen hängt einerseits ab, ob und in welchem Umfang das Konzept der Besseren Rechtsetzung von den am Rechtsetzungsverfahren beteiligten Organen umzusetzen ist, sie also entsprechende Maßnahmen ergreifen müssen, andererseits, ob die konkret ergriffenen Maßnahmen auch rechtlich zulässig sind. Insofern ist es die Aufgabe der Verwaltungsrechtswissenschaft herauszuarbeiten, welche rechtlichen und organisatorischen Rahmenbedingungen erfüllt sein müssen, damit das Konzept der Besseren Rechtsetzung verwirklicht werden kann.[26] Ohne Berücksichtigung der rechtswissenschaftlichen Perspektive kann die Frage nach der Leistungsfähigkeit des Konzepts daher nicht hinreichend beantwortet werden.

C. Eingrenzung des Untersuchungsgegenstands

Die Bezeichnung des Konzepts als ein „europäisches" Konzept begrenzt den Untersuchungsgegenstand auf solche Maßnahmen der Besseren Rechtsetzung, die von den am Rechtsetzungsverfahren beteiligten Unionsorganen ergriffen werden, namentlich der Europäischen Kommission, dem Europäischen Parlament und dem Rat. Die Untersuchung erfolgt im Wesentlichen aus der Perspektive dieser drei Unionsorgane und orientiert sich am Rechtsetzungsverfahren.[27] Auswirkungen der Besseren Rechtsetzung auf die Rechtsprechung des Europäischen Gerichtshofs (EuGH) werden nicht eingehend analysiert.[28] Außerdem werden nur solche Maßnahmen untersucht, die unmittelbar auf die Ver-

rie der Rechtssetzung, S. 11 (12 ff.); s. instruktiv und m. w. N. *Meßerschmidt*, in: ZJS 2008, S. 111 (112 ff.); s. ferner *Grams*, Zur Gesetzgebung der Europäischen Union, S. 189 ff., der für eine europäische Gesetzgebungslehre plädiert.

[25] Vgl. ähnl. *Karpen*, in: JuS 2016, S. 577 (582).

[26] S. zu dieser Aufgabe der neuen Verwaltungsrechtswissenschaft *Voßkuhle*, in: Hoffmann-Riem/Schmidt-Aßmann/Voßkuhle, Grundlagen des Verwaltungsrechts I, § 1 Rn. 14.

[27] Dies folgt auch aus dem weiten Rechtsetzungsbegriff des Konzepts, vgl. dazu Kapitel 2 S. 18 ff.

[28] S. hierzu eingehend etwa *Alemanno*, in: Dunlop/Radaelli, Handbook of Regulatory Impact Assessment, S. 127 (127 ff.); *v. Gestel/de Poorter*, in: The Theory and Practice of Legislation 2016, S. 155 (155 ff.); *Keyaerts*, in: EJRR 2012, S. 241 (241 ff.); *Meuwese*, in: EJLR 2017, S. 16 (29 f.).

besserung der Rechtsetzung abzielen.[29] Ebenfalls nicht untersucht werden die symbolische und die experimentelle Rechtsetzung, die in Bezug auf die Bessere Rechtsetzung als Sonderfälle zu betrachten sind.[30] Im Übrigen konkretisiert die Frage nach der Leistungsfähigkeit des europäischen Konzepts den Untersuchungsgegenstand. Sie erfordert eine Bewertung, ob und unter welchen Voraussetzungen das Konzept zu einer Verbesserung der europäischen Rechtsetzung beitragen kann. Analysiert werden daher die Maßnahmen, die die Mängel der europäischen Rechtsetzung beseitigen sollen, nicht aber ausführlich diese Mängel selbst.[31] Die Untersuchung der einzelnen Instrumente der Besseren Rechtsetzung erfolgt überwiegend aus der Perspektive der Rechtswissenschaft, insbesondere der Gesetzgebungslehre. Erkenntnisse anderer Wissenschaften, etwa der Politikwissenschaft, können dabei nicht außer Betracht bleiben, müssen doch auch die dortigen Argumente und Erkenntnisse in den juristischen Diskurs eingespeist und darauf hin überprüft werden, ob sie in juristische Dogmatik überführt werden können. Dabei kann allerdings die Leistungsfähigkeit von einzelnen Instrumenten weder teilweise noch vollständig aus rein fachfremder Perspektive bewertet werden. Deshalb bleibt etwa die Überprüfung der Validität von Berechnungsmodellen zur Ermittlung von ökonomischen Kosten der Rechtsetzung sowie die Bewertung, ob deren Einsatz zur Verbesserung der Rechtsetzung zweckmäßig ist, anderen wissenschaftlichen Disziplinen vorbehalten.[32]

D. Forschungsstand

Die Bessere Rechtsetzung wird in der deutschen Literatur überwiegend aus verwaltungswissenschaftlicher und politikwissenschaftlicher Perspektive untersucht.[33] Rechtswissenschaft und Gesetzgebungslehre betrachten die Bessere Rechtsetzung hingegen überwiegend im Zusammenhang mit guter[34] oder ra-

---

[29] Nicht im Detail untersucht wird bspw. die dienststellenübergreifende Konsultation in der Europäischen Kommission, die für die Rechtsetzungsvorbereitung nicht unbedeutend ist.

[30] Vgl. m. w. N. hierzu *Grams*, Zur Gesetzgebung der Europäischen Union, S. 228 f.

[31] S. dazu ausführlich m. w. N. *Grüner*, Quantität und Qualität der europäischen Rechtsetzung, S. 35 ff.

[32] Dies betrifft etwa die Berechnung von Bürokratiekosten sowie die Bewertung mathematischer Modelle der Kosten-Nutzen-Rechnung, vgl. hierzu *Renda*, in: Garben/Govaere, The EU Better Regulation Agenda, S. 49 (49 ff.).

[33] *Piesker*, in: Hill, Verwaltungsmodernisierung, S. 139 (139 ff.); *Wegrich*, Better Regulation, S. 7 ff.

[34] S. bspw. *Blum*, Wege zur besseren Gesetzgebung – sachverständige Beratung, Begründung, Folgenabschätzung und Wirkungskontrolle, Gutachten I zum 65. DJT, I 6 (I 6 ff.); *Eichenberger*, in: VVDStRL 40 (1982), S. 8 (8 ff.); *Emmenegger*, Gesetzgebungskunst, S. 184 ff.; *Junghans*, in: ZRP 1999, S. 359 (359 ff.); *Hill*, in: ZG 1993, S. 1 (1 ff.); *Kloepfer*, in: VVDStRL 40 (1982), S. 65 (65 ff.); *Redeker*, in: NJW 2002, S. 2756 (2756 ff.); *ders.*, in:

tionaler[35] Gesetzgebung. Ein breiter Forschungsstand zeigt sich dabei bezüglich grundsätzlicher Anforderungen an eine gute Gesetzgebung.[36] Außerdem haben vor allem der Abschlussbericht der Mandelkerngruppe[37] (im Folgenden: Mandelkernbericht) und die Untersuchungen zur Regulierungspolitik der Organisation für wirtschaftliche Zusammenarbeit und Entwicklung[38] (im Folgenden: OECD) Erkenntnisse zur Verbesserung der Rechtsetzung gefördert. Ferner existieren zahlreiche Analysen, teilweise von den Mitgliedstaaten oder der EU selbst,[39] die einzelne Instrumente der Besseren Rechtsetzung in Bezug auf ihre grundsätzliche Ausgestaltung und Anwendung eingehend untersuchen.[40]

Die konkreten Maßnahmen der EU für eine Bessere Rechtsetzung wurden insbesondere von *Allio*,[41] *Grams*,[42] *Grüner*,[43] *Pfeifer*[44] sowie von *Radaelli* und *de Francesco*[45] untersucht. Die im Zusammenhang mit einer Besseren Rechtsetzung bedeutende Rechtsetzungsvorbereitung und das Rechtsetzungsverfahren werden außerdem eingehend von *Härtel*[46] betrachtet. Die genannten Untersuchungen analysieren allerdings den Stand der Besseren Rechtsetzung in der EU vor mittlerweile mehr als acht Jahren. Andere Arbeiten, die sich ebenfalls eingehend mit der Besseren Rechtsetzung auf Unionsebene beschäftigen,

---

ZRP 2004, S. 160 (160 ff.); *Schulze-Fielitz*, in: JZ 2004, S. 862 (862 ff.); *ders.*, in: DÖV 1988, S. 758 (758 ff.).

[35] S. dazu *Grzeszick*, in: VVDStRL 71 (2012), S. 49 (49 ff.); *Hoffmann*, in: ZG 1990, S. 97 (97 ff.); *Mengel*, in: ZG 1990, S. 193 (193 ff.) sowie ausführlich *Steinbach*, Rationale Gesetzgebung, S. 74 ff.

[36] Vgl. *Junghans*, in: ZRP 1999, S. 359 (359 ff.); *Karpen*, in: Kluth/Krings, Gesetzgebung, S. 159 (159 ff.); *ders.*, Gesetzgebungslehre – neu evaluiert, S. 9 ff.; *Schulze-Fielitz*, in: JZ 2004, S. 862 (862 ff.); *Weckerling-Wilhelm*, in: Kluth/Krings, Gesetzgebung, S. 247 (247 ff.).

[37] *Mandelkern-Gruppe*, Abschlussbericht, 13. November 2001 (im Folgenden: Mandelkernbericht).

[38] Vgl. bspw. *OECD*, Ausblick Regulierungspolitik 2018, S. 17 ff.; *dies.*, Bessere Rechtsetzung in Europa: Deutschland 2010, S. 13 ff.

[39] Zu nennen sind hier insb. *Bundesrechnungshof*, Gutachten über Maßnahmen zur Verbesserung der Rechtsetzung und der Pflege des Normenbestandes sowie *Europäischer Rechnungshof*, Folgenabschätzungen in den EU-Organen: Helfen sie bei der Entscheidungsfindung?, Sonderbericht Nr. 3, 2010 (im Folgenden: Sonderbericht Nr. 3/2010).

[40] Vgl. beispielhaft *Böhret/Konzendorf*, Hb. Gesetzesfolgenabschätzung; *Hjerp/Homeyer/PallemaertsFarmer,* The Impact of Better Regulation on EU Environmental Policy under the Sixth Environment Action Programme 2010; *Renda*, Impact Assessment in the EU; *Wegrich*, Better Regulation? Grundmerkmale moderner Regulierungspolitik im internationalen Vergleich.

[41] *Allio*, The Emergence of Better Regulation in the European Union, S. 12 ff.

[42] *Grams*, Zur Gesetzgebung der Europäischen Union, S. 1 ff.

[43] *Grüner*, Quantität und Qualität der europäischen Rechtsetzung, S. 4 ff. betrachtet die Bessere Rechtsetzung allerdings nicht als eigenständiges Konzept.

[44] *Pfeifer*, Bessere Rechtsetzung, S. 15 ff.

[45] *Radaelli/de Francesco*, Regulatory Quality in Europe, S. 129 ff.

[46] S. *Härtel*, Hb. europäische Rechtsetzung, S. 3 ff., die die Bessere Rechtsetzung ebenfalls nicht als eigenes Konzept, sondern nur im Zusammenhang mit der Unionsrechtsetzung betrachtet.

entstanden teilweise noch vor dem Millennium.[47] Bessere Rechtsetzung ist allerdings keine statische Institution, sondern ein sich dynamisch entwickelndes Konzept.[48] Die Ausgestaltung und Anwendung ihrer Instrumente ist abhängig von den verfassungsrechtlichen Vorgaben zum Rechtsetzungsverfahren und den herrschenden politischen Mehrheiten.[49] Die Umgestaltung des Primärrechts infolge des Vertrags von Lissabon und die bereits erwähnte umfassende Reforminitiative der EU führten in den letzten Jahren zu einer starken Veränderung des europäischen Konzepts der Besseren Rechtsetzung. Daher besteht vor allem hinsichtlich dieser aktuellen Entwicklungen Forschungsbedarf. Diesbezüglich finden sich Untersuchungen in der englischsprachigen Literatur.[50] Dort existieren neben älteren Untersuchungen, etwa im Sammelband von *Weatherill*,[51] auch aktuelle Arbeiten, wie zum Beispiel das Werk von *Golberg*[52] oder die gesammelten Beiträge bei *Garben/Govaere*.[53] Letzteres beinhaltet einige Untersuchungen zu den aktuellen Entwicklungen der Besseren Rechtsetzung in der EU. Trotz dieser zunehmenden Forschungsansätze bleibt die Bessere Rechtsetzung immer noch ein in der Rechtswissenschaft weitgehend vernachlässigtes Thema, das erst allmählich einen Bekanntheitsgrad erreicht, der seiner Bedeutung angemessen ist.[54] Es ist daher notwendig, das europäische Konzept der Besseren Rechtsetzung eingehend zu betrachten, seinen Umsetzungsstand festzustellen und seine Leistungsfähigkeit zu bewerten.

---

[47] Vgl. bspw. *Gündisch*, in: Basedow/Drobnig/Ellger/Hopt/Kötz/Kulms/Mestmäcker, Aufbruch nach Europa, S. 109 (109 ff.); *Karpen*, in: AöR 1999, S. 400 (400 ff.); *Timmermans*, in: Kellermann/Azzi/Jacobs/Deighton-Smith, Improving the Quality of Legislation in Europe, S. 39 (39 ff.); *ders.*, in: CMLR 30 (1997), S. 1229 (1229 ff.).

[48] S. ähnl. *Garben/Govaere*, in: Garben/Govaere, The EU Better Regulation Agenda, S. 3 (3), die anstatt von einem Konzept von einem sich dynamisch entwickelnden „Phänomen" sprechen.

[49] Vgl. ähnl. *Garben/Govaere*, in: Garben/Govaere, The EU Better Regulation Agenda, S. 3 (3).

[50] S. beispielhaft *Bartlett*, in: EJRR 2018, S. 310 (310 ff.); *Broughel*, in: EJRR 2015, S. 380 (380 f.); *Dawson*, in: CMLR 53 (2016), S. 1209 (1209 ff.); *Eliantonio/Spendzharova*, in: EJLR 2017, S. 3 (3 ff.); *Radaelli*, in: JCMS 2018, S. 85 (85 ff.); *Tombs*, in: PS 2015, S. 332 (332 ff.); vgl. zu früheren Untersuchungen etwa *Alemanno*, in: ELJ 2009, S. 382 (382 ff.); *Brown/Scott*, in: EPL 2001, S. 469 (469 ff.); *Kaeding*, in: ELJ 2008, S. 583 (583 ff.); *Haythornthwaite*, in: Weatherill, Better Regulation, S. 19 (19 ff.); *Tala*, in: Legisprudence 2010, S. 193 (193 ff.); *Vogel/v. den Abeele*, Better Regulation: a critical assessment, S. 5 ff.; *Wiener*, in: Current Legal Problems 2006, S. 447 (447 ff.); vgl. ferner die umfangreiche Zusammenstellung aktueller Forschungsarbeiten vor allem aus dem Bereich der englischen Literatur bei *Listorti/Basyte Ferrari/Acs/Munda/Rosenbaum/Paruolo/Smits*, The debate on the EU Better Regulation Agenda: a literature review, S. 5 ff.

[51] *Weatherill*, in: Weatherill, Better Regulation, S. 1 ff.

[52] *Golberg*, Better Regulation: European Union Style, S. 1 ff.

[53] *Garben/Govaere*, in: Garben/Govaere, The EU Better Regulation Agenda, S. 3 (3 ff.).

[54] Vgl. ähnl. *Dunlop/Radaelli*, in: EJRR 2015, S. 27 (28).

E. Gang und Ziel der Untersuchung

Ziel der Untersuchung des europäischen Konzepts der Besseren Rechtsetzung ist es, seine Leistungsfähigkeit festzustellen und zu bewerten, ob es geeignet ist, die Unionsrechtsetzung zu verbessern. Dies setzt zunächst die Klärung grundlegender Fragen in Bezug auf die Bessere Rechtsetzung voraus, insbesondere mit Blick auf Inhalt, Ziele und Terminologie des Konzepts (Kapitel 2). Nachdem diese Grundlagen herausgearbeitet wurden, ist es erforderlich, das Konzept der Besseren Rechtsetzung von verwandten Konzepten abzugrenzen. Denn vielfach werden zur Verbesserung der Rechtsetzung solche Instrumente eingesetzt, die auch im Rahmen anderer Konzepte zur Anwendung gelangen (Kapitel 3). Im Folgenden muss – da sich der Untersuchungsgegenstand auf die Rechtsetzung der EU beschränkt – die weitere Untersuchung auf das europäische Konzept der Besseren Rechtsetzung verengt werden. Hierfür wird zunächst die historische Entwicklung der Besseren Rechtsetzung dargestellt, wobei allerdings exemplarisch auch auf ihre Entwicklung in Deutschland einzugehen ist, da sich das europäische Konzept unter wechselseitigem Einfluss der OECD und auch der Mitgliedstaaten sukzessive herausgebildet hat (Kapitel 4). Bevor das europäische Konzept im Einzelnen untersucht wird, stellt sich die Frage nach der dogmatischen Verankerung der Besseren Rechtsetzung im Primärrecht (Kapitel 5). Anschließend erfolgt die Untersuchung der konkreten Inhalte des europäischen Konzepts (Kapitel 6). Hierzu werden zunächst die bestehenden Maßnahmen und Instrumente dargestellt, ihre Funktions- und Wirkungsweise sowie ihre Auswirkung auf die Rechtsetzung aufgezeigt. Im Anschluss werden die dargestellten Maßnahmen und Instrumente in Bezug auf ihre Leistungsfähigkeit, die Rechtsetzung zu verbessern, bewertet. Hinsichtlich der in Kapitel 6 festgestellten Defizite stellt sich dann die Frage, auf welche Ursachen sie zurückzuführen sind (Kapitel 7). Unter Berücksichtigung dieser Ursachen werden Reformvorschläge zur Optimierung des Konzepts herausgearbeitet. Neben dem Vorschlag der Einrichtung eines gemeinsamen Gremiums für die Bessere Rechtsetzung unter Beteiligung der Europäischen Kommission, des Europäischen Parlaments und des Rates werden außerdem ausgewählte, in der Literatur vorhandene Reformvorschläge daraufhin untersucht, ob sie sich eignen, die Unionsrechtsetzung zu verbessern und deshalb das Konzept ergänzen sollten (Kapitel 8).

Kapitel 2

Grundlagen der Besseren Rechtsetzung

Im folgenden Kapitel werden die Grundlagen der Besseren Rechtsetzung dargestellt. Es wird aufgezeigt, welche Bedeutung die Bezeichnung der Besseren Rechtsetzung als ein Konzept hat (A.), wie der Begriff der Rechtsetzung zu verstehen ist (B.), wodurch eine Rechtsetzung zur „besseren" Rechtsetzung wird (C.) und inwieweit das Konzept eine politische Dimension aufweist (D.).

A. Bessere Rechtsetzung als Konzept

Bessere Rechtsetzung wird unterschiedlich bezeichnet, etwa als Strategie,[1] Leitbild,[2] Initiative[3] oder Agenda[4]. Diese Bezeichnungen prägen das inhaltliche Verständnis des Begriffs der „Besseren Rechtsetzung", da sie ihm gewisse Funktionen zuschreiben. So verfügt etwa ein Leitbild über eine Verständigungsfunktion, da der jeweilige Leitbildbegriff einen Austausch über seinen Inhalt ermöglicht.[5] Die Bezeichnung als Initiative oder Agenda drückt hingegen eine gewisse Entschlossenheit und Handlungsbereitschaft[6] aus und betont die Erforderlichkeit der angestrebten Handlungen.[7] Auch die Bezeichnung als ein „Konzept" hat für den Inhalt des Begriffs „Bessere Rechtsetzung" Bedeutung.

---

[1] Vgl. *Schroeder*, in: ZG 2016, S. 193 (194) mit Verweis auf *Schulze-Fielitz*, in: JZ 2004, S. 862 (863); *H.-P. Schneider*, in: ZG 2004, S. 105 (105) und *Schuppert*, in: ZG-Sonderheft 2003, S. 14 ff.

[2] *Pfeifer*, Bessere Rechtsetzung, S. 116 f. und S. 158; *Wegrich*, Better Regulation, S. 13 ff.

[3] Vgl. etwa *Jancic*, in: EJLR 2019, S. 137 (144).

[4] So etwa COM(2015) 215 endgültig vom 19. Mai 2015, S. 2; diesen Begriff aufgreifend *Alemanno*, in: EJRR 2015, S. 344 (344); auch schon zuvor *Wegrich*, in: CESifo DICE Report 2010, S. 34 (34); s. ferner *VCI*, Daten und Fakten, Bürokratieabbau und bessere Rechtsetzung, S. 3.

[5] *Beer*, in: Blanke/Nullmeier/Reichard/Wewer, Hb. zur Verwaltungsreform, S. 52 (53); vgl. ausführlich *Voßkuhle*, in: Der Staat 40 (2001), S. 495 (509).

[6] *Duden*, Das Herkunftswörterbuch, Stichwort „Initiative", S. 405 nennt als Bedeutung etwa auch Entschlusskraft, von lat.: „initiare": „den Anfang machen".

[7] *Duden*, Das Herkunftswörterbuch, Stichwort „Agenda", S. 106, von lat.: „agere": „das zu Tuende, was getan werden muss". Die Bezeichnung der Besseren Rechtsetzung als Initiative ist auch vor dem Hintergrund der von der Kommission im Jahr 2015 angestrengten Reform nicht zwingend, weil sich diese nicht auf alle Inhalte und Instrumente bezogen hat, die nach hier vertretener Auffassung der Besseren Rechtsetzung zuzurechnen sind.

Für ein besseres Verständnis des Begriffs der „Besseren Rechtsetzung" ist daher auch eine eingehende Betrachtung des Konzeptbegriffs erforderlich.

I. Begriffsbestimmung

1. Konzept als Zusammenfassung von Inhalten

Der Begriff Konzept wird gelegentlich in verschiedenen Gesetzen verwendet,[8] ist aber selbst kein Rechtsbegriff. Seine grundsätzliche Bedeutung kann häufig als selbst verständlich vorausgesetzt werden. Seinen Ursprung hat der Begriff in den lateinischen Begriffen conceptus bzw. concipio, die Erfassen, Abfassung, bzw. aufnehmen, zusammenfassen bedeuten.[9] Wörtlich lässt sich conceptus daher als Zusammenfassung übersetzen.[10] Daraus lässt sich zunächst schlussfolgern, dass ein als Konzept bezeichneter Gegenstand mehrere Inhalte in sich vereint.[11] Diese Bedeutung des Konzeptbegriffs dürfte dem allgemeinen Sprachgebrauch entsprechen und kann daher dem Begriffskern zugerechnet werden.

2. Erfordernis eines theoretisch-methodischen Mindestinhalts

Ein Konzept erschöpft sich allerdings nicht darin, dass es verschiedene Inhalte zusammenfasst. Vielmehr impliziert bereits der Wortlaut des Begriffs eine Strukturierung der zusammengefassten Inhalte.[12] Durch die Abstimmung und das Ineinandergreifen der einzelnen Inhalte entsteht eine konzeptspezifische Wirkung,[13] die über diejenige hinausgeht, die sich durch die schlichte Zusammenfassung einzelner Inhalte entfalten kann.[14] Einzelne Inhalte des Konzepts bauen daher regelmäßig aufeinander auf und sind in ihrer Wirkungsweise voneinander abhängig. Ein Konzept setzt deswegen voraus, dass seine Inhalte in

---

[8] Vgl. beispielhaft etwa den Begriff des Sanierungskonzepts in § 1 Verordnung zum Altschuldenhilfe-Gesetz (Altschuldenhilfeverordnung) vom 15. Dezember 2000, BGBl. I S. 1734, zuletzt geändert durch Gesetz vom 10. November 2008, BGBl. I S. 2179.

[9] *Stowasser/Petsching/Skutsch*, Lateinisch-deutsches Schulwörterbuch, Stichwort „conceptus" und „concipere", S. 105 f.

[10] Vgl. *Duden*, Das Herkunftswörterbuch, Stichwort „konzipieren" und „Konzept", S. 478; der lat. Begriff „conceptus" besteht aus „capere": nehmen fassen, begreifen und der lat. Vorsilbe „con-": mit, zusammen; vgl. etwas anders *Wahrig*, Deutsches Wörterbuch, Stichwort „Konzept", S. 877, der „conceptum" im Sinne von „das Abgefasste", „das Ausgedrückte" übersetzt.

[11] In diesem Sinne verstehen die Bessere Rechtsetzung etwa *Ahrens/Leier*, in: ZG 2007, S. 383 (384); *Pfeifer*, Bessere Rechtsetzung, S. 17 spricht von einem Bündel an Ideen und Instrumenten; vgl. ähnl. *Piesker*, in: Hill, Verwaltungsmodernisierung, S. 139 (143 ff.).

[12] Vgl. *Duden*, Das Herkunftswörterbuch, Stichwort „Konzept" und „konzipieren", S. 478; *Wahrig*, Deutsches Wörterbuch, Stichwort „Konzept", S. 877.

[13] Vgl. ähnl. in Bezug auf die Bessere Rechtsetzung *Meuwese/Popelier*, in: EPL 2011, S. 455 (456).

[14] Vgl. in Bezug auf die Bessere Rechtsetzung hierzu den Mandelkernbericht, S. 9 f.

gewissem Umfang theoretisch ausformuliert und aufeinander abgestimmt sind. Folglich lässt sich dem Konzeptbegriff das Erfordernis eines theoretischmethodischen Mindestinhalts entnehmen, der die zusammengefassten Inhalte verbindet.

3. *Ziel- und Zukunftsbezug*

Die konzeptspezifische Wirkung dient in der Regel der Verwirklichung eines bestimmten Vorhabens oder Zwecks.[15] Aufgrund dieser Finalität lässt sich dem Konzeptbegriff ein gewisser Ziel- und Zukunftsbezug entnehmen. Ähnlich dem Leitbild[16] soll durch die Umsetzung des Konzepts ein zukünftiger Zustand in bestimmter Weise gestaltet werden. Allerdings sind sowohl die zukünftige Zielvorstellung des Konzepts als auch die zu ihrer Realisierung vorgesehenen Inhalte konkreter als die des Leitbildes. Abhängig vom Detaillierungsgrad der jeweiligen Vorgaben, die das Konzept zur Zielverwirklichung enthält, kann der Begriff entweder im Sinne eines Plans oder eines Entwurfs gedeutet werden. Enthält das Konzept detaillierte und exakte Handlungsschritte ist es als Programm oder als klar umrissener Handlungsplan zu verstehen.[17] In dieser Bedeutungsvariante ist der Konzeptbegriff mit dem Begriff der Strategie verwandt, der sich als genauer Plan des eigenen Vorgehens zur Erreichung eines längerfristigen Vorhabens unter Berücksichtigung sämtlicher Widrigkeiten definieren lässt.[18] Enthält das Konzept hingegen nur grobe und skizzenhafte Vorgaben,[19] anhand derer ein konkreter Plan zur Erreichung eines bestimmten Ergebnisses erst noch „entworfen“ bzw. „konzipiert“ werden soll, ist das Konzept im Sinne eines Entwurfs zu verstehen.[20]

---

[15] *Duden*, Fremdwörterbuch, Stichwort „Konzept“, S. 530; *Paul*, Deutsches Wörterbuch, Stichwort „Konzept“, S. 559; *Wahrig*, Deutsches Wörterbuch, Stichwort „Konzept“, S. 877; vgl. eingängig https://www.duden.de/rechtschreibung/Konzept#Bedeutung2 (diese und alle im Weiteren genannten Internetseiten wurden zuletzt aufgerufen am 2. November 2019).

[16] S. dazu *Beer*, in: Blanke/Nullmeier/Reichard/Wewer, Hb. zur Verwaltungsreform, S. 52 (52); vgl. ferner ausführlich *Baer*, in: Schmidt-Aßmann/Hoffmann-Riem, Methoden der Verwaltungsrechtswissenschaft, S. 223 (232); *Smeddinck*, Integrierte Gesetzesproduktion, S. 67; *Voßkuhle*, in: Der Staat 40 (2001), S. 495 (509); vgl. ferner ähnl. *Zippelius*, Allgemeine Staatslehre, S. 5.

[17] *Duden*, Fremdwörterbuch, Stichwort „Konzept“, S. 530; vgl. ähnl. *Paul*, Deutsches Wörterbuch, Stichwort „Konzept“, S. 559; *Wahrig*, Deutsches Wörterbuch, Stichwort „Konzept“, S. 877; so etwa auch https://www.duden.de/rechtschreibung/Konzept#Bedeutung2.

[18] *Duden*, Fremdwörterbuch, Stichwort „Strategie“, S. 745; vgl. ähnl. *Kluge*, Etymologisches Wörterbuch, Stichwort „Strategie“, S. 890; *Paul*, Deutsches Wörterbuch, Stichwort „Strategie“, S. 973; *Wahrig*, Deutsches Wörterbuch, Stichwort „Strategie“, S. 1427.

[19] *Wahrig*, Deutsches Wörterbuch, Stichwort „Entwurf“, S. 456; vgl. auch anschaulich https://www.duden.de/rechtschreibung/Konzept#Bedeutung2.

[20] S. zu dieser Bedeutung von „Konzept“ *Duden*, Fremdwörterbuch, Stichwort „Konzept“, S. 429; *ders.*, Das Herkunftswörterbuch, Stichwort „Konzept“ und „konzipieren“, S. 478; *Wahrig*, Deutsches Wörterbuch, Stichwort „Konzept“, S. 877.

4. Definition eines dreigliedrigen Konzeptbegriffs

Ausgehend von den herausgearbeiteten Begriffskomponenten wird den folgenden Ausführungen ein dreigliedriger Konzeptbegriff zugrunde gelegt. Das Konzept definiert sich danach als die Zusammenfassung von mehreren Inhalten, die theoretisch so ausformuliert sind, dass sie methodisch miteinander verbunden werden können, wodurch eine spezifische Wirkung entsteht, mit deren Hilfe die zukunftsgerichtete Verwirklichung eines bestimmten Ziels – einschließlich notwendiger Teil- und Zwischenziele – angestrebt wird. Das Konzept kann dabei grundsätzlich sowohl konkrete als auch grob und skizzenhaft beschriebene Handlungsschritte vorgeben. Allerdings dürfen die zusammengefassten Inhalte nicht lediglich vage Vorstellungen sein.

II. Konzept im vorliegenden Kontext

Der Begriff „Bessere Rechtsetzung" weist viele Eigenschaften auf, die seine Bezeichnung als ein Konzept im Sinne der genannten Definition rechtfertigen.

1. Vielzahl von Inhalten und Instrumenten der Besseren Rechtsetzung

Bessere Rechtsetzung vereinigt in sich verschiedene Inhalte,[21] die zu einer Verbesserung des Rechts führen sollen.[22] Daher wird Bessere Rechtsetzung auf einer abstrakten Ebene teilweise als nicht abschließend beschreibbarer Begriff[23] bezeichnet, der verallgemeinerungsfähige, abstrakt und generell formulierte Vorgaben, Kriterien und Prinzipien für die Rechtsetzung enthalte.[24] Welche dieser Inhalte konkret zur Verbesserung der Rechtsetzung eingesetzt werden, ist abhängig von den jeweiligen Kontext- und Strukturbedingungen einer Rechtsordnung, wie etwa der Verteilung von Zuständigkeiten und der Ausgestaltung des Rechtsetzungsverfahrens.[25] Daher lässt sich zwar nicht abschließend fest-

---

[21] Dabei handelt es sich auch um Inhalte, die zunächst nicht unter den Begriff Bessere Rechtsetzung, sondern unter den Begriff Bürokratieabbau gefasst wurden, vgl. Kapitel 3 S. 41 ff.; *Piesker*, in: Hill, Verwaltungsmodernisierung, S. 139 (148 ff. und 158) sowie *Wegrich*, Better Regulation, S. 7 ff.

[22] *Ahrens/Leier*, in: ZG 2007, S. 383 (384); *Pfeifer*, Bessere Rechtsetzung, S. 17; vgl. ferner ähnl. *Piesker*, in: Hill, Verwaltungsmodernisierung, S. 139 (143 ff.).

[23] Beispielhaft https://www.verwaltung-innovativ.de/DE/Gesetzgebung/Bessere_Rechtsetzung/bessere_rechtsetzung_node.html; vgl. ähnl. *Piesker*, in: Hill, Verwaltungsmodernisierung, S. 139 (142).

[24] Vgl. auch die ähnl. Definitionen von *Ahrens/Leier*, in: ZG 2007, S. 383 (384); *Allio*, The Emergence of Better Regulation in the European Union, S. 15; *Radaelli*, in: JEPP 2007, S. 190 (190); *Schroeder*, in: ZG 2016, S. 193 (194); *ders.*, in: wbl 2016, S. 361 (362); vgl. in Bezug auf den Mandelkernbericht auch *Smeddinck*, Integrierte Gesetzesproduktion, S. 237.

[25] *Piesker*, in: Hill, Verwaltungsmodernisierung, S. 139 (142); *Schroeder*, in: ZG 2016, S. 193 (198); *Veit*, Bessere Gesetze durch Folgenabschätzung?, S. 18; *Wegrich*, Better Regulation, S. 72.

stellen, welche Inhalte im Einzelnen unter den Begriff Bessere Rechtsetzung zu fassen sind, bestimmte Inhalte können aber als allgemein anerkannt angesehen werden.[26] Hierzu zählen insbesondere:[27] Konsultationen, Ex-Ante- und Ex-Post-Evaluierungen, Vereinfachungsmaßnahmen, Messung und Abbau von Verwaltungslasten, Prüfung alternativer Regelungsmöglichkeiten, Zugang zu Rechtsvorschriften und Dokumenten sowie die Einrichtung von Kontrollgremien und -mechanismen.

Mit Konsultationen wird der Öffentlichkeit die Möglichkeit gegeben, sich zu einem Rechtsetzungsvorhaben zu äußern.[28] Ex-Ante-Evaluierungen erfolgen häufig als (Gesetzes-)Folgenabschätzungen und sollen die voraussichtlichen Wirkungen eines Rechtsetzungsvorhabens prognostizieren.[29] Begrifflich kann zwischen der Gesetzesfolgenabschätzung, die die Folgen von Gesetzesvorhaben im Blick hat, und der Folgenabschätzung, die sich nicht zwingend an einem konkreten Gesetzesvorhaben orientieren muss, unterschieden werden.[30] Ex-Post-Evaluierungen stellen hingegen die Wirkungen von bereits in Kraft getretenen Rechtsvorschriften fest.[31] Vereinfachungsmaßnahmen können als Rechts- und Verwaltungsvereinfachung, aber auch in Form der Rechtsbereinigung erfolgen. Rechtsvereinfachungsmaßnahmen zielen darauf ab, bestehendes Recht, etwa durch Kodifizierung oder Neufassung, zu vereinfachen.[32] Verwaltungsvereinfachungsmaßnahmen bezwecken die Verbesserung von bestehenden Verwaltungsstrukturen, wobei etwa die übersichtlichere Gestaltung von Antragsformularen in Betracht kommt.[33] Rechtsbereinigung meint die Abschaffung veralteter oder unnötiger Rechtsnormen,[34] das heißt Normen, die ihre Steuerungsaufgabe nicht oder nicht mehr ausreichend

---

[26] So bereits *Baldwin*, in: Baldwin/Cave/Lodge, The Oxford Handbook of Regulation, S. 259 (262 f.) und *Pedersen*, in: EJLR 2016, S. 159 (161) m. w. N.; s. ähnl. *Alemanno*, in: ELJ 2009, S. 382 (383).

[27] S. etwa die ähnl. Zusammenstellungen bei *Luchetta*, in: EJRR 2012, S. 561 (561 f.); *Pedersen*, in: EJLR 2016, S. 159 (161); *Piesker*, in: Hill, Verwaltungsmodernisierung, S. 139 (144); *Radaelli/Meuwese*, in: PA 2009, S. 639 (640); *Wegrich*, Better Regulation, S. 48; s. auch *Rüefli*, in: LeGes 2017, S. 445 (454 ff.), der zwischen einem Grundkonzept und konkreten Instrumenten unterscheidet.

[28] *Piesker*, in: Hill, Verwaltungsmodernisierung, S. 139 (144); s. dazu ausführlich Kapitel 6 S. 107 ff.

[29] *Böhret/Kozendorf*, Hb. Gesetzesfolgenabschätzung, S. 1; s. dazu ausführlich Kapitel 6 S. 116 ff.

[30] *Kahl*, in: Kluth/Krings, Gesetzgebung, S. 309 (322); s. dazu *Brocker*, in: DRiZ 2002, S. 462 (462).

[31] S. dazu den Mandelkernbericht, S. 22 und ausführlich Kapitel 6 S. 136 ff.

[32] Vgl. ähnl. *Wegrich*, Better Regulation, S. 48 f.; vgl. hierzu ausführlich Kapitel 6 S. 172 ff.

[33] S. hierzu näher *Wegrich*, Better Regulation, S. 48 f.

[34] *Jantz/Veit*, in: Blanke/Nullmeier/Reichard/Wewer, Hb. zur Verwaltungsreform, S. 509 (512).

erfüllen.[35] Im Zusammenhang mit Vereinfachungsprogrammen steht auch der Abbau von Verwaltungslasten. Als Verwaltungslasten oder Regulierungskosten bzw. Bürokratiekosten werden in der Regel Kosten bezeichnet, die dem Normadressaten zusätzlich zu den eigentlichen Befolgungskosten einer Rechtsnorm dadurch entstehen, dass der Normgeber die Bereitstellung von bestimmten Informationen aufgrund von gesetzlichen Melde-, Kennzeichnungs-, Überwachungs- oder Nachweispflichten (Informationspflichten) fordert. Mit Hilfe des Standardkostenmodells[36] werden die Kosten für die Erfüllung dieser Informationspflichten gemessen und gegebenenfalls anschließend aufgehoben.[37] Um den Erlass von belastenden Rechtsvorschriften von vornherein zu verhindern und sicherzustellen, dass ausschließlich notwendige Rechtsvorschriften erlassen werden, sieht das Konzept der Besseren Rechtsetzung außerdem die Prüfung alternativer Regelungsmöglichkeiten vor.[38] Dabei kommen insbesondere der vollständige Verzicht auf eine Rechtsvorschrift sowie Ko- und Selbstregulierung als Alternativen in Betracht.[39] Bei Ko- und Selbstregulierung regeln private Akteure bestimmte Sachbereiche ganz oder teilweise eigenständig, ohne dass öffentliche Behörden direkt eingreifen. Sie geben sich beispielsweise eigene Vorschriften für bestimmte Tätigkeiten oder verpflichten sich freiwillig zur Ergreifung bestimmter Schutzmaßnahmen.[40] Der Zugang zu Rechtsvorschriften und Dokumenten schafft Transparenz und ermöglicht der Öffentlichkeit, die Ergebnisse des Rechtsetzungsprozesses zu kontrollieren.[41] Die Einrichtung von Kontrollgremien stellt sicher, dass die genannten Instrumente, wie etwa Folgenabschätzungen oder Ex-Post-Evaluierungen, ordnungsgemäß angewandt werden.[42] Indem der Begriff der Besseren Rechtsetzung diese Vielzahl von unterschiedlichen Instrumenten in sich vereinigt, erfüllt er die Anforderung eines Konzepts in Bezug auf dessen Eigenschaft, verschiedene Inhalte zusammenzufassen.

---

[35] Vgl. *Creifelds*, Rechtswörterbuch, Stichwort „Rechtsbereinigung“, S. 1024.

[36] S. zum Standardkostenmodell ausführlich *Frick/Brinkmann/Ernst*, in: ZG 2006, S. 28 (28 ff.).

[37] *Ahrens/Leier*, in: ZG 2007, S. 383 (394); vgl. ausführlich *Jantz/Veit*, in: Blanke/Nullmeier/Reichard/Wewer, Hb. zur Verwaltungsreform, S. 509 (515 ff.); s. zu den diesbezüglichen konkreten Maßnahmen in der EU *Torriti*, in: Weatherill, Better Regulation, S. 83 (83 ff.).

[38] S. zum Ganzen ausführlich den Mandelkernbericht, S. 22 ff.

[39] Vgl. mit weiteren alternativen Regelungsmöglichkeiten den Mandelkernbericht, S. 25 f. sowie zur Entwicklung von Ko- und Selbstregulierung in der EU *Eliantonio*, in: EJLR 2017, S. 141 (142 f.).

[40] S. zu diesen Definitionen den Mandelkernbericht, S. 94; vgl. zum Ganzen *Grüner*, Quantität und Qualität der europäischen Rechtsetzung, S. 317 ff. und *Verbruggen*, in: EJLR 2017, S. 121 (125 f.).

[41] Vgl. mit weiteren Erwägungen den Mandelkernbericht, S. 52.

[42] Vgl. hierzu eingehend den Mandelkernbericht, S. 21 und S. 31.

2. *Spezifische Wirkung der Besseren Rechtsetzung*

Bessere Rechtsetzung erschöpft sich aber nicht in der bloßen Zusammenfassung von verschiedenen Instrumenten und Inhalten.[43] Vielmehr entfaltet die Bessere Rechtsetzung aus zwei Gründen eine konzeptspezifische Wirkung. Erstens sind die genannten Instrumente und Inhalte theoretisch so ausdifferenziert, dass sie methodisch aufeinander aufbauen und ihre Wirkung gegenseitig verstärken können. So sind etwa (Gesetzes-)Folgenabschätzungen effektiver, wenn qualitativ hochwertige Informationen zur Verfügung stehen.[44] Solche Informationen zu beschaffen, ist Aufgabe und Funktion von Konsultationen.[45] Zweitens verbindet die Bessere Rechtsetzung die einzelnen, zusammengefassten Inhalte und Instrumente durch Leitprinzipien, an denen sich alle Maßnahmen der Besseren Rechtsetzung zu orientieren haben.[46] Zu den zentralen Prinzipien gehören insbesondere Verhältnismäßigkeit, Transparenz, Zugänglichkeit und Einfachheit.[47] Diese Ausrichtung an Leitprinzipien einerseits und die zuvor genannte methodische Verknüpfung von Inhalten und Instrumenten andererseits bilden das theoretische Grundgerüst für einen Gesamtansatz zur Verbesserung der Rechtsetzung.[48] Ein solcher Gesamtansatz geht in seiner Wirkung über das hinaus, was etwa durch die getrennte oder nur punktuelle Anwendung der Instrumente erreicht werden kann.[49] Damit erfüllt die Bessere Rechtsetzung auch die Anforderung eines Konzepts an einen theoretisch-methodischen Mindestinhalt.

---

[43] Ungenau dürfte es daher sein, Bessere Rechtsetzung nur als einen Sammelbegriff zu bezeichnen, vgl. etwa *Weingarten*, Better Regulation in umwelt- und naturschutzrechtlichen Prüfungen, S. 8.

[44] Mandelkernbericht, S. 34 und S. 37 f.; *Smulders/Paquet*, in: Garben/Govaere, The EU Better Regulation Agenda, S. 79 (82).

[45] Mandelkernbericht, S. 34 und S. 37 f.; *Smulders/Paquet*, in: Garben/Govaere, The EU Better Regulation Agenda, S. 79 (82).

[46] Vgl. beispielhaft für das europäische Konzept SWD(2017) 350 vom 7. Juli 2017, S. 6 (im Folgenden: Better Regulation Toolbox).

[47] Die jeweiligen konkreten Leitprinzipien unterscheiden sich je nachdem, in welcher Rechtsordnung die Bessere Rechtsetzung zur Anwendung gelangt, vgl. etwa den Mandelkernbericht, S. 18 f., der bezogen auf die europäische Ebene auch noch die Prinzipien Notwendigkeit, Subsidiarität und Zurechenbarkeit nennt. *Pimenova*, in: The Theory and Praxis of Legislation 2016, S. 381 (382) betont für das europäische Konzept insbesondere das Subsidiaritätsprinzip als „Regulierungsprinzip".

[48] S. zum Erfordernis eines Gesamtansatzes den Mandelkernbericht, S. 9.

[49] Vgl. ähnl. Mandelkernbericht, S. 9 f.; *Meuwese/Popelier*, in: EPL 2011, S. 455 (456); vgl. aber auch *Prosser*, in: Oliver/Prosser/Rawlings, The Regulatory State: Constitutional Implications, S. 34 (47 f.) und *Wegrich*, Better Regulation, S. 64, die beide auch auf Spannungen zwischen verschiedenen Instrumenten, etwa zwischen der Folgenabschätzung und der Kosten-Nutzen-Analyse, hinweisen.

3. Zielvielfalt der Besseren Rechtsetzung

Das Ziel einer Besseren Rechtsetzung wird durch ihre eigene Bezeichnung vorgegeben: Das Recht soll „besser" werden. Dieses – eher abstrakte und ideelle – Ziel ist aber nicht das einzige Ziel der Besseren Rechtsetzung.[50] Vielmehr sollen viele unterschiedliche Teilbereiche der Rechtsetzung verbessert und dadurch zum Gesamtziel einer Besseren Rechtsetzung beigetragen werden.[51] Zwar dürfte sich kaum abschließend feststellen lassen, welche der vielen möglichen Teil- und Zwischenziele im Einzelnen dem Gesamtziel einer Besseren Rechtsetzung Rechnung tragen, allerdings sind einige Teilziele allgemein anerkannt und können daher als Hauptziele einer Besseren Rechtsetzung qualifiziert werden. Zu diesen Hauptzielen gehören insbesondere:[52] die Erhöhung der Legitimität der Rechtsetzung, etwa durch Partizipation, Transparenz und Begründungspflichten;[53] die Verbesserung der sprachlichen Gestaltung von Rechtstexten;[54] die Verringerung des quantitativen Umfangs der Rechtsetzung und die Verhinderung von Überregulierung,[55] insbesondere durch die Begrenzung der Rechtsetzungsaktivität auf nur notwendige Rechtsnormen,[56] und schließlich die Stärkung einer fakten- und wissensbasierten Rechtsetzung,[57] vor allem

---

[50] Vgl. *Pfeifer*, Bessere Rechtsetzung, S. 18.

[51] *Pfeifer*, Bessere Rechtsetzung, S. 18; vgl. ähnl. *Garben/Govaere*, in: Garben/Govaere, The EU Better Regulation Agenda, S. 3 (8) und *Karpen*, in: Kluth/Krings, Gesetzgebung, S. 159 (164) sowie *Schroeder*, in: ZG 2016, S. 193 (194 f.); vgl. auch kritisch bezüglich einer möglichen Inhärenz der einzelnen Ziele *Garben*, in: Garben/Govaere, The EU Better Regulation Agenda, S. 217 (223 ff.) und *Lodge*, in: LeGes 2017, S. 487 (493 f.).

[52] Vgl. auch die teilweise abweichenden Teilziele bei *Garben/Govaere*, in: Garben/Govaere, The EU Better Regulation Agenda, S. 3 (9) und *Lodge*, in: LeGes 2017, S. 487 (493).

[53] Vgl. ähnl. *Garben*, in: Garben/Govaere, The EU Better Regulation Agenda, S. 217 (225) und *Garben/Govaere*, in: Garben/Govaere, The EU Better Regulation Agenda, S. 3 (9) sowie *Radaelli/Meuwese*, in: PA 2009, S. 639 (639) wie auch *Ranchordás*, in: EJLR 2017, S. 52 (53); s. hierzu auch *Schäuble*, in: ZG 2007, S. 209 (212).

[54] *Pfeifer*, Bessere Rechtsetzung, S. 136 f. Teilweise wird hierunter auch – mit anderer Systematisierung – die Erhöhung der Rechtsetzungsqualität verstanden und dies als eigenständiges Ziel aufgefasst, vgl. *Garben/Govaere*, in: Garben/Govaere, The EU Better Regulation Agenda, S. 3 (9). Nach der hier vertretenen Ansicht ist Rechtsetzungsqualität aber der Gesamtmaßstab für den Grad der Verbesserung der Rechtsetzung und daher kein eigenständiges Ziel des Konzepts, vgl. die Ausführungen in diesem Kapitel auf S. 27.

[55] *Garben/Govaere*, in: Garben/Govaere, The EU Better Regulation Agenda, S. 3 (9); *Karpen*, Gesetzgebungslehre – neu evaluiert, S. 9 und S. 18; *Radaelli/Meuwese*, in: PA 2009, S. 639 (639).

[56] *Torriti*, in: Weatherill, Better Regulation, S. 83 (83); vgl. zum Ganzen *Grams*, Zur Gesetzgebung der Europäischen Union, S. 195 ff. und *Müller/Uhlmann*, Elemente einer Rechtssetzungslehre, S. 90 ff.

[57] Vgl. nur *Baldwin*, in: Baldwin/Cave/Lodge, The Oxford Handbook of Regulation, S. 259 (263 f.); *Eliantonio/Spendzharova*, in: EJLR 2017, S. 3 (5); *Garben*, in: Garben/Govaere, The EU Better Regulation Agenda, S. 217 (227); *v. Gestel/v. Dijck*, in: EPL 2011, S. 539 (539); *Radaelli/Meuwese*, in: PA 2009, S. 639 (639); *Smulders/Paquet*, in: Garben/Govaere, The EU Better Regulation Agenda, S. 79 (79); *Weatherill*, in: Weatherill, Better Regulation, S. 1 (5).

durch die Bereitstellung und Aufbereitung einer soliden Informationsgrundlage im Rechtsetzungsverfahren.[58] Letzteres wird auch als Stärkung der Rationalität der Rechtsetzung bezeichnet;[59] Rationalität also im Sinne von „sachlich“, „sinnvoll“ oder „überlegt“ verstanden.[60] Allerdings kann mit Blick auf die Rechtsetzung auch zwischen formaler, materieller und prozeduraler Rationalität[61] unterschieden werden.[62] Nach dieser Unterscheidung ist eine Regelung formal rational, wenn sie konsistent, kohärent und bestimmt ist,[63] materiell rational, wenn sie sich an inhaltlichen Wertmaßstäben bzw. bestimmten Zielen, wie etwa Effektivität und Effizienz, orientiert und prozedural rational, wenn beim Entscheidungsprozess bestimmte Bedingungen erfüllt sind.[64] Die Unterscheidung dieser Dimensionen der Rationalität entspricht überwiegend der Systematisierung von Kriterien für eine gute Rechtsetzungsqualität.[65] Insoweit überschneiden sich der Rationalitätsbegriff und der Begriff der Rechtsetzungsqualität. Unabhängig hiervon enthält die Bessere Rechtsetzung mit der genannten Zielkomposition eine zukunftsbezogene Zielvorstellung, die für ein Konzept nach der hier zugrunde gelegten Definition kennzeichnend ist.

III. Zwischenfazit

Der Konzeptbegriff weist drei Komponenten auf: Ein Konzept ist erstens eine Zusammenfassung von mehreren Inhalten. Zweitens ist ihm ein gewisser theoretisch-methodischer Mindestinhalt zu Eigen, der darin besteht, dass die Konzeptinhalte nicht nur unverbunden nebeneinander bestehen, sondern aufeinander abgestimmt sind. Dadurch entfalten die Konzeptinhalte eine Wirkung, die über die Wirkung der Summe der Einzelinhalte hinausgeht. Drittens weist der Konzeptbegriff einen Zukunfts- und Zielbezug auf. Je nach Detaillierungsgrad der zusammengefassten Inhalte und der Konkretisierung des zu erreichenden Ziels nimmt das Konzept die Funktion eines skizzenhaften Entwurfs oder die eines konkreten Handlungsplans an. Die Bessere Rechtsetzung erfüllt diese Anforderungen eines dreigliedrigen Konzeptbegriffs. Demnach kann das Konzept

---

[58] *Baldwin*, in: Baldwin/Cave/Lodge, The Oxford Handbook of Regulation, S. 259 (263 f.); *v. Gestel/v. Dijck*, in: EPL 2011, S. 539 (539); *Weatherill*, in: Weatherill, Better Regulation, S. 1 (59).

[59] So wohl *Smulders/Paquet*, in: Garben/Govaere, The EU Better Regulation Agenda, S. 79 (79).

[60] Vgl. zur Wortbedeutung nur https://www.duden.de/rechtschreibung/rational.

[61] S. dazu *Hilbert*, in: Die Verwaltung 2018, S. 313 (313 ff.); *Schulze-Fielitz*, in: FS Vogel, S. 311 (311 ff.).

[62] S. ausführlich *Führ*, Rationale Gesetzgebung, S. 2 und *Steinbach*, Rationale Gesetzgebung, S. 66 f.

[63] S. zu diesen Begriffen die Ausführungen zur Rechtsetzungsqualität in diesem Kapitel auf S. 28 ff.

[64] *Steinbach*, Rationale Gesetzgebung, S. 69, S. 103 ff. und S. 163.

[65] S. dazu die noch folgenden Ausführungen in diesem Kapitel auf S. 27 ff.

der Besseren Rechtsetzung definiert werden als ein ausdifferenzierter Handlungsplan, der mit Hilfe einer Zusammenstellung von aufeinander abgestimmten und durch Leitprinzipien verbundenen Inhalten und Instrumenten darauf abzielt, die Rechtsetzung durch die Erreichung der vier Hauptziele Erhöhung des Fakten- und Wissensbezugs, Stärkung der Legitimität, Verringerung des Umfangs sowie die Verbesserung der sprachlichen Gestaltung von Rechtstexten zu optimieren.[66]

B. Die „Rechtsetzung" als Bezugspunkt des Konzepts

Die genannten Instrumente des Konzepts sollen die „Rechtsetzung" verbessern. Daher ist die inhaltliche Bestimmung des Begriffs „Rechtsetzung" entscheidend dafür, in welchem Umfang diese Instrumente Anwendung finden.[67] Hierfür ist zunächst der Rechtsetzungsbegriff im deutschen Recht und im Unionsrecht zu untersuchen.

I. Begriffsbestimmung

1. Nationaler Rechtsetzungsbegriff

Einige deutschsprachige Rechtsordnungen unterscheiden zwischen der Rechtsetzung als der Schaffung abstrakt-genereller Rechtsnormen[68] und der Rechtsanwendung bzw. dem Erlass administrativer Einzelakte.[69] Legt man diesen engen Rechtsetzungsbegriff auch dem Konzept der Besseren Rechtsetzung zugrunde, beschränkt sich das Konzept vor allem auf die Verbesserung des Gesetzgebungsverfahrens und zielt insbesondere auf eine verbesserte Ausarbeitung von Gesetzentwürfen.[70] Andere Maßnahmen hingegen, wie etwa solche zur Verbesserung des Gesetzesvollzugs durch Ex-Post-Evaluierungen oder

---

66 Vgl. zu ähnl. Definitionen *Ahrens/Leier*, in: ZG 2007, S. 383 (384); *Allio*, The Emergence of Better Regulation in the European Union, S. 15; *Jantz/Veit*, in: Blanke/Nullmeier/Reichard/Wewer, Hb. zur Verwaltungsreform, S. 509 (511 f.); *Radaelli*, in: JEPP 2007, S. 190 (190) und *Schroeder*, in: ZG 2016, S. 193 (194).

67 Teilweise wird wegen des fehlenden Begriffsverständnisses der unklare Umfang des Konzepts kritisiert, vgl. etwa *Fink*, Better Regulation – Bessere Rechtsetzung in Europa, S. 1.

68 Vgl. *Grams*, Zur Gesetzgebung der Europäischen Union, S. 64; vgl. auch die Definition bei *Creifelds*, Rechtswörterbuch, Stichwort „Rechtsetzung", S. 1026.

69 S. hierzu ausführlich *Härtel*, Hb. europäische Rechtsetzung, § 1 Rn. 14 mit Verweis auf *v. Bogdandy*, Gubernative Rechtsetzung, S. 159 und *Schäffer*, in: Schäffer, Theorie der Rechtssetzung, S. 11 (14); vgl. ausführlich *Pfeifer*, Bessere Rechtsetzung, S. 26 ff.; s. zur ähnlichen Diskussion in Bezug auf Better Regulation und den Regulierungsbegriff *Hill*, in: DÖV 2007, S. 809 (811); *Piesker*, in: Hill, Verwaltungsmodernisierung, S. 139 (140 f.) und *Schroeder*, in: ZG 2016, S. 193 (198 f.).

70 *Wegrich*, Better Regulation, S. 12; vgl. ferner die grundlegend andere Differenzierung bei *Veit*, Bessere Gesetze durch Folgenabschätzung?, S. 18.

Rechtsvereinfachungsmaßnahmen, sind dann nicht Teil des Konzepts.[71] Deshalb wird das Konzept teilweise auch nicht „Bessere Rechtsetzung“ sondern „Better Regulation“ im Sinne von „Besserer Regulierung“ genannt, da dieser Begriff umfassender sei[72] und sich auf den gesamten Regulierungszyklus beziehe.[73] Demgegenüber beschränke sich „Bessere Rechtsetzung“ nur auf eine bestimmte Phase des Regulierungszyklus – den Prozess der Rechtserzeugung – und per definitionem nur auf das Steuerungsinstrument des Rechts. Daher sei Bessere Rechtsetzung nur ein Teilbereich von Better Regulation.[74]

2. *Der Rechtsetzungsbegriff im Unionsrecht*

Der Begriff „Rechtsetzung“ wird weder in den EU-Verträgen – Art. 289 AEUV nennt ihn nicht ausdrücklich – noch vom EuGH definiert.[75] Allgemein wird Rechtsetzung als der Erlass von rechtsverbindlichen Rechtsakten durch die Organe der EU verstanden.[76] Nach dieser Definition soll Rechtsetzung nur die planvolle Rechtsetzung durch Hoheitsträger sein. Außerdem umfasse der Begriff der Rechtsetzung sowohl die Setzung von abstrakt-generellen und konkret-individuellen Regelungen als auch die Rechtsanwendung.[77] Einer Differenzierung zwischen Rechtsetzung und Rechtsanwendung wie im deutschen Recht stünden Eigenheiten des europäischen Rechtssystems entgegen.[78] So stehe die Rechtsanwendung im engen Kontext mit dem Vollzug des Unionsrechts.[79] Der Vollzug erfolge aber nicht nur durch Einzelakte, sondern auch durch allgemeine Regelungen.[80] Zudem berücksichtige dieses weite Verständnis von „Rechtsetzung“ die Verschiedenheit der nationalen Rechtsordnungen im Mehrebenensystem der EU.[81]

---

[71] In diesem Sinne wohl auch das Arbeitsprogramm der *Bundesregierung*, Kabinettsbeschluss vom 12. Dezember 2018, Arbeitsprogramm Bessere Rechtsetzung und Bürokratieabbau 2018, S. 1 ff., das zwischen Besserer Rechtsetzung und Bürokratieabbau trennt.

[72] *Weingarten*, Better Regulation in umwelt- und naturschutzrechtlichen Prüfungen, S. 8.

[73] *Wegrich*, Better Regulation, S. 14 f.; s. zum Regulierungsbegriff ausführlich *v. Danwitz*, in: DÖV 2004, S. 977 (977 ff.) und *Hill*, in: DÖV 2007, S. 809 (811).

[74] *Veit*, Bessere Gesetze durch Folgenabschätzung?, S. 18; *Wegrich*, Better Regulation, S. 12 und S. 18; *Weingarten*, Better Regulation in umwelt- und naturschutzrechtlichen Prüfungen, S. 8; *Xanthaki*, in: Garben/Govaere, The EU Better Regulation Agenda, S. 29 (30).

[75] S. berichtend *Härtel*, Hb. europäische Rechtsetzung, § 1 Rn. 4; *Pfeifer*, Bessere Rechtsetzung, S. 25.

[76] *Härtel*, Hb. europäische Rechtsetzung, § 1 Rn. 34.

[77] *Härtel*, Hb. europäische Rechtsetzung, § 1 Rn. 35.

[78] *Härtel*, Hb. europäische Rechtsetzung, § 1 Rn. 35; dem sich anschließend *Pfeifer*, Bessere Rechtsetzung, S. 27; vgl. ähnl. *Grams*, Zur Gesetzgebung der Europäischen Union, S. 64 ff.

[79] *Härtel*, Hb. europäische Rechtsetzung, § 1 Rn. 35.

[80] *Härtel*, Hb. europäische Rechtsetzung, § 1 Rn. 35.

[81] Vgl. ähnl. *Härtel*, Hb. europäische Rechtsetzung, § 1 Rn. 36.

3. Definition eines weiten Rechtsetzungsbegriffs

Die enge Definition des Rechtsetzungsbegriffs sowie die hieraus abgeleitete Unterscheidung zwischen Besserer Rechtsetzung und Better Regulation sind aus Sicht der deutschen Rechtsordnung formal begrifflich durchaus zutreffend. Dennoch eignet sich diese Differenzierung in Bezug auf die Ziele und Inhalte des Konzepts der Besseren Rechtsetzung nicht. Ein enger Rechtsetzungsbegriff erfordert, das Konzept inhaltlich – wie bereits erwähnt – zu beschränken oder – um dies zu vermeiden – die englische Bezeichnung Better Regulation zu verwenden.[82] Die Verwendung einer deutschen Übersetzung von Better Regulation, etwa als „Bessere Regulierung", steht vor dem Problem, dass der Regulierungsbegriff in Deutschland hauptsächlich mit der Aktivität von Regulierungsbehörden in Verbindung gebracht wird, die Unternehmen auf privatisierten Dienstleistungsmärkten regulieren;[83] diese Bezeichnung erscheint daher für das Konzept insoweit nicht zutreffend. Daher ist für das Konzept ein weiter Rechtsetzungsbegriff zu verwenden, der sich am Verständnis des europäischen Rechtsetzungsbegriffs orientiert.[84] Auf diese Weise kann das Konzept als Bessere Rechtsetzung bezeichnet werden, ohne dass deswegen sein Inhalt beschränkt werden müsste.[85] Ausgehend vom europäischen Rechtsetzungsbegriff definiert sich Rechtsetzung im Sinne des Konzepts also als jede planvolle Schaffung von abstrakt-generellen Rechtsnormen.[86] Außerdem meint der Begriff der Rechtsetzung im Zusammenhang mit dem Konzept nicht nur den Prozess der Schaffung von Rechtsvorschriften, sondern dient auch als Bezeichnung für die Gesamtheit aller Rechtsvorschriften in einer Rechtsordnung.[87] Aus der Verwendung des Begriffs der Rechtsetzung folgt entgegen der genannten Meinung[88] indes nicht, dass dem Konzept nur solche Instrumente zuzurechnen sind, die auf die Verbesserung des noch zu setzenden Rechts zielen. Vielmehr sprechen sowohl die begrifflich-historische Entwicklung des Konzepts[89] als auch die Zielsetzung, das Recht in

---

[82] S. dazu bereits die Ausführungen in diesem Kapitel auf S. 18 f.

[83] *Wegrich*, Better Regulation, S. 12; erneut darauf hinweisend *Schroeder*, in: ZG 2016, S. 193 (199); s. aber auch zu einem weiten Verständnis von Regulierung *Eifert*, in: Hoffmann-Riem/Schmidt-Aßmann/Voßkuhle, Grundlagen des Verwaltungsrechts I, § 19 Rn. 2 und 4 f.

[84] So bereits *Pfeifer*, Bessere Rechtsetzung, S. 29 und wohl auch *Schroeder*, in: ZG 2016, S. 193 (194).

[85] Teilweise wird Better Regulation auch in diesem Sinne schlicht als Übersetzung von Bessere Rechtsetzung angesehen, so offenbar *Jantz/Veit*, in: Blanke/Nullmeier/Reichard/Wewer, Hb. zur Verwaltungsreform, S. 509 (511); vgl. wohl ähnl. *Schroeder*, in: ZG 2016, S. 193 (198); a. A. *Weingarten*, Better Regulation in umwelt- und naturschutzrechtlichen Prüfungen, S. 8.

[86] Vgl. die ähnl. Definition des Rechtsetzungsbegriffs des Konzepts bei *Pfeifer*, Bessere Rechtsetzung, S. 29 und *Schroeder*, in: ZG 2016, S. 193 (194).

[87] Vgl. ähnl. *Herten-Koch*, Rechtsetzung und Rechtsbereinigung, S. 17.

[88] S. dazu bereits die Ausführungen in diesem Kapitel auf S. 19.

[89] S. hierzu die die Ausführungen in Kapitel 4 auf S. 64 ff. und insbesondere S. 68 f.

seiner Gesamtheit zu verbessern,[90] für einen weit verstandenen Rechtsetzungsbegriff,[91] nach dem auch solche Instrumente Teil des Konzepts sind, mit denen bereits gesetztes Recht optimiert werden soll.[92] Jedenfalls ist es dem Gesamtziel eines umfassend verbesserten Rechtszustands zuträglich, wenn auch das bestehende Recht verbessert und hierfür die Rechtsanwendung untersucht wird. Zeigt sich bei einer solchen Untersuchung beispielsweise, dass Mängel in der Rechtsanwendung entstehen, weil die vollzogene Regelung unzulänglich ausgestaltet ist, kann dies Anlass zu einem neuen Rechtsetzungsvorhaben geben.[93] Eine umfassende Verbesserung des Rechts kann daher nur gelingen, wenn auch die Anwendung bestehenden Rechts untersucht wird. Wie der europäische Rechtsetzungsbegriff muss sich allerdings auch der Rechtsetzungsbegriff des Konzepts auf planvolle Rechtsetzungstätigkeit beschränken. Nur bei der planvollen Rechtsetzung ist es möglich, Verfahren und Prozesse der Rechtsetzungsproduktion nachzuvollziehen, Fortschritte und Ergebnisse zu messen sowie anschließend zu verbessern. Hingegen schließen die spezifischen Entstehungsprozesse von Gewohnheits- oder Richterrecht eine Anwendung der Instrumente der Besseren Rechtsetzung von vornherein aus.

II. Rechtsetzung im vorliegenden Kontext

Für die weitere Untersuchung des Konzepts der Besseren Rechtsetzung wird von einem weiten Rechtsetzungsbegriff ausgegangen. Da allerdings in den nachfolgenden Kapiteln die Bessere Rechtsetzung in der EU untersucht wird,[94] bedarf es bezüglich des Begriffs der Rechtsetzung weiterer terminologischer Erläuterungen. Denn in der EU kann die planvolle Schaffung von abstrakt-generellen Rechtsnormen in unterschiedlichen Verfahren und unter Mitwirkung verschiedener Unionsorgane erfolgen.

1. Terminologie

Das Unionsrecht unterscheidet gemäß Art. 289 Abs. 3 AEUV zwischen Rechtsakt- und Gesetzgebungsakt. Während die Gesetzgebungsakte im ordentlichen

[90] Vgl. zu diesem Anspruch des Konzepts bereits die Ausführungen in diesem Kapitel auf S. 16 f. sowie grundlegend der Mandelkernbericht, S. 9.

[91] Im Ergebnis so wohl auch *Fink*, Better Regulation – Bessere Rechtsetzung in Europa, S. 1 f., allerdings ohne Begründung; *Pfeifer*, Bessere Rechtsetzung, S. 28; *Schroeder*, in: ZG 2016, S. 193 (194) und die Unionsorgane, vgl. COM(2015) 215 endgültig vom 19. Mai 2015, S. 3; Interinstitutionelle Vereinbarung über Bessere Rechtsetzung vom 13. April 2016, ABl. 2016 L 123/1, S. 7 Rn. 41 ff.

[92] Vgl. in diesem Zusammenhang auch *Rüefli*, in: LeGes 2017, S. 445 (452), nach dessen Meinung sich etwaige Instrumente auf den gesamten Regulierungszyklus und den institutionellen Rahmen zur Steuerung von Regulierungsaktivität beziehen müssen.

[93] S. ähnl. *Rüefli*, in: LeGes 2017, S. 445 (452), der diese Aufgabe der Besseren Rechtsetzung betont.

[94] S. dazu die nachfolgenden Kapitel, insbesondere ab S. 65 ff.

oder besonderen Gesetzgebungsverfahren erlassen werden und daher rechtsverbindlich sind, gilt Letzteres für Rechtsakte gemäß Art. 288 AEUV nur insoweit es sich um Tertiärrecht gemäß Art. 290 und Art. 291 AEUV handelt.[95] Nach der hier verwendeten Definition bedeutet Rechtsetzung insbesondere die planvolle Schaffung von Rechtsnormen, weswegen von ihr sowohl rechtsverbindliche Rechtsakte als auch Gesetzgebungsakte erfasst sind. Im Zusammenhang mit der Besseren Rechtsetzung ist es daher nicht notwendig, zwischen Gesetzgebungsakten und Rechtsakten zu trennen.[96] Deswegen werden im Folgenden hinsichtlich der unionalen Rechtserzeugung ausschließlich die Begriffe Rechtsakte, Rechtsetzung und Rechtsetzungsverfahren verwendet.

2. Grundzüge des europäischen Rechtsetzungsverfahrens

Die Inhalte und Instrumente der Besseren Rechtsetzung gelangen während unterschiedlicher Phasen eines Rechtsetzungsverfahrens zur Anwendung. Mithin ist es erforderlich, den Ablauf des europäischen Rechtsetzungsverfahrens grob zu skizzieren. Trotz der terminologischen Gleichsetzung von Gesetzgebungsakt und Rechtsakt wird als „Standardfall" des Rechtsetzungsverfahrens das im Folgenden beschriebene ordentliche Gesetzgebungsverfahren verstanden. Es wird in den folgenden Kapiteln für die Untersuchung der Instrumente und zur Illustration ihrer Wirkungsweise zugrunde gelegt, soweit nicht auf ein anderes Verfahren der Rechtserzeugung Bezug genommen wird.[97]

a) Zentrale Akteure

Unionsgesetzgeber ist gemäß Art. 14 Abs. 1 Satz 1 und Art. 16 Abs. 1 Satz 1 EUV das Parlament gemeinsam mit dem Rat.[98] Formal betrachtet ist die Kommission zwar am Rechtsetzungsverfahren zu beteiligen, wird von den EU-Verträgen aber nicht als Gesetzgeber bezeichnet.[99] Allerdings nimmt sie aufgrund der maßgeblich ihr obliegenden Rechtsetzungsvorbereitung eine bedeutende Stellung im Rechtsetzungsverfahren und bei der Anwendung der Instrumente der Besseren Rechtsetzung ein.[100] Im Zusammenhang mit der Besseren Rechtsetzung ist es daher gerechtfertigt, auch die Kommission als Rechtsetzungsorgan[101] zu bezeichnen.[102] Neben Kommission, Parlament und Rat sind den zentralen Akteuren im europäischen Rechtsetzungsverfahren auch die Mitglied-

---

[95] S. zum Ganzen *Cremer*, in: Calliess/Ruffert, EUV/AEUV, Art. 263 AEUV Rn. 56 und *Pfeifer*, Bessere Rechtsetzung, S. 27.

[96] So bereits *Pfeifer*, Bessere Rechtsetzung, S. 29.

[97] Vgl. hierzu die Ausführungen in Kapitel 6 auf S. 107 ff.

[98] Vgl. zum Ganzen *Pfeifer*, Bessere Rechtsetzung, S. 32.

[99] *Pfeifer*, Bessere Rechtsetzung, S. 32.

[100] Vgl. ähnl. *Pfeifer*, Bessere Rechtsetzung, S. 32.

[101] *Pfeifer*, Bessere Rechtsetzung, S. 32 verwendet den Begriff des „Gesetzgebers".

[102] Vgl. ähnl. *Pfeifer*, Bessere Rechtsetzung, S. 32, der die Kommission insoweit als Ge-

staaten zuzurechnen. Letztere sind zwar nicht unmittelbar am Rechtsetzungsverfahren beteiligt, werden aber häufig – etwa durch Konsultationen – in dieses einbezogen.[103] Außerdem sind sie für die ordnungsgemäße Anwendung und Umsetzung von Unionsrecht maßgeblich verantwortlich.[104]

b) Ablauf des Rechtsetzungsverfahrens

Hinsichtlich des Rechtsetzungsverfahrens kann zwischen dem inneren und dem äußeren Verfahren getrennt werden.[105] Das äußere Verfahren meint die formalen Schritte der Rechtsproduktion.[106] Das innere Verfahren hingegen betrifft die Abläufe der internen Entscheidungsfindung der Rechtsetzungsorgane.[107] Das innere Verfahren wird überwiegend durch die Anwendung der Instrumente der Besseren Rechtsetzung ausgestaltet,[108] wohingegen sich das äußere Verfahren nach den im Primärrecht festgelegten Verfahrensschritten bestimmt.[109] Darüber hinaus finden auch die Geschäftsordnungen des Europäischen Parlaments[110] und des Rates[111] sowie die Gemeinsame Erklärung zu den praktischen Modalitäten des Mitentscheidungsverfahrens[112] Anwendung.[113]

Gemäß Art. 289 Abs. 1 AEUV besteht das ordentliche Gesetzgebungsverfahren in der gemeinsamen Annahme einer Verordnung, einer Richtlinie oder eines Beschlusses durch das Europäische Parlament und den Rat auf Vorschlag der Kommission.[114] Der Kommission obliegt dabei gemäß Art. 17 Abs. 2 Satz 1 EUV und Art. 294 Abs. 2 AEUV die Vorbereitung. Sie arbeitet einen Rechtsetzungsentwurf entsprechend Art. 17 Abs. 1 Satz 1, Abs. 3 UAbs. 3 Satz 1 EUV vollständig unabhängig und unter Beachtung der allgemeinen Interessen der EU aus.[115] Anlass für eine Rechtsetzungsinitiative können unterschiedliche Gründe

setzgeber qualifiziert, als dass er unter den Begriff des „Gesetzgebers“ im Zusammenhang mit Besserer Rechtsetzung alle Organe fasst, die maßgeblich für die Rechtsetzung verantwortlich sind.

[103] S. dazu die Ausführungen in Kapitel 6 auf S. 160 ff.

[104] S. dazu die Ausführungen in Kapitel 6 auf S. 192 ff.

[105] Vgl. nur *Karpen*, in: JuS 2016, S. 577 (580); *Hoffmann*, in: ZG 1990, S. 97 (97 ff.).

[106] *Karpen*, in: Kluth/Krings, Gesetzgebung, S. 159 (175); *ders.*, in: JuS 2016, S. 577 (580).

[107] Vgl. ähnl. *Karpen*, in: Kluth/Krings, Gesetzgebung, S. 159 (177); *ders.*, in: JuS 2016, S. 577 (580).

[108] Vgl. ähnl. *Kluth*, in: Calliess/Ruffert, EUV/AEUV, Art. 293 AEUV Rn. 6.

[109] Vgl. in Bezug auf ein Rechtsetzungsverfahren allgemein *Karpen*, in: JuS 2016, S. 577 (580).

[110] Geschäftsordnung des Europäischen Parlaments, ABl. 2011 L 116, S. 1 ff.

[111] Geschäftsordnung des Rates der Europäischen Union, ABl. 2015 L 358, S. 25 ff.

[112] Gemeinsame Erklärung zu den praktischen Modalitäten des Mitentscheidungsverfahrens vom 6. Juni 2007, ABl. 2007 C 145, S. 5 ff.

[113] *Schoo*, in: von der Groeben/Schwarze/Hatje, Europäisches Unionsrecht, Art. 294 AEUV Rn. 13.

[114] S. zum Ganzen ausführlich *Robinson*, in: Karpen/Xanthaki, Legislation in Europe, S. 229 (238 f.).

[115] S. dazu eingehend *Frenz*, Hb. Europarecht, Institutionen und Politiken, Rn. 1743;

sein, etwa das Ergebnis einer Ex-Post-Evaluierung von bestehenden Rechtsvorschriften[116] oder die angestrebte Verwirklichung von politischen Zielen, die im Arbeitsprogramm der Kommission als sog. Prioritäten eingestuft wurden.[117] Im Rahmen der Vorbereitung eines Rechtsaktentwurfs führt die Kommission Konsultationen durch.[118] Dabei bedient sie sich auch der REFIT-Plattform (Regulatory Fitness and Performance [Effizienz und Leistungsfähigkeit der Rechtsetzung]), die im Wesentlichen die Funktion eines beratenden Sachverständigengremiums wahrnimmt.[119] Außerdem ermittelt die Kommission regelmäßig die voraussichtlichen Auswirkungen eines Rechtsaktentwurfs mit Hilfe von Folgenabschätzungen (Impact Assessment).[120] Zur Sicherstellung der Qualität der Folgenabschätzung überprüft der bei der Kommission eingerichtete Ausschuss für Regulierungskontrolle (Regulatory Scrutiny Board) die erstellten Folgenabschätzungsberichte.[121] Ferner muss der Wirtschafts- und Sozialausschuss sowie der Ausschuss der Regionen in den vertraglich bestimmten Fällen zum jeweiligen Rechtsetzungsentwurf angehört werden.[122] Darüber hinaus haben die nationalen Parlamente der Mitgliedstaaten das Recht, den Rechtsetzungsvorschlag gemäß dem Protokoll Nr. 1 über die Rolle der nationalen Parlamente[123] und dem Protokoll Nr. 2 über die Anwendung der Grundsätze der Subsidiarität und der Verhältnismäßigkeit[124] in dem dort vorgesehenen Umfang auf die Einhaltung des Subsidiaritätsprinzips zu prüfen.[125]

Die Beteiligung von Parlament und Rat im Rechtsetzungsverfahren folgt dem Grundgedanken, dass ein Rechtsakt nur erlassen werden kann, wenn beide Organe diesbezüglich positiv übereinstimmen.[126] Vorgesehen sind im ordentlichen Gesetzgebungsverfahren grundsätzlich zwei, im Falle eines Ver-

---

Schmidt/Schmitt v. Sydow, in: von der Groeben/Schwarze/Hatje, Europäisches Unionsrecht, Art. 17 EUV Rn. 75.

116 S. dazu näher die Ausführungen in Kapitel 6 auf S. 136 ff.

117 Vgl. zu dieser Programmplanung *Krajewski/Rösslein*, in: Grabitz/Hilf/Nettesheim, Das Recht der EU, Art. 289 AEUV Rn. 39.

118 *Schoo*, in: Schwarze, EU-Kommentar, Art. 294 AEUV Rn. 14; s. dazu Kapitel 6 S. 107 ff.

119 S. hierzu eingehend die Ausführungen in Kapitel 6 auf S. 160 ff.

120 S. berichtend *Robinson*, in: Karpen/Xanthaki, Legislation in Europe, S. 229 (238); *Schoo*, in: von der Groeben/Schwarze/Hatje, Europäisches Unionsrecht, Art. 294 AEUV Rn. 56; s. Kapitel 6 S. 116 ff.

121 S. dazu die Ausführungen in Kapitel 6 auf S. 150 ff.

122 *Krajewski/Rösslein*, in: Grabitz/Hilf/Nettesheim, Das Recht der EU, Art. 294 AEUV Rn. 20.

123 Protokoll (Nr. 1) zum Vertrag von Lissabon über die Rolle der nationalen Parlamente in der Europäischen Union, ABl. 2012 C 326, S. 1–390.

124 Protokoll (Nr. 2) über die Anwendung der Grundsätze der Subsidiarität und der Verhältnismäßigkeit, ABl. 2008 C 115, S. 206–209.

125 *Krajewski/Rösslein*, in: Grabitz/Hilf/Nettesheim, Das Recht der EU, Art. 294 AEUV Rn. 21.

126 Vgl. nur *Gellermann*, in: Streinz, EUV/AEUV, Art. 289 AEUV Rn. 2; *Robinson*, in: Karpen/Xanthaki, Legislation in Europe, S. 229 (238).

mittlungsverfahrens gegebenenfalls drei Lesungen,[127] abhängig davon, ob Parlament bzw. Rat den jeweiligen Standpunkt des Mitgesetzgebers mit der entsprechend erforderlichen Mehrheit billigen.[128] Häufig finden dabei informelle Verhandlungen zwischen den drei Organen (Trilog) statt.[129] In diesem Verfahrensabschnitt bildet der Kommissionsvorschlag die Grundlage für das weitere Rechtsetzungsverfahren und wird daher den im Parlament entsprechend zuständigen Ausschüssen zugeleitet.[130] Nachdem der Entwurf dort diskutiert wurde, übermittelt der Ausschuss dem Plenum eine entsprechende Empfehlung. Etwaige Änderungen des Kommissionsvorschlags werden im Verfahren der ersten Lesung vorgelegt, zu denen gegebenenfalls Folgenabschätzungen durchgeführt werden.[131] Im Rat prüft die jeweils spezialisierte Arbeitsgruppe (vorbereitende Gremien des Rates) den Kommissionsvorschlag.[132] Der jeweilige Vorsitzende beachtet dabei die politische Position, die vom Ausschuss Ständiger Vertreter der Mitgliedstaaten (AStV) oder dem Rat in der entsprechend zuständigen Ministerkonfiguration vorgegeben wird.[133] Für die redaktionelle Überprüfung des Rechtstextes sowie die Sicherstellung seiner einheitlichen Bedeutung in den Sprachen aller Mitgliedstaaten ist während des Rechtsetzungsverfahrens der Juristische Dienst des jeweils handelnden Organs zuständig.[134] Nach Annahme des Rechtsakts durch den Unionsgesetzgeber muss dieser gemäß Art. 296 Abs. 2 AEUV begründet und vom Präsidenten des Parlaments und des Rates gemäß Art. 297 Abs. 1 AEUV unterzeichnet werden.[135] Außerdem wird der Rechtsakt im Amtsblatt der EU veröffentlicht.[136] Darüber hinaus werden auch Dokumente, die im Zusammenhang mit dem Rechtsakt stehen, der Öffentlichkeit zugänglich gemacht.[137] Je nach Art des Rechtsakts muss er anschließend noch durch die Mitgliedstaaten umgesetzt werden.[138]

---

[127] *Streinz*, Europarecht, Rn. 559; s. *Kluth*, in: Calliess/Ruffert, EUV/AEUV, Art. 294 AEUV Rn. 16 ff.

[128] Vgl. hierzu ausführlich *Schoo*, in: von der Groeben/Schwarze/Hatje, Europäisches Unionsrecht, Art. 294 AEUV Rn. 12; vgl. ferner instruktiv *Streinz*, Europarecht, Rn. 549.

[129] *Kluth*, in: Calliess/Ruffert, EUV/AEUV, Art. 294 AEUV Rn. 18; *Robinson*, in: Karpen/Xanthaki, Legislation in Europe, S. 229 (240); *Schoo*, in: Schwarze, EU-Kommentar, Art. 294 AEUV Rn. 26.

[130] *Robinson*, in: Karpen/Xanthaki, Legislation in Europe, S. 229 (238).

[131] S. zu den Folgenabschätzungen in Parlament und Rat Kapitel 6 S. 123 ff. und S. 126 ff.

[132] *Robinson*, in: Karpen/Xanthaki, Legislation in Europe, S. 229 (240).

[133] *Robinson*, in: Karpen/Xanthaki, Legislation in Europe, S. 229 (240).

[134] S. dazu die Ausführungen in Kapitel 6 auf S. 182 ff.; vgl. auch ausführlich *Krajewski/Rösslein*, in: Grabitz/Hilf/Nettesheim, Das Recht der EU, Art. 294 AEUV Rn. 77.

[135] *Kluth*, in: Calliess/Ruffert, EUV/AEUV, Art. 294 AEUV Rn. 22.

[136] *Kluth*, in: Calliess/Ruffert, EUV/AEUV, Art. 294 AEUV Rn. 22.

[137] S. hierzu die Ausführungen in Kapitel 6 auf S. 178 ff.

[138] S. hierzu die Ausführungen in Kapitel 6 auf S. 192 ff.

III. Zwischenfazit

Dem Konzept der Besseren Rechtsetzung liegt ein weiter Rechtsetzungsbegriff zugrunde, der sich an dem Rechtsetzungsbegriff des Unionsrechts orientiert. Danach ist Rechtsetzung jede planvolle Schaffung von abstrakt-generellen Rechtsnormen. Der Begriff Rechtsetzung bezeichnet aber nicht nur den Schaffungsprozess von Recht, sondern auch die Gesamtheit aller Rechtsvorschriften in einer Rechtsordnung. Die Inhalte und Instrumente des Konzepts der Besseren Rechtsetzung beziehen sich daher gleichsam auf die Verbesserung der Prozesse der Rechtserzeugung und auf die Verbesserung des bereits bestehenden Rechts. Im Hinblick auf die europäische Rechtsetzung bedarf es – jedenfalls im Bereich der Besseren Rechtsetzung – keiner präzisen Unterscheidung zwischen Rechtsakt, Gesetzgebungsakt sowie Rechtsetzungsverfahren und Gesetzgebungsverfahren. Dennoch ist für das Konzept der Besseren Rechtsetzung das ordentliche Gesetzgebungsverfahren als Regelfall des europäischen Rechtsetzungsverfahrens zu begreifen. Dessen Ablauf ist dadurch gekennzeichnet, dass Parlament und Rat gemeinsam einen von der Kommission vorbereiteten – gegebenenfalls von den beiden Organen abgeänderten – Rechtsetzungsvorschlag annehmen.

C. „Besser“ als Bewertung der Rechtsetzung

Die Bezeichnung der Rechtsetzung als eine „Bessere“ Rechtsetzung charakterisiert diese als eine in gewisser Weise besondere Art der Rechtsetzung. Die Frage, was Rechtsetzung zu einer „Besseren“ Rechtsetzung macht, ist eine schwierige und nicht vollständig geklärte Frage,[139] die auch unabhängig vom Konzept der Besseren Rechtsetzung diskutiert wird.[140] „Besser“ lässt sich zunächst als Steigerung von „gut“ begreifen und allgemein definieren als „in einem hohen Maß gut“.[141] Ob daraus allerdings folgt, dass „Bessere Rechtsetzung“ eine Rechtsetzung beschreibt, die eine bereits „gute“ Rechtsetzung übertrifft, ist allerdings im Weiteren noch zu überprüfen.

---

[139] Als kritischen Zustand bewertet dies *Flückinger*, in: Legisprudence 2010, S. 213 (214); s. nur *Gündisch/Mathjisen*, Rechtsetzung und Interessenvertretung, S. 203; *Krajewski/Rösslein*, in: Grabitz/Hilf/Nettesheim, Das Recht der EU, Art. 289 AEUV Rn. 37; *Schroeder*, in: ZG 2016, S. 193 (195).

[140] Vgl. bspw. *Blum*, Wege zur besseren Gesetzgebung – sachverständige Beratung, Begründung, Folgenabschätzung und Wirkungskontrolle, Gutachten I zum 65. DJT, I 6 (I 6 ff.); *Ennuschat*, in: DVBl. 2004, S. 986 (986 ff.); *Junghans*, in: ZRP 1999, S. 359 (359 ff.); *Hill*, in: ZG 1993, S. 1 (1 ff.); *Karpen*, in: *Kluth/Krings*, Gesetzgebung, S. 159 ff.; *Müller/Uhlmann*, Elemente einer Rechtssetzungslehre, S. 49 ff.; *Redeker*, in: NJW 2002, S. 2756 (2756 ff.); *ders.*, in: ZRP 2004, S. 160 (160 ff.); *Schmidt-Eichstaedt*, in: DVBl. 1998, S. 322 (322 ff.); vgl. aber auch *Pedersen*, in: EJLR 2016, S. 159 (161), der in dieser Diskussion gutes Recht und Bessere Rechtsetzung gleichsetzt.

[141] *Wahrig*, Deutsches Wörterbuch, Stichwort „besser“, S. 259.

I. „Gute“ Rechtsetzung

1. Rechtsetzungsqualität

Mit dem Begriff „gutes Recht“ ist im vorliegenden Zusammenhang nicht gemeint, dass das Recht dem Wohl der Allgemeinheit dient, gerecht ist und den Rechtsfrieden sichert.[142] Was „gutes Recht“ ist, bestimmt sich nicht nach der rechtspolitischen oder rechtsphilosophischen Bewertung des Inhalts des Rechtsakts.[143] Vielmehr hat eine gute Rechtsetzung eine hohe Rechtsetzungsqualität.[144] Der Begriff „Qualität“ wird im allgemeinen Sprachgebrauch als positive Beschreibung für die Güte und Wertigkeit einer Sache im Sinne seiner Hochwertigkeit verwendet,[145] meint aber zunächst nur die äußere Erscheinungsform und die innere Beschaffenheit eines bestimmten Gegenstandes.[146] Die Qualität eines Gegenstandes kann daher nicht abstrakt, sondern nur bezogen auf solche Eigenschaften und Anforderungen gemessen werden, die zuvor festgelegt wurden und deren Erfüllung nachgewiesen werden kann.[147] Die Höhe der Rechtsetzungsqualität richtet sich daher nach der Erfüllung gewisser Standards und Kriterien.[148] Der Begriff der Rechtsetzungsqualität wird also mit verschiedenen Inhalten verknüpft, die als Maßstab zur Beurteilung der Güte der Rechtsetzung dienen (Qualitätskriterien).[149] Rechtsetzungsqualität lässt sich folglich definieren als die Summe aller Kriterien, die eine Rechtsetzung aufweisen soll.

a) Qualitätskriterien

Hinsichtlich der Fragen, welche dieser Qualitätskriterien eine Rechtsetzung erfüllen muss, um als „gute“ Rechtsetzung zu gelten, und wie diese Kriterien zu systematisieren sind, besteht keine Einigkeit.[150] Bestimmte Kriterien sind

---

[142] *Gündisch/Mathijsen*, Rechtsetzung und Interessenvertretung, S. 203.

[143] *Gündisch/Mathijsen*, Rechtsetzung und Interessenvertretung, S. 203; *Fliedner*, Rechtsetzung in Deutschland, S. 60.

[144] S. ähnl. *Gündisch/Mathijsen*, Rechtsetzung und Interessenvertretung, S. 203; vgl. eingehend zur Rechtsetzungsqualität *Pedersen*, in: EJLR 2016, S. 159 (160) sowie mit einem eigenen Ansatz die *OECD*, Ausblick Regulierungspolitik 2018, S. 27 ff.

[145] *Fliedner*, Rechtsetzung in Deutschland, S. 58.

[146] Vgl. *Grimm*, Deutsches Wörterbuch, Stichwort „Qualität“, S. 2307; diesen Qualitätsbegriff ebenfalls zugrunde legend *Grüner*, Quantität und Qualität der europäischen Rechtsetzung, S. 21.

[147] *Fliedner*, Rechtsetzung in Deutschland, S. 59; *ders.*, Moderner Staat – moderne Gesetzgebung?, S. 8.

[148] So auch etwa *Fliedner*, Rechtsetzung in Deutschland, S. 59; *Schroeder*, in: ZG 2016, S. 193 (197) und *Winter*, in: Wintgens, Legisprudence, S. 139 (145); s. aber auch mit einem teilweise anderen Verständnis der Rechtsetzungsqualität *Pedersen*, in: EJLR 2016, S. 159 (165).

[149] Vgl. ähnl. *Grüner*, Quantität und Qualität der europäischen Rechtsetzung, S. 19.

[150] *Krajewski/Rösslein*, in: Grabitz/Hilf/Nettesheim, Das Recht der EU, Art. 289 AEUV Rn. 37; vgl. dies ebenfalls feststellend *v. Lochem/Westerman*, Legisprudence 2010, S. 107

als für eine hohe Rechtsetzungsqualität wesentlich anerkannt,[151] zu denen insbesondere die folgenden zählen: Verständlichkeit, Klarheit, Bestimmtheit und Beständigkeit.[152] Diese Kriterien beziehen sich vor allem auf die äußere Gestaltung eines Rechtsakts und des Rechtstextes, der von einer klaren, einfachen und eindeutigen Sprache sowie von einer treffenden Begriffswahl, folgerichtiger Begriffsverwendung und einer nachvollziehbaren Struktur gekennzeichnet sein soll.[153] Diesen anerkannten Kriterien wird außerdem häufig das Kriterium der Kohärenz hinzugefügt, die im Sinne von Widerspruchsfreiheit verstanden wird; einerseits in Bezug auf die in einem Rechtsakt verwendeten Begriffe, andererseits hinsichtlich verschiedener Rechtsakte zueinander.[154] Teilweise werden auch Kodifizierung und Deregulierung als Kriterien guter Rechtsetzung angesehen.[155] Zudem werden vereinzelt für eine hohe Rechtsetzungsqualität Begründungspflichten und Folgenabschätzungen,[156] die Einhaltung von Subsidiaritäts- und Verhältnismäßigkeitsprinzip, ein hohes Maß an Transparenz des Rechtsetzungsverfahrens einschließlich des Zugangs zu Rechtsvorschriften sowie ein Mindestmaß an Rechtsetzungsplanung gefordert.[157] Ferner soll für eine gute Rechtsetzung auch eine verbesserte Steuerungswirkung des Rechts kennzeichnend sein,[158] weswegen als weitere Qualitätskriterien insbesondere die Effektivität, Effizienz,[159] Vollzugseignung[160] und Funktionsgerechtigkeit[161] der Rechtsetzung verlangt werden.

---

(109); s. zum Ganzen auch *Schulze-Fielitz*, in: Meßerschmidt/Oliver-Lalana, Rational Law Making, S. 33 (35 f.) sowie ferner auch *Meister-Scheufelen*, in: ZG 2018, S. 231 (234).

[151] *Krajewski/Rösslein*, in: Grabitz/Hilf/Nettesheim, Das Recht der EU, Art. 289 AEUV Rn. 37.

[152] S. aber teilweise auch abweichend *R. Dreier*, in: Diedrichsen/Dreier, Das mißglückte Gesetz, S. 1 (1 ff.); *Ennuschat*, in: DVBl. 2004, S. 986 (988 f.); *Gündisch*, in: Basedow/Drobing/Ellger/Hopt/Kötz/Kulms/Mestmäcker, Aufbruch nach Europa, S. 109 ff. (109 f.); *Grüner*, Quantität und Qualität der europäischen Rechtsetzung, S. 23; *Hill*, Einführung in die Gesetzgebungslehre, S. 96 ff.; *Karpen*, Gesetzgebungslehre – neu evaluiert, S. 40; *ders.*, in: JuS 2016, S. 577 (582); *Lücke*, in: ZG 2001, S. 1 (4 ff.); *Rüefli*, in: LeGes 2017, S. 445 (449); *Schroeder*, in: ZG 2016, S. 193 (195); s. zu diesen und den nachfolgenden Begriffen auch Kapitel 5 S. 90 ff.

[153] *Krajewski/Rösslein*, in: Grabitz/Hilf/Nettesheim, Das Recht der EU, Art. 289 AEUV Rn. 37.

[154] S. etwa *Grüner*, Quantität und Qualität der europäischen Rechtsetzung, S. 26. Vgl. zum Begriff der Kohärenz die Ausführungen in diesem Kapitel auf S. 94 ff.

[155] *Gündisch/Mathijsen*, Rechtsetzung und Interessenvertretung, S. 203 (206 ff.); *Krajewski/Rösslein*, in: Grabitz/Hilf/Nettesheim, Das Recht der EU, Art. 289 AEUV Rn. 38.

[156] *Krajewski/Rösslein*, in: Grabitz/Hilf/Nettesheim, Das Recht der EU, Art. 289 AEUV Rn. 40; *Schipper*, Lebensmittelkennzeichnung im Lichte des wohlgeordneten Rechts, S. 65 ff. und S. 70 f.

[157] So etwa COM(2015) 215 endgültig vom 19. Mai 2015, S. 3; *Krajewski/Rösslein*, in: Grabitz/Hilf/Nettesheim, Das Recht der EU, Art. 289 AEUV Rn. 37 ff.; Interinstitutionelle Vereinbarung über Bessere Rechtsetzung vom 13. April 2016, ABl. 2016 L 123/1, S. 2 Rn. 4 ff. und S. 7 Rn. 38 f.; *Pfeifer*, Bessere Rechtsetzung, S. 144.

[158] *Hill*, Einführung in die Gesetzgebungslehre, S. 96.

[159] So etwa *v. Beyme*, Der Gesetzgeber, S. 320; im Ergebnis auch COM(2015) 215 end-

b) Unterschiedliche Terminologie und Systematisierungsansätze

Die genannten Kriterien werden teilweise in Abgrenzung zum materiellen (politischen) Inhalt eines Rechtsakts unter den Begriff der formalen Qualität gefasst.[162] Neben den Kriterien wie etwa Klarheit und Systematik zählen nach dieser Unterscheidung zur formalen Qualität daher auch Kodifizierung und Deregulierung.[163] Teilweise werden Klarheit, Bestimmtheit und Beständigkeit als materielle Anforderungen, Begründungspflichten und Folgenabschätzung hingegen als formelle Anforderungen an die Rechtsetzung bezeichnet.[164] Verbreiteter ist es allerdings ohne Ansehung des politischen Inhalts und der Zielsetzung des Rechtsakts die Qualitätskriterien allein danach zu unterscheiden, ob sie sich auf die Form des Rechtsakts oder auf seine allgemein inhaltliche Wirkung beziehen.[165] Letztere – teilweise als „inhaltliche" Kriterien bezeichnet[166] – sollen insbesondere die Kriterien der Wirksamkeit, Effektivität und Effizienz umfassen,[167] wohingegen zu den „formalen Kriterien" – auch rechtstechnische Fassung der Gesetzesform,[168] gesetzgebungsfachliche Standards[169] oder „gesetzes"-technische Kriterien[170] genannt – ganz überwiegend die Kriterien der Verständlichkeit, Klarheit, Bestimmtheit und Beständigkeit gezählt werden.[171] Soweit die Qualitätskriterien die Form des Rechtstextes betreffen,

gültig vom 19. Mai 2015, S. 3 und S. 10 sowie ebenfalls zustimmend *Deckert*, in: ZG 1995, S. 240 (243 ff.); *Hugger*, Gesetze – ihre Vorbereitung, Abfassung und Prüfung, S. 45 ff.; *Schulze-Fielitz*, in: JZ 2004, S. 862 (863); *Xanthaki*, in: Garben/Govaere, The EU Better Regulation Agenda, S. 29 (29 ff.).

160 So bspw. die Kommission in COM(2015) 215 endgültig vom 19. Mai 2015, S. 3 und ebenso *Karpen*, Gesetzgebungslehre – neu evaluiert, S. 39; *Müller/Uhlmann*, Elemente einer Rechtssetzungslehre, S. 94 ff.; *Schulze-Fielitz*, in: JZ 2004, S. 862 (863).

161 Vgl. nur *Grams*, Zur Gesetzgebung der Europäischen Union, S. 83 f.; s. weitergehend *Gravert*, in: ZG 1991, S. 97 (114); *Müller/Uhlmann*, Elemente einer Rechtssetzungslehre, S. 83 f.; *Schulze-Fielitz*, in: JZ 2004, S. 862 (863); vgl. auch *Karpen*, in: Kluth/Krings, Gesetzgebung, S. 180, der die Kriterien des Zielerreichungsgrads, der Durchsetzbarkeit und der Kostengünstigkeit nennt.

162 Mit diesem Ansatz *Gündisch/Mathijsen*, Rechtsetzung und Interessenvertretung, S. 203; wohl auch *Herten-Koch*, Rechtsetzung und Rechtsbereinigung, S. 17; s. ähnl. *Schulze-Fielitz*, Theorie und Praxis parlamentarischer Gesetzgebung, S. 514.

163 *Gündisch/Mathijsen*, Rechtsetzung und Interessenvertretung, S. 203; *Herten-Koch*, Rechtsetzung und Rechtsbereinigung, S. 17.

164 *Schipper*, Lebensmittelkennzeichnung im Lichte des wohlgeordneten Rechts, S. 65 ff.

165 So etwa *Grüner*, Quantität und Qualität der europäischen Rechtsetzung, S. 22; vgl. auch die ähnl. Systematisierung bei *Flückinger*, in: Legisprudence 2010, S. 213 (215 f.) und *Rüefli*, in: LeGes 2017, S. 445 (449) sowie den differenzierteren Ansatz bei *Pedersen*, in: EJLR 2016, S. 159 (169).

166 Vgl. bspw. *Grüner*, Quantität und Qualität der europäischen Rechtsetzung, S. 27.

167 *Grüner*, Quantität und Qualität der europäischen Rechtsetzung, S. 27.

168 *Schulze-Fielitz*, Theorie und Praxis parlamentarischer Gesetzgebung, S. 514.

169 *Fliedner*, Rechtsetzung in Deutschland, S. 59.

170 *Grüner*, Quantität und Qualität der europäischen Rechtsetzung, S. 23.

171 *Fliedner*, Rechtsetzung in Deutschland, S. 69 ff.; *Grüner*, Quantität und Qualität der europäischen Rechtsetzung, S. 23; vgl. ähnl. *Herten-Koch*, Rechtsetzung und Rechtsberei-

wird hierfür auch teilweise der Begriff der redaktionellen Qualität verwendet, womit insbesondere eine nachvollziehbare Gliederung sowie eine verständliche und adressatengerechte Sprache gemeint sind.[172] Teilweise wird dies auch unter den Begriff der Rechtsförmlichkeit gefasst, die die Form des Rechtsakts, seinen Aufbau, Gliederung und Systematik beschreibt sowie die Verwendung bestimmter Formatierungen, Überschriften und Standardformulierungen voraussetzt,[173] aber auch Vorgaben zu seiner Veröffentlichung macht.[174] Von den „inhaltlichen" Kriterien werden zum Teil solche Kriterien wieder ausgenommen, die die Rechtmäßigkeit eines Rechtsakts betreffen.[175] Zum Teil werden sie aber ausdrücklich einbezogen und als wesentliche Qualitätskriterien angesehen, wie das etwa für die Einhaltung des Subsidiaritäts- und des Verhältnismäßigkeitsprinzips sowie die Beachtung von Rechtsetzungskompetenzen der Fall ist.[176] Mit Blick auf die Anzahl von Rechtsvorschriften wird teilweise zwischen Rechtsetzungsqualität und Quantität der Rechtsetzung im Sinne der Anzahl an Rechtsvorschriften und deren Detaillierungsgrad differenziert.[177] Ferner wird in Bezug auf das Verhältnis der einzelnen Qualitätskriterien zum Teil von einem funktionalen Rechtsetzungsqualitätsbegriff ausgegangen, wonach für das zentrale Qualitätskriterium der „Wirksamkeit" primär entscheidend sein soll, inwieweit Rechtsetzung dazu geeignet ist, ein mit ihr verfolgtes beliebiges, politisches Ziel zu erreichen.[178] Die Wirksamkeit der Rechtsetzung soll nach diesem Ansatz dadurch gesteigert werden, dass zunächst die Kriterien der Effektivität

---

nigung, S. 18 f.; *Krajewski/Rösslein*, in: Grabitz/Hilf/Nettesheim, Das Recht der EU, Art. 289 AEUV Rn. 37.

[172] *Krajewski/Rösslein*, in: Grabitz/Hilf/Nettesheim, Das Recht der EU, Art. 289 AEUV Rn. 37; vgl. auch *Pfeifer*, Bessere Rechtsetzung, S. 149, der von „redaktionellen Anforderungen" spricht.

[173] *Fliedner*, Rechtsetzung in Deutschland, S. 67.

[174] *Krajewski/Rösslein*, in: Grabitz/Hilf/Nettesheim, Das Recht der EU, Art. 289 AEUV Rn. 37.

[175] So etwa *Grüner*, Quantität und Qualität der europäischen Rechtsetzung, S. 27.

[176] So etwa die Unionsorgane in der Better Regulation Toolbox, S. 7 und der Interinstitutionellen Vereinbarung über Bessere Rechtsetzung vom 13. April 2016, ABl. 2016 L 123/1, S. 2 Rn. 2; ebenso *Mader*, in: LeGes 2007, S. 391 (391 f.); s. ausführlich dazu *Pfeifer*, Bessere Rechtsetzung, S. 41 ff.

[177] So *Grüner*, Quantität und Qualität der europäischen Rechtsetzung, S. 20, der außerdem noch weiter zwischen der zunehmenden Detaillierung von bereits bestehenden Regelungen und der Dynamisierung als Ausdehnung von Rechtsetzung auf zuvor nicht geregelte Lebenssachverhalte unterscheidet.

[178] *Xanthaki*, in: Garben/Govaere, The EU Better Regulation Agenda, S. 29 (30); s. bereits zuvor *dies.*, in: Mader/de Almeida, Quality of Legislation, S. 75 (81); s. zustimmend wohl auch *Weingarten*, Better Regulation in umwelt- und naturschutzrechtlichen Prüfungen, S. 25; vgl. ferner ähnl. *Grams*, Zur Gesetzgebung der Europäischen Union, S. 230 und *Hugger*, Gesetze – ihre Vorbereitung, Abfassung und Prüfung, S. 45; s. ähnl., aber insgesamt mit einem eigenen Systematisierungsansatz *OECD*, Ausblick Regulierungspolitik 2018, S. 27 ff. Auch die Kommission geht von einem funktionalen Verständnis der Rechtsetzungsqualität aus, vgl. COM(2015) 215 endgültig vom 19. Mai 2015, S. 3.

und Effizienz, anschließend die Kriterien der Klarheit, Präzision und diesen nachrangig die Kriterien Eindeutigkeit und Einfachheit verwirklicht werden.[179] Dabei werden die genannten Kriterien teilweise anders als gebräuchlich definiert. Effektivität soll etwa die Bereitstellung der erforderlichen und geeigneten Mittel zur Zielerreichung bedeuten, wohingegen Effizienz nur die Kosteneffizienz erfassen soll.[180]

2. *Systematisierungsvorschlag*

Angesichts der unterschiedlichen Terminologie und Systematisierungsansätze ist es für den Gang der weiteren Untersuchung erforderlich, eine einheitliche Terminologie und Systematisierung festzulegen. Hierfür wird zunächst von dem Ansatz ausgegangen, der den konkreten politischen Regelungsinhalt eines Rechtsakts unberücksichtigt lässt,[181] ohne dies zugleich begrifflich besonders hervorzuheben. Des Weiteren wird an die grundlegende Differenzierung zwischen „formalen“ und „inhaltlichen“ Qualitätskriterien angeknüpft,[182] allerdings anstatt des Begriffs „inhaltliche Kriterien“ der Begriff „materielle Qualitätskriterien“ verwendet,[183] um Missverständnissen in Bezug auf den politischen Inhalt eines Rechtsakts vorzubeugen. Außerdem wird der Begriff der „formellen“ Rechtsetzungsqualität verwendet. Der Begriff „formell“ betont, dass sich diese Qualitätskriterien umfassend auf formelle Aspekte eines Rechtsakts, neben der Form also auch auf Zuständigkeits- und Verfahrensfragen, beziehen. Dementsprechend wird wie folgt zwischen einer formellen und einer materiellen Rechtsetzungsqualität unterschieden: Alle Kriterien, die im Zusammenhang mit formellen Aspekten eines Rechtsakts stehen, sind der formellen Rechtsetzungsqualität zuzurechnen. Zu ihnen zählen insbesondere solche Qualitätskriterien, die die Form eines Rechtsakts, wie etwa Verständlichkeit, Klarheit, Bestimmtheit und Systematik, betreffen.[184] Auch die Beständigkeit von Rechtsnormen ist Teil der formellen Rechtsetzungsqualität, da diese in engem Zusammenhang mit der formellen Gestaltung von Rechtsvorschriften steht.[185] Außerdem sind die Anwendung von bestimmten Instrumenten im Rechtset-

---

[179] S. zum Ganzen ausführlich *Xanthaki*, in: Garben/Govaere, The EU Better Regulation Agenda, S. 29 (31 ff.) und *dies.*, in: Legisprudence 2010, S. 111 (114 f.), die dies insbesondere in Bezug auf die Ausarbeitung eines Rechtsaktentwurfs vorschlägt; s. mit ähnl. Ansatz *Mousmouti*, in: The Theory and Practice of Legislation 2014, S. 309 (309 ff.) sowie *Pedersen*, in: EJLR 2016, S. 159 (167 ff.).

[180] S. zur Terminologie *Xanthaki*, in: Garben/Govaere, The EU Better Regulation Agenda, S. 29 (32 f.).

[181] Vgl. dazu die Ausführungen in diesem Kapitel auf S. 30.

[182] Vgl. die ähnl. Differenzierung bei *Rüefli*, in: LeGes 2017, S. 445 (449).

[183] S. ähnl. *Karpen*, in: JuS 2016, S. 577 (581), der ebenfalls den Begriff materielle Kriterien verwendet.

[184] S. zu diesen Begriffen auch die Ausführungen in Kapitel 5 auf S. 90 ff.

[185] Vgl. dazu die Ausführungen in Kapitel 3 auf S. 51.

zungsverfahren, wie etwa der Folgenabschätzung, sowie die Einhaltung von bestimmten Verfahrensstandards der formellen Rechtsetzungsqualität zuzuordnen. Im weiteren Sinne kann der formellen Rechtsetzungsqualität auch die Sicherstellung der Rechtsförmlichkeit in einem Rechtsetzungsverfahren (Rechtsförmlichkeitsprüfung)[186] zugerechnet werden. Die Rechtsförmlichkeitsprüfung trägt zur Verwirklichung verschiedener Qualitätskriterien – wie etwa der Systematik von Rechtsakten – bei,[187] indem sie beispielsweise die Einhaltung von Vorgaben für die einheitliche Gliederung der Rechtstexte überprüft. Die Begriffe rechtstechnische, gesetzgebungstechnische oder gesetzesfachliche Kriterien werden synonym für den Begriff der formellen Qualitätskriterien verwendet. Mit dem Begriff der redaktionellen Qualität wird insbesondere der Aspekt der sprachlichen und systematischen Gestaltung von Rechtstexten betont. Kriterien, die sich auf die generelle und grundsätzliche inhaltliche Ausgestaltung eines Rechtsakts beziehen – ohne dabei einen bestimmten politischen Inhalt zu bewerten – sind als materielle Qualitätskriterien zu qualifizieren. Hierzu zählen insbesondere die Kriterien der Effektivität, Effizienz und Vollzugseignung. Effektivität wird dabei als Grad der Zielerreichung,[188] Effizienz als Bezeichnung der Relation von Mitteleinsatz und Zielerreichung[189] verstanden. Im Übrigen ist die Quantität von Rechtsetzung im Sinne der Anzahl von Rechtsakten und deren Detaillierungsgrad nicht als eigene Kategorie zu begreifen, sondern kann als Teilaspekt der Rechtsetzungsqualität aufgefasst werden.[190] Ein hoher Detaillierungsgrad kann etwa die Lesbarkeit von Rechtstexten beeinträchtigen, eine hohe Anzahl von Rechtsakten die Auffindbarkeit bestimmter Rechtsakte erschweren oder die Widerspruchsfreiheit zwischen Rechtsakten stören. Daher kann die Quantität der Rechtsetzung auch im Rahmen der Kriterien der Rechtsetzungsqualität bewertet werden. Des Weiteren sind als materielle Qualitätskriterien auch solche Kriterien einzubeziehen, die im Zusammenhang mit der Rechtmäßigkeit eines Rechtsakts stehen, wie etwa Subsidiarität und Verhältnismäßigkeit, da deren Einhaltung sich auf die Akzeptanz der Rechtsetzung auswirken kann. Hingegen zählen zu den materiellen Kriterien nicht die übergeordneten Ziele einer guten Rechtsetzung, wie etwa die Erhöhung der Legitimität oder die Stärkung einer fakten- und wissensgestützten Rechtsetzung. Diese Ziele werden erst durch die Erfüllung der Qualitätskriterien erreicht. Mit Blick auf eine weitere Systematisierung der Qualitätskriterien ist hier im Anschluss

[186] Die Rechtsförmlichkeitsprüfung wird häufig in einem standardisierten Verfahren von einer eigens hierfür zuständigen Stelle durchgeführt, die dabei auch andere Qualitätskriterien überprüfen kann, vgl. dazu näher die Ausführungen in Kapitel 6 auf S. 185 ff.

[187] *Fliedner*, Rechtsetzung in Deutschland, S. 67 geht davon aus, dass beides untrennbar miteinander verbunden sei.

[188] Vgl. ähnl. *Grüner*, Quantität und Qualität der europäischen Rechtsetzung, S. 29.

[189] Vgl. ähnl. *Fliedner*, Rechtsetzung in Deutschland, S. 75.

[190] So auch *Herten-Koch*, Rechtsetzung und Rechtsbereinigung, S. 17.

an den dargestellten Vorschlag[191] von einem funktionalen Rechtsetzungsqualitätsbegriff auszugehen. Denn Recht hat vor allem die Funktion, Verhalten zu steuern, und Rechtsvorschriften sollen dem Gesetzgeber als Gestaltungsmittel im Hinblick auf staatliche Ordnung und soziale Wirklichkeit dienen.[192] Daher ist eine Rechtsetzung vor allem dann gut, wenn sie geeignet ist, jede beliebige (politische) Zielsetzung zu verwirklichen; das Recht also eine hohe Steuerungs- und Gestaltungswirksamkeit aufweist. Eine weitere Hierarchisierung der Qualitätskriterien ist aber nicht geboten. Vielmehr ist von der Gleichwertigkeit der Qualitätskriterien in Bezug auf ihren Beitrag zur Verbesserung der Rechtsetzungsqualität auszugehen.[193] Denn es lässt sich nicht verlässlich feststellen, inwieweit die Verwirklichung bestimmter Qualitätskriterien einer guten Rechtsetzung mehr zuträglich ist als die Verwirklichung anderer. Um die Steuerungs- und Gestaltungswirkung des Rechts optimal zu steigern, verwirklicht eine gute Rechtsetzung daher möglichst viele formelle und materielle Qualitätskriterien.

II. „Bessere" Rechtsetzung

Kennzeichendend für eine „Bessere" Rechtsetzung ist demnach, dass bestehende und neu zu schaffende Rechtsnormen formelle und materielle Qualitätskriterien erfüllen.[194] Des Weiteren hat die Verwendung des Begriffs „Besser" die gleiche Funktion wie andere in diesem Zusammenhang verwendete Begriffe, etwa der Begriff „optimal". Durch solche Begriffe wird betont, dass an die Rechtsetzung keine utopischen Anforderungen gestellt werden. Die Rechtsetzung wird nicht anhand eines absoluten Maßstabs bewertet,[195] sie muss also nicht „perfekt" oder die „beste" Rechtsetzung, sondern lediglich „besser" sein.[196] Darüber hinaus kommt dem Begriff „Besser" die weitere Funktion zu, die angestrebte Steigerung der Rechtsetzungsqualität besonders hervorzuheben. Denn der Begriff lässt sich so verstehen, dass er den zu erreichenden Zustand derart in Relation zum Ausgangszustand setzt, dass Letzterer übertroffen wird. Zur Bestimmung dessen, was „Besser" ist, bedarf es daher der Festlegung eines Ausgangszustands.[197] Dieser Ausgangszustand kann etwa in Bezug auf

---

[191] S. zu diesem bereits dargestellten Ansatz die Ausführungen in diesem Kapitel auf S. 30.

[192] *Fliedner*, Rechtsetzung in Deutschland, S. 54; *Röhl/Röhl*, Allgemeine Rechtslehre, S. 251; *Steinbach*, Rationale Gesetzgebung, S. 50 und S. 75.

[193] Vgl. ähnl. *Grams*, Zur Gesetzgebung der Europäischen Union, S. 230, der in diesem Zusammenhang unter Verweis auf *Hill*, Einführung in die Gesetzgebungslehre, S. 119 den Begriff des „magischen Fünfecks" verwendet.

[194] Teilweise wird die Bessere Rechtsetzung daher auch nur als „Neuauflage" der Diskussion um gute Gesetze angesehen, vgl. *Pedersen*, in: EJLR 2016, S. 159 (161).

[195] Vgl. ähnl. *Smeddinck*, Integrierte Gesetzesproduktion, S. 214 f.

[196] Vgl. in Bezug auf optimale Rechtsetzung *Smeddinck*, Integrierte Gesetzesproduktion, S. 214.

[197] *Schulze-Fielitz*, in: JZ 2004, S. 862 (863); vgl. ähnl. *Pfeifer*, Bessere Rechtsetzung, S. 18.

die Rechtsetzungsqualität ermittelt werden. So können als Ausgangszustand beispielsweise der Zustand einer Rechtsetzung in einer bestimmten Rechtsordnung sowie deren konkrete Mängel dienen, die durch die Gesetzeskritik zu einem bestimmten Zeitpunkt erkannt wurden.[198] Wird dieser festgelegte Ausgangszustand überwunden, wird der Zustand einer „Besseren Rechtsetzung" erreicht.[199]

III. Zwischenfazit

Gute Rechtsetzung zeichnet sich durch eine hohe Rechtsetzungsqualität aus. Die Rechtsetzungsqualität bemisst sich an der Erfüllung verschiedener Qualitätskriterien. Diese Qualitätskriterien können sich sowohl auf formelle Aspekte eines Rechtsakts, wie etwa auf seine Erzeugung im Rechtsetzungsverfahren oder seine Form (formelle Rechtsetzungsqualität), als auch auf die inhaltliche Wirkung (materielle Rechtsetzungsqualität) beziehen. In formeller Hinsicht müssen beispielsweise im Rechtsetzungsverfahren bestimmte Instrumente verwendet und bestimmte Verfahrensstandards eingehalten werden.[200] Rechtsakte müssen außerdem mit Blick auf ihre Form bestimmten Anforderungen genügen, etwa verständlich, systematisch und bestimmt sein. Zu den formellen Qualitätskriterien zählen insbesondere: Verständlichkeit, Klarheit, Bestimmtheit, Beständigkeit und Systematik. Den materiellen Qualitätskriterien sind hingegen Effektivität, Effizienz und Vollzugseignung zuzurechnen. Keine Qualitätskriterien sind solche Inhalte, die selbst Ziele der Besseren Rechtsetzung sind. Außerdem soll das Streben nach einer hohen Rechtsetzungsqualität die Eignung der Rechtsetzung steigern, eine beliebige (politische) Zielsetzung zu verwirklichen (funktionaler Rechtsetzungsqualitätsbegriff). Die Bezeichnung einer Rechtsetzung mit dem Prädikat „Besser" hat darüber hinaus die Funktionen, klarzustellen, dass nur eine relative Verbesserung der Rechtsetzungsqualität angestrebt wird, wobei die Überwindung eines als kritikwürdig erkannten Ausgangszustands der Rechtsetzung betont wird.

---

[198] So etwa *Herten-Koch*, Rechtsetzung und Rechtsbereinigung, S. 17 ff.; vgl. diese Möglichkeit ebenfalls aufzeigend *Pedersen*, in: EJLR 2016, S. 159 (160); s. aber auch anders *Grimm/Brocker*, in: ZG 1999, S. 58 (60), die davon ausgehen, dass es eine Daueraufgabe des Gesetzgebers sei, die Rechtsetzungsqualität zu verbessern; vgl. ferner *Wegrich*, Better Regulation, S. 31, der von der Prämisse ausgeht, dass die Art und Weise der gegenwärtigen „Regulierung" problematisch sei.

[199] Vgl. ähnl. *Pfeifer*, Bessere Rechtsetzung, S. 18; auch *Müller*, in: LeGes 2017, S. 469 (469), der Gesetze als „besser" bewertet, wenn sie bestimmte Mängel nicht aufweisen, deren Vorhandensein anhand von Qualitätskriterien geprüft wird.

[200] Vgl. ähnl. *Radaelli/Meuwese*, in: PA 2009, S. 639 (641); vgl. die ähnl. Definitionen bei *Dawson*, in: CMLR 53 (2016), S. 1209 (1210 und 1233); *Martinez Iglesias*, in: Garben/Govaere, The EU Better Regulation Agenda, S. 105 (106); *Rüefli*, in: LeGes 2017, S. 445 (452); *Schroeder*, in: ZG 2016, S. 193 (194), die insbesondere diesen prozeduralen Aspekt als wesentlich für eine Bessere Rechtsetzung ansehen.

D. Politische Dimension der Besseren Rechtsetzung

Die politische Dimension der Besseren Rechtsetzung offenbart sich in verschiedenen Bereichen. Bessere Rechtsetzung hat zum einen die Funktion einer Metapolitik (I.). Zum anderen existieren zahlreiche politische Gründe, eine Bessere Rechtsetzung zu verwirklichen (II.). Dabei kann die Bessere Rechtsetzung auch als Mittel zur Verwirklichung von (Partial-)Interessen dienen (III.). Trotz vielfältiger Bezüge zum politischen Entscheidungsprozess ersetzt die Bessere Rechtsetzung aber nicht die Notwendigkeit einer demokratischen Entscheidung (IV.).

I. Bessere Rechtsetzung als Metapolitik

Die Bessere Rechtsetzung bezweckt nicht die Verbesserung eines bestimmten Sach- oder Rechtsgebiets im Sinne der Verwirklichung einer bestimmten politischen Zielsetzung, sondern verändert die Art und Weise, wie Recht gesetzt wird, indem sie hierfür Standards und Kriterien festlegt.[201] Daher lässt sich die Bessere Rechtsetzung als eine Metapolitik begreifen, die das politikfeldübergreifende Ziel verfolgt, die Prozesse der Politikgestaltung in den jeweiligen Politikfeldern zu verändern.[202] Die Umsetzung eines Konzepts der Besseren Rechtsetzung wirkt sich deswegen in der Regel auf sämtliche Politik- und Rechtsbereiche aus.

II. Politische Gründe für eine Bessere Rechtsetzung

Das Interesse von Gesellschaft, Wirtschaft und Politik an der Umsetzung des Konzepts gilt nicht nur dem ideellen Ziel der Verbesserung des Rechts, sondern auch den Vorteilen, die diese Akteure sich von besserem Recht versprechen.[203] So nutzen staatliche Stellen die Fortschritte bei der Verwirklichung der Besseren Rechtsetzung beispielsweise, um zu betonen, dass der Staat seine Bürger von Bürokratiekosten entlastet und von unverständlichen Gesetzen befreit.[204] Zum Teil werden diese Vorteile so eng mit einer Besseren Rechtsetzung verbunden, dass sie als eigenständige Ziele des Konzepts aufgefasst werden.[205] Ein Beispiel hierfür ist die Verbesserung der Wettbewerbsfähigkeit von Unternehmen.

---

201 S. nur *Piesker*, in: Hill, Verwaltungsmodernisierung, S. 139 (143); ebenso *Schroeder*, in: ZG 2016, S. 193 (211) und *Wegrich*, Better Regulation, S. 37 und S. 45 f.

202 *Wegrich*, Better Regulation, S. 37 und S. 45 f.; vgl. ferner ähnl. *McHarg*, in: Oliver/Prosser/Rawlings, The Regulatory State: Constitutional Implications, S. 67 (80); s. instruktiv auch *Lodge*, in: LeGes 2017, S. 487 (487 ff.); *Radaelli*, in: JEPP 2007, S. 190 (191, 195 ff.).

203 S. zu solchen Gründen ausführlich *OECD*, Ausblick Regulierungspolitik 2018, S. 22 ff.

204 S. *Bundesregierung*, Arbeitsprogramm Bessere Rechtsetzung 2016, S. 1 ff.

205 Vgl. in Bezug auf wirtschaftspolitische Ziele KOM(2005) 97 endgültig vom 16. März 2005, S. 1 ff.

Grundidee ist dabei, dass Wirtschaftsunternehmen in ihrer ökonomischen Entwicklung und ihrer Wettbewerbsfähigkeit davon profitieren, wenn die Rechtsordnung ihren Bedürfnissen angepasst ist und die sie betreffenden Rechtsnormen keine Belastungen enthalten, die über das Notwendige hinausgehen. Knappe Unternehmensressourcen müssen dann nicht für die Einhaltung von Rechtsvorschriften eingesetzt, sondern können in die Förderung von Wachstum und zur Schaffung von Arbeitsplätzen investiert werden.[206] Mithin ist eine verbesserte Wettbewerbsfähigkeit also lediglich die Folge der Umsetzung des Konzepts der Besseren Rechtsetzung, nicht aber dessen eigenständiges, originäres Ziel.[207] Deshalb sind solche Vorteile treffender als (politische) Gründe für eine Bessere Rechtsetzung zu bezeichnen. Neben den genannten wirtschaftspolitischen Erwägungen werden häufig insbesondere folgende weitere Gründe für eine Bessere Rechtsetzung angeführt: Eine Bessere Rechtsetzung erleichtert die Rechtsanwendung und minimiert die mit ihr verbundenen Kosten.[208] Verständliches Recht beugt Auslegungsschwierigkeiten vor und kann damit gerichtliche Auseinandersetzungen über die Frage der richtigen Auslegung verhindern.[209] Endlich bietet die Bessere Rechtsetzung auch das geeignete Instrumentarium, um komplexe Probleme in Zeiten von Sparzwängen kostengünstig zu lösen.[210]

III. Bessere Rechtsetzung im politischen Diskurs

Angesichts der Vielfalt der beschriebenen Gründe für eine Bessere Rechtsetzung überrascht es nicht, dass Akteure aus Gesellschaft, Wirtschaft und Politik aus unterschiedlicher Intention die Forderung nach einer Besseren Rechtsetzung erheben.[211] Bessere Rechtsetzung wird deshalb auch Gegenstand von politischen Streitfragen und Diskussionen, die nicht unmittelbar die Verwirklichung des Konzepts betreffen. Beispielsweise sind Fragen um die Auswahl bestimmter politischer Prioritäten einer Regierung und die hiermit verbundene Benachteiligung anderer Themenbereiche grundsätzlich keine Fragen der

---

[206] S. zum Ganzen COM(2015) 215 endgültig vom 19. Mai 2015, S. 7 und ausführlich m. w. N. *Pedersen*, in: EJLR 2016, S. 159 (163).

[207] *Smulders/Paquet*, in: Garben/Govaere, The EU Better Regulation Agenda, S. 79 (97).

[208] *Blum*, Wege zur besseren Gesetzgebung – sachverständige Beratung, Begründung, Folgenabschätzung und Wirkungskontrolle, Gutachten I zum 65. DJT, I 6 (I 10); *Fliedner*, Rechtsetzung in Deutschland, S. 57; *ders.*, Gute Gesetzgebung, S. 14 und S. 23.

[209] Vgl. *Danner*, in: EnWZ 2012, S. 66 (69); *Fliedner*, Rechtsetzung in Deutschland, S. 57 f.; *ders.*, Gute Gesetzgebung, S. 8, S. 14; *Schulze-Fielitz*, in: JZ 2004, S. 862 (863).

[210] So explizit *Smulders/Paquet*, in: Garben/Govaere, The EU Better Regulation Agenda, S. 79 (80 f.).

[211] Vgl. beispielhaft *Arbeitskreis Mittelstand*, 10 Maßnahmen für eine Bessere Rechtsetzung in Europa, S. 1 ff.; *GDV*, Kommentare des Gesamtverbandes der Deutschen Versicherungswirtschaft zur besseren Rechtsetzung auf EU-Ebene, S. 1 ff.; *VCI*, Gute Ideen für bessere Gesetze, S. 1 ff.

Besseren Rechtsetzung.[212] Dennoch wird die Bessere Rechtsetzung in solchen Diskussionen teilweise auch als „politischer Slogan“ gebraucht.[213] Die Allgemeinheit des Begriffs erlaubt es, auf einer abstrakten Ebene mit der Besseren Rechtsetzung ganz unterschiedliche Interessen und Positionen zu verbinden, ohne dass diese von vornherein miteinander oder mit einer Besseren Rechtsetzung unvereinbar wären.[214] Außerdem suggeriert die Forderung nach Besserer Rechtsetzung grundsätzlich den Anschein eines berechtigten und legitimen Anliegens, auch wenn der eigentliche – durch die Forderung nach Besserer Rechtsetzung verschleierte – Inhalt der Verwirklichung bestimmter Partialinteressen und nicht primär der Verbesserung der Rechtsetzungsqualität dient.[215] Jedoch ist es für eine Demokratie wesentlich, dass bestimmte Akteure ihre Interessen gegen andere im politischen Entscheidungsprozess durchsetzen oder diesen in ihrem Sinne beeinflussen.[216] Daher ist es zumindest nicht rechtswidrig, wenn sich verschiedene Akteure im politischen Diskurs der Forderung nach einer Besseren Rechtsetzung bedienen und diese für ihre (inhaltlichen) politischen Interessen instrumentalisieren.

IV. Bessere Rechtsetzung und der demokratische Entscheidungsprozess

Das Konzept der Besseren Rechtsetzung geht von einem Vorrang des demokratischen Entscheidungsprozesses aus.[217] Demnach sollen Inhalte und Instrumente des Konzepts der Besseren Rechtsetzung die demokratische Entscheidungsfindung unterstützen, sie aber nicht ersetzen.[218] Mithin können Inhalte

---

212 *Smulders/Paquet*, in: Garben/Govaere, The EU Better Regulation Agenda, S. 79 (80).

213 *Pfeifer*, Bessere Rechtsetzung, S. 17; s. ähnl. *Weatherill*, in: Weatherill, Better Regulation, S. 1 (3).

214 Vgl. ähnl. *Piesker*, in: Hill, Verwaltungsmodernisierung, S. 139 (142) und *Wegrich*, Better Regulation, S. 13; sich dem anschließend *Bunea/Ibenskas*, in: PA 2017, S. 589 (602).

215 Vgl. mit ähnl. Bedenken *Wegrich*, in: EJRR 2015, S. 369 (371); s. mit diesem Ergebnis für Folgenabschätzungen *Lofstedt*, in: JRR 2007, S. 423 (423 ff.); vgl. auch mit empirischen Befunden in Bezug auf Konsultationen *Bunea/Ibenskas*, in: PA 2017, S. 589 (601 f.) und bezüglich Folgenabschätzungen *Torriti*, in: JRR 2007, S. 239 (249 ff.), der feststellt, dass diese häufig als Rechtfertigung für eine bestimmte politische Maßnahme genutzt werden. S. zur Politisierung der Besseren Rechtsetzung auch *Golberg*, Better Regulation: European Union Style, S. 61.

216 *Olberding*, Rechtliche Möglichkeiten der Steuerung von Interessenpolitik, S. 16 f.; *Meßerschmidt*, in: Lejeune, Interessengeleitete Gesetzgebung, S. 55 (70); vgl. hierzu auch kritisch *Schulze-Fielitz*, in: FS Scheuing, S. 165 (179).

217 Wohl allg. Meinung, vgl. nur *Ahrens/Leier*, in: ZG 2007, S. 383 (397); *Czuczai*, in: Garben/Govaere, The EU Better Regulation Agenda, S. 119 (135); s. ähnl. *Dawson*, in: CMLR 53 (2016), S. 1209 (1216); *Ennuschat*, in: DVBl. 2004, S. 986 (900); *Martínez Iglesias*, in: Garben/Govaere, The EU Better Regulation Agenda, S. 105 (107); Mandelkernbericht, S. 10 und S. 29; vgl. zur parallelen Problematik des Verhältnisses von Rationalität und Demokratieprinzip sowie den in diesem Zusammenhang vertretenen Gegenmeinungen m. w. N. *Steinbach*, Rationale Gesetzgebung, S. 205 ff.

218 COM(2015) 215 endgültig vom 19. Mai 2015, S. 2; KOM(2010) 543 endgültig vom

und Instrumente des Konzepts auch nicht zur Bewertung des politischen Inhalts eines Rechtsakts verwendet werden.[219] Ohnehin existiert für diese Bewertung kein objektiver Maßstab, da in einer Demokratie die Beantwortung der Frage, ob die durch einen Rechtsakt verwirklichte politische Zielsetzung „gut" oder „schlecht" war, allein dem Wähler obliegt.[220]

V. Zwischenergebnis

Die Bessere Rechtsetzung weist eine starke politische Dimension auf. Diese offenbart sich zunächst daran, dass die Bessere Rechtsetzung auch die Funktion einer Metapolitik einnimmt. Darüber hinaus zeigt sich die politische Dimension an den verschiedenen Gründen, die dafür sprechen, das Konzept der Besseren Rechtsetzung umzusetzen. Insbesondere wirtschaftspolitische Zielsetzungen eignen sich, um mit Hilfe der Besseren Rechtsetzung realisiert zu werden. Daher wird das Konzept der Besseren Rechtsetzung häufig zum Gegenstand politischer Diskurse, die nicht nur der Verbesserung des Rechts, sondern in erster Linie der Verwirklichung von Partialinteressen dienen. Das Demokratieprinzip gebietet schließlich den Vorrang der demokratischen Entscheidung vor dem Konzept der Besseren Rechtsetzung.

E. Fazit

Bessere Rechtsetzung ist ein ausformuliertes und ausdifferenziertes Konzept. Sie erfüllt alle Eigenschaften, die nach dem hier zugrunde gelegten Konzeptbegriff erforderlich sind: die Zusammenfassung von mehreren Inhalten, einen theoretisch-methodischen Mindestinhalt und einen Zukunfts- und Zielbezug. Daher kann das Konzept der Besseren Rechtsetzung definiert werden als ein ausdifferenzierter Handlungsplan, der mit Hilfe einer Zusammenstellung von aufeinander abgestimmten und durch Leitprinzipien verbundenen Inhalte und Instrumente darauf abzielt, die Rechtsetzung durch die Erreichung von vier Hauptzielen zu verbessern: Erhöhung des Fakten- und Wissensbezugs, Stärkung der Legitimität, Verringerung des Umfangs sowie Verbesserung der sprachlichen Gestaltung von Rechtstexten. Das Konzept geht dabei von einem weiten Rechtsetzungsbegriff aus, der jede planvolle Schaffung von abstrakt-generellen Rechtsnormen erfasst. Zudem dient der Begriff als Bezeichnung für die Gesamtheit aller Rechtsvorschriften in einer Rechtsordnung. Deswegen enthält

8. Oktober 2010, S. 2; vgl. in Bezug auf die Gesetzesfolgenabschätzung *Kahl*, in: Kluth/Krings, Gesetzgebung, S. 309 (309 f.).

[219] Vgl. ähnl. *Fliedner*, Rechtsetzung in Deutschland, S. 60.

[220] *Fliedner*, Rechtsetzung in Deutschland, S. 60; vgl. ähnl. *Thierse*, in: NVwZ 2005, S. 153 (156).

das Konzept auch Instrumente und Inhalte, die sich auf die Verbesserung von bestehendem Recht beziehen. Außerdem erfüllt eine Bessere Rechtsetzung formelle und materielle Kriterien der Rechtsetzungsqualität. Das Prädikat „Besser“ betont darüber hinaus, dass nur eine relative Verbesserung der Rechtsetzungsqualität angestrebt wird, wobei die Überwindung eines als kritikwürdig erkannten Ausgangszustands der Rechtsetzung hervorgehoben wird. Bessere Rechtsetzung hat außerdem eine politische Dimension, die sich an ihrer Funktion als Metapolitik, an den verschiedenen politischen Gründen, die für die Verwirklichung einer Besseren Rechtsetzung sprechen, sowie ihrer Einbeziehung in politische Diskussionen, die nicht primär der Verbesserung des Rechts dienen, offenbart.

Kapitel 3

Bessere Rechtsetzung im Kontext verwandter Konzepte

Die Bessere Rechtsetzung weist Berührungspunkte und Überschneidungen mit ähnlichen Konzepten auf. Deren Abgrenzung von einer Besseren Rechtsetzung trägt zu einer inhaltlichen Konturierung des Konzepts der Besseren Rechtsetzung bei.

A. Bürokratieabbau

Bürokratieabbau[1] lässt sich in einer ersten Annäherung als die Beseitigung von verschiedenen Phänomenen, die durch Überregulierung entstehen, definieren.[2] Beispiele für Bürokratisierung[3] sind etwa übertriebene Hierarchisierung, langsame Bearbeitung von Fällen, Unpersönlichkeit und Inflexibilität in Bezug auf den Einzelfall, unverständliche Formulare oder zu viele Regelungen und daraus folgende Komplexität.[4] Bürokratieabbau umfasst insbesondere: den Abbau von Vorschriften und Gesetzen sowie gegebenenfalls deren Vereinfachung und verständliche Formulierung, die Vereinfachung von behördlichen Verfahren, die Schaffung von Transparenz behördlichen Handelns, die Rationalisierung und Effektivierung von Arbeitsabläufen und Organisationsstrukturen sowie den Abbau von Behördenhierarchien.[5] Die Bürokratiekritik betrifft drei Ebenen mit verschiedenen Subdimensionen:[6] Die Aufgabenebene, die danach fragt, ob der Staat zu viele Aufgaben wahrnimmt, die Regulierungsebene, bei der festgestellt wird, ob es zu viel Regulierung gibt, die darin festgelegten materiellen Standards zu hoch oder die Regulierung qualitativ zu schlecht ist, und

---

[1] Im Folgenden werden die Begriffe Bürokratieabbau und Entbürokratisierung synonym verwendet.

[2] *Veit*, Bessere Gesetze durch Folgenabschätzung?, S. 19.

[3] Vgl. zum Begriff der Bürokratie auch ausführlich *Wittkämper*, Bürokratisierung und Entbürokratisierung, S. 6 ff.

[4] *Veit*, Bessere Gesetze durch Folgenabschätzung?, S. 19; vgl. ähnl. *Hill*, in: DÖV 2004, S. 721 (721).

[5] Vgl. hierzu *Bogumil/Jann*, Verwaltung und Verwaltungswissenschaft in Deutschland, S. 147 ff.

[6] *Jantz/Veit*, in: Blanke/Nullmeier/Reichard/Wewer, Hb. zur Verwaltungsreform, S. 509 (511); vgl. ferner ausführlich *Jann/Wegrich*, in: dms 2008, S. 49 (53 ff.).

die Organisationsebene, die sich vor allem mit der Anzahl staatlicher Behörden, ihrer Arbeitsweise und dem Verhalten von Behördenmitarbeitern befasst.[7]

I. Gemeinsame Teilziele und Instrumente

Bürokratieabbau und Bessere Rechtsetzung offenbaren einige inhaltliche Überschneidungen.[8] Beispielsweise ist der Abbau bürokratischer und unverständlicher Rechtsvorschriften auch eine wichtige Maßnahme des Konzepts der Besseren Rechtsetzung, um dessen Teilziel der Verringerung des Umfangs der Rechtsetzung zu verwirklichen.[9] Außerdem strebt Bessere Rechtsetzung ebenfalls nach der Vereinfachung und der verständlichen Formulierung von Rechtsvorschriften sowie nach der Verbesserung von deren Anwendbarkeit. Mit dieser Zielrichtung kann die Bessere Rechtsetzung nicht nur der Gesetzeskritik, sondern auch der Bürokratiekritik Rechnung tragen. Die Überschneidungen beider Konzepte sind auch in ihrer Genese begründet.[10] Historisch gesehen war das Streben nach Beseitigung von Bürokratie und Verwaltungslasten der Ausgangspunkt der Entwicklung des Konzepts der Besseren Rechtsetzung.[11] Instrumente, die im Rahmen von Bürokratie- und Verwaltungsabbau eingesetzt wurden, sind nunmehr auch Teil des Konzepts der Besseren Rechtsetzung.[12] Als Beispiel sind etwa Rechtsvereinfachungs- und Rechtsbereinigungsmaßnahmen zu nennen.[13] Auch andere dem Bürokratieabbau dienliche Maßnahmen, wie die Aufhebung unnötiger Rechtsnormen sowie die Kodifizierung und Neufassung von Rechtsakten, sind gleichsam wichtige Maßnahmen der Besseren Rechtsetzung, etwa um ein bestimmtes Regelungsumfeld übersichtlicher und damit anwendungsfreundlicher zu gestalten.[14] Ferner tragen einige Instrumente der Besseren Rechtsetzung mittelbar zum Bürokratieabbau bei. So können etwa Konsultationen und die Verbesserung des Zugangs zu Rechtsvorschrif-

---

[7] *Jantz/Veit*, in: Blanke/Nullmeier/Reichard/Wewer, Hb. zur Verwaltungsreform, S. 509 (511).

[8] *Jantz/Veit*, in: Blanke/Nullmeier/Reichard/Wewer, Hb. zur Verwaltungsreform, S. 509 (513).

[9] *Jantz/Veit*, in: Blanke/Nullmeier/Reichard/Wewer, Hb. zur Verwaltungsreform, S. 509 (513); vgl. zu den Teilzielen der Besseren Rechtsetzung den Mandelkernbericht, S. 42 ff. sowie Kapitel 2 S. 16 f.

[10] S. nur *Piesker*, in: Hill, Verwaltungsmodernisierung, S. 139 (158 ff.); *Scott*, in: Garben/Govaere, The EU Better Regulation Agenda, S. 13 (14); *Wegrich*, Better Regulation, S. 7 ff. und Kapitel 4 S. 65 ff.

[11] *Piesker*, in: Hill, Verwaltungsmodernisierung, S. 139 (158 ff.); *Wegrich*, Better Regulation, S. 14 f.

[12] Hierauf hinweisend *Wegrich*, Better Regulation, S. 13.

[13] Vgl. beispielhaft 3. Rechtsbereinigungsgesetz vom 30. Juni 1990, BGBl. I S. 1221–1246.

[14] S. nur COM(2014) 368 endgültig vom 18. Juni 2014, S. 2; s. ähnl. *Wegrich*, Better Regulation, S. 48.

ten Transparenz, Bürgernähe und ein Gefühl von Mitverantwortung erzeugen[15] und damit zugleich einem unpersönlichen, undurchsichtigen und bürokratischem Behördenhandeln vorbeugen.[16]

II. Bessere Rechtsetzung als Mittel zur Bürokratievermeidung

Neue Rechtsvorschriften führen häufig zu neuer Bürokratie.[17] Verursacht die Rechtsetzung für die Rechtsbetroffenen unnötige Belastungen und Kosten, müssen diese durch den Bürokratieabbau nachträglich wieder beseitigt werden.[18] Dieser spätere Bürokratieabbau wird durch eine Bessere Rechtsetzung entbehrlich, da bereits im Rechtsetzungsverfahren durch die Anwendung verschiedener Instrumente sichergestellt wird, dass Rechtsvorschriften möglichst keine unnötigen bürokratischen Belastungen verursachen.[19] Besonders geeignet hierfür ist das Instrument der (Gesetzes-)Folgenabschätzung, da sie über die voraussichtlichen Auswirkungen einer Regelung informiert und damit auch feststellen kann, inwieweit zusätzliche Bürokratie und Bürokratiekosten entstehen, die durch Änderung oder Anpassung des Rechtsaktentwurfs verhindert bzw. minimiert werden können.[20] Die im Rahmen des Folgenabschätzungsverfahren vorgenommene Prüfung der Erforderlichkeit einer Regelung wirkt zudem der Entstehung neuer Bürokratie entgegen. Insgesamt betrachtet lässt sich Bessere Rechtsetzung daher in Abgrenzung zum Bürokratieabbau als Mittel zur Bürokratievermeidung beschreiben.[21]

III. Zwischenfazit

Bessere Rechtsetzung weist eine enge Verbindung zum Bürokratieabbau auf, da einige ihrer Instrumente auch dem Bürokratieabbau dienen. Außerdem über-

---

[15] Vgl. dazu beispielhaft COM(2015) 215 endgültig vom 19. Mai 2015, S. 4 und den Mandelkernbericht, S. 37 sowie ferner *Calliess*, in: Calliess/Ruffert, EUV/AEUV, Art. 1 EUV Rn. 83, der mit einer bürgernahen Entscheidung gerade auch die Vermeidung übermäßiger Regulierung assoziiert.

[16] S. ähnl. *Hugger*, Gesetze – Ihre Vorbereitung, Abfassung und Prüfung, S. 49.

[17] S. ähnl. *Funk/Haupt/Narr/Werkentin*, Verrechtlichung und Verdrängung, S. 20; s. näher dazu *Franz*, Einführung in die Verwaltungswissenschaft, S. 25 ff.; *Schuppert*, Verwaltungswissenschaften, S. 51.

[18] Vgl. ähnl. *Hill*, in: DÖV 2004, S. 721 (722); *Karpen*, in: ZRP 2002, S. 443 (444); vgl. ferner beispielhaft *Bundesregierung*, Kabinettbeschluss vom 11. Dezember 2014, S. 1.

[19] Vgl. *Jantz/Veit*, in: Blanke/Nullmeier/Reichard/Wewer, Hb. zur Verwaltungsreform, S. 509 (513); vgl. ferner ähnl. *Schuppert*, Governance und Rechtsetzung, S. 95.

[20] Vgl. ähnl. *Schuppert*, Governance und Rechtsetzung, S. 95.

[21] So bereits 2006 die *Bundesregierung*, Kabinettbeschluss vom 25. April 2006, Programm Bürokratieabbau und bessere Rechtsetzung, S. 1; vgl. aber auch *Piesker*, in: Hill, Verwaltungsmodernisierung, S. 139 (147) und *Wegrich*, Better Regulation, S. 13, die in „Better Regulation", die Fortführung bzw. Weiterentwicklung der Deregulierungs- und Entbürokratisierungsbemühungen sehen.

schneiden sich die Teilziele der beiden Konzepte, etwa in Bezug auf die Reduzierung des Umfangs der Rechtsetzung. Bessere Rechtsetzung kann daher allen drei Ebenen der Bürokratiekritik Rechnung tragen. Die Bessere Rechtsetzung lässt sich darüber hinaus als ein Mittel zur Bürokratievermeidung begreifen. Während bereits der Begriff Bürokratieabbau impliziert, dass Regelungen, Strukturen und Abläufe in erster Linie durch deren Beseitigung optimiert werden sollen,[22] erschöpft sich Bessere Rechtsetzung nicht darin, Rechtsvorschriften aufzuheben oder die mit ihnen verbundenen Kosten und Belastungen zu reduzieren.[23] Vielmehr zielt eine Bessere Rechtsetzung darauf ab, dass die Regelungen, die zwingend notwendig für die Erreichung eines bestimmten Ziels sind, so gestaltet werden, dass sie schon von vornherein möglichst keine oder nur verhältnismäßige Belastungen für Betroffene verursachen.[24] Damit ist das Konzept umsichtiger als das des Bürokratieabbaus, da es bürokratische Belastungen durch Rechtsvorschriften nicht nur aus der Ex-Post-Perspektive unter dem Gesichtspunkt ihrer Beseitigung betrachtet, sondern auch aus der Ex-Ante-Perspektive beim Entwurf neuer Rechtsakte.[25] Gleichzeitig ist aber der Bürokratieabbau zum Teil auch umfassender als die Bessere Rechtsetzung, da er sich auf mehrere unterschiedliche Bereiche bezieht.[26] So dürfte etwa die Vermeidung von übermäßig formaler Richtigkeit[27] ebenso wie die Optimierung interner Arbeitsorganisation einer Behörde mangels eines Bezugs zur Rechtsetzung allein dem Bürokratieabbau unterfallen.

B. Deregulierung

I. Verbindungen zur Besseren Rechtsetzung

Deregulierung kann allgemein als die Verringerung des Umfangs der regulativen Aktivität des Staates, insbesondere durch die Reduzierung von Regeln und Vorschriften,[28] definiert werden.[29] Daher werden mit Deregulierung auch For-

[22] Vgl. nur *Wittkämper*, Bürokratisierung und Entbürokratisierung, S. 10 ff.

[23] S. nur COM(2015) 215 endgültig vom 19. Mai 2015, S. 3 sowie bereits Kapitel 2 S. 16.

[24] Vgl. COM(2015) 215 endgültig vom 19. Mai 2015, S. 3 sowie SWD(2017) 350 vom 7. Juli 2017, S. 4 (im Folgenden: Better Regulation Guidelines).

[25] Vgl. ähnl. *Wegrich*, Better Regulation, S. 14 f.

[26] So auch *Veit*, Bessere Gesetze durch Folgenabschätzung?, S. 19, die allerdings von einem engeren Rechtsetzungsbegriff ausgeht; a. A. jedoch ohne eingehende Begründung *Ahrens/Leier*, in: ZG 2007, S. 383 (384), die meinen, dass Bessere Rechtsetzung wegen des grundsätzlich umfassenderen Ansatzes über Bürokratieabbau hinausginge.

[27] Vgl. zu diesen Aspekten des Bürokratieabbaus ausführlich *Bogumil/Jann*, Verwaltung und Verwaltungswissenschaft in Deutschland, S. 147 ff.

[28] Str., wohl a. A. *v. Bogdandy*, Gubernative Rechtsetzung, S. 48 mit Verweis auf *Basedow*, in: Staatswissenschaften und Staatspraxis 1991, S. 151 (151 ff.).

[29] *Bogumil/Jann*, Verwaltung und Verwaltungswissenschaft in Deutschland, S. 150; vgl. auch ähnl. *Creifelds*, Rechtswörterbuch, Stichwort „Deregulierung", S. 286.

derungen nach Regelungsabbau, Rechts- und Verwaltungsvereinfachung, Entbürokratisierung und Reduktion von Staatsaufgaben in Verbindung gebracht.[30] Deregulierung weist in diesem Verständnis mit der Besseren Rechtsetzung ähnliche Überschneidungen wie der Bürokratieabbau auf.[31] So kann der Einsatz des Instruments der Folgenabschätzung etwa dazu beitragen, dass ein bestimmtes Sachgebiet rechtlich nur dann normiert wird, wenn dies zur Erreichung eines bestimmten politischen Ziels unbedingt erforderlich ist. Statt des Erlasses von Rechtsvorschriften können dann beispielsweise Ko- oder Selbstregulierung, bei denen ein Hoheitsträger von seiner Regelungsbefugnis zu Gunsten privater Akteure keinen Gebrauch macht,[32] zur Anwendung gelangen, wodurch die regulative Aktivität des Staates sinkt. Die Ex-Post-Evaluierungen und die sich möglicherweise daran anschließende Aufhebung von bestehendem Recht begünstigen ebenfalls, dass sich staatliche Regularien in einem bestimmten Bereich reduzieren. Insbesondere mit Blick auf das Teilziel der Besseren Rechtsetzung, den Umfang der Rechtsetzung zu reduzieren, besteht eine enge Verbindung zwischen den beiden Konzepten.

II. Materielle Regulierungsebene als Gegenstand von Deregulierung

Deregulierung und Bessere Rechtsetzung unterscheiden sich jedoch im Hinblick auf den mit der Reduzierung von Rechtsvorschriften jeweils verfolgten Zweck. Für das Konzept der Besseren Rechtsetzung ist das Ziel eines verringerten Normbestandes gewissermaßen Selbstzweck, da hierdurch die Zugänglichkeit und Übersichtlichkeit zu Rechtsvorschriften verbessert und das bestehende Recht auf diese Weise optimiert werden kann. Dagegen soll die im Rahmen der Deregulierung durch die Reduzierung von Regelungen und Rechtsvorschriften angestrebte Verringerung von Staatsaufgaben bzw. der Rückzug des Staates aus verschiedenen Bereichen einem bestimmten politischen Ziel, wie etwa der Förderung des privaten Wettbewerbs, dienen.[33] Daher bezieht sich Deregulierung – anders als die Bessere Rechtsetzung – auch auf die hiermit verbundenen, politisch zu beantwortenden Fragen. Dies zeigt sich beispielhaft an den Fällen, in denen im Rahmen von Deregulierungsmaßnahmen regulative Belastungen dadurch beseitigt werden, dass materielle Schutzstandards abgebaut werden.[34] Hier stellt sich die Frage, ob etwa die Voraussetzungen für Kündigungen im Ar-

---

30 S. zum Ganzen ausführlich *Voßkuhle*, in: Hoffmann-Riem/Schmidt-Aßmann/Voßkuhle, Grundlagen des Verwaltungsrechts I, § 1 Rn. 57.

31 S. dazu bereits die Ausführungen in diesem Kapitel auf S. 42 ff.

32 Vgl. dazu ausführlich den Mandelkernbericht, S. 22 ff. und *Schroeder*, in: ZG 2016, S. 193 (213).

33 Vgl. ähnl. *Karpen*, Gesetzgebungslehre – neu evaluiert, S. 11; *Schroeder*, in: ZG 2016, S. 193 (199).

34 *Jantz/Veit*, in: Blanke/Nullmeier/Reichard/Wewer, Hb. zur Verwaltungsreform, S. 509 (513.).

beitsrecht gesenkt oder Grenzwerte im Immissionsschutz- oder Lebensmittelrecht gelockert werden sollen, um die Kosten, die durch die Anwendung dieser Vorschriften entstehen, zu vermindern.[35] Deregulierung erfordert daher die Beantwortung der auf der materiellen Regulierungsebene aufgeworfenen Frage, ob und welche Rechte in welchem Umfang geschützt werden sollen, und setzt damit eine politische Abwägung voraus.[36] Die Bessere Rechtsetzung bezieht sich hingegen nur auf die grundsätzliche Ausgestaltung einer Regelung, nicht jedoch auf den konkreten politischen Regelungsinhalt.[37] Da aber das materielle Schutzniveau ausschließlich von diesem Regelungsinhalt und der ihr zugrunde liegenden politischen Entscheidung abhängt, ist Bessere Rechtsetzung nicht mit Deregulierung gleichzusetzen.[38] Bessere Rechtsetzung zielt in Abgrenzung zu Deregulierung nicht auf den Abbau von materiellen Schutzstandards,[39] sondern bezweckt die Verbesserung des Rechts bei gleichbleibendem bzw. – genauer – bei politisch vorgegebenem Schutzniveau.[40]

III. Zwischenfazit

Deregulierung und die Bessere Rechtsetzung weisen Gemeinsamkeiten mit Blick auf ihre Instrumente und ihre Zielsetzungen auf. In der Praxis dürften daher Maßnahmen für eine Bessere Rechtsetzung häufig im Zusammenhang mit Deregulierungspolitik stehen. Dennoch ist Deregulierung weder gleichbedeutend mit einer Besseren Rechtsetzung noch ein eigenständiger Teil dieses Konzepts. Deregulierung bedeutet die Reduktion staatlicher Regulierungstätigkeit in bestimmten Bereichen, die auch mit der Frage einhergeht, in welchem Umfang bestimmte materielle Schutzstandards geschützt werden sollen. Da dies aber eine politische Frage ist, kann sie nicht mit den Instrumenten der Besseren Rechtsetzung beantwortet werden.[41]

---

[35] Vgl. *Bogumil/Jann*, Verwaltung und Verwaltungswissenschaft in Deutschland, S. 150 f.

[36] *Bogumil/Jann*, Verwaltung und Verwaltungswissenschaft in Deutschland, S. 150; vgl. ähnl. *Ennuschat*, in: DVBl. 2004, S. 986 (987).

[37] S. dazu bereits die Ausführungen in Kapitel 2 auf S. 31 sowie auf S. 37 f.

[38] Mit diesem Ergebnis auch *Bogumil/Jann*, Verwaltung und Verwaltungswissenschaft in Deutschland, S. 151; *Bull/Mehde*, Allgemeines Verwaltungsrecht, § 28 Rn. 2141; *Radaelli/Meuwese*, in: PA 2009, S. 639 (641); *Schulze-Fielitz*, in: JZ 2004, S. 862 (862); a. A. insb. in Bezug auf das REFIT-Programm der EU *Bergmann*, Handlexikon der Europäischen Union, Stichwort „Eurokratie".

[39] S. nur COM(2015) 215 endgültig vom 19. Mai 2015, S. 3 und S. 10; Mandelkernbericht, S. 9 und S. 43; *Olivi*, in: Weatherill, Better Regulation, S. 191 (192); *Schroeder*, in: ZG 2016, S. 193 (213); vgl. aber diesbezüglich auch grundsätzlich skeptisch *Ahrens/Leier*, in: ZG 2007, S. 383 (384) sowie ebenfalls kritisch in Bezug auf die Bessere Rechtsetzung in der EU *DNR*, Bessere Rechtsetzung oder Deregulierung, S. 4 f. und *Fink*, Better Regulation – Bessere Rechtsetzung in Europa, S. 28.

[40] Dies betont insbesondere die Europäische Kommission, vgl. COM(2015) 215 endgültig vom 19. Mai 2015, S. 3 und S. 10.

[41] S. dazu bereits die Ausführungen in Kapitel 2 auf S. 37 f.

C. Nachhaltigkeit

I. Nachhaltigkeit im Sinne des Drei-Säulen-Konzepts

Der Begriff der Nachhaltigkeit[42] im weiten Sinne umfasst die Dimensionen Ökologie, Ökonomie und Soziales und erkennt diese als grundsätzlich gleichrangig an.[43] Nachhaltigkeit steht für eine Verteilungsgerechtigkeit und für eine dimensionenübergreifende, ganzheitliche, vernetzende Betrachtung unter Einschluss der künftigen Generationen und deren Interessen.[44] Ein ausgeprägter Zukunftsbezug im Sinne einer Langfristorientierung des Denkens und des Handelns, welche über eine Legislaturperiode hinausgeht, ist spezifisch und konstituierend für eine Nachhaltige Entwicklung.[45]

II. Bezugspunkte für Nachhaltigkeit im Konzept der Besseren Rechtsetzung

1. Verfahren der (Gesetzes-)Folgenabschätzung

Die enge Verknüpfung zwischen einer Besseren Rechtsetzung und Nachhaltigkeit zeigt sich exemplarisch am Verfahren der (Gesetzes-)Folgenabschätzung.[46] Die Berücksichtigung und der Ausgleich der drei Dimensionen der Nachhaltigkeit bei einer Entscheidungsfindung können nur in geeigneten Verfahren erfolgen.[47] Da (Gesetzes-)Folgenabschätzungen die unterschiedlichen

---

[42] Im Folgenden wird der Begriff „Nachhaltigkeit" auch synonym für „Nachhaltige Entwicklung" verwendet, vgl. zum Begriff und seiner Entwicklung ausführlich *Mathis*, Nachhaltige Entwicklung und Generationengerechtigkeit, S. 66 ff.

[43] Vgl. nur *Berg*, in: Kahl, Nachhaltigkeit als Verbundbegriff, S. 425 (430 f.); *Gehne*, Nachhaltige Entwicklung als Rechtsprinzip, S. 78; *Glaser*, Nachhaltige Entwicklung und Demokratie, S. 44 ff.; *Kahl*, in: Kahl, Nachhaltigkeit als Verbundbegriff, S. 1 (9); *ders.*, in: Streinz, EUV/AEUV, Art. 11 AEUV Rn. 20 ff.; *Kahl/Hilbert*, in: FS Kloepfer, S. 399 (402); *Menzel*, in: ZRP 2001, S. 221 (221); *Kahl/Gärditz*, Umweltrecht, S. 104.

[44] *Creifelds*, Rechtswörterbuch, Stichwort „Nachhaltige Entwicklung", S. 883; *Glaser*, Nachhaltige Entwicklung und Demokratie, S. 44 ff.; *Kahl*, in: Streinz, EUV/AEUV, Art. 11 AEUV Rn. 20; *Windoffer*, Verfahren der Folgenabschätzung als Instrument zur rechtlichen Sicherung von Nachhaltigkeit, S. 50 ff.

[45] *Windoffer*, Verfahren der Folgenabschätzung als Instrument zur rechtlichen Sicherung von Nachhaltigkeit, S. 50; *Glaser*, Nachhaltige Entwicklung und Demokratie, S. 48 f.; *Schulze-Fielitz*, in: Dreier, GG, Art. 20a GG Rn. 31; *Sommermann*, in: v. Münch/Kunig, GG, Art. 20a GG Rn. 17.

[46] Vgl. zur Nachhaltigkeit und (Gesetzes-)Folgenabschätzung *Kahl/Hilbert*, in: FS Kloepfer, S. 399 (402) und *Windoffer*, Verfahren der Folgenabschätzung als Instrument zur rechtlichen Sicherung von Nachhaltigkeit, S. 222; vgl. speziell für das deutsche Recht *Hensel*, in: Hensel/Bizer/Führ/Lange, Gesetzesfolgenabschätzung in der Anwendung, S. 291 (291 ff.).

[47] *Glaser*, Nachhaltige Entwicklung und Demokratie, S. 70 ff., *Kahl*, in: Bauer/Czybulka/Kahl/Voßkuhle, Umwelt, Wirtschaft und Recht, S. 111 (140); *Kahl/Hilbert*, in: FS Kloepfer, S. 399 (402); s. auch zum Ganzen instruktiv *Kahl*, in: Kahl, Nachhaltigkeit durch Organisation und Verfahren, S. 1 (16 ff.).

Folgen von Rechtsvorschriften untersuchen,[48] sind sie als solche Verfahren besonders gut geeignet.[49] Etwaige Zielkonflikte zwischen den Dimensionen der Nachhaltigkeit können frühzeitig erkannt und gelöst werden.[50] Indem (Gesetzes-)Folgenabschätzungen die Informationsbasis der Entscheidungsträger verbreitern und aufbereiten,[51] begünstigen sie auch ein nachhaltigeres Ergebnis des Rechtsetzungsverfahrens, da zur Lösung eines Problems potenziell mehrere Lösungsoptionen zur Verfügung stehen.[52] Das Verfahren der Folgenabschätzung trägt daher grundsätzlich zur Verwirklichung einer Nachhaltigen Entwicklung bei.[53] Allerdings können Inhalt und Intention von Rechtsvorschriften durch kurze Legislaturperioden bestimmt werden.[54] Die nachhaltigkeitsspezifische Langfristorientierung verliert die Folgenabschätzung hierdurch jedoch strukturell nicht.[55] Die frühzeitige, prognostische Erfassung der tatsächlichen Auswirkungen einer Regelung ermöglicht es, unbeabsichtigte Nebenfolgen auszuschalten, Änderungsgesetzgebung vorzubeugen und eine gewisse Dauerhaftigkeit und Beständigkeit der Regelung zu gewährleisten.[56] Dennoch ist eine gewisse organisatorische und prozessuale Institutionalisierung der (Gesetzes-)Folgenabschätzung erforderlich, dass sie einen dauerhaften Beitrag zur Nachhaltigen Entwicklung leisten kann.[57] Inwieweit das Ziel einer Nachhaltigen Entwicklung daher mit Hilfe der (Gesetzes-)Folgenabschätzungen verwirklicht werden kann, hängt von der jeweils konkreten Ausgestaltung des Folgenabschätzungsverfahrens im Einzelfall ab.[58] Zwar bieten die Struktur und

---

[48] Vgl. nur *Böhret/Konzendorf*, Leidfaden zur Gesetzesfolgenabschätzung, S. 7, *dies.*, Hb. Gesetzesfolgenabschätzung, S. 1; s. ferner *Baer/Lewalter*, in: DÖV 2007, S. 195 (197).

[49] *Windoffer*, Verfahren der Folgenabschätzung als Instrument zur rechtlichen Sicherung von Nachhaltigkeit, S. 210; *ders.*, in: Kahl, Nachhaltigkeit durch Organisation und Verfahren, S. 217 (219).

[50] Vgl. *Glaser*, Nachhaltige Entwicklung und Demokratie, S. 62.

[51] *Kahl*, in: Kluth/Krings, Gesetzgebung, S. 309 (309).

[52] Vgl. ähnl. in Bezug auf Nachhaltigkeit *Wischmeyer*, in: Kahl, Nachhaltigkeit durch Organisation und Verfahren, S. 253 (263 f.).

[53] Vgl. *Windoffer*, Verfahren der Folgenabschätzung als Instrument zur rechtlichen Sicherung von Nachhaltigkeit, S. 210; vgl. für die Unionsebene *Kahl/Hilbert*, in: FS Kloepfer, S. 399 (402).

[54] Vgl. *Kahl*, in: Kluth/Krings, Gesetzgebung, S. 309 (323); vgl. in Bezug auf die Kurzzeitperspektive der Politik allgemein *Kahl/Glaser*, in: Lange, Nachhaltigkeit im Recht, S. 9 (10 ff.); vgl. ferner auch *Lepsius*, in: Kahl, Nachhaltigkeit als Verbundbegriff, S. 326 (344 ff.) und *Wischmeyer*, in: Kahl, Nachhaltigkeit durch Organisation und Verfahren, S. 253 (258).

[55] *Windoffer*, Verfahren der Folgenabschätzung als Instrument zur rechtlichen Sicherung von Nachhaltigkeit, S. 211.

[56] Vgl. *Windoffer*, Verfahren der Folgenabschätzung als Instrument zur rechtlichen Sicherung von Nachhaltigkeit, S. 211; *ders.*, in: Kahl, Nachhaltigkeit durch Organisation und Verfahren, S. 217 (219 f.).

[57] S. nur *H. Wagner*, in: ZRP 1999, S. 480 (485); *Schuppert*, Governance und Rechtsetzung, S. 89 hält eine starke Institutionalisierung der Gesetzesfolgenabschätzung für deren Erfolg als zwingend notwendig; vgl. ähnl. *Grimm*, in: ZRP 2000, S. 87 (90).

[58] Vgl. beispielhaft zur Ausgestaltung der Gesetzesfolgenabschätzung in Deutschland

die Zielsetzung der Folgenabschätzung, eine möglichst breite Faktenbasis als Grundlage für die Entscheidungsfindung zu schaffen und auf diese Weise einen Beitrag zur Optimierung des Rechts zu leisten,[59] einen Anknüpfungspunkt für die Verwirklichung des Ziels einer Nachhaltigen Entwicklung.[60] Aufgrund dieser breiten Ausrichtung können aber auch andere Inhalte die Folgenabschätzung prägen.[61] Exemplarisch zeigt sich dies etwa an dem europäischen System der Folgenabschätzung, mit dessen Hilfe auch die Lissabon-Strategie verfolgt wird[62] und das zu Stärkung der Wettbewerbsfähigkeit und zu Wohlstand in der EU beitragen soll.[63] Die übermäßige Anreicherung der Folgenabschätzung mit unterschiedlichen Zielen kann die Realisierung einer Nachhaltigen Entwicklung daher auch beeinträchtigen.[64] Gleiches gilt für den Fall, dass politische Entscheidungsträger die Ergebnisse von (Gesetzes-)Folgenabschätzungen ignorieren und dadurch verhindern, dass Belange aus allen drei Dimensionen der Nachhaltigkeit auch in der endgültigen (rechtlichen) Entscheidung berücksichtigt werden.[65]

2. *Nachhaltigkeitsprüfung als Ergänzung des Konzepts*

Durch die Nachhaltigkeitsprüfung wird im Rahmen der (Gesetzes-)Folgenabschätzung sichergestellt, dass ein Vorhaben nicht dem Ziel der Nachhaltigen Entwicklung widerspricht, sondern dieses begünstigt.[66] Im Unterschied zur (Gesetzes-)Folgenabschätzung im Sinne des Konzepts der Besseren Rechtsetzung ist die Nachhaltigkeitsprüfung allerdings umfassender sowie länger-

Kahl, in: Kluth/Krings, Gesetzgebung, S. 309 (311); vgl. zu allgemeinen Anforderungen an eine Institutionalisierung der Gesetzesfolgenabschätzung *H. Hofmann*, in: ZG 1999, S. 44 (55).

[59] *Kahl*, in: Kluth/Krings, Gesetzgebung, S. 309 (311).

[60] Vgl. *Kahl*, in: Kluth/Krings, Gesetzgebung, S. 309 (323) sowie auch *Windoffer*, Verfahren der Folgenabschätzung als Instrument zur rechtlichen Sicherung von Nachhaltigkeit, S. 210 f.

[61] S. zu dieser Kritik am Folgenabschätzungssystem der EU *E. Wagner*, in: EurUP 2016, S. 121 (130).

[62] *Kahl/Hilbert*, in: FS Kloepfer, S. 399 (403); vgl. *Kahl*, in: Streinz, EUV/AEUV, Art. 11 AEUV Rn. 46; *Pfeifer*, Bessere Rechtsetzung, S. 116; *Wolf-Hegerbekermeier*, in: ZG 2013, S. 357 (363).

[63] *Kahl/Hilbert*, in: FS Kloepfer, S. 399 (403); KOM(2005) 97 endgültig vom 16. März 2005, S. 2.

[64] So die Befürchtung von Kritikern der Besseren Rechtsetzung in der EU, vgl. etwa *E. Wagner*, in: EurUP 2016, S. 121 (130 f.); kritisch auch *Lindemann/Jänicke*, in: ZfU 2008, S. 355 (380 f.); s. auch *Meßerschmidt*, in: Kahl, Nachhaltigkeit durch Organisation und Verfahren, S. 195 (206 f.); vgl. für die nationale Ebene *Mayer-Ries*, in: Hensel/Bizer/Führ/Lange, Gesetzesfolgenabschätzung in der Anwendung, S. 285 (286 f.).

[65] S. zum Problem der Beratungsresistenz von Politikern *Kahl*, Nachhaltigkeitsverfassung, S. 108.

[66] Vgl. in Bezug auf die (Gesetzes-)Folgenabschätzung *Kahl*, in: Kluth/Krings, Gesetzgebung, S. 309 (320); vgl. zur Ausgestaltung des Verfahrens der Nachhaltigkeitsprüfung in Deutschland *Krings*, in: ZG 2009, S. 237 (239 f.).

fristig und stärker an unbeabsichtigten Nebenfolgen orientiert.[67] Insbesondere Gesetzesfolgenabschätzungen haben nur die Folgen von Gesetzesvorhaben im Blick und auch Folgenabschätzungen, die sich nicht zwingend an einem konkreten Gesetzesvorhaben orientieren, erfolgen im Rahmen des Konzepts der Besseren Rechtsetzung jedenfalls in Bezug auf die Rechtsetzung.[68] Hingegen bezieht sich die Nachhaltigkeitsprüfung grundsätzlich auf alle Vorhaben.[69] Die Nachhaltigkeitsprüfung ist daher ein Instrument der Nachhaltigen Entwicklung, welches Folgenabschätzung und Gesetzesfolgenabschätzung ergänzt.[70] Ihre Zielsetzung geht über das von Besserer Rechtsetzung primär verfolgte Ziel der Verbesserung des Rechts hinaus. Die Nachhaltigkeitsprüfung ist damit nicht Teil des Konzepts der Besseren Rechtsetzung, sondern dessen von außen kommende Ergänzung.

3. Nachhaltiges Recht als beständiges Recht

Bezieht man Nachhaltigkeit nicht nur auf die von Recht verursachten Folgen, sondern auf das Recht als „Gegenstand", stellt sich die Frage, was nachhaltiges Recht ist. Mit nachhaltigem Recht lässt sich eine umsichtige, vorausschauende und damit zukunftsverträgliche,[71] das heißt stabile[72] und beständige[73] Regelung assoziieren.[74] Zukunftsverträglich und beständig ist eine Rechtsnorm, wenn sie so gestaltet ist, dass sie ohne notwendige Änderungsgesetzgebung längere Zeit anwendbar und praktikabel bleibt.[75] Gilt dieselbe Regelung über Jahre und für mehrere Generationen, führt dies zu Rechtsanwendungsgleich-

---

[67] *Kahl*, in: Kluth/Krings, Gesetzgebung, S. 309 (322 f.).

[68] S. zur Unterscheidung von Gesetzesfolgenabschätzung und Folgenabschätzung Kapitel 2 S. 13.

[69] *Kahl*, in: Kluth/Krings, Gesetzgebung, S. 309 (322).

[70] S. dazu *Kahl*, in: Kluth/Krings, Gesetzgebung, S. 309 (323) sowie auch *Jacob/Veit/Hertin*, Gestaltung einer Nachhaltigkeitsprüfung im Rahmen der Gesetzesfolgenabschätzung, S. 11 f.

[71] S. zu diesem Aspekt der Nachhaltigen Entwicklung *Windoffer*, Verfahren der Folgenabschätzung als Instrument zur rechtlichen Sicherung von Nachhaltigkeit, S. 50.

[72] Diesen Begriff im Sinne einer Langfristorientierung verstehend *Windoffer*, Verfahren der Folgenabschätzung als Instrument zur rechtlichen Sicherung von Nachhaltigkeit, S. 210.

[73] Vgl. *Windoffer*, Verfahren der Folgenabschätzung als Instrument zur rechtlichen Sicherung von Nachhaltigkeit, S. 53 mit Verweis auf die Terminologie des Brundtland-Berichts; ebenfalls im Sinne einer zeitlichen Dauerhaftigkeit die *Bundesregierung*, Bessere Rechtsetzung 2016: Bericht nach § 7 NKRG, S. 8; vgl. zur Definition von Nachhaltigkeit im Brundtland-Bericht *Mathis*, Nachhaltige Entwicklung und Generationengerechtigkeit, S. 120 und *Hensel*, in: Hensel/Bizer/Führ/Lange, Gesetzesfolgenabschätzung in der Anwendung, S. 291 (295 f.).

[74] So etwa *Härtel*, in: Hatje/Müller-Graff, Enzyklopädie Europarecht, S. 623 (657); *Windoffer*, Verfahren der Folgenabschätzung als Instrument zur rechtlichen Sicherung von Nachhaltigkeit, S. 53, der insoweit eine konservative Komponente der Nachhaltigen Entwicklung feststellt.

[75] Vgl. zur Normenbeständigkeit *Karpen*, in: ZRP 2008, S. 97 (98); *Lücke*, in: ZG 2001, S. 1 (4 ff.) sowie noch die Ausführungen in Kapitel 5 auf S. 93 f.

heit und trägt formal zu einer intergenerationellen und intragenerationellen Gerechtigkeit bei. Langfristig orientierte Rechtsnormen sind daher grundsätzlich geeignet, um das Ziel einer Nachhaltigen Entwicklung potenziell zu verwirklichen. Das Konzept der Besseren Rechtsetzung kann dazu beitragen, einen Rechtsrahmen aus langfristig orientierten Rechtsnormen zu schaffen. Denn um die Rechtsetzungsqualität zu verbessern, strebt das Konzept unter anderem auch die Beständigkeit der Rechtsetzung an.[76] Daher vermeidet eine Bessere Rechtsetzung nach Möglichkeit eine häufige Änderungsgesetzgebung und fördert dadurch Rechtsanwendungsgleichheit und Rechtssicherheit.[77] Die Beständigkeit der Rechtsetzung kann insbesondere durch das Instrument der Folgenabschätzung erreicht werden, die es ermöglicht, Regelungen vorausschauend und entsprechend dauerhaft zu gestalten.[78] Darüber hinaus sorgt aber auch eine hohe formelle Rechtsetzungsqualität insgesamt für die Dauerhaftigkeit von Rechtsetzung, etwa mit Blick auf Systemgerechtigkeit und Widerspruchsfreiheit von verschiedenen Rechtsvorschriften und Rechtsakten.[79] Können neue Regelungen stimmig in bestehende und funktionierende Regelwerke eingefügt werden, müssen weder diese Regelwerke aufgehoben noch zusätzlich neue Regelwerke geschaffen werden.[80]

III. Zwischenfazit

Das Konzept der Besseren Rechtsetzung enthält viele Bezugspunkte zur Nachhaltigkeit. Insbesondere das Instrument der Folgenabschätzung ist geeignet, das Ziel einer Nachhaltigen Entwicklung zu verwirklichen, da bei der Prognose der Regelungsauswirkungen Belange aus allen drei Bereichen der Nachhaltigkeit einbezogen werden können. Hingegen ist das Instrument der Nachhaltigkeitsprüfung kein originäres Instrument der Besseren Rechtsetzung, sie kann das Konzept allerdings ergänzen. Im Übrigen wird das Ziel einer Nachhaltigen Entwicklung auch durch eine beständige Rechtsetzung verwirklicht und kann insoweit von der Umsetzung des Konzepts der Besseren Rechtsetzung profitieren.

---

[76] Vgl. dazu allgemein *Ennuschat*, in: DVBl. 2004, S. 986 (988) sowie bereits Kapitel 2 S. 94.

[77] Vgl. in Bezug auf gute Gesetzgebung allgemein *Schulze-Fielitz*, Theorie und Praxis parlamentarischer Gesetzgebung, S. 515 im Anschluss an *Kloepfer*, in: VVDStRL 40 (1982), S. 63 (98).

[78] Vgl. zum Beitrag der (Gesetzes-)Folgenabschätzung zur Schaffung von beständigem Recht die Ausführungen in diesem Kapitel auf S. 43.

[79] Vgl. *Schulze-Fielitz*, Theorie und Praxis parlamentarischer Gesetzgebung, S. 515.

[80] Vgl. ähnl. für die Unionsebene *Blanke*, in: Calliess/Ruffert, EUV/AEUV, Art. 3 EUV Rn. 6.

D. Governance-Konzept

I. Governance und Good Governance

Der Begriff „Governance"[81] hat verschiedene Ausprägungen,[82] die mit unterschiedlichen Inhalten assoziiert werden.[83] Allgemein lässt sich Governance als ein Konzept definieren, das die Problemsicht über Effizienz hinaus auf Effektivität und Kohärenz, die Perspektive über einzelne Organisationen hinaus auf interorganisatorische Beziehungen und nichtstaatliche Akteure sowie die Lösungen über den Markt hinaus auf Netzwerke, Gemeinschaften und Kombinationen dieser Formen erweitert.[84] Governance beschäftigt sich mit Fragen, wie öffentliche Angelegenheiten behandelt, wie regiert, wie öffentliche Aufgaben erfüllt und wie die diesbezüglich bestehenden Probleme gelöst werden sollen.[85] Dabei liegt dem Konzept die Annahme zugrunde, dass zur Lösung kollektiver Probleme und zur Produktion öffentlicher Güter neue Formen von Handlungskoordination unter Einbeziehung unterschiedlicher Akteure nötig sind.[86] Während Governance neue Formen des Managements sozialer Interdependenzen betont, liegt der Schwerpunkt von Good Governance[87] insbesondere auf den normativen Aspekten guter Regierungsführung.[88] In Umkehrung der hierbei festgestellten Mängel lassen sich positive Kriterien für eine gute Regierungsführung formulieren.[89] Welche Kriterien dies im Einzelnen sind, hängt von den konkreten Bedürfnissen und Kontextbedingungen der jeweiligen Rechtsordnung ab, in der Good Governance praktiziert wird.[90] Obwohl deswegen die Zu-

---

[81] Vgl. zum Begriff Governance und seiner Herkunft ausführlich *Benz/Lütz/Simank/Simonis*, in: Benz/Lütz/Simank/Simonis, Hb. Governance, S. 9 (9 ff.); *Klenk/Nullmeier*, Public Governance als Reformstrategie, S. 17 ff. und *Pyschny*, Good Governance, S. 38 ff.

[82] Vgl. *Czada*, in: Benz/Dose, Governance – Regieren in komplexen Regelsystemen, S. 201 (201); vgl. bezüglich der einzelnen Ausprägungen, wie bspw. Good Governance, Regional Governance, Economic Governance, Network Governance, Corperate Governance, Global Governance *Eising/Lenschow*, in: Benz/Lütz/Schimank/Simonis, Hb. Governance, S. 325 (325 ff.).

[83] S. hierzu *Benz/Dose*, in: Benz/Dose, Governance – Regieren in komplexen Regelsystemen, S. 13 (13); *Hill*, in: Schuppert, Governance-Forschung, S. 220 (220).

[84] *Jann/Wegrich*, in: Benz/Dose, Governance – Regieren in komplexen Regelsystemen, S. 175 (191); s. ähnl. *Hill*, in: Schuppert, Governance-Forschung, S. 220 (223); vgl. aber auch *Benz/Dose*, in: Benz/Dose, Governance – Regieren in komplexen Regelsystemen, S. 13 (25 f.).

[85] *Bergmann*, Handlexikon der Europäischen Union, Stichwort „Governance (Regieren) in der EU"; vgl. näher dazu *Mayntz*, Über Governance, S. 8 ff.

[86] *Schuppert*, in: Die Verwaltung 2011, S. 273 (278).

[87] Vgl. hierzu ausführlich *Hill*, in: Schuppert, Governance-Forschung, S. 220 (220 ff.).

[88] *Seifert*, in: Weiland/Wehr/Seifert, Good Governance in der Sackgasse?, S. 9 (14); *Voßkuhle*, in: Hoffmann-Riem/Schmidt-Aßmann/Voßkuhle, Grundlagen des Verwaltungsrechts I, § 1 Rn. 68.

[89] *König*, in: König/Adam, Governance als Entwicklungspolitischer Ansatz, S. 1 (3); vgl. ähnl. *Hill*, in: Schuppert, Governance-Forschung, S. 220 (223).

[90] Vgl. bezogen auf Governance-Konzepte allgemein *Hill*, in: Schuppert, Governance-

sammenstellung dieser Kriterien teilweise variiert, können bestimmte Kriterien als für eine gute Regierungsführung als wesentlich angesehen werden.[91] Dies betrifft etwa die von der Weltbank[92] herausgearbeiteten Kriterien,[93] namentlich „Government Effectiveness", „Voice and Accountability", „Political Stability and No Violence", „Rule of Law", und „Control of Corruption".[94] Das Konzept der OECD[95] enthält ähnliche, teilweise konkretisierende, zentrale Kriterien für eine Good Governance. Nach der OECD sind folgende Kriterien entscheidend: Rechtsstaatlichkeit, Offenheit, Transparenz und Rechenschaftspflicht gegenüber demokratisch gewählten Institutionen, Fairness und Gleichheit politischer Beteiligung, effiziente und effektive Dienstleistungen, klare, transparente und anwendbare Gesetze und Regeln, Konsistenz und Kohärenz der Politikentwicklung sowie hohe ethische Verhaltensstandards.[96] Die EU hingegen berücksichtigt nach ihren „Grundsätzen des guten Regierens"[97] neben den bereits genannten Kriterien auch Partizipation, Verantwortlichkeit, Effektivität und Kohärenz.[98] Für die nachfolgende Abgrenzung werden die Kriterien Transparenz, Offenheit, Effektivität des Regierens, Rechtsstaatlichkeit und Verantwortlichkeit[99] als wesentliche Kriterien von Good Governance zugrunde gelegt.

II. Verwirklichung des Governance-Konzepts durch Bessere Rechtsetzung

Das Governance-Konzept und das Konzept der Besseren Rechtsetzung weisen eine enge Verbindung auf, die sich exemplarisch auf europäischer Ebene[100] daran

Forschung, S. 220 (235); s. zur unterschiedlichen Ausrichtung der Konzepte der Weltbank, der OECD und der EU *Czada*, in: Benz/Dose, Governance – Regieren in komplexen Regelsystemen, S. 201 (206 ff.).

91 *Voßkuhle*, in: Hoffmann-Riem/Schmidt-Aßmann/Voßkuhle, Grundlagen des Verwaltungsrechts I, § 1 Rn. 68.

92 *World Bank*, Sub-Saharan Africa. From Crisis to Sustainable Growth, A Long-Term Perspective Study.

93 *Masnicki*, in: Grzeszczak, Challenges of Good Governance in the European Union, S. 197 (198); s. zur Bedeutung des Konzepts der Weltbank für die Entwicklung von Good Governance *Czada*, in: Benz/Dose, Governance – Regieren in komplexen Regelsystemen, S. 201 (201) und zur Entwicklung näher *F. Reimer*, in: Kahl, Nachhaltigkeit durch Organisation und Verfahren, S. 44 (44 ff.).

94 S. zu diesen Kriterien *Czada*, in: Benz/Dose, Governance – Regieren in komplexen Regelsystemen, S. 201 (205 ff.); *Hill*, in: Schuppert, Governance-Forschung, S. 220 (223).

95 *OECD*, Participatory Development and Good Governance, S. 8 ff.

96 Vgl. berichtend *Czada*, in: Benz/Dose, Governance – Regieren in komplexen Regelsystemen, S. 201 (207 f.).

97 KOM(2001) 428 endgültig vom 25. Juli 2001.

98 KOM(2001) 428 endgültig vom 25. Juli 2001, S. 11; vgl. berichtend *Czada*, in: Benz/Dose, Governance – Regieren in komplexen Regelsystemen, S. 201 (206).

99 Vgl. mit ähnlichen, für Good Governance als wesentlich zu betrachtenden Kriterien *Voßkuhle*, in: Hoffmann-Riem/Schmidt-Aßmann/Voßkuhle, Grundlagen des Verwaltungsrechts I, § 1 Rn. 68.

100 Vgl. zu Governance auf europäischer Ebene ausführlich *Benz*, Politik in Mehrebenen-

zeigt, dass das Weißbuch der Europäischen Kommission „Europäisches Regieren“[101] gemeinsamer Ausgangspunkt beider Konzepte war.[102] Viele der in diesem Weißbuch vorgeschlagenen Instrumente zur Politikgestaltung finden sich in beiden Konzepten wieder.[103] Beispielsweise bedienen sich beide Konzepte zur Verwirklichung ihrer Ziele in gewissem Umfang alternativer Herrschaftsformen sowie gesellschaftlicher Strukturen und Netzwerke.[104] Auch versuchen beide Konzepte, die Probleme des europäischen Mehrebenensystems, wie etwa Legitimationsfragen[105] und Kompetenzverteilung, mittels kooperativer und koordinativer Politikgestaltung[106] sowie der Forderung nach Kohärenz[107] zu lösen.[108] Bei einer abstrakten Betrachtung beider Konzepte lassen sich ebenfalls einige Überschneidungen zwischen dem Governance-Konzept und der Besseren Rechtsetzung feststellen, insbesondere mit Blick auf die Kriterien zur Bewertung der Rechtsetzungsqualität[109] und den Kriterien für eine gute Regierungsführung. Bemühungen um die Etablierung einer guten Regierungsführung profitieren in verschiedener Hinsicht von einer hohen Rechtsetzungsqualität und vom Einsatz bestimmter Instrumente der Besseren Rechtsetzung.[110]

1. Transparenz und Offenheit

Sowohl das Konzept der Besseren Rechtsetzung als auch das Governance-Konzept streben nach mehr Transparenz und Offenheit und setzen dabei auf ähnliche Inhalte und Instrumente, wie etwa Konsultationen, den Zugang zu Dokumenten und Begründungspflichten.[111] Während aber die Verbesserung von

systemen, S. 135 ff.; *Jachtenfuchs/Kohler-Koch*, in: Benz/Dose, Governance – Regieren in komplexen Regelsystemen, S. 69 (69 ff.).

[101] KOM(2001) 428 endgültig vom 25. Juli 2001.

[102] Vgl. nur *Meuwese/Popelier*, in: EPL 2011, S. 455 (457); *Popelier*, in: EPL 2011, S. 555 (558 f.); s. ähnl. *Meßerschmidt*, in: Kahl, Nachhaltigkeit durch Organisation und Verfahren, S. 195 (196).

[103] Vgl. *Popelier*, in: EPL 2011, S. 555 (558 ff.); vgl. ähnl. *Härtel*, in: Hatje/Müller-Graff, Enzyklopädie Europarecht, S. 623 (660 f.); s. in Bezug auf die Prinzipien beider Konzepte auch *Alemanno*, in: ELJ 2009, S. 382 (391).

[104] Vgl. zu diesem Inhalt des Governance-Begriffs *Benz*, in: Schuppert, Governance-Forschung, S. 95 (112 ff.).

[105] Vgl. *Brözel*, in: Schuppert, Governance-Forschung, S. 72 (86) und *Czada*, in: Benz/Dose, Governance – Regieren in komplexen Regelsystemen, S. 201 (208).

[106] *Czada*, in: Benz/Dose, Governance – Regieren in komplexen Regelsystemen, S. 201 (208); vgl. ähnl. *Härtel*, in: Hatje/Müller-Graff, Enzyklopädie Europarecht, S. 623 (660 f.).

[107] S. zum „Kohärenzbedarf“ der EU *Czada*, in: Benz/Dose, Governance – Regieren in komplexen Regelsystemen, S. 201 (207).

[108] *Czada*, in: Benz/Dose, Governance – Regieren in komplexen Regelsystemen, S. 201 (208); vgl. ähnl. *v. Danwitz*, in: JZ 2006, S. 1 (2).

[109] S. dazu bereits die Ausführungen in Kapitel 2 auf S. 27 ff.

[110] S. zum Ganzen hinsichtlich der EU ausführlich *Masnicki*, in: Grzeszczak, Challenges of Good Governance in the European Union, S. 197 (197 ff.).

[111] Vgl. dies ausführlich untersuchend *Popelier*, in: EPL 2011, S. 555 (558 ff.); s. ferner *Härtel*, in: Hatje/Müller-Graff, Enzyklopädie Europarecht, S. 623 (660 f.).

Transparenz und Offenheit im Rahmen des Governance-Konzepts insbesondere der Stärkung der demokratischen Legitimation dient, setzt das Konzept der Besseren Rechtsetzung solche Instrumente vorwiegend mit dem Ziel ein, die Rahmenbedingungen des Rechtsetzungsverfahrens zu verbessern und insbesondere eine ausreichende Informationsbasis für die Entscheidungsfindung zu kreieren.[112] Der Einsatz der Instrumente in Bezug auf die Rechtsetzung und im Zusammenhang mit dem Rechtsetzungsverfahren ist das Spezifische, das diese Instrumente dem Konzept der Besseren Rechtsetzung zuordnet und vom Governance-Konzept abgrenzt.

2. *Effektivität des Regierens*

Rechtsnormen werden im Rahmen der Regierungstätigkeit dazu eingesetzt, bestimmte politische Zielsetzungen zu realisieren.[113] Politische Vorhaben können daher exakter umgesetzt werden, wenn die hierfür erlassenen Gesetze verständlich und eindeutig sind und keine unbeabsichtigte Neben- oder Folgewirkungen verursachen.[114] Dies sicherzustellen, ist die Aufgabe der Instrumente der Besseren Rechtsetzung, wie etwa der (Gesetzes-)Folgenabschätzung. Soweit also durch Gesetzeserlass regiert wird, tragen Maßnahmen zur Verbesserung der Rechtsetzung auch mittelbar zu einer effektiveren Regierungsführung bei. Abgesehen hiervon dürfte das Governance-Konzept die Effektivität des Regierens aber mit weiteren Maßnahmen fördern, die über die erwähnte Verbesserung der Rechtsetzung hinausgehen. Insbesondere Maßnahmen, die zur Optimierung der Verwaltung dienen, etwa die Reduktion öffentlicher Aufgaben und Zuständigkeiten, die Verbesserung des öffentlichen Finanzwesens oder die Bereitstellung ausreichenden Personals,[115] sind Maßnahmen, die allein dem Governance-Konzept zuzurechnen sind.

3. *Rechtsstaatlichkeit*

Rechtsstaatlichkeit wird häufig als Übersetzung für das Kriterium von Good Governance „Rule of Law“ verwendet.[116] Mit dem Begriff Rechtsstaatlichkeit werden allerdings abhängig von der jeweiligen Rechtsordnung unterschiedliche

---

[112] S. beispielhaft zum Zweck von Konsultationen COM(2015) 215 endgültig vom 19. Mai 2015, S. 3.

[113] S. nur *Smeddinck*, Integrierte Gesetzesproduktion, S. 396.

[114] Vgl. ähnl. Mandelkernbericht, S. 9; s. *Burghart*, Die Pflicht zum guten Gesetz, S. 81 mit der zutreffenden Feststellung, dass Gesetze verständlich sein müssten, wenn die Erwartung bestünde, dass sie befolgt werden.

[115] Vgl. *König*, in: König/Adam, Governance als Entwicklungspolitischer Ansatz, S. 1 (3).

[116] *Czada*, in: Benz/Dose, Governance – Regieren in komplexen Regelsystemen, S. 201 (207); *König*, in: König/Adam, Governance als Entwicklungspolitischer Ansatz, S. 1 (3); *Pyschny*, Good Governance, S. 162.

Inhalte verbunden.[117] Allgemein anerkannt ist aber, dass Rechtsstaatlichkeit im Sinne von Good Governance die Schaffung eines verlässlichen und stabilen rechtlichen Rahmens für wirtschaftliche Entwicklung sowie die Gewährleistung einer unabhängigen Justiz und eines fairen Verfahrens meint.[118] Voraussetzung für die Schaffung dieses rechtlichen Rahmens ist neben der Existenz von Regelungen zur Herrschaftsausübung auch die Vorhersehbarkeit, Verständlichkeit und Veröffentlichung von Gesetzen.[119] Die Bessere Rechtsetzung ist prädestiniert, dieses Verständnis von Rechtsstaatlichkeit[120] des Governance-Konzepts zu verwirklichen. Denn ihre Instrumente dienen auch dazu verständliche, allgemein zugängliche und dauerhafte Rechtsnormen zu schaffen.[121] Indem das Konzept die Herstellung eines stabilen rechtlichen Rahmens begünstigt, trägt es gleichzeitig zur Erfüllung der Grundforderung von Good Governance nach Rechtsstaatlichkeit bei.[122] Allerdings ist die Bessere Rechtsetzung dabei auch weitergehend, da das Konzept über die Errichtung eines soliden Normbestandes hinaus auch dessen Optimierung anstrebt und von der Rechtsetzung die Einhaltung bestimmter Qualitätskriterien wie etwa Klarheit, Bestimmtheit, Systematik, Effizienz und Effektivität fordert.[123]

4. Verantwortlichkeit

Verantwortlichkeit kann als Bezeichnung für das im Governance-Konzept anerkannte Kriterium „Accountability" verwendet werden, welches bereits im Konzept der Weltbank[124] zentraler Bestandteil war.[125] Verantwortlichkeit im Sinne von Accountability kann zunächst als Verantwortlichkeit für eigenes Handeln und dessen Konsequenzen verstanden werden.[126] Darüber hinaus werden mit dem Begriff aber auch weitere Inhalte assoziiert, wie etwa die Festlegung von Zuständigkeiten, Rechenschaftspflichten und die Kontrollen von öffentlichen

---

117 *Pyschny*, Good Governance, S. 162.

118 *König*, in: König/Adam, Governance als Entwicklungspolitischer Ansatz, S. 1 (3); *Pyschny*, Good Governance, S. 162.

119 *Pyschny*, Good Governance, S. 162 f.

120 Vgl. *Pyschny*, Good Governance, S. 162 f., die insoweit von formaler Rechtsstaatlichkeit spricht.

121 S. zu den Zielen und den Kriterien guter Rechtsetzung ausführlich Kapitel 2 S. 16 f. und S. 27 f.

122 Vgl. zur Besseren Rechtsetzung und Rechtsstaatlichkeit noch ausführlich Kapitel 5 S. 89 ff.

123 S. zu diesen Qualitätskriterien bereits die Ausführungen in Kapitel 2 auf S. 29 f.

124 *World Bank*, Sub-Saharan Africa. From Crisis to Sustainable Growth, A Long-Term Perspective Study.

125 Vgl. ausführlich zur etymologischen Bedeutung *Pyschny*, Good Governance, S. 51.

126 Vgl. weitergehend *Pyschny*, Good Governance, S. 52 sowie ferner *Moes*, in: Botzem/Hofmann/Quack/Schuppert/Straßheim, Governance als Prozess, S. 29 (29 ff.), der den Begriff der Accountability vor allem zur Lösung von Legitimationsproblemen heranzieht.

Verwaltungen.[127] Die Bessere Rechtsetzung trägt teilweise zur Verwirklichung dieses Verständnisses von Verantwortlichkeit bei. Dies gilt beispielsweise mit Blick auf die Verbesserung der Transparenz des Rechtsetzungsverfahrens, die im Rahmen der Besseren Rechtsetzung etwa durch Begründungspflichten und den Zugang zu Rechtsvorschriften und Dokumenten erhöht wird.[128] Durch diese Instrumente wird auch die Verantwortlichkeit der rechtsetzenden Organe gestärkt, da sie in gewissem Umfang dazu bewegt werden, Rechenschaft über ihre Tätigkeit im Rechtsetzungsverfahren gegenüber der Öffentlichkeit abzulegen.

III. Zwischenfazit

Die Bessere Rechtsetzung trägt auf unterschiedliche Weise zur Verwirklichung des Governance-Konzepts bei. Insbesondere im Bereich der Offenheit und Transparenz begünstigt die Anwendung der Instrumente der Besseren Rechtsetzung das Ziel von Good Governance. Allerdings ist das Governance-Konzept häufig weitergehend und beschränkt sich insbesondere nicht auf die Rechtsetzung. Auch das Konzept der Besseren Rechtsetzung ist teilweise weitergehend als das Governance-Konzept, etwa im Bereich der Verwirklichung von Rechtsstaatlichkeit. Hier erschöpft sich die Bessere Rechtsetzung nicht in der Etablierung eines stabilen Rechtssystems, sondern stellt darüber hinaus auch bestimmte Anforderungen an die Rechtsetzungsqualität. Das Konzept der Besseren Rechtsetzung und das Governance-Konzept sind daher zwar nicht kongruent, sie sind allerdings komplementär.

E. Gute Verwaltung

I. Gewährleistungsgehalt

Das Recht auf gute Verwaltung gemäß Art. 41 Abs. 1 GrCh gewährleistet jeder Person, dass ihre Angelegenheiten von den Organen, Einrichtungen und sonstigen Stellen der EU unparteiisch, gerecht und innerhalb einer angemessenen Frist behandelt werden. Aus den weiteren Absätzen des Art. 41 GrCh lassen sich verschiedene Ausprägungen des Rechts auf gute Verwaltung,[129] wie etwa das Recht auf Gehör, Akteneinsicht und Begründung, entnehmen.[130] Aus Art. 41

---

127 Vgl. *König*, in: König/Adam, Governance als Entwicklungspolitischer Ansatz, S. 1 (3).

128 S. dazu die Ausführungen in Kapitel 2 auf S. 14.

129 S. zu den einzelnen Ausprägungen ausführlich *Bauer*, Das Recht auf eine gute Verwaltung im Europäischen Gemeinschaftsrecht, S. 137 ff. und *Pfeffer*, Das Recht auf eine gute Verwaltung, S. 138 ff.

130 Vgl. zum Ganzen auch *Jarass*, EU-Grundrechte-Charta, Art. 41 GrCh Rn. 13 ff.; *Magiera*, in: Meyer, Charta der Grundrechte der Europäischen Union, Art. 41 GrCh Rn. 10.

Abs. 1 GrCh ergibt sich zudem die als allgemeiner Rechtsgrundsatz anerkannte Pflicht zu ordnungsgemäßen Verwaltung, wonach die Verwaltung insbesondere alle relevanten Umstände sorgfältig zu untersuchen hat.[131]

II. Bezüge zum Konzept der Besseren Rechtsetzung

Verbindungen zwischen dem Recht auf gute Verwaltung und dem Konzept der Besseren Rechtsetzung bestehen mit Blick auf ihre teilweise gleichen oder ähnlichen Inhalte, wie etwa dem Zugang zu Dokumenten oder Begründungspflichten. Insoweit überschneiden sich eine gute Verwaltung und eine Bessere Rechtsetzung, da sie beide die Stärkung von Transparenz und Erhöhung der Rationalität des jeweiligen Entscheidungsverfahrens anstreben. Sieht man außerdem das Recht auf gute Verwaltung im engen Zusammenhang mit dem Grundsatz der guten Verwaltung gemäß Art. 298 Abs. 1 AEUV,[132] können Maßnahmen, etwa zur Verbesserung der Leistungsfähigkeit der Verwaltung, sowohl einer guten Verwaltung als auch der Besseren Rechtsetzung zugerechnet werden. Dies wäre beispielsweise der Fall, wenn die Vereinfachung von gesetzlichen Vorgaben dazu führt, dass das Verwaltungsverfahren nachvollziehbarer, transparenter und effizienter wird. Zur Abgrenzung der beiden Konzepte kann indes das Erfordernis einer konkreten Beziehung zwischen einem Unionsorgan und dem einzelnen Unionsbürger verwendet werden, das auch zur Bestimmung des grundsätzlichen Anwendungsbereichs des Rechts auf gute Verwaltung herangezogen wird.[133] Denn anders als das Recht auf gute Verwaltung, setzt die Bessere Rechtsetzung eine solche konkrete Beziehung nicht voraus. Bessere Rechtsetzung zielt darauf ab, neu zu schaffendes Recht sowie bestehendes Recht zu verbessern, während gute Verwaltung die Optimierung des konkreten Prozesses der Rechtsanwendung im Sinne der Vollzugstätigkeit aus Sicht der Vollzugsorgane gegenüber einem bestimmten Rechtsbetroffenen fokussiert.[134]

III. Zwischenfazit

Bessere Rechtsetzung und eine gute Verwaltung überschneiden sich insbesondere hinsichtlich Inhalte wie Begründungspflichten oder Verbesserung des Zu-

---

[131] *Jarass*, EU-Grundrechte-Charta, Art. 41 GrCh Rn. 30; s. zum Eingang der Grundsätze guter Verwaltungspraxis in das Recht auf gute Verwaltung *Magiera*, in: Meyer, Charta der Grundrechte der Europäischen Union, Art. 41 GrCh Rn. 16 f.

[132] Vgl. *Saurer*, in: Pechstein/Nowak/Häde, Frankfurter Kommentar, Art. 298 AEUV Rn. 3; *Streinz*, in: Streinz, EUV/AEUV, Art. 41 GrCh Rn. 13.

[133] *Galetta/Grzeszick*, in: Stern/Sachs, Europäische Grundrechte-Charta, Art. 41 GrCh, Rn. 29.

[134] Vgl. ähnl. *Jarass*, EU-Grundrechte, § 36 Rn. 5, der eine „Verwaltungstätigkeit" fordert; s. auch *Galetta/Grzeszick*, in: Stern/Sachs, Europäische Grundrechte-Charta, Art. 41 GrCh, Rn. 29.

gangs zu Dokumenten. Allerdings ist Bezugspunkt solcher Verbesserungsmaßnahmen im Fall der guten Verwaltung das Verwaltungsverfahren und nicht das Rechtsetzungsverfahren. Daher grenzt sich eine gute Verwaltung von der Besseren Rechtsetzung durch das Erfordernis einer konkreten Beziehung zwischen Unionsorgan und dem einzelnen Unionsbürger ab.

F. Wohlgeordnetes Recht

I. Kriterien für gute Rechtsetzung

Das Leitbild des wohlgeordneten Rechts wird vor allem in Verbindung mit der europäischen Rechtsetzung gebracht.[135] Es weist inhaltliche Überschneidungen mit dem Konzept der Besseren Rechtsetzung auf, weil es als Maßstab für die europäische Rechtskultur und eine gute Unionsrechtsetzung dienen soll.[136] Damit zielt es ebenfalls auf die Verbesserung des bestehenden und des zukünftig gesetzten Rechts.[137] Das Leitbild des wohlgeordneten Rechts wird anhand von fünf idealtypischen Kriterien definiert.[138] Es umfasst die Ziele, Werte und Rechtsprinzipien der Unionsverfassung sowie die Menschen- und Grundrechte[139] und fordert die Kohärenz und Widerspruchsfreiheit der Rechtsordnung sowie die Einheit der Verfassung.[140] Darüber hinaus müssen Rechtsnormen effektiv und effizient[141] sowie transparent im Sinne von Normenklarheit und Bestimmtheit sein.[142] Als letztes Kriterium fordert das Leitbild die Nachhaltigkeit und Dauerhaftigkeit von Rechtsnormen in sozialer, ökonomischer und ökologischer Hinsicht sowie deren Ausrichtung an einer intergenerationellen und intragenerationellen Gerechtigkeit.[143] Zweck des Leitbildes des wohlgeordneten Rechts ist es, die verschiedenen und zahlreichen Einzelideen, wie das Recht gestaltet sein soll, zu grundsätzlichen und konsensfähigen Maximen zu verbinden, an denen sich die Rechtsetzung auszurichten hat.[144] Hierin gleichen sich das Leitbild des wohlgeordneten Rechts und das Konzept der Besseren Recht-

---

135 *Härtel*, in: Hatje/Müller-Graff, Enzyklopädie Europarecht, S. 623 (657); *Pfeifer*, Bessere Rechtsetzung, S. 36; *Schipper*, Lebensmittelkennzeichnung im Lichte des wohlgeordneten Rechts, S. 58 ff.

136 Vgl. *Härtel*, in: Hatje/Müller-Graff, Enzyklopädie Europarecht, S. 623 (657).

137 Vgl. *Pfeifer*, Bessere Rechtsetzung, S. 35.

138 *Härtel*, in: Hatje/Müller-Graff, Enzyklopädie Europarecht, S. 623 (657); s. zum Ganzen auch *dies.*, Hb. europäische Rechtsetzung, § 2 Rn. 1 ff.; vgl. sich dem anschließend *Schipper*, Lebensmittelkennzeichnung im Lichte des wohlgeordneten Rechts, S. 59 ff.

139 *Härtel*, in: Hatje/Müller-Graff, Enzyklopädie Europarecht, S. 623 (657).

140 *Härtel*, in: Hatje/Müller-Graff, Enzyklopädie Europarecht, S. 623 (657).

141 *Härtel*, in: Hatje/Müller-Graff, Enzyklopädie Europarecht, S. 623 (657).

142 *Härtel*, in: Hatje/Müller-Graff, Enzyklopädie Europarecht, S. 623 (657).

143 *Härtel*, in: Hatje/Müller-Graff, Enzyklopädie Europarecht, S. 623 (657).

144 *Schipper*, Lebensmittelkennzeichnung im Lichte des wohlgeordneten Rechts, S. 59.

setzung, welches ebenfalls Kriterien für eine gute Rechtsetzung aufstellt und etwa die Bestimmtheit, Effizienz und Effektivität der Rechtsetzung fordert.[145]

II. Fehlende konkrete Instrumente

Unterschiede zwischen dem Konzept der Besseren Rechtsetzung und dem Leitbild des wohlgeordneten Rechts bestehen in der Ausgestaltung und Wirkungsweise. Wohlgeordnetes Recht entfaltet als Leitbild seine Wirkung vor allem durch die Visualisierung einer Zielvorstellung, die mit entsprechenden Maßnahmen angestrebt werden soll.[146] Obgleich auch dem Begriff „Bessere Rechtsetzung" eine gewisse Leitbildeigenschaft anhaftet,[147] ist die Bessere Rechtsetzung ein ausdifferenziertes Konzept.[148] Anders als das Leitbild des wohlgeordneten Rechts[149] enthält das Konzept der Besseren Rechtsetzung theoretisch ausformulierte Inhalte und Instrumente, die in einem konkreten Rechtsetzungsverfahren eingesetzt werden können. Das Konzept erschöpft sich daher nicht in grundsätzlichen und prinzipienhaften Forderungen. Es trägt vielmehr durch seine Instrumente und Inhalte dazu bei, dass die abstrakte Leitbildvorstellung eines wohlgeordneten Rechts operationalisierbar wird. Die Reflexionsebene des wohlgeordneten Rechts bildet daher nur den Anknüpfungspunkt für das Konzept der Besseren Rechtsetzung.[150]

III. Zwischenfazit

Eine Bessere Rechtsetzung und wohlgeordnetes Recht haben Gemeinsamkeiten mit Blick auf die Kriterien einer guten Rechtsetzung. Denn sowohl das Leitbild des wohlgeordneten Rechts als auch das Konzept der Besseren Rechtsetzung stellen bestimmte Anforderungen an die Rechtsetzung, um deren Rechtsetzungsqualität zu verbessern. Im Unterschied zum wohlgeordneten Recht nimmt die Bessere Rechtsetzung nicht die Funktion eines Leitbildes ein, sondern enthält als ausformuliertes Konzept konkrete Inhalte und Instrumente, die eine Rechtsetzung verbessern können.

---

145 S. dazu die Ausführungen in Kapitel 2 auf S. 34.

146 Vgl. zum Leitbildbegriff *Zippelius*, Allgemeine Staatslehre, S. 5 sowie *Baer*, in: Schmidt-Aßmann/Hoffmann-Riem, Methoden der Verwaltungsrechtswissenschaft, S. 223 (233) und *Voßkuhle*, in: Der Staat 40 (2001), S. 495 (509).

147 So etwa *Pfeifer*, Bessere Rechtsetzung, S. 116 f.

148 Vgl. dazu im Einzelnen die Ausführungen in Kapitel 2 auf S. 17.

149 Zweifelhaft insoweit *Schipper*, Lebensmittelkennzeichnung im Lichte des wohlgeordneten Rechts, S. 65, die dem Leitbild des wohlgeordneten Rechts neben der rechtspolitischen Dimension auch eine gesetzestechnische Dimension zuschreibt, als deren Inhalt aber lediglich die Instrumente der Folgenabschätzung und Begründungspflichten nennt.

150 Vgl. mit diesem Begriff ausdrücklich *Härtel*, in: Hatje/Müller-Graff, Enzyklopädie Europarecht, S. 623 (657); *Schipper*, Lebensmittelkennzeichnung im Lichte des wohlgeordneten Rechts, S. 59.

G. Intelligente Regulierung

I. Entwicklungsimpuls für das Konzept der Besseren Rechtsetzung

Intelligente Regulierung (Smart Regulation) wird zum Teil als Weiterentwicklung des Konzepts der Besseren Rechtsetzung angesehen.[151] Der Schwerpunkt dieses Konzepts einer Intelligenten Regulierung liegt auf der nachträglichen Überprüfung von Regelungsauswirkungen und es beruht außerdem auf den folgenden fünf Kernprinzipien: Bevorzugung einer Kombination von Instrumenten, Verwendung weniger interventionistischer Maßnahmen, verstärkter Einsatz der Instrumente von Ko- und Selbstregulierung, verhältnismäßige Anwendung aller Instrumente sowie die Maximierung von „win-win-Situationen".[152] Die Herausstellung dieser Prinzipien erscheint durchaus als eine inhaltliche Ergänzung des Konzepts der Besseren Rechtsetzung,[153] vor allem weil sich die Ausgestaltung des Konzepts seit seiner Entstehung immer wieder verändert hat.[154] Allerdings ist die Intelligente Regulierung eher als Entwicklungsimpuls für die Bessere Rechtsetzung denn als ihre Weiterentwicklung zu begreifen. So ist die Notwendigkeit eines „Instrumenten-Mix"[155] sowie die Einbeziehung von Ex-Post-Evaluierungen unter Berücksichtigung einer Kontrollperspektive mittlerweile auch für das Konzept der Besseren Rechtsetzung anerkannt.[156] Die Inhalte und Instrumente der Besseren Rechtsetzung sind somit nicht in einem eigenständigen Konzept der Intelligenten Regulierung aufgegangen, sondern bestehen weiterhin als Konzept der Besseren Rechtsetzung.

II. Reforminitiative auf Unionsebene

Das beschriebene Verhältnis von Besserer Rechtsetzung und Intelligenter Regulierung zeigt sich konkret auch auf Unionsebene. Dort bezeichnete Intelligente Regulierung eine Reforminitiative der Kommission aus dem Jahr 2010, durch die das Konzept der Besseren Rechtsetzung optimiert werden sollte.[157] Die Reforminitiative zielte darauf ab, den gesamten politischen Entscheidungsprozess

---

151 *Baldwin*, in: PL 2005, S. 485 (509 ff.); *Hill*, in: DÖV 2007, S. 809 (817); *Hummer*, „Bessere Rechtsetzung" und „Intelligente Regulierung" in der EU; *Piesker*, in: Hill, Verwaltungsmodernisierung, S. 139 (146); vgl. – jedenfalls früher – ebenfalls dieser Ansicht die Europäische Kommission, s. etwa KOM(2010) 543 endgültig vom 8. Oktober 2010, S. 2 f.

152 Vgl. hierzu ausführlich *Baldwin*, in: PL 2005, S. 485 (509 ff.); *ders.*, in: Weatherill, Better Regulation, S. 27 (33 f.); *Ogus*, in: Weatherill, Better Regulation, S. 107 (107) sowie *Piesker*, in: Hill, Verwaltungsmodernisierung, S. 139 (146).

153 Vgl. ähnl. *Piesker*, in: Hill, Verwaltungsmodernisierung, S. 139 (146) und *Hill*, in: DÖV 2007, S. 809 (817); vgl. skeptisch *Baldwin*, in: PL 2005, S. 485 (509 ff.).

154 S. zu dieser Dynamik des Konzepts die Ausführungen bereits in Kapitel 1 auf S. 7.

155 Dies forderte aber bereits auch der Mandelkernbericht, S. 65.

156 Vgl. *Ogus*, in: Weatherill, Better Regulation, S. 107 (107).

157 KOM(2010) 543 endgültig vom 8. Oktober 2010; s. dazu auch Kapitel 4 S. 75 f.

im Sinne eines Regulierungszyklus zu begreifen und in den Mittelpunkt der Bemühungen um eine Bessere Rechtsetzung zu stellen sowie insbesondere die Ex-Post-Evaluierungen des bestehenden Rechts zu stärken.[158] Darüber hinaus wurde das europäische Konzept der Besseren Rechtsetzung inhaltlich aber nicht verändert, insbesondere waren die zentralen Instrumente nach wie vor Konsultationen und Folgenabschätzungen.[159] Auch der von der Kommission kurzzeitig angestrebte begriffliche Wandel von Besserer Rechtsetzung zu Intelligenter Regulierung[160] hat sich nicht vollzogen.[161] Zwar wird gelegentlich versucht, mit der Bezeichnung „intelligent" verschiedene inhaltliche Aspekte des europäischen Konzepts der Besseren Rechtsetzung zu betonen, etwa die Einhaltung des Subsidiaritäts- und Verhältnismäßigkeitsprinzips,[162] jedoch ist zweifelhaft, ob dadurch ein Mehrwert gegenüber der Bezeichnung des Konzepts als Bessere Rechtsetzung erreicht wird.

III. Zwischenfazit

Auf abstrakter Ebene bezeichnet Intelligente Regulierung eine spezielle Zusammenstellung bestimmter Inhalte der Besseren Rechtsetzung. Insoweit kann Intelligente Regulierung als Impuls zur Weiterentwicklung der Besseren Rechtsetzung verstanden werden, der allerdings nicht dazu führte, dass die Bessere Rechtsetzung in einem neu entstandenen, eigenständigen Konzept einer Intelligenten Regulierung aufging. Vielmehr lässt sich auf Unionsebene gerade das Gegenteil feststellen. Die Reforminitiative der Kommission „Intelligente Regulierung" trug zwar zur Stärkung bestimmter Inhalte des Konzepts bei, führte gleichwohl nicht zu einem begrifflichen Wandel.

H. Sonstige Konzepte

Neben den genannten Konzepten existieren noch weitere Konzepte mit Verbindungen zum Konzept der Besseren Rechtsetzung. Sie sollen im Folgenden der Vollständigkeit wegen erwähnt, aber nicht eingehend betrachtet werden. Zu nennen sind etwa konkrete Reforminitiativen auf nationaler Ebene, deren Maßnahmenkataloge auch solche Inhalte und Instrumente vorsahen, die dem

[158] S. berichtend *Smulders/Paquet*, in: Garben/Govaere, The EU Better Regulation Agenda, S. 79 (85).

[159] *Pfeifer*, Bessere Rechtsetzung, S. 114; vgl. ähnl. *Meuwese/Popelier*, in: EPL 2011, S. 455 (456).

[160] KOM(2010) 543 endgültig vom 8. Oktober 2010, S. 2 f.

[161] Beispielsweise wieder unter der Bezeichnung „Bessere Rechtsetzung" der Titel der Mitteilung der Europäischen Kommission „Bessere Ergebnisse durch bessere Rechtsetzung – Eine Agenda der EU" COM(2015) 215 endgültig vom 19. Mai 2015.

[162] So etwa *Hummer*, „Bessere Rechtsetzung" und „Intelligente Regulierung" in der EU.

Konzept der Besseren Rechtsetzung zu Eigen sind. Hierzu gehören etwa die Reformleitbilder „Schlanker Staat“[163] und „Aktivierender Staat“[164], die neben der Reduzierung von Staatsaufgaben sowie Rechtsvereinfachung auch auf die Institutionalisierung der Gesetzesfolgenabschätzung[165] und eine Stärkung der Kooperation von privaten und staatlichen Akteuren zielten.[166] Obwohl diese Maßnahmen zum Teil auch einer Besseren Rechtsetzung zugerechnet werden können, handelt es sich um eigenständige und konkrete Reformmaßnahmen, die auf einen bestimmten nationalen Kontext zugeschnitten sind. Daher müssen diese Reformleitbilder nicht grundlegend vom Konzept der Besseren Rechtsetzung abgegrenzt werden. Abgesehen hiervon existieren weitere Konzepte, deren Instrumente sich auch die Bessere Rechtsetzung bedient, da diese ihren Zielen zuträglich sind. Ein solches Konzept ist beispielsweise das Electronic Government (eGovernment). Das eGovernment setzt verstärkt auf den Einsatz von Informations- und Kommunikationstechnik, um die Verwaltung und die Prozesse in der Verwaltung zu verbessern.[167] Dabei gelangen viele unterschiedliche Maßnahmen zur Anwendung, die zu mehr Bürgernähe, Transparenz, einer qualitativ hochwertigen Verwaltungsleistung sowie zur Steigerung der Effizienz der Verwaltung führen sollen.[168] Maßnahmen des eGovernments werden darüber hinaus zwar häufig auch in Verbindung mit einer Besseren Rechtsetzung gebracht[169] – können grundsätzlich auch geeignet sein, die Rechtsetzungsqualität zu verbessern[170] –, jedoch sind die Forderungen nach einem verstärkten Einsatz von Informations- und Kommunikationstechnik oder nach Digitalisierung keine originären Inhalte des Konzepts der Besseren Rechtsetzung.

I. Fazit

Das Konzept der Besseren Rechtsetzung weist viele Bezüge zu unterschiedlichen verwandten Konzepten auf, die sich allerdings in ihrer Intensität und nach ihrer Art unterscheiden. Im Hinblick hierauf können verschiedene Konzepte zusammengefasst werden. Eine partiell enge Verbindung hat die Bessere Recht-

[163] Sachverständigenrat „Schlanker Staat“, Abschlussbericht.

[164] *BMI*, Moderner Staat – Moderne Verwaltung, Das Programm der Bundesregierung 1999.

[165] S. dazu *Voßkuhle*, in: Hoffmann-Riem/Schmidt-Aßmann/Voßkuhle, Grundlagen des Verwaltungsrechts I, § 1 Rn. 62.

[166] *Voßkuhle*, in: Hoffmann-Riem/Schmidt-Aßmann/Voßkuhle, Grundlagen des Verwaltungsrechts I, § 1 Rn. 62.

[167] *Eifert*, Electronic Government, S. 21.

[168] *Voßkuhle*, in: Hoffmann-Riem/Schmidt-Aßmann/Voßkuhle, Grundlagen des Verwaltungsrechts I, § 1 Rn. 65.

[169] Vgl. bspw. *Bundesregierung*, Arbeitsprogramm Bessere Rechtsetzung 2016, S. 5.

[170] S. etwa beispielhaft hierfür die Ausführungen zum Law Screening in Kapitel 9 auf S. 270 f.

setzung zum Bürokratieabbau und zu Deregulierung. Obgleich die genannten Konzepte aufgrund des Einsatzes gleicher oder ähnlicher Instrumente stark miteinander verbunden sind, beschränkt sich diese Verbindung überwiegend auf den Teilbereich der Instrumente, die aus der Ex-Post-Perspektive auf die Beseitigung von bestehender Bürokratie zielen oder die Reduzierung staatlicher Aktivität begünstigen. In anderen Bereichen, insbesondere im Bereich der Ex-Ante-Instrumente, ist die Verbindung weniger eng. Eine starke Verbindung weist die Bessere Rechtsetzung auch zum Konzept der Nachhaltigkeit und dem Governance-Konzept auf. Anders als bei Bürokratieabbau und Deregulierung ist diese Verbindung aber nicht grundsätzlich auf bestimmte Instrumente beschränkt. Sie zeichnet sich vielmehr dadurch aus, dass die Verwirklichung einer Besseren Rechtsetzung zugleich auch die Ziele dieser beiden Konzepte begünstigt. So ist für die Verwirklichung des Ziels einer Nachhaltigen Entwicklung insbesondere das Folgenabschätzungsverfahren ein Anknüpfungspunkt im Konzept der Besseren Rechtsetzung. Auch zur Verwirklichung der Ziele des Governance-Konzepts trägt die Bessere Rechtsetzung bei. So begünstigt eine Bessere Rechtsetzung wesentliche Kriterien der Good Governance, wie etwa die Offenheit, Transparenz, Effektivität des Regierens, Rechtsstaatlichkeit und Verantwortlichkeit. Eine weniger intensive Verbindung hat Bessere Rechtsetzung zum Recht auf gute Verwaltung gemäß Art. 41 GrCh, dem Leitbild des wohlgeordneten Rechts und zum Konzept des eGovernments. Diese Konzepte haben zwar ähnliche Inhalte und Ziele, so dass sie sich teilweise gegenseitig begünstigen, sie weisen aber eine grundsätzlich andere Ausgestaltung auf. Dennoch können sie weitgehend zusammen mit dem Konzept der Besseren Rechtsetzung angewendet werden. Die Bessere Rechtsetzung weist außerdem Verbindungen zu solchen Konzepten auf, die sich als konkrete Reforminitiativen in gewissem Umfang auch auf Instrumente oder Inhalte der Besseren Rechtsetzung beziehen, diese neu einrichten oder verbessern. Auf nationaler Ebene sind Beispiele hierfür die Reformleitbilder „Schlanker Staat" und „Aktivierender Staat", auf Unionsebene die Initiative „Intelligente Regulierung". Die hierbei bestehenden Verbindungen zur Besseren Rechtsetzung sind jedoch weniger grundsätzlicher Art, sondern vielmehr abhängig vom Kontext der jeweiligen Reforminitiative.

Kapitel 4

Die historische Entwicklung der Besseren Rechtsetzung

A. Die Suche nach besseren Gesetzen

Bemühungen um eine Bessere Rechtsetzung haben in jüngerer Zeit sowohl national als auch international zugenommen.[1] Die Suche nach besseren Rechtsregeln ist jedoch keine Erscheinung des einundzwanzigsten Jahrhunderts. Vielmehr gab es Überlegungen zur Verbesserung von Gesetzen wohl zu allen Zeiten.[2] Hiervon zu unterscheiden ist die Entstehung und Anwendung eines konkreten, eigenständigen Konzepts der Besseren Rechtsetzung.[3] Ein solches Konzept entwickelte sich erst seit dem Millennium unter dem Einfluss der OECD und den zunehmenden Bestrebungen der EU und ihrer Mitgliedstaaten, ihre Rechtsetzungs- und Regulierungspraktiken zu verbessern.[4] Frühe Ausprägungen eines Konzepts der Besseren Rechtsetzung lassen sich dabei auf nationaler und auf unionaler Ebene nachweisen.

I. Bürokratieabbau in Deutschland

Auf nationaler Ebene stellen die Bemühungen um Bürokratieabbau den Ausgangspunkt des Konzepts der Besseren Rechtsetzung dar. Die Regierungserklärung der Regierungsparteien CDU, CSU und FDP vom 4. Mai 1983[5] belegt das verstärkte politische Bestreben, Überregulierung zu verhindern und Recht zu vereinfachen.[6] Um der Normenflut[7] entgegenzuwirken, wurde versucht, den vor-

---

[1] Vgl. ausführlich zur Entwicklung der Besseren Rechtsetzung auf Unionsebene *Allio*, The Emergence of Better Regulation in the European Union, S. 44 ff.; s. zur Entwicklung in Großbritannien *Baldwin*, in: Weatherill, Better Regulation, S. 27 (27 ff.); *ders.*, in: PL 2005, S. 485 (485 ff.); vgl. zur Entwicklung in Deutschland *Veit*, Bessere Gesetze durch Folgenabschätzung?, S. 61 ff.

[2] S. nur *Ahrens/Leier*, in: ZG 2007, S. 383 (385); *v. Danwitz*, in: JZ 2006, S. 1 (1) mit Verweis auf *Stern*, Staatsrecht I, S. 639 ff. und *H.-P. Schneider*, in: ZG 2004, S. 105 (105).

[3] Vgl. zur Besseren Rechtsetzung als ein Konzept die Ausführungen in Kapitel 2 auf S. 9 ff.

[4] S. dazu ausführlich die Ausführungen in diesem Kapitel auf S. 68 ff.

[5] *Bundestag*, Plenarprotokoll 10/4, 4. Sitzung 4. Mai 1983, S. 65.

[6] S. zu früheren Maßnahmen *Hugger*, Gesetze – Ihre Vorbereitung, Abfassung und Prüfung, S. 36 ff.; *Veit*, Bessere Gesetze durch Folgenabschätzung?, S. 61 ff.; *Wegrich*, Better Regulation, S. 9.

[7] S. zu dieser Diskussion *Hill*, Einführung in die Gesetzgebungslehre, S. 44; *Köck*, in:

handenen Normbestand zu verringern und den Erlass neuer Gesetze zu begrenzen.[8] Beispielhaft hierfür steht die Einführung der „Blauen Prüffragen"[9], welche Möglichkeiten der Vermeidung oder der Befristung gesetzlicher Regelungen sowie deren voraussichtliche Wirkung ermitteln sollten.[10] Mit dieser Vorform einer Gesetzesfolgenabschätzung zeigten sich bereits erste Ansätze einer Besseren Rechtsetzung.[11] Dies gilt auch für die 1976 in § 40 Abs. 2 Gemeinsame Geschäftsordnung der Bundesministerien (GGO II) aufgenommene Regelungen zur Darlegung wesentlicher abweichender Meinungen kommunaler Spitzenverbände, die eine frühe Form der Konsultation darstellt.[12] Ebenfalls im Sinne einer Besseren Rechtsetzung erfolgten die in den neunziger Jahren zunehmenden Bemühungen[13] um eine bessere redaktionelle Gestaltung von Rechtstexten.[14] Trotz dieser Maßnahmen[15] entstand zu dieser Zeit noch kein eigenständiges Konzept der Besseren Rechtsetzung. Vielmehr blieb die Bessere Rechtsetzung in den achtziger und neunziger Jahren[16] ganz dem Bürokratieabbau verhaftet.[17] Der Schwerpunkt der damaligen Maßnahmen lag vor allem auf der Reduzierung des Normbestandes.[18] Die Bemühungen während dieser Zeit waren dadurch gekennzeichnet, dass sie punktuell und reaktiv versuchten, einen erkannten Missstand nachträglich zu bereinigen.[19] Außerdem fehlten diesen frühen Maßnahmen ein

---

VerwArch 2002, S. 1 (1 f.) und *Schulze-Fielitz*, Theorie und Praxis parlamentarischer Gesetzgebung, S. 9 ff.

[8] *Karpen*, Gesetzgebungslehre – neu evaluiert, S. 30 und S. 39; *ders.*, in: ZRP 2002, S. 443 (444); s. berichtend *Fliedner*, Rechtsetzung in Deutschland, S. 45; *H. Wagner*, in: ZRP 1999, S. 480 (481).

[9] Mit der Neufassung der GGO im Jahr 2000 wurde der Inhalt der „Blauen Prüffragen" in das Verfahren der Gesetzesfolgenabschätzung integriert, vgl. BT-Drs. 15/2131, S. 2.

[10] *Fliedner*, Rechtsetzung in Deutschland, S. 40 f.; *Karpen*, Gesetzgebungslehre – neu evaluiert, S. 18; *Veit*, Bessere Gesetze durch Folgenabschätzung?, S. 70.

[11] So *Wegrich*, Better Regulation, S. 8.

[12] Vgl. ähnl. *Veit*, Bessere Gesetze durch Folgenabschätzung?, S. 64; *Wegrich*, Better Regulation, S. 9.

[13] Vgl. dazu bspw. das 1991 vom *BMJV* veröffentlichte Handbuch der Rechtsförmlichkeit und das vom *BMI* 1992 veröffentlichte Handbuch zur Vorbereitung von Rechts- und Verwaltungsvorschriften.

[14] Vgl. *Hill*, in: ZG 1993, S. 1 (10); *Veit*, Bessere Gesetze durch Folgenabschätzung?, S. 70 f.

[15] Vgl. beispielhaft die Sachverständigengremien Projektgruppe Regierungs- und Verwaltungsreform 1968; Unabhängige Kommission für Rechts- und Verwaltungsvereinfachung 1983 (Waffenschmidt-Kommission); Unabhängige Expertenkommission zur Beschleunigung von Planungs- und Genehmigungsverfahren 1994 (Schlichter-Kommission) sowie Sachverständigenrat „Schlanker Staat" 1995.

[16] Vgl. zur weiteren Entwicklung die Ausführungen in diesem Kapitel auf S. 80 ff.

[17] Vgl. ähnl. *Karpen*, in: Karpen, Legislation in European Countries, S. 197 (207 ff.); *Piesker*, in: Hill, Verwaltungsmodernisierung, S. 139 (158); *Veit*, Bessere Gesetze durch Folgenabschätzung?, S. 72.

[18] Dies feststellend *Fliedner*, Rechtsetzung in Deutschland, S. 40.

[19] So *Wegrich*, Better Regulation, S. 8; vgl. die diesbezügliche Kritik der *OECD*, Government capacity to assure high quality regulation: OECD Reviews of regulatory Reform in Germany, S. 46 f.

institutioneller Rahmen und eine umfassende Gesamtstrategie.[20] Beides ist für das moderne Verständnis einer Besseren Rechtsetzung kennzeichnend.[21] Die Wirkungen der Maßnahmen in dieser Frühphase von Besserer Rechtsetzung blieben daher auch überschaubar.[22]

II. Verbesserung der Rechtsetzungsqualität in der EU

Fast zur selben Zeit wie auf nationaler Ebene begann die EU, sich um eine Verbesserung ihrer Rechtsakte zu bemühen.[23] Die Rechtsetzungsqualität europäischer Rechtsvorschriften wurde häufig kritisiert.[24] Besonderheiten europäischer Rechtsetzung wie sprachliche Differenzen, Übersetzungsschwierigkeiten und inhaltliche Kompromisse[25] sowie die mit der zunehmenden europäischen Integration gewachsene Zahl europäischer Rechtsvorschriften[26] begünstigten die mangelhafte Rechtsetzungsqualität.[27] Die Reduzierung der hiermit verbundenen Belastung für die europäische Wirtschaft war daher von Beginn an ein Schwerpunkt der EU bei ihren Bemühungen um eine Bessere Rechtsetzung.[28] So forderte bereits 1985 der Europäische Rat in Brüssel, die administrativen und rechtlichen Zwänge, denen vor allem kleine und mittlere Unternehmen unterlägen, abzuschaffen.[29] Ganz im Sinne dieser Forderung sollte das 1986 eingerichtete Business Impact Assessment[30] die voraussichtlichen wirtschaftlichen Folgen eines Rechtsakts für Unternehmen ermitteln.[31] Über die bloße

---

[20] *Wegrich*, Better Regulation, S. 8 ff.; *OECD*, Government capacity to assure high quality regulation: OECD Reviews of regulatory Reform in Germany, S. 47.

[21] Vgl. nur den Mandelkernbericht, S. 13 und S. 75 ff. sowie *OECD*, Empfehlungen des Rates zu Regulierungspolitik und Governance, S. 6.

[22] *Ennuschat*, in: DVBl. 2004, S. 986 (993); *Fliedner*, Rechtsetzung in Deutschland, S. 42; *Veit*, Bessere Gesetze durch Folgenabschätzung?, S. 71; *Zypris/Peters*, in: ZG 2000, S. 316 (324).

[23] *Ahrens/Leier*, in: ZG 2007, S. 383 (385 ff.); *Hartmann*, in: ZG 2003, S. 74 (76); *H. Wagner*, in: ZRP 1999, S. 480 (483); vgl. zum Ganzen auch *Härtel*, Hb. europäische Rechtsetzung, § 2 Rn. 2 ff. und *Scott*, in: Garben/Govaere, The EU Better Regulation Agenda, S. 13 (13 ff.).

[24] Vgl. hierzu ausführlich *Grams*, Zur Gesetzgebung der Europäischen Union, S. 187 ff. sowie *v. Danwitz*, in: JZ 2006, S. 1 (1 ff.) und für die Zeit 1980–1990 *Karpen*, Gesetzgebungslehre – neu evaluiert, S. 86 und *H. Wagner*, in: ZRP 1999, S. 480 (480 f.).

[25] *Grams*, Zur Gesetzgebung der Europäischen Union, S. 237 ff.; s. ausführlich dazu *v. Danwitz*, in: JZ 2006, S. 1 (2); *Lange*, in: ZG 2001, S. 268 (270); *Schulze-Fielitz*, in: FS Scheuing, S. 165 (166 ff.).

[26] Darauf explizit hinweisend *Ahrens/Leier*, in: ZG 2007, S. 383 (385).

[27] Vgl. nur *Herten-Koch*, Rechtsetzung und Rechtsbereinigung, S. 12 sowie ferner ausführlich *Grams*, Zur Gesetzgebung der Europäischen Union, S. 242 ff.

[28] Vgl. berichtend *Ahrens/Leier*, in: ZG 2007, S. 383 (385 und 393).

[29] *Europäischer Rat*, Schlussfolgerung vom 29. und 30. März 1985 in Brüssel, S. 2.

[30] *Enterprise Directorate-General*, European Commission Business impact assessment pilot project, Final report, Enterprise papers No 9 2002.

[31] Vgl. berichtend *Ahrens/Leier*, in: ZG 2007, S. 383 (390); s. näher dazu *Kahl/Hilbert*, in: FS Kloepfer, S. 399 (400) und *Renda*, Impact Assessment in the EU, S. 45.

Forderung nach Entlastung von Bürokratie hinaus gingen die Schlussfolgerungen des Europäischen Rates von Edinburgh vom 12. Dezember 1992. Er verlangte eine klarere und einfachere Gestaltung neuer und die Konsolidierung und Kodifizierung bestehender Rechtsvorschriften.[32] Die Interinstitutionellen Vereinbarungen über „Gemeinsame Leitlinien für die redaktionelle Qualität der gemeinschaftlichen Rechtsvorschriften"[33] von 1998 und über „die systematischere Neufassung von Rechtstexten"[34] von 2001 sowie die Initiative „Simpler Legislation for the Single Market"[35] stehen beispielhaft für die Bemühungen[36] zur Umsetzung dieser Forderung, deren Erfolg insgesamt aber gering blieb.[37]

III. Zwischenfazit

Erste Ansätze eines Konzepts der Besseren Rechtsetzung zeigten sich auf nationaler und unionaler Ebene in den Achtzigern und vor allem Neunziger Jahren des vergangenen Jahrhunderts. Obwohl bereits zu dieser Zeit die Notwendigkeit erkannt wurde, die Rechtsetzungsqualität zu verbessern, beschränken sich Bemühungen aber überwiegend auf Maßnahmen des Bürokratieabbaus und der Rechts- und Verwaltungsvereinfachung. Ein ausdifferenziertes und ausformuliertes Konzept der Besseren Rechtsetzung, welches wirksam die Rechtsetzungsqualität in der EU und in Deutschland hätte verbessern können, existierte in der Frühphase der Besseren Rechtsetzung noch nicht.

B. Die Entstehung des Konzepts der Besseren Rechtsetzung

Ab Mitte der neunziger Jahre kam es zu einem begrifflichen und inhaltlichen Wandel,[38] der für die Herausbildung eines eigenständigen Konzepts der Besseren Rechtsetzung steht. Begriffe wie „Verwaltungsmodernisierung" und „Bürokratieabbau" wurden zunehmend vom Begriff „Better Regulation" bzw. des-

[32] *Europäischer Rat*, Schlussfolgerung vom 11. und 12. Dezember 1992 in Edinburgh, Teil A Anlage 3.

[33] Interinstitutionelle Vereinbarung über Gemeinsame Leitlinien für die redaktionelle Qualität der gemeinschaftlichen Rechtsvorschriften vom 22. Dezember 1998, ABl. 1998 C 73, S. 1–4.

[34] Interinstitutionelle Vereinbarung über die systematischere Neufassung von Rechtsakten vom 28. November 2001, ABl. 2001 C 77/1, S. 1–3.

[35] „The SLIM Initiative" COM(1996) 559 endgültig vom 6. November 1996.

[36] S. zu diesen Maßnahmen *Hartmann*, in: ZG 2003, S. 74 (76); *Hauschild*, in: ZG 1998, S. 79 (79 ff.); *Lange*, in: ZG 2001, S. 268 (271 ff.); *Smeddinck*, Integrierte Gesetzesproduktion, S. 233 f.

[37] So die Feststellung von *Pfeifer*, Bessere Rechtsetzung, S. 103.

[38] S. nur *Piesker*, in: Hill, Verwaltungsmodernisierung, S. 139 (142) und *Scott*, in: Garben/Govaere, The EU Better Regulation Agenda, S. 13 (13).

sen deutscher Übersetzung „Bessere Rechtsetzung“[39] abgelöst.[40] Besonders der Mandelkernbericht aus dem Jahr 2001 und Untersuchungen der OECD förderten die Herausbildung eines Konzepts, das seitdem mit dem Begriff „Bessere Rechtsetzung“ in Verbindung gebracht wird. Dies wurde auch dadurch begünstigt, dass die Europäische Kommission seit 1993 ihre jährlichen Subsidiaritätsberichte nutzte, um unter der Überschrift „Bessere Rechtsetzung“ über Vorhaben und Fortschritte in diesem Bereich zu informieren.[41]

I. Mitwirkung und Einfluss der OECD

Seit 1997 evaluiert die OECD die Regulierungspolitiken[42] und Bemühungen um Bürokratieabbau mehrerer OECD-Mitgliedstaaten.[43] Grundlage hierfür bildet Art. 3 b) des Übereinkommens über die Organisation für Wirtschaftliche Zusammenarbeit und Entwicklung (im Folgenden: OECD-Übereinkommen[44]), wonach die OECD-Mitgliedstaaten verpflichtet sind, Untersuchungen durchzuführen und an vereinbarten Vorhaben teilzunehmen. In diesen Evaluierungen zeigt die OECD Defizite auf und gibt entsprechende Empfehlungen.[45] Für Deutschland bemängelte die OECD beispielsweise in ihrem Bericht von 2004 das Fehlen eines systematischen Gesamtansatzes zur Messung und Reduzierung von bürokratischen Lasten.[46] 2008 begann die OECD im Rahmen des „Projekts EU 15“ die Maßnahmen für Bessere Rechtsetzung von 15 Ländern der EU zu evaluieren und zog hieraus Schlussfolgerungen für allgemeine Bedingungen guter Rechtsetzung.[47] 2012 veröffentlichte die OECD Empfehlungen zur

---

[39] S. zum Verhältnis von Better Regulation und Besserer Rechtsetzung Kapitel 2 S. 18 ff.

[40] *Piesker*, in: Hill, Verwaltungsmodernisierung, S. 139 (142).

[41] Vgl. *Knauff*, in: ZG 2009, S. 354 (357) und *Pfeifer*, Bessere Rechtsetzung, S. 103 mit Verweis auf KOM(1993) 545 endgültig vom 24. November 1993; *Scott*, in: Garben/Govaere, The EU Better Regulation Agenda, S. 13 (15). Eine Zusammenstellung einiger dieser Berichte findet sich auch bei *Rösch*, Zur Rechtsformenwahl des europäischen Gesetzgebers, S. 69 ff.

[42] Der Begriff „Regulierungspolitik“ wird in diesem Zusammenhang nicht im Sinne des deutschen Verständnisses als sektorspezifische Ordnungspolitik gebraucht, sondern ist lediglich die Übersetzung des englischen Begriffs „regulatory policy“, vgl. dazu auch Kapitel 2 S. 18 ff.

[43] Vgl. hierzu *OECD*, The OECD Report on Regulatory Reform: Synthesis; s. ferner *dies.*, OECD-Prüfungen im Bereich Regulierungsreform: Deutschland, S. 3; vgl. berichtend *Hill*, in: DÖV 2007, S. 809 (816) sowie auch *Scott*, in: Garben/Govaere, The EU Better Regulation Agenda, S. 13 (15).

[44] Abrufbar unter: http://www.oecd.org/berlin/dieoecd/ubereinkommenuberdieorganisationfurwirtschaftlichezusammenarbeitundentwicklung.htm.

[45] Beispielhaft *OECD*, OECD-Prüfungen im Bereich Regulierungsreform: Deutschland, S. 48 ff.; s. auch mit ähnl. Kritik *H. Hofmann*, in: ZG 1999, S. 44 (50 f.).

[46] Vgl. dazu *OECD*, Government capacity to assure high quality regulation: OECD Reviews of regulatory Reform in Germany, S. 47 ff.

[47] Vgl. für Deutschland *OECD*, Bessere Rechtsetzung in Europa: Deutschland 2010, S. 13 ff.

Gestaltung einer guten Regulierungspolitik und Governance.[48] Darin empfahl sie beispielsweise, dass eine klare Gesamtregulierungspolitik von höchster politischer Ebene getragen werden sollte.[49] Die „Best Practice Principles on the Governance of Regulators" von 2014 sollen die Umsetzung dieser Empfehlungen unterstützen.[50] Im selben Jahr stellte die OECD ihren Mitgliedstaaten den „OECD Framework for Regulatory Policy Evaluation" zur Verfügung.[51] Im „Ausblick Regulierungspolitik 2015" untersuchte sie die erzielten Fortschritte verschiedener europäischer Länder bei der Verbesserung von deren Rechtsetzungs- und Regulierungspraktiken.[52] Die OECD konstatiert hierin erhebliche Fortschritte, sieht aber auch Optimierungspotenzial bezüglich einzelner Instrumente der Regulierungspolitik in verschiedenen Staaten.[53] Im darauffolgenden „Ausblick Regulierungspolitik 2018" forderte die OECD insbesondere für Deutschland die verstärkte Einbindung von Bürgern in die Gesetzesausarbeitung.[54] Für die unionale und nationale Ebene veröffentlichte die OECD im Jahr 2019 den Bericht „Better Regulation Practices across the EU", in dem sie die Anwendung von Regulierungsinstrumenten in Bezug auf Unionsvorschriften durch die EU und ihre Mitgliedstaaten anhand von Regulierungsindikatoren analysiert und die Bemühung der EU hinsichtlich der Schaffung funktionsfähiger Rechtsvorschriften lobt, zugleich aber die EU-Mitgliedstaaten ermahnt, ihre Anstrengungen, insbesondere in Bezug auf die Implementierung von Regulierungsinstrumenten, auszuweiten.[55]

Der Beitrag der OECD zur Herausarbeitung des Konzepts der Besseren Rechtsetzung ist somit beträchtlich. Ihre Untersuchungen förderten grundsätzliche Erkenntnisse über Bessere Rechtsetzung und ermöglichten die Verbreitung dieser Inhalte.[56] So wurde die Entstehung eines Konzepts der Besseren Rechtsetzung auch dadurch begünstigt, dass mit der OECD frühzeitig eine Plattform für den Erfahrungs- und Erkenntnisaustausch vorhanden war.[57] Die fortlaufenden und ländervergleichenden Erhebungen begleiteten den gesamten Entwicklungsprozess der Besseren Rechtsetzung und gewährleisteten, dass die diesbezüglichen Bemühungen der OECD-Mitgliedstaaten nicht stagnierten.[58] Dass

[48] *OECD*, Empfehlungen des Rates zu Regulierungspolitik und Governance, S. 1 ff.

[49] *OECD*, Empfehlungen des Rates zu Regulierungspolitik und Governance, S. 6.

[50] *OECD*, Best Practice Principles for Regulatory Policy, S. 10.

[51] *OECD*, Framework for Regulatory Policy Evaluation, S. 13 ff.

[52] *OECD*, Ausblick Regulierungspolitik 2015, S. 15 ff.

[53] Vgl. *OECD*, Ausblick Regulierungspolitik 2015, S. 15 ff.

[54] S. hierzu und zu weiteren Empfehlungen *OECD*, Ausblick Regulierungspolitik 2018, S. 17.

[55] *OECD*, Better Regulation Practices across the European Union, S. 5 ff.

[56] Beispielhaft hierfür *OECD*, Guiding Principles for Regulatory Quality and Performance, S. 1 ff.; *dies.*, Framework for Regulatory Policy Evaluation, S. 13 ff.

[57] S. dazu auch die Äußerungen der Bundesregierung auf ihrer Internetseite: https://www.bundesregierung.de/breg-de/themen/buerokratieabbau/internationales-430162.

[58] Beispielhaft für diese „Wächterfunktion" sind auch die konkreten Aufforderungen

die OECD als völkerrechtliche Organisation nur über begrenzte Sanktions- und Durchsetzungsmechanismen verfügt,[59] um ihre Mitgliedstaaten zu Bemühungen für eine Bessere Rechtsetzung anzuhalten, ist im Rahmen von Besserer Rechtsetzung unbedeutend. Neben allgemeinen Gründen, die Geltung völkerrechtlicher Normen und Vereinbarungen zu achten,[60] dürften die meisten Mitgliedstaaten an der Teilnahme von Evaluierungen und an der Umsetzung von Empfehlungen der OECD wegen der mit einer Besseren Rechtsetzung verbundenen Vorteile[61] ein erhebliches Eigeninteresse haben.

II. Mandelkernbericht

Für die Bessere Rechtsetzung in der EU waren die Arbeiten der OECD grundlegend. Im Jahr 1995 verabschiedete die OECD eine Checkliste für die Erarbeitung von Gesetzen, die die verschiedenen Prüflisten der Mitgliedstaaten, wie etwa die „Blauen Prüffragen", zusammenfasste.[62] Der später zur Verbesserung der Unionsrechtsetzung erarbeitete Mandelkernbericht konnte hierauf zurückgreifen.[63] Die Bedeutung des Mandelkernberichts für die Entstehung eines Konzepts der Besseren Rechtsetzung bestand darin, dass er ein Konglomerat an Maßnahmen und Prinzipien zur Verbesserung der Rechtsetzung präsentierte.[64] Zusätzlich forderte er die Einbindung der einzelnen Instrumente in eine Gesamtstrategie und bedeutete damit eine Abkehr von punktuellen Maßnahmen früherer Versuche, den Rechtsetzungsprozess zu verbessern.[65] Mit dieser Zusammenstellung von Instrumenten und Prinzipien enthielt der Mandelkernbericht bereits ein eigenständiges Konzept der Besseren Rechtsetzung zur Verbesserung der Unionsrechtsetzung.[66] Die Zusammenfassung von Überlegungen und Empfehlungen zu einzelnen Inhalten der Besseren Rechtsetzung

---

der OECD an Deutschland und Österreich, bestimmte Bereiche ihrer Regulierungspraxis zu ändern, s. hierzu https://www.oecd.org/berlin/presse/bericht-zur-regulierungspolitik-deutschland-sollte-oeffentliche-beteiligung-und-internationale-kooperation-staerken.htm und https://www.diepresse.com/5000957/oecd-drangt-osterreich-zu-weniger-regulierung.

[59] Vgl. hierzu auch *K. Ipsen*, in: Ipsen, Völkerrecht, § 3 Rn. 10 ff.

[60] Beispiele hierfür sind etwa die Erwartung der Gegenseitigkeit und die öffentliche Meinung, vgl. *K. Ipsen*, in: Ipsen, Völkerrecht, § 3 Rn. 11 f.

[61] S. dazu die Ausführungen zu den Gründen für eine Bessere Rechtsetzung in Kapitel 2 auf S. 35 f.

[62] Die OECD Referenz-Checkliste für die Entscheidungsfindung auf dem Gebiet der Rechtsetzung 1995 ist im Anhang A des Mandelkernberichts, S. 82 enthalten.

[63] *Härtel*, Hb. europäische Rechtsetzung, § 17 Rn. 31.

[64] S. dazu nur die Ausführungen des Mandelkernberichts, S. 18 ff.; vgl. ähnl., aber im Ergebnis zustimmend *Ahrens/Leier*, in: ZG 2007, S. 383 (385) und *Wegrich*, Better Regulation, S. 10.

[65] Mandelkernbericht, S. 9 und S. 64.

[66] Den Mandelkernbericht ebenfalls für die Entwicklung der Besseren Rechtsetzung hervorhebend *Fliedner*, Rechtsetzung in Deutschland, S. 43 f.; *Karpen*, in: Röttgen/Vogel, Bürokratieabbau in Deutschland, S. 231 (236 f.); *Smeddinck*, in: DVBl. 2003, S. 641 (643 f.).

wie Folgenabschätzung, Prüfung alternativer Regelungsmöglichkeiten, transparente Konsultationen, Rechtsvereinfachung, Zugang zu Rechtsvorschriften und Schaffung von wirksamen Strukturen[67] trug aber auch wesentlich zur inhaltlichen Ausgestaltung und Entwicklung eines allgemeinen Konzepts der Besseren Rechtsetzung bei. Der Mandelkernbericht wird daher auch noch in jüngerer Zeit zur Bestimmung des Inhalts einer Besseren Rechtsetzung herangezogen.[68]

III. Zwischenfazit

Ab dem Millennium bildete sich unter Einfluss der OECD und den Bestrebungen der EU, die Unionsrechtsetzung zu verbessern, ein eigenständiges Konzept der Besseren Rechtsetzung heraus, das verschiedene Instrumente und Prinzipien enthielt. Zu diesem Zeitpunkt lässt sich außerdem ein begrifflicher Wandel von Bürokratieabbau hin zu Besserer Rechtsetzung feststellen. Von entscheidender Bedeutung war bei dieser Entwicklung neben den Untersuchungen der OECD der Mandelkernbericht, der sowohl den Ausgangspunkt für ein europäisches Konzept bildete als auch die allgemeinen Inhalte und Instrumente der Besseren Rechtsetzung sowie deren Zusammenstellung bis in die heutige Zeit prägt.

C. Die weitere Entwicklung des Konzepts

I. Europäische Union

1. Der Aktionsplan „Vereinfachung und Verbesserung des Regelungsumfelds“

Der Mandelkernbericht markierte zusammen mit dem Weißbuch „Europäisches Regieren“[69] von 2001 den Beginn einer neuen Entwicklungsphase der Besseren Rechtsetzung auf europäischer Ebene.[70] Die beiden genannten Dokumente[71] bildeten die Grundlage für den Aktionsplan „Vereinfachung und Ver-

[67] Vgl. zu diesen Inhalten den Mandelkernbericht, S. 21 ff.

[68] Vgl. so etwa *Piesker*, in: Hill, Verwaltungsmodernisierung, S. 139 (143 f.) und *Wegrich*, Better Regulation, S. 48.

[69] KOM(2001) 428 endgültig vom 25. Juli 2001.

[70] S. nur etwa *Hill*, in: DÖV 2004, S. 721 (722); *Kahl/Hilbert*, in: FS Kloepfer, S. 399 (401); vgl. zum Ganzen auch *Böllhoff*, in: Bohne, Verwaltungsreform, S. 123 (123 ff.) und *Kaczorowska*, European Union Law, S. 154 sowie *Robinson*, in: Karpen/Xanthaki, Legislation in Europe, S. 229 (250 ff.).

[71] Vgl. auch die weiteren in diesem Zusammenhang veröffentlichten Mitteilungen der Europäischen Kommission etwa zur Folgenabschätzung KOM(2002) 276 endgültig vom 5. Juni 2002; zur Konsultation COM(2002) 704 endgültig vom 11. Dezember 2002 sowie die Mitteilungen „Europäisches Regieren: Bessere Rechtsetzung“ KOM(2002) 275 endgültig/2 vom 6. Juni 2002 und „Eine bessere Wissensgrundlage für eine bessere Politik“ COM(2002) 713 endgültig vom 11. Dezember 2002.

besserung des Regelungsumfelds"[72] von 2002, welcher Ausgangspunkt für die folgenden, umfangreichen Maßnahmen der Europäischen Kommission war.[73] Inhaltlich befasste sich der Aktionsplan insbesondere mit Überlegungen aus dem Weißbuch und dem Mandelkernbericht zu Transparenz, vermehrten Konsultationen, Folgenabschätzung, verbesserter Vorbereitung der Rechtsakte und Rechtsvereinfachung.[74] Ferner bekundete die Kommission hierin, die Grundsätze der Subsidiarität und Verhältnismäßigkeit stärker zu beachten und vorgeschlagene Rechtsakte im Hinblick darauf zu begründen.[75]

2. *Interinstitutionelle Vereinbarung über Bessere Rechtsetzung*

In Umsetzung des Aktionsplans vereinbarte die Kommission im Jahr 2003 mit dem Rat und dem Europäischen Parlament in einer Interinstitutionellen Vereinbarung über Bessere Rechtsetzung, die Qualität der europäischen Rechtsvorschriften durch verschiedene Maßnahmen zu verbessern.[76] Die Vereinbarung enthielt unter anderem Maßnahmen zur besseren Koordinierung des Rechtsetzungsverfahrens und zur gegenseitigen Unterrichtung über Regelungsvorhaben.[77] Die Kommission verpflichtete sich auch zur Prüfung alternativer Regulierungsverfahren und zur Vornahme von Folgenabschätzungen.[78] Ferner sollten Konsultationen vermehrt zur Vorbereitung der Rechtsetzung genutzt werden.[79] Zentrale Überlegungen aus dem Mandelkernbericht und dem Weißbuch „Europäisches Regieren" fanden auf diese Weise über den Aktionsplan „Vereinfachung und Verbesserung des Regelungsumfelds" Eingang in diese Vereinbarung.[80]

---

[72] KOM(2002) 278 endgültig vom 5. Juni 2002.

[73] S. berichtend *Ahrens/Leier*, in: ZG 2007, S. 383 (385); vgl. hierzu auch KOM(2003) 770 endgültig vom 12. Dezember 2003, S. 6.

[74] KOM(2002) 278 endgültig vom 5. Juni 2002, S. 5 ff.; vgl. zum Ganzen auch *König*, in: Schulze/Zuleeg/Kadelbach, Europarecht, § 2 Rn. 83 und *Pfeifer*, Bessere Rechtsetzung, S. 106 f.

[75] KOM(2002) 278 endgültig vom 5. Juni 2002, S. 8.

[76] Interinstitutionelle Vereinbarung „Bessere Rechtsetzung" vom 16. Dezember 2003, ABl. 2003 C 321, S. 1.

[77] Interinstitutionelle Vereinbarung „Bessere Rechtsetzung" vom 16. Dezember 2003, ABl. 2003 C 321, S. 1 ff. Rn. 3 ff.; s. zum Ganzen auch *Pfeifer*, Bessere Rechtsetzung, S. 107 f.

[78] Interinstitutionelle Vereinbarung „Bessere Rechtsetzung" vom 16. Dezember 2003, ABl. 2003 C 321, S. 2 Rn. 17 ff., S. 4 Rn. 25 und 27 ff.

[79] Interinstitutionelle Vereinbarung „Bessere Rechtsetzung" vom 16. Dezember 2003, ABl. 2003 C 321, S. 4 Rn. 25 f.

[80] Vgl. *Ahrens/Leier*, in: ZG 2007, S. 383 (385); vgl. ähnl. *Popelier*, in: EPL 2011, S. 555 (560 f.).

3. Lissabon-Strategie

Mit der Mitteilung „Bessere Rechtsetzung für Wachstum und Arbeitsplätze in der Europäischen Union"[81] zeigte sich 2005 der Einfluss der Lissabon-Strategie[82] auf das Konzept der Besseren Rechtsetzung.[83] Mit der Lissabon-Strategie verfolgte die EU seit dem Jahr 2000 das Ziel, bis zum Jahr 2010 zum wettbewerbsfähigsten und dynamischsten wissensbasierten Wirtschaftsraum der Welt zu werden und dauerhaftes Wirtschaftswachstum mit mehr und besseren Arbeitsplätzen sowie einem größeren sozialen Zusammenhalt zu schaffen.[84] In der genannten Mitteilung vom 16. März 2005 kündigte die Kommission umfangreiche Maßnahmen an, um die Wettbewerbsfähigkeit europäischer Unternehmen und die Wachstumsbedingungen in der EU durch eine Optimierung der rechtlichen Rahmenbedingungen zu verbessern.[85] So sollten etwa die Interessen der europäischen Wirtschaft bei künftigen Rechtsetzungsvorhaben besser berücksichtigt werden. Hierfür versprach die Kommission, die wirtschaftlichen Auswirkungen des europäischen Rechts im Rahmen der Folgenabschätzung intensiver zu analysieren[86] und besser über zukünftig geplante Folgenabschätzungen zu informieren, um eine bessere Einbindung der Öffentlichkeit und eine höhere Transparenz zu erreichen.[87] Auch die Vereinfachung des bestehenden Rechts wurde in diesem Zusammenhang stärker forciert.[88] Vereinfachungsbedürftige Rechtsvorschriften sollten identifiziert und bereichsspezifische Maßnahmepläne ausgearbeitet werden.[89] Wie auch bei späteren Maßnahmen in diesem Bereich setzte die Kommission ein Sachverständigengremium zur Unterstützung ein,[90] welches unter Einbeziehung der Belange der Mitgliedstaaten neue Vorschläge zur Vereinfachung erarbeiten sollte.[91]

---

81 KOM(2005) 97 endgültig vom 16. März 2005.

82 *Europäischer Rat*, Schlussfolgerung vom 23. und 24. März 2000 in Lissabon, S. 1 ff.

83 Diese Überlegung enthielt bereits der Bericht „Bessere Rechtsetzung 2003", vgl. KOM(2003) 770 endgültig vom 12. Dezember 2003, S. 5; s. berichtend *Pfeifer*, Bessere Rechtsetzung, S. 116.

84 *Europäischer Rat*, Schlussfolgerung vom 23. und 24. März 2000 in Lissabon, S. 2.

85 KOM(2005) 97 endgültig vom 16. März 2005, S. 2 und S. 5 ff.; vgl. berichtend *Pfeifer*, Bessere Rechtsetzung, S. 106 ff.

86 KOM(2005) 97 endgültig vom 16. März 2005, S. 5.

87 KOM(2005) 97 endgültig vom 16. März 2005, S. 6.

88 *Pfeifer*, Bessere Rechtsetzung, S. 109; vgl. ausführlich *Ahrens/Leier*, in: ZG 2007, S. 383 (386 ff.).

89 KOM(2005) 97 endgültig vom 16. März 2005, S. 7 f.; *Pfeifer*, Bessere Rechtsetzung, S. 107.

90 Vgl. hierzu den Beschluss zur Einsetzung der REFIT-Plattform C(2015) 3261 vom 19. Mai 2015.

91 Beschluss zur Einsetzung einer Gruppe von hochrangigen nationalen Rechtsetzungssachverständigen vom 15. März 2006, ABl. 2006 L 76, S. 2 f.; KOM(2005) 97 endgültig vom 16. März 2005, S. 11.

4. *Strategische Überlegungen zur Verbesserung der Rechtsetzung*

Im Jahr 2006 legte die Kommission die Erste Strategische Überlegung zur Verbesserung der Rechtsetzung in der EU vor, in der sie das Ziel vorgab, Verwaltungslasten bis zum Jahr 2012 um 25 Prozent zu reduzieren.[92] Das hierzu ausgearbeitete Aktionsprogramm[93] sah vor, die Bürokratiekosten des bestehenden Rechts zu messen und zu reduzieren.[94] Zur Unterstützung dieses ambitionierten Vorhabens setzte die Kommission im August 2007 erneut ein Sachverständigengremium ein, die sog. Stoiber-Gruppe.[95] Aufgabe dieser Gruppe war es unter anderem, konkrete Vorschläge zur Verminderung von Verwaltungslasten für Wirtschaft und Bürger auszuarbeiten und konkrete Vereinfachungsmaßnahmen vorzuschlagen.[96] Außerdem wurde mit der Ersten Strategischen Überlegung der Ausschuss für Folgenabschätzung (Impact Assessment Board) eingesetzt. Dieser hatte insbesondere die Aufgabe, die Folgenabschätzungen der Kommission zu überprüfen.[97] Mit dem Ausschuss für Folgenabschätzung wurde ein gewisser organisatorischer Rahmen zur Sicherstellung der Qualität der Folgenabschätzungen geschaffen.[98] Deren Verbesserung widmeten sich auch die Zweite[99] und Dritte[100] Strategischen Überlegungen aus den Jahren 2008 und 2009. Die im selben Jahr umfassend überarbeiteten Leitlinien zur Folgenabschätzung sollten ebenfalls zu einer qualitativen Verbesserung führen.[101]

5. *„Smart Regulation"*

Im Jahr 2010 konstatierte die Kommission in ihrer Mitteilung „Intelligente Regulierung in der Europäischen Union"[102] wesentliche Veränderungen in der Politikgestaltung infolge der von ihr angestrengten Maßnahmen und bestätigte Konsultationen und Folgenabschätzungen als feste Bestandteile ihrer Entscheidungsfindung. Die Kommission betonte in ihrer Mitteilung außerdem die Notwendigkeit, den gesamten politischen Entscheidungsprozess in den Mittelpunkt

---

92 KOM(2006) 689 endgültig vom 14. November 2006, S. 4.

93 „Aktionsprogramm zur Verringerung der Verwaltungslasten in der Europäischen Union" COM(2007) 23 endgültig vom 24. Januar 2007.

94 COM(2007) 23 endgültig vom 24. Januar 2007, S. 4 ff. und S. 10 f.

95 Beschluss zur Einsetzung einer Hochrangigen Gruppe unabhängiger Interessenträger im Bereich Verwaltungslasten vom 31. August 2007 C(2007) 4063.

96 C(2007) 4063 vom 31. August 2007, S. 2; vgl. hierzu auch *Pfeifer*, Bessere Rechtsetzung, S. 112.

97 KOM(2006) 689 endgültig vom 14. November 2006, S. 3 und S. 9 f.

98 *Ahrens/Leier*, in: ZG 2007, S. 383 (392).

99 KOM(2008) 32 endgültig vom 30. Januar 2008.

100 KOM(2009) 15 endgültig vom 28. Januar 2009; vgl. hierzu *Knauff*, in: ZG 2009, S. 354 (357 ff.).

101 Leitlinien zur Folgenabschätzung, SEK(2009) 92 vom 15. Januar 2009.

102 KOM(2010) 543 endgültig vom 8. Oktober 2010.

der Bemühungen um eine Intelligente Regulierung zu stellen[103] und insbesondere stärker das bestehende Recht durch Ex-Post-Evaluierungen zu untersuchen.[104]

6. *REFIT*

Seit ihrer Initiative der Intelligenten Regulierung verfolgte die Kommission verstärkt Bemühungen um Ex-Post-Evaluierungen. In der Mitteilung „Regulatorische Eignung der EU-Vorschriften“[105] aus dem Jahr 2012 kündigte sie die Zusammenfassung verschiedener bestehender Initiativen für Evaluierung und Identifizierung von vereinfachungsbedürftigen Rechtsvorschriften zu einem ordnungspolitischen Eignungs- und Leistungsprogramm (REFIT) an. Durch REFIT sollte europäisches Recht, auch vor dem Hintergrund der damaligen Wirtschafts- und Finanzkrise, effektiver werden.[106] Flankiert wurde dieses Vorhaben von zwei Arbeitsdokumenten, in denen sich die Kommission mit der Verbesserung von Konsultationen und der Vereinfachung von Rechtsvorschriften auseinandersetzte.[107] In Umsetzung der von REFIT angestrebten Maßnahmen sichtete die Kommission verschiedene Regelungsbereiche und die dortigen Möglichkeiten, Rechtsvorschriften zu vereinfachen.[108] Ihr weiteres Vorgehen erläuterte und konkretisierte sie in der Mitteilung „Effizienz und Leistungsfähigkeit der Rechtsetzung (REFIT): Ergebnisse und Ausblick“ vom Oktober 2013.[109] Über den Stand der durchgeführten Maßnahmen berichtete die Kommission im Jahr 2014.[110] In dem zugehörigen Arbeitsdokument identifizierte sie 133 neue Initiativen und stellte bisherige Ergebnisse von REFIT im neu eingeführten „REFIT-Anzeiger“ (REFIT-Scoreboard) vor.[111]

7. *Agenda für Bessere Rechtsetzung*

Eine weitere umfassende Initiative begann die Kommission mit der Agenda für Bessere Rechtsetzung im Mai 2015.[112] Zusammen mit der Mitteilung vom

---

[103] S. hierzu die Ausführungen bereits in Kapitel 3 auf S. 61 f.

[104] KOM(2010) 543 endgültig vom 8. Oktober 2010, S. 3.

[105] COM(2012) 746 endgültig vom 12. Dezember 2012; vgl. berichtend *Scott*, in: Garben/Govaere, The EU Better Regulation Agenda, S. 13 (16).

[106] COM(2012) 746 endgültig vom 12. Dezember 2012, S. 3; vgl. berichtend *Härtel*, in: Hatje/Müller-Graff, Enzyklopädie Europarecht, S. 623 (659).

[107] „Review of the Commission Consultation Policy“ SWD(2012) 422 endgültig vom 12. Dezember 2012 und „Action Programme for Reducing Administrative Burdens in the EU Final Report“ SWD(2012) 423 endgültig vom 12. Dezember 2012.

[108] „Regulatory Fitness and Performance Programme (REFIT): Initial Results of the Mapping of the Acquis“ SWD(2013) 401 endgültig vom 1. August 2013.

[109] COM(2013) 685 endgültig vom 2. Oktober 2013; vgl. dazu auch die Mitteilung „Anhang zur Mitteilung der Kommission, Effizienz und Leistungsfähigkeit der Rechtsetzung (REFIT): Ergebnisse und Ausblick“ KOM(2013) 685 endgültig vom 2. Oktober 2013.

[110] KOM(2014) 368 endgültig vom 18. Juni 2014.

[111] SWD(2014) 192 endgültig vom 18. Juni 2014.

[112] Vgl. zum Ganzen ausführlich *Alemanno*, in: EJRR 2015, S. 344 (348 ff.); *Martenczuk*,

19. Mai 2015[113] veröffentlichte die Kommission die Better Regulation Guidelines,[114] welche die Leitlinien zur Folgenabschätzung aus dem Jahr 2009 ersetzten.[115] Ergänzt und konkretisiert wurden die Better Regulation Guidelines durch eine „Better Regulation Toolbox".[116] Die hierin enthaltene, umfangreiche Zusammenstellung von Prinzipien, Instrumenten und Methoden dokumentiert den Inhalt eines weit entwickelten, eigenständigen europäischen Konzepts der Besseren Rechtsetzung. Ein weiterer Schwerpunkt der Initiative war die Ausweitung von REFIT.[117] Das REFIT-Programm wurde durch die REFIT-Plattform ergänzt,[118] um den Meinungs- und Erfahrungsaustausch zwischen der Kommission und den Mitgliedstaaten sowie der Zivilgesellschaft im Rahmen von REFIT zu verbessern.[119] Hierzu wurde das Konsultationsangebot auch außerhalb von REFIT erweitert.[120] Ferner wurde der Ausschuss für Folgenabschätzung durch den Ausschuss für Regulierungskontrolle[121] ersetzt, der nunmehr die Aufgabe übernimmt, Folgenabschätzungen und Ex-Post-Evaluierungen der Kommission zu überprüfen.[122]

8. *Erneuerung der Interinstitutionellen Vereinbarung*

Um die Umsetzung des europäischen Konzepts der Besseren Rechtsetzung weiter voranzutreiben, schlossen die drei an der Rechtsetzung beteiligten Organe – wie von der Kommission im Rahmen ihrer Agenda bereits vorgeschlagen[123] – eine neue Interinstitutionelle Vereinbarung über Bessere Rechtsetzung,

---

in: Grabitz/Hilf/Nettesheim, Das Recht der EU, Art. 17 EUV Rn. 14; s. instruktiv *Cărăuşan*, in: JPAFL 2016, S. 114 (114ff.) und *Chase/Schlosser*, in: EJRR 2015, S. 378 (379) sowie weiterführend *Robinson*, in: The Theory and Practice of Legislation 2015, S. 257 (261ff.) und *Timmermans*, in: LK 2015, S. 749 (749f.).

[113] COM(2015) 215 endgültig vom 19. Mai 2015.

[114] SWD(2015) 111 endgültig vom 19. Mai 2015; nunmehr SWD(2017) 350 vom 7. Juli 2017.

[115] SWD(2015) 111 endgültig vom 19. Mai 2015, S. 16ff.

[116] SWD(2015) 111 endgültig vom 19. Mai 2015, S. 86; vgl. berichtend *Schroeder*, in: ZG 2016, S. 193 (204).

[117] S. berichtend *Schroeder*, in: ZG 2016, S. 193 (194).

[118] Vgl. dazu den Beschluss über die Einrichtung der REFIT-Plattform vom 19. Mai 2015 C(2015) 3261 endgültig vom 19. Mai 2015 sowie die Mitteilung C(2015) 3260 endgültig vom 19. Mai 2015.

[119] Vgl. C(2015) 3261 endgültig vom 19. Mai 2015, S. 2f.

[120] Vgl. hierzu COM(2015) 215 endgültig vom 19. Mai 2015, S. 3ff.; vgl. ferner berichtend *Schroeder*, in: ZG 2016, S. 193 (205f.).

[121] Beschluss des Präsidenten der Europäischen Kommission zur Einsetzung eines Ausschusses für Regulierungskontrolle C(2015) 3263 endgültig vom 19. Mai 2015.

[122] Vgl. dazu „Ausschuss für Regulierungskontrolle, Auftrag, Aufgaben und Personal" C(2015) 3262 endgültig vom 19. Mai 2015, S. 4; s. hierzu auch *Alemanno*, in: EJRR 2015, S. 344 (350f.) und *Martenczuk*, in: Grabitz/Hilf/Nettesheim, Das Recht der EU, Art. 17 EUV Rn. 58 sowie ferner die Geschäftsordnung des Ausschusses Ref.Ares(2016) 574766–05.

[123] COM(2015) 215 endgültig vom 19. Mai 2015, S. 8ff.

welche die Vereinbarung aus dem Jahr 2003 ersetzte.[124] Diese Vereinbarung ist gemäß Art. 295 Satz 2 AEUV rechtsverbindlich[125] und bildet den konstituierenden Rahmen für das gegenwärtige europäische Konzept.[126] Sie enthält grundlegende Bestimmungen,[127] wie etwa die Vereinbarung gemeinsamer Ziele und Mechanismen zur kooperativen Politikgestaltung und Programmplanung.[128] Außerdem institutionalisiert sie die wichtigsten Instrumente der Besseren Rechtsetzung[129] wie Folgenabschätzungen, Konsultationen und Ex-Post-Evaluierungen.[130] Diese drei Instrumente bilden das Herzstück des europäischen Konzepts.[131] Daneben enthält die Vereinbarung Bestimmungen zu delegierten Rechtsakten und Durchführungsrechtsakten, zur Transparenz und Koordinierung im Rechtsetzungsverfahren sowie zur Umsetzung und Anwendung des Unionsrechts.[132] Dabei betont die Vereinbarung auch die Notwendigkeit einer zügigen und präzisen Umsetzung von Unionsrecht durch die Mitgliedstaaten sowie kurze Umsetzungsfristen.[133]

9. Arbeitsprogramm der Kommission von 2017 und 2018

In der Mitteilung „Bessere Rechtsetzung: Bessere Ergebnisse für eine stärkere Union“[134] stellte die Kommission im September 2016 die Erfolge[135] der Agenda für Bessere Rechtsetzung fest.[136] Sie kündigte außerdem an, künftige

---

[124] Interinstitutionelle Vereinbarung über Bessere Rechtsetzung vom 13. April 2016, ABl. 2016 L 123/1, S. 8 Rn. 51.

[125] So etwa *Schroeder*, in: ZG 2016, S. 193 (196); vgl. aber auch skeptisch bezüglich der Verbindlichkeit *Meßerschmidt*, in: Kahl, Nachhaltigkeit durch Organisation und Verfahren, S. 195 (207); s. dazu allgemein *Schoo/Görlitz*, in: Schwarze, EU-Kommentar, Art. 295 AEUV Rn. 4.

[126] Bis zum 20. September 2016 galt noch die Interinstitutionelle Vereinbarung „Bessere Rechtsetzung“ vom 16. Dezember 2003, ABl. 2003 C 321/1; vgl. hierzu allgemein *Schoo*, in: Schwarze, EU-Kommentar, Art. 294 AEUV Rn. 54 f.

[127] Vgl. zum Inhalt im Einzelnen die Ausführungen in Kapitel 6 auf S. 107 ff.

[128] Interinstitutionelle Vereinbarung über Bessere Rechtsetzung vom 13. April 2016, ABl. 2016 L 123/1, S. 2 ff., Rn. 1 ff.; s. zum Inhalt instruktiv *Philipp*, in: EuZW 2018, S. 515 (515).

[129] Interinstitutionelle Vereinbarung über Bessere Rechtsetzung vom 13. April 2016, ABl. 2016 L 123/1, S. 4 ff., Rn. 12 ff.

[130] Vgl. Interinstitutionelle Vereinbarung über Bessere Rechtsetzung vom 13. April 2016, ABl. 2016 L 123/1, S. 4 ff., Rn. 12, Rn. 19 und Rn. 20.

[131] Vgl. ähnl. *Schroeder*, in: ZG 2016, S. 193 (200 ff.), der ebenfalls die genannten Instrumente in ihrer Bedeutung hervorhebt.

[132] Interinstitutionelle Vereinbarung über Bessere Rechtsetzung vom 13. April 2016, ABl. 2016 L 123/1, S. 6 ff., Rn. 26 ff., Rn. 32 ff., Rn. 41 ff.

[133] Interinstitutionelle Vereinbarung über Bessere Rechtsetzung vom 13. April 2016, ABl. 2016 L 123/1, S. 7 f., Rn. 42; vgl. hierzu auch *v. Danwitz*, in: JZ 2006, S. 1 (7 f.).

[134] COM(2016) 615 endgültig vom 14. September 2016.

[135] Vgl. COM(2016) 615 endgültig vom 14. September 2016, S. 10 für die Folgenabschätzung, S. 6 für das REFIT-Programm und S. 9 für die REFIT-Plattform.

[136] COM(2016) 615 endgültig vom 14. September 2016, S. 11.

Rechtsetzungsvorhaben besser zu priorisieren.[137] In diesem Sinne erneuerte die Kommission ihr bereits 2015 gegebenes Versprechen, „Lösungen für die großen Probleme“ anzubieten, die von den Mitgliedstaaten nicht allein bewältigt werden können.[138] Die Umsetzung dieser Bestrebungen lassen sich an den Prioritäten des Arbeitsprogramms der Kommission von 2017[139] und 2018[140] nachvollziehen.

10. Taskforce für Subsidiarität, Proportionalität und „Weniger, aber effizienteres Handeln“

Die Kommission hat außerdem 2017 die Taskforce für Subsidiarität, Proportionalität und „Weniger, aber effizienteres Handeln“ eingerichtet.[141] Ihre Aufgabe bestand in der fristgebundenen Ausarbeitung eines Berichts zur Optimierung der Einhaltung des Subsidiaritäts- und Verhältnismäßigkeitsprinzips auf Unionsebene zur Unterstützung des Kommissionspräsidenten mit Blick auf dessen Vorbereitung der Rede zur Lage der EU.[142] Am 10. Juli 2018 legte die Taskforce ihren Bericht vor und empfahl unter anderem eine bessere Priorisierung von Maßnahmen, eine stärkere Einbeziehung lokaler und regionaler Gebietskörperschaften und nationaler Parlamente sowie den Einsatz von Modellrastern zur einheitlichen Bewertung von Subsidiarität und Verhältnismäßigkeit durch die Unionsorgane.[143] In ihrer Mitteilung vom 23. Oktober 2018 „Die Grundsätze der Subsidiarität und der Verhältnismäßigkeit: Stärkung ihrer Rolle bei der Politikgestaltung der EU“ erklärte die Kommission Subsidiarität und Verhältnismäßigkeit zu Kernelementen ihrer Agenda für Bessere Rechtsetzung. Außerdem gab sie bekannt, das von der Taskforce vorgeschlagene Raster in Zukunft in ihre Leitlinien für Bessere Rechtsetzung zu integrieren und es im Rahmen der Folgenabschätzungen und Ex-Post-Evaluierungen verwenden zu wollen.[144]

---

137 COM(2016) 615 endgültig vom 14. September 2016, S. 2 ff.

138 COM(2015) 215 endgültig vom 19. Mai 2015, S. 1.

139 Vgl. beispielhaft die Themen Freihandel, Migration und Energieunion in COM(2016) 710 endgültig vom 25. Oktober 2016, S. 4 ff.

140 COM(2017) 650 endgültig vom 24. Oktober 2017; COM(2017) 650 endgültig vom 24. Oktober 2017 Annex I und Annex II.

141 Beschluss des Präsidenten der Europäischen Kommission über die Einsetzung einer Taskforce für Subsidiarität, Proportionalität und „Weniger, aber effizienteres Handeln“ C(2017) 7810 vom 14. November 2017.

142 Vgl. zur Aufgabe der Taskforce C(2017) 7810 vom 14. November 2017, S. 3 Art. 3.

143 Bericht der Taskforce für Subsidiarität, Verhältnismäßigkeit und „Weniger, aber effizienteres Handeln“, S. 4 ff.; vgl. dazu *Stöbener de Mora*, in: EuZW 2018, S. 747 (748); s. zu weitergehenden Vorschlägen *Sohn/Czuratis*, in: CepInput 4 (2015), S. 1 (1 ff.).

144 S. hierzu und zu weiteren Maßnahmen COM(2018) 703 endgültig vom 28. Oktober 2018, S. 1 ff. und S. 8.

11. „Vollendung" der Agenda für eine Bessere Rechtsetzung

Die Mitteilung „Vollendung der Agenda für bessere Rechtsetzung: bessere Lösungen für bessere Ergebnisse"[145] vom Oktober 2017 markiert den (vorläufigen) Abschluss der Maßnahmen zur Umsetzung des Konzepts der Besseren Rechtsetzung auf Unionsebene. Die Kommission berichtet in dieser Mitteilung unter anderem erneut über die vergangenen, von ihr ergriffenen Maßnahmen. So hat sie etwa interne Leitlinien, namentlich die Better Regulation Guidelines und die Better Regulation Toolbox, aktualisiert sowie die notwendigen Mitglieder für den Ausschuss für Regulierungskontrolle bestellt.[146] Außerdem stellt die Kommission die Ergebnisse der Anwendung ihrer Instrumente, wie beispielsweise die von der REFIT-Plattform ausgearbeiteten Stellungnahmen, vor.[147] Gegen Ende des Jahres 2018 führte die Kommission öffentliche Konsultationen zur Bewertung der (neu eingeführten) Verfahren und Instrumente der Besseren Rechtsetzung durch. Gegenstand dieser Konsultationen waren neben allgemeinen Fragen auch solche zu konkreten Instrumenten, wie etwa zu Ex-Post-Evaluierungen oder zur Überprüfung der Qualität von Folgenabschätzungen.[148] Außerdem veranstaltete die Kommission am 29. April 2019 eine Konferenz zur Besseren Rechtsetzung, um die bisher erreichten Ergebnisse im Rahmen einer Bestandsaufnahme zu erörtern.[149] In dem hierzu veröffentlichten Manuskript gibt die Kommission einen Überblick über den Inhalt und die Entwicklung der seit 2015 angestrengten Maßnahmen.[150]

II. Deutschland

Die durch den Mandelkernbericht eingeleiteten Fortschritte in der EU führten auch zu neuen Entwicklungsimpulsen in den Mitgliedstaaten.[151] In Deutschland kam es aber erst ab 2006 zu wesentlichen Fortschritten bei der Umsetzung des Konzepts.[152] Zwar gab es auch schon zuvor Bemühungen um eine Bessere Rechtsetzung.[153] So bildet etwa die GGO seit ihrer Reform im Jahr 2000 einen

---

145 COM(2017) 651 endgültig vom 24. Oktober 2017.

146 COM(2017) 651 endgültig vom 24. Oktober 2017, S. 2.

147 Vgl. hierzu eingehend COM(2017) 651 endgültig vom 24. Oktober 2017, S. 2 ff.

148 S. zum Ganzen ausführlich *Europäische Kommission*, Stocktaking of the Commission's better regulation approach, Summary report of contributions to the public consultation, S. 1 ff. sowie instruktiv *Stöbener de Mora*, in: EuZW 2018, S. 747 (747).

149 Vgl. dazu https://ec.europa.eu/info/events/conference-better-regulation-taking-stock-take-it-forward-2019-apr-29_en.

150 S. dazu *Europäische Kommission*, Bessere Rechtsetzung: wir ziehen Bilanz und erneuern unser Engagement, S. 4 ff.

151 *Piesker*, in: Hill, Verwaltungsmodernisierung, S. 139 (142).

152 S. nur *Wegrich*, Better Regulation, S. 8.

153 Vgl. zu Fortschritten und Defiziten *OECD*, Bessere Rechtsetzung in Europa: Deutschland 2010, S. 16 ff. und zu entscheidenden Entwicklungsimpulsen a. a. O., S. 43; s. zu beispiel-

gewissen institutionellen Rahmen für die Gesetzesfolgenabschätzung.[154] Dennoch ist erst das Regierungsprogramm Bürokratieabbau und Bessere Rechtsetzung von 2006 ein Meilenstein in der Entwicklung der Besseren Rechtsetzung auf nationaler Ebene.[155]

1. Regierungsprogramm Bürokratieabbau und Bessere Rechtsetzung

Schwerpunkte des Regierungsprogramms 2006[156] waren neben der beabsichtigten Entlastung des Mittelstands, die Einrichtung einer Koordinationsstelle für Bürokratieabbau und Bessere Rechtsetzung und eines unabhängigen Nationalen Normenkontrollrats sowie die Einführung einer Bürokratiekostenmessung nach dem Standardkostenmodell.[157] Die Einrichtung des Normenkontrollrats gemäß § 1 Abs. 1 NKRG[158] trug wesentlich zur Institutionalisierung der Besseren Rechtsetzung bei.[159] Mit dieser Schaffung dauerhafter prozessualer und organisatorischer Strukturen wurden zentrale Forderungen des Mandelkernberichts und der OECD erfüllt.[160] Gemäß § 1 Abs. 2 NRKG a. F. war es zunächst die Aufgabe des Normenkontrollrats, als unabhängiges Gremium die Bundesregierung dabei zu unterstützen, die von Bundesgesetzen verursachten Bürokratiekosten durch Anwendung, Beobachtung und Fortentwicklung einer standardisierten Bürokratiekostenmessung auf Grundlage des Standardkostenmodells zu reduzieren.[161] Nach der Änderung des NKRG[162] prüft der Normenkontrollrat gemäß § 2 Abs. 3 NKRG nunmehr insbesondere die Darstellung des Erfüllungsaufwands beim Erlass neuer Regelungen auf Bundesebene auf ihre Nachvollziehbarkeit und Methodengerechtigkeit.[163] Der Nationale

haften Bemühungen *Hill*, in: DÖV 2004, S. 721 (726 ff.) und *Lohmann*, in: Bohne, Verwaltungsreform, S. 21 (21 ff.).

154 *Kahl*, in: Kluth/Krings, Gesetzgebung, S. 309 (313).

155 Vgl. *OECD*, Bessere Rechtsetzung in Europa: Deutschland 2010, S. 66; s. dazu auch mit Blick auf die Länderebene weiterführend *Meister-Scheufelen*, in: ZG 2018, S. 231 (233 f.).

156 *Bundesregierung*, Kabinettbeschluss vom 25. April 2006, Programm Bürokratieabbau und bessere Rechtsetzung, S. 1.

157 Vgl. hierzu *Gröhe/Naundorf*, in: ZG 2009, S. 367 (369 ff.); *Maurer*, in: ZG 2006, S. 378 (378 f.).

158 Gesetz zur Einsetzung eines Nationalen Normenkontrollrates vom 14. August 2006, BGBl. I S. 1866.

159 Vgl. *Piesker*, in: Hill, Verwaltungsmodernisierung, S. 139 (160); vgl. ähnl. *Wegrich*, Better Regulation, S. 9 f.

160 Mandelkernbericht, S. 76; *OECD*, Empfehlungen des Rates zu Regulierungspolitik und Governance, S. 4.

161 Vgl. zum Nationalen Normenkontrollrat insgesamt *Eckert*, in: KommJur 2008, S. 332 (332 ff.); *H. Hofmann/Birkenmaier*, in: Kluth/Krings, Gesetzgebung, S. 295 (295 ff.) sowie zum Standardkostenmodell *Frick/Brinkmann/Ernst*, in: ZG 2006, S. 28 (28 ff.); *Maurer*, in: ZG 2006, S. 378 (379 ff.).

162 Gesetz zur Änderung des Gesetzes zur Einsetzung eines Nationalen Normenkontrollrates vom 16. März 2011, BGBl. I S. 420.

163 Der Erfüllungsaufwand umfasst nach § 2 Abs. 1 und 2 NKRG den gesamten messbaren

Normenkontrollrat und die Bürokratiekostenmessung stellten somit von Beginn an zentrale Instrumente der Bundesregierung für Bürokratieabbau und Bessere Rechtsetzung dar.[164] Insbesondere durch seine jährlichen Berichte, die den gegenwärtigen Stand der Bemühungen der Bundesregierung enthalten sowie Verbesserungen vorschlagen,[165] ist der Nationale Normenkontrollrat zu einem unverzichtbaren Bestandteil des nationalen Konzepts der Besseren Rechtsetzung geworden.

2. *Bessere Rechtsetzung nach Einsetzung des Normenkontrollrats*

Nach 2006 war die Bessere Rechtsetzung auf nationaler Ebene von der Weiterentwicklung bestehender Instrumente geprägt.[166] Beispielhaft hierfür steht die Ergänzung der GGO im Jahr 2009 um das Prüfkriterium der nachhaltigen Entwicklung in § 44 Abs. 1 Satz 3 GGO[167] und die Erweiterung des Mandats des Normenkontrollrats im Jahr 2010.[168] Allerdings gab es auch in anderen Bereichen der Besseren Rechtsetzung Fortschritte.[169] So unterzieht seit 2009 der beim Bundesministerium für Justiz und Verbraucherschutz (BMJV) eingerichtete Redaktionsstab „Rechtssprache" gemäß § 42 Abs. 5 GGO Gesetzes- und Verordnungsentwürfe einer Sprachprüfung.[170] Nach dem im selben Jahr eingefügten § 80a der Geschäftsordnung des Deutschen Bundestages ist außerdem nunmehr für sprachliche Beratung im Parlament eine von der Gesetzesredaktion des Bundesministeriums für Justiz und Verbraucherschutz unabhängige Arbeitseinheit beim Bundestag zuständig. Diese Arbeitseinheit prüft auf Beschluss des jeweils federführenden Ausschusses einen Gesetzesentwurf auf sprachliche Richtigkeit sowie Verständlichkeit und kann bei Bedarf auch Empfehlungen an den Ausschuss richten.[171]

Zeitaufwand und die Kosten, die durch die Befolgung einer bundesrechtlichen Vorschrift bei Bürgerinnen und Bürgern, Wirtschaft sowie der öffentlichen Verwaltung entstehen, sowie insb. Bürokratiekosten, die infolge von Informationspflichten entstehen, s. dazu Kapitel 2 S. 14 sowie ferner ausführlich dazu *H. Hofmann/Birkenmaier*, in: Kluth/Krings, Gesetzgebung, S. 295 (300 f.).

[164] Vgl. ähnl. *Piesker*, in: Hill, Verwaltungsmodernisierung, S. 139 (164).

[165] Vgl. etwa zu den „Kernbotschaften" des *Nationalen Normenkontrollrats*, Jahresbericht 2019, S. 6 ff.

[166] *OECD*, Bessere Rechtsetzung in Europa: Deutschland 2010, S. 16.

[167] Vgl. zur Nachhaltigkeitsprüfung *Kahl*, in: Kluth/Krings, Gesetzgebung, S. 309 (320 ff.); *Krings*, in: ZG 2009, S. 237 (238 ff.).

[168] Vgl. hierzu *Bundesregierung*, Kabinettbeschluss vom 27. Januar 2010, S. 3.

[169] Vgl. etwa zu Fortschritten beim eGovernment *OECD*, Bessere Rechtsetzung in Europa: Deutschland 2010, S. 68 und bei Maßnahmen zur Bürokratieentlastung S. 124 ff.; s. eingehend zur Gesetzesvorbereitung in Deutschland *Hoffmann-Riem*, Innovation und Recht, S. 155 ff.

[170] Vgl. hierzu näher *Kluth*, in: Kluth/Krings, Gesetzgebung, S. 333 (350).

[171] S. ausführlich dazu *Hadamek*, in: Kluth/Krings, Gesetzgebung, S. 393 (393 ff.).

3. *Bürokratiebremse und Bürokratieentlastungsgesetze*

In jüngerer Zeit lag der Schwerpunkt der Besseren Rechtsetzung auf nationaler Ebene insbesondere auf der Reduzierung des Erfüllungsaufwands für die Rechtsbetroffenen.[172] Mit dem Arbeitsprogramm „Bessere Rechtsetzung 2014"[173] schuf die Bundesregierung die Grundlage für das am 28. Juli 2015 verabschiedete erste Bürokratieentlastungsgesetz.[174] Das Gesetz sollte insbesondere Wirtschaftsunternehmen, unter anderem durch Änderungen der Abgabenordnung, des Einkommenssteuergesetzes und des Handelsgesetzbuches von Bürokratiekosten entlasten.[175] Ebenfalls der Entlastung der Wirtschaft sollte die im selben Jahr eingeführte Bürokratiebremse dienen und nach dem Prinzip „One in one out" bürokratische Belastung dauerhaft senken.[176] Das Prinzip „One in one out" verpflichtet jedes Ministerium, die Kosten, die ein von ihm mitverantwortetes Gesetz verursacht, spätestens ein Jahr nach dessen Verabschiedung wieder zu beseitigen.[177] Auf Grundlage des Arbeitsprogramms der Bundesregierung von 2016[178] wurde der Gesetzentwurf für ein zweites Bürokratieentlastungsgesetz[179] ausgearbeitet, welches am 30. Juni 2017 vom Bundestag beschlossen wurde.[180] Wie auch das erste Bürokratieentlastungsgesetz bezweckt dieses Gesetz ebenfalls die Entlastung der Wirtschaft von Bürokratiekosten. Während das erste Bürokratieentlastungsgesetz vor allem junge, schnell wachsende und in Gründung befindliche Unternehmen im Blick hatte, fokussiert das zweite Bürokratieentlastungsgesetz insbesondere solche Unternehmen, die regelmäßig am stärksten von Bürokratie belastet sind.[181] Außerdem soll ein drittes Bürokratieentlastungsgesetz die Wirtschaft um weitere 1,1 Milliarden Euro entlasten.[182] Die Bürokratieentlastungsgesetze und die Bürokratiebremse zeigen, dass sich

---

172 Vgl. etwa *Bundesregierung*, Kabinettbeschluss vom 4. Juni 2014, Arbeitsprogramm Bessere Rechtsetzung 2014, S. 1.

173 *Bundesregierung*, Kabinettbeschluss vom 4. Juni 2014, Arbeitsprogramm Bessere Rechtsetzung 2014.

174 Gesetz zur Entlastung insbesondere der mittelständischen Wirtschaft von Bürokratie vom 28. Juli 2015, BGBl. I S. 1400–1404.

175 Vgl. BT-Drs. 18/4948, S. 15.

176 *Bundesregierung*, Bessere Rechtsetzung 2015: Bericht nach § 7 NKRG, S. 63.

177 *Bundesregierung*, Bessere Rechtsetzung 2015: Bericht nach § 7 NKRG, S. 63.

178 S. ausführlich zu diesem Programm *Bundesregierung*, Bessere Rechtsetzung 2016: Bericht nach § 7 NKRG, S. 10 ff.

179 Entwurf eines Zweiten Gesetzes zur Entlastung insbesondere der mittelständischen Wirtschaft von Bürokratie (Zweites Bürokratieabbaugesetz), BT-Drs. 18/9949.

180 Zweites Gesetz zur Entlastung insbesondere der mittelständischen Wirtschaft von Bürokratie (Zweites Bürokratieabbaugesetz) vom 30. Juni 2017, BGBl. I S. 2143–2146.

181 Entwurf eines Zweiten Gesetzes zur Entlastung insbesondere der mittelständischen Wirtschaft von Bürokratie (Zweites Bürokratieabbaugesetz), BT-Drs. 18/9949, S. 2.

182 S. dazu Entwurf eines Dritten Gesetzes zur Entlastung insbesondere der mittelständischen Wirtschaft von Bürokratie (Drittes Bürokratieentlastungsgesetz), BT-Drs. 13959/19, S. 1 ff.

das Konzept der Besseren Rechtsetzung auf Bundesebene[183] gegenwärtig vor allem im Bereich der Messung, Bewertung und Reduzierung von Bürokratiekosten fortentwickelt.[184]

III. Zwischenfazit

Ab dem Millennium brachte vor allem die Europäische Kommission die Umsetzung des europäischen Konzepts der Besseren Rechtsetzung voran und forcierte insbesondere die Einrichtung und stetige Optimierung der Instrumente der Konsultationen und der Folgenabschätzungen. Dabei bezog die Kommission das Europäische Parlament und den Rat von Beginn an in ihre Bemühungen ein, was durch den Abschluss der Interinstitutionellen Vereinbarung „Bessere Rechtsetzung“ aus dem Jahr 2003 und deren Erneuerung im Jahr 2016 dokumentiert wird. 2017 hat die EU ihre im Jahr 2015 begonnene Agenda für Bessere Rechtsetzung vorerst vollendet. Der Abschluss dieser Reforminitiative markiert zugleich den gegenwärtigen Stand des europäischen Konzepts der Besseren Rechtsetzung. Auf nationaler Ebene erlangte die Bessere Rechtsetzung erst mit Einsetzung des Nationalen Normenkontrollrats im Jahr 2006 an zunehmender Bedeutung. Mittlerweile verfügt auch das deutsche Konzept über verschiedene Instrumente der Besseren Rechtsetzung, wie etwa einer in gewissem Umfang institutionalisierten Gesetzesfolgenabschätzung, Beratungseinheiten für Rechtssprache und einer Bürokratiebremse.

D. Fazit

Der Beginn einer Besseren Rechtsetzung lässt sich auf nationaler Ebene auf das Jahr 1983 und auf europäischer Ebene auf das Jahr 1992 datieren. Die punktuellen Maßnahmen in dieser Frühphase der Besseren Rechtsetzung führten aber noch nicht zur Herausbildung eines eigenständigen Konzepts und erwiesen sich zudem häufig als nur begrenzt wirksam. Erst seit dem Millennium kam

---

[183] Vgl. beispielhaft für die Bundesländer Baden-Württemberg die Verwaltungsvorschrift der Landesregierung und der Ministerien zur Erarbeitung von Regelungen vom 27. Juli 2010, GABl. S. 277 sowie hinsichtlich der Einsetzung eines baden-württembergischen Normenkontrollrates die Verwaltungsvorschrift der Landesregierung und der Ministerien für den Normenkontrollrat Baden-Württemberg vom 12. Dezember 2017 und für Sachsen das Gesetz zur Einsetzung eines Sächsischen Normenkontrollrates vom 3. Juli 2014, SächsGVBl. S. 384.

[184] Vgl. *OECD*, Ausblick Regulierungspolitik 2015, S. 154; wohl a. A. schon für das Regierungsprogramm 2006 *Gröhe/Naundorf*, in: ZG 2009, S. 367 (373); s. aber auch zu anderen Maßnahmen auf nationaler Ebene *Bundesregierung*, Bessere Rechtsetzung 2016: Bericht nach § 7 NKRG, S. 10 ff. sowie *Bundesregierung*, Bessere Werkzeuge für besseres Recht, Bericht der Bundesregierung zum Stand des Bürokratieabbaus und zur Fortentwicklung auf dem Gebiet der besseren Rechtsetzung für das Jahr 2018, S. 6 ff.

es zur schrittweisen inhaltlichen und begrifflichen Herausbildung eines Konzepts der Besseren Rechtsetzung. Dabei trug insbesondere die OECD maßgeblich zur inhaltlichen Ausgestaltung des Konzepts bei. Im Jahr 2001 entstanden mit dem Mandelkernbericht die Grundlagen für ein europäisches Konzept. Mit der Agenda für Bessere Rechtsetzung aus dem Jahr 2015 und ihren Folgemaßnahmen in den Jahren 2016 und 2017 hat die EU die Entwicklung des europäischen Konzepts der Besseren Rechtsetzung vorerst zum Abschluss gebracht. Gegen Ende des Jahres 2018 widmete sich die Kommission der Überprüfung ihrer seit 2015 ergriffenen Maßnahmen und (neu eingerichteten) Instrumente. In Deutschland markiert die Einrichtung des Nationalen Normenkontrollrats im Jahr 2006 einen wichtigen Meilenstein bei der Entwicklung von Besserer Rechtsetzung. Seither bilden der Nationale Normenkontrollrat und die Messung und Reduzierung von Erfüllungsaufwand wichtige Instrumente der Besseren Rechtsetzung auf nationaler Ebene. Während die Entwicklung der Besseren Rechtsetzung also zunächst von der Suche nach Inhalten sowie der Einrichtung und Erprobung von Instrumenten bestimmt war, steht mittlerweile die Optimierung, Überarbeitung und Anpassung dieser Instrumente im Vordergrund.

Kapitel 5

Primärrechtliche Rahmenvorgaben für die Bessere Rechtsetzung

Die im vorangegangenen Kapitel nachgezeichnete historische Entwicklung zeigt, welchen bedeutenden Umfang die Maßnahmen für eine Bessere Rechtsetzung auf nationaler und unionaler Ebene mittlerweile erreicht haben. Diese Maßnahmen können den Ablauf des Rechtsetzungsverfahrens beeinflussen, die Art der Rechtserzeugung verändern[1] und sich auf die Kompetenzverteilung zwischen den Rechtsetzungsorganen auswirken.[2] Solche Auswirkungen der Besseren Rechtsetzung werfen die Frage nach den verfassungsrechtlichen Grundlagen des Konzepts auf.[3] Maßgeblich für das europäische Konzept der Besseren Rechtsetzung sind die Bestimmungen des EUV und des AEUV. Ausdrücklich erwähnt wird die Bessere Rechtsetzung dort zwar nicht.[4] Jedoch sind verschiedene primärrechtliche Bestimmungen für die Anwendung und Konkretisierung einzelner Instrumente der Besseren Rechtsetzung von Bedeutung.[5] Abseits solcher primärrechtlichen Vorgaben verbleibt den Rechtsetzungsorganen bei der Einrichtung der Instrumente und Verfahren grundsätzlich ein weites Ermessen.[6] Die in Ausübung dieses Ermessens abgeschlossene Interinstitutionelle Vereinbarung[7] und insbesondere die von den Rechtsetzungsorganen erlassenen internen Leitlinien zur Ausgestaltung und Anwendung der Instrumente, wie etwa die Better Regulation Guidelines oder die Better Regulation Toolbox der Kommission, sind daher kein Recht im Sinne verbindlicher und durchsetzbarer Regelungen,[8] sondern sind in einem untechnischen Verständnis von Recht als sog. soft law zu qualifizieren. Dies gilt jedenfalls soweit diese zur Ausgestaltung des Konzepts erlassenen Leitlinien nicht selbst eine

---

[1] Vgl. in diesem Sinne *Meuwese/Popelier*, in: EPL 2011, S. 455 (456).

[2] S. etwa *Garben/Govaere*, in: Garben/Govaere, The EU Better Regulation Agenda, S. 3 (6) und *Meuwese/Popelier*, in: EPL 2011, S. 455 (458).

[3] Vgl. diese Frage ebenfalls aufwerfend *Schroeder*, in: ZG 2016, S. 193 (196 ff.).

[4] Vgl. auch *Schroeder*, ZG 2016, S. 193 (196).

[5] S. ähnl. *Schroeder*, ZG 2016, S. 193 (196).

[6] *Schroeder*, in: ZG 2016, S. 193 (198).

[7] Neben der Interinstitutionellen Vereinbarung über Bessere Rechtsetzung vom 13. April 2016, ABl. 2016 L 123/1, S. 1 ff. sei beispielhaft etwa auch die Interinstitutionelle Vereinbarung Gemeinsame Leitlinien für die redaktionelle Qualität der gemeinschaftlichen Rechtsvorschriften, ABl. 1999 C 73/1 genannt.

[8] Siehe zum Begriff des Rechts *Zippelius*, Rechtsphilosophie, S. 5 ff. und *Rüthers/Fischer/Birk*, Rechtstheorie, S. 37 f.

Konkretisierung der im Folgenden untersuchten primärrechtlichen Rahmenvorgaben für die Bessere Rechtsetzung darstellen.[9]

A. Offenheit, Transparenz, Bürgernähe und Partizipation

Art. 1 Abs. 2 EUV verlangt als Ausprägung des Demokratieprinzips Offenheit und Bürgernähe für Entscheidungen der EU.[10] Art. 10 Abs. 3 Satz 2 EUV bekräftigt beides noch einmal gesondert für die demokratischen Entscheidungsfindungsprozesse.[11] Dokumente, die mit diesen Entscheidungen in Zusammenhang stehen, müssen aus Gründen der Offenheit und Transparenz der Öffentlichkeit zugänglich sein.[12] Daher gewährleistet Art. 42 GrCh das Recht der Unionsbürger auf Zugang zu den Dokumenten der EU.[13] Des Weiteren verlangt auch Art. 15 Abs. 2 und 3 AEUV den Zugang zu Dokumenten sowie die Öffentlichkeit der Sitzungen von Parlament und Rat.[14] Art. 15 Abs. 1 und Abs. 3 UAbs. 3 AEUV fordert darüber hinaus, dass sämtliche Organe, Einrichtungen und sonstige Stellen der Union die Transparenz ihrer Tätigkeit zu gewährleisten haben.[15] Der mit einer Besseren Rechtsetzung angestrebte, verbesserte Zugang zu Rechtsvorschriften und Dokumenten sowie zu Sitzungen und Beratungen der Rechtsetzungsorgane wird von den genannten Bestimmungen des Primärrechts daher vorausgesetzt.[16]

Die Forderung von Art. 1 Abs. 2 EUV nach möglichst bürgernahen Entscheidungen zielt insbesondere darauf ab, dass sich die Betroffenen mit den Entscheidungen der EU besser identifizieren.[17] Eine bürgernahe Entscheidung zeichnet sich auch dadurch aus, dass sie ohne Rechtsbeistand verständlich ist,

---

[9] Vgl. ähnl. *Garben/Govaere*, in: Garben/Govaere, The EU Better Regulation Agenda, S. 3 (4).

[10] *Pfeifer*, Bessere Rechtsetzung, S. 64; s. zum Ganzen *Organ*, in: CMLR 54 (2017), S. 1713 (1716 f.).

[11] *Calliess*, in: Calliess/Ruffert, EUV/AEUV, Art. 10 EUV Rn. 10; *Nettesheim*, in: Grabitz/Hilf/Nettesheim, Das Recht der EU, Art. 10 EUV Rn. 82.

[12] *Calliess*, in: Calliess/Ruffert, EUV/AEUV, Art. 1 EUV Rn. 86; vgl. ähnl. *Gündisch/Mathijsen*, Rechtsetzung und Interessenvertretung, S. 192; vgl. ebenso die Mitteilung der Kommission über den Zugang der Öffentlichkeit zu Dokumenten vom 5. Mai 1993, ABl. 1993 C 156/5, S. 5; vgl. ausführlich zum Ganzen *Riemann*, Die Transparenz in der Europäischen Union, S. 54 ff.

[13] S. dazu die Ausführungen in Kapitel 6 auf S. 178 ff.

[14] Vgl. dazu *Krajewski/Rösslein*, in: Grabitz/Hilf/Nettesheim, Das Recht der EU, Art. 15 AEUV Rn. 12 ff. und Rn. 32 ff.; *Pfeifer*, Bessere Rechtsetzung, S. 65.

[15] Vgl. berichtend *Pfeifer*, Bessere Rechtsetzung, S. 65.

[16] S. beispielhaft COM(2015) 215 endgültig vom 19. Mai 2015, S. 8 f.; Mandelkernbericht, S. 52.

[17] *Calliess*, in: Calliess/Ruffert, EUV/AEUV, Art. 1 EUV Rn. 82; s. weiterführend *Nettesheim*, in: Grabitz/Hilf/Nettesheim, Das Recht der EU, Art. 1 EUV Rn. 32; vgl. ferner ähnl. *Grams*, Zur Gesetzgebung der Europäischen Union, S. 219.

übermäßige Regulierung vermeidet und dem Bürger möglichst große Freiheit belässt.[18] Mithin lässt sich das Ziel einer Besseren Rechtsetzung, die Anzahl von Rechtsvorschriften zu verringern sowie verständliche Rechtsvorschriften zu schaffen, dogmatisch im Grundsatz der Bürgernähe verankern.

Des Weiteren betont Art. 10 Abs. 3 Satz 1 EUV Bürgerpartizipation, Mitverantwortung und Teilhabe an der Machtausübung.[19] Nach Art. 11 Abs. 1 EUV sollen die Organe der EU den Unionsbürgern sowie repräsentativen Verbänden in geeigneter Weise die Möglichkeit geben, ihre Ansichten in allen Bereichen des Handelns der Union öffentlich bekannt zu geben und auszutauschen. Art. 11 Abs. 2 EUV fordert darüber hinausgehend einen offenen und transparenten Dialog mit der organisierten Zivilgesellschaft und repräsentativen Verbänden. Damit setzt das Primärrecht nicht nur voraus, dass die Rechtsetzungsorgane ihre Zielvorstellungen und Entscheidungsverfahren der Rechtserzeugung den Unionsbürgern gemäß Art. 10 Abs. 3 EUV, Art. 15 Abs. 1 AEUV erläutern.[20] Vielmehr folgt aus Art. 11 Abs. 1 bis 3 EUV und Art. 2 und Art. 6 des Subsidiaritätsprotokolls[21] die Notwendigkeit, Unionsbürger, repräsentative Verbände, die Zivilgesellschaft und die Mitgliedstaaten zu Rechtsetzungsvorhaben zu konsultieren.[22] Damit erlauben es diese Bestimmungen, ein wichtiges Instrument der Besseren Rechtsetzung – die Konsultationen – im Primärrecht zu verankern.[23]

B. Rechtsstaatlichkeit

Weitere Bezüge weist die Bessere Rechtsetzung zur Rechtsstaatlichkeit gemäß Art. 2 Satz 1 EUV auf.[24] Obwohl es der EU an echter Staatsqualität fehlt, hat der EuGH die Rechtsstaatlichkeit als Grundwert der EU anerkannt und in seiner Rechtsprechung verschiedene Ausprägungen der Rechtsstaatlichkeit als allgemeine Rechtsgrundsätze herausgearbeitet.[25] Rechtsstaatlichkeit bedeutet, dass politische Herrschaft durch und aufgrund des Rechts ausgeübt, infol-

---

[18] So die Ansicht von *Calliess*, in: Calliess/Ruffert, EUV/AEUV, Art. 1 EUV Rn. 83.

[19] Vgl. ähnl. *Calliess*, in: Calliess/Ruffert, EUV/AEUV, Art. 10 EUV Rn. 10.

[20] So explizit *Schroeder*, in: ZG 2016, S. 193 (196).

[21] Vertrag über die Arbeitsweise der Europäischen Union – Protokoll (Nr. 2) über die Anwendung der Grundsätze der Subsidiarität und der Verhältnismäßigkeit, ABl. 2008 C 310/207, S. 207–209.

[22] Vgl. dazu Better Regulation Guidelines, S. 68; vgl. ebenso bereits *Schroeder*, in: ZG 2016, S. 193 (197); s. dazu ferner auch *Jancic*, in: EJLR 2019, S. 137 (143 f.).

[23] S. mit demselben Ergebnis *Schroeder*, in: ZG 2016, S. 193 (197).

[24] So bereits schon *Pfeifer*, Bessere Rechtsetzung, S. 36; s. erneut *Garben/Govaere*, in: Garben/Govaere, The EU Better Regulation Agenda, S. 3 (6); *Schroeder*, in: ZG 2016, S. 193 (197).

[25] Vgl. berichtend *Calliess*, in: Calliess/Ruffert, EUV/AEUV, Art. 2 EUV Rn. 26; vgl. hierzu ausführlich *Pechstein*, in: Streinz, EUV/AEUV, Art. 2 EUV Rn. 6.

gedessen eine willkürliche Machtausübung unterbunden wird.[26] Der formellen Rechtsstaatlichkeit sind der Grundsatz der Gewaltenteilung, der Vorbehalt des Gesetzes und dem Gebot geregelter Verfahren zuzurechnen, der materiellen Rechtsstaatlichkeit hingegen insbesondere der Grundrechtsschutz und das Verhältnismäßigkeitsprinzip.[27] Ferner zählt zu den Ausprägungen der Rechtsstaatlichkeit auch die Rechtssicherheit.[28]

Der Grundsatz der Rechtssicherheit ist in der Rechtsprechung des EuGH als Ausprägung der Rechtsstaatlichkeit anerkannt.[29] Mit Rechtssicherheit werden überwiegend die Elemente des Rechtsstaatsprinzips verbunden, die sich auf die Verlässlichkeit der Rechtsordnung beziehen.[30] Hoheitliches Handeln soll so bestimmt, klar und beständig sein, dass es für den Einzelnen vorhersehbar und berechenbar wird.[31] Sprachliche Präzision und Genauigkeit sind für die Erfüllung dieser Anforderungen von großer Bedeutung.[32] Die Gebote der Bestimmtheit, der Normenklarheit, Normenwahrheit und Normenbeständigkeit der Rechtsetzung lasssen sich daher als Klugheitsregeln des Gesetzgebers qualifizieren.[33] Die drei letztgenannten Gebote wurden zwar überwiegend im nationalen Kontext der bundesverfassungsgerichtlichen Rechtsprechung entwickelt,[34] sie lassen sich jedoch auch auf die Unionsrechtsetzung übertragen.

I. Bestimmtheit

Nach dem Bestimmtheitsgebot müssen Rechtsvorschriften so formuliert sein, dass die Folgen der Regelung für den Normadressaten so vorhersehbar und berechenbar sind, dass er sein Verhalten danach ausrichten kann.[35] Sind Rechts-

[26] *Bumke*, in: Der Staat 59 (2010), S. 77 (93); *Grzeszick*, in: Maunz/Dürig, GG, Art. 20 GG, VII. Rn. 27.

[27] Vgl. in Bezug auf das Unionsrecht *Calliess*, in: Calliess/Ruffert, EUV/AEUV, Art. 2 EUV Rn. 25.

[28] Vgl. die Zusammenstellung rechtsstaatlicher Garantien bei *Geiger*, in: Geiger/Khan/Kotzur, EUV/AEUV, Art. 6 EUV Rn. 36 ff.

[29] Vgl. nur *EuGH*, Urteil vom 15. Februar 1996 – Rs. C-63/93, Duff u. a., Slg. 1995, I-569, Rn. 20; s. berichtend zum Ganzen *Pfeifer*, Bessere Rechtsetzung, S. 78.

[30] S. in Bezug auf das deutsche Recht *Grzeszick*, in: Maunz/Dürig, GG, Art. 20 GG, VII. Rn. 50; *Schmidt-Aßmann*, in: Kirchhof/Isensee, Hb. des Staatsrecht I, § 24 Rn. 81.

[31] Vgl. nur *Grzeszick*, in: Maunz/Dürig, GG, Art. 20 GG, VII. Rn. 50 m. w. N. z. st. Rspr.; s. für das Unionsrecht *EuGH*, Urteil vom 10. September 2009 – Rs. C-201/08, Plantanol, Slg. 2009, I-08343, Rn. 46.

[32] Vgl. ähnl. in Bezug auf Rationalitätsanforderungen *Steinbach*, Rationale Gesetzgebung, S. 75; s. ebenfalls ähnl. *Xanthaki*, in: Garben/Govaere, The EU Better Regulation Agenda, S. 29 (34).

[33] S. mit diesem Begriff bereits *Knauff*, in: VR 2012, S. 188 (193).

[34] Vgl. dazu m. N. z. Rspr. *Cornils*, in: DVBl. 2011, S. 1053 (1055).

[35] Vgl. nur *EuGH*, Urteil vom 10. September 2009 – Rs. C-201/08, Plantanol, Slg. 2009, I-8343, Rn. 46 m. w. N.; s. auch *BVerfG*, Beschluss vom 7. Juli 1971 – 1 BvR 775/66 = BVerfGE 31, 255 (264); *Grzeszick*, in: Maunz/Dürig, GG, Art. 20 GG, VII. Rn. 58 m. w. N.; *Schulze-Fielitz*, in: Dreier, GG, Art. 20 GG Rn. 128.

vorschriften unverständlich, kann der Adressat weder die ihm verliehenen Rechte vollständig wahrnehmen noch ihn betreffende Verpflichtungen befolgen.[36] Daher wird die Verständlichkeit von Rechtsvorschriften verfassungsrechtlich vorausgesetzt.[37] Aufgrund der Komplexität der Realität und der Vielzahl an unterschiedlichen zu regelnden Lebensbereiche meint Verständlichkeit in diesem Zusammenhang nicht Allgemeinverständlichkeit, sondern lediglich Adressatenverständlichkeit.[38] Des Weiteren ist eine hinreichende Bestimmtheit auch für die Effektivität von Rechtsvorschriften entscheidend, da Regelungen, die schwer verständlich sind, eine Verhaltensänderung der Normadressaten, welche zur Verwirklichung der politischen Zielsetzung des Rechtsakts notwendig ist, nur bedingt bewirken können.[39] Im Übrigen bezieht sich die Bestimmtheit auch auf den Einsatz von Generalklauseln, unbestimmten Rechtsbegriffen und Verweisungen,[40] deren exzessive Verwendung die Lesbarkeit und Verständlichkeit von Rechtstexten negativ beeinflussen kann.[41] Mithin ist eine angemessene Kombination von Generalistik und Kasuistik nicht nur ein wesentliches Merkmal hoher formeller Rechtsetzungsqualität,[42] sondern trägt auch dem Bestimmtheitsgebot Rechnung.

II. Normenklarheit

Nach dem Gebot der Normenklarheit müssen Rechtsnormen so gestaltet sein, dass ihr Adressat ihren Inhalt auch ohne spezielle Kenntnisse mit hinreichender Sicherheit feststellen kann.[43] Das Gebot betrifft damit die äußere Fassung von Rechtsvorschriften.[44] Deshalb weist die Normenklarheit einen engen Bezug zur Besseren Rechtsetzung und insbesondere zur formellen Rechtsetzungsqualität auf.[45] Denn eine klare, äußere Fassung von Rechtsvorschriften setzt einen

[36] Vgl. nur *Garben/Govaere*, in: Garben/Govaere, The EU Better Regulation Agenda, S. 3 (6); *Schuster*, Das Kohärenzprinzip in der Europäischen Union, S. 93 m. w. N.

[37] So auch *Steinbach*, Rationale Gesetzgebung, S. 75; vgl. ähnl. *Knauff*, in: VR 2012, S. 188 (193); s. ferner allgemein zur Verständlichkeit und inhaltlichen Zugänglichkeit von Rechtsnormen *Merten*, in: DÖV 2015, S. 349 (350) m. w. N.

[38] S. nur *Burghart*, Die Pflicht zum guten Gesetz, S. 69; *R. Dreier*, in: Diedrichsen/Dreier, Das mißglückte Gesetz, S. 1 (6); *Grüner*, Quantität und Qualität der europäischen Rechtsetzung, S. 25; *H. Schneider*, Gesetzgebung, S. 271.

[39] *Steinbach*, Rationale Gesetzgebung, S. 76.

[40] *Grzeszick*, in: Maunz/Dürig, GG, Art. 20 GG, VII. Rn. 62.

[41] Vgl. in Bezug auf Verweisungen *Grams*, Zur Gesetzgebung der Europäischen Union, S. 226 f.

[42] *Schulze-Fielitz*, Theorie und Praxis parlamentarischer Gesetzgebung, S. 515.

[43] *BVerfG*, Urteil vom 30. Mai 1956 – 1 BvF 3/53 = BVerfGE 5, 25 (159 f.); vgl. m. w. N. z. Rspr. *Schulze-Fielitz*, in: Dreier, GG, Art. 20 GG Rn. 140.

[44] S. nur *Schmidt-Aßmann*, Ordnungsidee, Kapitel 4 Rn. 27; *Knauff*, Der Regelungsverbund, S. 421; *Sachs*, in: Sachs, GG, Art. 20 GG Rn. 123; vgl. aber anders *Pfeifer*, Bessere Rechtsetzung, S. 78.

[45] Im Ansatz so bereits *Grams*, Zur Gesetzgebung der Europäischen Union, S. 208.

nachvollziehbaren Aufbau, kurze Sätze und eine verständliche Sprache voraus.[46] Dies gilt ebenso für knappe, eindeutige und prägnante Formulierungen sowie die Vermeidung von sprachlichen Ungenauigkeiten und unnötigen Wiederholungen.[47] Außerdem fordert das Gebot der Normenklarheit, wie auch die Bessere Rechtsetzung, dass sachlich zusammengehörige Regelungen auch formal in einem erkennbaren Zusammenhang stehen müssen.[48] Ferner kann unter der Prämisse der Normenklarheit auch die Forderung der Besseren Rechtsetzung begründet werden, dass die jeweilige normative Grundregel einer Rechtsvorschrift als der vom Gesetzgeber für den mit dieser Regelung aufgelösten Interessenwiderstreit vorgesehene Normalfall erkennbar ist und nicht durch eine Vielzahl von Ausnahme- und Einzelfallregelungen in Frage gestellt wird.[49] Darüber hinaus wird teilweise auch das Erfordernis einer treffenden Wortwahl im Sinne von Deutlichkeit und Verständlichkeit der Begriffe mit dem Gebot der Normenklarheit begründet, da nur auf diese Weise gewährleistet werde, dass das Recht einer argumentativen Auseinandersetzung zugänglich sei.[50] Ob dem Gebot der Normenklarheit eine so weitreichende Forderung entnommen werden kann, ist zweifelhaft, zumal sie für die Formulierung eines Rechtstextes im konkreten Einzelfall ohnedies wenig hilfreich sein dürfte. Jedenfalls muss sich der Gesetzgeber aber einer Sprache bedienen, die erkennen lässt, dass es sich um einen offiziellen Hoheitsakt handelt.[51] Zum Gebot der Klarheit gehört insoweit auch Klarheit über den Bestand rechtswirksamer Rechtsakte,[52] womit insbesondere auch eine ordnungsgemäße Ausfertigung und Verkündung von Rechtsvorschriften vorausgesetzt wird, so dass jedermann von ihnen und ihrem Inhalt ohne unzumutbare Schwierigkeiten Kenntnis erlangen kann.[53] Auch in dieser Interpretation weist das Gebot der Normenklarheit eine enge Verbindung zu einer Besseren Rechtsetzung auf, soweit diese den verbesserten Zugang zu Rechtsvorschriften anstrebt.[54] Außerdem setzt die Klarheit über den Bestand

---

[46] S. nur *Ennuschat*, in: DVBl. 2004, S. 986 (988); *P. Kirchhof*, in: NJW 2002, S. 2760 (2760); *Knauff*, Der Regelungsverbund, S. 422; *Sachs*, in: Sachs, GG, Art. 20 GG Rn. 125.

[47] Vgl. ähnl. *Grams*, Zur Gesetzgebung der Europäischen Union, S. 230; vgl. weitergehend und differenziert *Pfeifer*, Bessere Rechtsetzung, S. 78 f.; s. zum Ganzen auch *Ennuschat*, in: DVBl. 2004, S. 986 (988) und *Gündisch/Mathijsen*, Rechtsetzung und Interessenvertretung, S. 207.

[48] Vgl. diesen Aspekt ausschließlich aus dem Gebot der Normenklarheit ableitend *Knauff*, in: VR 2012, S. 188 (193); *ders.*, Der Regelungsverbund, S. 422 und *Lücke*, in: ZG 2001, S. 1 (12 f.).

[49] *Fliedner*, Rechtsetzung in Deutschland, S. 72.

[50] Vgl. zu dieser Ansicht ausführlich *Thews*, in: ZG 1998, S. 62 (75 ff.); ihm folgend *Grüner*, Quantität und Qualität der europäischen Rechtsetzung, S. 416.

[51] Vgl. ähnl. *Robbers*, in: Bonner Kommentar, Art. 20 GG Rn. 2295.

[52] *Grzeszick*, in: Maunz/Dürig, GG, Art. 20 GG, VII. Rn. 51; *Sachs*, in: Sachs, GG, Art. 20 GG Rn. 123; vgl. ähnl. *Knauff*, Der Regelungsverbund, S. 423.

[53] *Sachs*, in: Sachs, GG, Art. 20 GG Rn. 123; *Stern*, Staatsrecht I, S. 831.

[54] Vgl. ähnl. *Knauff*, Der Regelungsverbund, S. 423 im Anschluss an *Sommermann*, in: v. Mangoldt/Klein/Stark, GG, Art. 82 GG Rn. 12.

der rechtswirksamen Rechtsakte auch das grundsätzliche Vorhandensein von Rechtsbereinigungs- und Rechtsvereinfachungsmaßnahmen voraus. Dies gilt jedenfalls dann, wenn der Einzelne aufgrund der Vielzahl von Rechtsvorschriften und einer insgesamt undurchschaubaren Rechtslage nicht mehr beurteilen kann, ob bestimmte Regelungen gelten oder nicht. Ist etwa der Anwendungsbereich einer Rechtsvorschrift wegen ihres unklaren Verhältnisses zu (zahlreichen) anderen Rechtsvorschriften nicht hinreichend bestimmbar, beeinträchtigt dies die Normenklarheit des Rechts und vermindert seine Vorhersehbarkeit und Verlässlichkeit.

III. Normenwahrheit

Das Gebot der Normenwahrheit verlangt, dass der Normadressat den Gesetzeszweck erkennen kann.[55] Aus diesem Gebot folgt, dass sich der Gesetzgeber an dem für den Normadressaten ersichtlichen Regelungsgehalt einer Rechtsvorschrift festhalten lassen muss.[56] Daher dürfen die wahren Absichten des Gesetzgebers auch nicht durch eine mangelhafte Gestaltung von Rechtsvorschriften verschleiert[57] oder zu Unrecht der Eindruck erweckt werden, dass ein bestimmter Rechtsbefehl gelte.[58] Eine Bessere Rechtsetzung beugt dem vor, indem sie die Einhaltung des Gebots der Normenwahrheit dadurch gewährleistet, dass sie eine grundsätzliche Verbesserung der formellen Rechtsetzungsqualität anstrebt.

IV. Normenbeständigkeit

Die Normenbeständigkeit ist eine Ausprägung der Rechtssicherheit und kann auf den Grundsatz des Vertrauensschutzes zurückgeführt werden.[59] Geschützt wird das Vertrauen des Einzelnen in die Kontinuität von Recht im Sinne individueller Erwartungssicherheit.[60] Ständige Rechtsänderungen sind dieser Erwartungssicherheit abträglich und beeinträchtigen Planungssicherheit und

---

55 *Robbers*, in: Bonner Kommentar, Art. 20 GG Rn. 2320.

56 *BVerfG*, Beschluss vom 12. Februar 2003 – 2 BvL 3/00 = BVerfGE 107, 218 (256); vgl. berichtend *Robbers*, in: Bonner Kommentar, Art. 20 GG Rn. 2021.

57 *BVerfG*, Beschluss vom 7. April 1964 – 1 BvL 12/63 = BVerfGE 17, 306 (318); s. zustimmend *Robbers*, in: Bonner Kommentar, Art. 20 GG Rn. 2322.

58 *Knauff*, in: VR 2012, S. 188 (193); *ders.*, Der Regelungsverbund, S. 422.

59 *Ennuschat*, in: DVBl. 2004, S. 986 (988); *Grüner*, Quantität und Qualität der europäischen Rechtsetzung, S. 24; *Lücke*, in: ZG 2001, S. 1 (4); *Mader*, in: LeGes 2007, S. 391 (393); *H. Schneider*, Gesetzgebung, S. 257 ff.

60 *Kisker*, in: VVDStRL 32 (1974), S. 149 (161 ff.); *Grzeszick*, in: Maunz/Dürig, GG, Art. 20 GG, VII. Rn. 69. Auf Unionsebene verengt sich die Erwartungssicherheit vor allem auf Marktteilnehmer, vgl. *EuGH*, Urteil vom 7. September 2006 – Rs. C-310/04, Spanien/Rat, Slg. 2006, I-07285, Rn. 81.

Rechtsvertrauen.[61] Die Beständigkeit von Rechtsnormen ist aber auch ein wesentliches Kriterium für eine hohe Rechtsetzungsqualität.[62] Häufige Rechtsänderungen beeinträchtigen die Rechtsetzungsqualität insgesamt, da sie in der Regel den Detaillierungsgrad von Rechtsvorschriften steigern, eine zunehmende Kasuistik begünstigen und dadurch der Übersichtlichkeit schaden.[63] Mithin werden durch beständige Rechtsvorschriften nicht nur elementare rechtsstaatliche Anforderungen an den notwendigen Vertrauensschutz erfüllt, sondern zugleich eine hohe Rechtsetzungsqualität gewährleistet.

C. Kohärenzgebot

Kohärenz lässt sich allgemein als „eine Orientierung auf die Herstellung von Zusammenhängen im Sinne eines harmonischen Ganzen" verstehen.[64] Sie kann definiert werden als „das Ziel des stimmigen Ineinandergreifens von Regelungen und Maßnahmen, so dass diese sich gegenseitig ergänzen und sich widersprechende Rechtsbefehle sowie Wertungswidersprüche vermieden oder durch Vorrangregelungen aufgelöst werden".[65] Außerdem kann unterschieden werden zwischen der Kohärenz als Wertungskohärenz und der Kohärenz im weiteren Sinne, wobei Letztere sich in die Abstimmungskohärenz und die Kohärenz im engeren Sinne teilt.[66]

I. Wertungskohärenz

Mit Wertungskohärenz lassen sich die Widerspruchsfreiheit der Rechtsordnung und die Folgerichtigkeit von Recht verbinden. Diese beiden Aspekte sollen auch der Begrenzung von staatlicher Willkür und Machtmissbrauch dienen, weswegen die Wertungskohärenz auch als eine eigenständige Ausprägung des Rechtsstaatsprinzips qualifiziert werden kann.[67] Im Zusammenhang mit der Rechtsetzungsqualität wird die Kohärenz der Rechtsetzung überwiegend als Wertungskohärenz verstanden und im Sinne des Gebots der Widerspruchsfreiheit der Rechtsordnung und der Folgerichtigkeit von Rechtsnormen auf-

---

[61] *Schipper*, Lebensmittelkennzeichnung im Lichte des wohlgeordneten Rechts, S. 65 im Anschluss an *Karpen*, in: ZRP 2008, S. 97 (98) und *Lücke*, in: ZG 2001, S. 1 (4 ff.).

[62] S. dazu die Ausführungen in Kapitel 2 auf S. 31.

[63] *Grüner*, Quantität und Qualität der europäischen Rechtsetzung, S. 24; *H. Schneider*, Gesetzgebung, S. 260.

[64] *Calliess*, in: Calliess/Ruffert, EUV/AEUV, Art. 7 AEUV Rn. 2.

[65] *Schuster*, Das Kohärenzprinzip in der Europäischen Union, S. 77; vgl. ähnl. *Schorkopf*, in: Grabitz/Hilf/Nettesheim, Das Recht der EU, Art. 7 AEUV Rn. 11 und *Streinz*, in: Streinz, EUV/AEUV, Art. 7 AEUV Rn. 4.

[66] *Schuster*, Das Kohärenzprinzip in der Europäischen Union, S. 77.

[67] *Schuster*, Das Kohärenzprinzip in der Europäischen Union, S. 98.

gefasst.[68] Kohärenz der Rechtsetzung in diesem Verständnis zielt vor allem auf die Forderung, dass sich verschiedene Rechtssätze nicht nur zu einer widerspruchsfreien Gesamtregelung zusammenfügen, sondern darüber hinaus auch konzeptionell und inhaltlich aufeinander bezogen sind, wobei die jeweiligen Einzelteile in einem sinnbildenden Zusammenhang stehen sollen.[69] Erforderlich sind deshalb die Kodifizierung und Neufassung von bestehenden Rechtsakten.[70] Darüber hinaus können Folgenabschätzungen durch die Prognose von voraussichtlichen Auswirkungen einer Regelung zu einer verbesserten Kohärenz beitragen. Ebenso eignen sich Ex-Post-Evaluierungen als Instrument zur Gewährleistung einer kohärenten Rechtsetzung, indem sie bestehendes Recht auf widersprüchliche und unsystematische oder nicht zusammengehörende Regelungen untersuchen.[71] Außerdem wird der Begriff der Kohärenz teilweise auch in Bezug auf einzelne Teile eines Rechtsakts gebraucht und etwa die Stimmigkeit von im Rechtstext verwendeter Begriffe gefordert.[72] Daher sind auch unter dem Gesichtspunkt der Kohärenz eine übersichtliche, verständliche und systemgerechte Gliederung eines einzelnen Rechtsakts, präzise interne und externe Verweisungen sowie eine konsequente Begriffsverwendung notwendig.[73] Die so verstandene Kohärenz der Rechtsetzung weist einen Bezug zur Rechtsstaatlichkeit auf, weil der Widerspruch von Rechtsnormen im äußersten Fall zu deren Rechtswidrigkeit führt.[74] Darüber hinaus betreffen Widerspruchsfreiheit, Systemgerechtigkeit und Folgerichtigkeit auch die Bestimmtheit und Klarheit von Rechtsakten.[75] Insoweit die Wertungskohärenz also ebenfalls zur Bestimmtheit und Normenklarheit beiträgt, verwirklicht sie auch eine Bessere Rechtsetzung.

---

[68] S. nur *Blanke*, in: Calliess/Ruffert, EUV/AEUV, Art. 3 EUV Rn. 6; *R. Dreier*, in: Diedrichsen/Dreier, Das mißglückte Gesetz, S. 1 (6 ff.); *Ennuschat*, in: DVBl. 2004, S. 986 (988 f.); *Grüner*, Quantität und Qualität der europäischen Rechtsetzung, S. 26; vgl. ähnl. *Härtel*, Hb. europäische Rechtsetzung, § 2 Rn. 7; *Karpen*, in: Karpen, Zum gegenwärtigen Stand der Gesetzgebungslehre in der Bundesrepublik Deutschland, S. 371 (394); *Pfeifer*, Bessere Rechtsetzung, S. 63; vgl. ferner zur Kohärenz der Rechtsetzung *Frenz*, in: EuR 2012, S. 344 (344 ff.) sowie zur Wertungskohärenz detailliert *Schuster*, Das Kohärenzprinzip in der Europäischen Union, S. 77.

[69] Vgl. ähnl. *Schorkopf*, in: Grabitz/Hilf/Nettesheim, Das Recht der EU, Art. 7 AEUV Rn. 11; *Blanke*, in: Calliess/Ruffert, EUV/AEUV, Art. 3 EUV Rn. 6; *Ennuschat*, in: DVBl. 2004, S. 986 (988 f.); *Härtel*, Hb. europäische Rechtsetzung, § 2 Rn. 8; *Pfeifer*, Bessere Rechtsetzung, S. 63.

[70] So bereits ansatzweise der Mandelkernbericht, S. 52; s. zustimmend *Grams*, Zur Gesetzgebung der Europäischen Union, S. 244 sowie *Gündisch/Mathijsen*, Rechtsetzung und Interessenvertretung, S. 209 ff. und *Herten-Koch*, Rechtsetzung und Rechtsbereinigung, S. 170.

[71] Vgl. teilweise bereits mit diesen Erwägungen der Mandelkernbericht, S. 52.

[72] *Grüner*, Quantität und Qualität der europäischen Rechtsetzung, S. 26.

[73] Vgl. ähnl. *Grüner*, Quantität und Qualität der europäischen Rechtsetzung, S. 26.

[74] Vgl. mit ähnl. Erwägung *Pfeifer*, Bessere Rechtsetzung, S. 64; vgl. ausführlich *Schuster*, Das Kohärenzprinzip in der Europäischen Union, S. 76.

[75] So explizit etwa *Grzeszick*, in: Maunz/Dürig, GG, Art. 20 GG, VII. Rn. 54 ff.; s. ebenso *Schuster*, Das Kohärenzprinzip in der Europäischen Union, S. 93.

II. Kohärenz im engeren Sinne

Kohärenz im engeren Sinne ist weder gleichbedeutend mit der Wertungskohärenz noch mit der Abstimmungskohärenz. Letztere hat ihre Grundlage im Grundsatz der loyalen Zusammenarbeit zwischen der EU und ihren Mitgliedstaaten gemäß Art. 4 Abs. 3 EUV.[76] Hingegen findet sich die Rechtsgrundlage der Kohärenz im engeren Sinne in Art. 7 AEUV und Art. 21 Abs. 3 UAbs. 2 Satz 1 EUV.[77] Gemäß Art. 7 AEUV achtet die EU auf Kohärenz zwischen ihrer Politik und ihren Maßnahmen. Damit zielt Art. 7 AEUV zum einen auf inhaltliche Kohärenz im Sinne einer konsistenten Zielverwirklichung in Verbindung mit der harmonischen Auflösung von Zielkonflikten.[78] Zum anderen bezweckt Art. 7 AEUV eine Maßnahmenkohärenz und fordert von den Unionsorganen, ihre Maßnahmen inhaltlich aufeinander abzustimmen.[79] Zu der so verstandenen Kohärenz im engeren Sinne weist die Bessere Rechtsetzung ebenfalls Verbindungen auf, denn einige ihrer Instrumente fördern die sorgfältige Abstimmung von Politik und Maßnahmen der EU. So ist für eine kohärente Politikgestaltung etwa erforderlich, dass im Voraus möglichst alle Auswirkungen einer Regelung auf verschiedene Politikbereiche ermittelt und bedacht werden. Folgenabschätzungen und Konsultationen können die hierfür notwendige Wissensbasis generieren und unbeabsichtigte Folgen identifizieren.[80] Diese Instrumente der Besseren Rechtsetzung beugen daher einer inkohärenten Politikgestaltung vor.[81] Auch solche Inhalte der Besseren Rechtsetzung, die sich auf die Verbesserung der Rechtsetzungsplanung beziehen, etwa die Forderung nach einer frühzeitigen Absprache zwischen den Rechtsetzungsorganen, verwirklichen die Kohärenz im engeren Sinne in Form der Interorgankohärenz.[82] Aufgrund dieser Bezüge der Besseren Rechtsetzung zur Kohärenz im engeren Sinne kann sie – jedenfalls in gewissem Umfang – auch im Kohärenzgebot nach Art. 7 AEUV primärrechtlich verankert werden.

---

[76] S. hierzu und zum vorangegangenen *Schuster*, Das Kohärenzprinzip in der Europäischen Union, S. 77 und S. 73.

[77] *Schuster*, Das Kohärenzprinzip in der Europäischen Union, S. 77.

[78] *Ruffert*, in: Calliess/Ruffert, EUV/AEUV, Art. 7 AEUV Rn. 3; sich dem anschließend *Schuster*, Das Kohärenzprinzip in der Europäischen Union, S. 71.

[79] *Ruffert*, in: Calliess/Ruffert, EUV/AEUV, Art. 7 AEUV Rn. 3; *Schuster*, Das Kohärenzprinzip in der Europäischen Union, S. 71.

[80] Vgl. dies ausführlich darlegend *Luchetta*, in: EJRR 2012, S. 561 (564); s. auch in Bezug auf diese Funktion von Konsultationen den Mandelkernbericht, S. 37 f.

[81] Dies betont auch die Kommission, vgl. COM(2002) 713 endgültig vom 11. Dezember 2012, S. 5.

[82] Vgl. ähnl. *Härtel*, Hb. europäische Rechtsetzung, § 17 Rn. 6; s. zu den weiteren Ausprägungen der Kohärenz im engeren Sinne *Schuster*, Das Kohärenzprinzip in der Europäischen Union, S. 70.

D. Grundsatz der begrenzten Einzelermächtigung

Die EU verfügt anders als ihre Mitgliedstaaten nicht über originäre Souveränität.[83] Daher bedarf sie gemäß dem Grundsatz der begrenzten Einzelermächtigung des Art. 5 Abs. 1 und 2 EUV für jeden ihrer Rechtsakte einer Rechtsgrundlage, die sich unmittelbar aus den EU-Verträgen ergibt oder sich auf diese zurückführen lässt.[84] Die EU kann also nur aufgrund und im Rahmen einer vertraglich zugewiesenen, durch die Mitgliedstaaten übertragene Kompetenz tätig werden, wohingegen andere positivrechtliche Legitimationsquellen für ihr Handeln ausscheiden.[85] Damit ist das Vorliegen einer Ermächtigungsgrundlage nicht nur Rechtmäßigkeitsvoraussetzung für einen bestimmten Rechtsakt, sondern zugleich notwendig, um die Unionsrechtsetzung zu legitimieren.[86] Für die Bessere Rechtsetzung ist deshalb eine kompetenzgerechte Rechtsetzung im Sinne der strikten Einhaltung des Grundsatzes der begrenzten Einzelermächtigung unabdingbar. Darüber hinaus trägt eine klare Kompetenzabgrenzung auch dem Gebot der Normenklarheit Rechnung. Sie setzt die Begründung der Wahl der richtigen Kompetenzgrundlage für einen Rechtsakt voraus.[87] Denn die Auswahl der Kompetenzgrundlage kann insbesondere auf Unionsebene Folgen für die zulässige Regelungsdichte eines Rechtsakts haben und außerdem im horizontalen Verhältnis zu Kompetenzkonflikten mit den Mitgliedstaaten führen.[88] Dementsprechend verlangt die Interinstitutionelle Vereinbarung über Bessere Rechtsetzung von der Kommission, die Wahl der Rechtsgrundlage für einen vorgeschlagenen Rechtsakt unter Berücksichtigung der unterschiedlichen Rechtsnatur und Wirkungen von Verordnung und Richtlinie sowie unter anderem mit Blick auf die Grundsätze der Subsidiarität und der Verhältnismäßigkeit und der Vereinbarkeit mit den Grundrechten zu begründen.[89] Insoweit kann die Bessere Rechtsetzung daher auch im Grundsatz der begrenzten Einzelermächtigung dogmatisch verankert werden.

---

83 Vgl. nur *Nowak*, in: Pechstein/Nowak/Häde, Frankfurter Kommentar, Art. 1 EUV Rn. 10.

84 *Bast*, in: Grabitz/Hilf/Nettesheim, Das Recht der EU, Art. 5 EUV Rn. 13.

85 *EuGH*, Urteil vom 5. Oktober 2000 – Rs. C-376/98, Deutschland/Parlament u. Rat, Slg. 2000, I-8419, Rn. 83; vgl. ebenso *Bast*, in: Grabitz/Hilf/Nettesheim, Das Recht der EU, Art. 5 EUV Rn. 14.

86 *Pfeifer*, Bessere Rechtsetzung, S. 39.

87 Vgl. ebenso *Pfeifer*, Bessere Rechtsetzung, S. 47.

88 *Streinz*, in: Streinz, EUV/AEUV, Art. 5 EUV Rn. 10; *Calliess*, in: Calliess/Ruffert, EUV/AEUV, Art. 5 EUV Rn. 23.

89 Interinstitutionelle Vereinbarung über Bessere Rechtsetzung vom 13. April 2016, ABl. 2016 L 123/1, S. 5 Rn. 25.

E. Subsidiaritätsprinzip

Das Subsidiaritätsprinzip kann als allgemeiner Grundsatz verstanden werden, wonach der kleineren Einheit entsprechend ihrer Leistungsfähigkeit gegenüber der größeren Einheit der Vorrang im Handeln zukommt.[90] Insoweit enthält das Subsidiaritätsprinzip eine ökonomische Dimension, die danach fragt, auf welcher Ebene eine bestimmte Aufgabe am effizientesten wahrgenommen werden kann.[91] Die Einhaltung des Subsidiaritätsprinzips dient damit nicht nur einer kompetenzrechtlichen Zielsetzung, sondern stellt auch sicher, dass ein Problem auf der Ebene gelöst wird, auf der die Lösung effizient erfolgt.[92] Darüber hinaus lässt sich dem Subsidiaritätsprinzip auch eine demokratische Dimension entnehmen, die insbesondere auf eine größtmögliche Bürgernähe abzielt.[93] Die Verwirklichung des Subsidiaritätsprinzips wird durch eine Bessere Rechtsetzung in all den genannten Wirkungsdimensionen begünstigt. Dies betrifft nicht nur die demokratische Dimension des Subsidiaritätsprinzips in Form der Bürgernähe, die im Rahmen einer Besseren Rechtsetzung durch Konsultationen und Vermeidung von Überregulierung hergestellt wird.[94] Die Einhaltung des Subsidiaritätsprinzips beugt zudem den Bestrebungen eines Hoheitsträgers vor, „alle Aspekte des täglichen Lebens bis ins kleinste Detail regeln zu wollen".[95]

Das in Art. 5 Abs. 3 EUV geregelte Subsidiaritätsprinzip ist als primärrechtliche Kompetenzausübungsschranke zu verstehen[96] und betrifft die Frage, ob die EU tätig werden soll.[97] Danach wird die EU in den Bereichen, für die sie nicht ausschließlich zuständig ist nur tätig, sofern und soweit die Ziele einer angestrebten Maßnahme von den Mitgliedstaaten weder auf zentraler noch auf regionaler oder lokaler Ebene ausreichend verwirklicht werden können, sondern vielmehr wegen ihres Umfangs oder ihrer Wirkungen auf Unionsebene besser zu realisieren sind. Mit der Verwendung des Begriffs „besser" in Art. 5 Abs. 3 EUV setzt das Primärrecht in diesem Bereich gewissermaßen eine Bessere Rechtsetzung der EU voraus. Denn neben dem Negativkriterium der nicht

---

90 So ausdrücklich *Calliess*, in: Calliess/Ruffert, EUV/AEUV, Art. 5 EUV Rn. 19.

91 *Calliess*, in: Calliess/Ruffert, EUV/AEUV, Art. 5 EUV Rn. 19.

92 Vgl. zu diesem Aspekt *Pache*, in: Pechstein/Nowak/Häde, Frankfurter Kommentar, Art. 5 EUV Rn. 93 und allgemein hierzu *Grams*, Zur Gesetzgebung der Europäischen Union, S. 212 f.

93 *Calliess*, in: Calliess/Ruffert, EUV/AEUV, Art. 5 EUV Rn. 19.

94 Vgl. zum primärrechtlichen Erfordernis der Konsultationen die Ausführungen in diesem Kapitel auf S. 89.

95 So etwa die Ansicht der Kommission, vgl. COM(2016) 615 endgültig vom 14. September 2016, S. 1.

96 *König*, in: Schulze/Zuleeg/Kadelbach, Europarecht, § 2 Rn. 27; *Pache*, in: Pechstein/Nowak/Häde, Frankfurter Kommentar, Art. 5 EUV Rn. 78; *Streinz*, in: Streinz, EUV/AEUV, Art. 5 EUV Rn. 2.

97 *Calliess*, in: Calliess/Ruffert, EUV/AEUV, Art. 5 EUV Rn. 23; s. zum Ganzen auch ausführlich *Pimenova*, in: The Theory and Praxis of Legislation 2016, S. 381 (382 ff.).

ausreichenden Maßnahmen der Mitgliedstaaten verlangt Art. 5 Abs. 3 EUV mit dem Positivkriterium der besseren Zielerreichung einen prognostischen Vergleich zwischen den mitgliedstaatlichen Bemühungen und den voraussichtlichen Wirkungen und dem Umfang unionsrechtlicher Maßnahmen.[98] Dies erfordert eine möglichst umfassende Ermittlung aller Auswirkungen und Nebenfolgen geplanter Rechtsvorschriften der EU im Rahmen von Folgenabschätzungen. Zudem müssen die Mitgliedstaaten nach Art. 2 des Subsidiaritätsprotokolls zur Frage angehört werden, ob sie zur Erfüllung einer bestimmten Aufgabe in der Lage sind.[99] Art. 2 des Subsidiaritätsprotokolls kann damit auch das Erfordernis der Schaffung einer möglichst breiten Informationsgrundlage entnommen werden, das die Anwendung des Instruments von Konsultationen voraussetzt.[100] Im Übrigen sind die von den Rechtsetzungsorganen zur Feststellung der Voraussetzungen des Art. 5 Abs. 3 EUV angewandten vergleichenden Effizienz- und Mehrwerttests[101] ganz überwiegend in die Instrumente der Besseren Rechtsetzung integriert. So wird etwa im Folgenabschätzungsverfahren geprüft, welchen Mehrwert ein Handeln der EU im Vergleich zu einem Tätigwerden der Mitgliedstaaten hat und insbesondere auch, ob die Mitgliedstaaten ein Problem gleich effektiv lösen könnten.[102] Verwirklicht wird das Subsidiaritätsprinzip zudem, wenn sich etwa bei einer Ex-Post-Evaluierung herausstellt, dass die Normierung eines bestimmten Bereichs durch die EU nicht mehr notwendig ist, so dass die dort bestehenden Rechtsakte aufgehoben werden können, gegebenenfalls mit der Folge, dass die Mitgliedstaaten gemäß Art. 2 Abs. 2 Satz 3 AEUV nunmehr zur Regelung dieses Bereichs befugt sind.[103] Damit konkretisiert die Interinstitutionelle Vereinbarung über Bessere Rechtsetzung vom 13. April 2016[104] einzelne Vorgaben zur prozeduralen Umsetzung des Subsidiaritätsprinzips durch die Unionsorgane im Rechtsetzungsverfahren.[105]

---

[98] S. eingehend dazu *Bickenbach*, in: EuR 2013, S. 523 (527); *Streinz*, in: Streinz, EUV/AEUV, Art. 5 EUV Rn. 26.

[99] Vertrag über die Arbeitsweise der Europäischen Union – Protokoll (Nr. 2) über die Anwendung der Grundsätze der Subsidiarität und der Verhältnismäßigkeit, ABl. 2008 C 310/207, S. 207–209.

[100] Vgl. ähnl. *Bickenbach*, in: EuR 2013, S. 523 (529).

[101] S. dazu *Streinz*, in: Streinz, EUV/AEUV, Art. 5 EUV Rn. 29 f.; *Calliess*, in: Calliess/Ruffert, EUV/AEUV, Art. 5 EUV Rn. 33.

[102] Better Regulation Guidelines, S. 19; vgl. das Versprechen der Kommission „Großes bei den großen Themen [zu] leisten" in COM(2016) 615 endgültig vom 14. September 2016, S. 4 f.

[103] S. hierzu ausführlich *Zbíral*, in: Garben/Govaere, The EU Better Regulation Agenda, S. 63 (67, 75) sowie *Calliess*, in: NVwZ 2018, S. 1 (7).

[104] Interinstitutionelle Vereinbarung über Bessere Rechtsetzung vom 13. April 2016, ABl. 2016 L 123/1, S. 1 ff.

[105] Vgl. *Calliess*, in: Calliess/Ruffert, EUV/AEUV, Art. 5 EUV Rn. 59, der dies schon für die vorangegangene Interinstitutionelle Vereinbarung „Bessere Rechtsetzung" vom 16. Dezember 2003, ABl. 2003 C 321, S. 1 ff. feststellte.

F. Verhältnismäßigkeitsprinzip

Vielfältige Bezüge zu einer Besseren Rechtsetzung weist das Verhältnismäßigkeitsprinzip auf. Es eignet sich besonders für die dogmatische Verankerung der Besseren Rechtsetzung im Unionsrecht. Das Verhältnismäßigkeitsprinzip ist allerdings selbst nur teilweise im Primärrecht positiv normiert.[106] Art. 5 Abs. 4 EUV enthält lediglich die kompetenzbezogene Ausprägung des Verhältnismäßigkeitsprinzips, wonach zum Schutz mitgliedstaatlicher Autonomie eine Maßnahme der EU nicht über das zur Erreichung des angestrebten Ziels erforderliche Maß hinausgehen darf.[107] Ungeachtet dieser kompetenzbezogenen Ausprägung ist das Verhältnismäßigkeitsprinzip aber auch in Gestalt eines ungeschriebenen Grundsatzes des Unionsrechts vom EuGH anerkannt[108] und gilt als allgemeiner, umfassend anwendbarer Rechtmäßigkeitsmaßstab für das Handeln des Unionsgesetzgebers.[109] In dieser Funktion stellt das Verhältnismäßigkeitsprinzip Anforderungen an den Unionsgesetzgeber im Hinblick auf die Auswahl der Rechtsgrundlage, die materiell-rechtliche Regelungsdichte und die rechtliche Gestaltungsform.[110] Dabei verlangt das Verhältnismäßigkeitsprinzip inhaltlich die Wahrung einer angemessenen Zweck-Mittel-Relation.[111] Eine Unionsmaßnahme genügt dem Grundsatz der Verhältnismäßigkeit, wenn sie zur Erreichung der damit verfolgten Ziele geeignet und erforderlich ist und wenn die Auswirkungen dieser Maßnahmen nicht als unangemessen erscheinen.[112] Diese Anforderungen des Verhältnismäßigkeitsprinzips überschneiden sich mit den Anforderungen einer Besseren Rechtsetzung, da sich viele Instrumente der Besseren Rechtsetzung eignen, im Rechtsetzungsverfahren auf eine angemessene Zweck-Mittel-Relation einer Rechtsvorschrift hinzuwirken.[113] Insbesondere die Folgenabschätzung ist prädestiniert, um eine am Verhältnis-

---

[106] *Bast*, in: Grabitz/Hilf/Nettesheim, Das Recht der EU, Art. 5 EUV Rn. 66.

[107] *Bast*, in: Grabitz/Hilf/Nettesheim, Das Recht der EU, Art. 5 EUV Rn. 66; s. zum Vorschlag der Weiterentwicklung der Verhältnismäßigkeitsprüfung im Rahmen der Besseren Rechtsetzung *Calliess*, in: NVwZ 2018, S. 1 (7).

[108] *EuGH*, Urteil vom 20. Februar 1979 – Rs. C-122/78, Buitoni, Slg. 1979, I-677, Rn. 16; vgl. m. w. N. zur Rspr. *Bast*, in: Grabitz/Hilf/Nettesheim, Das Recht der EU, Art. 5 EUV Rn. 67.

[109] Vgl. *EuGH*, Urteil vom 8. Oktober 2010 – Rs. C-58/09, Leo-Libera, Slg. 2010, I-4999, Rn. 51 ff.; in diesem Sinne auch *Pache*, in: Pechstein/Nowak/Häde, Frankfurter Kommentar, Art. 5 EUV Rn. 134.

[110] *Pfeifer*, Bessere Rechtsetzung, S. 129; vgl. hierzu ausführlich *Rösch*, Zur Rechtsformenwahl des europäischen Gesetzgebers, S. 93 ff.

[111] *Pfeifer*, Bessere Rechtsetzung, S. 59; vgl. für das deutsche Recht *Grzeszick*, in: Maunz/Dürig, GG, Art. 20 GG, VII. Rn. 110.

[112] Vgl. zur Verhältnismäßigkeitsprüfung im Unionsrecht sowie m. z. N. z. Rspr. *Trstenjak/Beysen*, in: EuR 2012, S. 265 (271 ff.).

[113] Vgl. ähnl. *Meuwese/Popelier*, in: EPL 2011, S. 455 (458); vgl. dazu auch *Schroeder*, in: wbl 2016, S. 361 (362), der im Verhältnismäßigkeitsprinzip einen Schutz vor Überregulierung sieht.

mäßigkeitsprinzip orientierte Rechtsetzung zu gewährleisten.[114] Die Ermittlung alternativer Handlungs- und Regelungsmöglichkeiten, deren Vergleich und die Prognose, ob die ausgewählte Option nicht über das Erforderliche hinausgeht, können dazu beitragen, dass die mit der Rechtsetzung erreichten Vorteile in einem ausgewogenen Verhältnis zu den durch sie verursachten Belastungen stehen.[115] Zugleich zeigt sich hieran aber auch, dass jeder Prüfungspunkt der Verhältnismäßigkeitsprüfung anteilig innerhalb der Folgenabschätzung berücksichtigt wird und insbesondere die Erforderlichkeit und die Angemessenheit den Qualitätskriterien der Effektivität und der Effizenz entsprechen.[116] Damit kann die Folgenabschätzung als ein geeignetes prozedurales Instrument zur Durchführung der Verhältnismäßigkeitsprüfung im Rahmen der Rechtsetzungsvorbereitung qualifiziert und insoweit als solches im Verhältnismäßigkeitsprinzip des Primärrechts verankert werden.

Darüber hinaus sind die Folgenabschätzungen auch für die gerichtliche Überprüfung von Rechtsakten im Hinblick auf ihre Verhältnismäßigkeit relevant.[117] Hier offenbaren sich gewisse Parallelen zu den vom Bundesverfassungsgericht im nationalen Kontext entwickelten Pflichten des Gesetzgebers etwa zur Tatsachenfeststellung,[118] zur Prognose und Abwägung,[119] zur Beobachtung und Nachbesserung[120].[121] So dienen die Folgenabschätzungen der Rechtsetzungsorgane dem EuGH nicht nur als geeignete Quelle, um den Tatsachenstoff in einem Verfahren zu vervollständigen und zur Gewinnung zusätzlicher Argumente für die Entscheidung, ob ein bestimmter Rechtsakt dem Verhältnismäßigkeitsprinzip genügt.[122] Vielmehr fordert der EuGH, dass der Unionsgesetzgeber

---

[114] Vgl. ähnl. COM(2017) 600 endgültig vom 30. Juni 2017, S. 4; *Härtel*, Hb. europäische Rechtsetzung, § 17 Rn. 18; *Rösch*, Zur Rechtsformenwahl des europäischen Gesetzgebers, S. 94 ff.

[115] Vgl. ähnl. *Smulders/Paquet*, in: Garben/Govaere, The EU Better Regulation Agenda, S. 79 (80 f. und 101) und bereits der Mandelkernbericht, S. 18; vgl. zum Prüfungsverfahren der Folgenabschätzung noch ausführlich Kapitel 6 S. 118 ff. sowie die Better Regulation Guidelines, S. 22, S. 28 und S. 38.

[116] Vgl. dazu eingehend *Rösch*, Zur Rechtsformenwahl des europäischen Gesetzgebers, S. 99.

[117] S. bspw. *EuGH*, Urteil vom 8. Juni 2010 – Rs. C-58/08, Vodafone u. a., Slg. 2010, I-4999, Rn. 51 ff.; vgl. ausführlich zum Ganzen *Alemanno*, in: EPL 2011, S. 485 (497 ff.); *Keyaerts*, in: EJRR 2012, S. 241 (245); *Nowag/Groussot*, in: Garben/Govaere, The EU Better Regulation Agenda, S. 185 (185 ff.); vgl. m. w. N. z. Rspr. *Masnicki*, in: Grzeszcak, The Challange of Good Governance, S. 197 (218 ff.).

[118] *BVerfG*, Urteil vom 1. März 1979 – 1 BvR 532/77 = BVerfGE 50, 290 (333); s. zum Ganzen auch berichtend *Grüner*, Quantität und Qualität der europäischen Rechtsetzung, S. 424 f.

[119] *BVerfG*, Urteil vom 15. Dezember 1983 – 1 BvR 209/83, 1 = BVerfGE 65, 1 (55).

[120] *BVerfG*, Beschluss vom 14. Januar 1981 – 1 BvR 612/72 = BVerfGE 56, 54 (78 f.).

[121] Zum Teil wird daher gefordert, diesen Pflichtenkatalog auch auf die Unionsrechtsetzung zu übertragen, so etwa *Grüner*, Quantität und Qualität der europäischen Rechtsetzung, S. 424 f. und *Karpen*, in: JuS 2016, S. 577 (577).

[122] *Nowag/Groussot*, in: Garben/Govaere, The EU Better Regulation Agenda, S. 185 (187 und 189); vgl. diesbezüglich auch kritisch *Dawson*, in: CMLR 53 (2016), S. 1209 (1230).

in der Lage sei, „vor dem Gerichtshof zu belegen, dass er bei Erlass des Rechtsakts sein Ermessen tatsächlich ausgeübt hat, was voraussetzt, dass alle erheblichen Faktoren und Umstände der Situation, die mit diesem Rechtsakt geregelt werden sollte, berücksichtigt worden sind",[123] was im Wesentlichen einer Tatsachenermittlungs- sowie einer Prognosse- und Abwägungspflicht entspricht. Eine solche Pflicht zur Ermittlung der für den zu regelnden Sachbereich bedeutsamen Umstände, die Festlegung von Entscheidungszielen, die Berücksichtigung verschiedener Möglichkeiten zur Erreichung dieser Ziele sowie eine kritische Auseinandersetzung mit allen tatsächlichen und rechtlichen Gesichtspunkten ist schließlich auch im Sinne einer rechtsstaatlichen Entscheidungsfindung geboten.[124] Daher lässt sich die grundsätzliche Notwendigkeit von Folgenabschätzungen auch mit der rechtsstaatlichen Ausprägung des Verhältnismäßigkeitsgrundsatzes begründen.[125]

G. Begründungs- und Bezugnahmepflichten

Im Unionsrecht ist das Erfordernis der Begründung von Rechtsakten in Art. 296 Abs. 2 AEUV normiert.[126] Die Begründung muss die wichtigsten rechtlichen und tatsächlichen Erwägungen enthalten, auf die sich die entsprechende Maßnahme stützt und die Außenstehende benötigen, um das Handeln der Unionsorgane nachvollziehen zu können.[127] Das Erfordernis einer solchen Begründung trägt auch zu einer Besseren Rechtsetzung bei. Die Begründungspflicht zwingt die Rechtsetzungsorgane, ihre Entscheidung zu durchdenken und sich zu vergegenwärtigen, ob die Voraussetzungen für den Erlass eines Rechtsakts vorliegen.[128] Neben dieser Selbstkontrolle erleichtert die Begründung auch eine gerichtliche Fremdkontrolle.[129] Außerdem kann eine nachvollziehbare Begründung die Akzeptanz der Rechtsetzung steigern, da der Normgeber, die Mög-

---

[123] *EuGH*, Urteil vom 7. September 2006 – Rs. C-310/04, Spanien/Rat, Slg. 2006, I-07285, Rn. 122; *EuGH*, Urteil vom 8. Juli 2010 – Rs. C-343/09, Afton Chemical, Slg. 2010, I-07027, Rn. 34.

[124] *Hill*, in: Hill, Gesetzgebungsvorspruch, S. 1 (5) und ihm folgend *Grüner*, Quantität und Qualität der europäischen Rechtsetzung, S. 416 sowie *Lange*, in: ZG 2001, S. 268 (275).

[125] So explizit *Schroeder*, in: ZG 2016, S. 193 (197); s. ebenfalls zustimmend *Lange*, in: ZG 2001, S. 268 (275); *Pfeifer*, Bessere Rechtsetzung, S. 132 sowie auch *Karpen*, in: Karpen/Hof, Wirkungsforschung zum Recht IV, S. 148 (166), allerdings nicht konkret auf das Unionsrecht bezogen.

[126] Vgl. zum Ganzen *Grams*, Zur Gesetzgebung der Europäischen Union, S. 221; *Müller-Ibold*, Die Begründungspflicht im europäischen Gemeinschaftsrecht und im deutschen Recht, S. 31 ff.; vgl. ausführlich zu Gesetzesbegründungen *Kluth*, in: Kluth/Krings, Gesetzgebung, S. 333 (333 ff.).

[127] Vgl. *Calliess*, in: Calliess/Ruffert, EUV/AEUV, Art. 296 AEUV Rn. 16.

[128] *Calliess*, in: FS Götz, S. 239 (252); *Müller-Ibold*, Die Begründungspflicht im europäischen Gemeinschaftsrecht und im deutschen Recht, S. 18 f.

[129] Vgl. ähnl. *Pfeifer*, Bessere Rechtsetzung, S. 85 ff.; vgl. ausführlich hierzu *Calliess*, in:

lichkeit hat, seine Motivation und Ziele zu erklären.[130] Die Rechtsetzung kann dadurch auch effektiver werden, da die Zielsetzung eines Rechtsakts schneller und zielgenauer verwirklicht wird, wenn Rechtsanwender und Rechtsbetroffene dessen Notwendigkeit verstehen.[131]

Darüber hinaus dient auch die ebenfalls in Art. 296 Abs. 2 AEUV geregelte Bezugnahmepflicht der Verwirklichung einer Besseren Rechtsetzung. Zwar ist Zweck der Bezugnahmepflicht, die Öffentlichkeit darüber zu informieren, welche Informationen bei der Entscheidungsfindung verwendet wurden,[132] sowie die formale Sicherstellung der Rechte der am Rechtsetzungsverfahren beteiligten Unionsorgane.[133] Art. 296 Abs. 2 Hs. 2 AEUV verlangt aber, dass sich die Unionsorgane auch inhaltlich mit den in Bezug genommenen Vorschlägen, Initiativen, Empfehlungen, Anträgen und Stellungnahmen auseinandersetzen.[134] Diese inhaltliche Auseinandersetzung begünstigt eine fakten- und wissensbasierte Entscheidungsfindung. Durch die Bezugnahme auf die genannten Dokumente wird gewährleistet, dass die dort enthaltenen Informationen in den Entscheidungsprozess eingespeist werden und eine umfassende und möglichst vollständige Faktenbasis vorhanden ist.

Die so verstandenen Begründungs- und Bezugnahmepflichten sind Ausdruck einer rationalen Rechtsetzung.[135] Sie stellen nicht nur das aus dem Rechtsstaatsprinzip folgende Gebot der Begründbarkeit von hoheitlichen Entscheidungen[136] sicher, sondern dienen auch der Erfüllung weiterer Anforderungen, die mit einer rationalen Rechtsetzung in Verbindung gebracht werden, wie etwa Realitätsgerechtigkeit, Wissensverarbeitung, Zweckadäquanz, Verlässlichkeit und Vorhersehbarkeit.[137] Insoweit haben Begründungs- und Bezugnahmepflichten eine enge Verbindung zu dem für die formale Rationalität zentralen Gesichtspunkt der Rechtssicherheit, die die Erkennbarkeit des Rechts durch die Regelungs-

---

Calliess/Ruffert, EUV/AEUV, Art. 296 AEUV Rn. 10 ff. und Rn. 16 sowie *Müller-Ibold*, Die Begründungspflicht im europäischen Gemeinschaftsrecht und im deutschen Recht, S. 12 ff.

[130] *Pfeifer*, Bessere Rechtsetzung, S. 88 f.; vgl. ebenso *Schipper*, Lebensmittelkennzeichnung im Lichte des wohlgeordneten Rechts, S. 71; vgl. aber auch *Junghans*, in: ZRP 1999, S. 359 (360), der fordert, dass die Intention des Gesetzgebers im Gesetzestext zum Ausdruck kommen müsse.

[131] *Redeker/Karpenstein*, in: NJW 2001, S. 2825 (2827); *Schipper*, Lebensmittelkennzeichnung im Lichte des wohlgeordneten Rechts, S. 71; vgl. ähnl. *Schulze-Fielitz*, in: JZ 2004, S. 862 (867).

[132] *Grüner*, Quantität und Qualität der europäischen Rechtsetzung, S. 424.

[133] *Pfeifer*, Bessere Rechtsetzung, S. 93 f.; vgl. ähnl. *Calliess*, in: Calliess/Ruffert, EUV/AEUV, Art. 296 AEUV Rn. 34; *Gellermann*, in: Streinz, EUV/AEUV, Art. 296 AEUV Rn. 17.

[134] *Vedder*, in: Vedder/Heintschel v. Heinegg, Europäisches Unionsrecht, Art. 296 AEUV Rn. 10; *Calliess*, in: Calliess/Ruffert, EUV/AEUV, Art. 296 AEUV Rn. 34.

[135] S. dazu ausführlich *Steinbach*, Rationale Gesetzgebung, S. 79 ff.

[136] S. dazu etwa m. w. N. *Gärditz*, in: Berliner Kommentar, GG, Art. 20 GG Rn. 195; *Grzeszick*, in: VVDStRL 71 (2012), S. 49 (53); *Wintgens*, in: Wintgens, Legisprudence, S. 9 (13 ff.).

[137] S. zu den Begriffen im Einzelnen und m. w. N. *Cornils*, in: DVBl. 2011, S. 1053 (1054).

adressaten und damit auch die Vermeidung von unverständlichen, mehrdeutigen oder unklaren Regelungen voraussetzt.[138] Einem mangelnden Verständnis oder einer eingeschränkten Interpretierbarkeit von Rechtsvorschriften, durch welche die für die Rechtsbefolgung erforderliche Rechtskenntnis erschwert wird, können Begründungspflichten vorbeugen, indem sie Informationen zu Absichten und Zielen des Gesetzgebers sowie gegebenenfalls zu möglichen Alternativen vermitteln.[139] Dass der Zweck der Begründungs- und Bezugnahmepflichten – wie dargestellt – vor allem im Bereich der Ermöglichung der Eigen- und Fremdkontrolle verortet wird, steht der Verankerung der genannten Rationalitätsaspekte, deren Verwirklichung auch im Sinne einer Besseren Rechtsetzung erfolgt, in der Vorschrift des Art. 296 Abs. 2 AEUV nicht entgegen.

H. Unionsziele und Querschnittsklauseln

Mittelbar erlangen auch die in Art. 3 Abs. 3 Satz 2 EUV niedergelegten Ziele der EU Bedeutung für die Bessere Rechtsetzung. Nach Art. 3 Abs. 3 Satz 2 EUV wirkt die Union auf eine nachhaltige Entwicklung Europas auf der Grundlage eines ausgewogenen Wirtschaftswachstums und Preisstabilität, eine in hohem Maße wettbewerbsfähige soziale Marktwirtschaft, die auf Vollbeschäftigung und sozialen Fortschritt abzielt, sowie auf ein hohes Maß an Umweltschutz und Verbesserung der Umweltqualität hin. Nach Art. 8 bis 13 AEUV müssen etwa die Erfordernisse des Umweltschutzes gemäß Art. 11 AEUV einbezogen und denen des Verbraucher- und des Tierschutzes nach Art. 12 und 13 AEUV bei der Festlegung und Durchführung der Unionspolitiken und -maßnahmen Rechnung getragen werden. Damit sind bestimmte Ziele im Rahmen der unionalen Politikgestaltung besonders zu berücksichtigen und auf bestimmte Weise zu fördern.[140] So verlangt etwa Art. 11 AEUV im Sinne des Unionsziels eines hohen Umweltschutzes und einer hohen Umweltqualität, dass die Erfordernisse des Umweltschutzes bei der Festlegung und Durchführung der Unionspolitiken und -maßnahmen einbezogen werden. Einbeziehen meint dabei, dass die Umwelterfordernisse integrativer Bestandteil von anderen Politiken und Maßnahmen sind und deren Inhalt im Ergebnis ersichtlich mitprägen.[141] Die Belange des Umweltschutzes sind mit gegenläufigen Interessen abzuwägen, wobei möglichst ein schonender Ausgleich zwischen diesen hergestellt werden

[138] *Steinbach*, Rationale Gesetzgebung, S. 80.

[139] Vgl. ähnl. sowie mit weiterführenden Erwägungen *Steinbach*, Rationale Gesetzgebung, S. 80 f.

[140] Vgl. nur *Rossi*, in: Calliess/Ruffert, EUV/AEUV, Art. 8 AEUV Rn. 1; *Schorkopf*, in: Grabitz/Hilf/Nettesheim, Das Recht der EU, Art. 9 AEUV Rn. 6; *Kahl*, in: Streinz, EUV/AEUV Art. 11 AEUV Rn. 9; *Krebber*, in: Calliess/Ruffert, EUV/AEUV, Art. 12 AEUV Rn. 2; *Terhechte*, in: von der Groeben/Schwarze/Hatje, Europäisches Unionsrecht, Art. 13 AEUV Rn. 1.

[141] Vgl. m. w. N. *Kahl*, in: Streinz, EUV/AEUV, Art. 11 AEUV Rn. 17.

soll.[142] Somit erfordert auch Art. 11 AEUV ein durch entsprechende Verfahrensvorschriften ausgestaltetes Folgenabschätzungsverfahren, dass nicht nur die prozedurale Einbeziehung von Umweltbelangen ermöglicht, sondern auch gewährleistet, dass diese auf den späteren Rechtsakt inhaltlich prägende Auswirkungen entfalten können.[143]

I. Fazit

Das Primärrecht enthält zahlreiche Bestimmungen, die eine dogmatische Verankerung von Instrumenten und Inhalten einer Besseren Rechtsetzung erlauben. Dies betrifft insbesondere die Vorschriften über Offenheit, Transparenz, Bürgernähe und Partizipation, Rechtsstaatlichkeit, das Kohärenzgebot sowie das Verhältnismäßigkeits- und Subsidiaritätsprinzip. Viele normative Inhalte dieser Bestimmungen setzen eine Bessere Rechtsetzung implizit voraus. Daher ist die Anwendung der Instrumente der Besseren Rechtsetzung erforderlich, um die Anforderungen, die das Primärrecht an eine demokratische und rechtsstaatliche Rechtsetzung stellt, erfüllen zu können.[144] So entsprechen beispielsweise die aus dem Rechtsstaatsprinzip abgeleiteten Anforderungen an die Bestimmtheit, Klarheit, Wahrheit und Beständigkeit der Rechtsetzung teilweise den Qualitätskriterien der Besseren Rechtsetzung, etwa mit Blick auf Verständlichkeit und die redaktionelle Gestaltung von Rechtstexten. Durch ihre Anbindung an das Rechtsstaatsprinzip des Primärrechts sind diese Kriterien daher von den Rechtsetzungsorganen zu beachten, unabhängig davon, ob ihre Geltung in einer Interinstitutionellen Vereinbarung angeordnet wird.[145] Mit Blick auf das Subsidiaritäts- und Verhältnismäßigkeitsprinzip lässt sich feststellen, dass die Interinstitutionelle Vereinbarung über Bessere Rechtsetzung und die von den Unionsorganen erlassenen Leitlinien zu Instrumenten der Besseren Rechtsetzung teilweise die primärrechtlichen Vorgaben dieser Prinzipien konkretisieren und damit deren prozeduraler Umsetzung dienen. Die vom Primärrecht vorausgesetzten Begründungs- und Bezugnahmepflichten fördern darüber hinaus die Rationalität und dadurch die Rechtsstaatlichkeit der Rechtsetzung. Teilweise wird aufgrund der Vielzahl der impliziten Bezüge und engen Verbindungen zwischen primärrechtlichen Bestimmungen und Instrumenten der Besseren Rechtsetzung angenommen, das Gebot zur Besseren Rechtsetzung habe

---

142 *Calliess*, in: Calliess/Ruffert, EUV/AEUV, Art. 11 AEUV Rn. 7.

143 Vgl. insoweit kritisch in Bezug auf das Integrierte Folgenabschätzungsverfahren der Kommission *Calliess*, in: Calliess/Ruffert, EUV/AEUV, Art. 11 AEUV Rn. 14; s. aber auch *Meßerschmidt*, Europäisches Umweltrecht, Rn. 22, der die Folgenabschätzung für einen adäquaten Rahmen hält, die Vorgaben von Art. 11 AEUV zu verwirklichen.

144 Vgl. ähnl. *Schroeder*, in: ZG 2016, S. 193 (197).

145 Vgl. zu dieser Frage in Bezug auf den nationalen Kontext auch *Fliedner*, Rechtsetzung in Deutschland, S. 62.

sich zu einer an die Rechtsetzungsorgane gerichtete Rechtspflicht verdichtet.[146] Eine strikte Bindung der Rechtsetzungsorgane an bestimmte Vorgaben der Besseren Rechtsetzung scheidet jedoch nicht nur aus Gründen des Demokratieprinzips aus. Vielmehr lassen sich den primärrechtlichen Bestimmungen auch nur schwer Aussagen zur ganz exakten Gestaltung der Instrumente und Verfahren der Besseren Rechtsetzung entnehmen. Daher muss den Rechtsetzungsorganen insoweit – trotz mannigfaltiger Bezüge der Besseren Rechtsetzungen zum Primärrecht – ein weiter Ermessensspielraum verbleiben.[147] Vor diesem Hintergrund ist es überzeugender, die primärrechtlichen Ausprägungen der Besseren Rechtsetzung nicht in einer Gesamtschau als Pflicht, sondern in dem Umfang und jeweils nur für die einzelnen Instrumente und Inhalte, auf die sie sich beziehen, als primärrechtliche Rahmenvorgaben für eine Bessere Rechtsetzung zu deuten.

---

[146] *Schroeder*, in: ZG 2016, S. 193 (198) mit Hinweis auf *Generalanwalt Geelhoed*, Schlussanträge vom 5. April 2005 – verb. Rs. C-154/04 und Rs. C-155/04, Alliance for Natural Health u. a., Slg. 2005, I-6451, Rn. 85 ff. insb. Rn. 88; vgl. auch *Grüner*, Quantität und Qualität der europäischen Rechtsetzung, S. 424, der von einer Pflicht zum optimalen inneren Rechtsetzungsverfahren ausgeht. S. ferner in Bezug auf das nationale Recht *Meister-Scheufelen*, in: ZG 2018, S. 231 (238), die den Begriff der Obliegenheit verwendet.

[147] Zu diesem Ergebnis kommt trotz Annahme einer primärrechtlichen Pflicht zur Besseren Rechtsetzung auch *Schroeder*, in: ZG 2016, S. 193 (198).

Kapitel 6

Instrumente der Besseren Rechtsetzung in der Europäischen Union

Das folgende Kapitel untersucht das europäische Konzept der Besseren Rechtsetzung. Es werden die Zielsetzungen und Wirkungsweisen der einzelnen Instrumente und Inhalte des Konzepts dargestellt und bewertet, inwieweit diese geeignet sind, zu einer Verbesserung der europäischen Rechtsetzung beizutragen. Den Maßstab für diese Bewertung bilden zum einen die Rechtsetzungsqualität und deren Qualitätskriterien[1] sowie zum anderen die Frage, ob durch die Inhalte und Instrumente einzelne (Teil-)Ziele der Besseren Rechtsetzung[2] verwirklicht werden können.

A. Konsultationen

I. Zielsetzung

Konsultationen sind Verfahren, die Interessenträgern die Möglichkeit eröffnen, sich zu einem Rechtsetzungsvorhaben zu äußern und ihre Belange in das Rechtsetzungsverfahren einzubringen.[3] Sie dienen als wichtige Informationsquelle im Rechtsetzungsverfahren,[4] ermöglichen eine wissensbasierte Entscheidungsfindung und können Akzeptanz, Legitimation sowie die Transparenz der Rechtsetzung fördern.[5] Konsultationen sind damit eine wesentliche Voraussetzung für eine Bessere Rechtsetzung.[6]

---

[1] S. zu Qualitätskriterien einer guten Rechtsetzung die Ausführungen in Kapitel 2 auf S. 27 ff.

[2] S. dazu die Ausführungen bereits in Kapitel 2 auf S. 16 f.

[3] Vgl. ähnl. *Uhlmann/Konrath*, in: Karpen/Xanthaki, Legislation in Europe, S. 73 (73).

[4] COM(2015) 215 endgültig vom 19. Mai 2015, S. 4; vgl. ausführlich Better Regulation Guidelines, S. 68; s. auch weiterführend *Mross*, Bürgerbeteiligung am Rechtsetzungsprozess in der EU, S. 144.

[5] *Ennuschat*, in: DVBl. 2004, S. 986 (990); s. hierzu allgemein *v. Lewinski*, Gesetzesverfasser und Gesetzgeber, S. 67; *Mross*, Bürgerbeteiligung am Rechtsetzungsprozess in der EU, S. 145; *Smulders/Paquet*, in: Garben/Govaere, The EU Better Regulation Agenda, S. 79 (82); vgl. zu den einzelnen Funktionen von Partizipation am Rechtsetzungsverfahren ausführlich *Uhlmann/Konrath*, in: Karpen/Xanthaki, Legislation in Europe, S. 73 (76 ff.).

[6] Interinstitutionelle Vereinbarung über Bessere Rechtsetzung vom 13. April 2016, ABl. 2016 L 123/1, S. 5 Rn. 19; Mandelkernbericht, S. 37.

II. Typen und Gegenstände

1. Konsultationsmöglichkeiten

Das europäische Konzept der Besseren Rechtsetzung setzt überwiegend auf internetgestützte Konsultationen. Ein zentrales Instrument ist dabei die Internetseite „Beitrag zur Rechtsetzung“, mit deren Hilfe die Kommission verschiedene Konsultationen durchführt.[7] Einzelne Interessenträger und Unionsbürger können dort zu unterschiedlichen Themen, Initiativen und Rechtsetzungsentwürfen der EU Stellung nehmen (sog. öffentliche Konsultationen [Public Consultation]).[8] Außerdem können über diese Internetseite auch Vorschläge zur Verbesserung bestehender Rechtsvorschriften eingereicht werden, welche in der REFIT-Plattform bearbeitet werden.[9] Die REFIT-Plattform selbst bietet ebenfalls Konsultationsmöglichkeiten.[10] Ihre Mitglieder können Vereinfachungsvorschläge direkt in die Plattform einbringen.[11] Neben den genannten Konsultationsmöglichkeiten können Interessenträger aber auch weiterhin klassische Konsultationsformen, wie etwa Stellungnahmen oder die Einladung zu Gesprächen, nutzen (sog. gezielte Konsultationen [Target Consultation][12]).[13]

2. Konsultationsgegenstände

Durch die genannten Konsultationsmöglichkeiten können Interessenträger zu bestimmten Dokumenten aus verschiedenen Phasen des Rechtsetzungsverfahrens Stellung nehmen.[14] Die jeweiligen Konsultationsfristen betragen je nach Gegenstand und Art der Konsultation in der Regel zwölf Wochen.[15]

---

[7] Abrufbar unter: https://ec.europa.eu/info/law/better-regulation/have-your-say_de#evaluations; s. dazu näher *Marxen*, in: ELJ 2015, S. 257 (261 f.).

[8] COM(2017) 651 endgültig vom 24. Oktober 2017, S. 3; Better Regulation Guidelines, S. 78; s. hierzu ausführlich *Directorate-General for Internal Policies*, Potential and Challenges of E-Participation in the European Union, S. 35 f.

[9] COM(2015) 215 endgültig vom 19. Mai 2015, S. 6; C(2015) 3260 endgültig vom 19. Mai 2015, S. 2; s. hierzu noch eingehend die Ausführungen in diesem Kapitel auf S. 162 ff.

[10] Angedeutet wird dies in C(2015) 3263 endgültig vom 19. Mai 2015, 1. Erwägungsgrund.

[11] C(2015) 3260 endgültig vom 19. Mai 2015, S. 4.

[12] So die Terminologie der Better Regulation Guidelines, S. 78.

[13] *Nettesheim*, in: Grabitz/Hilf/Nettesheim, Das Recht der EU, Art. 10 EUV Rn. 99; s. zu den weiteren Konsultationsformen *Gündisch/Mathijsen*, Rechtsetzung und Interessenvertretung, S. 155 ff. und *Mross*, Bürgerbeteiligung am Rechtsetzungsprozess in der EU, S. 159 ff.

[14] S. hierzu instruktiv Better Regulation Guidelines, S. 70 f.; *Alemanno*, in: EJRR 2015, S. 344 (348 f.).

[15] Vgl. COM(2015) 215 endgültig vom 19. Mai 2015, S. 4 f.; Better Regulation Toolbox, S. 378.

a) *Folgenabschätzungsberichte*

Gegenstand von Konsultationen sind verschiedene Dokumente des Folgenabschätzungsverfahrens, welches noch vor der eigentlichen Ausarbeitung des Rechtsaktentwurfs in bestimmten Fällen stattfindet.[16] Bereits zu Beginn eines solchen Folgenabschätzungsverfahrens werden Konsultationen zu Berichten der „Folgenabschätzung in der Anfangsphase“ durchgeführt.[17] Diese Berichte enthalten kursorische Beschreibungen, erste Analysen des zu bewältigenden Problems, mögliche Lösungen und deren potenzielle Auswirkungen auf politische Ziele.[18] Im weiteren Folgenabschätzungsverfahren finden Konsultationen dann nur noch zu einzelnen Fragen oder Aspekten der eigentlichen Folgenabschätzung statt.[19] Zu den abschließenden Entwürfen der fertiggestellten Folgenabschätzungsberichte gibt es hingegen keine Konsultationen.[20]

b) *Rechtsaktentwürfe*

Nachdem die Kommission einen Rechtsetzungsvorschlag ausgearbeitet und als Kollegium angenommen hat, haben Unionsbürger und andere Interessenträger die Möglichkeit, binnen acht Wochen hierzu Stellung zu nehmen.[21] Gegenstand dieser Konsultation ist neben dem ausgearbeiteten Rechtsetzungsvorschlag auch der fertiggestellte Folgenabschätzungsbericht.[22] Daneben finden Konsultationen auch zu den Entwürfen von delegierten Rechtsakten und Durchführungsrechtsakten statt.[23]

c) *Berichte über Ex-Post-Evaluierungen*

Die Kommission konsultiert auch zu Ablaufplänen (Roadmaps), die im Rahmen von Ex-Post-Evaluierungen bestehender Rechtsvorschriften erstellt werden.[24] Diese Ablaufpläne sind vergleichbar mit den Berichten der Folgenabschätzung in der Anfangsphase. Sie enthalten Angaben zu Umfang, Ziel und Ablauf einer

---

16 S. zur Notwendigkeit von Folgenabschätzungsverfahren noch die Ausführungen in diesem Kapitel auf S. 118 f.

17 C(2015) 3260 endgültig vom 19. Mai 2015, S. 4; s. berichtend *Alemanno*, in: EJRR 2015, S. 344 (348).

18 Better Regulation Guidelines, S. 7; Better Regulation Toolbox, S. 37; vgl. berichtend *Schroeder*, in: ZG 2016, S. 193 (202); s. auch instruktiv *Alemanno*, in: EJRR 2015, S. 344 (348).

19 COM(2015) 215 endgültig vom 19. Mai 2015, S. 4.

20 Vgl. kritisch *Schroeder*, in: ZG 2016, S. 193 (206); s. hierzu auch die Ausführungen in diesem Kapitel auf S. 112 ff.

21 COM(2015) 215 endgültig vom 19. Mai 2015, S. 4; Better Regulation Guidelines, S. 71.

22 Better Regulation Guidelines, S. 71. Hingegen ist der Entwurf des Folgenabschätzungsberichts nicht Gegenstand von Konsultationen, vgl. berichtend *Schroeder*, in: ZG 2016, S. 193 (206).

23 COM(2015) 215 endgültig vom 19. Mai 2015, S. 4.

24 COM(2015) 215 endgültig vom 19. Mai 2015, S. 4; Better Regulation Guidelines, S. 71.

Ex-Post-Evaluierung[25] und werden ebenfalls in einem frühen Stadium des Bewertungsverfahrens verfasst.[26] Konsultationen finden darüber hinaus auch zu den eigentlichen Ex-Post-Evaluierungen statt.[27]

III. Bewertung

1. Nutzung der Konsultationsmöglichkeiten

Obwohl die Kommission von Mai 2015 bis August 2017 insgesamt 814 und damit verhältnismäßig viele öffentliche Konsultationen durchgeführt hat,[28] wird das Konsultationsangebot nicht ausreichend genutzt.[29] Öffentliche Konsultationen sind den Unionsbürgern häufig unbekannt.[30] Bestätigt wird dies durch die registrierten Besucherzahlen der Internetseite für Konsultationen „Beitrag zur Rechtsetzung" und der Anzahl von Konsultationsbeiträgen. Vom 1. Juli 2016 bis zum 31. August 2017 wurden lediglich 47.000 Besucher registriert.[31] Zur Ex-Post-Evaluierung des Unionsnaturschutzrechts erhielt die Kommission aus den öffentlichen Konsultationen gerade einmal ungefähr 50.000 Stellungnahmen.[32] Diese Zahlen sind für sich genommen zwar beachtlich. Auch deuten neuere Zahlen, wonach die genannte Internetseite 800.000 Aufrufe pro Jahr verzeichnet,[33] eine positive Entwicklung an. Dennoch sind diese Zahlen im Verhältnis zur Gesamteinwohnerzahl der EU von ca. 511,8 Millionen zu gering.[34] Konsultationen können die ihnen zugedachten Funktionen nicht erfüllen, solange sie nur von einem geringen Teil der von der Rechtsetzung Betroffenen

---

[25] Better Regulation Guidelines, S. 13; Better Regulation Toolbox, S. 37.

[26] Vgl. COM(2015) 215 endgültig vom 19. Mai 2015, S. 4.

[27] S. Better Regulation Guidelines, S. 71.

[28] Vgl. zu den angegebenen Zahlen COM(2017) 651 endgültig vom 24. Oktober 2017, S. 4; s. zu den teilweise abweichenden Zahlen für den Zeitraum 2015 bis 2018 *Europäische Kommission*, Bessere Rechtsetzung: wir ziehen Bilanz und erneuern unser Engagement, S. 5.

[29] S. nur *Marxen*, in: ELJ 2015, S. 257 (273) und *Smismans*, in: EJLR 2017, S. 74 (94).

[30] *Directorate-General for Internal Policies*, Potential and Challenges of E-Participation in the European Union, S. 52.

[31] COM(2017) 651 endgültig vom 24. Oktober 2017, S. 7.

[32] S. berichtend *Smulders/Paquet*, in: Garben/Govaere, The EU Better Regulation Agenda, S. 79 (89); vgl. zu weiteren Zahlen *Ranchordás*, in: EJLR 2017, S. 52 (59).

[33] *Europäische Kommission*, Bessere Rechtsetzung: wir ziehen Bilanz und erneuern unser Engagement, S. 8.

[34] Dies gilt auch für die beachtlichen Zahlen der Konsultation zur Abschaffung der Zeitumstellung in der EU. Zu dieser Konsultation gab es zwar insgesamt 4,6 Millionen Beiträge, die Beteiligungsquote in den einzelnen Mitgliedstaaten ist im Verhältnis zu der jeweiligen Bevölkerungszahl mit nicht einmal durchschnittlich ca. 1,5 % äußerst gering, vgl. dazu https://ec.europa.eu/germany/news/20180831-konsultation-sommerzeit_de. Vgl. in diesem Zusammenhang aber auch a. A. *Smulders/Paquet*, in: Garben/Govaere, The EU Better Regulation Agenda, S. 79 (89), die diese Zahlen als Bestätigung für eine erfolgreiche Konsultationsstrategie der Kommission ansehen.

genutzt werden.[35] Die EU sollte deshalb das Bewusstsein für Konsultationen stärken und den Zugang zu ihnen verbessern.[36] Letzteres gilt insbesondere für die Sprachenvielfalt in der EU.[37] Zwar hat die Kommission angekündigt, Konsultationen zu wichtigen Initiativen in allen Amtssprachen durchzuführen, die übrigen werden allerdings weiterhin nur auf Deutsch, Französisch und Englisch abgehalten[38] und außerdem werden als „wichtig" nur solche Initiativen eingestuft, die eine der im Arbeitsprogramm der Kommission festgelegten Prioritäten betreffen.[39]

2. *Verständlichkeit und Transparenz*

Verbesserungswürdig ist auch die Verständlichkeit und Transparenz der Konsultationen. Dies betrifft zunächst die Bezeichnung der unterschiedlichen Konsultationsgegenstände.[40] Die Begriffe Ablaufpläne oder Folgenabschätzungen in der Anfangsphase dürften sich jedenfalls Laien nicht ohne weiteres erschließen. Ihre richtige Unterscheidung ist aber wegen der unterschiedlichen Bedeutung dieser Dokumente im Rechtsetzungsverfahren wichtig. Auch der Inhalt der Dokumente dürfte aufgrund ihrer häufig schwierigen und komplexen Thematik nicht einfach nachzuvollziehen sein,[41] weshalb die Gefahr besteht, dass Konsultationen nur von Personen mit entsprechendem Sachverstand genutzt werden.[42] Des Weiteren ist für Interessenträger häufig nicht ersichtlich, wie ihre Konsultationsbeiträge verwendet werden.[43] Die Kommission hat zwar bereits angekündigt, dies innerhalb der Berichte zu Folgenabschätzungen und zu Ex-Post-Evaluierungen besser aufzeigen zu wollen, indem sie einen Kurzbericht, der die Gesamtergebnisse der Konsultation und eine Zusammenfassung der

---

[35] S. nur *Ranchordás*, in: EJLR 2017, S. 52 (55) m. w. N.

[36] Dies hat die Kommission mittlerweile erkannt, vgl. berichtend *Smulders/Paquet*, in: Garben/Govaere, The EU Better Regulation Agenda, S. 79 (102).

[37] Vgl. bereits 2011 mit diesbezüglicher Kritik *Pfeifer*, Bessere Rechtsetzung, S. 150.

[38] So die Ankündigung der Kommission, vgl. COM(2017) 651 endgültig vom 24. Oktober 2017, S. 7.

[39] Better Regulation Guidelines, S. 67.

[40] Ebenso die Forderung von *Impactassessmentinstitute*, Final Study 2017, S. 37.

[41] *Directorate-General for Internal Policies*, Potential and Challenges of E-Participation in the European Union, S. 9; s. ebenso *Marxen*, in: ELJ 2015, S. 257 (275). Vgl. auch *Sarpi*, in: EJRR 2015, S. 372 (374), der aus diesem Grund bezweifelt, dass die Konsultationsmöglichkeiten von einzelnen Unionsbürgern stark genutzt werden. *Fink*, Better Regulation – Bessere Rechtsetzung in Europa, S. 16 f. sieht diese Gefahr aufgrund Ressourcenmangels auch für Umweltverbände.

[42] Dies hat die Kommission erkannt, vgl. COM(2017) 651 endgültig vom 24. Oktober 2017, S. 7; vgl. *Ranchordás*, in: EJLR 2017, S. 52 (61), die dies hinsichtlich eines konkreten Konsultationsverfahrens feststellt; s. ähnl. auch für KMU *Spendzharova/Radulova/Surala*, in: EJLR 2017, S. 34 (44).

[43] Vgl. COM(2017) 651 endgültig vom 24. Oktober 2017, S. 6; s. berichtend *Scott*, in: Garben/Govaere, The EU Better Regulation Agenda, S. 13 (21); vgl. mit dieser grundsätzlichen Kritik auch *OECD*, Ausblick Regulierungspolitik 2018, S. 17.

Konsultationsbeiträge enthält, auf ihrer Internetseite veröffentlicht.[44] Jedoch ist zweifelhaft, ob diese Maßnahmen ausreichen, dürfte doch für einen Konsultationsteilnehmer auch aus dem Kurzbericht kaum ersichtlich sein, wie und gegebenenfalls in welchem Stadium des Rechtsetzungsverfahren sich sein Konsultationsbeitrag ausgewirkt hat.

3. Internetbasierte Konsultationen

Die schwerpunktmäßige Verwendung von internetgestützten Konsultationen ist innovativ und trägt der fortschreitenden Digitalisierung Rechnung. Diese Art der Konsultation ist besonders gut geeignet, die räumlichen Distanzen in der EU zu überwinden und für viele Unionsbürger potenziell zugänglich zu sein. Die EU kann auf diese Weise ihre mangelnde physische Präsenz, etwa in Form von Behörden vor Ort, durch eine verstärkte virtuelle Präsenz ausgleichen. Daher ist diese Art der Konsultation auch geeignet, das Ziel der Bürgernähe gemäß Art. 1 Abs. 2 EUV zu verwirklichen[45] und damit auch zum Teilziel der Besseren Rechtsetzung beizutragen, die Akzeptanz der Rechtsetzung zu verbessern. Dennoch ist dieser Ansatz auch bedenklich, da eine immer noch beachtliche Anzahl von Personen[46] internetfähige Medien nicht nutzen können oder wollen (sog. „Digital Divide")[47].[48] Diese „digitalen Nichtnutzer" sind von den beschriebenen Konsultationsmöglichkeiten weitgehend ausgeschlossen.[49]

4. Erweiterung der Konsultationsgegenstände

Mit ihrer Initiative „Bessere Rechtsetzung" vom Mai 2015 hat die Kommission die Konsultationsmöglichkeiten im Vergleich zur vorherigen Situation erweitert.[50] Der Umfang an nunmehr bestehenden Konsultationsmöglichkeiten

---

[44] COM(2017) 651 endgültig vom 24. Oktober 2017, S. 6; Better Regulation Guidelines, S. 67.

[45] Vgl. zum Gedanken der Stärkung von Partizipationsmöglichkeiten als prozessuale Dimension der Bürgernähe *Nettesheim*, in: Grabitz/Hilf/Nettesheim, Das Recht der EU, Art. 1 EUV Rn. 30.

[46] Ca. 20 % der Unionsbürger sollen das Internet noch nie genutzt haben, vgl. EU-Fortschrittsanzeiger 2014: Ergebnisse der Digitalen Agenda, abrufbar unter: https://ec.europa.eu/commission/presscorner/detail/de/IP_14_609. Neuere Zahlen belegen, dass 44 % der EU-Bevölkerung nur geringe bzw. 19 % gar keine digitalen Kompetenzen besitzen, vgl. dazu *Europäische Kommission*, Digital Scoreboard 2017, abrufbar unter: https://ec.europa.eu/digital-single-market/en/digital-scoreboard.

[47] *Meier*, eDemocracy & eGovernment, S. 218.

[48] Vgl. zu diesem Problem allgemein und ausführlich *Britz*, in: Hoffmann-Riem/Schmidt-Aßmann/Voßkuhle, Grundlagen des Verwaltungsrechts II, § 26 Rn. 57; *Seckelmann*, in: Bieler/Schwarting, e-Government, Rn. 40; *Skrobotz*, Das elektronische Verwaltungsverfahren, S. 133.

[49] Vgl. ähnl. *Europäisches Parlament*, PE615.497v04–00, S. 13 Rn. 15; *Ranchordás*, in: EJLR 2017, S. 52 (53); vgl. allgemein hierzu auch *Britz*, in: Hoffmann-Riem/Schmidt-Aßmann/Voßkuhle, Grundlagen des Verwaltungsrechts II, § 26 Rn. 57.

[50] Vgl. COM(2015) 215 endgültig vom 19. Mai 2015, S. 4 f.

ist auch mit Blick auf die verschiedenen Konsultationsgegenstände zu begrüßen.[51] Hervorzuheben sind die Konsultationen zu delegierten Rechtsakten und Durchführungsrechtsakten, da wichtige Entscheidungen auch auf Grundlage der Art. 290 Abs. 1 und Art. 291 Abs. 2 AEUV getroffen werden[52] und die in diesem Zusammenhang durchgeführten Konsultationen der Rechtsetzungsqualität des Tertiärrechts insgesamt zuträglich sein dürften. Ebenfalls positiv zu bewerten sind die Konsultationen zu Folgenabschätzungsberichten in der Anfangsphase. Konsultationen in diesem frühen Stadium der Rechtsetzungsvorbereitung sind sinnvoll, da die Beiträge der Interessenträger sich zu diesem Zeitpunkt auf die Ausarbeitung des Rechtsaktes noch stark auswirken können.[53]

Bedauerlich ist allerdings, dass die Kommission die Gelegenheit nicht genutzt hat, um auch Konsultationen zu den Entwürfen der eigentlichen Folgenabschätzungsberichte einzurichten.[54] Denn eine solche Erweiterung der Konsultationsgegenstände fördert nicht nur die Transparenz der Rechtsetzungsvorbereitung,[55] sondern dürfte auch die Ernsthaftigkeit des Versprechens der Kommission, durch die Konsultationen die Zivilgesellschaft umfassend in die unionale Politikgestaltung einbeziehen zu wollen,[56] beweisen und damit das Vertrauen in das Konsultationsangebot erhöhen. Zwar spricht gegen die Veröffentlichung der Entwürfe, dass diese Berichte nicht nur faktische Grundlagen eines Rechtsetzungsentwurfs enthalten, sondern auch verschiedene politische Handlungsmöglichkeiten, deren Vor- und Nachteile die Kommission im eigenen internen Entscheidungsprozess noch abschließend abwägen muss.[57] Da sich die Folgenabschätzungsberichte erst im Entwurfsstadium befinden, besteht insbesondere die Gefahr, dass Dritte versuchen, auf die von der Kommission zu treffende Wahl einer politischen Option und die Richtung des von ihr zu verabschiedenden politischen Vorschlags Einfluss zu nehmen.[58] Daher hat die

---

[51] *Sarpi*, in: EJRR 2015, S. 372 (374); *Smulders/Paquet*, in: Garben/Govaere, The EU Better Regulation Agenda, S. 79 (90); s. grundsätzlich zustimmend *Pachl*, in: EJRR 2015, S. 375 (376); wohl auch *Schroeder*, in: ZG 2016, S. 193 (205); vgl. eher skeptisch *Alemanno*, in: EJRR 2015, S. 344 (349).

[52] So explizit *Schroeder*, in: ZG 2016, S. 193 (206); vgl. ähnl. *Sarpi*, in: EJRR 2015, S. 372 (374); s. aber auch insgesamt zurückhaltender *Alemanno*, in: EJRR 2015, S. 344 (349).

[53] Vgl. COM(2012) 746 endgültig vom 12. Dezember 2012, S. 7; s. zustimmend *Alemanno*, in: EJRR 2015, S. 344 (348); vgl. zurückhaltend *Schroeder*, in: ZG 2016, S. 193 (206); vgl. grundsätzlich für eine frühe Beteiligung *Gündisch/Mathijsen*, Rechtsetzung und Interessenvertretung, S. 177 f.

[54] *Schroeder*, in: ZG 2016, S. 193 (206); wohl a. A. *Smulders/Paquet*, in: Garben/Govaere, The EU Better Regulation Agenda, S. 79 (93).

[55] *Schroeder*, in: ZG 2016, S. 193 (206).

[56] COM(2017) 651 endgültig vom 24. Oktober 2017, S. 2; COM(2015) 215 endgültig vom 19. Mai 2015, S. 4.

[57] S. zum Ganzen *EuG*, Urteil vom 13. November 2015 – vb. Rs. T-424/14 und T-425/14, Client Earth/Kommission, ECLI:EU:T:2015:848, Rn. 88, 96.

[58] Hierauf hinweisend *EuG*, Urteil vom 13. November 2015 – vb. Rs. T-424/14 und T-425/14, Client Earth/Kommission, ECLI:EU:T:2015:848, Rn. 96.

Kommission an der Geheimhaltung dieser Berichte grundsätzlich ein berechtigtes Interesse, solange sie eine Rechtsetzungsinitiative noch nicht endgültig angenommen hat, etwa um zu verhindern, dass sie durch die Preisgabe der Berichte von der Öffentlichkeit bereits auf eine bestimmte Handlungsoption festgelegt wird und Erwartungen hinsichtlich des Inhalts einer Rechtsetzungsinitiative entstehen, die durch den späteren tatsächlichen Rechtsaktentwurf gegebenenfalls enttäuscht werden.[59] Insoweit kann sich die Veröffentlichung dieser Berichtsentwürfe negativ auf den Ausarbeitungsprozess einer Rechtsetzungsinitiative der Kommission auswirken und sie in ihrer Unabhängigkeit nach Art. 17 Abs. 3 UAbs. 3 Satz 1 EUV sowie in ihrer Rolle im Rechtsetzungsverfahren nach Art. 294 AEUV beeinträchtigen.[60] Deswegen hatte das EuG in einer Entscheidung im Zusammenhang mit Art. 12 Abs. 2 der Verordnung über den Zugang der Öffentlichkeit zu Dokumenten des Europäischen Parlaments, des Rates und der Kommission (Dokumentenzugang-VO)[61] den Zugang zu diesen Berichten verneint.[62] Der EuGH ging indes im selben Fall davon aus, dass die Verbreitung dieser Dokumente den demokratischen Charakter der EU stärke, da die Unionsbürger in die Lage versetzt würden, sachgerecht zu Entscheidungen Stellung zu nehmen, bevor diese endgültig getroffen seien.[63] Außerdem werde auf diese Weise die Transparenz des gesamten Rechtsetzungsverfahrens erhöht und ein umfassender Dokumentenzugang verwirklicht.[64] Die Entscheidung des EuGH ist zwar begrüßenswert, da sie auch im Sinne der Besseren Rechtsetzung zu einem umfassenden Zugang zu Dokumenten und einer Stärkung der Legitimität der Rechtsetzung beiträgt. Allerdings bezieht sie sich nur auf den Fall des konkret beantragten Zugangs nach der Dokumentenzugang-VO, weswegen die Kommission zwar verpflichtet ist, in diesen Fällen die Berichtsentwürfe zu Folgenabschätzungen grundsätzlich zugänglich zu machen. Eine Pflicht, diese Dokumente auch in der konkreten Form der Durchführung von Konsultationsverfahren zu veröffentlichen, folgt aber aus der Entscheidung

[59] Vgl. ähnl. *Smulders/Paquet*, in: Garben/Govaere, The EU Better Regulation Agenda, S. 79 (94); vgl. berichtend *Schroeder*, in: ZG 2016, S. 193 (206).

[60] So explizit das *EuG*, Urteil vom 13. November 2015 – vb. Rs. T-424/14 und T-425/14, Client Earth/Kommission, ECLI:EU:T:2015:848, Rn. 96.

[61] Verordnung (EG) Nr. 1049/2001 vom 30. Mai 2001 über den Zugang der Öffentlichkeit zu Dokumenten des Europäischen Parlaments, des Rates und der Kommission, ABl. 2001 L 45/43, S. 43–48. Nach Art. 12 der Dokumentenzugangs-VO sollen insbesondere legislative Dokumente, abgesehen von bestimmten sensiblen Dokumenten, direkt zugänglich gemacht werden.

[62] *EuG*, Urteil vom 13. November 2015 – vb. Rs. T-424/14 und T-425/14, Client Earth/Kommission, ECLI:EU:T:2015:848, Rn. 79; s. zustimmend *Smulders/Paquet*, in: Garben/Govaere, The EU Better Regulation Agenda, S. 79 (94).

[63] So ausdrücklich der *EuGH*, Urteil vom 4. September 2018 – C-57/16 P, Client Earth/Kommission, ECLI:EU:C:2018:660, Rn. 92.

[64] *EuGH*, Urteil vom 4. September 2018 – C-57/16 P, Client Earth/Kommission, ECLI:EU:C:2018:660, Rn. 92 und Rn. 95; vgl. bereits zuvor mit ähnl. Erwägungen *Schroeder*, in: ZG 2016, S. 193 (206); vgl. ähnl. *Impactassessmentinstitute*, Final Study 2017, S. 34.

des EuGH nicht. Dennoch sollte die Kommission erwägen, ob sie zur Stärkung der Transparenz ihres Konsultationsangebotes auch zu den Entwürfen von Folgenabschätzungsberichten Konsultationen durchführt.

5. *Qualität des Konsultationsangebots*

Die Qualität des Konsultationsangebots ist insgesamt als positiv zu bewerten.[65] Insbesondere sein Umfang und seine Zielsetzung, möglichst alle von Unionsrecht Betroffenen in die Politikgestaltung miteinzubeziehen, entsprechen dem ambitionierten Vorhaben, die Rechtsetzungsqualität des gesamten Unionsrechts zu verbessern. Teilweise wird die Qualität der Konsultationen allerdings auch in Frage gestellt und ihr positiver Beitrag zur Stärkung einer fakten- und wissensbasierten Rechtsetzung bezweifelt. So würden Konsultationen zu ungünstigen Zeitpunkten stattfinden, die Konsultationsfristen seien zu knapp, weswegen sich Privatpersonen kaum intensiv mit den Themen befassen könnten, durch die Auswahl der Konsultationsthemen, der Fragestellungen und einer Begrenzung der Antwortmöglichkeiten werde der Inhalt der Konsultationsbeiträge gesteuert und dadurch der Schwerpunkt der Konsultationen auf die Ermittlung von Meinungen und nicht auf die Sammlung von Fakten und Daten gelegt, die Ergebnisse von Konsultationen würden fehlerhaft interpretiert, nicht oder zu Unrecht verwendet oder seien nicht repräsentativ.[66] Obwohl die genannte Kritik in Einzelfällen nicht unbegründet sein mag, sind Konsultationen allerdings zur Ermittlung von Ideen, Problemen, Meinungs- und Stimmungslagen[67] und damit für eine bürgernahe Rechtsetzung sowie zur Verbesserung deren Akzeptanz unverzichtbar. Es darf auch nicht übersehen werden, dass die Beschaffung von validen und repräsentativen Informationen in einem vielfältigen und pluralistischen Europa mit 28 unterschiedlichen Nationen und unzähliger verschiedener regionalen und lokalen Bedingungen bereits eine enorme Herausforderung darstellt. Die Kommission hat mit umfangreichen Vorgaben sowie theoretischen Überlegungen zur Gestaltung und Durchführung von Konsultationen ein System der öffentlichen Konsultationen eingerichtet,[68] das es ihr ermöglicht

---

[65] *Ausschuss für Regulierungskontrolle*, Jährlicher Bericht 2017, S. 22; so im Ergebnis wohl auch *Grüner*, Quantität und Qualität der europäischen Rechtsetzung, S. 362; s. grundsätzlich zustimmend *Pachl*, in: EJRR 2015, S. 375 (376); *Sarpi*, in: EJRR 2015, S. 372 (374); *Schroeder*, in: ZG 2016, S. 193 (207); vgl. eher skeptisch *Alemanno*, in: EJRR 2015, S. 344 (349); vgl. ebenso, aber mit konstruktiver Kritik *Impactassessmentinstitute*, Final Study 2017, S. 32 f.

[66] S. hierzu ausführlich *Impactassessmentinstitute*, Final Study 2017, S. 23 ff. sowie *Dawson*, in: CMLR 53 (2016), S. 1209 (1220) und *Eliantonio/Spendzharova*, in: EJLR 2017, S. 3 (9); vgl. auch *Bunea*, in: EJPR 2017, S. 46 (46 ff.), die konkret die Durchführung von zwei öffentlichen Konsultationen untersucht.

[67] Insbesondere dies einräumend *Impactassessmentinstitute*, Final Study 2017, S. 30.

[68] Vgl. nur die detaillierten Ausführungen der Better Regulation Toolbox, S. 379 ff. und die Mindestanforderungen an Konsultationen der Better Regulation Guidelines, S. 69.

trotz dieser schwierigen Bedingungen, grundsätzlich alle von Unionsrecht Betroffene in gewissem Umfang in die Ausarbeitung eines Rechtsetzungsentwurfs einzubeziehen. Eine Grundsatzkritik an der Ausgestaltung der Konsultationen, etwa mit Blick auf die Konsultationsfristen oder der Formulierung von Fragestellungen, ist daher – jedenfalls in pauschaler Form – nicht angebracht.[69] Durch die defizitäre Anwendung des Instruments in Einzelfällen wird das grundsätzlich gut funktionierende Konsultationssystem nicht in Frage gestellt.

IV. Zwischenfazit

Insgesamt betrachtet sind die Konsultationen im europäischen Konzept der Besseren Rechtsetzung ein wirksames Instrument zur Stärkung einer fakten- und wissensbasierten Rechtsetzung. Um einen noch wirksameren Beitrag zu diesem Teilziel der Besseren Rechtsetzung leisten zu können, muss das Konsultationsangebot aber noch stärker genutzt werden. Verbesserungspotenzial besteht dabei vor allem beim Abbau von sprachlichen und digitalen Barrieren.[70]

B. Folgenabschätzungen

I. Zielsetzung

Neben den Konsultationen bilden (Gesetzes-)Folgenabschätzungen die zweite Säule einer Besseren Rechtsetzung.[71] Mit Hilfe der (Gesetzes-)Folgenabschätzung werden potenzielle Auswirkungen einer Regelung multidimensional erfasst und bewertet,[72] um die politischen Entscheidungsträger über die Konsequenzen ihres Handelns zu informieren[73] und eine fakten- und wissensbasierte Entscheidung zu ermöglichen.[74] Sie sollen beabsichtigte und unbeabsichtigte Folgen einer Regelung identifizieren und auch deren Notwendigkeit prüfen, so dass weniger, aber dafür effektivere Rechtsnormen erlassen werden.[75] Die europäische (Gesetzes-)Folgenabschätzung verfolgt aber neben

---

[69] Vgl. allerdings auch zur Auseinandersetzung mit dem berechtigten Teil der genannten Kritik die Ausführungen zu Reformvorschlägen in Kapitel 9 auf S. 228 ff.

[70] S. zu konkreten Reformvorschlägen die Ausführungen in Kapitel 9 auf S. 229 ff.

[71] *Schroeder*, in: ZG 2016, S. 193 (201); vgl. ähnl. *Härtel*, Hb. europäische Rechtsetzung, Synthese Rn. 56; ebenso *Smulders/Paquet*, in: Garben/Govaere, The EU Better Regulation Agenda, S. 79 (80).

[72] *Köck*, in: VerwArch 2002, S. 1 (2); s. ebenso *Kahl/Hilbert*, in: JbUTR 2009, S. 207 (209).

[73] *Kahl*, in: Kluth/Krings, Gesetzgebung, S. 309 (310 f.); *Schroeder*, in: ZG 2016, S. 193 (201).

[74] *Böhret/Konzendorf*, Hb. Gesetzesfolgenabschätzung, S. 1; *Köck*, in: VerwArch 2002, S. 1 (3).

[75] *Kahl*, in: Kluth/Krings, Gesetzgebung, S. 309 (311).

der Unterstützung einer fakten- und wissensbasierten Politikgestaltung auch das Ziel, möglichst kostengünstiges, also effizientes Recht, zu erzeugen sowie die Einhaltung der Grundsätze der Subsidiarität und der Verhältnismäßigkeit zu gewährleisten.[76] Darüber hinaus offenbart die europäische (Gesetzes-)Folgenabschätzung eine stark funktionale Zielsetzung, da das Instrument vor allem dazu beitragen soll, das Recht so auszugestalten, dass mit seiner Hilfe angestrebte politische Ziele verwirklicht werden können.[77]

II. Typen

Die EU führt (Gesetzes-)Folgenabschätzungen bei der Vorbereitung der Rechtsetzung und begleitend zum Rechtsetzungsverfahren aus der Ex-Ante-Perspektive sowie zur Kontrolle und Evaluierung bereits bestehender Rechtsakte und politischer Initiativen aus der Ex-Post-Perspektive durch.[78] (Gesetzes-)Folgenabschätzungen aus der Ex-Post-Perspektive nennt die Interinstitutionelle Vereinbarung über Bessere Rechtsetzung Ex-Post-Evaluierungen und qualifiziert sie als eigenständiges Instrument.[79] Sie werden daher in einem eigenen Abschnitt untersucht.[80] Hingegen verwendet die Interinstitutionelle Vereinbarung den Begriff „Folgenabschätzung“ sowohl für Folgenabschätzungen als auch für Gesetzesfolgenabschätzungen aus der Ex-Ante-Perspektive, da mit Hilfe des Instruments nicht nur die Folgen von Rechtsetzungsvorhaben, sondern auch anderer politischer Initiativen ermittelt werden.[81] Daher werden auch im Folgenden die Gesetzesfolgenabschätzung und die Folgenabschätzung jeweils aus der Ex-Ante-Perspektive unter den Begriff „Folgenabschätzung“ gefasst.

1. Integrierte Folgenabschätzung durch die Europäische Kommission

Der wichtigste Folgenabschätzungsprozess liegt bei der Kommission,[82] die den Ansatz einer Integrierten Folgenabschätzung verfolgt.[83] Diese zielt darauf ab,

---

[76] Better Regulation Guidelines, S. 15.

[77] Better Regulation Guidelines, S. 8.

[78] *Kahl/Hilbert*, in: FS Kloepfer, S. 399 (400).

[79] Interinstitutionelle Vereinbarung über Bessere Rechtsetzung vom 13. April 2016, ABl. 2016 L 123/1, S. 5 Rn. 12 ff. und insb. die entsprechende Definition in Rn. 24.

[80] S. hierzu die Ausführungen in diesem Kapitel auf S. 136 ff.; vgl. zu den Begriffen *Smismans*, in: EJLR 2017, S. 74 (75).

[81] Vgl. hierzu die Interinstitutionelle Vereinbarung über Bessere Rechtsetzung vom 13. April 2016, ABl. 2016 L 123/1, S. 4 Rn. 12 und die Beschreibung in den Better Regulation Guidelines, S. 15.

[82] *Kahl/Hilbert*, in: FS Kloepfer, S. 399 (406); vgl. ähnl. *Pfeifer*, Bessere Rechtsetzung, S. 118.

[83] Better Regulation Guidelines, S. 9; *Smulders/Paquet*, in: Garben/Govaere, The EU Better Regulation Agenda, S. 79 (83); s. zu früheren Folgenabschätzungen *Luchetta*, in: EJRR 2012, S. 561 (567 ff.).

die Auswirkungen einer Regelung in möglichst vielen Bereichen zu prognostizieren und dabei möglichst alle Belange einzubeziehen.[84]

a) Zentrale Akteure

Zuständig für die Durchführung einzelner Folgenabschätzungen sind die jeweiligen Dienststellen der Kommission, die eine politische Initiative oder ein Rechtsetzungsvorhaben vorschlagen.[85] Unterstützt wird die Dienststelle durch eine dienststellenübergreifende Lenkungsgruppe. Diese wird für jede einzelne Folgenabschätzung eingerichtet[86] und besteht aus Vertretern des Generalsekretariats sowie Vertretern der Generaldirektionen, deren Arbeitsbereich durch die Folgenabschätzung berührt wird.[87]

b) Gegenstände von Folgenabschätzungen

Folgenabschätzungsverfahren finden im Rahmen der Ausarbeitung von Kommissionsinitiativen vor allem bei Legislativvorschlägen statt. Weitere Untersuchungsgegenstände sind insbesondere Vorschläge zu Finanzprogrammen, Weißbüchern, Empfehlungen für Verhandlungen im Rahmen internationaler Übereinkommen, Aktionspläne, Mitteilungen sowie Durchführungsrechtsakte und delegierte Rechtsakte.[88] Nur wenn einer dieser Untersuchungsgegenstände betroffen ist, handelt es sich um eine Folgenabschätzung im Sinne des europäischen Konzepts. Folgenbewertungen anderer Maßnahmen aus der Ex-Ante-Perspektive werden als Ex-Ante-Evaluierungen bezeichnet.[89]

c) Verfahrensablauf

Das Folgenabschätzungsverfahren wird im Wesentlichen durch die Vorgaben der Better Regulation Toolbox und der Better Regulation Guidelines ausgestaltet.[90] Für die Vorgaben beider Dokumente ist charakteristisch, dass sie den jeweiligen Kommissionsmitarbeitern bei der Durchführung von Folgenabschät-

---

[84] Vgl. Better Regulation Guidelines, S. 9; s. berichtend *Lenzhofer*, in: JRP 2008, S. 158 (163).

[85] Better Regulation Guidelines, S. 15; vgl. ausführlich *Kahl/Hilbert*, in: FS Kloepfer, S. 399 (407).

[86] Better Regulation Guidelines, S. 15; vgl. berichtend *Schroeder*, in: ZG 2016, S. 193 (202).

[87] Better Regulation Guidelines, S. 15 f.

[88] Vgl. zur nicht abschließenden Liste Better Regulation Toolbox, S. 49; s. zur Erweiterung der Untersuchungsgegenstände im Vergleich zur vorherigen Situation *Schroeder*, in: ZG 2016, S. 193 (201 f.).

[89] Vgl. hierzu Better Regulation Guidelines, S. 15; s. ausführlich Better Regulation Toolbox, S. 52 ff.

[90] *Schroeder*, in: ZG 2016, S. 193 (202); vgl. ähnl. *Smulders/Paquet*, in: Garben/Govaere, The EU Better Regulation Agenda, S. 79 (88); s. zum allgemeinen Ablauf des Folgenabschätzungsverfahrens grundlegend KOM(2002) 276 endgültig vom 5. Juni 2002, S. 14 sowie ferner

zungen einen großen Handlungsspielraum und ein hohes Maß an Flexibilität einräumen. Während die Schlüsselanforderungen der Better Regulation Guidelines verbindlich sind und beim entsprechenden Verfahrensschritt beachtet werden müssen, enthält die Better Regulation Toolbox überwiegend konkretisierende Anleitungen und zusätzliche Hinweise, die nur verbindlich sind, soweit dies ausdrücklich angeordnet ist.[91] Verbindliche Anforderungen für die Folgenabschätzung sind zum Beispiel: Einleitung der Folgenabschätzung ein Jahr vor Annahme der zugehörigen Kommissionsinitiative, Durchführung einer Folgenabschätzung in der Anfangsphase, Einrichtung einer dienststellenübergreifenden Lenkungsgruppe, Überprüfung der Folgenabschätzung durch den Ausschuss für Regulierungskontrolle, Erstellung eines endgültigen Folgenabschätzungsberichts und einer Zusammenfassung der Konsultationsbeiträge sowie deren Weiterleitung an Parlament und Rat.[92]

Ausgangspunkt eines konkreten Folgenabschätzungsverfahrens[93] ist die Prüfung, ob und in welchem Umfang eine Folgenabschätzung für eine Kommissionsinitiative notwendig ist.[94] Entscheidend ist bei dieser Vorprüfung, ob die zu erwartenden ökonomischen, ökologischen oder sozialen Auswirkungen der Kommissionsinitiative wahrscheinlich erheblich sind.[95] Bei dieser Bewertung und auch bei der sich an die Vorprüfung anschließenden Festlegung des Untersuchungsumfangs der Folgenabschätzung gelangt der Grundsatz der „Proportionalen Analyse“ zur Anwendung.[96] Danach sollen Umfang und Tiefe der Analyse in einem angemessenen Verhältnis zur Bedeutung der jeweiligen Initiative sowie zu Art und Ausmaß der zu erwartenden Auswirkungen stehen.[97] Sofern von einer Folgenabschätzung abgesehen wird, muss dies im Ablaufplan der jeweiligen Initiative begründet werden.[98] Wird die Notwendigkeit einer Folgenabschätzung bejaht, beginnt die „Folgenabschätzung in der Anfangsphase“. Seit 2015 wird in diesem Fall der Ablaufplan in Form eines Berichts zur Folgenabschätzung in der Anfangsphase entwickelt, der auch Gegenstand einer ersten

---

Kahl/Hilbert, in: FS Kloepfer, S. 399 (406) und ausführlich *Meuwese*, Impact Assessment in EU Lawmaking, S. 70 ff.

[91] Vgl. Better Regulation Guidelines, S. 3; diesbezüglich kritisch *Schroeder*, in: ZG 2016, S. 193 (198).

[92] Better Regulation Guidelines, S. 12; Better Regulation Toolbox, S. 40.

[93] Vgl. zum Ablauf die übersichtliche Darstellung der Better Regulation Toolbox, S. 43.

[94] Better Regulation Guidelines, S. 15; s. hierzu auch *Kahl/Hilbert*, in: FS Kloepfer, S. 399 (408).

[95] COM(2015) 215 endgültig vom 19. Mai 2015, S. 5; Better Regulation Toolbox, S. 33.

[96] Better Regulation Toolbox, S. 77; vgl. zum Begriff *Kahl/Hilbert*, in: FS Kloepfer, S. 399 (407).

[97] Better Regulation Toolbox, S. 77; s. dazu *Meuwese*, Impact Assessment in EU Lawmaking, S. 63 ff.

[98] Vgl. Better Regulation Guidelines, S. 7; vgl. berichtend *Schroeder*, in: ZG 2016, S. 193 (202).

Konsultation ist.[99] Vor Einleitung der Folgenabschätzung in der Anfangsphase muss die Durchführung des Folgenabschätzungsverfahrens allerdings politisch bestätigt werden.[100] Hierfür beantragt der zuständige Kommissar die Durchführung der Folgenabschätzung bei dem für den jeweiligen Politikbereich zuständigen Vizepräsidenten sowie außerdem bei dem für die Bessere Rechtsetzung allgemein zuständigen ersten Vizepräsidenten.[101] Diese „Freigabe" der Folgenabschätzung ist Voraussetzung dafür, dass inhaltliche Arbeiten beginnen dürfen und notwendige Ressourcen intern zugewiesen werden können.[102] Die politische Bestätigung soll außerdem dazu dienen, die Verwirklichung der politischen Prioritäten der Kommission strategisch besser zu steuern.[103]

Im nächsten Verfahrensschritt werden alle relevanten Fakten, Daten, Belege und sonstige Informationen, einschließlich wissenschaftlicher Gutachten und Fachwissen, gesammelt und analysiert.[104] Eingang in das Folgenabschätzungsverfahren finden hier insbesondere die Ergebnisse aus der Konsultation zum Bericht der Folgenabschätzung in der Anfangsphase sowie Beiträge aus anderen Konsultationen, die zu einzelnen Aspekten oder Teilfragen der Folgenabschätzung durchgeführt werden.[105] Ein einheitliches Verfahren für die Analyse und die Sammlung der Informationen ist nicht vorgegeben. Vielmehr wird ein flexibler, dem Einzelfall angepasster Ansatz empfohlen.[106] Jedoch müssen alle Folgenabschätzungen die Prinzipien Vollständigkeit, Verhältnismäßigkeit, Wissenschaftlichkeit, Unvoreingenommenheit, Offenheit für Ansichten von Interessenträgern, Kohärenz, Politikzyklusbezug sowie hohe Qualität beachten und die folgenden sieben Schlüsselfragen beantworten:[107] „1. Was ist das Problem und warum ist es ein Problem?", „2. Warum sollte die EU handeln?", „3. Was soll erreicht werden?", „4. Welche unterschiedlichen Handlungsoptionen bestehen zur Zielerreichung?", „5. Welche ökonomischen, ökologischen und sozialen Auswirkungen haben die verschiedenen politischen Handlungsmöglichkeiten und wer ist von ihnen betroffen?", „6. Wie sehen die Handlungsoptionen im Vergleich aus?", „7. Wie können die tatsächlich verursachten Auswirkungen überwacht und bewertet werden?".[108] Die zur Beant-

---

[99] Better Regulation Toolbox, S. 15; s. berichtend *Schroeder*, in: ZG 2016, S. 193 (202); vgl. bezüglich der dadurch erweiterten Konsultationsmöglichkeiten *Alemanno*, in: EJRR 2015, S. 344 (350).

[100] Better Regulation Guidelines, S. 16; Better Regulation Toolbox, S. 41 f.

[101] Better Regulation Guidelines, S. 16; Better Regulation Toolbox, S. 41.

[102] Better Regulation Guidelines, S. 11.

[103] Better Regulation Guidelines, S. 11.

[104] Better Regulation Guidelines, S. 16; s. berichtend *Kahl/Hilbert*, in: FS Kloepfer, S. 399 (409) und *Schroeder*, in: wbl 2016, S. 361 (363).

[105] Better Regulation Guidelines, S. 16; Better Regulation Toolbox, S. 75.

[106] Better Regulation Guidelines, S. 17.

[107] Better Regulation Guidelines, S. 17; s. zu den Prinzipien im Detail Better Regulation Toolbox, S. 6 f.

[108] Better Regulation Guidelines, S. 17.

wortung der fünften Schlüsselfrage notwendige Identifizierung (Screening) von ökonomischen, ökologischen und sozialen Auswirkungen ist eine Kernaufgabe jeder Folgenabschätzung.[109] Die Better Regulation Guidelines und die Better Regulation Toolbox enthalten Hinweise und Empfehlungen, die diesen Prozess unterstützen sollen.[110] Alle erheblichen Auswirkungen, das heißt insbesondere solche, die sich aufgrund ihres zu erwartenden Umfangs, ihrer Relevanz für Interessenträger oder ihrer Bedeutung für Ziele und Politiken der Kommission von den übrigen zu ermittelnden Auswirkungen unterscheiden,[111] sollen anschließend – soweit möglich – quantifiziert werden.[112] Die breite Analyse von Auswirkungen in den Bereichen Ökologie, Ökonomie und Soziales wird um verschiedene Module ergänzt, die bestimmte einzelne Aspekte gesondert untersuchen.[113] So soll etwa mit dem „Subsidiaritätstest" sichergestellt werden, dass die Voraussetzungen von Art. 5 Abs. 3 EUV vorliegen.[114] Mit dem Test „Europäischer Mehrwert" (European Added Value) wird untersucht, ob Maßnahmen auf Unionsebene im Vergleich zu Maßnahmen auf nationaler Ebene größere Vorteile bieten.[115] Seit 2015 ist auch ein sog. „KMU-Test" (kleinere und mittlere Unternehmen) verpflichtender Bestandteil jeder Folgenabschätzung.[116] Ziel dieses Tests ist es zu ermitteln, ob Unternehmen einer bestimmten Größe von Regelungen ausgenommen oder die Regelungen besser an deren Bedürfnisse angepasst werden können.[117] Häufig sind kleinere Unternehmen stärker von Unionsrechtsvorschriften belastet als Großunternehmen, weil sie weniger finanzielle und personelle Ressourcen zur Verfügung haben, dennoch aber dieselben Vorgaben – etwa in Bezug auf Nachweis- und Berichtspflichten – erfüllen müssen.[118] Daher sieht der KMU-Test vor, dass die von einer Kommissionsinitiative betroffenen kleinere und mittlere Unternehmen identifiziert, ihre Interessenvertreter konsultiert, mögliche Auswirkungen gesondert gemessen und anschließend alternative Mechanismen und Minderungsmaßnahmen ermittelt und bewertet werden.[119]

Alle aus den durchgeführten Analysen gewonnenen Erkenntnisse werden gesammelt und fließen in die sukzessive Erstellung eines Entwurfs des Fol-

---

[109] Better Regulation Toolbox, S. 122.

[110] Better Regulation Guidelines, S. 23 f. und S. 25; Better Regulation Toolbox, S. 122.

[111] Better Regulation Guidelines, S. 25.

[112] Better Regulation Guidelines, S. 26.

[113] Vgl. hierzu Better Regulation Guidelines, S. 30; Better Regulation Toolbox, S. 135 ff.

[114] Better Regulation Guidelines, S. 39; vgl. berichtend *Wegrich*, Better Regulation, S. 52.

[115] S. hierzu im Einzelnen Better Regulation Toolbox, S. 66.

[116] Better Regulation Guidelines, S. 14; Better Regulation Toolbox, S. 156; vgl. dazu kritisch *Dawson*, in: CMLR 53 (2016), S. 1209 (1224); s. zum KMU-Test *Beaupérin*, in: EJRR 2014, S. 93 (95).

[117] Better Regulation Toolbox, S. 155 ff.; vgl. berichtend *Schroeder*, in: ZG 2016, S. 193 (202).

[118] Better Regulation Toolbox, S. 155.

[119] Better Regulation Toolbox, S. 155.

genabschätzungsberichts ein,[120] der eine komprimierte Zusammenfassung der Ergebnisse der jeweiligen Untersuchungen enthält.[121] Die Grundstruktur des Berichts gliedert sich in sieben Abschnitte, welche die jeweilige Schlüsselfrage beantworten. Zusätzlich wird in der Einleitung des Berichts der politische und rechtliche Kontext mitgeteilt und in einem abschließenden Abschnitt die bevorzugte politische Handlungsoption begründet.[122] Über die ökonomischen, ökologischen und sozialen Auswirkungen muss der Bericht zwingend informieren. Werden dabei bestimmte Auswirkungen nicht als „erheblich" eingestuft, müssen die Gründe hierfür angegeben werden. Ferner muss der Bericht eine detaillierte Beschreibung der Konsultationsstrategie und deren Ergebnisse enthalten[123] und gesondert angeben, wer von der Kommissionsinitiative voraussichtlich betroffen ist sowie welche Auswirkungen auf kleinere und mittlere Unternehmen und den Wettbewerb zu erwarten sind.[124]

Der Entwurf des Folgenabschätzungsberichts wird anschließend vom Ausschuss für Regulierungskontrolle überprüft[125] und muss gegebenenfalls im Hinblick auf dessen Stellungnahme von den jeweils zuständigen Dienststellen überarbeitet werden.[126] Diese Überprüfung ist Voraussetzung dafür, dass die darauffolgende dienststellenübergreifende Konsultation durchgeführt werden darf.[127] Bei dieser Konsultation können andere Generaldirektionen zur entworfenen Kommissionsinitiative, zum (überarbeiteten) Folgenabschätzungsbericht und zu den Anmerkungen des Ausschusses für Regulierungskontrolle Stellung nehmen.[128] Unter Berücksichtigung der Erkenntnisse aus der dienststellenübergreifenden Konsultation wird der endgültige Folgenabschätzungsbericht fertiggestellt.[129] Nach Annahme der jeweiligen Initiative durch das Kommissionskollegium wird der Folgenabschätzungsbericht im Internet veröffentlicht[130] und

[120] Better Regulation Guidelines, S. 16 und 30; s. hierzu näher Better Regulation Toolbox, S. 63 ff.

[121] *Schroeder*, in: ZG 2016, S. 193 (203); vgl. zum Inhalt im Detail Better Regulation Toolbox, S. 63 ff.

[122] Better Regulation Toolbox, S. 64 und S. 71; s. dazu die Ausführungen in diesem Kapitel auf S. 109.

[123] Better Regulation Guidelines, S. 14.

[124] Der Bericht soll etwa auf die am stärksten betroffenen Wirtschaftszweige und deren Wettbewerbsfähigkeit hinweisen, vgl. Better Regulation Toolbox, S. 70.

[125] Better Regulation Guidelines, S. 16; s. dazu näher die Ausführungen in diesem Kapitel auf S. 156 ff.

[126] Better Regulation Toolbox, S. 43; vgl. berichtend *Dawson*, in: CMLR 53 (2016), S. 1209 (1222).

[127] COM(2017) 651 endgültig vom 24. Oktober 2017, S. 3; vgl. dazu die Ausführungen in diesem Kapitel auf S. 153 f.

[128] Better Regulation Guidelines, S. 16; vgl. dazu Better Regulation Toolbox, S. 29.

[129] Better Regulation Guidelines, S. 16.

[130] Vgl. Interinstitutionelle Vereinbarung über Bessere Rechtsetzung vom 13. April 2016, ABl. 2016 L 123/1, S. 4 Rn. 18; vgl. berichtend *Schroeder*, in: ZG 2016, S. 193 (203).

zusammen mit dem Kommissionsvorschlag den beiden anderen Rechtsetzungsorganen zugeleitet.[131]

2. *Folgenabschätzung im Europäischen Parlament*

a) *Zentrale Akteure*

Für die Durchführung von Folgenabschätzungen sind die jeweiligen parlamentarischen Ausschüsse des Europäischen Parlaments zuständig, die einen Rechtsetzungsvorschlag beraten. Sie werden dabei von der Direktion Folgenabschätzungen und europäischer Mehrwert[132] (im Folgenden: Direktion für Folgenabschätzungen) unterstützt, die selbst Teil des Wissenschaftlichen Dienstes des Europäischen Parlaments ist (Directorate-General for Parliamentary Research Services [DG EPRS]).[133] Die Direktion für Folgenabschätzungen erstellt interne Analysen und sammelt externes Fachwissen. Dadurch stärkt sie die Fähigkeit des Parlaments, Rechtsetzungsvorschläge der Kommission zu kontrollieren, indem sie das notwendige Wissen bereithält, um die zu einer Rechtsetzungsinitiative zugehörigen Folgenabschätzungen, Daten und Analysen nachvollziehen und bewerten zu können.[134] Einzelne Ausschüsse des Parlaments können die Direktion für Folgenabschätzungen mit verschiedenen Aufgaben beauftragen, etwa der Erstellung von Folgenabschätzungen und Gutachten. Für den Bereich der Folgenabschätzung ist in der Direktion für Folgenabschätzungen die Einheit für Ex-Ante-Folgenabschätzungen (Ex-Ante Impact Assessment Unit [IMPA]) zuständig.[135] Sie bildet zusammen mit der Einheit für Ex-Post-Folgenabschätzung (Ex-Post Impact Assessment Unit [IMPT]) und der Einheit Europäischer Mehrwert (European Added Value Unit [EAVA]) die Abteilung C der Direktion für Folgenabschätzungen.[136]

b) *Gegenstände von Folgenabschätzungen*

Die im Europäischen Parlament durchgeführten Folgenabschätzungen lassen sich in zwei Kategorien unterteilen: Folgenabschätzungen zu den Auswirkungen eines wesentlich abgeänderten Kommissionsvorschlags[137] und Folgen-

---

[131] Better Regulation Guidelines, S. 16; Better Regulation Toolbox, S. 41; COM(2015) 216 endgültig vom 19. Mai 2015, S. 6 Rn. 15; *Schroeder*, in: ZG 2016, S. 193 (206).

[132] Vgl. Entschließung vom 12. April 2016 des *Europäischen Parlaments*, P8_TA(2016)0104, Rn. 31.

[133] *Europäisches Parlament*, Activity Report for 2016, S. 9 ff.

[134] *Europäisches Parlament,* Activity Report for 2016, S. 11.

[135] *Europäisches Parlament*, Activity Report for 2016, S. 10 f.

[136] Vgl. zum Aufbau im Einzelnen und zu weiteren Abteilungen der Direktion *Europäisches Parlament*, Activity Report for 2016, S. 10.

[137] Interinstitutionelle Vereinbarung über Bessere Rechtsetzung vom 13. April 2016, ABl. 2016 L 123/1, S. 4 Rn. 15; s. zu diesem Gegenstand der Folgenabschätzung die Ausführungen in diesem Kapitel auf S. 125 f.

abschätzungen im Zusammenhang mit der Bewertung der Folgenabschätzung der Kommission.[138] Vollständige, eigene Folgenabschätzungsverfahren, die denjenigen der Kommission vergleichbar sind, führt das Parlament gegenwärtig nur im Rahmen eines Pilotprojekts durch.[139] Mittlerweile hat es allerdings ein erstes Folgenabschätzungsverfahren abgeschlossen,[140] das im Zusammenhang mit einem Initiativbericht zum Erlass einer Verordnung für eine offene, effiziente und unabhängige Verwaltung der EU[141] durchgeführt wurde.

c) Verfahrensablauf

Sobald die Kommission einen Rechtsetzungsvorschlag an einen parlamentarischen Ausschuss übermittelt, stellt die IMPA fest, ob zum Vorschlag eine Folgenabschätzung durchgeführt wurde. Ist einem Rechtsetzungsvorschlag keine Folgenabschätzung beigefügt, obwohl dies aufgrund der zu erwartenden Auswirkungen angezeigt war, kann der jeweils mit dem Vorschlag befasste Ausschuss die Kommission (unverbindlich) auffordern, eine Folgenabschätzung vorzulegen oder die IMPA mit der Durchführung einer eigenen Folgenabschätzung beauftragen.[142] Sofern die Kommission eine Folgenabschätzung durchgeführt hat, unterzieht die IMPA den jeweils zugehörigen Folgenabschätzungsbericht einer ersten routinemäßigen Vorprüfung (erste Einschätzung [initial appraisal]).[143] Hierbei wird überschlägig geprüft, ob die Kommission ihre eigenen, wesentlichen Vorgaben der Better Regulation Guidelines und die vom Parlament aufgestellten, in einem eigenen Handbuch zur Folgenabschätzung[144] zusammengefassten Kriterien eingehalten hat.[145] Nach diesen Kriterien des Parlaments müssen bestimmte primärrechtliche Anforderungen besonders beachtet werden, zum Beispiel die europäischen Grundrechte, das Vorsorgeprinzip nach Art. 191 Abs. 1 AEUV oder der Verbraucherschutz gemäß Art. 12 AEUV.[146] Darüber hinaus fordert das Parlament von den Folgenabschätzungen der Kommission insbesondere die Transparenz der im Rahmen des Folgenabschätzungsverfahrens durchgeführten öffentlichen Konsultationen, eine angemessene Auswahl der möglichen Handlungsoptionen sowie eine ausgeglichene Analyse der ökonomischen, ökologischen und sozialen Auswirkungen, wobei insbesondere Angaben zu Auswirkungen auf

---

138 *Europäisches Parlament*, Activity Report for 2016, S. 11.

139 *Europäisches Parlament*, Activity Report for 2016, S. 25.

140 *Europäisches Parlament*, Activity Report for 2018, S. 24.

141 *Europäisches Parlament*, Entschließung vom 9. Juni 2016, 2016/2610(RSP), S. 1 ff.

142 *Europäisches Parlament*, Conference of committee Chairs, Impact Assessment Handbook, Guidelines for Committees, Rn. 10 (im Folgenden: Handbuch Folgenabschätzung).

143 *Europäisches Parlament*, Activity Report for 2016, S. 15.

144 Vgl. dazu Fußnote 142 in diesem Kapitel.

145 Handbuch Folgenabschätzung, Rn. 9.

146 Vgl. ausführlich zu den einzelnen Kriterien Handbuch Folgenabschätzung, Rn. 9.

kleinere und mittlere Unternehmen, den Binnenmarkt, die Grundfreiheiten sowie regionale und lokale Auswirkungen in der Analyse enthalten sein müssen.[147] Außerdem enthält das Handbuch in seinem Anhang einen Bewertungsbogen zur Überprüfung der Schlüsselkomponenten einer Folgenabschätzung, wie etwa Struktur, Darstellung und Methodik.[148] Unter Berücksichtigung des Bewertungsbogens identifiziert die IMPA inhaltliche, argumentative, methodische Stärken und Schwächen und fasst die Ergebnisse in Form eines kurzen „Informationspapiers" zusammen. Dieses Informationspapier steht dem jeweiligen Ausschuss, der einen bestimmten Rechtsetzungsvorschlag prüft, zur Verfügung.[149] Der Ausschuss untersucht dann eigenständig, inwieweit die Folgenabschätzung der Kommission eine ausreichende Grundlage für den Fortgang des Rechtsetzungsverfahrens bietet.[150] Hält es der Ausschuss infolge dieser Untersuchung für erforderlich, die Qualität und Objektivität der Folgenabschätzung der Kommission eingehend zu untersuchen, beauftragt er die IMPA mit der Durchführung einer Detailbewertung (detailed appraisal).[151] Umfang und Intensität der Detailbewertung hängen von der Einschätzung des jeweiligen Ausschusses ab.[152] Die Detailbewertungen werden von der IMPA selbst oder gegebenenfalls von externen Experten erstellt.[153] Gelangt der Ausschuss hingegen ohne vorherige Detailbewertung direkt zu dem Schluss, dass eine Folgenabschätzung der Kommission methodische oder argumentative Mängel aufweist, hat er zwei Möglichkeiten: Er kann die Kommission dazu auffordern, ihre ursprüngliche Folgenabschätzung entsprechend zu überarbeiten, insbesondere bestimmte Aspekte oder politische Optionen eingehender zu analysieren oder die Analyse bestimmter Aspekte zu ergänzen oder zu aktualisieren.[154] Der Ausschuss kann aber auch die IMPA beauftragen, – abhängig von Art und Ausmaß der festgestellten Mängel – eine ergänzende (Complementary Impact Assessment) oder ersetzende (Substitute Impact Assessment) Folgenabschätzung zu den jeweils betroffenen Aspekten zu erstellen.[155]

Anders gestaltet sich das Prozedere, wenn infolge einer wesentlichen Abänderung eines Kommissionsvorschlags eine Folgenabschätzung notwendig

[147] Handbuch Folgenabschätzung, Rn. 12.

[148] Handbuch Folgenabschätzung, Anhang.

[149] *Europäisches Parlament*, Activity Report for 2016, S. 15; Handbuch Folgenabschätzung, Rn. 9.

[150] Handbuch Folgenabschätzung, Rn. 11.

[151] *Europäisches Parlament*, Activity Report for 2016, S. 15; Handbuch Folgenabschätzung, Rn. 11.

[152] Handbuch Folgenabschätzung, Rn. 11.

[153] Handbuch Folgenabschätzung, Rn. 11.

[154] Handbuch Folgenabschätzung, Rn. 13. Das Europäische Parlament geht in Auslegung der Interinstitutionellen Vereinbarung davon aus, dass die Kommission „derartige ergänzende[n] Folgenabschätzungen grundsätzlich unverzüglich vorlegen sollte", vgl. *Europäisches Parlament*, PE615.497v04–00, S. 16 Rn. 29.

[155] Handbuch Folgenabschätzung, Rn. 14.

wird. In diesem Fall muss zunächst festgestellt werden, dass die Abänderung überhaupt „wesentlich“ ist, worüber der jeweilige Ausschuss selbst entscheidet.[156] Außerdem muss gewährleistet werden, dass ein etwaiges Folgenabschätzungsverfahren das Rechtsetzungsverfahren nicht verzögert und insbesondere die Zeitvorgaben für jede einzelne Lesung berücksichtigt.[157] Sind diese Voraussetzungen erfüllt, wählt die IMPA externe Sachverständige aus, die das Folgenabschätzungsverfahren unter ihrer Aufsicht durchführen.[158] In methodischer Hinsicht wird auf Grundlage der Folgenabschätzung der Kommission eine vergleichende Analyse erstellt.[159] Der Ausschuss, der das Folgenabschätzungsverfahren initiiert hat, informiert nach dessen Abschluss die anderen parlamentarischen Ausschüsse über die erlangten Ergebnisse.[160] Die Folgenabschätzungsberichte werden auf der Internetseite des Parlaments veröffentlicht.[161]

3. *Folgenabschätzung im Rat*

a) *Zentrale Akteure*

Für die Folgenabschätzung im Rat sind der Ratsvorsitz und die Vorsitzenden der einzelnen Arbeitsgruppen verantwortlich. Unterstützt werden sie durch das Generalsekretariat des Rates.[162] Darüber hinaus ist die Arbeitsgruppe „Wettbewerbsfähigkeit und Wachstum“ allgemein für Fragen der Besseren Rechtsetzung zuständig.[163]

b) *Gegenstände von Folgenabschätzungen*

Tauglicher Gegenstand eines Folgenabschätzungsverfahrens im Rat ist die wesentliche Abänderung eines Rechtsetzungsvorschlags der Kommission.[164] Außerdem überprüft auch der Rat die Qualität der Folgenabschätzungen der Kommission, um festzustellen, ob diese einen vorgelegten Rechtsetzungsvorschlag rechtfertigen.[165] Ergänzende oder ersetzende Folgenabschätzungen – wie sie

---

[156] Handbuch Folgenabschätzung, Rn. 15 f.
[157] Handbuch Folgenabschätzung, Rn. 19.
[158] Handbuch Folgenabschätzung, Rn. 21 und Rn. 28. Im Fall der wesentlichen Abänderung wird das Folgenabschätzungsverfahren stets von externen Sachverständigen durchgeführt, vgl. a. a. O., Rn. 21.
[159] Handbuch Folgenabschätzung, Rn. 23.
[160] Handbuch Folgenabschätzung, Rn. 27.
[161] Handbuch Folgenabschätzung, Rn. 29.
[162] Vgl. Folgenabschätzung – Indikative Leitlinien für Vorsitzende von Arbeitsgruppen 9790/16 vom 9. Juni 2016, S. 5 und S. 9 (im Folgenden: Indikative Leitlinien des Rates für Folgenabschätzung).
[163] Vgl. Ratsdok. Nr. 10006/17 vom 12. Juni 2017, S. 2.
[164] Indikative Leitlinien des Rates für Folgenabschätzung, S. 4.
[165] Ratsdok. Nr. 8849/17 vom 23. Mai 2017, S. 2 Rn. 7.

im Europäischen Parlament durchgeführt werden – sind im Rat nicht vorgesehen.[166]

c) Verfahrensablauf

Die Ausgestaltung des Folgenabschätzungsverfahrens im Rat ist zwar ähnlich wie im Europäischen Parlament, es zeichnet sich aber durch eine größere Flexibilität der verantwortlichen Stellen aus.[167] Sobald die Kommission dem Rat einen Rechtsetzungsvorschlag übermittelt, zu dem ein Folgenabschätzungsverfahren durchgeführt wurde, bestimmt der Vorsitzende der mit dem Vorschlag befassten Arbeitsgruppe in Zusammenarbeit mit dem Generalsekretariat des Rates, auf welche Weise die Folgenabschätzung im Rahmen der Beratungen der Arbeitsgruppe überprüft werden soll.[168] In der Regel erfolgt die Prüfung mündlich.[169] Dabei wird ermittelt, ob die von der Kommission durchgeführte Folgenabschätzung eine ausreichende Grundlage für die Erörterung und Bearbeitung des Rechtsetzungsvorschlags bietet.[170] Hierfür soll unter Zuhilfenahme einer Checkliste insbesondere überprüft werden, ob die Kommission die wichtigsten ökonomischen, ökologischen und sozialen Auswirkungen ermittelt hat.[171] Ergibt die Prüfung, dass die Folgenabschätzung der Kommission beträchtliche Lücken oder sachliche Fehler aufweist, kann der Vorsitzende der Arbeitsgruppe die Kommission ersuchen, ihre Folgenabschätzung zu vervollständigen bzw. zu berichtigen.[172] Sofern ein erheblicher Teil der Mitglieder der Arbeitsgruppe Bedenken hinsichtlich der Qualität der Folgenabschätzung äußert, ist es dem Vorsitzenden außerdem möglich, die Angelegenheit dem Ausschuss der Ständigen Vertreter (AStV) zu übertragen.[173] In diesem Fall entscheidet der AStV, ob die Arbeitsgruppe den Rechtsetzungsvorschlag auf Grundlage der ursprünglichen Folgenabschätzungen weiter prüfen soll oder der Rat die Kommission förmlich dazu auffordert, die für erforderlich gehaltenen Informationen und Analysen vorzulegen.[174] Anderenfalls übermittelt die Arbeitsgruppe dem AStV bzw. dem Rat die Ergebnisse der Überprüfung der Folgenabschätzung in Form eines kurzen Berichts zusammen mit dem jeweiligen Rechtsetzungsvorschlag.[175]

---

[166] Indikative Leitlinien des Rates für Folgenabschätzung, S. 8.

[167] Das vormals vorgesehene Verfahren der vorangegangenen Leitlinien des Rates war durch detailliertere Verfahrensschritte geprägt, s. dazu *Meuwese*, Impact Assessment in EU Lawmaking, S. 139 ff.

[168] Indikative Leitlinien des Rates für Folgenabschätzung, S. 5 f.

[169] Indikative Leitlinien des Rates für Folgenabschätzung, S. 5.

[170] Indikative Leitlinien des Rates für Folgenabschätzung, S. 6.

[171] Indikative Leitlinien des Rates für Folgenabschätzung, S. 6.

[172] Indikative Leitlinien des Rates für Folgenabschätzung, S. 8.

[173] Indikative Leitlinien des Rates für Folgenabschätzung, S. 8.

[174] Indikative Leitlinien des Rates für Folgenabschätzung, S. 8.

[175] Indikative Leitlinien des Rates für Folgenabschätzung, S. 7.

Wie auch das Europäische Parlament verfolgt der Rat hinsichtlich der Durchführung von Folgenabschätzungen bei der wesentlichen Abänderung einer Kommissionsinitiative einen flexiblen und pragmatischen Ansatz und bestimmt selbst sowie gesondert in jedem Einzelfall, ob eine Abänderung als „wesentlich" zu qualifizieren ist.[176] Mittlerweile hat der Rat für diese Einzelfallbewertung ein Verfahren zur „Beantragung der Durchführung einer Folgenabschätzung" eingerichtet.[177] Es hat den Zweck, den Vorsitzenden der Arbeitsgruppen als Orientierungshilfe für die Entscheidung zu dienen, ob die Durchführung einer Folgenabschätzung beim AStV beantragt werden soll.[178] Danach ist die Durchführung einer eigenen Folgenabschätzung grundsätzlich ultima ratio.[179] Zuvor sollen alle alternativen Möglichkeiten, darunter auch die Aufforderung an die Kommission, ihre Folgenabschätzungen hinsichtlich der Abänderung entsprechend zu ergänzen, ausgeschöpft werden.[180] Ferner soll ermittelt werden, ob die möglichen Auswirkungen der beabsichtigten Abänderungen des Rechtsakts nicht bereits durch die Folgenabschätzungen der Kommission geprüft wurden, etwa im Rahmen der Bewertung alternativer politischer Handlungsoptionen.[181] Sofern diese Maßnahmen erfolglos bleiben, müssen folgende weitere Voraussetzungen erfüllt sein: Die Arbeitsgruppe betrachtet die Abänderung des Kommissionsvorschlags als wesentlich, die einfache Mehrheit der Arbeitsgruppe befürwortet die Folgenabschätzung und diese verzögert das Rechtsetzungsverfahren voraussichtlich nicht unangemessen.[182] Letzteres erfordert, dass über die Durchführung eines Folgenabschätzungsverfahrens grundsätzlich noch vor den Trilogverhandlungen entschieden werden muss. Sind die genannten Voraussetzungen erfüllt, beantragt der Vorsitzende einer Arbeitsgruppe die Durchführung einer Folgenabschätzung beim AStV.[183] Form und Inhalt des Antrags richten sich nach einer entsprechenden Vorlage der Arbeitsgruppe „Wettbewerbsfähigkeit und Wachstum". Danach muss der Antrag insbesondere einen vorläufigen Zeitplan sowie eine bestimmte Aufgabenstellung enthalten, die durch die angeforderte Folgenabschätzung bearbeitet werden soll.[184] Nach der Prüfung des Antrags im Hinblick auf die Notwendigkeit und Priorität der Folgenabschätzung durch den AStV entscheidet der Rat mit einfacher Mehrheit abschließend darüber, ob die Folgenabschätzung durchgeführt wird.[185]

---

[176] Ratsdok. Nr. 8849/17 vom 23. Mai 2017, S. 9 Rn. 21; Indikative Leitlinien des Rates für Folgenabschätzung, S. 9.

[177] Ratsdok. Nr. 8680/17 vom 3. Mai 2017, S. 1 Rn. 3.

[178] Ratsdok. Nr. 8680/17 vom 3. Mai 2017, S. 2 Rn. 4.

[179] Ratsdok. Nr. 8680/17 vom 3. Mai 2017, Anhang S. 3 Rn. 1.

[180] Ratsdok. Nr. 8680/17 vom 3. Mai 2017, Anhang S. 3 Rn. 1; s. auch die ähnl. Bestimmung in den Indikativen Leitlinien des Rates für Folgenabschätzung, S. 8.

[181] Indikative Leitlinien des Rates für Folgenabschätzung, S. 9.

[182] Ratsdok. Nr. 8680/17 vom 3. Mai 2017, Anhang S. 3 Rn. 2.

[183] Ratsdok. Nr. 8680/17 vom 3. Mai 2017, Anhang S. 4 Rn. 3.

[184] Ratsdok. Nr. 8680/17 vom 3. Mai 2017, Anhang S. 4 Rn. 3.

[185] Ratsdok. Nr. 8680/17 vom 3. Mai 2017, Anhang S. 4 Rn. 3.

III. Bewertung

1. Anzahl durchgeführter Folgenabschätzungen

Trotz der intensiven Bemühungen der EU in den letzten Jahren werden auf Unionsebene insgesamt zu wenig Folgenabschätzungen durchgeführt.[186] Zwar ist seit Einrichtung des Instruments die Zahl der Folgenabschätzungen konstant gestiegen.[187] So hat etwa die Kommission als das Unionsorgan mit den meisten Folgenabschätzungsverfahren von 2007[188] bis August 2016 insgesamt 1028 Verfahren durchgeführt.[189] 2014 waren es noch ca. 700 Folgenabschätzungsverfahren.[190] Defizitär ist aber das Verhältnis von Folgenabschätzungen zu den von der EU neu erlassenen Rechtsvorschriften.[191] Im genannten Zeitraum von 2007 bis 2016 entsprach die Anzahl von durchgeführten Folgenabschätzungen gerade einmal der Anzahl an neu erlassenen Rechtsvorschriften im ordentlichen Gesetzgebungsverfahren,[192] und das, obwohl die Rechtsetzungsinitiativen im ordentlichen Gesetzgebungsverfahren nur einen Teil der möglichen Untersuchungsgegenstände von Folgenabschätzungen darstellen. Außerdem ist zweifelhaft, ob Folgenabschätzungen in allen Fällen durchgeführt werden, in denen sie nach den Better Regulation Guidelines notwendig sind.[193] So dürften insbesondere solche Rechtsetzungsinitiativen, die zur Umsetzung von priorisierten Themen des Arbeitsprogramms der Kommission dienen, stets eine Folgenabschätzung erfordern, da deren Auswirkungen in der Regel erheblich sind.[194] Trotzdem wurde bei 20 von insgesamt 59 Rechtsetzungsvorschlägen, die priorisierte Themen betrafen, keine Folgenabschätzung durchgeführt.[195] Die Kom-

---

[186] So *Schroeder*, in: ZG 2016, S. 193 (201).

[187] *Europäischer Rechnungshof*, Sonderbericht Nr. 3/2010, Rn. 19, 23; COM(2015) 215 endgültig vom 19. Mai 2015, S. 7; vgl. für 2003 bis 2007 *Meuwese*, Impact Assessment in EU Lawmaking, S. 61.

[188] Die Mitteilung COM(2017) 651 endgültig vom 24. Oktober 2017 nennt das Jahr 2007 nicht explizit, sondern stellt auf die Einführung des Instruments ab, lässt aber gleichzeitig offen, welcher Zeitpunkt hiermit gemeint ist. COM(2015) 215 endgültig vom 19. Mai 2015, S. 7 geht als Berechnungszeitpunkt aber von 2007 aus, so dass anzunehmen ist, dass dieser Zeitpunkt auch für COM(2017) 651 endgültig vom 24. Oktober 2017 zugrunde gelegt wurde; vgl. auch *Impactassessmentinstitute*, Final Study 2017, S. 9, das kritisiert, dass die Zahlen in diesen Mitteilungen schwer nachvollziehbar seien.

[189] COM(2017) 651 endgültig vom 24. Oktober 2017, S. 4.

[190] COM(2015) 215 endgültig vom 19. Mai 2015, S. 7.

[191] So auch bereits für 2005 *Chittenden/Ambler/Xiao*, in: Weatherill, Better Regulation, S. 271 (285).

[192] Von 2007 bis 2016 waren es 917 Basis- und Änderungsrechtsakte (ermittelt durch die Angaben der Statistiken von EUR-LEX, abrufbar unter: https://eur-lex.europa.eu/statistics/2016/legislative-acts-statistics.html); vgl. ferner zur jährlichen Rechtsetzungsaktivität der EU ausführlich *Grüner*, Quantität und Qualität der europäischen Rechtsetzung, S. 39 ff.

[193] S. zustimmend und mit konkreten Beispielen *Impactassessmentinstitute*, Final Study 2017, S. 35 f.

[194] Hierauf bereits hinweisend *Impactassessmentinstitute*, Final Study 2017, S. 36.

[195] S. zu diesen Zahlen *Europäisches Parlament*, PE615.497v04–00, S. 32.

mission hat selbst festgestellt, dass im Zeitraum von 2015 bis 2018 zu 8,5 % der in ihren Arbeitsprogrammen angekündigten Initiativen keine Folgenabschätzung stattgefunden hat und dass bei weiteren 19,5 % eine Folgenabschätzung nicht für erforderlich erachtet wurde.[196] Parlament und Rat wenden das Instrument der Folgenabschätzung ebenfalls zu selten an. Im Zeitraum von 2007 bis 2014 hat das Europäische Parlament 20 und der Rat keine Folgenabschätzungen bei Abänderung eines Kommissionsvorschlags durchgeführt.[197] Allerdings deuten neuere Zahlen auf eine positive Entwicklung hin. So hat das Parlament von Juli 2012 bis Dezember 2018 immerhin 244 erste Einschätzungen, insgesamt elf Detailbewertungen sowie ergänzende und ersetzende Folgenabschätzungen, ein vollständiges Folgenabschätzungsverfahren sowie 42 Folgenabschätzungen bei Abänderung eines Kommissionsvorschlags durchgeführt.[198] Im Hinblick auf die Abänderung eines Kommissionsvorschlags strebt der Rat im Rahmen eines Pilot-Projekts die Einrichtung von entsprechender Infrastruktur und Kapazitäten an, die es ihm ermöglichen sollen, in diesen Fällen Folgenabschätzungen durchzuführen.[199] Ob diese Entwicklung auch den Beginn eines Wandels in der Folgenabschätzungspraxis dieser beiden Unionsorgane darstellt, bleibt abzuwarten.

2. *Folgenabschätzungsverantwortung*

Defizitär ist das System der Folgenabschätzung auch mit Blick auf eine diesbezüglich ungleiche Verteilung der Verantwortung zwischen den Rechtsetzungsorganen.[200] Die Kommission hat die Kontrolle über den wichtigsten Folgenabschätzungsprozess[201] und führt erheblich mehr Folgenabschätzungen durch als die anderen beiden Unionsorgane.[202] Einer Besseren Rechtsetzung wäre es allerdings zuträglich, wenn sich die Folgenabschätzungsverantwortung auf alle drei Rechtsetzungsorgane gleichmäßig verteilt. Dies würde eine fakten- und wissensbasierte Rechtsetzung fördern, da die Folgenabschätzungen nicht nur durch die Sicht eines einzelnen Rechtsetzungsorgans geprägt wären. Außerdem könnte ein stärkeres Engagement des Parlaments die Folgenabschätzungen besser legitimieren und dadurch auch den auf ihrer Grundlage ausgearbeiteten Rechtsakten stärkere Legitimation vermitteln. Die Bedeutung der Folgenabschätzungen der Kommission hat seit Erneuerung der Interinstitutionellen

---

196 Vgl. *Europäische Kommission*, Bessere Rechtsetzung: wir ziehen Bilanz und erneuern unser Engagement, S. 9.

197 S. zu diesen Zahlen COM(2015) 215 endgültig vom 19. Mai 2015, S. 8.

198 So die Angaben des *Europäischen Parlaments*, Activity Report for 2018, S. 17.

199 Vgl. dazu Ratsdok. Nr. 8849/17 vom 23. Mai 2017, S. 9 Rn. 22.

200 Dies ebenfalls feststellend *Kahl/Hilbert*, in: FS Kloepfer, S. 399 (412); *Pfeifer*, Bessere Rechtsetzung, S. 155 f.; vgl. zurückhaltend mit diesbezüglicher Kritik *Schroeder*, in: ZG 2016, S. 193 (212).

201 So bereits *Kahl/Hilbert*, in: FS Kloepfer, S. 399 (412).

202 S. zu den Zahlen die Ausführungen in diesem Kapitel auf S. 129 f.

Vereinbarung weiter zugenommen, da sich Parlament und Rat hierin verpflichten, die Folgenabschätzungen bei der Prüfung eines Rechtsetzungsvorschlags in vollem Umfang zu berücksichtigen.[203] Immerhin haben die beiden Unionsorgane mittlerweile durch den Erlass von Leitlinien zur Folgenabschätzung und der Verteilung von Zuständigkeiten die notwendige Verfahrens- und Organisationsstrukturen für die Durchführung von Folgenabschätzungen eingerichtet.[204]

Die gegenwärtig ungleiche Verteilung der Folgenabschätzungsverantwortung zwischen der Kommission auf der einen Seite und dem Rat sowie dem Parlament auf der anderen Seite stößt auch auf Bedenken mit Blick auf das institutionelle Gleichgewicht gemäß Art. 13 Abs. 2 Satz 1 EUV.[205] Problematisch ist insbesondere, dass die Kommission aufgrund ihrer Kontrolle über den wichtigsten Folgenabschätzungsprozess über die Auswahl und Präsentation von Fakten und politischen Optionen auch das Ergebnis des Rechtsetzungsverfahrens beeinflussen[206] und die von ihr politisch favorisierten Optionen mit entsprechenden Fakten „untermauern" oder besonders hervorheben kann.[207] Können Parlament und Rat infolgedessen den Rechtsetzungsentwurf der Kommission nicht mehr oder nur unter erheblichen Schwierigkeiten abändern, verliert er seine Eigenschaft als Vorschlag und die Kommission würde einen Einfluss auf das Rechtsetzungsverfahren erlangen, welcher ihr nach Art. 17 Abs. 2 Satz 1 EUV und Art. 294 Abs. 2 AEUV nicht zusteht.[208] Entscheidend ist daher, ob das Recht des Parlaments und des Rates, einen Kommissionsvorschlag abzuändern, durch die Folgenabschätzungen der Kommission beeinträchtigt wird. In tatsächlicher Hinsicht führen die Folgenabschätzungen der Kommission zu einer erhöhten Rechtfertigungslast für Rat und Parlament.[209] Für die

---

[203] Interinstitutionelle Vereinbarung über Bessere Rechtsetzung vom 13. April 2016, ABl. 2016 L 123/1, S. 4 Rn. 14; vgl. zur Dominanz der Kommission im Rechtsetzungsverfahren ausführlich *Schulze-Fielitz*, in: FS Scheuing, S. 165 (169 f. und 172).

[204] Vgl. insb. zu diesbezüglichen Fortschritten im Rat Ratsdok. Nr. 8849/17 vom 23. Mai 2017, S. 9 Rn. 22 f. sowie zu weiteren Verbesserungen hinsichtlich Folgenabschätzungen im Rat a. a. O., S. 8 Rn. 19 ff. und außerdem die vorangegangenen Ausführungen in diesem Kapitel auf S. 128.

[205] So bereits *Kahl/Hilbert*, in: FS Kloepfer, S. 399 (412 f.); vgl. erneut mit diesem Gedanken *Alemanno*, in: EJRR 2015, S. 344 (346, 351 ff.); *Schroeder*, in: ZG 2016, S. 193 (211 ff.) sowie *Wegrich*, in: EJRR 2015, S. 369 (371).

[206] Dies feststellend *Kahl/Hilbert*, in: FS Kloepfer, S. 399 (412); *Alemanno*, in: EJRR 2015, S. 344 (346, 351 ff.); *Dunlop/Radaelli*, in: EJRR 2015, S. 27 (30); s. zum Ganzen berichtend auch *Schroeder*, in: ZG 2016, S. 193 (211).

[207] Vgl. ähnl. *Dunlop/Radaelli*, in: EJRR 2015, S. 27 (28) sowie *Wegrich*, in: EJRR 2015, S. 369 (371); s. auch *Meuwese*, in: EJLR 2017, S. 16 (17) mit Verweis auf *Lenaerts*, in: YEL 2012, S. 3 (7), die beide mahnen, dass dies nicht der Zweck der Instrumente der Besseren Rechtsetzung sei.

[208] S. ähnl. *Wegrich*, in: EJRR 2015, S. 369 (371); vgl. *Alemanno*, in: EJRR 2015, S. 344 (346, 351 ff.).

[209] S. ähnl. *Wegrich*, in: EJRR 2015, S. 369 (371); s. bereits früher *Radaelli/Meuwese*, in: WEP 2010, S. 136 (141); vgl. berichtend *Schroeder*, in: ZG 2016, S. 193 (211).

beiden Unionsorgane dürfte es schwierig sein, einen Rechtsetzungsvorschlag und dessen zugrunde liegende Tatsachen abweichend zu bewerten, wenn die wissenschaftlichen Analysen der Folgenabschätzungen der Kommission dem Rechtsetzungsvorschlag eine Vermutung für dessen Notwendigkeit und „inhaltliche Richtigkeit" verleihen. Einen Verstoß gegen Art. 13 Abs. 2 Satz 1 EUV begründet dies indes nicht.[210] Die Kommission hat nach Art. 17 Abs. 2 Satz 1 EUV und nach Art. 294 Abs. 2 AEUV im Rechtsetzungsverfahren die Aufgabe, Rechtsakte vorzuschlagen.[211] Hierfür ist eine breite Wissensbasis um mögliche Auswirkungen eines künftigen Rechtsakts erforderlich.[212] Daher lassen sich die umfangreichen Folgenabschätzungen der Kommission mit deren Initiativrecht rechtfertigen.[213] Im Übrigen ist nicht ersichtlich, dass Parlament und Rat aufgrund mangelnder eigener Ressourcen für die Sammlung, Analyse und Bewertung von Tatsachen, die von der Kommission präsentierten Fakten nicht wirksam in Frage stellen könnten.[214] Der offenbar befürchtete Zustand, dass die Kommission dem Parlament und dem Rat den Inhalt der Rechtsakte diktiert, weil diese nicht mehr in der Lage sind, den Rechtsetzungsvorschlag und die zugrunde liegenden Fakten in tatsächlicher Hinsicht anders zu beurteilen,[215] liegt mithin nicht vor.[216] Hinzu kommt, dass die Ergebnisse der Folgenabschätzungen sowie die darin enthaltenen Erkenntnisse und politische Optionen das Parlament und den Rat auch in rechtlicher Hinsicht nicht binden.[217] Daher sind die beiden Organe auch nicht etwa in der Weise beschränkt, dass sie nur solche Regelungen beschließen könnten, die konkret Gegenstand einer Folgenabschätzung durch die Kommission waren. Die Annahme einer solchen Bindungswirkung widerspricht der differenzierten Rollen- und Aufgabenverteilung, welche das Primärrecht gemäß Art. 294 AEUV für die Beteiligung der drei Unionsorga-

[210] Zustimmend *Schroeder*, in: ZG 2016, S. 193 (212), der aber betont, dass die weitere Entwicklung zu beobachten bleibe. Ferner betonen auch die drei Rechtsetzungsorgane, dass deren Gleichberechtigung im Rechtsetzungsverfahren gewahrt sei, vgl. Interinstitutionelle Vereinbarung über Bessere Rechtsetzung vom 13. April 2016, ABl. 2016 L 123/1, S. 1 Erwägungsgrund 1.

[211] Vgl. *Martenczuk*, in: Grabitz/Hilf/Nettesheim, Das Recht der EU, Art. 17 EUV Rn. 57 ff.

[212] Vgl. ähnl. *Martenczuk*, in: Grabitz/Hilf/Nettesheim, Das Recht der EU, Art. 17 EUV Rn. 58; s. dazu auch die Ausführungen in Kapitel 5 auf S. 102.

[213] Vgl. ähnl. *Purnhagen/Feindt*, in: EJRR 2015, S. 361 (364).

[214] S. zu den Folgenabschätzungskapazitäten in Parlament und Rat Kapitel 6 S. 123 ff. und S. 126 ff.

[215] So wohl die Befürchtung von *Wegrich*, in: EJRR 2015, S. 369 (371).

[216] Insbesondere das Parlament verfügt mit seiner Direktion für Folgenabschätzungen über eine wirksame Einrichtung, um die Daten und Analysen der Kommission zu überprüfen, s. zu deren umfangreichen Aufgaben in Bezug auf Folgenabschätzungen und Ex-Post-Evaluierungen nur die Ausführungen in diesem Kapitel auf S. 123 ff.

[217] *EuGH*, Urteil vom 8. Juli 2010 – Rs. C-343/09, Afton Chemical, Slg. 2010, I-07027, Rn. 28 und Rn. 30; *Generalanwältin Kokott*, Schlussanträge vom 23. Dezember 2015 – Rs. C-477/14, Pillbox, ECLI:EU:C:2015:854, Rn. 85 f.

ne im Rechtsetzungsverfahren vorsieht.[218] Sie entsteht insbesondere weder aufgrund der von der Kommission durchgeführten Folgenabschätzungsverfahren noch wegen sonstiger Maßnahmen in diesem Zusammenhang, wie etwa den entsprechenden Vorgaben in den Better Regulation Guidelines oder der Better Regulation Toolbox, da diese nicht für Parlament und Rat gelten. Auch die Zusage der beiden Unionsorgane in der Interinstitutionellen Vereinbarung, die Folgenabschätzungen der Kommission zu berücksichtigen, enthält wegen ihrer offenen Formulierung keine rechtlich verbindlichen Verpflichtungen.[219] Daher beschränken die umfangreichen Maßnahmen der Kommission im Bereich der Folgenabschätzungen weder in tatsächlicher noch in rechtlicher Hinsicht das Recht von Parlament und Rat, einen Kommissionsvorschlag abzuändern.

3. *Qualität der Folgenabschätzungen der Kommission*

Die Qualität der Folgenabschätzung der Kommission hat zwar in den letzten Jahren zugenommen,[220] sie bleibt aber nach wie vor uneinheitlich und auch bereits bekannte Mängel[221] bestehen weiterhin.[222] So beantworten einige Folgenabschätzungen zentrale Fragen nur unzureichend oder entbehren einer soliden Wissensgrundlage, etwa wegen nicht ausreichender, fehlender, veralteter oder nicht verifizierbarer Fakten.[223] Teilweise besteht sogar die Tendenz, fehlende Belege und Analysen durch selektive und allgemeine Hinweise auf Konsultationsergebnisse zu kompensieren, die aber weder repräsentativ noch präzise genug sind, um die gezogenen Schlussfolgerungen zu rechtfertigen.[224] Ferner ist vereinzelt die Auswahl der dargestellten, realistischen Handlungsoptionen zu begrenzt, wobei außerdem der bevorzugten Option häufig mehr Aufmerksamkeit als anderen gewidmet wird.[225] Darüber hinaus werden die Auswirkungen

---

218 So ausdrücklich *Generalanwältin Kokott*, Schlussanträge vom 23. Dezember 2015, Rs. C-477/14, Pillbox, ECLI:EU:C:2015:854, Rn. 72.

219 S. dazu die Interinstitutionelle Vereinbarung über Bessere Rechtsetzung vom 13. April 2016, ABl. 2016 L 123/1, S. 4 Rn. 14; vgl. hierzu berichtend *Schroeder*, in: ZG 2016, S. 193 (212).

220 S. zustimmend *Ausschuss für Regulierungskontrolle*, Jährlicher Bericht 2017, S. 22; vgl. weitgehend mit grundsätzlich positiver Bewertung *Meuwese*, in: EJLR 2017, S. 16 (20) und Ratsdok. Nr. 9865/17 vom 2. Juni 2017, S. 6 Rn. 12.

221 S. zu den bereits früher festgestellten Mängel *Europäischer Rechnungshof*, Sonderbericht Nr. 3/2010, Rn. 63 ff.; s. berichtend *Schulze-Fielitz*, in: FS Scheuing, S. 165 (185).

222 *Europäisches Parlament*, Activity Report for 2017, S. 19 f.; Ratsdok. Nr. 9865/17 vom 2. Juni 2017, S. 6 Rn. 12.

223 *Europäisches Parlament*, Activity Report for 2017, S. 20; Ratsdok. Nr. 9865/17 vom 2. Juni 2017, S. 6 Rn. 12; s. mit ähnl. Kritik auch *Dunlop/Radaelli*, in: EJRR 2015, S. 27 (31).

224 *Europäisches Parlament*, Activity Report for 2017, S. 20; *Impactassessmentinstitute*, Final Study 2017, S. 30.

225 *Europäisches Parlament*, Activity Report for 2017, S. 20; Ratsdok. Nr. 9865/17 vom 2. Juni 2017, S. 6 Rn. 12; s. ebenso bereits *Souto-Otero*, in: Evidence & Policy 2013, S. 513 (523).

auf kleinere und mittlere Unternehmen sowie auf die Wettbewerbsfähigkeit oft nicht vertieft genug analysiert.[226] Auch fehlt es gelegentlich an einer ausgewogenen Analyse der Auswirkungen in den Bereichen Ökonomie, Ökologie und Soziales, wobei häufig die beiden letztgenannten Bereiche unzureichend berücksichtigt werden.[227] Der Bericht des Ausschusses für Regulierungskontrolle bestätigt, dass mehr als 90% der im Jahr 2017 durchgeführten Folgenabschätzungen ökonomische Auswirkungen untersuchten, wohingegen Auswirkungen im Bereich der Ökologie nur in etwas mehr als 40% der Folgenabschätzungen ermittelt wurden.[228] Außerdem werden ökonomische Auswirkungen insgesamt betrachtet deutlich differenzierter ermittelt, da solche Auswirkungen auf Bereiche mit starkem ökonomischen Bezug, etwa KMU, Wettbewerb, EU-Haushalt, Forschung, Innovation und Digitalisierung, meist zusätzlich einer gesonderten Überprüfung unterzogen werden.[229] Die genannten Zahlen bestätigen die bereits seit einiger Zeit zu beobachtende Tendenz,[230] dass Auswirkungen im ökonomischen Bereich weitaus häufiger ermittelt werden als in anderen Bereichen.[231] Letzteres beeinträchtigt die Qualität der Folgenabschätzung und damit ihren Beitrag zur Verwirklichung einer fakten- und wissensbasierten Rechtsetzung. Die Fokussierung auf die Ermittlung von Auswirkungen einer Regelung im ökonomischen Bereich verschärft das grundsätzlich bestehende Spannungsverhältnis zwischen Breite und Tiefe der Analyse der Integrierten Folgenabschätzung.[232] Eine Fokussierung auf eine vertiefte Analyse des ökonomischen Bereichs birgt das Risiko, dass Auswirkungen einer Regelung in anderen Bereichen übersehen werden; die Folgenabschätzung mithin kein umfassendes Bild über die Folgen einer Regelung prognostizieren kann. Darüber hinaus führt eine intensive Analyse eines einzelnen Bereichs nicht zwingend auch zu einer besseren Identifizierung aller Folgen einer Regelung in diesem Bereich. Vor

---

[226] *Europäisches Parlament*, Activity Report for 2017, S. 20; Ratsdok. Nr. 9865/17 vom 2. Juni 2017, S. 6 Rn. 12.

[227] *Europäisches Parlament*, Activity Report for 2017, S. 20.

[228] *Ausschuss für Regulierungskontrolle*, Jährlicher Bericht 2017, S. 16; vgl. für das Jahr 2018 insoweit unverändert *ders.*, Jährlicher Bericht 2018, S. 33.

[229] Vgl. *Ausschuss für Regulierungskontrolle*, Jährlicher Bericht 2018, S. 33 zur Aufschlüsselung der ermittelten Auswirkungen.

[230] So explizit der *Ausschuss für Regulierungskontrolle*, Jährlicher Bericht 2017, S. 16; vgl. bereits früher *Europäischer Rechnungshof*, Sonderbericht Nr. 3/2010, Rn. 66 und konkret für den Bereich der Ökologie *E. Hofmann*, in: ZUR 2006, S. 574 (577).

[231] *Europäisches Parlament*, Activity Report for 2017, S. 19; vgl. kritisch *Bundesrat*, Beschluss vom 25. September 2015, Drs. 242/15, S. 3 Rn. 7 und *Renda*, in: CEPS 2015, S. 1 (11). Einen ökonomischen Schwerpunkt des Instruments nehmen daher an *Eliantonio/Spendzharova*, in: EJLR 2017, S. 3 (5); *Dunlop/Radaelli*, in: EJRR 2015, S. 27 (28); *Fink*, Better Regulation – Bessere Rechtsetzung in Europa, S. 30 ff.; *Lindemann/Jänicke*, in: ZfU 2008, S. 355 (384 f.) und *E. Wagner*, in: EurUP 2016, S. 121 (130); vgl. so bereits früher *Cecot/Hahn/Renda/Schrefler*, in: Regulation & Governance 2008, S. 405 (412 f.) und *Torriti*, in: JRR 2007, S. 239 (257).

[232] Vgl. zu diesem strukturellen Problem allgemein *Wegrich*, Better Regulation, S. 53.

allem Nebenfolgen und Summationseffekte dürften sich häufig erst durch die vergleichende Analyse auch anderer Bereiche offenbaren. Der Vorteil einer Integrierten Folgenabschätzung mit einem ausgewogenen Analysespektrum liegt gerade darin, dass sie solche Nebenfolgen einer Regelung identifizieren kann. Trotz dieser Mängel kann die Qualität der Folgenabschätzungen der Kommission als solide betrachtet werden. Denn teilweise hat sich das Folgenabschätzungsverfahren auch verbessert, etwa in den Bereichen Problembeschreibung, Ursachenermittlung sowie methodische Verbindung der verschiedenen Verfahrensschritte der Folgenabschätzung.[233] Dies zeigt, dass auch die gegenwärtige Ausgestaltung des Folgenabschätzungsverfahrens durchaus – mit den oben genannten Einschränkungen – zu einer fakten- und wissensbasierten und damit zu einer Besseren Rechtsetzung beitragen kann.

IV. Zwischenfazit

Insgesamt betrachtet erweist sich das europäische System der Folgenabschätzung – trotz seiner Schwächen – als wirksames Instrument im europäischen Konzept der Besseren Rechtsetzung.[234] In seinem Zentrum steht die Integrierte Folgenabschätzung der Kommission, welche erhebliche Bedeutung für die Rechtsetzungsvorbereitung erlangt hat. Mittlerweile ist die Integrierte Folgenabschätzung eng mit der Politikentwicklung der Kommission verflochten[235] und bildet den Anknüpfungspunkt für andere Instrumente, wie etwa für Konsultationen und die Kontrolle durch den Ausschuss für Regulierungskontrolle.[236] Diese Verzahnung der Instrumente miteinander einerseits und ihre Implementierung in die Politikentwicklung der Kommission andererseits haben die Art und Weise der Rechtsetzungsvorbereitung in der Kommission verändert.[237] Ob dies aber auch zu einer wirksamen Verbesserung der Rechtsetzungsqualität insgesamt führt, die auch für Rechtsanwender und Betroffene spürbar ist, bleibt offen. Denn unzureichend ist insbesondere, dass die Kommission nicht zu allen in ihrem Arbeitsprogramm aufgeführten Initiativen ein Folgenabschät-

---

233 S. im Einzelnen dazu *Europäisches Parlament*, Activity Report for 2017, S. 20.

234 S. mit ähnl. positiver Bewertung auch der *Europäische Rechnungshof*, Sonderbericht Nr. 3/2010, Rn. 87; im Ergebnis auch *Dunlop/Radaelli*, in: EJRR 2015, S. 27 (31); *Grüner*, Quantität und Qualität der europäischen Rechtsetzung, S. 336 f. und S. 358; *Kahl/Hilbert*, in: FS Kloepfer, S. 399 (412); *Luchetta*, in: EJRR 2012, S. 561 (564 und 575); *Renda*, Impact Assessment in the EU, S. 43.

235 Vgl. anschaulich *Europäische Kommission*, Bessere Rechtsetzung als zentrales Element der EU-Politik, S. 2.

236 *Eliantonio/Spendzharova*, in: EJLR 2017, S. 3 (3 ff.) mit Verweis auf *Smismans*, in: EJRR 2015, S. 6 (25 f.); s. zustimmend, insb. mit Blick auf das Instrument der Konsultationen *Smulders/Paquet*, in: Garben/Govaere, The EU Better Regulation Agenda, S. 79 (81 und 102).

237 Vgl. ähnl. *Garben*, in: Garben/Govaere, The EU Better Regulation Agenda, S. 217 (217).

zungsverfahren durchführt. Hinzu kommt, dass die Folgenabschätzungsanalyse einen gewissen Schwerpunkt hinsichlich der Ermittlung von ökonomischen Regelungsauswirkungen aufweist, der einer Verbesserung der Rechtsetzungsqualität nicht uneingeschränkt zuträglich ist, da die Gefahr besteht, dass möglicherweise unbeabsichtigte Nebenfolgen in anderen Bereichen übersehen werden. Neben den Mängeln der Integrierten Folgenabschätzung offenbart das europäische System der Folgenabschätzungen aber auch Schwächen bei der Verteilung der Folgenabschätzungsverantwortung. Parlament und Rat haben zwar mittlerweile die notwendigen strukturellen Voraussetzungen geschaffen, um mehr Folgenabschätzungen durchführen zu können. Eine signifikante Steigerung der Anzahl durchgeführter Folgenabschätzungen, insbesondere bei der Abänderung von Kommissionsvorschlägen, wurde dadurch aber – jedenfalls noch – nicht erreicht.

C. Ex-Post-Evaluierungen

I. Zielsetzung

Ex-Post-Evaluierungen sind eine weitere Säule der Besseren Rechtsetzung und ein wichtiges Instrument, um die von einer Regelung tatsächlich verursachten Auswirkungen festzustellen.[238] Ziel von Ex-Post-Evaluierungen ist es, zur Rechtsetzungsqualität beizutragen, indem sie die Widerspruchsfreiheit, Wirksamkeit und Notwendigkeit von Rechtsvorschriften überprüfen.[239] Sie sind damit als Bestandteil eines Konzepts der Besseren Rechtsetzung erforderlich,[240] weil sie Aufschluss darüber geben, ob weitere Maßnahmen,[241] wie etwa Rechtsvereinfachung oder Rechtsbereinigung,[242] durchgeführt werden müssen.

[238] Vgl. Mandelkernbericht, S. 22; s. grundlegend hierzu KOM(2010) 543 endgültig vom 8. Oktober 2010, S. 5; s. zum Begriff und Funktion der Evaluierung auch *Widmer*, in: LeGes 2015, S. 15 (16 f.).

[239] Interinstitutionelle Vereinbarung über Bessere Rechtsetzung vom 13. April 2016, ABl. 2016 L 123/1, S. 5 Rn. 20; s. ähnl., aber zustimmend *Winter*, in: Wintgens, Legisprudence, S. 139 (148).

[240] So wohl die allgemeine Meinung, s. nur *Widmer*, in: LeGes 2015, S. 15 (17).

[241] In Bezug auf die Fitness- und Eignungstests so COM(2015) 215 endgültig vom 19. Mai 2015, S. 13.

[242] Vgl. hierzu die noch folgenden Ausführungen in diesem Kapitel auf S. 172 ff.

II. Typen

Ex-Post-Evaluierungen[243] vervollständigen das Instrumentarium zur Erfassung von Regelungswirkungen im europäischen Konzept. Sie ergänzen die prospektiven und begleitenden Folgenabschätzungen der Rechtsetzungsvorbereitung um die retroperspektive Untersuchung der tatsächlich verursachten Wirkungen von bestehenden Maßnahmen, Politiken und Rechtsetzung der EU.[244] Die Ex-Post-Evaluierungen des europäischen Konzepts gehen aber über die Ermittlung vergangener Ereignisse hinaus und analysieren auch, warum es tatsächliche Veränderungen gegeben hat, insbesondere ob ein Handeln der EU die erwarteten Veränderungen bewirkt oder unerwartete Veränderungen hervorgerufen hat.[245] Sie weisen damit eine grundsätzlich ähnlich weite Untersuchungsperspektive auf wie das Folgenabschätzungsverfahren.[246] Ex-Post-Evaluierungen werden durch verschiedene Mechanismen ausgelöst, etwa durch Überprüfungs- und Verfallsklauseln[247] oder den Grundsatz der vorherigen Evaluierung.[248] Sie kommen in unterschiedlichen Erscheinungsformen vor: als abschließende, nachträgliche Bewertung oder als Zwischenbewertungen im Rahmen der Ausarbeitung von Politiken,[249] parallel zum Folgenabschätzungsverfahren im sog. „back-to-back"-Verfahren, wenn die Anwendung beider Instrumente nacheinander zeitlich nicht möglich ist und deshalb in einem einzigen Verfahren durchgeführt werden muss,[250] sowie als Fitness- und Eignungstests des REFIT-Programms.[251] Die Besonderheit der Fitness- und Eignungstests des REFIT-Programms ist, dass sie sich – anders als die gewöhnlichen Ex-Post-Evaluierungen der Kommission – nicht auf einzelne Maßnahmen oder Rechtsvorschriften, sondern auf einen Verbund aus – etwa durch gemeinsame Zielsetzung – zusammengehörige Rechtsvorschriften oder Maßnahmen in einem

---

243 Das europäische Konzept verwendet den Begriff „Evaluierung" als Oberbegriff für verschiedene Erscheinungsformen von Evaluierungen, die ihrer Funktion nach aber Ex-Post-Evaluierungen sind, da die Bewertung aus Ex-Post-Perspektive erfolgt, vgl. Better Regulation Toolbox, S. 315. Daher wird im Folgenden ausschließlich der Begriff der Ex-Post-Evaluierung verwendet.

244 Vgl. KOM(2010) 543 endgültig vom 8. Oktober 2010, S. 4; Better Regulation Guidelines, S. 52.

245 Better Regulation Guidelines, S. 52.

246 Vgl. dazu Better Regulation Guidelines, S. 52.

247 Interinstitutionelle Vereinbarung über Bessere Rechtsetzung vom 13. April 2016, ABl. 2016 L 123/1, S. 5 Rn. 20.

248 S. zu diesem Grundsatz die Ausführungen in diesem Kapitel auf S. 174 f.

249 Better Regulation Toolbox, S. 315; s. zu den Evaluierungstypen *Smismans*, in: EJRR 2015, S. 6 (7).

250 S. zu diesem neu eingeführten Instrument Better Regulation Toolbox, S. 367 f. sowie dazu auch kritisch *Golen/v. Voorst*, in: EJRR 2016, S. 388 (389 ff.).

251 Vgl. zu diesen Instrumenten die Interinstitutionelle Vereinbarung über Bessere Rechtsetzung vom 13. April 2016, ABl. 2016 L 123/1, S. 8 Rn. 48.

bestimmten Rechtsgebiet oder Politikfeld beziehen.[252] Auf diese Weise sollen insbesondere kumulative Wirkungen, Widersprüche und Inkonsistenzen von Maßnahmen und Rechtsvorschriften sowie gegebenenfalls Umsetzungsprobleme oder wirkungslose Maßnahmen innerhalb des untersuchten Bereichs besser identifiziert werden.[253]

1. Überprüfungs- und Verfallsklauseln

Überprüfungs- und Verfallsklauseln werden schon seit der Frühphase einer Besseren Rechtsetzung zur Ex-Post-Evaluierung eingesetzt.[254] Verfallsklauseln befristen eine Regelung. Nach Fristablauf ist der Normgeber gezwungen, ihre Wirksamkeit zu analysieren und gegebenenfalls eine neue Regelung zu erlassen.[255] Bei Überprüfungsklauseln muss der Normgeber die Wirksamkeit einer Regelung ebenfalls nach einem bestimmten Zeitraum bewerten;[256] sie tritt allerdings nicht automatisch außer Kraft.[257]

2. Ex-Post-Evaluierungen im Europäischen Parlament

Das Europäische Parlament hat seine Anstrengungen im Bereich der Ex-Post-Evaluierungen verbessert. Zuständig für Ex-Post-Evaluierungen ist hier die Einheit für Ex-Post-Folgenabschätzung der Direktion für Folgenabschätzungen (Ex-Post Impact Assessment Unit [IMPT]).[258] Diese Einheit dient den parlamentarischen Ausschüssen im Wesentlichen als allgemeiner Informationsdienst in Bezug auf solche Maßnahmen, die die drei Rechtsetzungsorgane im Bereich „Umsetzung und Wirksamkeit von Unionsrecht und -politiken“ konkret in der Praxis forcieren. Hierfür erstellt die IMPT beispielsweise ausführliche Analysen und Studien zu Umsetzungsfragen[259] oder fertigt kurze übersichtsartige Umsetzungsgutachten zur Bewertung der Anwendung von solchen bestehenden Unionsrechtsvorschriften (sog. Short Implementation Appraisals) an,

[252] Vgl. zu dieser Besonderheit Better Regulation Guidelines, S. 53; Better Regulation Toolbox, S. 316.

[253] COM(2014) 368 endgültig vom 18. Juni 2014, S. 2; Better Regulation Guidelines S. 53; Better Regulation Toolbox, S. 316; vgl. berichtend *Schroeder*, in: ZG 2016, S. 193 (209).

[254] S. etwa nur die Mitteilung der Kommission KOM(2002) 278 endgültig vom 5. Juni 2002, S. 8; vgl. zum Ganzen *Zbíral*, in: Garben/Govaere, The EU Better Regulation Agenda, S. 63 (69).

[255] S. dazu auch ausführlich Better Regulation Guidelines, S. 38.

[256] Vgl. zu Typen und Wirkungsweise von Überprüfungsklauseln Better Regulation Toolbox, S. 310 ff.

[257] S. zu sog. „Review Clauses“ im Unionsrecht *Europäisches Parlament*, PE 598.601, S. 4 ff.; s. hierzu allgemein *OECD*, Ausblick Regulierungspolitik 2015, S. 139; *Wegrich*, Better Regulation, S. 59 f.

[258] Vgl. eingehend zu den Einheiten der Direktion für Folgenabschätzungen *Europäisches Parlament*, Activity Report for 2016, S. 10 f.; s. auch ausführlich *Quintana/Anglmayer*, in: EJLR 2019, S. 118 (118 ff.); *Stephenson*, in: EJLR 2017, S. 97 (98 ff.).

[259] *Europäisches Parlament*, Activity Report for 2017, S. 35.

die ausweislich des Jahresarbeitsprogramms der Kommission reformiert werden sollen, so dass dem jeweils zuständigen parlamentarischen Ausschuss ein solches Umsetzungsgutachten zur Verfügung steht, wenn er eine entsprechende Rechtsetzungsinitiative der Kommission zu prüfen hat.[260] Detaillierte Umsetzungsgutachten (Detailed European Implementation Assessments) arbeitet die IMPT hingegen aus, wenn ein parlamentarischer Ausschuss sich mit einem Initiativbericht gemäß Art. 225 AEUV, der die Umsetzung von bestehenden Unionsrecht oder -politiken betrifft, an die Kommission zu wenden wünscht.[261] Darüber hinaus fertigt die IMPT auch fortlaufende Checklisten (sog. „rolling check-lists") an, die es den Ausschüssen erleichtern sollen, ihre parlamentarische Kontrollfunktion gegenüber der Kommission wahrzunehmen.[262] Diese fortlaufenden Checklisten enthalten referenzartige Übersichten, die eine leichtere Erfassung von komplexen Themen ermöglichen, etwa in Bezug auf den Umfang von bestehenden Unionsvorschriften, die Anzahl internationaler Abkommen oder die abgeschlossenen, gegenwärtig durchgeführten oder geplanten Ex-Post-Evaluierungen der Kommission.[263]

3. *REFIT-Programm der Kommission*

a) Programminhalt

Die wichtigsten Ex-Post-Evaluierungen werden im Rahmen des REFIT-Programms der Kommission durchgeführt. Seit 2012 ist das Programm fester Bestandteil des europäischen Konzepts der Besseren Rechtsetzung.[264] Damals wurden im REFIT-Programm verschiedene, zu diesem Zeitpunkt bereits bestehende Kommissionsprogramme für Evaluierung und Identifizierung von vereinfachungs- und reformbedürftigen Rechtsvorschriften zusammengefasst.[265] Eingang in das REFIT-Programm fanden etwa das Aktionsprogramm zur Verringerung der Verwaltungslasten (Action Programme for Reducing Administrative Burdens in the EU [ABR]),[266] dessen Folgemaßnahmen des ABR Plus

---

[260] *Europäisches Parlament*, Activity Report for 2017, S. 35.

[261] *Europäisches Parlament*, Activity Report for 2017, S. 35.

[262] *Europäisches Parlament*, Activity Report for 2017, S. 12 und S. 35; s. zu den einzelnen Tätigkeiten der IMPT und zu den Checklisten eingehend auch *Stephenson*, in: EJLR 2017, S. 97 (115 f.).

[263] Vgl. zum Ganzen ausführlich *Europäisches Parlament*, Activity Report for 2017, S. 40 f.

[264] Vgl. COM(2012) 746 endgültig vom 12. Dezember 2012, S. 4 ff. und COM(2013) 685 endgültig vom 2. Oktober 2013; COM(2014) 368 endgültig vom 18. Juni 2014; s. berichtend *Schroeder*, in: ZG 2016, S. 193 (207). Hingegen wurden „Fitness- und Eignungstests" bereits im Rahmen von „Smart Regulation" eingeführt, vgl. dazu KOM(2010) 543 endgültig vom 8. Oktober 2010.

[265] S. hierzu grundlegend die Mitteilung COM(2012) 746 endgültig vom 12. Dezember 2012, S. 3.

[266] Vgl. hierzu KOM(2006) 689 endgültig vom 14. November 2006; COM(2009) 544 endgültig vom 22. Oktober 2009; s. hierzu auch die Mitteilung „Measuring administrative

Programms[267] sowie die damals bereits bestehenden Eignungstests für Rechtsvorschriften („Fitness-Checks") und schließlich Maßnahmen aus dem Aktionsplan Verringerung der Verwaltungslasten für KMU[268].[269] Im Rahmen des nunmehr bestehenden REFIT-Programms überprüft und bewertet die Kommission systematisch und fortlaufend bestehende Maßnahmen, Politiken und Rechtsvorschriften, um sicherzustellen, dass deren Ziele möglichst kostengünstig erreicht werden und sich die durch sie verursachten Kosten reduzieren.[270] Letzteres geschieht vor allem durch die Identifizierung und anschließende Aufhebung von Berichts-, Aufbewahrungs- und Nachweispflichten,[271] die den Betroffenen – unabhängig von der Erfüllung des eigentlichen Normbefehls – die Pflicht auferlegen, solche Informationen zu sammeln, auszuwerten und zu verarbeiten, die sie ohne diese Verpflichtung nicht erhoben hätten, weswegen ihnen zusätzliche zeitliche und finanzielle Kosten entstehen.[272] Darüber hinaus werden allerdings auch andere Möglichkeiten ermittelt, bestehende Rechtsvorschriften so zu vereinfachen, dass deren Einhaltung Betroffene finanziell weniger belastet, beispielsweise durch Digitalisierung.[273] Seit 2017 wird grundsätzlich jede Kommissionsinitiative, die sich auf die Änderung bestehenden Unionsrechts bezieht, in das REFIT-Programm aufgenommen (sog. REFIT-Initiative).[274] Dadurch soll der Abbau unnötiger Bürokratie- und Regulierungskosten im bestehenden Unionsrecht noch stärker forciert werden.[275]

b) *Organisatorische und personelle Ausgestaltung*

Das REFIT-Programm ist als Kommissionsprogramm ausgestaltet.[276] Die Planung und Durchführung der im Rahmen des Programms vorgesehenen Fitness-

---

costs and reducing administrative burdens in the European Union" COM(2006) 691 endgültig vom 14. November 2006.

[267] Vgl. COM(2012) 746 endgültig vom 12. Dezember 2012, S. 5.

[268] „Verringerung der Verwaltungslasten für KMU – Anpassung der EU-Rechtsvorschriften an die Bedürfnisse von Kleinstunternehmen" COM(2011) 803 endgültig vom 23. November 2011.

[269] Vgl. zum Ganzen eingehend COM(2012) 746 endgültig vom 12. Dezember 2012, S. 2 ff. und S. 5.

[270] So die Kommission in ihrer Mitteilung COM(2017) 651 endgültig vom 24. Oktober 2017, S. 16.

[271] Vgl. COM(2012) 746 endgültig vom 12. Dezember 2012, S. 4; Better Regulation Toolbox, S. 489.

[272] S. zur Messung und zum Abbau von Bürokratiekosten ausführlich *Ahrens/Leier*, in: ZG 2007, S. 383 (394); Better Regulation Toolbox, S. 489; *Torriti*, in: Weatherill, Better Regulation, S. 83 (83 ff.).

[273] Better Regulation Toolbox, S. 9.

[274] Vgl. hierzu die diesbezügliche Regelung der Better Regulation Toolbox, S. 9.

[275] COM(2017) 651 endgültig vom 24. Oktober 2017, S. 16; Better Regulation Toolbox, S. 9.

[276] S. dazu die Mitteilung der Kommission COM(2015) 215 endgültig vom 19. Mai 2015, S. 10.

und Eignungstests obliegen den für die jeweilig untersuchten Politikbereiche zuständigen Generaldirektionen.[277] Unterstützt werden sie dabei von der Direktion C1 des Generalsekretariats.[278] Darüber hinaus sind auch dienststellenübergreifende Lenkungsgruppen an den Ex-Post-Evaluierungen beteiligt, die aus Vertretern des Generalsekretariats und den Generaldirektionen gebildet werden, deren Zuständigkeit durch die Ex-Post-Evaluierung berührt wird.[279]

c) *Programmablauf*

Die Verfahrensschritte zur Durchführung einer Ex-Post-Evaluierung im Rahmen eines Fitness- und Eignungstests des REFIT-Programms sind in struktureller Hinsicht im Wesentlichen vergleichbar mit den Verfahrensschritten der Folgenabschätzung.[280] Zunächst muss das Verfahren durch die Entscheidung des jeweils für den Bereich zuständigen Generaldirektors politisch bestätigt werden.[281] Dem eigentlichen REFIT-Prozess[282] geht eine kontinuierliche Überprüfung der in den Zuständigkeitsbereich einer Generaldirektion fallenden Rechtsvorschriften voraus (sog. regular screening).[283] Bei dieser Bestandsaufnahme werden diejenigen Regelungsbereiche und Rechtsvorschriften identifiziert, die das größte Potenzial haben, vereinfacht zu werden und Regulierungskosten einzusparen (REFIT-Potenzial[284]).[285] Das Ergebnis gibt Aufschluss, in welchen Bereichen eine vertiefte Untersuchung notwendig ist.[286] Auf Grundlage dieser Vorprüfung entwirft und veröffentlicht die federführende Generaldirektion zusammen mit dem Generalsekretariat einen Ablaufplan,[287] zu dem eine internetbasierte Konsultation durchgeführt wird.[288] Nach Veröffentlichung des Ablaufplans wird eine dienststellenübergreifende Lenkungsgruppe eingerichtet, die zusammen mit der Generaldirektion unter Berücksichtigung des Ablaufplans sowie der hierzu eingegangenen Konsultationsbeiträge

---

277 Vgl. Better Regulation Guidelines, S. 55; Better Regulation Toolbox, S. 314.

278 Better Regulation Toolbox, S. 320; vgl. das Organigramm des Generalsekretariats, abrufbar unter: https://ec.europa.eu/info/sites/info/files/secretariat-general-organisation-chart_en_3.pdf.

279 Better Regulation Guidelines, S. 55; Better Regulation Toolbox, S. 359.

280 Vgl. zum Verfahrensablauf ausführlich *Smismans*, in: EJLR 2017, S. 74 (89 ff.).

281 Better Regulation Guidelines, S. 55; Better Regulation Toolbox, S. 314.

282 Vgl. zu den einzelnen Verfahrensschritten ausführlich auch Better Regulation Guidelines, S. 55 f. und Better Regulation Toolbox, S. 314 sowie anschaulich a. a. O., S. 320.

283 Better Regulation Toolbox, S. 321 f.

284 Better Regulation Toolbox, S. 9.

285 Vgl. zu dieser Vorgehensweise bereits COM(2012) 746 endgültig vom 12. Dezember 2012, S. 4.

286 COM(2012) 746 endgültig vom 12. Dezember 2012, S. 4.

287 Better Regulation Guidelines, S. 55, Better Regulation Toolbox, S. 314; vgl. zum Inhalt des Ablaufsplans bereits die Ausführungen zu den Konsultationen in diesem Kapitel auf S. 109 f.

288 Better Regulation Guidelines, S. 55; Better Regulation Toolbox, S. 314.

die Gestaltung des eigentlichen Bewertungsprozesses festlegt.[289] Dies betrifft etwa die Reihenfolge verschiedener Analyseschritte, die Bewertung der Daten und Datenerhebungsmethoden sowie die Auswahl der analytischen Methoden und Instrumente, die zur Durchführung des eigentlichen Bewertungsprozesses verwendet werden.[290] Dabei werden auch der Zweck des Fitness- und Eignungstests sowie dessen Untersuchungsspektrum festgelegt.[291] Wie bei der Folgenabschätzung gelangt auch hier der Grundsatz der proportionalen Analyse zur Anwendung, weshalb Umfang und Tiefe der durchgeführten Analysen in Bezug auf die Bedeutung des jeweiligen Untersuchungsgegenstandes verhältnismäßig sein müssen.[292] Außerdem müssen Fitness- und Eignungstests die weiteren Schlüsselkriterien Vollständigkeit, Objektivität, Wissenschaftlichkeit und Transparenz beachten.[293] In dieser Phase wird auch festgelegt, welche Aufgaben und Verfahrensschritte des eigentlichen Evaluierungsprozesses, wie etwa die Sammlung und Analyse von Daten oder die Entwicklung analytischer Modelle,[294] externen Sachverständigen übertragen werden.[295] Im eigentlichen Bewertungsprozess werden – wie auch bei der Folgenabschätzung – Daten und Fachwissen gesammelt, analysiert und anschließend aus den Bewertungsergebnissen Schlussfolgerungen gezogen.[296] Informationen liefert hierfür auch eine 12-wöchige öffentliche Konsultation, die in diesem Verfahrensschritt verpflichtend durchzuführen ist.[297] Die dienststellenübergreifende Lenkungsgruppe beaufsichtigt die Durchführung des Bewertungsprozesses.[298] Inhaltlich strukturiert wird der Bewertungsprozess anhand der Beantwortung von Evaluierungsfragen.[299] Jeder Fitness- und Eignungstest muss zu folgenden Fragen Stellung nehmen: „1. Wie ist die gegenwärtige Situation?“, „2. Wie wirksam waren legislative Maßnahmen der EU?“, „3. Wie effizient waren sie?“, „4. Sind sie notwendig?“, „5. Sind sie in sich und in Bezug auf andere Maßnahmen kohärent?“, „6. Welchen Mehrwert hat die Maßnahme für die EU?“.[300] Daneben sollen die Auswirkungen im ökonomischen, ökologischen und sozia-

289 Better Regulation Toolbox, S. 314.

290 Better Regulation Toolbox, S. 330.

291 Better Regulation Toolbox, S. 331; vgl. ausführlich zu Detailvorgaben a. a. O., S. 333 f.

292 Vgl. ausführlich zur Bestimmung der Verhältnismäßigkeit Better Regulation Toolbox, S. 326 ff.

293 Vgl. zu diesen Schlüsselkriterien ausführlich Better Regulation Guidelines, S. 56.

294 Better Regulation Toolbox, S. 357.

295 Better Regulation Guidelines, S. 55; Better Regulation Toolbox, S. 314 und ausführlich S. 359 ff.

296 Better Regulation Toolbox, S. 357 f.

297 Better Regulation Toolbox, S. 358.

298 Better Regulation Toolbox, S. 358.

299 Better Regulation Guidelines, S. 58.

300 Better Regulation Guidelines, S. 58 f.; s. ausführlich dazu die Better Regulation Toolbox, S. 345 ff. sowie zu den optionalen Evaluierungsfragen etwa hinsichtlich der Subsidiarität a. a. O., S. 354 f.

len Bereich ermittelt werden.[301] Orientiert an diesen Fragestellungen werden Konsultationen zu einzelnen Aspekten durchgeführt.[302] Beantwortet werden die genannten Fragen unter Anwendung verschiedener Instrumente, wie etwa der Kosten-Nutzen-Analyse (Cost-Benefit-Analysis [CBA]),[303] der kumulativen Kostenabschätzung (Cumulated Cost Analysis [CCA])[304] oder des vereinfachten EU-Standardkostenmodells,[305] das zur Messung von Bürokratie- und Regulierungskosten dient.[306] Die umfassende Analyse des Verwaltungs- und Regulierungsaufwands sowie die Ermittlung von damit verbundenen Vereinfachungsmöglichkeiten stellen einen zentralen Arbeitsschritt im Rahmen des Bewertungsprozesses dar.[307]

Einen weiteren Schwerpunkt legt der Bewertungsprozess auf die Ermittlung einzelner Vor- und Nachteile.[308] Dabei gilt die Grundregel eines ausgeglichenen Kosten-Nutzen-Verhältnisses, das heißt der Nutzen von Maßnahmen der EU soll die Kosten rechtfertigen, die sie verursachen, auch wenn die unmittelbaren Kostenträger nicht immer zugleich auch von den Vorteilen profitieren, wie dies etwa in den Bereichen Gesundheits-, Umwelt- oder Verbraucherschutz der Fall sein kann.[309] Soweit möglich sollen grundsätzlich alle Kosten und Nutzen quantifiziert bzw. monetarisiert werden.[310] Die Ergebnisse des Evaluierungsprozesses – insbesondere die Erkenntnisse aus durchgeführten Analysen –, die Evaluierungsfragen, die angewandte Methodik, der Gang des Bewertungsprozesses sowie der Hinweis auf die Beteiligung externer Sachverständiger werden als Entwurf eines Arbeitsdokuments der Kommission (SWD) zusammengefasst.[311] Die Grundstruktur des Arbeitsdokuments orientiert sich im Wesentlichen am Ablauf des Fitness- und Eignungstests und gliedert sich in die Abschnitte: „1. Zusammenfassende Darstellung", „2. Einleitung", „3. Hintergrund bestehen-

---

301 Better Regulation Toolbox, S. 346.

302 Better Regulation Guidelines, S. 71; Better Regulation Toolbox, S. 382.

303 Better Regulation Toolbox, S. 351 f. sowie ausführlich a. a. O., S. 466 ff. Zur Anwendung gelangt nicht ausschließlich das Instrument der Kosten-Nutzen-Analyse, vgl. hierzu ausführlich *Renda*, in: Garben/Govaere, The EU Better Regulation Agenda, S. 49 (56 ff.).

304 Die Vorgaben der Better Regulation Toolbox, S. 349 betonen ausdrücklich das die CBA nicht allein ausschlaggebend für das Ergebnis des Bewertungsprozesses sein kann; vgl. zu diesem Instrument ausführlich *Schrefler/Luchetta/Simonelli*, in: EJRR 2015, S. 68 (68 ff.).

305 Better Regulation Toolbox, S. 470 sowie ausführlich a. a. O., S. 488 ff.; vgl. ebenfalls ausführlich zum EU-Standardkostenmodell *Ahrens/Leier*, in: ZG 2007, S. 383 (394).

306 S. ausführlich zu den übrigen Instrumenten im REFIT-Prozess Better Regulation Toolbox, S. 351 ff.

307 Better Regulation Toolbox, S. 349.

308 Vgl. COM(2012) 746 endgültig vom 12. Dezember 2012, S. 3; Better Regulation Toolbox, S. 349.

309 Better Regulation Toolbox, S. 348.

310 Better Regulation Toolbox, S. 10 und S. 359 sowie ausführlich hierzu a. a. O., S. 484.

311 Vgl. hierzu ausführlich Better Regulation Guidelines, S. 64; Better Regulation Toolbox, S. 362 ff.

der Maßnahmen", „4. Ausgangssituation", „5. Angewandte Methodik", „6. Beantwortung der Evaluierungsfragen und zugehörige Analysen", „7. Schlussfolgerungen".[312] Das Arbeitsdokument wird in der Regel zur Überprüfung durch den Ausschuss für Regulierungskontrolle ausgewählt und muss erforderlichenfalls an dessen Stellungnahme angepasst werden.[313] Nach dieser Überprüfung ist das Arbeitsdokument Gegenstand einer dienststellenübergreifenden Konsultation und wird anschließend zusammen mit zugehörigen Dokumenten, wie etwa externe Studien und Berichte, im jährlich aktualisierten REFIT-Anzeiger veröffentlicht.[314] Der REFIT-Anzeiger gibt außerdem Auskunft über den Stand anderer REFIT-Initiativen und enthält gegebenenfalls auch bereits Folgemaßnahmen.[315]

d) Folgemaßnahmen

Die Ergebnisse des REFIT-Prozesses können beispielsweise bei der Ausarbeitung eines neuen Arbeitsprogramms der Kommission berücksichtigt werden oder den Anstoß für einen neuen Legislativvorschlag geben.[316] Außerdem sollen in der Nachbereitungsphase eines REFIT-Prozesses, dessen Ergebnisse gezielt verbreitet und die aktive Diskussion hierüber mit allen Interessenträgern gefördert werden, um mögliche weitere Folgemaßnahmen zu identifizieren.[317] Als Folgemaßnahme des REFIT-Prozesses kann insbesondere die Anwendung von alternativen Regelungsinstrumenten in Betracht kommen, wenn diese sich für die Betroffenen im Vergleich zum Erlass eines Rechtsaktes als weniger belastend darstellt. Neben der Nichtregulierung sind etwa Ko- und Selbstregulierungen[318] in der Regel weniger belastende Maßnahmen,[319] da den Betroffenen kein Regelungskonzept aufgezwungen wird und sie die Regelungen ihrer

---

[312] Better Regulation Toolbox, S. 362 ff.

[313] Better Regulation Guidelines, S. 55; s. hierzu die Ausführungen in diesem Kapitel auf S. 151 f.

[314] Better Regulation Guidelines, S. 55 f.; vgl. zum Instrument des REFIT-Anzeigers die Mitteilung der Kommission COM(2015) 215 endgültig vom 19. Mai 2015, S. 11 und S. 14; s. dazu kritisch *Schroeder*, in: wbl 2016, S. 361 (365).

[315] Better Regulation Toolbox, S. 10.

[316] Better Regulation Guidelines, S. 55 f.; COM(2015) 215 endgültig vom 19. Mai 2015, S. 11 und S. 14; vgl. zu den Folgemaßnahmen der Rechtsbereinigung und -vereinfachung auch die entsprechenden Ausführungen in diesem Kapitel auf S. 172 ff.

[317] Better Regulation Guidelines, S. 65 f.

[318] Vgl. zu diesen Begriffen die Ausführungen in Kapitel 2 auf S. 14 f. sowie Better Regulation Toolbox, S. 109 ff.; s. zu weiteren alternativen Regelungsmöglichkeiten sowie zum Ganzen näher *Verbruggen*, in: EJLR 2017, S. 121 (122 ff.).

[319] Better Regulation Guidelines, S. 22; s. ausführlich *Denker*, Alternative Regulierungsansätze im Kontext der Better Regulation Agenda, S. 44 ff. und ferner grundlegend der Mandelkernbericht, S. 24 ff.

Situation und ihren Verhältnissen sowie Bedürfnissen entsprechend besser anpassen können.[320]

III. Bewertung

1. Systematische Verwendung von Überprüfungsklauseln

Die Kommission, der Rat und das Parlament haben sich darauf geeinigt, Überprüfungsklauseln systematisch in neuen Rechtsvorschriften zu verwenden.[321] In der Praxis werden diese Klauseln ohnehin bereits häufig verwendet.[322] Von 2014 bis 2016 waren 65% aller Gesetzgebungsakte mit einer Überprüfungsklausel versehen.[323] Allerdings ist zweifelhaft, ob hierdurch die Rechtsetzungsqualität tatsächlich verbessert wird. In der Regel verbinden die unionsrechtlichen Überprüfungsklauseln die Überprüfung eines Rechtsakts mit der Verpflichtung, einen Vorschlag für einen neuen Rechtsakt vorzulegen; sie zielen also eher darauf ab, einen Rechtsakt anzupassen, denn ihn vollständig aufzuheben.[324] Die Klauseln erzwingen somit nicht nur ein aufwendiges Überprüfungsverfahren, sondern fördern auch erneute Rechtsetzungsverfahren, welche wiederum Bürokratie und Rechtsunsicherheit verursachen können.[325] Die Verwendung dieser Art von Überprüfungsklauseln ist folglich nicht geeignet, den Normbestand zu verringern und damit zu diesem Ziel einer Besseren Rechtsetzung beizutragen.[326] Die Rechtsetzungsorgane sollten daher von einer flächendeckenden Verwendung Abstand nehmen und von diesen Klauseln nur in geeigneten Einzelfällen Gebrauch machen.

2. Anzahl durchgeführter Fitness- und Eignungstests

Wie auch bei den Folgenabschätzungen ist die Anzahl an durchgeführten Ex-Post-Evaluierungen des REFIT-Programms zu gering. Innerhalb von zwei Jahren hat die Kommission gerade einmal 798 Ex-Post-Evaluierungen durchgeführt,

---

[320] S. dazu die Ausführungen bereits in Kapitel 5 auf S. 101.

[321] Festgelegt wurde dies in der Interinstitutionellen Vereinbarung über Bessere Rechtsetzung vom 13. April 2016, ABl. 2016 L 123/1, S. 5 Rn. 20; vgl. dazu ausführlich dazu *Weber/Edwards/Huber*, in: EJRR 2017, S. 121 (122 ff.).

[322] S. dazu *Europäischer Rechnungshof*, Sonderbericht Nr. 16/2018, Rn. 29.

[323] S. zu diesen Angaben *Europäisches Parlament*, PE 598.601, S. 12 ff.; vgl. zum Ganzen auch ausführlich *Zbíral*, in: Garben/Govaere, The EU Better Regulation Agenda, S. 63 (73).

[324] *Zbíral*, in: Garben/Govaere, The EU Better Regulation Agenda, S. 63 (73).

[325] Vgl. hierzu *Ahrens/Leier*, in: ZG 2007, S. 383 (389) und den Mandelkernbericht, S. 27; wohl a. A. *Grüner*, Quantität und Qualität der europäischen Rechtsetzung, S. 298 f.; vgl. hierzu ausführlich *Wegrich/Shergold/v. Stolk/Jann*, Wirksamkeit von Sunset Legislation und Evaluationsklauseln, S. 39 sowie ebenfalls eingehend *Bar-Siman-Tov*, in: Regulation & Governance 2018, S. 192 (192 ff.).

[326] S. auch mit Kritik zur fehlenden Transparenz bei der Verwendung von Überprüfungsklauseln *Weber/Edwards/Huber*, in: EJRR 2017, S. 121 (138 f.).

wovon lediglich 137 Fitness- und Eignungstests im Rahmen von Vereinfachungsinitiativen des REFIT-Programms waren.[327] Angesichts des Umfangs des Acquis communautaire mit insgesamt über 80.000 Seiten[328] allein des Sekundärrechts[329] ist hier erhebliches Steigerungspotenzial gegeben.[330] Freilich dürfte dies durch den enormen Ressourcenbedarf von Fitness- und Eignungstests[331] erschwert werden. Es ist somit zweifelhaft, ob die Ex-Post-Evaluierungen des REFIT-Programms – abgesehen von Einzelfällen[332] – die Rechtsetzungsqualität kurz- oder auch nur mittelfristig derart verbessern, dass dies für Rechtsanwender und -betroffene auch wahrnehmbar wird.

3. *Verantwortung für das REFIT-Programm*

Spiegelbildlich zur ungleichen Verteilung der Folgenabschätzungsverantwortung ist auch die Verteilung der Verantwortung für das REFIT-Programm defizitär. Die Fitness- und Eignungstests des REFIT-Programms sind die wichtigsten Ex-Post-Evaluierungen auf Unionsebene. Ihre Ergebnisse beeinflussen das Arbeitsprogramm der Kommission und insbesondere auch die Entscheidungen darüber, ob Rechtsgebiete reformiert werden. Zwar betont die Kommission die Gesamtverantwortung der drei am Rechtsetzungsverfahren beteiligten Organe für das REFIT-Programm.[333] Mit Blick auf Zuständigkeiten, personelle Ausstattung und die organisatorische Eingliederung liegt das Programm tatsächlich

---

[327] COM(2017) 651 endgültig vom 24. Oktober 2017, S. 4 und S. 10; vgl. auch COM(2016) 615 endgültig vom 14. September 2016, S. 6, wonach es insgesamt fast 200 Initiativen zur Vereinfachung und Verringerung der Verwaltungslasten sein sollen; vgl. zu neuere Zahlen zwischen 2015 bis 2018 *Europäische Kommission*, Bessere Rechtsetzung: wir ziehen Bilanz und erneuern unser Engagement, S. 5; s. ferner ausführlich zu den einzelnen Ex-Post-Evaluierungen SWD(2017) 675 endgültig vom 24. Oktober 2016, S. 3 ff.

[328] Vgl. dazu EUABC, abrufbar unter: http://de.euabc.com/word/12; s. zum Umfang des Unionsrechts auch *Robinson*, in: The Theory and Practice of Legislation 2015, S. 257 (267).

[329] KOM(2001) 645 endgültig vom 21. November 2001, S. 2; vgl. hierzu ausführlich *Grüner*, Quantität und Qualität der europäischen Rechtsetzung, S. 37 f.; s. auch *Karpen*, in: JuS 2016, S. 577 (579).

[330] Auch die *OECD*, Ausblick Regulierungspolitik 2015, S. 158 und *Mastenbroek/v. Voorst/Meuwese*, in: JEPP 2016, S. 1329 (1343) empfehlen der EU, mehr systematische Ex-Post-Evaluierungen bestehender Rechtsvorschriften durchzuführen.

[331] Selbst die Kommission muss sich externer Sachverständiger bedienen, vgl. zur in Auftrag gegebenen Studie für die Ex-Post-Evaluierung der FFH- und Vogelschutzrichtlinie *Möckel*, in: ZUR 2016, S. 513 (514). Der gesamte REFIT-Prozess zur Ex-Post-Evaluierung der FFH- und Vogelschutzrichtlinie benötigte insgesamt mehr als zwei Jahre, vgl. hierzu https://ec.europa.eu/environment/nature/legislation/fitness_check/index_en.htm.

[332] Finanziell bemerkbar dürfte der Abbau von Informationspflichten vermutlich für konkret Betroffene sein, vgl. zum geschätzten Einsparungspotenzial in Milliardenhöhe die Mitteilung der Kommission COM(2016) 615 endgültig vom 14. September 2016, S. 6 ff.

[333] So explizit COM(2015) 215 endgültig vom 19. Mai 2015, S. 11; s. auch die Interinstitutionelle Vereinbarung über Bessere Rechtsetzung vom 13. April 2016, ABl. 2016 L 123/1, S. 8 Rn. 48.

aber ausschließlich in ihren Händen.[334] Hinzu kommt, dass die Kommission den Bewertungsprozess durch die Anpassung ihrer Better Regulation Guidelines und der Toolbox beeinflussen kann.

4. *Ökonomischer Schwerpunkt des REFIT-Bewertungsprozesses*

Defizitär ist die inhaltliche Ausrichtung des REFIT-Programms. Grundsätzlich ist die systematische und fortlaufende Untersuchung des bestehenden Rechts durchaus ein geeignetes Mittel, um Unzulänglichkeiten und Reformbedarf in einem Rechtsgebiet zu identifizieren.[335] Insoweit leistet das REFIT-Programm einen gewissen Beitrag zur Verbesserung der europäischen Rechtsetzungsqualität in Bezug auf die Qualitätskriterien der Effektivität und Effizienz. Problematisch an derartigen Evaluierungen ist allerdings, dass ihr Ergebnis maßgeblich von den vorgegebenen, zu evaluierenden Aspekten abhängt. Das Untersuchungsspektrum des REFIT-Programms fokussiert in erster Linie die Bewertung des ökonomischen Nutzens von Rechtsvorschriften.[336] Dies bestätigt augenfällig der Name des Programms, welcher die „Effizienz und Leistungsfähigkeit der Rechtsetzung" hervorhebt, aber auch das Verständnis der Kommission, die mit seiner Hilfe vor allem „Recht mit geringeren Kosten"[337] anstrebt.[338] Darüber hinaus zeigt sich die ökonomische Ausrichtung des Programms an den Vorgaben der Better Regulation Toolbox für die Fitness- und Eignungstests, die mit ihren Evaluierungsfragen etwa nach Effektivität und Effizienz in erster Linie auf das Kosten-Nutzen-Verhältnis einer Norm bzw. eines Regelungskomplexes abstellen.[339] Hinzu kommt die im REFIT-Programm hervorgehobene Bedeutung der Bürokratiekostenmessung und -senkung, welche die Kommission durch die verpflichtende Aufnahme aller Rechtsetzungsinitia-

---

[334] Vgl. beispielhaft zu dem von der Kommission beherrschten Programmablauf die Ausführungen in diesem Kapitel auf S. 141 ff.

[335] Zu diesem Ergebnis kam bereits der Mandelkernbericht, S. 22 in Bezug auf Ex-Post-Evaluierungen.

[336] Vgl. mit Blick auf die Vereinbarkeit mit Primärrecht kritisch *E. Wagner*, in: EurUP 2016, S. 121 (130); vgl. zurückhaltender *Garben/Govaere*, in: Garben/Govaere, The EU Better Regulation Agenda, S. 3 (8).

[337] Vgl. hierzu nur die Präsentation des REFIT-Programms auf der Internetseite der Kommission, abrufbar unter: https://ec.europa.eu/info/law/law-making-process/evaluating-and-improving-existing-laws/refit-making-eu-law-simpler-and-less-costly_de.

[338] Deutlich auch COM(2015) 215 endgültig vom 19. Mai 2015, S. 11, wonach „das Programm [...] durch Fokussierung auf die schwerwiegendsten Ursachen für mangelnde Effizienz und unnötige Bürokratie [zielorientierter werden soll]". Vgl. in diesem Zusammenhang auch die weitergehende Kritik des *Europäischen Rechnungshof*, Sonderbericht Nr. 16/2018, Rn. 96, der die Daseinsberechtigung des REFIT-Programms sowie die Kriterien, nach denen einzelne Initiativen ein „REFIT"-Label erhalten hätten, als unklar bezeichnet.

[339] Vgl. beispielhaft Better Regulation Toolbox, S. 348 f., die empfiehlt, dass bei Ex-Post-Evaluierungen im Rahmen von REFIT mehr Gewicht auf solche Bewertungsfragen gelegt werden sollte, mit denen Wirksamkeit, Effizienz, Klarheit und Einfachheit einer Maßnahme sowie den damit verbundenen regulatorischen Belastungen analysiert werden.

tiven in das Programm noch weiter verstärkt hat.[340] Auch seine Genese offenbart durch die Zusammenfassung von überwiegend solchen ehemaligen Kommissionsprogrammen, die der Reduzierung von Verwaltungslasten sowie der Entlastung von KMU dienten, dass das REFIT-Programm in erster Linie auf die Schätzung und den Abbau von Bürokratie- und Regulierungskosten durch die Aufhebung von Berichts-, Nachweis- und Aufbewahrungspflichten abzielt.[341] Im Vergleich hierzu spielt die Bewertung von anderen Aspekten wie etwa dem ökologischen, sozialen oder gesetzgebungstechnischen Nutzen von Rechtsvorschriften eine untergeordnete Rolle.[342] Diese Fokussierung auf die ökonomische Dimension der Rechtsetzung – insbesondere deren Effizienz – verhindert, dass die Ex-Post-Evaluierungen des REFIT-Programms auch andere Bereiche der Rechtsetzungsqualität wirkungsvoll verbessern. Daher wird das REFIT-Programm die Rechtsetzungsqualität insgesamt betrachtet nur geringfügig steigern können.

5. *Nachteile von REFIT-Folgemaßnahmen*

Nicht unbedenklich ist die vermehrte Verwendung von Ko- und Selbstregulierung, die sich an einen REFIT-Prozess anschließen kann. Diese sind für Betroffene zwar im Vergleich zu einer Regelung durch einen förmlichen Rechtsakt regelmäßig weniger belastend.[343] Selbstregulierungen und freiwillige Selbstverpflichtungen können aber auch den Gesetzesvollzug in einem Rechtsgebiet insgesamt beeinträchtigen und die Verwirklichung von Zielen der dort bereits existierenden Gesetze behindern.[344] Es droht der Verlust von Einfluss und Autorität des Hoheitsträgers.[345] Außerdem bestehen mit Blick auf den Individual-

---

[340] Vgl. etwa Better Regulation Toolbox, S. 10, S. 291 f., S. 349; Better Regulation Guidelines, S. 52.

[341] *Schulze-Fielitz*, in: FS Scheuing, S. 165 (183) bemerkt diese Tendenz allgemein für die Vereinfachungsbemühungen der Kommission; vgl. ebenfalls kritisch *Bundesrat*, Beschluss vom 25. September 2015, Drs. 242/15, S. 6 Rn. 19 und S. 3 Rn. 7.

[342] Beispielhaft hierfür ist, dass die Better Regulation Toolbox, S. 346 hinsichtlich der Ermittlung der ökonomischen, ökologischen und sozialen Auswirkungen lediglich eine „Sollvorschrift" enthält. Vgl. aber auch *Sensburg*, in: NJW 2016, S. 3287 (3788), der das REFIT-Programm etwa auch deshalb positiv bewertet, weil es nach seiner Meinung die vermehrte Kodifikation von Rechtsvorschriften begünstige. S. zur Wirksamkeit der Kodifikationsbemühungen der EU die Ausführungen in diesem Kapitel auf S. 173.

[343] Vgl. zu den Vor- und Nachteilen ausführlich den Mandelkernbericht, S. 23 ff.

[344] *Dawson*, in: CMLR 53 (2016), S. 1209 (1231 f.); vgl. wegen des Subsidiaritätsprinzips grundsätzlich kritisch gegenüber der Verwendung von „weichen Steuerungsmitteln" *Garben*, in: Garben/Govaere, The EU Better Regulation Agenda, S. 217 (237 f.); s. mit Bedenken *Grüner*, Quantität und Qualität der europäischen Rechtsetzung, S. 332; *Schulze-Fielitz*, in: FS Scheuing, S. 165 (184); s. insgesamt ebenfalls kritisch *Verbruggen*, in: EJLR 2017, S. 121 (136).

[345] Vgl. ähnl. *Denker*, Alternative Regulierungsansätze im Kontext der Better Regulation Agenda, S. 98; vgl. auf die genannten Kritikpunkte hinweisend *Eliantonio/Spendzharova*, in: EJLR 2017, S. 3 (14).

rechtsschutz und Art. 47 GrCh rechtsstaatliche Bedenken. Kann der Einzelne regelmäßig die in einem förmlichen Rechtsakt enthaltenen Verpflichtungen eines Dritten mit gerichtlicher Hilfe erzwingen, besteht diese Möglichkeit bei Ko- und Selbstregulierungen nur bedingt, da sich ihr Inhalt der Kontrolle durch Gerichte grundsätzlich entzieht.[346] Zwar enthält die Better Regulation Toolbox „Prinzipien für eine bessere Selbst- und Koregulierung",[347] wonach sich ein Konzept der Ko- bzw. Selbstregulierung an geeignete und vertrauenswürdige Teilnehmer richten und transparent sein muss sowie eine klare Zielsetzung verfolgen und sich im Rahmen bestehenden Rechts zu halten hat.[348] Diese Prinzipien sind wegen ihrer allgemeinen Formulierung aber nicht geeignet, den genannten Gefahren wirksam vorzubeugen und sicherzustellen, dass ausreichend geprüft wird, ob geeignete Voraussetzungen für die Verwendung von Ko- und Selbstregulierungen vorliegen.[349]

IV. Zwischenfazit

Ex-Post-Evaluierungen sind ein fester Bestandteil des europäischen Konzepts der Besseren Rechtsetzung.[350] Die für die Rechtsetzungsqualität wichtigsten Evaluierungsprozesse finden durch das REFIT-Programm der Kommission statt, in dessen Rahmen Fitness- und Eignungstests zur systematischen und fortlaufenden Bewertung bestehenden Sekundärrechts durchgeführt werden. Wie auch schon bei der Integrierten Folgenabschätzung sticht dabei positiv hervor, dass das Programm fest in die politische Entscheidungsfindung der Kommission eingebettet ist,[351] wodurch sein Einfluss auf die selbige sichergestellt wird. Begrüßenswert ist auch die grundlegende Zielsetzung des REFIT-Programms, das gesamte Unionsrecht systematisch auf Unzulänglichkeiten zu überprüfen und zu vereinfachen und dadurch zur Verbesserung der Rechtsetzungsqualität beizutragen.[352] Dass dies tatsächlich gelingt, steht – jedenfalls momentan – nicht zu erwarten. Zwar bietet das REFIT-Programm grundsätzlich die geeigneten strukturellen Voraussetzungen für die Revision des Unionsrechts und dürfte auch

[346] Vgl. zum Ganzen *Dawson*, in: CMLR 53 (2016), S. 1209 (1232); s. zu den begrenzten Rechtsschutzmöglichkeiten von Art. 263 und Art. 267 AEUV *Eliantonio*, in: EJLR 2017, S. 141 (152 ff.).

[347] Better Regulation Toolbox, S. 119.

[348] S. zu diesen Prinzipien sowie zu deren Umsetzung ausführlich Better Regulation Toolbox, S. 119 f.

[349] Vgl. mit ähnl. Kritik an diesen Prinzipien für Ko- und Selbstregulierung *Verbruggen*, in: EJLR 2017, S. 121 (137) und bezüglich des effektiven Rechtschutzes *Eliantonio*, in: EJLR 2017, S. 141 (163).

[350] Mit demselben Ergebnis *Smismans*, in: EJLR 2017, S. 74 (95).

[351] S. zustimmend der *Ausschuss für Regulierungskontrolle*, Jährlicher Bericht 2017, S. 27 und *Smulders/Paquet*, in: Garben/Govaere, The EU Better Regulation Agenda, S. 79 (102).

[352] Vgl. auch deswegen mit insgesamt positiver Bewertung *Sensburg*, in: NJW 2016, S. 3287 (3788).

einen wichtigen Beitrag zur Senkung von Bürokratie- und Regulierungskosten leisten. Das Programm weist aber Defizite auf, die seine positive Wirkung auf die Rechtsetzungsqualität mindern. Dies betrifft nicht nur die zu geringe Anzahl an durchgeführten Fitness- und Eignungstests, sondern insbesondere die Fokussierung auf ökonomische Aspekte bei der Bewertung der Vor- und Nachteile von Rechtsvorschriften. Es ist unwahrscheinlich, dass das Programm in seiner gegenwärtigen Ausgestaltung – abgesehen vom Bereich des Bürokratiekostenabbaus sowie der Effizienz der Rechtsetzung – zu einer maßgeblichen Verbesserung der Rechtsetzungsqualität, etwa in Form der Optimierung der Systematik und Übersichtlichkeit eines Rechtsgebiets, beiträgt.

D. Kontrolle von Folgenabschätzungen und Ex-Post-Evaluierungen

I. Zielsetzung

Ein solides Konzept einer Besseren Rechtsetzung bedarf Kontroll- und Qualitätssicherungsmechanismen, um zu gewährleisten, dass seine Instrumente auch tatsächlich zu einer Steigerung der Rechtsetzungsqualität beitragen.[353] Kontrollmechanismen liefern fortlaufend konkreten, analytischen Input über die Wirksamkeit der Instrumente und den Umsetzungsstand des Konzepts und ermöglichen durch die Identifizierung von strukturellen Schwächen seine Optimierung.[354]

II. Typen

1. Europäisches Parlament und Rat

Eine gewisse Kontroll- und Überwachungsfunktion nehmen Rat und Parlament mit Blick auf die Folgenabschätzungen der Kommission wahr.[355] Beide Organe untersuchen bei der Prüfung des Rechtsetzungsvorschlags der Kommission auch, ob die Ergebnisse der Folgenabschätzung den vorgelegten Rechtsetzungsvorschlag rechtfertigen.[356] Damit findet eine Art nachvollziehende Plausibi-

---

353 So in Bezug auf das Instrument der Folgenabschätzung etwa *Meuwese*, in: EJLR 2017, S. 16 (18).

354 Vgl. zur Notwendigkeit und Funktion von Kontrollmechanismen den Mandelkernbericht, S. 60.

355 S. zu weiteren Kontrollformen, etwa durch den Europäischen Bürgerbeauftragten, den EuGH und den Europäischen Rechnungshof *Meuwese*, in: EJLR 2017, S. 16 (18 ff.).

356 In der Interinstitutionellen Vereinbarung über Bessere Rechtsetzung vom 13. April 2016, ABl. 2016 L 123/1, S. 4 Rn. 14 haben sich beide Organe dazu verpflichtet, bei der Prüfung eines Rechtsetzungsvorschlags auch die zugehörigen Folgenabschätzungen in vollem Umfang zu berücksichtigen.

litätskontrolle statt.[357] Obwohl die beiden Organe dabei über keine „harten“ Sanktionsmittel verfügen, ist diese Art der Kontrolle nicht zu unterschätzen. Rückblickend betrachtet dürfte vor allem die ständige Kritik des Parlaments an der Qualität der Folgenabschätzungsberichte der Kommission[358] dazu beigetragen haben,[359] dass diese den Ausschuss für Folgenabschätzung und später den nunmehr zuständigen Ausschuss für Regulierungskontrolle eingerichtet hat, um dadurch die Qualität ihrer Folgenabschätzungen zu verbessern.

2. *Ausschuss für Regulierungskontrolle*

a) Aufgaben

Der Ausschuss für Regulierungskontrolle ist das zentrale Kontrollgremium im europäischen Konzept der Besseren Rechtsetzung.[360] Seine Kontrolltätigkeit beschränkt sich allerdings ausschließlich auf bestimmte Handlungen der Kommission. Er überprüft in erster Linie deren Folgenabschätzungsberichte.[361] Im Vergleich zum vorangegangenen Ausschuss für Folgenabschätzung verfügt der Ausschuss für Regulierungskontrolle aber über einen erweiterten Aufgabenbereich. Seiner Kontrolle unterliegen neben Folgenabschätzungen auch ausgewählte Berichte[362] über Ex-Post-Evaluierungen und insbesondere die Berichte über Fitness- und Eignungstests zu bestehenden Rechtsvorschriften.[363] Bei Änderungen von bestehenden Rechtsvorschriften prüft er außerdem, ob zuvor eine Folgenabschätzung bzw. Ex-Post-Evaluierung stattgefun-

---

[357] Vgl. zu dieser Art der Kontrolle *Meuwese*, Impact Assessment in EU Lawmaking, S. 120 ff.; *dies.*, in: Weatherill, Better Regulation, S. 287 (296 f.) und *Stephenson*, in: EJLR 2017, S. 97 (115).

[358] Vgl. beispielhaft den Bericht über die Gewährleistung unabhängiger Folgenabschätzungen vom 18. April 2011 des *Europäischen Parlaments*, PE454.384v03–00, Rn. 27 ff.

[359] S. hierzu berichtend *Philipp*, in: EuZW 2016, S. 367 (367), wonach 40 % der Entwürfe von Folgenabschätzungen, die zwischen 2010 und 2014 vom Europäischen Parlament geprüft wurden, qualitativ unzureichend gewesen sein sollen; vgl. aber auch *Meuwese*, Impact Assessment in EU Lawmaking, S. 132, die bemängelt, dass das Parlament häufig die Folgenabschätzungen der Kommission kritisiere, aber selbst keine durchführe, die Kritik zum Teil also eine „Sabotagestrategie“ sei, vgl. hierzu auch *dies.*, in: Weatherill, Better Regulation, S. 287 (294).

[360] Better Regulation Toolbox, S. 12; C(2015) 3262 endgültig vom 19. Mai 2015, S. 2; s. COM(2015) 215 endgültig vom 19. Mai 2015, S. 7; Interinstitutionelle Vereinbarung über Bessere Rechtsetzung vom 13. April 2016, ABl. 2016 L 123/1, S. 4 ff. Rn. 13; vgl. *Meuwese*, in: EJLR 2017, S. 16 (22).

[361] S. hierzu im Detail COM(2017) 651 endgültig vom 24. Oktober 2017, S. 3; COM(2016) 615 endgültig vom 14. September 2016, S. 9 f.; COM(2015) 215 endgültig vom 19. Mai 2015, S. 7.

[362] Ausgewählt wurden bisher vor allem solche Ex-Post-Evaluierungen, die vorrangige politische Initiativen, Querschnittsthemen oder solche Themen betreffen, deren Bedeutung von der REFIT-Plattform hervorgehoben wurden, vgl. *Ausschuss für Regulierungskontrolle*, Jährlicher Bericht 2017, S. 27.

[363] Vgl. zu den Kontrollgegenständen des Ausschusses ausführlich C(2015) 3262 endgültig vom 19. Mai 2015, S. 2 f.; s. zu dieser Neuerung *Meuwese/Gomtsian*, in: MJECL 2015,

den hat (Grundsatz der vorherigen Evaluierung [evaluate first principle][364]).[365] Darüber hinaus fungiert der Ausschuss als Beratungsinstanz der Kommission hinsichtlich praktisch-methodischer Fragen.[366] Er berät zum Beispiel einzelne Kommissionsdienststellen bei Fragen der Anwendung bzw. Auslegung der Better Regulation Guidelines bei besonders schwierigen Folgenabschätzungen oder Ex-Post-Evaluierungen.[367] Zuständig ist er auch für die Weiterentwicklung der Folgenabschätzungs- und Ex-Post-Evaluierungsverfahren sowie den diesen Verfahren zugrunde liegenden Leitlinien, namentlich der Better Regulation Guidelines und der Better Regulation Toolbox.[368]

b) Organisatorische und personelle Ausgestaltung

aa) Organisatorische Eingliederung

Eingerichtet wurde der Ausschuss für Regulierungskontrolle durch Art. 1 des Beschlusses des Kommissionspräsidenten vom 19. Mai 2015.[369] Gemäß Art. 1 Satz 2 dieses Beschlusses ist er verwaltungstechnisch ein Teil des Generalsekretariats. Damit folgt das europäische Konzept der Empfehlung des Mandelkernberichts, wonach Arbeitseinheiten für Bessere Rechtsetzung im Regierungszentrum oder in dessen Nähe installiert werden sollen, um den notwendigen politischen Rückhalt sicherzustellen.[370]

bb) Personelle Zusammensetzung

Der Ausschuss besteht aus dem Vorsitzenden, Kommissionsmitgliedern und externen Sachverständigen. Den Vorsitz begleitet ein Kommissionsmitglied mit Rang eines Generaldirektors. Dieser leitet den gesamten Kontrollprozess und sorgt für das ordnungsgemäße Funktionieren des Ausschusses.[371] Unterstützt wird der Vorsitzende durch bis zu drei von ihm ausgewählte Assisten-

---

S. 483 (487); s. zu den Änderungen im Vergleich zum früheren Konzept *Sohn/Dauner*, in: CepInput 17 (2015), S. 1 (7) und *Schroeder*, in: ZG 2016, S. 193 (204).

[364] Better Regulation Toolbox, S. 21; vgl. hierzu C(2015) 3262 endgültig vom 19. Mai 2015, S. 3.

[365] COM(2017) 651 endgültig vom 24. Oktober 2017, S. 3 f.

[366] C(2015) 3262 endgültig vom 19. Mai 2015, S. 3; vgl. dazu auch https://ec.europa.eu/info/law/law-making-process/regulatory-scrutiny-board_de.

[367] C(2015) 3262 endgültig vom 19. Mai 2015, S. 3; s. hierzu ausführlich *Ausschuss für Regulierungskontrolle*, Jährlicher Bericht 2017, S. 16.

[368] C(2015) 3262 endgültig vom 19. Mai 2015, S. 3; vgl. C(2015) 3263 endgültig vom 19. Mai 2015, 3. Erwägungsgrund.

[369] C(2015) 3263 endgültig 19. Mai 2015, S. 2.

[370] S. nur den Mandelkernbericht, S. 60 und 62; s. auch *Radaelli/Meuwese*, in: WEP 2010, S. 136 (139), die allgemein eine starke politische Unterstützung der EU für das gesamte Konzept feststellen.

[371] C(2015) 3263 endgültig vom 19. Mai 2015, S. 3 Art. 3 Rn. 2.

ten[372] sowie dem Ausschusssekretariat.[373] Drei der insgesamt sieben Mitglieder des Ausschusses für Regulierungskontrolle sind Kommissionsbeamte, die den Rang eines Direktors begleiten.[374] Während ihrer dreijährigen Mitgliedschaft sind sie in Vollzeit für den Ausschuss tätig und nehmen keine anderen Aufgaben in der Kommission wahr.[375] Nach Ablauf des Dreijahreszeitraums kehren die Kommissionsbeamten wieder in ihre ursprünglichen Dienststellen zurück.[376] Die verbleibenden drei Mitglieder werden extern rekrutiert, sind aber wie auch die Kommissionsbeamten für drei Jahre im Ausschuss für Regulierungskontrolle ohne Verlängerungsmöglichkeit tätig.[377] Ausgewählt werden sie entsprechend ihrer Fachkenntnis in den Bereichen Folgenabschätzungen, Ex-Post-Evaluierungen und Regulierungspolitik.[378]

c) *Arbeitsweise*

Der Ausschuss überprüft die Qualität von Berichtsentwürfen zu Folgenabschätzungen in Vorbereitung neuer Kommissionsinitiativen sowie zu einigen wichtigen Ex-Post-Evaluierungen.[379] Die eigentlichen Legislativvorschläge unterliegen nicht der Kontrolle durch den Ausschuss.[380] In seinen Stellungnahmen gibt der Ausschuss ausschließlich eine Bewertung zur Qualität der Entwürfe der Folgenabschätzungs- und Ex-Post-Evaluierungsberichte ab.[381] Hierzu stützt er sich auf die einschlägigen Leitlinien wie die Better Regulation Guidelines sowie die Better Regulation Toolbox und die allgemeinen strategischen Vorgaben der Kommission zu Besserer Rechtsetzung.[382] Die Stellungnahmen enthalten Emp-

---

[372] C(2015) 3263 endgültig vom 19. Mai 2015, S. 3 Art. 3 Rn. 7.

[373] Vgl. die Geschäftsordnung des Ausschusses Ref.Ares(2016) 5764766–05, S. 1 Art. 1 Rn. 4.

[374] C(2015) 3263 endgültig vom 19. Mai 2015, S. 3 Art. 3 Rn. 5.

[375] Vgl. C(2015) 3263 endgültig vom 19. Mai 2015, S. 3 Art. 3 Rn. 6; C(2015) 3262 endgültig vom 19. Mai 2015, S. 3; vgl. *Schroeder*, in: ZG 2016, S. 193 (204); s. auch https://ec.europa.eu/info/law/law-making-process/regulatory-scrutiny-board_de.

[376] So festgelegt im Beschluss über die Einrichtung des Ausschusses C(2015) 3263 endgültig vom 19. Mai 2015, S. 3 Art. 3 Rn. 6 und der Mitteilung C(2015) 3262 endgültig vom 19. Mai 2015, S. 4.

[377] C(2015) 3263 endgültig vom 19. Mai 2015, S. 3 Art. 3 Rn. 6; vgl. berichtend *Masnicki*, in: Grzeszczak, Challenges of Good Governance in the European Union, S. 197 (205).

[378] C(2015) 3262 endgültig vom 19. Mai 2015, S. 4; vgl. berichtend *Alemanno*, in: EJRR 2015, S. 344 (350).

[379] C(2015) 3262 endgültig vom 19. Mai 2015, S. 3. Der Ausschuss für Regulierungskontrolle wählt Ex-Post-Evaluierungen aus, die er einer Überprüfung unterzieht. Ex-Post-Evaluierungen im Rahmen von Fitness- und Eignungstests werden allerdings in der Regel immer geprüft, vgl. Better Regulation Guidelines, S. 65; Better Regulation Toolbox, S. 12.

[380] So explizit C(2015) 3262 endgültig vom 19. Mai 2015, S. 3.

[381] C(2015) 3262 endgültig vom 19. Mai 2015, S. 3.

[382] Vgl. dazu den Beschluss C(2015) 3263 endgültig vom 19. Mai 2015, S. 4 Art. 5 Rn. 1; s. zum Ablauf dieses Bewertungsverfahrens und den Bewertungskriterien im Detail *Ausschuss für Regulierungskontrolle*, Jährlicher Bericht 2017, S. 12 ff.

fehlungen an die Kommissionsdienststellen, wie diese die Berichtsentwürfe verbessern sollten.[383] Im Folgenabschätzungsverfahren ist eine positive Stellungnahme des Ausschusses grundsätzlich erforderlich, damit das jeweilige Verfahren, etwa eine Rechtsetzungsinitiative, weitergeführt werden kann.[384] Letzteres ist auch der Fall, wenn eine Stellungnahme nicht nur fakultative Verbesserungsvorschläge enthält, sondern unter dem Vorbehalt der Beseitigung bestimmter Mängel ergeht.[385] Sofern die Stellungnahme negativ ausfällt, ist der Berichtsentwurf zu überarbeiten und dem Ausschuss erneut vorzulegen.[386] Eine solche negative Stellungnahme setzt voraus, dass der kontrollierte Bericht gravierende Mängel und erhebliches Verbesserungspotenzial in vielen zentralen Bereichen aufweist.[387] Sind selbige auch nach Wiedervorlage vorhanden und ergeht daher eine zweite negative Stellungnahme, endet damit grundsätzlich auch die Kommissionsinitiative.[388] Beschließt die Kommission, eine Rechtsetzungsinitiative trotz zwei negativer Stellungnahmen weiterzuverfolgen, muss sie die Gründe für ihre Entscheidung öffentlich darlegen.[389] Nach Annahme der Kommissionsinitiative werden die Folgenabschätzungs- bzw. Ex-Post-Evaluierungsberichte mit den zugehörigen Stellungnahmen des Ausschusses auf der Internetseite der Kommission veröffentlicht.[390]

III. Bewertung

1. Heterogenes Gesamtkontrollniveau

Trotz der beachtlichen Anstrengungen der EU, insbesondere der Kommission, Kontrollmechanismen einzurichten und zu optimieren, ist das Kontrollniveau im europäischen Konzept der Besseren Rechtsetzung insgesamt betrachtet immer noch uneinheitlich und durchschnittlich.[391] Während etwa für

---

[383] Vgl. zu dieser Aufgabe des Ausschusses C(2015) 3262 endgültig vom 19. Mai 2015, S. 3.

[384] Festgelegt wurde dies in der Better Regulation Toolbox, S. 15 sowie in C(2015) 3262 endgültig vom 19. Mai 2015, S. 3 und für die Ex-Post-Evaluierungen in den Better Regulation Guidelines, S. 65; s. hierzu auch Working Methods 2014-2019 C(2014) 9004 endgültig vom 11. November 2014, S. 8.

[385] Better Regulation Toolbox, S. 16.

[386] Nach dem *Ausschuss für Regulierungskontrolle*, Jährlicher Bericht 2017, S. 12 soll die Neuvorlagepflicht nur für Folgenabschätzungsberichte gelten.

[387] So die Vorgabe der Better Regulation Toolbox, S. 16.

[388] Vgl. die vorsichtige und zurückhaltende Formulierung der Better Regulation Toolbox, S. 16, dass die zweite Stellungnahme „im Prinzip endgültig" sei.

[389] So die Selbstverpflichtung der Kommission, vgl. COM(2017) 651 endgültig vom 24. Oktober 2017, S. 3. Im Jahr 2017 gab es lediglich zwei solcher Fälle, die allerdings kaum in der breiten Öffentlichkeit bekannt sein dürften, vgl. *Ausschuss für Regulierungskontrolle*, Jährlicher Bericht 2017, S. 21.

[390] C(2015) 3263 endgültig vom 19. Mai 2015, S. 4 Art. 6 Rn. 2.

[391] S. mit ähnl. Ergebnis bereits im Jahr 2009 *Alemanno*, in: ELJ 2009, S. 382 (399 f.).

die Folgenabschätzungen der Kommission mit dem Ausschuss für Regulierungskontrolle grundsätzlich eine wirksame Kontrolle besteht, fehlen (institutionalisierte) Kontrollmechanismen für Folgenabschätzungen im Parlament und Rat vollständig.[392] Aber auch die Kontrolltätigkeit des Ausschusses für Regulierungskontrolle könnte durch die Ausweitung seiner Kontrolltätigkeit im Bereich der Ex-Post-Evaluierungen noch verbessert werden.[393] Es ist nicht ersichtlich, warum in diesem Bereich nicht alle, sondern nur ausgewählte Ex-Post-Evaluierungen geprüft werden.

2. *Personelle Ausstattung des Ausschusses für Regulierungskontrolle*

Eine wirksame Kontrolle durch den Ausschuss setzt voraus, dass dort die notwendigen finanziellen und personellen Ressourcen vorhanden sind. Letzteres ist gegenwärtig insbesondere mit Blick auf die Anzahl der Mitglieder fraglich. Mit nur sieben Mitgliedern dürfte es zweifelhaft sein, ob der Ausschuss die ihm gestellten, umfangreichen Aufgaben mit der gebotenen Gründlichkeit erledigen kann. Im Jahr 2018 musste der Ausschuss 76 Folgenabschätzungen und 11 Ex-Post-Evaluierungen kontrollieren.[394] Im Jahr 2017 hatte er 53 Folgenabschätzungen und 17 Ex-Post-Evaluierungen zu überprüfen. Darüber hinaus erarbeitete er 26 zweite Stellungnahmen zu wiedervorgelegten Berichten nach deren Beanstandung. Im Jahr 2016 untersuchte der Ausschuss 60 Folgenabschätzungen, sieben Ex-Post-Evaluierungen und erarbeitete 25 zweite Stellungnahmen.[395] Zwar wurde der Ausschuss erst Mitte 2017 vollständig besetzt,[396] so dass die weitere Entwicklung abzuwarten bleibt. Eine wünschenswerte Ausweitung seiner Kontrolltätigkeit im Bereich der Ex-Post-Evaluierungen dürfte vor dem Hintergrund der genannten Zahlen mit den gegenwärtigen personellen Ressourcen aber unwahrscheinlich bleiben.

---

392 Eine Kontrolle der Folgenabschätzungen dieser Organe fordert auch *Pfeifer*, Bessere Rechtsetzung, S. 156; vgl. ähnl. *Eliantonio/Spendzharova*, in: EJLR 2017, S. 3 (6) im Anschluss an *Radaelli*, in: JEPP 1999, S. 760 (771), die die Notwendigkeit von Kontrollen im Konzept allgemein betonen. Im Übrigen ändert hieran auch die Einrichtung der Direktion für Folgenabschätzungen im Parlament nichts, da diese selbst eigene Folgenabschätzungen erstellt und deshalb kein Kontrollgremium ist.

393 Vgl. ähnl. *Europäischer Rechnungshof*, Sonderbericht Nr. 16/2018, Rn. 44.

394 *Ausschuss für Regulierungskontrolle*, Jährlicher Bericht 2018, S. 9.

395 Vgl. nur das umfangreiche Arbeitsprogramm des Ausschusses im Jahr 2017 *Ausschuss für Regulierungskontrolle*, Jährlicher Bericht 2017, S. 14.

396 S. dazu die Mitteilung der Kommission COM(2017) 651 endgültig vom 24. Oktober 2017, S. 3.

3. Kontrollen durch den Ausschuss für Regulierungskontrolle

a) Qualität

Die Kontrolle durch den Ausschuss ist grundsätzlich als effektiv zu bewerten.[397] Im Jahr 2017 hat der Ausschuss hinsichtlich 43 % aller Folgenabschätzungen und in Bezug auf 41 % der kontrollierten Ex-Post-Evaluierungen eine negative Stellungnahme abgegeben.[398] Bei der erneuten Überprüfung konnte hingegen bezüglich fast aller Berichte – wenn auch teilweise unter dem Vorbehalt der Erfüllung von bestimmten Auflagen – eine positive Stellungnahme abgegeben werden.[399] Im Jahr 2018 gab es bei den Folgenabschätzungen nur noch in 28 % und bei den Ex-Post-Evaluierungen in 27 % der Fälle eine negative Stellungnahme.[400] Auch musste der Ausschuss nach erneuter Eingabe nur in einem Fall eine negative Stellungnahme abgeben.[401] Mithin stellen die Kontrollen des Ausschusses für Regulierungskontrolle einen inhaltlichen und formellen Mindeststandard von Folgenabschätzungs- und Ex-Post-Evaluierungsberichten sicher[402] und verwirklichen eine fakten- und wissensbasierte Rechtsetzung in der EU. Zur Steigerung der Wirksamkeit der Kontrollen dürfte vor allem beigetragen haben, dass dem Ausschuss die weitreichende Befugnis eingeräumt wurde, die Ausarbeitung einer Kommissionsinitiative zu unterbrechen, sofern er keine positive Stellungnahme zum Folgenabschätzungs- bzw. Ex-Post-Evaluierungsbericht abgibt. Dies offenbart den vorhandenen politischen Willen der Kommission, die Qualität ihrer Folgenabschätzungen und Ex-Post-Evaluierungen ernsthaft verbessern zu wollen. Zwar wird die Wirksamkeit dieser „Veto-Befugnis" dadurch relativiert, dass die Kommission auch beschließen kann, ohne eine solche positive Stellungnahme tätig zu werden. Die in diesen Fällen geltende Begründungspflicht ist aber durchaus geeignet, zu verhindern, dass die Kontrollbefugnis des Ausschusses ausgehöhlt wird. Durch sie wird es der Öffentlichkeit und den anderen Rechtsetzungsorganen möglich, zu überprüfen, ob

---

397 So im Ergebnis die eigene Bewertung des *Ausschusses für Regulierungskontrolle*, Jährlicher Bericht 2017, S. 11; s. aber auch zurückhaltender a. a. O., S. 15 und bezüglich der Kontrollwirkung im Hinblick auf Ex-Post-Evaluierungen etwas skeptisch a. a. O., S. 30. Das *Europäische Parlament*, Activity Report for 2017, S. 19 zweifelt daran, dass die Stellungnahmen des Ausschusses ausreichend berücksichtigt würden; vgl. auch *Meuwese*, in: EJLR 2017, S. 16 (32), die auf das Risiko hinweist, dass die Kommissionsdienststellen die Einholung von Stellungnahmen des Ausschusses lediglich als Routine und zusätzliche Informationsquelle ansehen könnten und sich deshalb nicht oder jedenfalls nicht von selbst um eine Verbesserung ihrer Folgenabschätzungsberichte bemühen würden; s. hingegen mit positiver Bewertung *Sohn/Dauner*, in: CepInput 17 (2015), S. 1 (15).

398 *Ausschuss für Regulierungskontrolle*, Jährlicher Bericht 2017, S. 11.

399 *Ausschuss für Regulierungskontrolle*, Jährlicher Bericht 2017, S. 21.

400 *Ausschuss für Regulierungskontrolle*, Jährlicher Bericht 2018, S. 9.

401 *Ausschuss für Regulierungskontrolle*, Jährlicher Bericht 2018, S. 10.

402 Vgl. *Ausschuss für Regulierungskontrolle*, Jährlicher Bericht 2017, S. 22; auch im Jahr 2018 wurde eine steigende Qualität der Berichte festgestellt, s. dazu *Ausschuss für Regulierungskontrolle*, Jährlicher Bericht 2018, S: 22 und S 32.

die Entscheidung, auf eine positive Stellungnahme des Ausschusses zu verzichten, richtig war. Die Kommission sollte daher die Fälle, in denen sie sich über eine negative Stellungnahme hinwegsetzt, deutlich offenlegen.[403]

b) Unabhängigkeit

Seit seiner Einrichtung sieht sich der Ausschuss für Regulierungskontrolle dem Vorwurf mangelnder Unabhängigkeit ausgesetzt.[404] Die Europäische Kommission betont hingegen, dass der Ausschuss für Regulierungskontrolle seine Aufgaben unabhängig ausführe.[405] Gewährleistet werden soll dies durch Art. 4 des Beschlusses über seine Einrichtung.[406] Danach dürfen Mitglieder des Ausschusses bei der Erarbeitung von Stellungnahmen zu Folgenabschätzungs- oder Ex-Post-Evaluierungsberichten weder Weisungen von anderen Organen, Einrichtungen oder sonstigen Stellen einholen noch solche entgegen nehmen.[407] Außerdem sind alle Mitglieder während ihrer Amtszeit in Vollzeit für den Ausschuss tätig und haben keine anderen Aufgaben der Politikgestaltung in der Kommission.[408] Mit diesen Regelungen ist ein hohes Maß an Weisungsunabhängigkeit gewährleistet, welche unabdingbare Voraussetzung für eine wirksame Kontrolltätigkeit ist, da sie Einflüsse von außen auf die Kontrolltätigkeit verhindert.[409] Hingegen ist die persönliche Unabhängigkeit der aus der Kommission ausgewählten Mitglieder des Ausschusses nur begrenzt gewährleistet. Sie unterliegen nicht nur der Personalhoheit der Kommission, sondern kehren nach ihrer Tätigkeit im Ausschuss auch wieder in ihre ursprünglichen Dienststellen zurück. Dass hierdurch ihre Arbeit im Ausschuss beeinflusst wird oder sogar sachfremde Erwägungen in die Kontrolltätigkeit Eingang finden, etwa aufgrund der Befürchtung von Repressalien oder aber auch durch eine gewisse loyale Verbundenheit zu der ehemaligen Dienststelle, ist nicht auszuschließen.[410] An dieser zu geringen personellen Unabhängigkeit ändert grundsätzlich

---

[403] So auch die ausdrücklichen Forderungen des *Europäischen Parlaments*, PE615.497v04–00, S. 15 Rn. 25 und von *Impactassessmentinstitute*, Final Study 2017, S. 37.

[404] S. mit dieser Kritik etwa *Alemanno*, in: EJRR 2015, S. 344 (350 f.) sowie *Sohn/Dauner*, in: CepInput 17 (2015), S. 1 (13) und zurückhaltender *Sarpi*, in: EJRR 2015, S. 372 (373) und *Schroeder*, in: ZG 2016, S. 193 (204) und mit konstruktiver Kritik *Meuwese*, in: EJRR 2015, S. 359 (359 f.); s. hierzu berichtend *Smulders/Paquet*, in: Garben/Govaere, The EU Better Regulation Agenda, S. 79 (95).

[405] Vgl. bspw. COM(2017) 651 endgültig vom 24. Oktober 2017, S. 3 und auch die Präsentation der Aufgaben des Ausschusses, abrufbar unter: https://ec.europa.eu/info/law/law-making-process/regulatory-scrutiny-board_de.

[406] C(2015) 3263 endgültig vom 19. Mai 2015, S. 3 f. Art. 4.

[407] C(2015) 3262 endgültig vom 19. Mai 2015, S. 3 f.

[408] C(2015) 3263 endgültig vom 19. Mai 2015, S. 3 Art. 3 Rn. 3.

[409] S. zur Notwendigkeit von Unabhängigkeit für eine effektive und objektive Kontrolle *Lorenzen*, Verwaltungskontrolle, S. 328 sowie S. 138.

[410] In diese Richtung gehen wohl auch die Bedenken von *Alemanno*, in: EJRR 2015, S. 344 (351).

auch nicht, dass drei der sieben Ausschussposten mit externen Sachverständigen besetzt werden. Denn zusammen mit dem Vorsitzenden besteht nicht nur ein numerisches Übergewicht der aus der Kommission entstammenden Mitglieder. Auch bei Abstimmungen über Entscheidungen im Rahmen der Kontrolltätigkeit ist das Überwiegen der Kommissionsstimmen sichergestellt,[411] da bei Stimmgleichheit, wie sie etwa zwischen den drei Kommissionsmitarbeitern und den externen Mitgliedern vorkommen könnte, der Vorsitzende, und damit ebenfalls ein Kommissionsbediensteter, entscheidet.[412]

Ob sich die zu geringe personelle Unabhängigkeit negativ auf die Arbeit des Ausschusses und insbesondere die Qualität seiner Kontrollen auswirkt,[413] ist fraglich. Zwar ist die Distanz zwischen Kontrollsubjekt und Kontrolladressat ein wesentliches Merkmal einer effektiven Kontrolle.[414] Diese Distanz zwischen dem Ausschuss für Regulierungskontrolle und der Kommission dürfte aufgrund der zu geringen personellen Unabhängigkeit und seiner organisatorischen Eingliederung in das Generalsekretariat überschaubar sein, wodurch die Effektivität und Objektivität der Kontrollen in Zweifel gezogen werden.[415] Jedoch bietet die gegenwärtige personelle Besetzung auch Vorteile für die Kontrolltätigkeit des Ausschusses. Er profitiert bei seiner Arbeit gerade davon, dass ein Teil seiner Mitglieder mit den Arbeitsabläufen und internen Strukturen der Kommission vertraut ist.[416] Für die Effektivität der Kontrolltätigkeit dürfte eine gründliche Kenntnis dieser Abläufe und Strukturen unerlässlich sein, denn insbesondere die Integrierte Folgenabschätzung, aber auch die Ex-Post-Evaluierungen sind eng mit der Politikentwicklung der Kommission

---

[411] So bereits *Alemanno*, in: EJRR 2015, S. 344 (350) und *Sohn/Dauner*, in: CepInput 17 (2015), S. 1 (13).

[412] Vgl. dazu die Regelung von C(2015) 3263 endgültig vom 19. Mai 2015, S. 4 Art. 5 Rn. 2.

[413] *Smulders/Paquet*, in: Garben/Govaere, The EU Better Regulation Agenda, S. 79 (95) sehen hierfür keine konkreten Anhaltspunkte; vgl. *Europäischer Rechnungshof*, Sonderbericht Nr. 16/2018, Rn. 62, der insbesondere die Nähe zum Generalsekretariat als Gefahr für die Unabhängigkeit ansieht.

[414] Vgl. zum Ganzen *Lorenzen*, Verwaltungskontrolle, S. 11 und S. 139; *Schmidt-Aßmann*, Ordnungsidee, Kapitel 4 Rn. 86; *ders.*, in: Schmidt-Aßmann/Hoffmann-Riem, Verwaltungskontrolle, S. 9 (10).

[415] Vgl. ähnl. *Sarpi*, in: EJRR 2015, S. 372 (372); vgl. ebenfalls mit Kritik *Wegrich*, in: EJRR 2015, S. 369 (370); s. zur Einrichtung von externen Kontrollgremien zur Verbesserung der Rechtsetzungsqualität ausführlich *Herten-Koch*, Rechtsetzung und Rechtsbereinigung, S. 191 f. m. w. N.; vgl. ferner *Pfeifer*, Bessere Rechtsetzung, S. 152, der für den vorangegangenen Ausschuss für Folgenabschätzung forderte, dass dieser mit externen Sachverständigen besetzt und aus der Kommission organisatorisch ausgegliedert werden müsse, vgl. aber auch die Ausführungen a. a. O., S. 155.

[416] *Herten-Koch*, Rechtsetzung und Rechtsbereinigung, S. 198 im Anschluss an *Piris*, in: Kellermann/Azzi/Jacobs/Deighton-Smith, Improving the Quality of Legislation in Europe, S. 25 (37); *Timmermans*, in: CMLR 30 (1997), S. 1229 (1248); vgl. zu den Vorteilen einer internen Kontrolle allgemein *Lorenzen*, Verwaltungskontrolle, S. 328.

verflochten.[417] Daher dürfte dieser Art der Kontrolle – anders als einer vollständig externen Kontrolle – nicht verborgen bleiben, wenn mangelhafte Folgenabschätzungsberichte ihre Ursachen in Problemen interner Arbeitsabläufe haben. Hinzu kommt die Möglichkeit eines schnellen und einfachen Informationsaustausches zwischen dem Ausschuss und der von der Kontrolle betroffenen Dienststelle.[418] So können etwaige Verbesserungsempfehlungen situationsangepasst, zielgenau und gegebenenfalls auch informal ausgesprochen werden, wodurch auch die Bereitschaft steigen dürfte, diese tatsächlich umzusetzen.[419] Sinnvoll ist zudem die Regelung, nach der die drei der Kommission entstammenden Mitglieder des Ausschusses nach ihrer Amtszeit wieder in ihre Dienststellen zurückkehren. Denn sie können das durch ihre Tätigkeit im Ausschuss erworbene Wissen und ihre Erfahrung für die Ausarbeitung zukünftiger Folgenabschätzungen in ihrer Dienststelle nutzen und verbreiten.

IV. Zwischenfazit

Mit dem Ausschuss für Regulierungskontrolle hält das europäische Konzept ein wirksames Instrument zur Kontrolle und Sicherstellung der Qualität von Folgenabschätzungs- und Ex-Post-Evaluierungsberichten der Kommission bereit.[420] Besonders wirksam ist seine Kontrolle, weil er eng in die Arbeitsweise der Kommission und die Erstellung von Folgenabschätzungs- und Ex-Post-Evaluierungsberichten eingebunden ist und er durch die Verweigerung einer positiven Stellungnahme die Beseitigung von Mängeln in den betroffenen Berichten grundsätzlich erzwingen kann. Trotz dieser positiven Befunde weist die Kontrolle durch den Ausschuss aber auch Schwächen auf. Entgegen häufiger Kritik erweist sich aber nicht etwa die zu geringe personelle Unabhängigkeit des Ausschusses als Nachteil für eine wirkungsvolle Kontrolle. Denn die gegenwärtige Ausgestaltung des Ausschusses bietet für seine Kontrolltätigkeit den Vorteil, dass die Kenntnis interner Verfahrensabläufe vorhanden ist und gleichzeitig auch externes Fachwissen einbezogen wird. Außerdem darf nicht übersehen werden, dass der Ausschuss in erster Linie ein Hilfsinstrument der Kommission zur Verbesserung der Qualität ihrer Folgenabschätzungen und

---

[417] Vgl. mit ähnlicher Überlegung *Meuwese*, in: EJRR 2015, S. 359 (359) und *Pfeifer*, Bessere Rechtsetzung, S. 155.

[418] In diesem Sinne *Timmermans*, in: Kellermann/Azzi/Jacobs/Deighton-Smith, Improving the Quality of Legislation in Europe, S. 39 (55); *ders.*, in: CMLR 30 (1997), S. 1229 (1248).

[419] Vgl. ähnl. *Timmermans*, in: Kellermann/Azzi/Jacobs/Deighton-Smith, Improving the Quality of Legislation in Europe, S. 39 (55); *ders.*, in: CMLR 30 (1997), S. 1229 (1248); die Notwendigkeit der Akzeptanz der Kontrollen hervorhebend *Herten-Koch*, Rechtsetzung und Rechtsbereinigung, S. 200; vgl. zur Akzeptanz von Kontrollen allgemein *Lorenzen*, Verwaltungskontrolle, S. 354.

[420] S. grundsätzlich zustimmend *Sohn/Dauner*, in: CepInput 17 (2015), S. 1 (14 und 15).

kein übergeordnetes Kontrollorgan für eine Bessere Rechtsetzung ist.[421] Eine vollständige Unabhängigkeit ist daher weder notwendig noch hilfreich.[422] Reformbedürftig ist aber die personelle Ausstattung des Gremiums, die im Verhältnis zu den ihm gestellten Aufgaben zu gering erscheint. Mit zusätzlich verfügbarem Personal könnten beispielsweise mehr Ex-Post-Evaluierungen der Kontrolle durch den Ausschuss unterworfen werden. Verbesserungsbedürftig ist auch das Kontrollniveau hinsichtlich der Folgenabschätzungen im Rat und Parlament.[423] Das europäische Konzept der Besseren Rechtsetzung sieht hier keine institutionalisierten Kontrollmechanismen vor, weshalb das Kontrollniveau insgesamt fragmentarisch und heterogen bleibt.[424] Die EU sollte ihre Bemühungen um eine flächendeckende und qualitativ hochwertige Kontrolle von Folgenabschätzungen und Ex-Post-Evaluierungen weiter verstärken, um das ordnungsgemäße Funktionieren dieser Instrumente und damit auch deren wirksamen Beitrag zu einer Besseren Rechtsetzung sicherzustellen.

E. REFIT-Plattform

I. Zielsetzung

Die REFIT-Plattform ist das zentrale Instrument der Kommission zur Einbeziehung von Interessenträgern und Mitgliedstaaten in den REFIT-Prozess.[425] Sie dient der Einrichtung eines kontinuierlichen Dialogs über die Vereinfachung des Unionsrechts zwischen der EU und den Mitgliedstaaten sowie der Zivilgesellschaft. Diese werden über die REFIT-Plattform am REFIT-Programm beteiligt.[426]

II. Aufgaben, Ausgestaltung und Arbeitsweise

1. Aufgaben

Die REFIT-Plattform kann als Nachfolgeeinrichtung der Hochrangigen Gruppe im Bereich Verwaltungslasten[427] angesehen werden. Wie diese arbeiten auch die Mitglieder der REFIT-Plattform Vereinfachungsvorschläge für bestehen-

[421] Vgl. dies ansatzweise ebenfalls feststellend *Masnicki*, in: Grzeszczak, Challenges of Good Governance in the European Union, S. 197 (205).

[422] Vgl. ähnl. und mit weitergehenden Vorschlägen *Meuwese*, in: EJRR 2015, S. 359 (359).

[423] Mit derselben Forderung bereits *Pfeifer*, Bessere Rechtsetzung, S. 156.

[424] Vgl. zu diesem verbreiteten Defizit allgemein *OECD*, Ausblick Regulierungspolitik 2018, S. 19, 26.

[425] COM(2016) endgültig vom 14. September 2016, S. 9.

[426] Vgl. C(2015) 3261 endgültig vom 19. Mai 2015, S. 1 Erwägungsgrund 1; COM(2015) 215 endgültig vom 19. Mai 2015, S. 6; vgl. berichtend *Schroeder*, in: ZG 2016, S. 193 (208).

[427] Vgl. zu Auftrag und Mitgliedern der Gruppe *Europäische Kommission*, Mitteilung

de Rechtsvorschriften aus.[428] Dadurch soll in erster Linie die notwendige Wissensbasis generiert werden, welche die Kommission für das REFIT-Programm benötigt.[429] Hierfür sammelt und bündelt die REFIT-Plattform Vorschläge zur Vereinfachung des Unionsrechts,[430] bewertet deren Potenzial, priorisiert und bereitet sie so auf,[431] dass sie als Vereinfachungsinitiativen des REFIT-Programms umgesetzt werden können.[432] Außerdem hat die REFIT-Plattform vor allem unterstützende Funktionen,[433] beispielsweise indem sie die Antworten an die Personen verfasst, die Vorschläge einbringen, diese übermittelt und eingegangene Vorschläge veröffentlicht[434] oder der Kommission als allgemeine Informationsquelle in Bezug auf die Bessere Rechtsetzung und das REFIT-Programm dient.[435]

2. *Organisatorische und personelle Ausgestaltung*

a) *Organisatorische Eingliederung*

Die REFIT-Plattform wurde eingerichtet durch Art. 1 des Beschlusses der Kommission vom 19. Mai 2015.[436] Organisatorisch zugeordnet ist sie dem Direktorat C „Bessere Rechtsetzung und Arbeitsprogramme" Einheit C1 „Evaluierungen, REFIT" des Generalsekretariats der Kommission.

b) *Personelle Zusammensetzung*

Die REFIT-Plattform konstituiert sich aus dem Vorsitz der Plattform, der Gruppe der Regierungsvertreter (Government-Group) und der Gruppe der Interessenträger (Stakeholder-Group).[437] Den Vorsitz der REFIT-Plattform führt der

vom 14. Oktober 2014, Die Hochrangige Gruppe im Bereich Verwaltungslasten – Fragen und Antworten, S. 1.

428 C(2015) 3261 endgültig vom 19. Mai 2015, S. 1 Erwägungsgrund 3; vgl. auch allgemein COM(2016) 615 endgültig vom 14. September 2016, S. 7 f. sowie Better Regulation Toolbox, S. 11.

429 S. *Masnicki*, in: Grzeszczak, Challenges of Good Governance in the European Union, S. 197 (203).

430 C(2015) 3260 endgültig vom 19. Mai 2015, S. 2; *Masnicki*, in: Grzeszczak, Challenges of Good Governance in the European Union, S. 197 (203); *Schroeder*, in: ZG 2016, S. 193 (208).

431 S. dazu die einzelnen Regelungen in C(2015) 3260 endgültig vom 19. Mai 2015, S. 2; C(2015) 3261 endgültig vom 19. Mai 2015, S. 1 Erwägungsgrund 3.

432 C(2015) 3260 endgültig vom 19. Mai 2015, S. 2; Better Regulation Toolbox, S. 11.

433 S. hierzu instruktiv die Internetseite der Kommission, abrufbar unter: https://ec.europa.eu/info/law/law-making-process/evaluating-and-improving-existing-laws/refit-making-eu-law-simpler-and-less-costly/refit-platform/role-structure-and-working-methods-refit-platform_de.

434 S. dazu die Regelungen des Beschlusses C(2015) 3261 endgültig vom 19. Mai 2015, S. 3 Art. 2 d).

435 C(2015) 3261 endgültig vom 19. Mai 2015, S. 4 Art. 3.

436 C(2015) 3261 endgültig vom 19. Mai 2015, S. 1 Art. 1.

437 C(2015) 3261 endgültig vom 19. Mai 2015, S. 4 Art. 4 Rn. 2 und 3.

Erste Vizepräsident der Europäischen Kommission.[438] Er leitet die jährlichen gemeinsamen Sitzungen.[439] Den beiden Gruppen der REFIT-Plattform wiederum steht jeweils der Vorsitz des Ausschusses für Regulierungskontrolle vor.[440] Die Gruppe der Regierungsvertreter besteht aus je einem Vertreter der Mitgliedstaaten.[441] Die Mitgliedstaaten ernennen hierfür einen hochrangigen Sachverständigen aus ihren Behörden, der über entsprechende Fachkenntnisse verfügt.[442] Die zweite Gruppe besteht aus 20 Vertretern aus der Wirtschaft, den Sozialpartnern und Organisationen der Zivilgesellschaft.[443] Besonders berücksichtigt werden bei der Auswahl Vertreter der Interessen von KMU.[444] Außerdem wird obligatorisch je ein Vertreter aus dem Europäischen Wirtschafts- und Sozialausschuss und aus dem Ausschuss der Regionen rekrutiert.[445] Entsprechend der Zielsetzung und der Aufgabe der REFIT-Plattform müssen sich die übrigen Mitglieder dadurch auszeichnen, dass sie Erfahrung mit der Anwendung des Unionsrechts haben.[446] Alle Mitglieder der REFIT-Plattform werden für eine Amtszeit der Kommission ernannt.[447]

3. *Arbeitsweise*

a) *Informationsbeschaffung und Vorauswahl*

Beide Gruppen sammeln Informationen zum Vereinfachungs- und Verbesserungsbedarf von Unionsrecht, indem sie Mitgliedstaaten und andere Interessenträger dazu auffordern, Vereinfachungsvorschläge einzusenden.[448] Diese Vorschläge sollen Möglichkeiten beschreiben, wie der durch Unionsvorschriften verursachte Regelungs- und Verwaltungsaufwand, insbesondere mit Blick auf die Senkung von Bürokratie- und Regulierungskosten, aus Sicht der Betroffenen reduziert werden kann.[449] Auch die Mitglieder der REFIT-Plattform

---

[438] C(2015) 3261 endgültig vom 19. Mai 2015, S. 5 Art. 5 Rn. 9.
[439] C(2015) 3261 endgültig vom 19. Mai 2015, S. 5 Art. 5 Rn. 10.
[440] C(2015) 3261 endgültig vom 19. Mai 2015, S. 5 Art. 5 Rn. 9.
[441] C(2015) 3261 endgültig vom 19. Mai 2015, S. 4 Art. 4 Rn. 2.
[442] C(2015) 3261 endgültig vom 19. Mai 2015, S. 4 Art. 4 Rn. 2.
[443] Vgl. die zugehörige Mitteilung der Kommission C(2015) 3260 endgültig vom 19. Mai 2015, S. 3.
[444] C(2015) 3261 endgültig vom 19. Mai 2015, S. 4 Art. 4 Rn. 3.
[445] C(2015) 3261 endgültig vom 19. Mai 2015, S. 4 Art. 4 Rn. 3.
[446] C(2015) 3261 endgültig vom 19. Mai 2015, S. 4 Art. 4 Rn. 3.
[447] Die erste Amtszeit der Mitglieder der REFIT-Plattform endete am 31. Oktober 2019, vgl. C(2015) 3261 endgültig vom 19. Mai 2015, S. 4 Art. 4 Rn. 5; s. zur zwischenzeitlich erfolgten teilweisen Neubesetzung der Plattform https://ec.europa.eu/info/sites/info/files/refit_stakeholder_group.pdf.
[448] Vgl. C(2015) 3260 endgültig vom 19. Mai 2015, S. 4; s. zum Ganzen berichtend *Pedersen*, in: EJRR 2017, S. 387 (390 f.).
[449] C(2015) 3260 endgültig vom 19. Mai 2015, S. 4; vgl. zu Bürokratie- und Regulierungskosten die Ausführungen in Kapitel 2 auf S. 14.

selbst können solche Vorschläge einreichen.[450] Einzelne Unionsbürger sind zwar nicht personell an der REFIT-Plattform beteiligt, haben aber die Möglichkeit, ihre Vereinfachungsvorschläge über die Internetseite „Beitrag zur Rechtsetzung“[451] in die Plattform einzubringen, wo diese dann ebenfalls entsprechend dem im Folgenden beschriebenen Verfahren weiterbearbeitet werden.[452] Der REFIT-Plattform kommt in dieser Phase auch die Aufgabe zu, durch die Formulierung von komplexeren Arbeitsthemen, wie beispielsweise „Hindernisse für die Digitalisierung“ oder „Innovationshemmnisse“, die Informationseingabe anzuregen und zu steuern.[453] Eingegebene Vereinfachungsvorschläge werden durch das Generalsekretariat, das für die Plattform die Sekretariatsgeschäfte übernimmt,[454] allen Mitgliedern der Plattform zugänglich gemacht und anschließend einer ersten Überprüfung unterzogen.[455] Bei dieser Vorprüfung werden sog. „nichtrelevante Vorschläge“ aussortiert[456] und an den allgemeinen Informationsdienst „Europe Direct“[457] verwiesen oder direkt von den Kommissionsdienststellen beantwortet.[458] „Nichtrelevant“ sind solche Vorschläge, die entweder außerhalb des Mandats der REFIT-Plattform liegen, sich also nicht auf die Verbesserung bestehenden Rechts beziehen, wie etwa allgemeine Beschwerden, oder solche, die Themen zum Gegenstand haben, die von Ausschlusskriterien der REFIT-Plattform erfasst sind und zu denen die Plattform deshalb grundsätzlich keine Stellungnahmen erarbeitet.[459] Dies betrifft insbesondere laufende Rechtsetzungsinitiativen der Kommission, Rechtsvorschriften, die vor weniger als zwei Jahren verabschiedet wurden und Vorschläge, die dem Sozialpartnerdialog unterliegen oder die Umsetzung von Unionsrecht in nur wenigen Mitgliedstaaten betreffen.[460] Diese Vorschläge werden erst dann aufgegriffen, wenn Aussicht auf ein konstruktives Ergebnis besteht oder ein Mitglied der Plattform einen solchen Vorschlag zu diskutieren wünscht.[461]

---

[450] C(2015) 3260 endgültig vom 19. Mai 2015, S. 4.

[451] Government group working methods, S. 1.

[452] COM(2016) 615 endgültig vom 14. September 2016, S. 9.

[453] C(2015) 3260 endgültig vom 19. Mai 2015, S. 4.

[454] C(2015) 3261 endgültig vom 19. Mai 2015, S. 5 Art. 5 Rn. 14. Unterstützt wird die REFIT-Plattform durch die Direktion C1 des zweiten stellvertretenden Generalsekretärs.

[455] Government group working methods, S. 1; vgl. zum Ganzen instruktiv Workflow of the REFIT-Platform sowie *REFIT-Plattform*, Opinion resulting from the dedicated Stocktaking Survey – Future prospects, S. 4.

[456] Vgl. Workflow of the REFIT-Platform; REFIT-Platform brochure, S. 9.

[457] S. dazu die Internetseite der EU, abrufbar unter: https://europa.eu/european-union/contact/write-to-us_de.

[458] REFIT-Platform brochure, S. 9; vgl. anschaulich Workflow of the REFIT-Platform.

[459] REFIT-Platform brochure, S. 12.

[460] REFIT-Platform brochure, S. 12; vgl. anschaulich Workflow of the REFIT-Platform.

[461] REFIT-Platform brochure, S. 12.

b) Bewertung und Priorisierung der Vorschläge

Das Generalsekretariat übermittelt die nach der Vorauswahl verbliebenen Vereinfachungsvorschläge der Gruppe von Interessenträgern.[462] Die Gruppe der Interessenträger bewertet diese Vorschläge in Bezug auf ihre Klarheit, Genauigkeit und ihr Potenzial, den mit Unionsvorschriften oder ihrer Umsetzung in den Mitgliedstaaten in Zusammenhang stehenden Regelungsaufwand zu verringern.[463] Die jeweils für einen Politikbereich zuständigen Berichterstatter empfehlen diejenigen Vereinfachungsvorschläge, zu denen aus ihrer Sicht die Plattform prioritär neue Stellungnahmen ausarbeiten sollte.[464] Die Gruppe der Interessenträger entscheidet dann gemeinsam über die festgelegten Prioritäten für die nächsten sechs Monate.[465] Dabei soll die maximale Anzahl an Stellungnahmen, deren Ausarbeitung angestrebt wird, 15 nicht überschreiten, wobei einzelne Stellungnahmen mehrere Vorschläge betreffen können.[466] Bei dieser Auswahl und Priorisierung können sowohl die Mitglieder der Gruppe der Regierungsvertreter als auch hinzugezogene externe Experten und betroffene Kommissionsdienste mitwirken.[467] Die Gruppe der Regierungsvertreter identifiziert aus den priorisierten Vorschlägen sowohl diejenigen, an deren weiterer Bearbeitung sie mitwirken möchte, als auch diejenigen, zu denen sie die Ausarbeitung einer eigenen Stellungnahme anstrebt, und setzt die Gruppe der Interessenträger hierüber in Kenntnis.[468] Abgeschlossen wird diese Phase dadurch, dass das Generalsekretariat im Namen der Plattform alle Einsender darüber informiert, deren Vereinfachungsvorschläge nicht aufgegriffen wurden, wobei es auch die entsprechenden Gründe hierfür erläutert.[469]

c) Ausarbeitung und Beschluss einer Stellungnahme

Die anschließende Ausarbeitung der Stellungnahmen erfolgt im Wesentlichen durch die Berichterstatter der Gruppe der Interessenträger. Die leitenden Berichterstatter eines jeweiligen Politikbereichs haben dabei die Aufgabe, Informationen von Plattformmitgliedern und aus anderen Informationsquellen zu sammeln und – unterstützt durch die übrigen Berichterstatter dieses Politikbereichs – den Entwurf einer Stellungnahme auszuarbeiten.[470] Beaufsichtigt wird die Arbeit in den einzelnen Politikbereichen von Allgemeinbericht-

462 So die Regelung der Government group working methods, S. 1.
463 Vgl. C(2015) 3260 endgültig vom 19. Mai 2015, S. 4 f.
464 Vgl. dazu anschaulich Workflow of the REFIT-Platform.
465 REFIT-Platform brochure, S. 9; Stakeholder group working methods, S. 1.
466 Stakeholder group working methods, S. 1.
467 REFIT-Platform brochure, S. 13.
468 Government group working methods, S. 1; Workflow of the REFIT-Platform.
469 Stakeholder group working methods, S. 2.
470 Stakeholder group working methods, S. 2.

erstattern, die keinem bestimmten Politikbereich zugeteilt sind.[471] Nachdem der Entwurf einer Stellungnahme erarbeitet wurde, präsentiert ihn der leitende Berichterstatter der gesamten Gruppe der Interessenträger, die ihn diskutiert, vervollständigt und annimmt.[472] Ausreichend zur Annahme ist – wie auch bei anderen Entscheidungen – die einfache Mehrheit der Gruppenmitglieder.[473] Die Gruppe von Regierungsvertretern fertigt ebenfalls ihre Entwürfe von Stellungnahmen an, allerdings nur zu solchen Vereinfachungsvorschlägen, bezüglich der sie selbst die Ausarbeitung einer Stellungnahme initiiert hat.[474] Die endgültige Annahme einer finalisierten Stellungnahme findet dann unter Beteiligung der gesamten REFIT-Plattform entweder in einer Plattformsitzung oder im schriftlichen Verfahren statt.[475] Das Plenum der REFIT-Plattform erörtert und verabschiedet die endgültige Stellungnahme.[476] Anschließend informiert das Generalsekretariat die betroffenen Einsender und veröffentlicht das Ergebnis der angenommenen Stellungnahme.[477] Die an die Kommission gerichteten Vorschläge werden zusammen mit der Bewertung und den Anmerkungen durch den Vorsitz an die für die potenzielle Umsetzung des Vorschlags zuständige Kommissionsdienststelle übermittelt.[478] Die Gruppe der Regierungsvertreter übermittelt hingegen solche Vorschläge, die sich an einen Mitgliedstaat richten.[479] Die konkreten Ergebnisse der REFIT-Plattform werden durch die Kommission und die Mitgliedstaaten dann unterschiedlich verwendet. Je nach Art des Sachverhalts können die Stellungnahmen unmittelbar Folgemaßnahmen anstoßen oder Eingang in die Vorbereitungen einer Rechtsetzungsinitiative finden.[480]

III. Bewertung

1. Einbeziehung dezentralisierter Informationen

Die Einbeziehung von Mitgliedstaaten und Interessenträgern durch die beiden Gruppen der REFIT-Plattform in die Revision des Unionsrechts ist eine Notwendigkeit. Denn Reformbedarf und Vereinfachungspotenzial von Rechtsnormen zeigen sich häufig erst bei ihrer Anwendung. Da die Mitgliedstaaten im

---

[471] Stakeholder group working methods, S. 1.

[472] Vgl. dazu Workflow of the REFIT-Platform.

[473] Stakeholder group rules of procedure vom 22. November 2016, S. 2 Punkt 4 Rn. 2. Gleiches gilt für Entscheidungen der Regierungsvertreter, vgl. Government group rules of procedure vom 23. November 2016, S. 2 Punkt 4 Rn. 2.

[474] Workflow of the REFIT-Platform; vgl. Government group working methods, S. 2.

[475] Vgl. dazu ausführlich Workflow of the REFIT-Platform.

[476] Workflow of the REFIT-Platform; vgl. Government group working methods, S. 2.

[477] Vgl. anschaulich Workflow of the REFIT-Platform.

[478] C(2015) 3260 endgültig vom 19. Mai 2015, S. 5.

[479] C(2015) 3260 endgültig vom 19. Mai 2015, S. 5.

[480] C(2015) 3260 endgültig vom 19. Mai 2015, S. 5.

Regelfall gemäß Art. 291 Abs. 1 AEUV das Unionsrecht indirekt vollziehen[481] und auch private Interessenträger in bestimmten Bereichen intensiv von Unionsrecht betroffen sein können, ist das Wissen um Anwendungsprobleme sowie Vollzugsdefizite und damit auch Verbesserungsmöglichkeiten bei den Mitgliedstaaten und den Interessenträgern konzentriert.[482] Der Unionsgesetzgeber ist darauf angewiesen, diese Informationen für den Vereinfachungs- und Verbesserungsprozess von Unionsrecht zur Verfügung zu haben.[483] Für diese Aufgabe ist die REFIT-Plattform ein geeignetes und im Vergleich zum vorangegangenen Gremium der Hochrangigen Gruppe im Bereich Verwaltungslasten ein durchaus verbessertes Instrument.[484] Positiv sticht vor allem die – jedenfalls angestrebte[485] – möglichst umfassende Beteiligung aller vom Unionsrecht betroffenen Interessenträger hervor.[486] Dies betrifft auch die Beteiligung des einzelnen Unionsbürgers, die sich seit der Initiative der Kommission für Bessere Rechtsetzung im Jahr 2015 durch die Möglichkeit der Eingabe von Vereinfachungsvorschlägen über das Internet grundsätzlich verbessert hat.[487] Aber auch aufgrund der konkreten Ausgestaltung ihrer Arbeitsweise ist die REFIT-Plattform ein grundsätzlich geeignetes Instrument zur Verbesserung der europäischen Rechtsetzung. Effektiv wird die Arbeit der Plattform insbesondere durch ihre Kanalisierungs- und Bündelungsfunktion in Bezug auf Vereinfachungsvorschläge. Indem die Plattform Vorschläge auswählt, priorisiert und aufbereitet, sorgt sie dafür, dass wichtige und vielversprechende Vorschläge auch in die Politikentwicklung und Rechtsetzungsvorbereitung der Kommission Eingang finden können.[488] Die REFIT-Plattform leistet insoweit einen wichtigen Beitrag

---

481 Vgl. nur *Gellermann*, in: Streinz, EUV/AEUV, Art. 291 AEUV Rn. 8; *Ruffert*, in: Calliess/Ruffert, EUV/AEUV, Art. 291 AEUV Rn. 2; s. hierzu ausführlich *Augsberg*, in: Terhechte, Verwaltungsrecht der Europäischen Union, § 6 Rn. 16 ff.

482 Vgl. ähnl. *Bundesrat*, Beschluss vom 25. September 2015, Drs. 242/15, S. 3 Rn. 8; s. *Jancic*, in: EJLR 2019, S. 137 (153), der insoweit auch mehr Engagement der nationalen Parlamente fordert.

483 Vgl. beispielhaft für diese Intention C(2015) 3260 endgültig vom 19. Mai 2015, S. 4; C(2015) 3261 endgültig vom 19. Mai 2015, S. 1 Erwägungsgrund 1 und 3; vgl. diese Notwendigkeit ebenfalls feststellend *Masnicki*, in: Grzeszczak, Challenges of Good Governance in the European Union, S. 197 (211) und *Mross*, Bürgerbeteiligung am Rechtsetzungsprozess in der EU, S. 145.

484 *Sarpi*, in: EJRR 2015, S. 372 (374) bewertet in diesem Zusammenhang vor allem die Einbeziehung der Gruppe der Interessenträger als positiv.

485 C(2015) 3261 endgültig vom 19. Mai 2015, S. 4 Art. 4 Rn. 4; s. zur noch folgenden Kritik die Ausführungen in diesem Kapitel auf S. 168 f.

486 *Schroeder*, in: ZG 2016, S. 193 (207).

487 Vgl. ähnl. *Schroeder*, in: ZG 2016, S. 193 (207) sowie für das gesamte Konsultationsangebot *Scott*, in: Garben/Govaere, The EU Better Regulation Agenda, S. 13 (21); s. zur Kritik noch die Ausführungen in diesem Kapitel auf S. 168 f.

488 S. zu den in das Arbeitsprogramm der Kommission übernommenen REFIT-Initiativen SWD(2017) 675 endgültig vom 4. Oktober 2017, S. 7 ff.; vgl. in diesem Zusammenhang aber auch *Pedersen*, in: EJRR 2017, S. 387 (393 f.), der darauf hinweist, dass die Ablehnung von

zur Verwirklichung des Ziels einer fakten- und wissensbasierten und folglich auch einer Besseren Rechtsetzung.

2. *Zeitlich unbegrenztes Mandat*

Positiv zu bewerten ist auch, dass die Kommission mit Hilfe der REFIT-Plattform anstrebt, den Dialog über den Verbesserungsprozess der Rechtsetzung dauerhaft zu institutionalisieren. Dies ist im Vergleich zur Hochrangigen Gruppe im Bereich Verwaltungslasten, deren Mandat von vornherein zeitlich befristet war,[489] eine wichtige Neuerung. Hierdurch wird gewährleistet, dass der positive Beitrag der REFIT-Plattform zu einer fakten- und wissensbasierten Rechtsetzung nicht nur kurzfristig und vorübergehend, sondern (potenziell) dauerhaft ist. Allerdings könnte die REFIT-Plattform noch stärker institutionalisiert werden. Bisher ist sie durch einen Beschluss der Kommission eingerichtet,[490] kann daher gegebenenfalls auch wieder durch die Kommission aufgelöst werden.[491] Es ist daher nicht auszuschließen, dass in der Zukunft das Instrument der REFIT-Plattform aus dem europäischen Konzept der Besseren Rechtsetzung wieder herausgenommen oder nicht gleichwertig ersetzt wird.

3. *Arbeitsleistung*

Damit die Vereinfachungsvorschläge der REFIT-Plattform auch wirksam zu einer Verbesserung der Rechtsetzungsqualität beitragen, bedarf es einer entsprechend hohen Arbeitsleistung der Plattform, welche sie bisher noch nicht erbringt. Zudem erscheint auch die Bereitschaft von Wirtschaft und Zivilgesellschaft, Vereinfachungsvorschläge einzureichen, eher gering.[492] Zwischen Mai 2015 und April 2017 hat die REFIT-Plattform gerade einmal 32 Stellungnahmen aufgrund 48 individueller Einreichungen von Interessenträgern verabschiedet.[493] Bis 2018 hat sich die Zahl der erarbeiteten Stellungnahmen zwar auf 89 erhöht.[494] Dies genügt indes kaum dem Anspruch, das

---

Vereinfachungsvorschlägen durch die Kommission zu politischen Konflikten mit den Interessenträgern führen könne.

[489] Vgl. dazu die Mitteilung der Europäischen Kommission vom 14. Oktober 2014, Die Hochrangige Gruppe im Bereich Verwaltungslasten – Fragen und Antworten, S. 1.

[490] C(2015) 3261 endgültig vom 19. Mai 2015, S. 1 Art. 1.

[491] S. zum entsprechenden Reformvorschlag die Ausführungen in Kapitel 9 auf S. 254.

[492] Dies ebenfalls feststellend *Smismans*, in: EJLR 2017, S. 74 (94). Hieran hat im Übrigen auch die teilweise Neubesetzung der Plattform nichts geändert, vgl. zu Änderungen hinsichtlich der Mitglieder https://ec.europa.eu/info/law/law-making-process/evaluating-and-improving-existing-laws/refit-making-eu-law-simpler-and-less-costly/refit-platform/refit-platform-members/refit-platform-members-stakeholder-group_de sowie https://ec.europa.eu/info/sites/info/files/refit_stakeholder_group.pdf.

[493] Vgl. zu diesen Zahlen REFIT-Platform brochure, S. 17.

[494] *Europäische Kommission*, Bessere Rechtsetzung: wir ziehen Bilanz und erneuern unser Engagement, S. 12.

gesamte Unionsrecht zu vereinfachen. Die REFIT-Plattform muss daher ihre Arbeitsleistung steigern.

4. Unausgeglichene Interessenvertretung

Es ist zweifelhaft, ob in der REFIT-Plattform Interessen aus den drei Bereichen Ökologie, Ökonomie und Soziales ausgeglichen vertreten sind. Gegenwärtig wird die Plattform von Interessenträgern dominiert, die wirtschaftliche Interessen vertreten, unterrepräsentiert sind hingegen Umweltinteressen.[495] Nur einer von 18 Interessenträgern – die Königliche Gesellschaft für Vogelschutz[496] – vertritt in der Plattform originäre Umweltinteressen.[497] Daher dürfte der wesentliche Schwerpunkt der Arbeit der Plattform nicht auf Umweltthemen, sondern überwiegend auf Themen wie Abbau von Bürokratie- und Regulierungskosten, insbesondere in Bezug auf KMU, liegen.[498] Zwar könnte die Beteiligung der Gruppe von Regierungsvertretern dieser einseitigen Fokussierung von (wirtschaftlichen) Partialinteressen entgegenwirken, da die Regierungsvertreter als Vertreter der Mitgliedstaaten auch die Interessen ihrer Bürger – und damit potenziell auch nichtwirtschaftliche Themen – in die Plattform einbringen müssten.[499] Indes bezieht sich das Interesse der Mitgliedstaaten im Kontext der Mitarbeit in solchen Gremien in der Regel nicht auf die Vertretung von konkreten Anliegen ihrer einzelnen Bürger, sondern ebenfalls vor allem auf den Abbau von Bürokratie- und Regulierungskosten[500] sowie auf Fragen der Umsetzung von Unionsrecht. Die Beteiligung der Gruppe der Regierungsvertreter trägt mithin nicht zu einer ausgeglichenen Interessenvertretung in der Plattform bei. Im Gegenteil: Sie besteht aus insgesamt 28 Mitgliedern, womit sie die größte Interessensgruppe in der Plattform ist. Die durch diese Gruppe repräsentierten Interessen der Mitgliedstaaten sind daher selbst überrepräsentiert. Ebenfalls zur unausgeglichenen Interessenvertretung in der Plattform trägt bei, dass der einzelne Unionsbürger weder direkt an der Plattform betei-

---

495 S. zustimmend *Smismans*, in: EJLR 2017, S. 74 (93).

496 Die Interessengruppe Friends of Europe Earth, die in der ersten Amtszeit ebenfalls Mitglied der Plattform war, ist mittlerweile ausgeschieden, s. dazu https://ec.europa.eu/info/sites/info/files/refit_stakeholder_group.pdf.

497 S. zur gegenwärtigen Zusammensetzung der Plattform für die Interessenträger die Internetseite der Kommission, abrufbar unter: https://ec.europa.eu/info/law/law-making-process/evaluating-and-improving-existing-laws/refit-making-eu-law-simpler-and-less-costly/refit-platform/refit-platform-members/refit-platform-members-stakeholder-group_de.

498 Vgl. ähnl. *Alemanno*, in: EJRR 2015, S. 344 (351); s. mit demselben Ergebnis, aber weniger kritisch *Smismans*, in: EJLR 2017, S. 74 (93); a. A. *Sohn/Dauner*, in: CepInput 17 (2015), S. 1 (14) und wohl auch *Schroeder*, in: ZG 2016, S. 193 (209).

499 So etwa *Sohn/Dauner*, in: CepInput 17 (2015), S. 1 (14) und *Schroeder*, in: ZG 2016, S. 193 (209).

500 So die Meinung von *Sarpi*, in: EJRR 2015, S. 372 (374) in Bezug auf die vorherige Hochrangige Gruppe im Bereich Verwaltungslasten, die aus Vertretern der Mitgliedstaaten bestand.

ligt ist noch auf andere Weise die Wahrung seiner Interessen als Privatperson in der Plattform erreichen kann.[501] Die prokuratorische Interessenwahrnehmung, etwa durch den in der Plattform vertretenen Europäischen Verbraucherverband (BEUC) und den Aktionsdienst Europäische Bürger (ECAS),[502] ist nicht ausreichend, da sie zum einen nur punktuell erfolgt, und zum anderen, weil sich die Interessen des einzelnen Unionsbürgers – jedenfalls teilweise – auch von denen dieser Interessenverbände unterscheiden können.[503] Die Möglichkeit, über das Internet Vereinfachungsvorschläge in die REFIT-Plattform einzugeben, bietet insoweit keinen adäquaten Ausgleich für die fehlende Mitgliedschaft in der Plattform.[504] Schließlich ermöglicht es erst die Mitgliedschaft, über die Ausarbeitung von Vereinfachungsvorschlägen mitzubestimmen, sich hieran aktiv zu beteiligen und vor allem den gesamten Ausarbeitungsprozess dauerhaft mitzugestalten. Dieser Ausschluss des einzelnen Unionsbürgers von der REFIT-Plattform, der ohnedies bereits dadurch im Nachteil ist, dass er in der Regel nicht über ausreichend Ressourcen verfügt, um seine Interessen in professionalisierter Weise gegenüber der EU wahrzunehmen,[505] verhindert, dass die REFIT-Plattform hinreichend Akzeptanz bezüglich der ausgearbeiteten Vereinfachungsvorschläge – und damit auch bezüglich der daraus später entwickelten Rechtsakte – vermitteln kann. Insoweit leistet die REFIT-Plattform nur bedingt einen wirkungsvollen Beitrag zu diesem (Teil-)Ziel der Besseren Rechtsetzung. Im Übrigen ist die unausgeglichene Mitgliederstruktur der REFIT-Plattform auch dem Ziel einer fakten- und wissensbasierten Rechtsetzung abträglich, da sie dazu führt, dass weniger Informationen zu Vereinfachungsbedarf in den unterrepräsentierten Bereichen vorhanden sind.

---

[501] Vgl. ebenfalls mit dieser Kritik *Alemanno*, in: EJRR 2015, S. 344 (349); *Pachl*, in: EJRR 2015, S. 375 (376); *Sarpi*, in: EJRR 2015, S. 372 (374); vgl. aber auch mit Kritik zurückhaltend *Schroeder*, in: ZG 2016, S. 193 (209); vgl. zu dieser allgemeinen Tendenz in der Politik der EU *Schulze-Fielitz*, in: FS Scheuing, S. 165 (187) und *Xanthaki*, in: Garben/Govaere, The EU Better Regulation Agenda, S. 29 (41).

[502] S. zu diesen Interessenträgern https://ec.europa.eu/info/law/law-making-process/evaluating-and-improving-existing-laws/refit-making-eu-law-simpler-and-less-costly/refit-platform/refit-platform-members/refit-platform-members-stakeholder-group_de.

[503] Der Aktionsdienst Europäische Bürger dürfte zwar grundsätzlich das Potenzial haben, die Interessen der Unionsbürger wirksam zu vertreten. Zutreffend bemerkt aber *Pachl*, in: EJRR 2015, S. 375 (376) das weitere Problem in diesem Zusammenhang, dass die Ressourcen solcher Verbände häufig nur dafür ausreichen, um wenige, besonders wichtige Themen zu verfolgen; s. ähnl. auch *Eliantonio*, in: EJLR 2017, S. 141 (151).

[504] *Sarpi*, in: EJRR 2015, S. 372 (374); *Schroeder*, in: ZG 2016, S. 193 (209). Gleiches dürfte für Partizipationsmöglichkeiten gelten, die Unionsbürgern in anderem Zusammenhang offen stehen, vgl. beispielhaft etwa das Citizens' Panel on the Future of Europe, abrufbar unter: https://ec.europa.eu/commission/presscorner/detail/en/AGENDA_18_3603.

[505] Hierauf hinweisend *Sarpi*, in: EJRR 2015, S. 372 (374); s. ähnl. *Pachl*, in: EJRR 2015, S. 375 (376).

5. Initiativrecht der Kommission und Legitimation

Vereinzelt wird die Legitimation der REFIT-Plattform kritisiert.[506] Ferner wird in diesem Zusammenhang teilweise geltend gemacht, die REFIT-Plattform gewähre ihren Mitgliedern privilegierten Zugang zu Entscheidungsprozessen, wodurch deren Einflussnahmemöglichkeit auf die Rechtsetzung in primärrechtswidriger Weise zunehme.[507] Gegen den Vorwurf der fehlenden Legitimation spricht jedoch, dass die REFIT-Plattform durch einen Beschluss der Kommission eingerichtet wurde,[508] wozu diese kraft ihres Selbstorganisationsrechts gemäß Art. 20 GO-KOM auch berechtigt ist. Schwerwiegender ist hingegen der Vorwurf, dass es privaten Interessenverbänden durch die REFIT-Plattform ermöglicht werde, die Rechtsetzung (in unzulässiger Weise) zu beeinflussen. Da die REFIT-Plattform Stellungnahmen ausarbeitet, die auch in künftige Rechtsetzungsinitiativen der Kommission einfließen können, stellt sich die Frage nach der Vereinbarkeit dieser Vorgehensweise mit Art. 17 Abs. 2 Satz 1 und Abs. 3 UAbs. 3 Satz 1 EUV. Die danach geforderte Unabhängigkeit der Kommission bei der Ausarbeitung von Rechtsetzungsinitiativen gemäß Art. 17 Abs. 2 Satz 1 EUV und Art. 294 Abs. 2 AEUV wäre beeinträchtigt, wenn die Stellungnahmen der REFIT-Plattform für die Rechtsetzungsvorbereitung eine so zentrale Bedeutung erlangten, dass die Mitglieder der Plattform der Kommission gewissermaßen den Inhalt einer neuen Rechtsetzungsinitiative diktieren könnten.[509] Dass die Stellungnahmen der REFIT-Plattform die Politikgestaltung der Kommission beeinflussen, lässt sich allein wegen der durch sie verbreiterten Informationsgrundlage nicht bestreiten.[510] Auch das Arbeitsprogramm der Kommission wird von den Arbeiten der REFIT-Plattform ersichtlich geprägt.[511] Es kann daher nicht ausgeschlossen werden, dass Interessenträger die sich aus ihrer Beteiligung an der REFIT-Plattform ergebenden Möglichkeiten nutzen, um die Rechtsetzungsvorbereitung durch die Kommission und vermittelt hierüber auch das Rechtsetzungsermessen des Unionsgesetzgebers zu Gunsten ihrer Partialinteressen zu lenken.[512] Allein dies genügt aber nicht, um

---

[506] So insb. *DGB*, Bessere Rechtsetzung in der EU, S. 14; s. diesbezüglich ebenfalls kritisch *Alemanno*, in: EJRR 2015, S. 344 (351).

[507] In diese Richtung geht die Kritik von *Alemanno*, in: EJRR 2015, S. 344 (351); vgl. auch zum Ganzen berichtend *Schroeder*, in: ZG 2016, S. 193 (208 f.).

[508] S. dazu den Beschluss C(2015) 3261 endgültig vom 19. Mai 2015, S. 1 Art. 1.

[509] S. zum Ganzen berichtend *Schroeder*, in: ZG 2016, S. 193 (213).

[510] *Masnicki*, in: Grzeszczak, Challenges of Good Governance in the European Union, S. 197 (204); vgl. zum Einfluss der Arbeit der REFIT-Plattform auf die Politikgestaltung der Kommission auch die Beispiele in REFIT-Platform brochure, S. 18 ff.

[511] S. bspw. das Arbeitsprogramm der Kommission 2018 COM(2017) 650 endgültig vom 24. Oktober 2017, S. 3 f., worin mehrere Initiativen als solche gekennzeichnet sind, die auf eine Stellungnahme der REFIT-Plattform zurückgehen; s. berichtend *Schroeder*, in: ZG 2016, S. 193 (208).

[512] Vgl. in Bezug auf den Abbau von Schutzstandards *Schroeder*, in: ZG 2016, S. 193

einen Verstoß gegen Art. 17 Abs. 2 Satz 1 und Abs. 3 UAbs. 3 Satz 1 EUV anzunehmen. Obgleich ein gewisses Gefahrenpotenzial nicht völlig von der Hand zu weisen ist, verfügen die Mitglieder der REFIT-Plattform weder über ausreichende Befugnisse noch über sonstige Möglichkeiten, eine Rechtsetzungsinitiative derart zu beeinflussen, dass die Unabhängigkeit der Kommission in Zweifel gezogen würde. So wirken die Mitglieder der Plattform ausschließlich bei der Ausarbeitung von Stellungnahmen der Plattform mit, nicht aber bei der eigentlichen Rechtsetzungsvorbereitung und der Formulierung eines konkreten Rechtsakts. Die Einsetzung von hochrangigen Amtspersonen der Kommission jeweils als Vorsitzende für die gesamte REFIT-Plattform und für die beiden Arbeitsgruppen sichert darüber hinaus den Einfluss der Kommission auf die Arbeit der REFIT-Plattform und dürfte verhindern,[513] dass diese ausschließlich im Sinne von privaten Partialinteressen erfolgt. Im Übrigen ist die Kommission weder an die Ergebnisse der Stellungnahmen noch an die hierin enthaltenen Erkenntnisse gebunden.[514]

IV. Zwischenfazit

Die EU verfolgt mit der Einrichtung der REFIT-Plattform einen begrüßenswerten Ansatz. Das ambitionierte Vorhaben der Verbesserung des bestehenden Unionsrechts wird sich nicht ohne die Einbeziehung der Informationen hierüber bewältigen lassen, welche bei Rechtsbetroffenen, Interessenträgern und Mitgliedstaaten vorhanden sind. Positiv zu bewerten ist dabei – wie auch schon bei anderen Instrumenten – die Integration der REFIT-Plattform in die Politikentwicklung bzw. in die Rechtsetzungsvorbereitung der Kommission. Insbesondere ihre Funktion, die Eingabe von Vereinfachungsvorschlägen zu kanalisieren, sie zu bündeln und zu priorisieren, dürfte dazu beitragen, dass entsprechende Vorschläge auch tatsächlich von der Kommission berücksichtigt werden können. Trotz dieses grundsätzlich gelungenen Ansatzes ist allerdings zweifelhaft, ob dies für einen beachtlichen Beitrag zur Verwirklichung der Ziele einer Besseren Rechtsetzung ausreicht. Die REFIT-Plattform weist Schwächen vor allem in ihrer konkreten Ausgestaltung auf. Defizitär sind etwa der Ausschluss einzelner Unionsbürger von der Beteiligung an der Plattform sowie die wenig aus-

(213), der aber gleichzeitig darauf hinweist, dass das Rechtsetzungsermessen durch die Unionsziele gebunden sei.

[513] Vgl. in diesem Zusammenhang auch *Pedersen*, in: EJRR 2017, S. 387 (390), der betont, dass die Kommission die Möglichkeit habe, die Bearbeitung von Vorschlägen der Mitgliedern der Plattform abzulehnen und insoweit als „Gate-Keeper" fungiere.

[514] *Masnicki*, in: Grzeszczak, Challenges of Good Governance in the European Union, S. 197 (204); *Schroeder*, in: ZG 2016, S. 193 (208); vgl. die Interinstitutionelle Vereinbarung über Bessere Rechtsetzung vom 13. April 2016, ABl. 2016 L 123/1, S. 8 Rn. 48, wonach sich die Kommission lediglich dazu verpflichtet, Vereinfachungsvorschläge von Mitgliedstaaten und Interessenträgern zu berücksichtigen, „wann immer dies möglich ist".

geglichene, zu sehr an ökonomischen Interessen orientierte Mitgliederstruktur. Letztere verringert nicht nur den Beitrag der REFIT-Plattform zu einer fakten- und wissensbasierten Rechtsetzung. Auch das Ziel, einen dauerhaften Dialog über Vereinfachungsmaßnahmen zwischen der Kommission und allen von Unionsrecht Betroffenen herzustellen[515] und dadurch die Legitimität und Akzeptanz der Rechtsetzung zu erhöhen, wird auf diese Weise nur bedingt erreicht.

F. Rechtsbereinigung und Rechtsvereinfachung

I. Zielsetzung

Rechtsbereinigungs- und Rechtsvereinfachungsmaßnahmen[516] sind weitere Säulen des europäischen Konzepts der Besseren Rechtsetzung.[517] Sie sind notwendig, um den Normbestand zu verschlanken und das gesamte Recht für Rechtsanwender und für von Rechtsetzung Betroffene übersichtlicher und zugänglicher zu gestalten.[518] Ziel von Rechtsbereinigungs- und Rechtsvereinfachungsmaßnahmen ist außerdem, die Anwendung von Rechtsnormen und deren Einhaltung zu erleichtern.[519]

II. Typen

1. Aufhebung von irrelevanten Rechtsvorschriften

Eine wesentliche Aufgabe von Rechtsbereinigungs- und Rechtsvereinfachungsmaßnahmen ist die ersatzlose Aufhebung unnötiger Rechtsvorschriften.[520] Dies betrifft insbesondere solche Rechtsvorschriften, deren Regelungsgegenstand weggefallen ist oder die keinen sinnvollen Zweck mehr erfüllen, aber auch solche, die das mit ihnen verfolgte Ziel nicht mehr mit einem angemessenen Kosten-Nutzen-Verhältnis erreichen oder die über das gewollte Regelungsziel hinausgehen.[521] Zur Rechtsvereinfachung zählt das europäische Konzept der Besseren Rechtsetzung allerdings auch die Aufhebung von Berichts-,

---

[515] S. zu diesem von der Kommission häufig betonten Versprechen etwa COM(2015) 215 endgültig vom 19. Mai 2015, S. 6.

[516] S. hierzu ausführlich *Ahrens/Leier*, in: ZG 2007, S. 383 (386 ff.).

[517] Vgl. ähnl. *Eliantonio/Spendzharova*, in: EJLR 2017, S. 3 (7).

[518] S. dazu ausführlich bereits der Mandelkernbericht, S. 42 ff.

[519] Vgl. hierzu auch die Definition des Mandelkernberichts, S. 94.

[520] Zur Rechtsvereinfachung werden teilweise auch Maßnahmen zur Verbesserung der Regulierungs- und Verwaltungsstrukturen wie etwa e-Government, die Einrichtung von sog. one-stop-shops und die Beschleunigung von Entscheidungsverfahren gezählt, vgl. *Wegrich*, Better Regulation, S. 48 f.

[521] Mandelkernbericht, S. 47.

Aufbewahrungs- und Nachweispflichten in Rechtsnormen zur Entlastung der Rechtsbetroffenen von Bürokratie- und Regulierungskosten.[522]

2. Kodifizierung und Neufassung

Weitere wichtige Maßnahmen der Rechtsvereinfachung sind die verstärkte Kodifizierung und Neufassung von Rechtsakten,[523] die dazu beitragen sollen, den Umfang und die Komplexität des bestehenden Sekundärrechts zu verringern.[524] Das europäische Konzept der Besseren Rechtsetzung definiert die Kodifizierung als ein Verfahren, das zum Ziel hat, die zu kodifizierenden Rechtsakte aufzuheben und – ohne inhaltliche Änderungen – durch einen einzigen Rechtsakt zu ersetzen.[525] Damit legt das Konzept ein engeres Begriffsverständnis zugrunde als das nationale Recht,[526] welches die Kodifikation als eine auf Vollständigkeit angelegte Regelung eines Rechtsgebiets in einem Gesetz versteht.[527] Die Neufassung eines Rechtsakts definiert das europäische Konzept als die Formulierung eines neuen Rechtsakts, der in einem einzigen Text sowohl die am vorhergehenden Text vorgenommenen Änderungen als auch die unverändert gebliebenen Bestimmungen dieses vorhergehenden Rechtsakts zusammenfasst.[528] Die Kommission, das Parlament und der Rat haben sich darauf geeinigt, die Instrumente der Kodifizierung und der Neufassung häufiger bei neuen Rechtsetzungsvorhaben zu nutzen.[529]

---

522 Vgl. den Mandelkernbericht, S. 47; *Herten-Koch*, Rechtsetzung und Rechtsbereinigung, S. 169; dies für ein allgemeines Konzept der Besseren Rechtsetzung fordernd *Wegrich*, Better Regulation, S. 49.

523 Vgl. hierzu ausführlich *Herten-Koch*, Rechtsetzung und Rechtsbereinigung, S. 169.

524 Better Regulation Guidelines, S. 36 f.; s. bereits KOM(2002) 278 endgültig vom 5. Juni 2002, S. 15; vgl. ferner https://ec.europa.eu/info/law/law-making-process/evaluating-and-improving-existing-laws/refit-making-eu-law-simpler-and-less-costly_de.

525 S. die Definition der Better Regulation Guidelines, S. 37; s. dazu auch bereits die Begriffsbestimmungen in der Interinstitutionellen Vereinbarung über ein beschleunigtes Arbeitsverfahren für die amtliche Kodifizierung von Rechtstexten vom 20. Dezember 1994, ABl. 1996 C 102/2, S. 1 Rn. 1.

526 Vgl. mit dieser Feststellung *Herten-Koch*, Rechtsetzung und Rechtsbereinigung, S. 169.

527 Vgl. mit diesem Kodifikationsverständnis etwa *Burghart*, Die Pflicht zum guten Gesetz, S. 99; *Fliedner*, Rechtsetzung in Deutschland, S. 81; *H. Schneider*, Gesetzgebung, S. 260.

528 S. dazu die Definition der Better Regulation Guidelines, S. 36 f.; s. zum Begriff bereits KOM(2001) 645 endgültig vom 21. November 2001, S. 6 und die Interinstitutionelle Vereinbarung über die systematischere Neufassung von Rechtsakten vom 28. November 2001, ABl. 2001 C 77/1, S. 1.

529 Die drei Rechtsetzungsorgane haben dies im Jahr 2016 erneut vereinbart, vgl. Interinstitutionelle Vereinbarung über Bessere Rechtsetzung vom 13. April 2016, ABl. 2016 L 123/1, S. 8 Rn. 46.

III. Bewertung

1. Gefahr des Abbaus von Schutzstandards

An den genannten Vereinfachungsmaßnahmen der EU wird teilweise kritisiert, dass sie nur vordergründig der Verbesserung des Rechts dienten und vielmehr auf den systematischen Abbau von Schutzstandards im Rahmen einer Deregulierungsstrategie zielten.[530] Allerdings ist zweifelhaft, ob die Kritik in dieser absoluten Form berechtigt ist.[531] Zwar besteht ein grundsätzliches Risiko, dass Vereinfachungsmaßnahmen durchgeführt werden, obwohl sie möglicherweise gar nicht erforderlich sind. So ist es beispielsweise nicht ausgeschlossen, dass eine nur vermeintlich gegenstandslos gewordene Rechtsvorschrift aufgehoben wird, diese tatsächlich aber noch einen sinnvollen Anwendungsbereich hat, etwa dem Schutz bestimmter Rechte dient.[532] Abgesehen von dem Verlust eines bestimmten Schutzniveaus können die Folgen für die Rechtsetzungsqualität dann unabsehbar sein. Wird etwa eine Unionsrechtsvorschrift aufgehoben, obwohl hinsichtlich des Regelungsgegenstandes noch ein Regelungsbedürfnis besteht, müssen 28 (unterschiedliche) mitgliedstaatliche Regelungen die aufgehobene Unionsrechtsvorschrift ersetzen oder – falls infolge der Untätigkeit der Mitgliedstaaten eine Regelungslücke entsteht – Analogien oder Rechtsprechung diese Regelungslücke schließen.[533] In diesen Fällen führen Vereinfachungsbemühungen nicht zu einer besseren Rechtsetzungsqualität, sondern zu mehr Komplexität und Unübersichtlichkeit des Unionsrechts.[534] Die möglichen Folgen und vor allem die Gefahr eines „versehentlichen" Abbaus von Schutzstandards müssen daher bei jeder Vereinfachungsmaßnahme genau untersucht und mit dem aus ihr resultierenden Vorteil für die Rechtsetzungsqualität abgewogen werden.[535] Dies dürfte im europäischen Konzept aber bereits durch den Grundsatz der vorherigen Evaluierung sichergestellt sein. Nach diesem Grundsatz dürfen bestehende Unionspolitiken und Rechtsvorschriften erst dann aufgehoben oder reformiert werden, wenn sie zuvor im Rahmen einer Ex-Post-Evaluie-

---

530 So etwa *DNR*, Deregulierungs- und Entdemokratisierungstendenzen in der EU, S. 2; vgl. ebenfalls kritisch *Alemanno*, in: EJRR 2015, S. 344 (351); *Bundesrat*, Beschluss vom 25. September 2015, Drs. 242/15, S. 8 Rn. 24; *E. Wagner*, in: EurUP 2016, S. 121 (130); *Wegrich*, in: EJRR 2015, S. 369 (371); vgl. berichtend *Schroeder*, in: ZG 2016, S. 193 (213).

531 Auch *Smulders/Paquet*, in: Garben/Govaere, The EU Better Regulation Agenda, S. 79 (96) und *Schroeder*, in: ZG 2016, S. 193 (213) wenden sich gegen diese Kritik.

532 Vgl. ähnl. *Ahrens/Leier*, in: ZG 2007, S. 383 (397), die die Schwierigkeit der Trennung von Bürokratieabbau und Deregulierung betonen; s. auch ähnl. *Radaelli/Meuwese*, in: PA 2009, S. 639 (640).

533 Vgl. ähnl. *Magiera*, in: Schulze/Zuleeg/Kadelbach, Europarecht, § 13 Rn. 47.

534 *Magiera*, in: Schulze/Zuleeg/Kadelbach, Europarecht, § 13 Rn. 47.

535 Vgl. ähnl. *Fink*, Better Regulation – Bessere Rechtsetzung in Europa, S. 28, die eine Einzelfallprüfung vorschlägt, mit der festgestellt werden soll, ob eine Maßnahme lediglich zur Rechtfertigung ökonomischer Interessen dient; s. ähnl. für das nationale Recht *Grimm*, in: ZRP 2000, S. 87 (88).

rung bewertet wurden.[536] Darüber hinaus betont die Kommission, dass bei Anwendung der Instrumente der Besseren Rechtsetzung politische Zielsetzungen nicht beeinträchtigt werden dürften und insbesondere bestehende Schutzstandards nicht abgebaut würden.[537] Es ist nicht ersichtlich, dass diese Vorgaben in der Praxis missachtet werden. Ebenso wenig lässt sich feststellen, dass die Vereinfachungsmaßnahmen der EU grundsätzlich darauf ausgerichtet sind, systematisch bestehende Schutzstandards abzubauen.[538] Solche Annahmen werden auch nicht durch die konkrete Ausgestaltung der Instrumente und deren Verfahrensvorgaben belegt. Dass es in Einzelfällen zum (unberechtigten) Abbau von Schutzstandards kommen kann, ist indes nicht ausgeschlossen.

2. *Umfang der Rechtsbereinigung*

Die Bestrebung, irrelevante Rechtsvorschriften aufzuheben, ist mit Blick auf den Umfang des Unionsrechts sinnvoll. In der Praxis gestaltet sich die Aufhebung von Rechtsvorschriften aber schwierig und erfolgt selten effektiv.[539] Zwar ist positiv zu bewerten, dass die Kommission seit 2015 jährlich – und damit kontinuierlich – konkrete Rechtsvorschriften ermittelt, die aufgehoben werden sollen. Jedoch hat die Kommission im Jahr 2015 gerade einmal insgesamt 22, im Jahr 2016 dann 27 Rechtsakte identifiziert, wovon nur ungefähr die Hälfte anschließend aufgehoben wurde.[540] Nach neueren Zahlen der Kommission sollen im Zeitraum von 2015 bis 2017 insgesamt 74 Rechtsakte aufgehoben worden sein.[541] Diese Anzahl an ermittelten und aufgehobenen Vorschriften reicht nicht aus, um den Normbestand der EU wirkungsvoll zu reduzieren. Insoweit ist wegen der unzulänglichen Anwendung der Instrumente der Beitrag gering, den diese Vereinfachungsbestrebungen zu einer Verbesserung der Rechtsetzungsqualität, etwa mit Blick auf eine verbesserte Übersichtlichkeit und Systematik des Unionsrechts, erbringen können.

---

536 So die Regelung der Better Regulation Toolbox, S. 21.

537 Vgl. nur Better Regulation Guidelines, S. 4 und Better Regulation Toolbox, S. 8 und S. 292; s. ferner dies allgemein bekräftigend COM(2017) 651 endgültig vom 24. Oktober 2017, S. 8.

538 So im Ergebnis auch die Ansichten von *Schroeder*, in: ZG 2016, S. 193 (214) und *Garben/Govaere*, in: Garben/Govaere, The EU Better Regulation Agenda, S. 3 (8); vgl. aber auch kritisch in Bezug auf den Zustand im Jahr 2010 *Weingarten*, Better Regulation in umwelt- und naturschutzrechtlichen Prüfungen, S. 9.

539 So etwa *Zbíral*, in: Garben/Govaere, The EU Better Regulation Agenda, S. 63 (72 und 74).

540 Vgl. berichtend *Zbíral*, in: Garben/Govaere, The EU Better Regulation Agenda, S. 63 (72).

541 Vgl. zu diesen Zahlen *Europäische Kommission*, State of the Union 2017 brochure, S. 63.

3. Beeinträchtigung der Subsidiaritätskontrolle

Eine gewisse Gefahr bergen die vermehrten Kodifizierungsbestrebungen für die Subsidiaritätskontrolle durch die nationalen Parlamente auf Grundlage des Subsidiaritätsprotokolls.[542] Denn die Kommission geht für Kodifizierungen davon aus, dass hierfür – unabhängig von der Zuständigkeit für den Erlass des ursprünglichen Rechtsakts – eine ausschließliche Kompetenz der EU bestehe.[543] Im Bereich der ausschließlichen Gesetzgebungskompetenz und damit – jedenfalls nach Ansicht der Kommission – letztlich bei allen Kodifizierungsvorhaben findet allerdings keine Subsidiaritätskontrolle statt.[544] Für diese Ansicht spricht zwar, dass die Kodifizierung von Unionsrechtsakten sinnvollerweise ausschließlich vom Unionsgesetzgeber vorgenommen werden kann, so dass sich eine ausschließliche Kompetenz aufgrund des Sachzusammenhangs begründen ließe.[545] Hiergegen ist jedoch anzuführen, dass das Primärrecht die Kodifizierung von Rechtsakten gerade nicht ausdrücklich dem Bereich der ausschließlichen Zuständigkeit der EU zuweist und die Annahme einer solchen ungeschriebenen Kompetenz die Verwirklichung des Subsidiaritätsprinzips gemäß Art. 5 Abs. 3 EUV beeinträchtigt.[546] Die EU sollte daher auch bei Kodifizierungen die Kompetenz des ursprünglichen Rechtsakts zugrunde legen und gegebenenfalls eine Subsidiaritätsprüfung nach dem Subsidiaritätsprotokoll durchführen.[547] Schließlich ist das Subsidiaritätsprinzip auch ein Leitprinzip der Besseren Rechtsetzung und trägt ebenfalls zu deren Verwirklichung bei.

4. Formales Kodifikationsverständnis

Kodifikationen bieten grundsätzlich eine geeignete Möglichkeit, die Entwicklung des Unionsrechts zu gestalten[548] und positiv auf die Rechtsetzungsqualität, etwa mit Blick auf Anzahl und Systematik von Rechtsvorschriften, einzuwirken. Allerdings wird die Wirksamkeit von Kodifizierungsbemühungen in der EU von dem erwähnten, dort vorherrschenden formalen Verständnis von Kodi-

---

[542] S. zu dieser Kritik und zum Nachfolgenden ausführlich *Sensburg*, in: NJW 2016, S. 3287 (3287 ff.); s. ferner kritisch *Jancic*, in: EJLR 2019, S. 137 (152).

[543] Vgl. berichtend *Sensburg*, in: NJW 2016, S. 3287 (3289).

[544] S. hierzu allgemein *Nettesheim*, in: Grabitz/Hilf/Nettesheim, Das Recht der EU, Art. 3 AEUV Rn. 1.

[545] Vgl. berichtend *Sensburg*, in: NJW 2016, S. 3287 (3289) mit Verweis auf Antwortschreiben von EU-Kommissarin *Vera Jourová* an den Vorsitzenden des Unterausschusses Europarecht, EU-Dok. 125/2016.

[546] Nach *Sensburg*, in: NJW 2016, S. 3287 (3290) widerspräche eine solche schleichende Erweiterung insbesondere der durch den Vertrag von Lissabon beabsichtigten Stärkung des Subsidiaritätsprinzips.

[547] So auch die Forderung von *Sensburg*, in: NJW 2016, S. 3287 (3290).

[548] *Schärdel*, Die Bücherkodifikation, S. 90 im Anschluss an *Kloepfer*, in: NVwZ 2002, S. 645 (655).

fikationen beschränkt.[549] Dieses formale Verständnis führt insbesondere dazu, dass das Kodifizierungsverfahren nur einen sehr geringen Anwendungsbereich hat,[550] weswegen es nicht geeignet ist, Erscheinungsformen mangelhafter Rechtsetzung zu vermindern und beispielsweise bestehende Rechtszersplitterung zu beseitigen und die Systematisierung eines Rechtsgebiets zu fördern.[551] Die EU sollte sich bei ihren Kodifizierungsbemühungen entsprechend dem nationalen Kodifizierungsverständnis[552] mehr am Ziel der umfassenden Regelung eines zusammengehörenden Lebenssachverhalts orientieren, auch um die Entwicklung eigener Rechtsgebiete voranzutreiben.[553] Auf diese Weise könnte eine Bessere Rechtsetzung verwirklicht werden, weil ein Regelungsgegenstand nicht in mehrere Rechtsakte aufgespaltet werden müsste,[554] wodurch regelmäßig die Übersichtlichkeit und Systematik des Rechts beeinträchtigt wird.

IV. Zwischenfazit

Die Vereinfachungsbemühungen der EU sind durchaus positiv zu bewerten. Rechtsbereinigung, Kodifizierung und Neufassung von Rechtsakten sollten verstärkt angestrebt werden, um den umfangreichen Normbestand des Unionsrechts auch tatsächlich zu verschlanken und ihn insgesamt übersichtlicher zu gestalten.[555] Wichtig sind diese Maßnahmen auch deshalb, weil Rechtsbetroffene deren Wirkungen und die Wirksamkeit des Konzepts der Besseren Rechtsetzung an den aufgehobenen, neugefassten oder kodifizierten Rechtsakten unmittelbar erkennen und bewerten können. Allerdings erfolgen gegenwärtig in der EU die Rechtsbereinigungs- und Vereinfachungsmaßnahmen in zu geringem Umfang, als dass sie einen wirkungsvollen Beitrag zur Verbesserung der Rechtsetzungsqualität leisten könnten. Außerdem sollte die EU auch bei ihren Kodifizierungsbemühungen das Subsidiaritätsprinzip berücksichtigen, da dessen Beachtung ebenfalls eine Bessere Rechtsetzung verwirklicht. Sie sollte des Weiteren vom formalen Kodifikationsverständnis abrücken und stärker die systematische Kodifizierung ganzer Rechtsgebiete forcieren. Dies würde nicht nur

---

549 Vgl. berichtend zu den ernüchternden Zahlen von gerade einmal 1300 „eingesparten" Seiten von Rechtsvorschriften *Robinson*, in: The Theory and Practice of Legislation 2015, S. 257 (278).

550 *Herten-Koch*, Rechtsetzung und Rechtsbereinigung, S. 173.

551 Vgl. zum Ganzen ausführlich *Herten-Koch*, Rechtsetzung und Rechtsbereinigung, S. 173.

552 Vgl. zu dem etwa in Deutschland vorherrschenden Verständnis der Kodifizierung im Sinne der umfassenden Normierung eines Rechtsgebiets *v. Lewinski*, in: GS Brandner, S. 107 (110) sowie ferner zum Begriffsverständnis ausführlich *Schärdel*, Die Bücherkodifikation, S. 22 f.

553 Vgl. ähnl. *Müller-Graff*, in: EuZW 1998, S. 325 (330 f.).

554 Vgl. hierzu *Fliedner*, Rechtsetzung in Deutschland, S. 81.

555 Vgl. mit demselben Ergebnis etwa auch *Grüner*, Quantität und Qualität der europäischen Rechtsetzung, S. 294.

der Übersichtlichkeit des Unionsrechts dienen, sondern auch die Systematik der Rechtsetzung fördern und Rechtszersplitterung vorbeugen. Im Übrigen sollte die EU bei ihren Rechtsbereinigungs- und Rechtsvereinfachungsbemühungen stets mit der gebotenen Vorsicht und Sorgfalt vorgehen, um das diesen Maßnahmen innewohnende Gefahrenpotenzial für materielle Schutzstandards angemessen zu berücksichtigen.

G. Zugang zu Rechtsvorschriften und Dokumenten

I. Zielsetzung

Zugang zu Rechtsvorschriften und Dokumenten bedeutet, die grundsätzliche, praktische Möglichkeit, vom Inhalt von Rechtsvorschriften und Dokumenten tatsächlich Kenntnis zu nehmen.[556] Diese Möglichkeit ist eine wesentliche Voraussetzung für die Transparenz des Rechtsetzungsverfahrens.[557] Eine transparente Rechtsetzung fördert die Legitimation und stärkt das Vertrauen in die rechtsetzenden Organe.[558] Sie trägt damit auch zur Prävention von Politik- und Staatsverdrossenheit bei.[559]

II. Typen

1. EUR-LEX-Portal

Die EU hat vor allem mit dem Internetportal EUR-LEX[560] einen zentralen und einheitlichen Zugang zu Rechtsvorschriften und Dokumenten geschaffen. Abrufbar sind über das Portal neben Rechtsvorschriften insbesondere Dokumente zu internationalen Abkommen, primärrechtliche Rechtsgrundlagen, Arbeitspapiere der Unionsorgane und Rechtsprechung des EuGH in fast allen Amtssprachen der EU.[561]

---

556 Teilweise wird in diesem Zusammenhang für eine Bessere Rechtsetzung auch der Zugang zu Sitzungen und Beratungen gefordert. Auf deren gesonderte Darstellung wird hier allerdings verzichtet. Vgl. dazu eingehend und zur im Wesentlichen auch auf das gegenwärtige Konzept der Besseren Rechtsetzung übertragbaren Bewertung insb. *Pfeifer*, Bessere Rechtsetzung, S. 144 f.

557 Vgl. *Pfeifer*, Bessere Rechtsetzung, S. 67.

558 S. ähnl. *Fliedner*, Rechtsetzung in Deutschland, S. 56; s. ferner *Pfeifer*, Bessere Rechtsetzung, S. 66.

559 Vgl. zu dieser Überlegung grundsätzlich *Fliedner*, Rechtsetzung in Deutschland, S. 56.

560 Abrufbar unter: https://eur-lex.europa.eu/homepage.html.

561 S. zu den im Einzelnen verfügbaren Dokumenten die Übersicht auf der Internetseite https://eur-lex.europa.eu/homepage.html.

2. Dokumentenregister und -archive

Sowohl die Kommission[562] als auch das Europäische Parlament[563] und der Rat[564] haben – auch in Umsetzung der auf Grundlage von Art. 15 Abs. 3 UAbs. 2 AEUV erlassenen Dokumentenzugangverordnung[565] – internetbasierte Dokumentenregister und -archive eingerichtet, durch die Interessierte ebenfalls Zugang zu den Dokumenten der drei Organe erhalten können.[566] Zugänglich sind Dokumente wie etwa Protokolle der Kommissionssitzungen, Ratsprotokolle, Pressemitteilungen, Tagesordnungen für Verhandlungen im Europäischen Parlament, Schlussfolgerungen des Rates, Arbeitsdokumente und vorbereitende Dokumente der Organe sowie Entwürfe von Stellungnahmen oder Änderungsanträge im Rahmen eines Rechtsetzungsverfahrens.[567] Darüber hinaus kann der Zugang zu bestimmten Dokumenten bei den jeweiligen Unionsorganen konkret beantragt werden.[568] Außerdem existiert neuerdings ein interinstitutionelles Register der delegierten Rechtsakte, welches einen Zugang zu delegierten Rechtsakten in unterschiedlichen Stadien des Rechtsetzungsverfahrens, etwa der Vorbereitung, Annahme, Prüfung und Veröffentlichung, ermöglicht.[569]

III. Bewertung

1. Nutzung des Zugangsangebots

Obwohl durch die Einrichtung des genannten Internetportals sowie der erwähnten internetbasierten Register und Archive ein durchaus einfacher und anwendungsfreundlicher Zugang zu den dort vorhandenen Dokumenten geschaffen

---

562 S. hierzu die Internetseite der Kommission, abrufbar unter: https://ec.europa.eu/transparency/regdoc/index.cfm?language=de&CFID=1310976&CFTOKEN=6ddbde98be11160c-E97B2A3C-EF6E-9AD5-798574F2D156D7EE.

563 S. zum Dokumentenregister des Parlaments: http://www.europarl.europa.eu/germany/de/service/dokumentenregister.

564 Vgl. zu den verschiedenen Zugangsmöglichkeiten zu Dokumenten des Rates: https://www.consilium.europa.eu/de/documents-publications/archives/.

565 Verordnung (EG) Nr. 1049/2001 vom 30. Mai 2001 über den Zugang der Öffentlichkeit zu Dokumenten des Europäischen Parlaments, des Rates und der Kommission, ABl. 2001 L 45/43, S. 43–48.

566 Vgl. hierzu auch *Pfeifer*, Bessere Rechtsetzung, S. 145 f.

567 S. hierzu für die Kommission: https://ec.europa.eu/transparency/regdoc/index.cfm?language=de&CFID=1310976&CFTOKEN=6ddbde98be11160c-E97B2A3C-EF6E-9AD5-798574F2D156D7EE; für den Rat: https://www.consilium.europa.eu/de/documents-publications/public-register/ und für das Parlament: http://www.europarl.europa.eu/RegistreWeb/search/simpleSearchHome.htm?language=DE.

568 S. hierzu für das Parlament: http://www.consilium.europa.eu/de/documents-publications/public-register/request-document/ und für die Kommission: https://ec.europa.eu/transparency/regdoc/index.cfm?fuseaction=fmb&language=en sowie den Rat: https://www.consilium.europa.eu/de/documents-publications/public-register/.

569 Abrufbar unter: https://webgate.ec.europa.eu/regdel/#/home.

wurde, der grundsätzlich positiv zu bewerten ist,[570] ist die Nutzung des gesamten Zugangsangebots insgesamt noch zu gering. Im Jahr 2016 verzeichnete die zentrale Internetseite für den Zugang zu Dokumenten der EU gerade einmal 19.191 Besucher. Konkrete Anträge auf Zugang zu bestimmten Dokumenten wurden bei der Kommission im selben Jahr nur 6.077 gestellt,[571] und das, obwohl sie das Organ ist, bei dem die meisten solcher Anträge eingehen.[572] Dabei fällt besonders negativ auf, dass ca. 85 % der Antragsteller aus nur sieben verschiedenen Mitgliedstaaten entstammen und sich die restlichen ca. 15 % auf die übrigen 21 Mitgliedstaaten verteilen.[573] Außerdem wird das Zugangsangebot überwiegend von professionellen Rechtsanwendern und nicht von Unionsbürgern genutzt. Zwar weist die Kommission zutreffend darauf hin, dass die für sich genommen größte Gruppe an Antragsstellern mit knapp 40 % aus Unionsbürgern besteht.[574] Die Gruppe der verbleibenden 60 % setzt sich aber aus Nichtregierungsorganisationen, Journalisten, Hochschulen und Wirtschaftsunternehmen zusammen,[575] also Personen, die sich ohnehin von Berufs wegen mit Dokumenten der EU beschäftigen. Von einer flächendeckenden Nutzung der Zugangsmöglichkeiten zu Rechtsvorschriften und Dokumenten in der EU kann daher nicht die Rede sein.

2. *Einschränkungen des Zugangsrechts*

Positiv zu bewerten ist aber die Möglichkeit, das Zugangsrecht zu Dokumenten grundsätzlich uneingeschränkt wahrzunehmen. Ablehnungen aufgrund von Ausnahmeregelungen erfolgen nur in geringem Umfang. Im Jahr 2016 wurde etwa bei 80 % der bei der Kommission eingegangenen Anträge nach der Dokumentenzugang-VO uneingeschränkter oder teilweiser Dokumentenzugang gewährt.[576]

3. *Erweiterung des Zugangsangebots*

Teilweise wird am Zugangsangebot der drei Unionsorgane kritisiert, dass es – auch mit Blick auf das umfangreiche Konsultationsangebot, welches ebenfalls

570 Zuzustimmen ist insoweit COM(2017) 738 endgültig vom 6. Dezember 2017, S. 15.

571 Vgl. zu den genannten Zahlen COM(2017) 738 endgültig vom 6. Dezember 2017, S. 15.

572 Aus diesem Grund beziehen sich auch die im Weiteren genannten Zahlen auf die Kommission.

573 Vgl. zu diesen Zahlen COM(2017) 738 endgültig vom 6. Dezember 2017, S. 8.

574 Es ist allerdings auch zweifelhaft, ob diese Zahl vollständig zutreffend ist. Denn die Kommission hat „zu statistischen Zwecken" alle Antragsteller, die keine Angaben zu ihrem Sozial- und Beschäftigungsprofil gemacht haben, dem Profil „Bürger" zugerechnet, vgl. COM(2017) 738 endgültig vom 6. Dezember 2017, S. 7.

575 COM(2017) 738 endgültig vom 6. Dezember 2017, S. 7.

576 COM(2017) 738 endgültig vom 6. Dezember 2017, S. 9.

Zugang zu vielen Dokumenten ermöglicht – den falschen Schwerpunkt setze.[577] Das in der Interinstitutionellen Vereinbarung über Bessere Rechtsetzung versprochene Höchstmaß an Transparenz im Rechtsetzungsverfahren setze voraus, dass auch der Inhalt von Trilogverhandlungen bekannt gemacht würde.[578] Diese Forderung dürfte sich zwar aufgrund des informellen Charakters der Trilogverhandlungen und dem damit verbundenen Interesse der drei Unionsorgane an der Geheimhaltung des Inhalts der dort getroffenen Absprachen und verwendeten Dokumente kaum realisieren lassen,[579] ist aber angesichts des Begriffs „Höchstmaß" durchaus berechtigt.

IV. Zwischenfazit

Die EU hat aufs Ganze gesehen wirksame Zugangsmöglichkeiten zu Rechtsvorschriften und Dokumenten geschaffen. Besonders positiv fällt der umfangreiche und anwendungsfreundliche Zugang auf.[580] Im Jahr 2016 hat allein die Kommission 18.523 neue Dokumente in ihr Dokumentenregister eingepflegt.[581] Der internetbasierte Zugang gewährleistet einen schnellen und ortsunabhängigen Zugriff auf Rechtsvorschriften und Dokumente. Dabei achten die Unionsorgane trotz des beachtlichen Umfangs auf die Benutzerfreundlichkeit des Zugangs, etwa durch einheitliche und zentrale Zugangsportale[582] sowie erläuternde Gebrauchsanleitungen.[583] Im Vergleich zu diesen positiven Aspekten bestehen nur vereinzelte Defizite. Wünschenswert ist der Zugang zu Dokumenten, die die Trilogverhandlungen betreffen und deren Inhalt wiedergeben. Abgesehen hiervon und auch anders als vor einigen Jahren[584] beschränken sich die übrigen Defizite überwiegend auf die geringe Nutzung des Zugangsangebots. Letzteres erscheint aber auch nicht gravierend, da die derzeitige

---

577 *Garben*, in: Garben/Govaere, The EU Better Regulation Agenda, S. 217 (236).

578 *Garben*, in: Garben/Govaere, The EU Better Regulation Agenda, S. 217 (236).

579 S. aber auch *EuG*, Urteil vom 22. März 2018 – Rs. T-540/15, De Capitani/Europäisches Parlament, ECLI:EU:T:2018:167, Rn. 34 ff., das in dem konkreten Fall der Verweigerung des Dokumentenzugangs durch das Parlament einen Verstoß gegen Art. 4 Abs. 3 UAbs. 1 der Dokumentenzugang-VO sah; vgl. dazu und zum Trilog ausführlich *v. Achenbach*, in: DÖV 2018, S. 1025 (1025 ff.).

580 Vgl. aber auch skeptisch bezüglich Dokumente, die die Rechtsetzungsvorbereitung betreffen *Robinson*, in: The Theory and Practice of Legislation 2015, S. 257 (269).

581 Vgl. hierzu und zu weiteren Maßnahmen COM(2017) 738 endgültig vom 6. Dezember 2017, S. 4.

582 S. etwa die Übersicht über Zugangsmöglichkeiten, abrufbar unter: https://europa.eu/european-union/documents-publications/libraries-archives_de#110.

583 Vgl. *Europäische Union*, Zugang zu den Dokumenten des Europäischen Parlaments, des Rates und der Kommission, Gebrauchsanleitung.

584 Vgl. dazu etwa *Pfeifer*, Bessere Rechtsetzung, S. 151 sowie die Pressemitteilung des Europäischen Parlaments vom 15. April 2011 zusammengefasst bei *Redaktion*, in: EuZW 2011, S. 365 (365) beide mit Kritik daran, dass bestimmte Dokumente zur Wirtschaftspolitik, zu Rechtsangelegenheiten und rechtlichen Untersuchungen nicht zugänglich seien.

gute Ausgestaltung des Zugangs erwarten lässt, dass das Angebot zukünftig stärker nachgefragt wird.

H. Maßnahmen zur Verbesserung der redaktionellen Qualität von Rechtsvorschriften

I. Zielsetzung

Eine gute redaktionelle Gestaltung des Rechtstextes ist Voraussetzung dafür, dass der in der Rechtsvorschrift enthaltene Normbefehl richtig verstanden wird und Rechtsbetroffene ihre Rechte und Pflichten erkennen können.[585] Sie beugt Auslegungsschwierigkeiten und kostspieligen Rechtsstreitigkeiten vor.[586] Klare und verständliche Rechtsvorschriften verbessern auch die Kommunikationsbeziehung zwischen Hoheitsträger und Bürger und sind daher geeignet, die Legitimität und Akzeptanz der Rechtsetzung sowie das Vertrauen in die rechtsetzenden Organe zu stärken.[587]

II. Typen

1. „LegisWrite", „Drafters Assistance Package" und „Drafting Support Tool"

Der Text eines Rechtsakts wird von der Dienststelle der Kommission entworfen, welche auch die jeweilige Rechtsetzungsinitiative ausarbeitet.[588] Im Europäischen Parlament und im Rat sind die jeweiligen Ausschüsse bzw. Arbeitsgruppen für die Erarbeitung des Rechtstextes zuständig. Um diese Arbeit zu unterstützen, existieren in allen drei Rechtsetzungsorganen umfangreiche Leitfäden, Handbücher und interne Richtlinien für die Ausarbeitung und Abfassung von Rechtsvorschriften.[589] Diese Dokumente enthalten – im Wesentlichen all-

---

[585] Better Regulation Guidelines, S. 36; Gemeinsamer Leitfaden des Europäischen Parlaments, des Rates und der Kommission für Personen, die an der Abfassung von Rechtstexten der Europäischen Union mitwirken, S. 6 (im Folgenden: Gemeinsamer Leitfaden).

[586] So in Bezug auf die Qualität von Gesetzen allgemein *Fliedner*, Rechtsetzung in Deutschland, S. 57.

[587] Vgl. ähnl. *Fliedner*, Rechtsetzung in Deutschland, S. 56 sowie auch *Hill*, in: Hill, Gesetzgebungsvorspruch, S. 1 (2).

[588] Vgl. zum Ganzen eingehend *Robinson*, in: Karpen/Xanthaki, Legislation in Europe, S. 229 (243 ff.) und *ders.*, in: The Theory and Practice of Legislation 2015, S. 186 (192 ff.) sowie ferner zum äußeren Ablauf der Rechtsetzungsvorbereitung unter Beteiligung der verschiedenen Akteure in der Kommission *ders.*, in: The Theory and Practice of Legislation 2014, S. 249 (250 ff.).

[589] S. für das Europäische Parlament: Drafting European Union Legislation (im Folgenden: Manual Parlament); für die Kommission: Legislative Drafting, A Commission Manual (im Folgenden: Manual Kommission) sowie ferner Better Regulation Guidelines, S. 37 und zur

gemein anerkannte[590] – Überlegungen, Regeln und Hinweise zur Rechtsetzungstechnik.[591] Damit sichergestellt ist, dass diese Regeln und Hinweise in einem konkreten Ausarbeitungsprozess berücksichtigt werden, stehen den Verfassern von Rechtstexten die Computerprogramme „LegisWrite“ und „Drafters Assistance Package“ als Hilfsmittel zur Verfügung.[592] LegisWrite ist ein in die computergestützte Textverarbeitung integriertes Programm, welches skelettartige Vorlagen für Rechtstexte enthält und mit dessen Hilfe Rechtstexte besonders dargestellt und formatiert werden können.[593] Das „Drafters Assistance Package“ enthält darüber hinaus eine Anleitung für die sukzessive Erstellung von Rechtsaktentwürfen, inklusive Vorgaben zu formalen Anforderungen an Rechtstexte, diesbezüglich weiterführenden Hinweisen sowie Standardformulierungen.[594] Das Europäische Parlament setzt außerdem ein Programm namens „Drafting Support Tool“ ein.[595] Diese Programme sollen nicht nur die standardisierte Abfassung von Rechtstexten erleichtern, sondern auch zur einheitlichen und übersichtlichen Gestaltung der Rechtsakte beitragen.[596]

2. *Gemeinsamer Leitfaden für die Abfassung von Rechtstexten*

Inhaltlich speisen sich die Vorgaben der genannten Programme vorwiegend aus dem Gemeinsamen Leitfaden des Europäischen Parlaments, des Rates und der Kommission für Personen, die an der Abfassung von Rechtstexten der Europäischen Union mitwirken (im Folgenden: Gemeinsamer Leitfaden), der auf der Interinstitutionellen Vereinbarung über Gemeinsame Leitlinien für die redaktionelle Qualität der gemeinschaftlichen Rechtsvorschriften beruht.[597] Nach diesem Gemeinsamen Leitfaden zeichnet sich gute Rechtsetzung vor allem[598]

Begründung von Rechtsakten Better Regulation Toolbox, S. 287 ff. sowie für den Rat: Manual of Precedents for acts established with the council of the European Union (im Folgenden: Manual Rat); s. ferner auch *Europäische Union*, Interinstitutionelle Regeln für Veröffentlichungen, S. 2 ff.; vgl. zu diesen und weiteren Dokumenten, die Vorgaben zur Rechtsetzungstechnik enthalten, eingehend *Robinson*, in: Legisprudence 2010, S. 129 (135 ff.).

590 Vgl. dazu die Ausführungen zu primärrechtlichen Rahmenvorgaben einer Besseren Rechtsetzung in Kapitel 5 auf S. 89 ff. sowie *Fliedner*, Rechtsetzung in Deutschland, S. 55 und ausführlich *Grüner*, Quantität und Qualität der europäischen Rechtsetzung, S. 23 ff.

591 Vgl. beispielhaft die Better Regulation Guidelines, S. 37 und das Manual Parlament, S. 19.

592 Better Regulation Toolbox, S. 37; s. zum Ganzen berichtend *Robinson*, in: Karpen/Xanthaki, Legislation in Europe, S. 229 (245).

593 Manual Parlament, S. 19.

594 Better Regulation Guidelines, S. 37.

595 Vgl. berichtend *Robinson*, in: The Theory and Practice of Legislation 2015, S. 257 (264).

596 Manual Parlament, S. 19; s. in diesem Sinne auch der Gemeinsame Leitfaden, S. 6.

597 Vgl. zum Nachweis der Interinstitutionellen Vereinbarung die Fußnote 33 in Kapitel 4; vgl. dazu auch den Gemeinsamen Leitfaden, S. 6 f.

598 Die folgenden Ausführungen beschränken sich aufgrund des Umfangs des Gemein-

durch eine knappe Formulierung der wesentlichen Gesichtspunkte aus.[599] Einzelne Vorschriften, Artikel und Sätze sollen kurz und prägnant, unkompliziert und ihr Inhalt möglichst kohärent formuliert werden.[600] Daher soll jeder Satz jeweils nur einen Gedanken enthalten und die Struktur der Norm leicht erkennbar sein.[601] Beachtet werden muss außerdem, dass der Rechtstext in allen Amtssprachen abgefasst wird, weswegen spezifisch nationale Rechtsbegriffe zu vermeiden sind.[602] Zudem soll die Art des Rechtsakts berücksichtigt und insbesondere Richtlinien nicht zu detailliert formuliert werden, um den Mitgliedstaaten einen ausreichenden Umsetzungsspielraum zu erhalten.[603] Die Bezeichnung von Rechtsakten soll aussagekräftig und vollständig sein.[604] Erwägungsgründe sollen knapp abgefasst werden.[605] Neben diesen Grundsätzen enthält der Gemeinsame Leitfaden noch Hinweise zum standardisierten Aufbau von Rechtsakten und dessen Gliederung in die Abschnitte: Anwendungsbereich, Definitionen, Bestimmungen zu Befugnisübertragungen und Übertragung von Durchführungsrechtsakten, Verfahrensvorschriften, Durchführungsmaßnahmen sowie Übergangs- und Schlussbestimmungen.[606]

3. *Seminare und Schulungen*

Die umfangreichen Hinweise zur Rechtsetzungstechnik stellen die zuständigen Unionsmitarbeiter bei der Ausarbeitung von Rechtsetzungsinitiativen vor nicht unerhebliche Herausforderungen.[607] Daher führen die Kommission, das Parlament und auch der Rat Seminare und Kurzschulungen zur Rechtsetzungsqualität durch,[608] bei denen sich deren Mitarbeiter mit den Regeln der Rechtsetzungstechnik vertraut machen und ihre Kompetenz in der Ausarbeitung von Rechtstexten verbessern können.[609]

---

samen Leitfadens auf ausgewählte Hinweise; s. ausführlich hierzu *Grüner*, Quantität und Qualität der europäischen Rechtsetzung, S. 299 ff.

599 Gemeinsamer Leitfaden, S. 14.

600 Gemeinsamer Leitfaden, S. 14; vgl. mit ausführlicheren Vorgaben das Manual Kommission, S. 62 ff.

601 Gemeinsamer Leitfaden, S. 15; vgl. dies vertiefend *Fliedner*, Rechtsetzung in Deutschland, S. 71 f.

602 Gemeinsamer Leitfaden, S. 17; s. hierzu weiterführend *Grams*, Zur Gesetzgebung der Europäischen Union, S. 238 f.

603 Gemeinsamer Leitfaden, S. 11.

604 Gemeinsamer Leitfaden, S. 24.

605 Gemeinsamer Leitfaden, S. 32 ff.; vgl. in diesem Kontext auch die ähnl. Hinweise im Manual Kommission, S. 15 ff. und ferner die weiteren Vorgaben hierzu der Better Regulation Toolbox, S. 287.

606 Gemeinsamer Leitfaden, S. 24; s. berichtend auch *Pfeifer*, Bessere Rechtsetzung, S. 137.

607 Vgl. ähnl. *Gündisch/Mathijsen*, Rechtsetzung und Interessenvertretung, S. 213; *Xanthaki*, in: Garben/Govaere, The EU Better Regulation Agenda, S. 29 (42).

608 Vgl. zum Ganzen ausführlich *Robinson*, in: Karpen/Xanthaki, Legislation in Europe, S. 229 (263).

609 Vgl. dazu beispielhaft die aktuellen Themen der Seminare der Kommission, wie etwa

4. Kontrolle und Unterstützung durch die Juristischen Dienste der Organe

Bereits in der genannten Interinstitutionellen Vereinbarung über Gemeinsame Leitlinien für die redaktionelle Qualität der gemeinschaftlichen Rechtsvorschriften aus dem Jahr 1998 haben sich Kommission, Parlament und Rat dazu verpflichtet, interne Verfahren mit Blick auf die Ausarbeitung von Rechtstexten so zu gestalten, dass ihre Juristischen Dienste rechtzeitig redaktionelle Verbesserungsvorschläge unterbreiten können. Außerdem haben die drei Rechtsetzungsorgane in dieser Vereinbarung zugesagt, die Einrichtung von Redaktionsstäben in ihren am Rechtsetzungsverfahren beteiligten Einrichtungen bzw. Dienststellen zu fördern.[610] Zur Umsetzung dieser Vereinbarung haben alle drei Organe ihren Juristischen Dienst mit entsprechend ähnlichen Aufgaben beauftragt und Befugnissen ausgestattet.[611]

a) LEG-Team der Kommission

Die Kommission hat eine eigene Gruppe ihres Juristischen Dienstes mit den Aufgaben der Überprüfung der redaktionellen Qualität betraut (sog. LEG-Team).[612] Diese Gruppe soll sicherstellen, dass die von der Kommission entworfenen Rechtsakte im Hinblick auf ihre redaktionelle Qualität den Zielen einer Besseren Rechtsetzung entsprechen.[613] Hierzu kontrolliert das LEG-Team bei der dienststellenübergreifenden Konsultation den Entwurf eines Rechtsaktes nicht nur auf seine Rechtmäßigkeit, sondern auch auf die Einhaltung der Vorgaben des Gemeinsamen Leitfadens.[614] Etwaige Anmerkungen werden als Teil der Stellungnahme des Juristischen Dienstes abgegeben.[615] Nach der Übersetzung des Entwurfs des Rechtstextes in alle Sprachen der Mitgliedstaaten prüft das LEG-Team, ob die Rechtsterminologie in jeder Sprache korrekt und die Rechts-

„The interpretation of EU law in a context of political, social and cultural pluralism“ oder „Ensuring the quality of drafting of legislation in a multilingual context“, abrufbar unter: https://ec.europa.eu/dgs/legal_service/seminars_en.htm.

[610] Interinstitutionelle Vereinbarung über Gemeinsame Leitlinien für die redaktionelle Qualität der gemeinschaftlichen Rechtsvorschriften vom 22. Dezember 1998, ABl. 1998 C 73/3, S. 1 Rn. 3 b) c).

[611] Vgl. *Pfeifer*, Bessere Rechtsetzung, S. 142 und S. 149; *Robinson*, in: Karpen/Xanthaki, Legislation in Europe, S. 229 (262 f.).

[612] Die frühere Bezeichnung als „Juristen-Überprüfer“ wurde durch die Bezeichnung „Team Qualität der Gesetzgebung“ ersetzt, s. hierzu https://ec.europa.eu/dgs/legal_service/organisation_de.htm und https://ec.europa.eu/dgs/legal_service/legal_reviser_de.htm.

[613] S. dazu die Internetseite der Kommission, abrufbar unter: https://ec.europa.eu/dgs/legal_service/organisation_de.htm.

[614] Internetseite der Kommission, abrufbar unter: https://ec.europa.eu/dgs/legal_service/legal_reviser_de.htm; vgl. berichtend *Robinson*, in: The Theory and Practice of Legislation 2014, S. 185 (195).

[615] Internetseite der Kommission, abrufbar unter: https://ec.europa.eu/dgs/legal_service/legal_reviser_de.htm.

wirkungen des Rechtsakts in den verschiedenen Sprachen identisch ist.[616] Darüber hinaus arbeitet das LEG-Team Rechtstexte für Kodifizierungen aus, berät Kommissionsdienststellen bei der Neufassung von Rechtsakten und sorgt für die Überarbeitung und Aktualisierung von Dokumenten wie dem Gemeinsamen Leitfaden und den interinstitutionellen Regeln für Veröffentlichungen.[617]

b) Legislative Quality Units des Parlaments und Qualitätsteam des Rates

Das Parlament hat sog. „Legislative Quality Units" bestehend aus Rechts- und Sprachsachverständigen zur Unterstützung der Ausschüsse bei deren Rechtsetzungstätigkeit eingerichtet.[618] Sie sind der Direktion für Rechtsakte und der Generaldirektion des Vorsitzenden des Parlaments zugeordnet.[619] Der Juristische Dienst des Rates verfügt ebenfalls über Rechts- und Sprachsachverständige.[620] Seit 2007 existiert ein sog. „Qualitätsteam", welches aus Juristen und Linguisten besteht.[621] Dieses Team begleitet die Ausarbeitung der Rechtsakte, an deren Erlass der Rat beteiligt ist, und wird dabei – gegebenenfalls auch durch konkrete Formulierungsvorschläge – beratend tätig.[622]

III. Bewertung

1. Begrenzt nützliche Hinweise zur Rechtsetzungstechnik

Erfreulich ist grundsätzlich die reichliche Information über Rechtsetzungstechnik, die in allen drei Rechtsetzungsorganen in Form von Handbüchern und Leitfäden verfügbar ist. Ob die hierin enthaltenen Vorgaben und Hinweise die redaktionelle Qualität der Rechtstexte aber auch positiv beeinflussen können, ist zweifelhaft.[623] Sie dürften bei der Ausarbeitung eines konkreten Rechtstextes aufgrund des Umfangs und der Art der Information kaum berücksichtigt wer-

---

616 Internetseite der Kommission, abrufbar unter: https://ec.europa.eu/dgs/legal_service/legal_reviser_de.htm; s. dazu *Robinson*, in: The Theory and Practice of Legislation 2014, S. 185 (195).

617 Internetseite der Kommission, abrufbar unter: https://ec.europa.eu/dgs/legal_service/legal_reviser_de.htm; vgl. bezüglich der Kodifizierung ausdrücklich Better Regulation Guidelines, S. 37.

618 Manual Parlament, S. 13; vgl. näher zur Ausarbeitung und Kontrolle der Rechtstexte im Parlament *Robinson*, in: Legisprudence 2010, S. 129 (133 f.).

619 Manual Parlament, S. 13.

620 Vgl. dazu berichtend Manual Parlament, S. 13 sowie ferner *Pfeifer*, Bessere Rechtsetzung, S. 149.

621 S. berichtend Manual Parlament, S. 13.

622 S. berichtend Manual Parlament, S. 13.

623 Vgl. ebenfalls mit Zweifeln *Xanthaki*, in: Garben/Govaere, The EU Better Regulation Agenda, S. 29 (36); *Grüner*, Quantität und Qualität der europäischen Rechtsetzung, S. 308 und *Herten-Koch*, Rechtsetzung und Rechtsbereinigung, S. 184 sowie *Strandvik*, in: The Theory and Practice of Legislation 2014, S. 211 (227) stellen hier insoweit ein Anwendungsdefizit fest.

den können.[624] Hinzu kommen inhaltliche Defizite der Vorgaben und Hinweise sowie das allgemeine Problem, dass das Vorhandensein von bloßem Wissen häufig nur von begrenztem Nutzen ist.

a) Umfang

Der Umfang der Leitfäden und Handbücher zur Rechtsetzungstechnik macht sie als Anleitung für die Ausarbeitung eines konkreten Rechtstextes unbrauchbar. Allein das Manual der Kommission hat über 100 Seiten, der Gemeinsame Leitfaden umfasst 70 und der des Rates 170. Es ist unwahrscheinlich, dass die einen Rechtsakt ausarbeitenden Stellen über ausreichend Zeit verfügen, diese umfangreichen Informationen angemessen zu berücksichtigen[625] und auch umzusetzen,[626] herrscht doch in einem Rechtsetzungsverfahren regelmäßig Zeitdruck.[627] Außerdem wird der Rechtstext von derselben Stelle formuliert, die auch dafür verantwortlich ist, dass der Rechtsakt den politisch gewollten Inhalt vollständig enthält. Bei Zeitnot im Ausarbeitungsprozess besteht daher auch ein Konflikt zwischen der Optimierung der redaktionellen Qualität und dem Interesse an der korrekten inhaltlichen Gestaltung des Rechtsakts. Dabei dürfte auch der abschreckende Umfang der genannten Dokumente dazu beitragen, dass dieser Konflikt zu Gunsten des Letzteren aufgelöst wird.[628] Hinzu kommt, dass allein das vorhandene Wissen um die Technik einer guten Rechtsetzung noch nicht die Fähigkeit verleiht, einen qualitativ hochwertigen Rechtstext zu erarbeiten.[629] Um diese Fähigkeit zu erlernen, ist neben dem Wissen vor allem praktische Übung und Erfahrung notwendig.[630] Wichtiger als die schlichte Zurverfügungstellung umfangreicher Hinweise zur Rechtsetzungstechnik ist daher die Durchführung von Schulungen und Seminaren zur Rechtsetzungsqualität, welche die Unionsorgane deshalb ausweiten sollten.

b) Abstrakte und allgemeine Informationen

Des Weiteren ist auch die Formulierung der Hinweise und Vorgaben zur Rechtsetzungstechnik problematisch. Sie sind häufig allgemeingültig, abstrakt und

---

624 Vgl. *Xanthaki*, in: Garben/Govaere, The EU Better Regulation Agenda, S. 29 (36); s. ferner mit diesbezüglichen Zweifeln *Robinson*, in: Legisprudence 2010, S. 129 (151).

625 Hieran ändert auch die Integration dieser Hinweise in die genannten Computerprogramme wie LegisWrite nichts, da ihr Umfang dadurch nicht vermindert wird.

626 Ebenfalls skeptisch in Bezug auf die Ausgestaltung *Xanthaki*, in: Legisprudence 2010, S. 111 (125).

627 S. zum Zeitmangel im Gesetzgebungsverfahren *Schulze-Fielitz*, in: JZ 2004, S. 862 (864 f.).

628 Vgl. zu diesem Problem allgemein bereits *Hill*, in: ZG 1993, S. 1 (7).

629 Vgl. ähnl. *Karpen*, in: Karpen/Xanthaki, Legislation in Europe, S. 1 (15); *Xanthaki*, in: Garben/Govaere, The EU Better Regulation Agenda, S. 29 (43).

630 S. hierzu ausführlich *Almeida/Moll*, in: Karpen/Xanthaki, Legislation in Europe, S. 258 (258 f.).

generell formuliert,[631] so dass sie in einem konkreten Arbeitsprozess kaum effektiv genutzt werden können.[632] So soll etwa nach dem Gemeinsamen Leitfaden ein Rechtsakt klar, leicht verständlich, eindeutig, einfach, prägnant und ohne überflüssige Elemente, aber gleichzeitig auch so genau abgefasst sein, dass dem Leser keine Zweifel bleiben.[633] Damit sind diese Vorgaben zwar im Grunde geeignet, wesentliche Kriterien guter formeller Rechtsetzungsqualität, wie Verständlichkeit, Bestimmtheit und Klarheit, zu verwirklichen. Für die Ausarbeitung eines konkreten Rechtstexts haben diese Vorgaben jedoch nur geringen substanziellen Mehrwert. Sie stehen nicht nur in einem gewissen Spannungsverhältnis zueinander, da sie zum einen eine einfache, verständliche und knappe Formulierung, zum anderen aber auch die präzise und vor allem vollständige Beschreibung des Regelungsinhalts eines Rechtsakts fordern, welche kaum ohne Verlust von Einfachheit und Verständlichkeit möglich ist.[634] Der Gemeinsame Leitfaden hält darüber hinaus auch keine konkreten Hinweise und Empfehlungen bereit, wie diese Anforderungen bei der praktischen Ausarbeitung eines Rechtstexts umgesetzt, insbesondere wie ein derartiger Konflikt zwischen verschiedenen Anforderungen aufgelöst[635] werden soll.[636] Wenig hilfreich sind auch die Vorgaben zum Detaillierungsgrad von Rechtsakten, die exemplarisch für die unbestimmten und inhaltslosen Vorgaben des Gemeinsamen Leitfadens stehen. Mit Empfehlungen, wie etwa, dass die Art des Rechtsakts zu berücksichtigen sei und Richtlinien nicht zu detailliert formuliert sein dürften, damit den Mitgliedstaaten ausreichend Umsetzungsspielraum bleibe,[637] fordert der Gemeinsame Leitfaden eine Selbstverständlichkeit, die sich ohnedies bereits aus Art. 288 Abs. 3 AEUV ergibt. Da der Gemeinsame Leitfaden aber keine konkreten Hinweise dazu enthält, wie diese angemessene Regelungsdichte si-

---

[631] Vgl. allgemein mit diesem Hinweis *Fliedner*, Moderner Staat – moderne Gesetzgebung?, S. 8. Zur praktischen Nutzung geeignet ist bspw. das Handbuch der Kommission zur Erstellung von Texten „Klar und deutlich Schreiben“, das auch konkrete Richtwerte wie „20 Wörter pro Satz“ enthält.

[632] Vgl. ebenfalls skeptisch und mit weiterer Kritik *Xanthaki*, in: Legisprudence 2010, S. 111 (125 ff.) und erneut *dies.*, in: Garben/Govaere, The EU Better Regulation Agenda, S. 29 (36).

[633] Gemeinsamer Leitfaden, S. 10.

[634] *Grams*, Zur Gesetzgebung der Europäischen Union, S. 235; *Grüner*, Quantität und Qualität der europäischen Rechtsetzung, S. 301; vgl. allgemein *Xanthaki*, in: Legisprudence 2010, S. 111 (125).

[635] Fraglich ist hier auch das Rangverhältnis der Vorgaben, etwa ob die vollständige Beschreibung des Regelungsinhalts Vorrang vor der Verständlichkeit eines Rechtsakts hat; vgl. in diesem Zusammenhang mit weitergehender Kritik auch *Xanthaki*, in: Legisprudence 2010, S. 111 (125).

[636] S. beispielhaft den wenig hilfreichen Hinweis hierzu im Gemeinsamen Leitfaden, S. 10, wonach in der Praxis ein Gleichgewicht zu finden sei, nach dem der Rechtsakt so präzise wie möglich und gleichzeitig hinreichend verständlich sein müsse. Zur Frage, wie ein solches Gleichgewicht herzustellen ist, enthält der Gemeinsame Leitfaden jedoch keine Hinweise.

[637] Gemeinsamer Leitfaden, S. 11.

chergestellt werden kann, steht nicht zu erwarten, dass die genannte Empfehlung dazu beiträgt, das Problem des hohen Detaillierungsgrads von Richtlinien[638] zu lösen.

c) Inhaltliche Schwächen

Teilweise überzeugen die genannten Hinweise und Vorgaben zur Rechtsetzungstechnik auch inhaltlich nicht. Exemplarisch zeigt sich dies an den Empfehlungen des Gemeinsamen Leitfadens zur Benennung von Rechtsakten.[639] Er erlaubt zwar grundsätzlich[640] anstatt der vollständigen Bezeichnung eines Rechtsakts auch die Bezeichnung durch Kurztitel.[641] Gleichzeitig empfiehlt er aber, von dieser Möglichkeit in der Regel keinen Gebrauch zu machen, da zur Identifizierung eines Rechtsakts die Kombination von Buchstaben und Nummern im vollständigen Titel ausreiche, Kurztitel hingegen ein Risiko für Genauigkeit und Kohärenz der Rechtsakte darstellten.[642] Diese Empfehlung lässt unberücksichtigt, dass sich sowohl die Verwendung der vollständigen Bezeichnung, als auch die Buchstaben-Ziffern-Kombination nachteilig auf die redaktionelle Qualität von Rechtstexten auswirken. Rechtsakte und Umsetzungsgesetze, welche die vollständige Bezeichnung zitieren, werden unübersichtlich und erschweren es dadurch den Inhalt der Rechtstexte zu erfassen und zu verstehen.[643] Wird stattdessen ausschließlich die Buchstaben-Ziffern-Kombination zitiert, verhindert dies die schnelle Identifizierung des Regelungsgegenstands, da jeglicher Hinweis auf den Inhalt des Rechtsakts fehlt.[644] Hinzu kommt, dass Buchstaben-Ziffern-Kombinationen weder dauerhaft merkbar sind noch sinnvolle Anhaltspunkte zur gedanklichen Differenzierung von anderen Rechtsakten bieten. All dies dürfte nicht nur Rechtsunkundigen den Umgang mit Unionsrechtsakten und das Verständnis von Rechtstexten erschweren.

2. Computergestützte Sicherstellung der redaktionellen Qualität

Die Integration der Vorgaben und Hinweise in die computergestützte Ausarbeitung der Rechtstexte ist grundsätzlich sinnvoll, um – etwa durch eine

638 S. zu diesem Problem *Grüner*, Quantität und Qualität der europäischen Rechtsetzung, S. 134 ff.

639 Vgl. zu den Hinweisen im Einzelnen Gemeinsamer Leitfaden, S. 25 ff.

640 S. zu den Ausnahmefällen, vor allem in Bezug auf Verständlichkeit Gemeinsamer Leitfaden, S. 26.

641 Gemeinsamer Leitfaden, S. 25. Gemeint ist mit Kurztitel etwa die Bezeichnung „FFH-Richtlinie" anstatt der Bezeichnung „Richtlinie (EWG) Nr. 43/92 des Rates vom 21. Mai 1992 zur Erhaltung der natürlichen Lebensräume sowie der wildlebenden Tiere und Pflanzen".

642 Gemeinsamer Leitfaden S. 25.

643 Vgl. hierzu exemplarisch etwa das abschreckende Beispiel in § 3 Abs. 9 BImSchG.

644 Vgl. beispielhaft den Verweis auf Anhang IV der FFH-Richtlinie in § 44 Abs. 5 Satz 2 BNatSchG.

vorgegebene Textgliederung oder Formulierungsbeispiele – die Regeln der Rechtsetzungstechnik praktikabel zu machen und deren Berücksichtigung im Ausarbeitungsprozess eines Rechtstextes sicherzustellen. Freilich wirken sich dadurch unzutreffende Hinweise, die der redaktionellen Qualität von Rechtstexten entgegen dem Anschein tatsächlich nicht förderlich sind, viel stärker aus, da sie potenziell alle Ausarbeitungsprozesse von Rechtstexten betreffen. Bedenklicher ist hingegen die Gefahr, dass die Umsetzung der Vorgaben zur Rechtsetzungstechnik im Rahmen von Textverarbeitungsprogrammen dazu verleitet, diese Vorgaben unkritisch und automatisch abzuarbeiten, ohne das eigentliche Ziel der Vorgaben zu verstehen und zu verwirklichen. Beispielhaft hierfür sind etwa die Begriffsbestimmungen in Unionsrechtsakten, die zum Teil vermuten lassen, ihre Existenz diene nur dem Zweck, dem vorgegebenen Standardaufbau zu genügen, und nicht dazu eine höhere Präzision und Differenzierbarkeit der Begriffe zu erreichen.

3. *Wirksame Kontrolle durch den Juristischen Dienst*

Grundsätzlich positiv zu bewerten ist die Einbeziehung des Juristischen Dienstes zur Gewährleistung der redaktionellen Qualität von Rechtsvorschriften. Mit Blick auf die Wirksamkeit dieser Kontrollen besteht aber noch Verbesserungspotenzial. Dies betrifft zunächst die verfügbaren personellen Ressourcen.[645] Exemplarisch für die Kommission zeigt sich dies an den ca. 75 Mitarbeitern des LEG-Teams, die kaum ausreichen dürften, um die umfangreichen Aufgaben, namentlich redaktionelle Prüfung, Sprachprüfung, Schulungen und Seminare sowie Aktualisierung von Dokumenten, zu bewältigen.[646] Zudem erfolgt die Kontrolle während der dienststellenübergreifenden Konsultation zu einem späten Zeitpunkt.[647] Entscheidend beeinträchtigt wird die Effektivität der Kontrollen aber aufgrund fehlender Sanktionsmechanismen. Die Juristischen Dienste verfügen über keine Befugnisse zur Durchsetzung einer angemessenen redaktionellen Qualität.[648] Zwar ist im Bereich der Rechtsetzungsvorbereitung durch die Kommission eine befürwortende Stellungnahme ihres Juristischen Dienstes erforderlich, dass eine Kommissionsinitiative gemäß Art. 12 Abs. 1 der Geschäftsordnung der Kommission[649] (GO-KOM) im schriftlichen Ver-

---

645 Vgl. ähnl. bereits *Gündisch/Mathijsen*, Rechtsetzung und Interessenvertretung, S. 212 f.

646 Vgl. mit ähnl. Kritik *Gündisch/Mathijsen*, Rechtsetzung und Interessenvertretung, S. 85 und S. 213 und *Herten-Koch*, Rechtsetzung und Rechtsbereinigung, S. 163, die dies beide für den Juristischen Dienst der Kommission allgemein kritisieren.

647 *Herten-Koch*, Rechtsetzung und Rechtsbereinigung, S. 163 f.

648 Nach dem Gemeinsamen Leitfaden, S. 7 kann der Juristische Dienst die betroffenen Stellen lediglich dazu auffordern, die entsprechenden Mängel zu beseitigen; s. hierzu auch *Herten-Koch*, Rechtsetzung und Rechtsbereinigung, S. 185.

649 K(2000) 3614, ABl. 2000 L 308 vom 8. Dezember 2000, S. 26–34 zuletzt geändert durch Beschluss der Kommission vom 9. November 2011, ABl. 2011 L 296/58.

fahren beschlossen werden kann. Die befürwortende Stellungnahme kann aber nach Art. 12 Abs. 1 UAbs. 2 GO-KOM durch die einvernehmliche Zustimmung der Kommissionsmitglieder ersetzt oder durch die Beschlussfassung in einer Kommissionssitzung gemäß Art. 4 GO-KOM überwunden werden. Damit kann eine nicht befürwortende Stellungnahme des Juristischen Dienstes zwar aus politischen Gründen nachteilhaft sein,[650] ein effektives Mittel zur Durchsetzung einer hohen redaktionellen Qualität von Rechtsvorschriften ist sie aber nicht.

IV. Zwischenfazit

Die beschriebenen Maßnahmen zeigen, dass die EU sich ernsthaft um die Verbesserung der redaktionellen Qualität ihrer Rechtsvorschriften bemüht. Positiv fällt dabei auf, dass alle drei Organe mit der Zurverfügungstellung von Informationen zur Rechtsetzungstechnik sowie der Einrichtung von für die redaktionelle Qualität der Rechtsetzung zuständigen Gruppen bei ihren Juristischen Diensten grundsätzlich die notwendigen Voraussetzungen für das Gelingen des Vorhabens geschaffen haben. Hervorzuheben sind insbesondere die vom LEG-Team der Kommission durchgeführten Seminare und Schulungen, die auch dazu beitragen dürften, das Bewusstsein in den Kommissionsdienststellen für die Bedeutung der redaktionellen Qualität von Rechtstexten zu schärfen.[651] Um das Ziel einer merklich verbesserten formellen Rechtsetzungsqualität der europäischen Rechtsvorschriften tatsächlich erreichen zu können, muss die EU aber die bestehenden Instrumente optimieren. Notwendig ist etwa die Überarbeitung des Gemeinsamen Leitfadens,[652] damit dessen Empfehlungen und Hinweise praktikabler werden und im konkreten Ausarbeitungsprozess besser berücksichtigt werden können. Sinnvoll wäre aber vor allem die Effektivierung der Kontrollen durch die Einrichtung von Sanktionsmechanismen.[653] Zudem ist erforderlich, dass sich die EU insgesamt stärker um die redaktionelle Qualität ihrer Rechtstexte bemüht und diesem Bereich in ihrem Konzept der Besseren Rechtsetzung mehr Aufmerksamkeit schenkt. Im Verhältnis zu den anderen Inhalten des Konzepts erscheint die formelle Rechtsetzungsqualität zu sehr vernachlässigt.[654] Dieses Defizit lässt sich aber nicht dadurch beseitigen, dass die Rechtsetzungsorgane ihren Mitarbeitern schlicht immer umfangreichere Hinweise zur Rechtsetzungstechnik zur Verfügung stellen.

---

[650] Vgl. ähnl. *Herten-Koch*, Rechtsetzung und Rechtsbereinigung, S. 164.

[651] S. hierzu den Mandelkernbericht, S. 64.

[652] Vgl. auch *Grüner*, Quantität und Qualität der europäischen Rechtsetzung, S. 364, der darauf hinweist, dass die Vorgaben zur Rechtsetzungstechnik trotz ihrer begrenzten Wirksamkeit in gewissem Umfang zur Rationalisierung und Standardisierung der Rechtsetzung beitragen.

[653] S. zum entsprechenden Reformvorschlag die Ausführungen in Kapitel 9 auf S. 256 f.

[654] Vgl. ähnl. *Xanthaki*, in: Garben/Govaere, The EU Better Regulation Agenda, S. 29 (40) und bereits zuvor *dies.*, in: Karpen/Xanthaki, Legislation in Europe, S. 275 (282).

I. Maßnahmen zur besseren mitgliedstaatlichen Anwendung und Umsetzung von Unionsrecht

I. Zielsetzung

Die Verbesserung der Umsetzung und Anwendung von Unionsrecht durch die Mitgliedstaaten ist für die Bessere Rechtsetzung von zentraler Bedeutung.[655] Tatsächliche Wirkung und Wirkungsgenauigkeit des Unionsrechts sind abhängig von einer exakten Umsetzung und einem richtigen Vollzug.[656] Nicht ordnungsgemäß umgesetztes oder falsch angewandtes Unionsrecht verhindert, dass das mit ihm verfolgte Ziel erreicht oder das zu regelnde Problem gelöst wird.[657] Durch die Verbesserung der Umsetzung und Anwendung von Unionsrecht soll also die Rechtsetzungsqualität insbesondere in Bezug auf das Qualitätskriterium der Effektivität der Rechtsetzung verbessert werden.

II. Präventive Maßnahmen

1. Kooperation mit den Mitgliedstaaten

Die Kommission hat als das nach Art. 17 Abs. 1 Satz 2 EUV für die Kontrolle der Umsetzung und Einhaltung des Unionsrechts zuständige Organ bereits im Jahr 2002 verschiedene Maßnahmen ergriffen, um in Kooperation mit den Mitgliedstaaten einer fehlerhaften Umsetzung von Unionsrecht und Unionsrechtsverstößen vorzubeugen.[658] Hierzu zählen insbesondere Mitteilungen zur Auslegung von Unionsrechtsvorschriften[659] sowie die regelmäßige Veröffentlichung eines Jahresberichts,[660] der Aufschluss darüber gibt, wie die Mitgliedstaaten das Unionsrecht umsetzen und einhalten.[661] Hinzu kommen Ausbildungs-, Informations- und Transparenzkampagnen, die nationale Verwaltungen und Richter adressieren.[662] Außerdem sucht die Kommission den Dialog mit den Mitgliedstaaten, um bei etwaigen Verstößen gegen Unionsrecht frühzeitig

[655] Die Bedeutung der richtigen Umsetzung und Anwendung von Unionsrecht betont die Kommission in ihrer Mitteilung „Bessere Ergebnisse durch bessere Anwendung" C(2016) 8600 endgültig vom 21. Dezember 2016, ABl. 2017 C 18/2, S. 1.

[656] S. mit konkreten Beispielen C(2016) 8600 endgültig vom 21. Dezember 2016, ABl. 2017 C 18/2, S. 1 und bereits früher KOM(2002) 725 endgültig/4 vom 16. Mai 2003, S. 3.

[657] KOM(2007) 502 endgültig vom 5. September 2007, S. 2; C(2016) 8600 endgültig vom 21. Dezember 2016, ABl. 2017 C 18/2, S. 1.

[658] Vgl. hierzu die bereits ältere Mitteilung der Kommission KOM(2001) 702 endgültig vom 27. November 2001, S. 2 ff.

[659] Better Regulation Guidelines, S. 43.

[660] Vgl. beispielhaft KOM(2004) 839 endgültig vom 30. Dezember 2004, S. 4 ff.; vgl. zur jüngeren Entwicklung *Europäische Kommission*, State of the Union 2017 brochure, S. 67.

[661] KOM(2002) 725 endgültig/4 vom 16. Mai 2003, S. 5.

[662] KOM(2002) 725 endgültig/4 vom 16. Mai 2003, S. 6.

Lösungen zu finden.[663] Dabei werden nicht nur Fragen im Hinblick auf drohende Vertragsverletzungsverfahren, sondern auch allgemeine Themen der Rechtsdurchsetzung erörtert.[664] Darüber hinaus setzt die Kommission auf eine starke Vernetzung und den Austausch von Erfahrungen der Mitgliedstaaten im Hinblick auf etwaige Probleme bei der Umsetzung und Anwendung von Unionsrecht.[665] Beispiele hierfür sind das Europäische Wettbewerbsnetz (ECN),[666] das sich mit der Anwendung von Wettbewerbsvorschriften befasst, und das Netz der Europäischen Union für die Anwendung und Durchsetzung des Umweltrechts (IMPEL).[667] Daneben existieren auch noch Programme wie „SOLVIT“, die nicht direkt die Mitgliedstaaten, sondern alle Rechtsbetroffenen unterstützen sollen.[668] Ferner verlangt die Kommission von den Mitgliedstaaten aber auch erläuternde Dokumente zu deren Umsetzungsmaßnahmen und zum Umsetzungsstand von Richtlinien,[669] um diese im Rahmen einer zweistufigen Umsetzungsprüfung (Compliance Assessment) zu bewerten.[670] Dabei wird zunächst geprüft, ob die Richtlinie vollständig umgesetzt wurde (transposition check).[671] Anschließend wird auf der zweiten Stufe ermittelt, ob die nationalen Umsetzungsmaßnahmen mit den Zielen und den Bestimmungen der umzusetzenden Richtlinie – einschließlich deren Definitionen – vereinbar sind (Konformitätsbewertung [conformity check]).[672] Darüber hinaus überwacht die Kommission – unabhängig von der Umsetzung eines konkreten Rechtsakts – fortlaufend die Einhaltung des Unionsrechts.[673] Ferner werden bereits in der Phase der Politikentwicklung Fragen der Umsetzung und Anwendung des Unionsrechts besonders berücksichtigt. Zu nennen ist hier etwa die Ausarbeitung von Umsetzungsplänen, die mögliche Schwierigkeiten der Mitgliedstaaten bei der Umsetzung des Unionsrechts ermitteln und Möglichkeiten aufzeigen sollen, wie das Risiko einer fehlerhaften Umsetzung verringert werden kann.[674]

---

[663] Vgl. ferner zum Compliance Dialog C(2016) 8600 endgültig vom 21. Dezember 2016, ABl. 2017 C 18/2, S. 2.

[664] C(2016) 8600 endgültig vom 21. Dezember 2016, ABl. 2017 C 18/2, S. 2.

[665] C(2016) 8600 endgültig vom 21. Dezember 2016, ABl. 2017 C 18/2, S. 3.

[666] Vgl. hierzu https://www.ecn-eu.com/; s. auch C(2016) 8600 endgültig vom 21. Dezember 2016, ABl. 2017 C 18/2, S. 3.

[667] S. dazu die Internetseite: https://www.impel.eu/; vgl. auch C(2016) 8600 endgültig vom 21. Dezember 2016, ABl. 2017 C 18/2, S. 3.

[668] S. dazu https://ec.europa.eu/solvit/documents/index_de.htm.

[669] Vgl. hierzu ausführlich Better Regulation Guidelines, S. 41 f.

[670] Better Regulation Guidelines, S. 42; vgl. hierzu ausführlich Better Regulation Toolbox, S. 283 ff.

[671] Better Regulation Guidelines, S. 42; Better Regulation Toolbox, S. 283 f.

[672] Better Regulation Guidelines, S. 43; Better Regulation Toolbox, S. 284 ff.

[673] Vgl. hierzu ausführlich Better Regulation Guidelines, S. 44 ff.; Better Regulation Toolbox, S. 303 ff.

[674] C(2016) 8600 endgültig vom 21. Dezember 2016, ABl. 2017 C 18/2, S. 4; vgl. ausführlich hierzu Better Regulation Toolbox, S. 282.

2. *Verordnungen, Vollharmonisierung und Gold-Platings*

Nach Ansicht der Kommission soll auch die verstärkte Nutzung von Verordnungen zu einer besseren Anwendung des Unionsrechts beitragen.[675] Da Verordnungen gemäß Art. 288 Abs. 2 AEUV verbindlich sind und unmittelbar in jedem Mitgliedstaat gelten, ist die Gefahr, dass das Ziel der entsprechenden Unionsrechtsvorschrift nicht erreicht wird, geringer als bei Richtlinien.[676] Eine ähnliche Zielrichtung haben die Bestrebungen der Unionsorgane, vermehrt von Vollharmonisierungen Gebrauch zu machen.[677] Bei einer Vollharmonisierung besitzt der europäische Harmonisierungsakt inhaltlich volle Verbindlichkeit, so dass die Mitgliedstaaten grundsätzlich nicht von ihm abweichen dürfen.[678] Wie bei der Verordnung ist hier die Gefahr einer Beeinträchtigung der durch den Rechtsakt angestrebten Ziele geringer. Außerdem wurden die Mitgliedstaaten aufgefordert, bei der Umsetzung von Unionsvorschriften sog. „Gold-Platings" zu vermeiden.[679] Als Gold-Platings werden Bestimmungen bezeichnet, die ein Mitgliedstaat bei der Umsetzung einer Richtlinie deren Regelungen hinzufügt und die über das von der Richtlinie Geforderte hinausgehen.[680] Eine solche freiwillige Übererfüllung kann dadurch erfolgen, dass in einem Umsetzungsgesetz strengere als von der Richtlinie vorgesehene Schutzmaßnahmen – etwa in den Bereichen Umwelt-, Verbraucher- oder Arbeitnehmerschutz – festgelegt bzw. aufrecht erhalten werden oder dadurch, dass die Geltung einer unionsrechtlichen Regelung auf rein nationale Sachverhalte erstreckt wird, deren Einbeziehung unionsrechtlich nicht zwingend notwendig war.[681] Nach Ansicht der Kommission sind Gold-Platings nicht nur der Transparenz abträglich, da nicht ersichtlich ist, welche Regelungen auf die unionale und welche auf die mitgliedstaatliche Rechtsetzung zurückgehen und deshalb gegebenenfalls „unliebsame" Regelungen fälschlicherweise mit den Unionsrechtsvorschriften in Ver-

---

[675] Vgl. dazu bereits die Mitteilung der Kommission KOM(2005) 535 endgültig vom 25. Oktober 2005, S. 9; vgl. mit Beispielen für die Umsetzung dieses Vorhabens *Grüner*, Quantität und Qualität der europäischen Rechtsetzung, S. 313 f. und *Rösch*, Zur Rechtsformenwahl des europäischen Gesetzgebers, S. 175, die einen Rechtsformenwandel feststellt.

[676] KOM(2005) 535 endgültig vom 25. Oktober 2005, S. 9; *Grüner*, Quantität und Qualität der europäischen Rechtsetzung, S. 314; vgl. auch zu weiteren Gründen ausführlich *Rösch*, Zur Rechtsformenwahl des europäischen Gesetzgebers, S. 175 ff.

[677] Angedeutet wird dies in der Interinstitutionellen Vereinbarung über Bessere Rechtsetzung vom 13. April 2016, ABl. 2016 L 123/1, S. 8 Rn. 47.

[678] *Classen*, in: von der Groeben/Schwarze/Hatje, Europäisches Unionsrecht, Art. 114 AEUV Rn. 16.

[679] Vgl. dazu COM(2015) 215 endgültig vom 19. Mai 2015, S. 8 und die Interinstitutionelle Vereinbarung über Bessere Rechtsetzung vom 13. April 2016, ABl. 2016 L 123/1, S. 7 Rn. 43.

[680] Vgl. die ähnl. Definition des Mandelkernberichts, S. 93; s. zu einer weitergehenden Systematisierung unterschiedlicher Dimensionen des Gold-Platings eingehend *Leidenmühler*, in: EuR 2019, S. 383 (385 ff.).

[681] Vgl. ausführlich dazu *Leidenmühler*, in: EuR 2019, S. 383 (387 f. und 398).

bindung gebracht werden.[682] Die zusätzlichen Regelungen sollen angeblich auch die Bemühungen der EU behindern, Regulierungskosten einzusparen.[683] Deshalb wurden die Mitgliedstaaten gebeten, Gold-Plating zu begründen.[684]

3. Knappe Umsetzungsfristen

Die Kommission, das Parlament und der Rat haben als weitere Maßnahme zur Gewährleistung der besseren Umsetzung von Unionsrecht vereinbart, dass die Umsetzungsfrist für Richtlinien so kurz wie möglich – in der Regel nicht mehr als zwei Jahre – sein soll.[685] Dahinter steht offenbar die Erwägung, dass lange Umsetzungsfristen auch die Erreichung der mit Richtlinien verfolgten Ziele verzögern und daher eine effektive Anwendung des Unionsrechts behindern.[686]

III. Repressive Maßnahmen

Neben der Kooperation und dem Dialog mit den Mitgliedstaaten ist die erzwungene Durchsetzung der Einhaltung von Unionsrecht der weitere, wesentliche Teil der Strategie der Kommission.[687] Sie setzt dabei auf eine konsequentere Anwendung der Regelungen über das Vertragsverletzungsverfahren, welches sich nunmehr als Regelfall an ein negativ ausgefallenes Umsetzungsprüfungsverfahren anschließen soll.[688] So wird bei Verstößen gegen die Umsetzungsfrist binnen zwölf Monaten Klage erhoben. Außerdem hat die Kommission angekündigt, im Vertragsverletzungsverfahren stärker von der Möglichkeit des Art. 260 Abs. 3 AEUV Gebrauch zu machen und – anders als bisher – in der Regel nicht mehr nur die Verhängung eines Zwangsgeldes zu beantragen, sondern darüber hinaus grundsätzlich auch die Verhängung eines Pauschalbetrags vorzuschlagen.[689]

---

682 Vgl. diesbezüglich nur COM(2015) 215 endgültig vom 19. Mai 2015, S. 8 sowie ebenfalls die Interinstitutionelle Vereinbarung über Bessere Rechtsetzung vom 13. April 2016, ABl. 2016 L 123/1, S. 7 Rn. 43; s. auch die entsprechende Empfehlung zur Vermeidung dieses Problems der *High Level Group on Administrativ Burdens*, Cutting Red Tape in Europe, Final Report, S. 9.

683 *High Level Group on Administrativ Burdens*, Cutting Red Tape in Europe, Final Report, S. 35; sich dem anschließend COM(2015) 215 endgültig vom 19. Mai 2015, S. 8.

684 So etwa in der Mitteilung der Kommission COM(2015) 215 endgültig vom 19. Mai 2015, S. 8; s. dazu aber auch *E. Wagner*, in: EurUP 2016, S. 121 (130), die diese Aufforderung offenbar als Begründungspflicht versteht.

685 Interinstitutionelle Vereinbarung über Bessere Rechtsetzung vom 13. April 2016, ABl. 2016 L 123/1, S. 7 Rn. 42.

686 Vgl. ähnl. COM(2015) 215 endgültig vom 19. Mai 2015, S. 14.

687 C(2016) 8600 endgültig vom 21. Dezember 2016, ABl. 2017 C 18/2, S. 2.

688 Better Regulation Guidelines, S. 42; C(2016) 8600 endgültig vom 21. Dezember 2016, ABl. 2017 C 18/2, S. 1; s. ausführlich hierzu KOM(2002) 725 endgültig/4 vom 16. Mai 2003, S. 3 f.

689 C(2016) 8600 endgültig vom 21. Dezember 2016, ABl. 2017 C 18/2, S. 6; s. ausführ-

IV. Bewertung

1. Nachteile der präventiven Maßnahmen

Die beschriebenen Maßnahmen hinsichtlich Gold-Platings, Verordnungen und Vollharmonisierungen zeigen, dass die EU sich darum bemüht, die Verwirklichung der mit dem Unionsrecht verfolgten Ziele zu verbessern. Dies ist insbesondere angesichts immer noch großer Probleme der Mitgliedstaaten bei der ordnungsgemäßen und fristgerechten Umsetzung von Richtlinien nachvollziehbar.[690] Die genannten Maßnahmen sind allerdings nicht geeignet, diese Probleme im Sinne einer Besseren Rechtsetzung zu lösen.[691] Ihnen stehen Leitprinzipien der Besseren Rechtsetzung wie Verhältnismäßigkeit und Subsidiarität entgegen.[692] So dürfte die Richtlinie häufig das weniger belastende Regelungsinstrument sein, weil sie es den Mitgliedstaaten überlässt, die Rechtsvorschrift in deren bestehende Regelungswerke einzufügen und für deren Systemgerechtigkeit im Hinblick auf andere Rechtsvorschriften zu sorgen. Diese Erwägung spricht auch gegen die Bestrebungen von vermehrten Vollharmonisierungen.

2. Begründung von Gold-Platings

Unbedenklich erscheint hingegen, dass der Unionsgesetzgeber die Mitgliedstaaten dazu auffordert, etwaige Gold-Platings transparent zu machen und zu begründen.[693] Zwar lässt sich dem Primärrecht eine Grundentscheidung zur Schaffung und Erhaltung hoher Schutzstandards in den Bereichen Umwelt, Gesundheit und Verbraucherschutz entnehmen, welche die Rechtsetzungsorgane bindet,[694] und weswegen eine Aufforderung an die Mitgliedstaaten jedenfalls dann mit dem Primärrecht unvereinbar wäre, wenn damit höhere mitgliedstaatliche Standards völlig verhindert würden.[695] Die Mitgliedstaaten werden indes durch die gegenwärtige Aufforderung der EU weder verpflichtet, von Gold-

---

lich zur Sanktionspraxis der Kommission *Cremer*, in: Calliess/Ruffert, EUV/AEUV, Art. 260 AEUV Rn. 11 ff.

690 Vgl. hierzu C(2016) 8600 endgültig vom 21. Dezember 2016, ABl. 2017 C 18/2, S. 6.

691 S. ebenso in Bezug auf die Kritik hinsichtlich der häufigeren Verwendung von Verordnungen *Grüner*, Quantität und Qualität der europäischen Rechtsetzung, S. 314; ebenso skeptisch *Schulze-Fielitz*, in: FS Scheuing, S. 165 (180); vgl. auch *Xanthaki*, in: Garben/Govaere, The EU Better Regulation Agenda, S. 29 (44), die ausdrücklich die häufigere Verwendung von Richtlinien fordert.

692 Vgl. ähnl. *Grüner*, Quantität und Qualität der europäischen Rechtsetzung, S. 314 sowie *Garben*, in: Garben/Govaere, The EU Better Regulation Agenda, S. 217 (237); s. jüngst auch *Leidenmühler*, in: EuR 2019, S. 383 (395).

693 Interinstitutionelle Vereinbarung über Bessere Rechtsetzung vom 13. April 2016, ABl. 2016 L 123/1, S. 7 Rn. 43.

694 Den Unionsorganen kommt bei der Festlegung des hohen Schutzniveaus jedoch ein weiter Einschätzungsspielraum zu, s. etwa nur *Fischer*, in: Lenz/Borchardt, EU Verträge, Art. 114 AEUV Rn. 19.

695 *Leidenmühler*, in: EuR 2019, S. 383 (398); ebenfalls kritisch *Garben/Govaere*, in: Gar-

Platings abzusehen, noch auf eine andere Weise ernsthaft daran gehindert, für höhere Standards zu sorgen.[696] Das Ersuchen der Kommission an die Mitgliedstaaten, etwaige Gold-Platings zu begründen, beeinträchtigt diese bei der Verwendung von Gold-Platings nicht.[697] Vielmehr sollte durch die Begründung von Gold-Platings nicht nur die Transparenz der Umsetzungsgesetzgebung gefördert, sondern auch verhindert werden, dass sich die Mitgliedstaaten ihrer Verantwortlichkeit für die von ihnen hinzugefügten Regelungen entziehen und zu Unrecht der EU zuschreiben. Letzteres ist ein berechtigtes Anliegen, welches sich auch vor dem Hintergrund des Grundsatzes der loyalen Zusammenarbeit nach Art. 4 Abs. 3 EUV rechtfertigen lässt.

3. *Fehlendes Verantwortungsbewusstsein bei den Mitgliedstaaten*

Eines der größten Hindernisse für die Bessere Rechtsetzung in der EU ist die offenbar defizitäre Bereitschaft der Mitgliedstaaten, entschlossen Verantwortung für die Verwirklichung des Konzepts zu übernehmen.[698] Dies betrifft zunächst die mangelhafte Umsetzung von Unionsrecht, die verhindert, dass die jeweils angestrebten politischen Ziele erreicht werden.[699] So waren gegen Ende 2015 beispielsweise allein 518 Vertragsverletzungsverfahren wegen verspäteter Umsetzung beim EuGH anhängig.[700] Im September 2017 zählte die Kommission insgesamt 1.659 offene Vertragsverletzungsverfahren.[701] Die negativen Folgen von nicht ordnungsgemäß umgesetztem Unionsrecht können für die Rechtsetzungsqualität erheblich sein. So schaden etwa Änderungen nationaler Umsetzungsgesetze zur Anpassung an Unionsrecht – jedenfalls, wenn sie wiederholt notwendig sind – der Verständlichkeit sowie Lesbarkeit des Rechtstextes, erschweren die Anwendung des Gesetzes[702] und verhindern die für die Rechts-

---

ben/Govaere, The EU Better Regulation Agenda, S. 3 (6); vgl. ähnl. in Bezug auf Schutzverstärkungsklauseln *Korte*, in: Calliess/Ruffert, EUV/AEUV, Art. 114 AEUV Rn. 52.

[696] Dies ausdrücklich hervorhebend das *Europäische Parlament*, PE615.497v04–00, S. 27 Rn. 99.

[697] Vgl. ähnl. *Sohn/Dauner*, in: CepInput 17 (2015), S. 1 (11); a. A. *E. Wagner*, in: EurUP 2016, S. 121 (130), die offenbar davon ausgeht, dass in diesen Fällen eine Begründungs- und Folgenabschätzungspflicht der Mitgliedstaaten bestehe; vgl. ebenfalls kritisch *Avosseta-Gruppe*, The true Face of Better Regulation regarding environmental policy, S. 3.

[698] S. zustimmend *v. Danwitz*, Wege zu besserer Gesetzgebung in Europa, S. 28; vgl. ähnl. *Grüner*, Quantität und Qualität der europäischen Rechtsetzung, S. 132; s. allerdings auch *Baratta*, in: The Theory and Practice of Legislation 2014, S. 293 (298 ff.), die auch die Komplexität des Sekundärrechts für Mängel in der Umsetzungsgesetzgebung verantwortlich macht.

[699] KOM(2007) 502 endgültig vom 5. September 2007, S. 3; s. diesbezüglich mit heftiger Kritik an den Mitgliedstaaten *Kelemen*, in: Garben/Govaere, The EU Better Regulation Agenda, S. 205 (211 f.).

[700] C(2016) 8600 endgültig vom 21. Dezember 2016, ABl. 2017 C 18/2, S. 6.

[701] Vgl. zu diesen Zahlen *Europäische Kommission*, State of the Union 2017 brochure, S. 66.

[702] S. nur beispielhaft *Mager*, in: EurUP 2018, S. 1 (7), die kritisiert, dass die wiederhol-

sicherheit notwendige Normenbeständigkeit.[703] Aber selbst wenn Unionsrecht ordnungsgemäß umgesetzt wird, genügt die Umsetzungsgesetzgebung häufig nicht den Maßstäben einer Besseren Rechtsetzung. Exemplarisch hierfür steht die häufig praktizierte Übernahme von nahezu unveränderten Richtlinientexten in bestehende nationale Gesetze,[704] wodurch diese unübersichtlich werden.[705] Genannt seien hier ferner auch Verweisungen auf Unionsrechtsvorschriften, die für die konkrete Rechtsanwendung ungeeignet sind,[706] sowie die teilweise verwirrenden,[707] teilweise wenig aussagekräftigen[708] Bezeichnungen für Umsetzungsgesetze. Zwar lassen sich diese Mängel auch auf die – gegebenenfalls ebenso unzureichenden – Vorgaben der umzusetzenden Unionsrechtsvorschriften zurückführen, beispielsweise wenn diese zu detailliert oder zu ungenau sind, als dass sie von den Mitgliedstaaten im Sinne einer Besseren Rechtsetzung in verständliche Rechtstexte umgesetzt werden könnten.[709] Hiervon abgesehen, wäre es aber begrüßenswert, wenn die Mitgliedstaaten im Bereich der Umsetzungsgesetzgebung mehr Verantwortung für die Verwirklichung einer Besseren Rechtsetzung in der EU übernehmen, zumal ihnen die Umsetzungsgesetzgebung auch eine Möglichkeit bietet, ihre jeweilige eigene, nationale Rechtsetzungskultur in gewissem Umfang zu erhalten.

V. Zwischenfazit

Die Anwendung und Umsetzung von Unionsrecht ist die „Achillesferse“[710] des europäischen Konzepts der Besseren Rechtsetzung.[711] Die duale Strategie der Kommission mit präventiven Maßnahmen in Form von Kooperation mit den

te Neuregelung des Umweltrechtsbehelfsgesetzes den Anforderungen „guter Gesetzgebung“ nicht gerecht werde.

[703] Vgl. zu diesem Kriterium guter Rechtsetzungsqualität die Ausführungen in Kapitel 2 auf S. 93 f.

[704] *Xanthaki*, in: Garben/Govaere, The EU Better Regulation Agenda, S. 29 (45) weist zutreffend darauf hin, dass die Richtlinientexte keine Mustergesetze seien.

[705] *Kluth*, in: Kluth/Krings, Gesetzgebung, S. 523 (538). Beispielhaft hierfür sind die zahlreichen eingefügten Absätze in die Vorschriften des Bundesimmissionsschutzgesetzes infolge der Umsetzung der Richtlinie (EG) Nr. 82/96 (Seveso II Richtlinie).

[706] Kaum hilfreich dürfte etwa die Formulierung von § 3 Abs. 9 BImSchG sein, der zur Definition des Begriffs „Gefährliche Stoffe“ – ohne jegliche Andeutung des Begriffsinhalts – lediglich auf Art. 3 der Verordnung (EG) Nr. 1272/2008 verweist, hierfür aber fünf Textzeilen benötigt, weil er den vollständigen Titel der Verordnung zitiert.

[707] So wurde etwa zur Umsetzung der Umwelthaftungsrichtlinie das Umweltschadensgesetz erlassen, wohingegen das Umwelthaftungsgesetz einen rein nationalen Hintergrund hat.

[708] In vielen Fällen unnötig ist bspw. die häufig gebrauchte Einleitung eines Gesetzestitels mit den Worten: „Gesetz zur Ausführung der Verordnung Nr. …“.

[709] Vgl. dazu ausführlich *Grüner*, Quantität und Qualität der europäischen Rechtsetzung, S. 314.

[710] Den Begriff in Bezug auf die Wirksamkeit von Unionsrecht in einem allgemeineren Zusammenhang verwendend *Grüner*, Quantität und Qualität der europäischen Rechtsetzung, S. 132 mit Verweis auf *Radaelli*, Governing European Regulation, Rn. 2.1.; vgl. ähnl. in Bezug

Mitgliedstaaten bei der Umsetzung auf der einen und einer forcierten, zwangsweisen Durchsetzung von Unionsrecht auf der anderen Seite ist durchaus geeignet, die hier bestehenden Defizite zu beseitigen. Vereinzelte Ansätze, wie etwa angestrebte Vollharmonisierungen und die stärkere Nutzung von Verordnungen, tragen aber nicht zur Verwirklichung einer Besseren Rechtsetzung bei.[711] Begrüßenswert ist indes die Absicht der Kommission, häufiger von den Sanktionsmitteln des Art. 260 Abs. 3 AEUV Gebrauch zu machen, wodurch die Disziplin bei der ordnungsgemäßen Umsetzung von Unionsrecht gefördert werden dürfte.[712] Wünschenswert wäre außerdem, dass die Mitgliedstaaten bei der Umsetzung und Anwendung von Unionsrecht mehr Verantwortung für das Konzept übernehmen. Denn im Bereich der Umsetzungsgesetzgebung liegt es maßgeblich an ihnen, eine Bessere Rechtsetzung in der EU zu verwirklichen.

J. Fazit: Ein grundsätzlich wirksames, aber teilweise defizitäres und unvollendetes europäisches Konzept der Besseren Rechtsetzung

Die Bemühungen der EU um eine Bessere Rechtsetzung sind aufs Ganze gesehen, trotz mancher Kritik in der Literatur und den auch hier festgestellten Defiziten,[713] bemerkenswert. Zentrale Säulen einer Besseren Rechtsetzung sind in diesem europäischen Konzept: Öffentliche Konsultationen, Folgenabschätzungen, Ex-Post-Evaluierungen, insbesondere im Rahmen des REFIT-Programms und unter Beteiligung der REFIT-Plattform, sowie Rechtsbereinigung- und Rechtsvereinfachungsmaßnahmen und die Kontrolle von Folgenabschätzung und Ex-Post-Evaluierungen durch den Ausschuss für Regulierungskontrolle.[714] Zu weiteren wichtigen Bausteinen einer Besseren Rechtsetzung zählt das europäische Konzept den Zugang zu Rechtsvorschriften und Dokumenten, die Sicherstellung einer guten redaktionellen Qualität der Rechtstexte sowie Maßnahmen zur besseren mitgliedstaatlichen Anwendung und Umsetzung von Unionsrecht. Die Zusammenfassung vieler dieser Instrumente in der Interinstitutionellen Vereinbarung über Bessere Rechtsetzung und deren Ausgestaltung

---

auf die europäische Integration *Voermans*, in: The Theory and Practice of Legislation 2014, S. 343 (343 ff.).

[711] Vgl. ähnl., aber im Ergebnis zustimmend *Schulze-Fielitz*, in: FS Scheuing, S. 165 (180 f.).

[712] S. zustimmend *Cremer*, in: Calliess/Ruffert, EUV/AEUV, Art. 260 AEUV Rn. 16; vgl. aber auch das *Europäische Parlament*, PE615.497v04–00, S. 26 Rn. 93, das hingegen die Anwendung von kooperativen Problemlösungsmechanismen empfiehlt.

[713] Vgl. etwa *Garben*, in: Garben/Govaere, The EU Better Regulation Agenda, S. 217 (241 f.), der bezüglich des Mehrwerts des Konzepts Zweifel äußert; s. ebenso *Priebe*, in: EuZW 2015, S. 697 (701).

[714] Vgl. ähnl. etwa *Smulders/Paquet*, in: Garben/Govaere, The EU Better Regulation Agenda, S. 79 (80), die das Konzept aber auf die wesentlichen Instrumente von Folgenabschätzungen, Ex-Post-Evaluierungen und Konsultationen beschränken.

in Dokumenten wie den Better Regulation Guidelines und der Better Regulation Toolbox[715] ist begrüßenswert. Diese Institutionalisierung von Instrumenten ist geeignet, ihre stetige Anwendung sicherzustellen und zur Ausbildung von dauerhaften Strukturen einer Besseren Rechtsetzung beizutragen.[716].

Mit der Zusammenstellung der in diesem Kapitel untersuchten Inhalte und Instrumente hat das europäische Konzept grundsätzlich das Potenzial, dem „fortgeschrittenen Verfall“[717] der europäischen Rechtsetzungskultur entgegenzuwirken. Der hierfür notwendige politische Rückhalt für die Maßnahmen einer Besseren Rechtsetzung ist jedenfalls vorhanden.[718] So ist etwa in der Kommission der Erste Vizepräsident als eine hochrangige Amtsperson für die Bessere Rechtsetzung verantwortlich und auch den einzelnen Gremien, wie etwa der REFIT-Plattform[719] und dem Ausschuss für Regulierungskontrolle, stehen jeweils hochrangige Amtspersonen der Kommission vor.[720] Hierdurch dürfte sichergestellt sein, dass die Bessere Rechtsetzung angemessen und dauerhaft in der Politik der EU berücksichtigt wird. Allerdings weisen einige der untersuchten Instrumente – trotz positiver Grundansätze – Defizite aufgrund ihrer konkreten Ausgestaltung und Anwendung auf, wodurch deren Beitrag zur Verbesserung der Rechtsetzungsqualität sinkt. Dabei lassen sich – abgesehen von einzelnen speziellen Mängeln – die festgestellten Defizite des Konzepts in vier Gruppen zusammenfassen:

Erstens werden viele Instrumente in zu geringem Umfang angewandt.[721] Angesichts der beachtlichen Anzahl bestehender Unionsrechtsvorschriften und einer ausgeprägten Rechtsetzungsaktivität der EU bedarf es hier einer erheblichen Steigerung, wenn diese Instrumente einen merklichen Wandel in der Rechtsetzungsqualität bewirken sollen und nicht nur als „bürokratische Pflichtübung“[722] gedacht sind. Zweitens offenbart sich noch immer ein erhebliches Ungleichgewicht hinsichtlich des Umfangs und der Verantwortung für Maß-

---

[715] Vgl. ähnl. *Kahl/Hilbert*, in: FS Kloepfer, S. 399 (410 f.), die die vielen Verfahrens- und Zuständigkeitsvorgaben im Bereich der Folgenabschätzung bereits früher schon als positiv bewerteten.

[716] Die Notwendigkeit von organisatorischen Strukturen betonte bereits der Mandelkernbericht, S. 58.

[717] So bezüglich der europäischen Rechtssprache explizit *Reinhardt*, in: NJW 2003, S. 3449 (3449 ff.).

[718] Mandelkernbericht, S. 59.

[719] Den Vorsitz der REFIT-Plattform hat der Erste Vizepräsident inne, vgl. C(2015) 3261 endgültig vom 19. Mai 2015, S. 5 Art. 5 Rn. 9.

[720] Den Vorsitz der einzelnen Gruppen der REFIT-Plattform führt jeweils der Vorsitz des Ausschusses für Regulierungskontrolle, vgl. C(2015) 3261 endgültig vom 19. Mai 2015, S. 4 Art. 4 Rn. 9; positiv bewertet dies auch der *Bundesrat*, Beschluss vom 25. September 2015, Drs. 242/15, S. 2 Rn. 4.

[721] Vgl. zu den jüngsten von der Kommission veröffentlichen Zahlen, die insgesamt eine positive Entwicklung andeuten *Europäische Kommission*, Bessere Rechtsetzung: wir ziehen Bilanz und erneuern unser Engagement, S. 5.

[722] Vgl. COM(2015) 215 endgültig vom 19. Mai 2015, S. 3.

nahmen einer Besseren Rechtsetzung zwischen der Kommission und den anderen Rechtsetzungsorganen. Während die Kommission viele Instrumente der Besseren Rechtsetzung erfolgreich in ihre Politikentwicklung und ihre Rechtsetzungsvorbereitung integriert hat, ist dergleichen im Parlament und Rat – jedenfalls nicht im selben Umfang – festzustellen. Trotz entsprechender Bemühungen in den letzten Jahren, diesem Defizit entgegenzuwirken, ist das erklärte Ziel einer Gesamtverantwortung der Unionsorgane für die Bessere Rechtsetzung noch nicht erreicht.[723] Da die wichtigsten Folgenabschätzungs- und Ex-Post-Evaluierungsprozesse, wie festgestellt, ausschließlich in den Händen der Kommission liegen, wäre es nicht völlig abwegig von einem Konzept der Kommission anstatt von einem europäischen Konzept zu sprechen. Zwar ist positiv zu bewerten, dass innerhalb der Kommission die Strukturen einer Besseren Rechtsetzung deutlich ausgeprägt sind und beispielsweise durch die organisatorische Einrichtung von Instrumenten beim Generalsekretariat sowie durch dessen Beteiligung an den Verfahren der Folgenabschätzungen und Ex-Post-Evaluierungen eine sektorale Beschränkung des Konzepts auf verschiedene Generaldirektionen verhindert wird.[724] Es wäre der Leistungsfähigkeit des Konzepts aber zuträglich, wenn auch Parlament und Rat mehr Verantwortung für Maßnahmen der Besseren Rechtsetzung übernehmen würden. Die insoweit bereits bestehenden und hier untersuchten Ansätze reichen dafür ebenso wenig aus wie die in der Interinstitutionellen Vereinbarung vorhandenen Mechanismen der Beteiligung und des Informationsaustausches zwischen den Unionsorganen hinsichtlich der jährlichen und der mehrjährigen Programmplanung der Kommission.[725]

Drittens weisen einige Instrumente eine Ausgestaltung mit ökonomischem Schwerpunkt auf. Die Bessere Rechtsetzung ist daher nach wie vor[726] stark dem Geiste der Lissabon-Strategie verhaftet. Dementsprechend verstehen etwa die Better Regulation Guidelines die Bessere Rechtsetzung allgemein als Mittel, die Unionspolitiken und -rechtsvorschriften so zu gestalten, dass sie ihre Ziele zu minimalen Kosten erreichen.[727] Konkret offenbart sich dieser Schwerpunkt beispielsweise am REFIT-Programm und der REFIT-Plattform. So ist die Idee der verstärkten Einbeziehung von Interessenträgern und Mitgliedstaaten in den

---

723 Vgl. ähnl. *Impactassessmentinstitute*, Final Study 2017, S. 4.

724 Vgl. den Mandelkernbericht, S. 60; s. auch *Eliantonio/Spendzharova*, in: EJLR 2017, S. 3 (7), die allgemein auf die Gefahr hinweisen, dass die Beteiligung von unterschiedlichen Akteuren eine Bessere Rechtsetzung auch behindern kann.

725 Interinstitutionelle Vereinbarung über Bessere Rechtsetzung vom 13. April 2016, ABl. 2016 L 123/1, S. 2 Rn. 4 ff.; s. hierzu ausführlich *Martínez Iglesias*, in: Garben/Govaere, The EU Better Regulation Agenda, S. 105 (114 f.) und zu früheren Abstimmungsmaßnahmen der Unionsorgane a. a. O., S. 112.

726 Dies bereits im Jahr 2011 feststellend *Pfeifer*, Bessere Rechtsetzung, S. 116 und zuvor im Jahr 2010 *Weingarten*, Better Regulation in umwelt- und naturschutzrechtlichen Prüfungen, S. 9 sowie mit demselben Ergebnis im Jahr 2014 *Xanthaki*, in: The Theory and Practice of Legislation 2014, S. 329 (333).

727 Better Regulation Guidelines, S. 4.

Prozess der Rechtsetzungsvorbereitung zwar grundsätzlich sinnvoll. Die Auswahl der Mitglieder lässt hingegen Zweifel aufkommen, ob die von der REFIT-Plattform hervorgebrachten Ergebnisse tatsächlich einer Besseren Rechtsetzung und nicht überwiegend nur wirtschaftlichen Interessen dienen.

Viertens besteht neben der inhaltlichen Unausgewogenheit des Konzepts auch ein Ungleichgewicht zwischen der angestrebten Verwirklichung von Kriterien formeller Rechtsetzungsqualität auf der einen Seite und von Kriterien der materiellen Rechtsetzungsqualität auf der anderen Seite. Das europäische Konzept forciert Maßnahmen zur Optimierung von Konsultationen, Folgenabschätzungen, Ex-Post-Evaluierungen sowie deren Kontrolle. Es zielt also vor allem auf die Verbesserung der inhaltlichen Wirkungen der Rechtsetzung, namentlich der Effektivität und Effizienz, und gerät dabei in die Gefahr, Reformbedarf in anderen Bereichen zu übersehen.[728] Im Verhältnis zu den genannten Maßnahmen erfolgen insbesondere Maßnahmen zur Verbesserung der sprachlichen Gestaltung von Rechtstexten tendenziell in zu geringem Umfang,[729] und das obwohl die Verständlichkeit des Rechts häufig doch besonders für Rechtsbetroffene ein Gradmesser für die Qualität der Rechtsetzung ist und deswegen auch für die Bessere Rechtsetzung auf Unionsebene prioritär sein sollte. Eine umfassende Verbesserung der Rechtsetzungsqualität lässt sich ohne die ausreichende Verwirklichung von Kriterien der formellen Rechtsetzungsqualität nicht erreichen.[730] Ihre Vernachlässigung schadet daher der Leistungsfähigkeit des Konzepts insgesamt.

All die genannten Defizite lassen befürchten, dass das europäische Konzept der Besseren Rechtsetzung – trotz seiner vielversprechenden Ansätze – der ambitionierten Aufgabe, die bestehende europäische Rechtsetzungskultur zu verbessern, ohne entsprechende Reformbemühungen nicht gewachsen ist.[731] Freilich sind die letzten Reformmaßnahmen aus dem Jahr 2015 noch relativ jung, deren mittelfristige Wirkungen abzuwarten bleiben. Die EU sollte trotzdem ihre Agenda für Bessere Rechtsetzung noch nicht als „vollendet“[732] betrachten.

[728] Vgl. ähnl. *Xanthaki*, in: Garben/Govaere, The EU Better Regulation Agenda, S. 29 (40); *dies.*, in: Karpen/Xanthaki, Legislation in Europe, S. 275 (282).

[729] Vgl. mit ähnl. Feststellung für überwiegend die gesamte Entwicklung der Besseren Rechtsetzung in der EU ab dem Millennium *Xanthaki*, in: Garben/Govaere, The EU Better Regulation Agenda, S. 29 (36 ff. und insb. 40) sowie bereits früher *Robinson*, in: The Theory and Practice 2014, S. 249 (267).

[730] Vgl. ähnl. *Xanthaki*, in: Garben/Govaere, The EU Better Regulation Agenda, S. 29 (40); *dies.*, in: Karpen/Xanthaki, Legislation in Europe, S. 275 (282).

[731] Vgl. ähnl. skeptisch *Xanthaki*, in: Garben/Govaere, The EU Better Regulation Agenda, S. 29 (36); s. ebenfalls Reformbedarf feststellend *Renda*, in: CEPS 2015, S. 1 (11 f.).

[732] In diesem Sinne der Titel „Vollendung der Agenda für bessere Rechtsetzung: bessere Lösungen für bessere Ergebnisse“ der gegenwärtig letzten Mitteilung der Kommission zur Besseren Rechtsetzung COM(2017) 651 endgültig vom 24. Oktober 2017; a. A.: wohl *Golberg*, Better Regulation: European Union Style, S. 30, die in den mit der Agenda 2015 eingerichteten Instrumenten ein vollendetes System sieht.

Kapitel 7

Ursachen für die Defizite des europäischen Konzepts der Besseren Rechtsetzung

Die im sechsten Kapitel festgestellten Defizite beeinträchtigen die Leistungsfähigkeit des europäischen Konzepts. Bevor im nächsten Kapitel entsprechende Reformvorschläge herausgearbeitet werden, ist es erforderlich, die Ursachen für diese Defizite zu identifizieren. Dabei beschränken sich die nachfolgenden Ausführungen wegen der Vielzahl an verschiedenen Defiziten im Wesentlichen auf die zentralen Ursachen der vier Hauptdefizite: geringe Anwendung der Instrumente, Dominanz der Kommission, ökonomischer Schwerpunkt von bestimmten Instrumenten sowie Vernachlässigung der Verbesserung der formellen Rechtsetzungsqualität. Teilweise beruhen diese Defizite darauf, dass die Instrumente der Besseren Rechtsetzung in ihrer Wirkung aus strukturimmanenten Gründen beschränkt sind (A.). Zum Teil haben diese Defizite ihre Ursachen aber auch in den speziellen Gegebenheiten der Unionsrechtsordnung (B.). Ferner verursacht die konkrete Umsetzungsstrategie der EU bestimmte Defizite des Konzepts (C.).

A. Strukturimmanente Beschränkungen der Instrumente

Die begrenzte Leistungsfähigkeit einiger Instrumente kann teilweise auf strukturimmanente Beschränkungen zurückgeführt werden. Da diese mit der allgemeinen Ausgestaltung der Instrumente zusammenhängen, können sie von vornherein die Rechtsetzungsqualität nur in einem bestimmten Umfang verbessern. Dies zeigt sich exemplarisch an den im Folgenden dargestellten Instrumenten.

I. Konsultationen

Die allgemein-strukturell beschränkte Wirkung von Konsultationen offenbart sich in einem gewissen Spannungsverhältnis zwischen den beiden Zielen des Instruments: Einerseits soll das Instrument hochwertige, valide Informationen für das Rechtsetzungsverfahren generieren,[1] andererseits zielt es auch darauf,

---

[1] S. hierzu die Ausführungen zu Konsultationen in Kapitel 6 auf S. 107 f.

durch Partizipation die Legitimation der Rechtsetzung zu erhöhen.[2] Folglich müssen Konsultationen grundsätzlich möglichst vielen Rechtsbetroffenen zugänglich sein. Denn nur durch ein ausreichend breit angelegtes Konsultationsangebot, das auch von unterschiedlichen gesellschaftlichen Gruppierungen genutzt wird, ist geeignet, die Akzeptanz und Legitimation der Rechtsetzung durch Partizipation wirksam zu erhöhen. Bei breit angelegten Konsultationen sinkt aber der Ertrag an potenziell validen und verwertbaren Fakten. Solche Konsultationen generieren zwar eine umfassende Informationsgrundlage, diese lässt sich aber nur schwer systematisch auswerten und eignet sich daher eher zur Ermittlung von Meinungen als zur Feststellung von repräsentativen Fakten.[3] Deswegen lassen sich aus den entsprechenden Konsultationsergebnissen in der Regel auch keine zwingenden Schlüsse für die Politikgestaltung ableiten.[4] Zudem verlangsamt die Auswertung von umfassenden Konsultationsergebnissen nicht nur das Rechtsetzungsverfahren, sondern erhöht aufgrund der verfügbaren Information auch dessen Komplexität.[5] Sind für die Auswertung die erforderlichen personellen und finanziellen Ressourcen nicht vorhanden und infolgedessen die Rechtsetzungsorgane hiermit überlastet, besteht die Gefahr, dass Konsultationsergebnisse unrichtig erfasst werden und sich ihre Verwendung im Rechtsetzungsverfahren negativ auf die Rechtsetzungsqualität auswirkt.[6] Das Spannungsverhältnis zwischen der Partizipation von Rechtsbetroffenen und der Information von Rechtsetzungsorganen[7] begrenzt daher die Wirkung des Instruments.

II. Folgenabschätzungen und Ex-Post-Evaluierungen

1. Ressourcenbedarf

Die Wirkung von Folgenabschätzungen und Ex-Post-Evaluierungen ist in ähnlicher Weise wie die Wirkung von Konsultationen inhärent begrenzt. Die Ermittlung und Abschätzung von Folgen einer künftigen oder einer bestehenden

[2] Vgl. hierzu die Ausführungen in Kapitel 6 auf S. 107.

[3] In Bezug auf die EU hierauf hinweisend *Impactassessmentinstitute*, Final Study 2017, S. 28 f.

[4] Vgl. ähnl. *Impactassessmentinstitute*, Final Study 2017, S. 28 f. und *Spendzharova/Radulova/Surala*, in: EJLR 2017, S. 34 (36). Beispielsweise auch hinsichtlich der Ergebnisse der Konsultation zur Abschaffung der Zeitumstellung stellt sich die Frage, ob die von der Kommission gezogene Schlussfolgerung, die Unionsbürger befürworten die Abschaffung, zutreffend ist, ist doch bereits die Beteiligung der Bevölkerung an dieser Konsultation mit Blick auf die einzelnen Mitgliedstaaten sowie deren Bevölkerungszahl unterschiedlich, vgl. https://ec.europa.eu/germany/news/20180831-konsultation-sommerzeit_de.

[5] Vgl. zu diesem Gedanken *Appel*, in: Hoffmann/Riem, Innovationsverantwortung, S. 147 (153); vgl. ähnl. *Impactassessmentinstitute*, Final Study 2017, S. 29 f.

[6] *REFIT-Plattform*, Opinion on the submissions XXII.4.a and XXII.4.b, S. 9; s. ebenso *Eliantonio/Spendzharova*, in: EJLR 2017, S. 3 (9).

[7] Vgl. dieses Spannungsverhältnis ebenfalls feststellend *Bunea*, in: EJPR 2017, S. 46 (69).

Regelung erfordert erhebliche finanzielle und zeitliche Ressourcen sowie die tatsächliche Arbeitskraft von Mitarbeitern in der Kommission, im Rat und im Parlament[8] und damit die wichtigsten Ressourcen, die im Rechtsetzungsverfahren zur Verfügung stehen.[9] Neben dem Zeit- und Finanzbedarf begrenzt auch die Prognoseungewissheit die Wirkung von Folgenabschätzungen und Ex-Post-Evaluierungen in allgemein-struktureller Hinsicht.[10] Die festgestellten Defizite in Bezug auf die Qualität der Folgenabschätzungen und Ex-Post-Evaluierungen sowie hinsichtlich ihrer zu geringen Anzahl können teilweise auf diese allgemein-strukturelle Beschränkung zurückgeführt werden. So geht etwa die Kommission selbst davon aus, dass ein Folgenabschätzungs- oder ein Ex-Post-Evaluierungsverfahren durchschnittlich etwa ein Jahr dauert.[11] Eine flächendeckende Anwendung dieser Instrumente ist damit nahezu ausgeschlossen. Gleiches gilt in Bezug auf die finanziellen Kosten, die die Anwendung dieser Instrumente in Höhe von mehreren Millionen Euro jährlich verursacht.[12] Das Parlament hat etwa im Jahr 2016 und 2017 jeweils eine Millionen Euro Budget für die Bessere Rechtsetzung bereitgestellt;[13] im Jahr 2018 waren es ebenfalls knapp eine Millionen Euro.[14] Vor diesem Hintergrund sind Vorschläge, die beispielsweise eine standardmäßige Durchführung von Folgenabschätzungen in allen Rechtsetzungsverfahren befürworten,[15] nicht realisierbar. Indes offenbart sich auch hier ein Spannungsverhältnis, das das Verhältnis von Ressourcenaufwand und der Qualität bzw. der Anzahl von Folgenabschätzungen und Ex-Post-Evaluierungen betrifft. Je qualitativ hochwertiger eine Folgenabschätzung bzw. eine Ex-Post-Evaluierung sein soll – insbesondere mit Blick auf eine umsichtige und umfassende und weit vorausschauende Analyse[16] – desto höher auch der Ressourcenaufwand

---

8 S. zu den Kosten *Cecot/Hahn/Renda/Schrefler*, in: Regulation & Governance 2008, S. 405 (417 ff.) und *Stephenson*, in: EJLR 2017, S. 97 (101).

9 Diesen Aspekt allgemein hervorhebend *Meuwese*, Impact Assessment in EU Lawmaking, S. 119; s. mit Blick auf den Erfolg des Konzepts deshalb skeptisch *Priebe*, in: EuZW 2015, S. 697 (701 f.).

10 *Kahl/Hilbert*, in: FS Kloepfer, S. 399 (411); *Nowag/Groussot*, in: Garben/Govaere, The EU Better Regulation Agenda, S. 185 (192); *Renda*, Impact Assessment in the EU, S. 55; s. zu weiteren Beschränkungen der Leistungsfähigkeit etwa in Bezug auf die Validität von ermittelten Daten *Purnhagen/Feindt*, in: EJRR 2015, S. 361 (363).

11 Better Regulation Toolbox, S. 28; vgl. in Bezug auf die Dauer dieser Verfahren kritisch *Golberg*, Better Regulation: European Union Style, S. 55.

12 *Garben*, in: Garben/Govaere, The EU Better Regulation Agenda, S. 217 (236); s. auch *Cecot/Hahn/Renda/Schrefler*, in: Regulation & Governance 2008, S. 405 (405 ff.), die feststellen, dass sich die Kosten für Kommissionsinitiativen infolge der Einführung des Instruments der Folgenabschätzungen erhöht haben.

13 *Europäisches Parlament*, Activity Report for 2016, S. 12; *dass.*, Activity Report for 2017, S. 13.

14 *Europäisches Parlament*, Activity Report for 2018, S. 13.

15 Vgl. den ähnl. Vorschlag des *Impactassessmentinstitute*, Final Study 2017, S. 36.

16 So insb. *Nowag/Groussot*, in: Garben/Govaere, The EU Better Regulation Agenda,

und infolgedessen auch desto geringer die Anzahl an durchführbaren Folgenabschätzungs- und Ex-Post-Evaluierungsverfahren.

2. Komplexität

Eine weitere allgemein-strukturelle Beschränkung ist die Komplexität von Folgenabschätzungs- und Ex-Post-Evaluierungsverfahren, für die besonders die Integrierte Folgenabschätzung und die ähnlich breit ausgerichteten Ex-Post-Evaluierungen der Kommission anfällig sind.[17] Verstärkt wird die Komplexität der Verfahren beider Instrumente durch die umfangreichen Hinweise zu Verfahrensschritten und die detaillierten Checklisten, welche die Better Regulation Guidelines und die Better Regulation Toolbox hierfür bereithalten.[18] So existieren neben besonderen Prüfkriterien wie Subsidiaritäts- und KMU-Test, zahlreiche gesondert hervorgehobene Hinweise zu Auswirkungen in besonderen Bereichen wie Wettbewerb, Binnenmarkt, Grundrechte, Verbraucherschutz oder Ressourceneffizienz.[19] Diese Hinweise und Verfahrensvorgaben sind einer intensiven Analyse von Regelungsauswirkungen zwar zuträglich. Eine hohe Anzahl von gesonderten Hinweisen und besonderen Prüfkriterien[20] führt in Verbindung mit dem grundsätzlich breit angelegten Analysespektrum einer Integrierten Folgenabschätzung bzw. einer Ex-Post-Evaluierung zu einer erheblichen Steigerung der Komplexität des jeweiligen Verfahrens und erhöht dessen Fehleranfälligkeit.[21] Begünstigt werden hierdurch allgemeine Unzulänglichkeiten, wie etwa die Tendenz aufgrund des erhöhten Prüfungsaufwands, Prüfkriterien und -fragen formal, oberflächlich und unkritisch abzuarbeiten.[22] Darüber hinaus werden andere allgemein-strukturelle Probleme wie Prognoseunsicherheiten sowie Zeit- und Ressourcenbedarf durch die zuneh-

S. 185 (193).

[17] *Kahl/Hilbert*, in: FS Kloepfer, S. 399 (411); vgl. hierzu allgemein *Wegrich*, Better Regulation, S. 53.

[18] Die Better Regulation Toolbox umfasst 540, die Better Regulation Guidelines 90 Seiten. Kritisch betrachtet beispielsweise den durch die ausgiebige Prüfung des Verhältnismäßigkeitsprinzips verursachten Aufwand *Garben*, in: Garben/Govaere, The EU Better Regulation Agenda, S. 217 (238).

[19] S. dazu im Detail die Ausführungen in Kapitel 6 auf S. 120 f. sowie in diesem Kapitel auf S. 220 f.

[20] Die Better Regulation Toolbox enthält für 16 Bereiche gesonderte Hinweise, die sich über 170 Seiten erstrecken und zahlreiche eigenständige „Tests", wie etwa den KMU-Test, den Subsidiaritäts-Test, den Test hinsichtlich der Auswirkungen auf die Wettbewerbsfähigkeit und den Test bezüglich des europäischen Mehrwerts einer Maßnahme, vorsehen.

[21] *Wegrich*, Better Regulation, S. 53; vgl. ähnl. *Schulze-Fielitz*, in: FS Scheuing, S. 165 (186); s. auch *Priebe*, in: EuZW 2015, S. 697 (701) und *Torriti*, in: JRR 2007, S. 239 (256), die auf die Gefahr hinweisen, dass das Instrument der Folgenabschätzung den Rechtsetzungsprozess „bürokratisiere".

[22] Vgl. hierzu allgemein *Wegrich*, Better Regulation, S. 53, der treffend von „abhaken" spricht.

mende Komplexität verstärkt.[23] Außerdem fördert der mit der hohen Komplexität verbundene Arbeitsaufwand auch Vermeidungsstrategien. So ist es nicht unwahrscheinlich, dass die Notwendigkeit einer Folgenabschätzung tendenziell auch deshalb verneint wird, um einem aufwendigen und arbeitsintensiven Verfahren zu entgehen.[24] Zudem fördert der zu erwartende, hohe Prüfungsaufwand bei umfangreichen Rechtsetzungsinitiativen einen überzogenen Inkrementalismus und ist daher für große politische Reformvorhaben hinderlich.[25] In besondere Weise sind hiervon Rechtsetzungsinitiativen in den Bereichen Ökologie und Soziales betroffen, da sich die Ermittlung und Quantifizierung der dortigen Regelungsauswirkungen häufig schwierig gestaltet.[26] Die Komplexität von Folgenabschätzungs- und Ex-Post-Evaluierungsverfahren, die durch die detaillierte Ausgestaltung in den Better Regulation Guidelines und der Better Regulation Toolbox gefördert wird, ist folglich (mit-)ursächlich für die festgestellten Defizite die die Anzahl an durchgeführten Folgenabschätzungen sowie deren Qualität betreffen.

III. REFIT-Plattform

1. Repräsentation von Interessengruppen und Funktionsfähigkeit

Hinsichtlich des Instruments der REFIT-Plattform lässt sich ein Spannungsverhältnis zwischen der umfassenden Partizipation von Interessensgruppen einerseits und der Funktionsfähigkeit des Gremiums andererseits feststellen. Auf der einen Seite kann eine Einbeziehung weiterer und verschiedener Interessenträger den „Input“ und damit die Leistungsfähigkeit der Plattform in Bezug auf die Identifizierung vereinfachungsbedürftiger Rechtsvorschriften erhöhen. Eine ausgewogene Repräsentation mit möglichst unterschiedlichen politischen und gesellschaftlichen Gruppierungen verbessert zudem die Legitimation der in der Plattform erarbeiteten Vereinfachungsvorschläge. Auf der anderen Seite führt eine höhere Anzahl an Mitgliedern zu einer schwierigeren Entscheidungsfindung, insbesondere im Hinblick auf die Frage, zu welchen Themen die RE-

---

[23] *Kahl/Hilbert*, in: FS Kloepfer, S. 399 (411); s. zum Ressourcenmangel in den Unionsorganen *Fink*, Better Regulation – Bessere Rechtsetzung in Europa, S. 30.

[24] *Wegrich*, Better Regulation, S. 55; vgl. zum ähnlichen Problem im Parlament und im Rat die Ausführungen in diesem Kapitel auf S. 214 f.

[25] Vgl. ähnl. *Garben/Govaere*, in: Garben/Govaere, The EU Better Regulation Agenda, S. 3 (8); s. *Garben*, in: Garben/Govaere, The EU Better Regulation Agenda, S. 217 (239) mit dem konkreten Beispiel einer REFIT-Initiative; s. allgemein zu diesem Problem *Wegrich*, Better Regulation, S. 55.

[26] S. dazu im Einzelnen die noch folgenden Ausführungen in diesem Kapitel auf S. 218 f.; vgl. *Garben*, in: Garben/Govaere, The EU Better Regulation Agenda, S. 217 (241) und *Priebe*, in: EuZW 2015, S. 697 (701), die darauf hinweisen, dass dies auch dazu führen könne, dass wichtige und notwendige Gesetzesvorhaben in den genannten Bereichen in bedenklicher Weise aufgeschoben werden.

FIT-Plattform eine Stellungnahme erarbeiten soll. Mit mehr als insgesamt 50 Mitgliedern dürfte die REFIT-Plattform die Grenze ihrer Funktionsfähigkeit erreicht haben.

2. *„Gate-Keeper-Problem"*

Die REFIT-Plattform weist außerdem eine allgemein-strukturelle Beschränkung auf, die bei solchen Sachverständigengremien häufig besteht.[27] Vertreten sind überwiegend gut organisierte und vernetzte Verbände, die sich auch auf andere Weise ausreichend Gehör bei den Unionsorganen zu verschaffen vermögen und deren Interessen ohnedies hinreichend bekannt sind.[28] Hingegen werden die in der REFIT-Plattform nicht vertretenen Personen und Gruppierungen von den dort bestehenden Einfluss- und Partizipationsmöglichkeiten ausgeschlossen.[29] Über die Themen, mit denen sich die Plattform beschäftigt, und damit in gewissem Umfang auch über die Stellungnahmen, die sie zu vereinfachungsbedürftigen Rechtsvorschriften erarbeitet, wird damit bereits durch die Auswahl der beteiligten Interessenträger entschieden.[30] Hinzu kommt die allgemeine Gefahr, dass die Plattform von ihren Mitgliedern instrumentalisiert oder missbraucht wird (sog. „Vermachtung" oder auch „Gefangennahme des Regulierers").[31] Es liegt nahe, dass die in der REFIT-Plattform vertretenen Interessenträger vorwiegend ihre eigenen Interessen verfolgen und nicht ausschließlich im Allgemeininteresse die Vereinfachung des bestehenden Unionsrechts zum Nutzen aller anstreben.[32] Auch wenn dies die Rechtsetzungsqualität nicht zwingend negativ beeinflusst, ist der Beitrag, den die REFIT-Plattform zur Verbesserung von Legitimation und Akzeptanz der Rechtsetzung leisten kann, aus den genannten Gründen von vornherein beschränkt.

---

[27] *Dawson*, in: CMLR 53 (2016), S. 1209 (1219 f.); *Schroeder*, in: ZG 2016, S. 193 (208 f.); s. zu diesem Problem allgemein *Wegrich*, Better Regulation, S. 33 f.

[28] Vgl. dazu *Pedersen*, in: EJRR 2017, S. 387 (402), der deshalb auch auf die Gefahr hinweist, dass die REFIT-Plattform sich zu einem politischen Forum entwickle, in dem nur ohnehin bereits bekannte Fragen diskutiert werden und auf diese Weise dazu beitrage, politische Konflikte zu verschärfen. Vgl. zum Problem der unausgeglichenen Interessenvertretung auch die Ausführungen zur REFIT-Plattform in Kapitel 6 auf S. 168 f.

[29] Vgl. nur *Alemanno*, in: EJRR 2015, S. 344 (349); *Dawson*, in: CMLR 53 (2016), S. 1209 (1219 f.); *Sarpi*, in: EJRR 2015, S. 372 (374); *Schroeder*, in: ZG 2016, S. 193 (209); vgl. auch *Pachl*, in: EJRR 2015, S. 375 (376 f.), die dies für das gesamte Konsultationsangebot kritisiert.

[30] Vgl. ähnl. *Dawson*, in: CMLR 53 (2016), S. 1209 (1220).

[31] *Mross*, Bürgerbeteiligung am Rechtsetzungsprozess in der EU, S. 241; vgl. mit diesbezüglich konkreten Beispielen anderer Sachverständigengremien *Wegrich*, Better Regulation, S. 34.

[32] Vgl. ähnl. kritisch *Schulze-Fielitz*, in: FS Scheuing, S. 165 (180 und 187); s. auch *Wegrich*, Better Regulation, S. 33 f., der davon ausgeht, dass die „Vermachtung" solcher Gremien der Regelfall sei.

IV. Ausschuss für Regulierungskontrolle

In allgemein-methodischer Hinsicht beschränkt ist die Kontrollwirkung des Ausschusses für Regulierungskontrolle.[33] Denn der Ausschuss kontrolliert ausschließlich, ob die prüfungsgegenständlichen Berichte unter Beachtung der Vorgaben der Kommission, namentlich der Better Regulation Guidelines und der Better Regulation Toolbox, erstellt wurden. Geprüft wird also in erster Linie die Einhaltung bestimmter Prozessstandards und vorgeschriebener Verfahrens- und Analyseschritte.[34] Diese Art der Kontrolle fördert allerdings nur eine fakten- und wissensbasierte Rechtsetzung.[35] Der eigentliche Ursachen-Wirkung-Zusammenhang zwischen Folgenabschätzungen bzw. Ex-Post-Evaluierungen und der Rechtsetzungsqualität einer Regelung lässt sich mit dieser Überprüfung von Verfahrens- und Analyseschritten wegen des komplexen Regelungsgeflechts der Unionsrechtsvorschriften, deren diffusen Hierarchisierung sowie der allgemein begrenzten Aussagekraft von Folgenabschätzungen hingegen nicht überprüfen.[36]

V. Zwischenfazit

Einige der in den vorangegangenen Kapiteln festgestellten Defizite haben ihre Ursache in einer strukturimmanenten Beschränkung der Instrumente der Besseren Rechtsetzung. Teilweise offenbart sich ein Spannungsverhältnis zwischen verschiedenen Zielen der Instrumente, wie etwa bei Konsultationen. Außerdem ergeben sich strukturimmanente Beschränkungen häufig daraus, dass eine intensive Anwendung der Instrumente gleichzeitig zur Steigerung der benötigten Ressourcen und der Komplexität führt, ihre Anwendung somit ab einem gewissen Punkt einer Besseren Rechtsetzung nicht mehr zuträglich ist.

B. Besonderheiten der Umsetzungsumgebung

Inwieweit ein Konzept der Besseren Rechtsetzung positive Wirkung auf die Rechtsetzungsqualität entfalten kann, hängt auch von der konkreten Rechtsordnung ab, in der das Konzept umgesetzt wird. Insbesondere die Anzahl der

33 Vgl. hierzu allgemein für solche Kontrollgremien *Wegrich*, Better Regulation, S. 55.

34 So für diese Art von Kontrollen allgemein *Wegrich*, Better Regulation, S. 55; sich dem in Bezug auf die unionalen Folgenabschätzungen anschließend *Schulze-Fielitz*, in: FS Scheuing, S. 165 (185).

35 *Wegrich*, Better Regulation, S. 55.

36 *Schulze-Fielitz*, in: FS Scheuing, S. 165 (186); so bereits schon früher, allerdings zur Gesetzesfolgenabschätzung im nationalen Kontext *Bussmann*, in: ZG 1998, S. 127 (140) und *Wegrich*, Better Regulation, S. 55; s. zur begrenzten Aussagekraft von Folgenabschätzungen der EU auch *Ahrens/Leier*, in: ZG 2007, S. 383 (398) sowie *Knauff*, in: ZG 2009, S. 354 (361).

in dieser Rechtsordnung bereits vorhandenen Rechtsakte, die durchschnittliche Rechtsetzungsaktivität der Rechtsetzungsorgane und die Ausgestaltung des Rechtsetzungsverfahrens können die Wirkung des Konzepts beeinflussen und Defizite seiner Instrumente verursachen.

I. Umfang des Unionsrechts und der Rechtsetzungsaktivität der EU

Sowohl der Umfang des Acquis communautaire als auch die rege Rechtsetzungsaktivität der EU erschweren die Verbesserung der Rechtsetzungsqualität. Denn wegen des Umfangs an bestehenden und der Anzahl von erneut erlassenen Rechtsvorschriften ist grundsätzlich eine intensive Anwendung der Instrumente erforderlich, wenn sie die Rechtsetzungsqualität wirksam und für Rechtsanwender und Rechtsbetroffene ersichtlich verbessern sollen. Eine intensive Anwendung der Instrumente wird aber von der damit einhergehenden Zunahme von Komplexität und Ressourcenbedarf beschränkt.[37] Ein wahrnehmbarer Wandel der Rechtsetzungsqualität kann sich in der EU daher nur langfristig und nur infolge dauerhafter Bemühungen vollziehen.

II. Europäisches Rechtsetzungsverfahren

Das europäische Rechtsetzungsverfahren mit seinen Besonderheiten, etwa in Bezug auf seinen Ablauf und die Verteilung von Kompetenzen, beschränkt von vornherein die Wirkung des Konzepts der Besseren Rechtsetzung.[38] Die Besonderheiten des Rechtsetzungsverfahrens verursachen vor allem Defizite hinsichtlich der Verteilung der Folgenabschätzungsverantwortung sowie in Bezug auf Instrumente, die darauf zielen, die formelle Rechtsetzungsqualität zu verbessern.

1. Schwierige Regelungsgegenstände, verschiedene Sprachen und Kulturen

Bei der Diskussion um Rechtsetzungsqualität wird teilweise nicht berücksichtigt, dass Unionsrechtsvorschriften häufig komplexe und schwierige Materien und Sachprobleme zu regeln versuchen.[39] In vielen Fällen betreffen Unionsrechtsvorschriften technisch oder wissenschaftlich komplizierte Regelungsgegenstände.[40] Manche dieser Regelungsgegenstände lassen sich in einem Rechtstext schlichtweg nicht zugleich einfach, knapp und verständlich darstellen.[41]

---

[37] Vgl. dazu die Ausführungen in diesem Kapitel auf S. 206 f.

[38] Vgl. ähnl. *Schulze-Fielitz*, in: FS Scheuing, S. 165 (165).

[39] *Garben*, in: Garben/Govaere, The EU Better Regulation Agenda, S. 217 (231); vgl. ähnl. *Czuczai*, in: Garben/Govaere, The EU Better Regulation Agenda, S. 119 (120).

[40] Darauf hinweisend *Czuczai*, in: Garben/Govaere, The EU Better Regulation Agenda, S. 119 (120).

[41] *Garben*, in: Garben/Govaere, The EU Better Regulation Agenda, S. 217 (231).

Darüber hinaus ist die Vielfalt an Sprachen, Kulturen und regionalen Unterschieden eine weitere Herausforderung für das europäische Konzept. Insbesondere die Sprachenvielfalt wurde bereits in der Vergangenheit als Ursache für mangelhafte Rechtsetzungsqualität identifiziert. So beeinträchtigen etwa unzureichende Übersetzungen der Rechtstexte deren Lesbarkeit und das Fehlen einer gemeinsamen (europäischen) Sprache erschwert die Bildung eines gemeinsamen Verständnisses von einzelnen Rechtsbegriffen.[42] Mit fortschreitender europäischer Integration und der Erweiterung der EU hat sich dieses Problem zunehmend verschärft.[43] Die sprachliche und kulturelle Vielfalt ist aber nicht nur eine Ursache für schlechte Rechtsetzungsqualität in der EU, sondern auch für die begrenzte Wirkung einiger Instrumente der Besseren Rechtsetzung. Denn die sprachliche und kulturelle Vielfalt erhöht auch die Anforderungen, die an das Unionsrecht gestellt werden. So soll eine einzige Unionsregelung in der Regel 28 verschiedene Regelungen der Mitgliedstaaten ersetzen, wobei außerdem auf die unterschiedlichen Bedürfnisse und Besonderheiten der einzelnen Mitgliedstaaten geachtet werden muss.[44] Die Anwendung von Instrumenten der Besseren Rechtsetzung in der Unionsrechtsordnung ist damit ungleich schwieriger als etwa in mitgliedstaatlichen Rechtsordnungen.[45] So muss beispielsweise die redaktionelle Qualität der Rechtstexte nicht nur in einer Sprache, sondern grundsätzlich in allen Amtssprachen sichergestellt werden,[46] eine Aufgabe, der die Juristischen Dienste der Organe nicht immer gewachsen sein werden. Auch Instrumente wie Folgenabschätzungen und Ex-Post-Evaluierungen stoßen mit Blick auf die Pluralität in der EU an ihre Grenzen. Denn die konkreten Auswirkungen von Unionsregelungen können abhängig von Besonderheiten in den Mitgliedstaaten variieren, weshalb deren exakte Abschätzung beinahe unmöglich wird.[47]

Zudem steht die Anwendung dieser Instrumente vor der Herausforderung, dass sie die gesamte Spanne der unterschiedlichen Rechtsbetroffenen – vom kleinen Unternehmen in einem „rückständigen Gebiet" bis hin zum „Export-Weltmeister" – berücksichtigen muss.[48] Für die gegebenfalls erforderliche

---

[42] Vgl. zu diesem bekannten Problem etwa nur *Garben*, in: Garben/Govaere, The EU Better Regulation Agenda, S. 217 (230); s. hierzu bereits früher auch *Gündisch/Mathijsen*, Rechtsetzung und Interessenvertretung, S. 205; vgl. ferner allgemein und ausführlich hierzu *Robinson*, in: The Theory and Practice of Legislation 2014, S. 185 (190 ff.).

[43] *Czuczai*, in: Garben/Govaere, The EU Better Regulation Agenda, S. 119 (121).

[44] *Magiera*, in: Schulze/Zuleeg/Kadelbach, Europarecht, § 13 Rn. 43; vgl. mit Blick auf die Schwierigkeiten beim Vollzug des Unionsrechts *Schulze-Fielitz*, in: FS Scheuing, S. 165 (180).

[45] *Schulze-Fielitz*, in: FS Scheuing, S. 165 (165).

[46] Vgl. hierzu die Ausführungen zur Sprachprüfung durch das LEG-Team in Kapitel 6 auf S. 185 f.

[47] Dies betonen *Smulders/Paquet*, in: Garben/Govaere, The EU Better Regulation Agenda, S. 79 (93).

[48] Explizit mit diesen beiden Begriffen *Smulders/Paquet*, in: Garben/Govaere, The EU Better Regulation Agenda, S. 79 (93).

Quantifizierung von Folgen werden deswegen erheblich größere Datenmengen benötigt als etwa im nationalen Kontext[49] – ein weiterer Faktor, der die Komplexität des jeweiligen Verfahrens erhöht und die hieraus resultierenden Probleme verstärkt.[50]

Schwierigkeiten bereitet ferner die endgültige Ermittlung der von Unionsrechts verursachten Kosten, da diese häufig von der Art der Umsetzung und des Vollzugs durch die Mitgliedstaaten abhängen.[51]

2. Demokratischer Entscheidungsprozess als Beschränkung

Beschränkt wird die Wirkung der Instrumente der Besseren Rechtsetzung auch vom Vorrang der demokratischen Entscheidung im Rechtsetzungsverfahren.[52] So bleibt die Anwendung der Instrumente der Besseren Rechtsetzung etwa dort wirkungslos, wo aus politischen Gründen ein Sachbereich bewusst unzureichend, unübersichtlich oder unsystematisch normiert wird.[53] In diesen Fällen ist das Recht nicht etwa deshalb schlecht formuliert, unsystematisch oder ineffektiv, weil die Vorgaben der Besseren Rechtsetzung nicht beachtet wurden. Vielmehr entfaltet das Recht seine Steuerungswirkung nicht oder nur in bestimmtem Umfang, weil dies die politische Entscheidung war.[54] Dabei werden zur Durchsetzung der jeweils politisch gewollten Inhalte beispielsweise die sachlichen Erkenntnisse aus Folgenabschätzungen ignoriert[55] oder Vorgaben zur Klarheit und Übersichtlichkeit von Rechtsvorschriften missachtet, etwa um eine normative Grundregel derart mit Ausnahmen durchsetzen zu können, dass deren Geltung als Grundregel in Frage gestellt ist.[56] Aber selbst dort, wo dergleichen nicht absichtlich geschieht, prägt das einer demokratischen Entscheidung eigentümliche Ringen um das endgültige politische Ergebnis das gesamte Wesen einer Rechtsvorschrift.[57] Meinungsverschiedenheiten, Zugeständnisse

49 *Smulders/Paquet*, in: Garben/Govaere, The EU Better Regulation Agenda, S. 79 (93).

50 Vgl. zur Komplexität die Ausführungen in diesem Kapitel auf S. 206 f.

51 *Smulders/Paquet*, in: Garben/Govaere, The EU Better Regulation Agenda, S. 79 (93).

52 Vgl. dazu die Ausführungen in Kapitel 2 auf S. 37 f. sowie zur Vorrangthese im Zusammenhang mit Rationalitätsanforderungen der Rechtsetzung *Dann*, in: Der Staat 49 (2010), S. 630 (645); *Grzeszick*, in: VVDStRL 71 (2012), S. 49 (71); *Steinbach*, Rationale Gesetzgebung, S. 212.

53 Vgl. ähnl. *Bogumil/Jann*, Verwaltung und Verwaltungswissenschaft in Deutschland, S. 151.

54 So insb. in Bezug auf das deutsche Steuerrecht *Bogumil/Jann*, Verwaltung und Verwaltungswissenschaft in Deutschland, S. 151.

55 *Sohn/Dauner*, in: CepInput 17 (2015), S. 1 (12); s. ähnl. in Bezug auf die negative Wirkung einer Politisierung dieser Instrumente für eine fakten- und wissensbasierte Rechtsetzung *Dawson*, in: CMLR 53 (2016), S. 1209 (1213) und *Eliantonio/Spendzharova*, in: EJLR 2017, S. 3 (7 ff.).

56 Vgl. ähnl. *Garben*, in: Garben/Govaere, The EU Better Regulation Agenda, S. 217 (220).

57 Vgl. ähnl. *Robinson*, in: The Theory and Practice of Legislation 2015, S. 257 (270)

und Kompromisse, die im Rahmen der geführten politischen Verhandlungen erreicht wurden, bestimmen nicht nur den rechtlichen Gehalt, sondern spiegeln sich gleichsam in der sprachlichen und redaktionellen Qualität des Rechtstextes wider.[58] Da die genannten Aspekte für ein demokratisches Rechtsetzungsverfahren aber wesentlich sind,[59] lässt sich nicht vermeiden, dass infolge politischer Verhandlungen über den rechtlichen Inhalt Zweideutigkeiten, Widersprüche und Ungenauigkeiten in den Rechtsakt Eingang finden. In Rechtsetzungsverfahren der EU potenziert sich dies in besonderer Weise, da die Interessen vieler unterschiedlicher Akteure zu berücksichtigen sind und gleichzeitig häufig hohe Einstimmigkeitserfordernisse bestehen.[60] Ist es also nach schwierigen Verhandlungen gelungen, einen politischen Kompromiss auszuhandeln, werden die Verhandlungspartner nicht bereit sein, dieses Ergebnis durch eine Folgenabschätzung wieder in Frage zu stellen.[61]

3. Institutionelles Gleichgewicht

Als weitere Ursache für die festgestellten Defizite, namentlich die Dominanz der Kommission bei der Anwendung von Instrumenten der Besseren Rechtsetzung, kann das (Inter-)institutionelle Gefüge der EU und die besondere Struktur des Rechtsetzungsverfahrens mit den unterschiedlichen Mitwirkungsbefugnissen von Kommission, Parlament und Rat identifiziert werden.[62]

a) Strukturell ungleich verteilte Folgenabschätzungsverantwortung

Die jeweiligen Aufgaben eines Unionsorgans im Rechtsetzungsverfahren bestimmen maßgeblich darüber, ob es Instrumente der Besseren Rechtsetzung wirksam anwenden kann. Der Kommission obliegt es gemäß Art. 17 Abs. 2 Satz 1 EUV und Art. 294 Abs. 2 AEUV, eine Rechtsetzungsinitiative inhaltlich auszuarbeiten.[63] Dieses frühe Stadium eines Rechtsetzungsverfahrens ist zwar besonders geeignet, um Konsultationen und Folgenabschätzungen durchzuführen, da die hieraus gewonnenen Erkenntnisse zu diesem Zeitpunkt die Rechtsetzungsvorbereitung und die Rechtsetzungsqualität des späteren Rechtsakts

---

sowie dazu allgemein und ausführlich *ders.*, in: The Theory and Practice of Legislation 2014, S. 186 (189 f.).

[58] *Garben*, in: Garben/Govaere, The EU Better Regulation Agenda, S. 217 (231); s. dazu eingehend *Robinson*, in: The Theory and Practice of Legislation 2014, S. 185 (190); vgl. ferner ähnl. *Schulze-Fielitz*, in: FS Scheuing, S. 165 (178).

[59] Vgl. nur *Steinbach*, Rationale Gesetzgebung, S. 233.

[60] *Garben*, in: Garben/Govaere, The EU Better Regulation Agenda, S. 217 (230).

[61] *Garben*, in: Garben/Govaere, The EU Better Regulation Agenda, S. 217 (231).

[62] *Schulze-Fielitz*, in: FS Scheuing, S. 165 (165); vgl. zu den Auswirkungen der interinstitutionellen Strukturen auf die Rechtsetzungsqualität der Unionsvorschriften ausführlich *Kelemen*, in: Garben/Govaere, The EU Better Regulation Agenda, S. 205 (208).

[63] Vgl. dazu *Schoo*, in: von der Groeben/Schwarze/Hatje, Europäisches Unionsrecht, Art. 294 AEUV Rn. 15.

noch stark beeinflussen können.[64] Insoweit begünstigt das Initiativrecht der Kommission die Verwirklichung einer Besseren Rechtsetzung, es fördert aber zugleich ihre Dominanz bei der Anwendung der Instrumente gegenüber Parlament und Rat.[65] Für diese beiden Unionsorgane ist es wegen der Struktur des Rechtsetzungsverfahrens ungleich schwieriger, die Instrumente der Besseren Rechtsetzung anzuwenden. Zum Zeitpunkt der Beteiligung dieser beiden Organe ist vor allem die Durchführung von Folgenabschätzungen nur von begrenzter Wirkung, da mit der Kommissionsinitiative bereits eine mögliche und gegebenenfalls politisch schon stark favorisierte Handlungsoption vorliegt.[66] Außerdem wird die Durchführung einer Folgenabschätzung vom zeitlich engen Korsett des Rechtsetzungsverfahrens beschränkt.[67] Zugleich verhindern die differenzierten Aufgaben der Rechtsetzungsorgane effektive Maßnahmen, die der unausgeglichenen Verteilung der Folgenabschätzungsverantwortung entgegenwirken könnten. Insbesondere müssen etwaige Zusagen von Parlament und Rat hinsichtlich der Durchführung von Folgenabschätzungen bei Abänderung eines Kommissionsvorschlags unverbindlich sein, da anderenfalls deren Recht, einen Kommissionsvorschlag abzuändern, beeinträchtigt werden könnte.[68] Unverbindliche Absprachen wiederum – wie etwa die der Interinstitutionellen Vereinbarung über Bessere Rechtsetzung[69] – sind aber nicht geeignet, um eine signifikante Steigerung der Anzahl von durchgeführten Folgenabschätzungen in diesen beiden Unionsorganen zu bewirken.[70] Schließlich verbleibt damit die Entscheidung, ob tatsächlich eine Folgenabschätzung durchgeführt wird, ausschließlich im Ermessen des Rates und des Parlaments. Dass hiermit das Problem der ungleich verteilten Folgenabschätzungsverantwortung nur bedingt gelöst wird, zeigt sich in Bezug auf die Regelung der In-

---

[64] Vgl. ähnl. *Wegrich*, Better Regulation, S. 54; s. deswegen etwa frühe Konsultationen befürwortend *Gündisch/Mathijsen*, Rechtsetzung und Interessenvertretung, S. 177 f.

[65] Vgl. aber auch *Fliedner*, Rechtsetzung in Deutschland, S. 147 und ähnl. *Schulze-Fielitz*, in: FS Scheuing, S. 165 (172), die beide auch negative Auswirkungen einer von Ministerien bzw. der Kommission stark geprägten Rechtsetzungsvorbereitung auf die Rechtsetzungsqualität bemerken.

[66] Vgl. zu diesem allgemeinen Problem von Folgenabschätzungen *Wegrich*, Better Regulation, S. 54, der auch darauf hinweist, dass es politisch nachteilig sein könne, einen Rechtsaktentwurf durch spätere Folgenabschätzungen wieder in Frage zu stellen, s. zu weiteren allgemeinen Problemen der Folgenabschätzung in Parlamenten im nationalen Kontext *Edinger*, in: ZG 2004, S. 149 (162 ff.).

[67] Vgl. insoweit ebenfalls kritisch *Schroeder*, in: ZG 2016, S. 193 (205).

[68] So auch *Martínez Iglesias*, in: Garben/Govaere, The EU Better Regulation Agenda, S. 105 (107).

[69] Mit diesem Ergebnis *Czuczai*, in: Garben/Govaere, The EU Better Regulation Agenda, S. 119 (135).

[70] Ebenfalls skeptisch *Alemanno*, in: EJRR 2015, S. 344 (352); *Schroeder*, in: ZG 2016, S. 193 (205) und bezüglich früherer Vereinbarungen bereits *Meuwese*, in: Weatherill, Better Regulation, S. 287 (293); *dies.*, Impact Assessment in EU Lawmaking, S. 148.

terinstitutionellen Vereinbarung[71] konkret daran, dass auch im Fall der „wesentlichen Abänderung" einer Kommissionsinitiative von der Durchführung eines Folgenabschätzungsverfahrens abgesehen werden kann,[72] wenn sich dieses im Hinblick auf das Rechtsetzungsverfahren als „nicht erforderlich" und „unzweckmäßig" darstellt.[73] Letzteres wird bei einer wesentlichen Abänderung eines Kommissionsvorschlags aber fast immer der Fall sein, da wesentliche Abänderungen in der Regel auch umfangreiche Folgenabschätzungen bedingen und sich das Rechtsetzungsverfahren infolgedessen zeitlich erheblich verzögern dürfte. Weil sich die Leitlinien von Parlament und Rat zum Folgenabschätzungsverfahren in Bezug auf diesen Fall einer konkreten Aussage darüber enthalten, wann eine Folgenabschätzung tatsächlich durchgeführt werden muss, dürften sich die jeweiligen parlamentarischen Ausschüsse und die Arbeitsgruppen des Rates tendenziell eher gegen die Durchführung von Folgenabschätzungen entscheiden.[74]

b) Beschränkte Wirkung anderer Instrumente

Das institutionelle Gefüge der EU verursacht auch Defizite in Bezug auf andere Instrumente des Konzepts. Exemplarisch zeigt sich dies an Rechtsbereinigungs- und Rechtsvereinfachungsmaßnahmen, bei denen nicht nur die Wahrung der Rechte der Unionsorgane untereinander im horizontalen Verhältnis, sondern auch das Bestreben der EU, ihre Kompetenzen im vertikalen Verhältnis gegenüber den Mitgliedstaaten zu wahren,[75] zur Ineffektivität dieser Instrumente führt. Es wurde festgestellt, dass Rechtsbereinigungs- und Rechtsvereinfachungsmaßnahmen selten dazu führen, dass Rechtsvorschriften in großer Zahl aufgehoben werden.[76] Dieses Defizit kann auch auf eine entsprechende Bestrebung der EU zurückgeführt werden, zu vermeiden, dass geteilte Zuständigkeiten nach Art. 2 Abs. 2 AEUV an die Mitgliedstaaten fallen.[77] Dies könnte der Fall sein, wenn die EU mit der Aufhebung von Rechtsvorschriften gleichzeitig zu erkennen gibt, dass sie eine geteilte Zuständigkeit zukünftig nicht

[71] Interinstitutionelle Vereinbarung über Bessere Rechtsetzung vom 13. April 2016, ABl. 2016 L 123/1, S. 4 Rn. 15. Eine entsprechende Vereinbarung in Bezug auf die Durchführung von Folgenabschätzungen galt zwischen den Unionsorganen aber auch schon in der Vergangenheit, vgl. Ratsdok. Nr. 14901/05 vom 24. November 2005, Anhang, S. 1.

[72] Vgl. zu dieser Ausnahmeregelung die Interinstitutionelle Vereinbarung über Bessere Rechtsetzung vom 13. April 2016, ABl. 2016 L 123/1, S. 4 Rn. 15.

[73] Vgl. explizit mit diesen Begriffen die Interinstitutionelle Vereinbarung über Bessere Rechtsetzung vom 13. April 2016, ABl. 2016 L 123/1, S. 4 Rn. 15 und ebenso das Handbuch Folgenabschätzung, Rn. 15 f.

[74] S. zustimmend *Meuwese*, Impact Assessment in EU Lawmaking, S. 148, die darauf hinweist, dass diese Tendenz auch durch fehlende Ressourcen begünstigt würde.

[75] S. diesbezüglich mit ähnl. ernüchternden Feststellungen *Meßerschmidt*, in: GS Brandner, S. 23 (33).

[76] Vgl. dazu die Ausführungen in Kapitel 6 auf S. 175.

[77] *Zbíral*, in: Garben/Govaere, The EU Better Regulation Agenda, S. 63 (75 f.).

mehr wahrnehmen wolle, so dass die Mitgliedstaaten erneut nach Art. 2 Abs. 2 Satz 3 AEUV zuständig würden.[78] Dass die EU – trotz der Betonung der Bedeutung des Subsidiaritätsprinzips für eine Bessere Rechtsetzung – einen solchen „Automatismus" verhindern möchte, zeigt sich auch daran, dass die Aufhebung einer Rechtsvorschrift regelmäßig mit der Notwendigkeit verbunden ist, einen erneuten Rechtsetzungsvorschlag vorzulegen.[79] Letzteres liegt auch im Interesse von Parlament und Rat, deren Mitwirkung in einem neuen Rechtsetzungsverfahren auf diese Weise sichergestellt werden kann. So fordert etwa das Parlament für Rechtsvereinfachungsmaßnahmen, die Kommission solle – jedenfalls dann, wenn diese Maßnahmen zu einer vollständigen politischen Neuausrichtung führen – zusammen mit dem Vorschlag der Aufhebung von bestehenden Rechtsakten auch einen Vorschlag für einen neuen Rechtsakt unterbreiten, um es den Mitgesetzgebern zu ermöglichen, „umfassende und effektive politische Diskussionen zu führen und ihre in den Verträgen verankerten Rechte auszuüben".[80] Obgleich diese Forderung berechtigt ist, verhindert sie, dass Rechtsvereinfachungs- und Rechtsbereinigungsmaßnahmen effektiv die Anzahl von bestehenden Unionsrechtsvorschriften vermindern.

III. Dezentraler Vollzug von Unionsrecht

Der dezentrale Vollzug des Unionsrechts und der Grundsatz der Verfahrensautonomie sind weitere Besonderheiten der Unionsrechtsordnung, die die Rechtsetzungsqualität negativ beeinflussen können[81] und gleichzeitig Defizite des Konzepts der Besseren Rechtsetzung verursachen. Gemäß Art. 291 Abs. 1 AEUV vollziehen grundsätzlich die Mitgliedstaaten das Unionsrecht.[82] Um sicherzustellen, dass die mitgliedstaatlichen Behörden die Rechtsvorschriften wie vorgegeben anwenden, neigen die Rechtsetzungsorgane tendenziell dazu, sehr ausführliche und detaillierte Regelungen zu erlassen.[83] Außerdem verfügt die EU nur über einen verhältnismäßig kleinen Verwaltungsapparat. Um trotzdem die Einhaltung des Unionsrechts im Bereich des dezentralen Vollzugs effektiv kontrollieren zu können, sind die Rechtsetzungsorgane bestrebt, gerichtlich durchsetzbare Rechtsakte zu formulieren und auf diese Weise die Einhaltung des Unionsrechts sicherzustellen.[84] So werden beispielsweise die vom

---

[78] *Zbíral*, in: Garben/Govaere, The EU Better Regulation Agenda, S. 63 (75 f.).

[79] S. zum Ganzen *Zbíral*, in: Garben/Govaere, The EU Better Regulation Agenda, S. 63 (73 f.); vgl. zur ähnlichen Situation bei den Evaluierungsklauseln die Ausführungen in Kapitel 6 auf S. 145 f.

[80] *Europäisches Parlament*, PE615.497v04–00, S. 33.

[81] Vgl. ähnl. *Garben*, in: Garben/Govaere, The EU Better Regulation Agenda, S. 217 (221).

[82] Vgl. etwa nur *Gellermann*, in: Streinz, EUV/AEUV, Art. 291 AEUV Rn. 4 ff.

[83] *Kelemen*, in: Garben/Govaere, The EU Better Regulation Agenda, S. 205 (208).

[84] *Kelemen*, in: Garben/Govaere, The EU Better Regulation Agenda, S. 205 (208).

Unionsrecht verliehenen subjektiven Rechte so detailliert geregelt, dass der Einzelne sie ohne weiteres vor den nationalen Gerichten einklagen und gleichsam der EU als „Vollstrecker des Unionsrechts“ dienen kann.[85] Diese Tendenzen begünstigen Mängel in der Rechtsetzungsqualität, wie etwa überlange, redundante und unpräzise Rechtsvorschriften oder mit Details überfrachtete Richtlinientexte, die sich nur noch im Wege einer „Eins-zu-Eins-Umsetzung“ in nationales Recht überführen lassen. Dieses Eigeninteresse der EU an detaillierten Rechtsvorschriften verursacht vor allem Defizite hinsichtlich solcher Instrumente der Besseren Rechtsetzung, die auf die Verbesserung der formellen Rechtsetzungsqualität abzielen, wie etwa die redaktionellen Kontrollen durch die Juristischen Dienste der Organe. Insoweit offenbart sich ein gewisses Spannungsverhältnis zwischen der Effektivität des Unionsrechts und seiner formellen Rechtsetzungsqualität: Um sicherzustellen, dass das Unionsrecht die mit ihm angestrebten politischen Ziele verwirklicht, müssen die Rechtsetzungsorgane im Bereich des dezentralen Vollzugs aus den genannten Gründen in gewissem Umfang detaillierte Rechtsvorschriften erlassen und insoweit Vorgaben zur formellen Rechtsetzungsqualität vernachlässigen. Verzichten sie hierauf aus Gründen der formellen Rechtsetzungsqualität, besteht die Gefahr, dass diese nicht entsprechend dem Willen des Unionsgesetzgebers oder nicht einheitlich vollzogen werden und das mit ihnen angestrebte politische Ziel verfehlt wird.

IV. Zwischenfazit

Der Umfang des Unionsrechts sowie die Rechtsetzungsaktivität der EU, der Ablauf und die Verteilung verschiedener Kompetenzen im Rechtsetzungsverfahren sowie der dezentrale Vollzug von Unionsrecht gestalten die Umsetzung des Konzepts der Besseren Rechtsetzung in der EU schwierig. Diese Besonderheiten der Unionsrechtsordnung sind ursächlich für unterschiedliche Defizite des Konzepts, beispielsweise der unausgeglichenen Verteilung der Verantwortung für Folgenabschätzungen und Ex-Post-Evaluierungen. Soweit die Besonderheiten der Unionsrechtsordnung gleichsam ursächlich für die mangelhafte Rechtsetzungsqualität sind, können die Instrumente der Besseren Rechtsetzung nur bedingt dazu beitragen, diese zu beseitigen.

---

[85] *Kelemen*, in: Garben/Govaere, The EU Better Regulation Agenda, S. 205 (208); vgl. mit Hinweis auf die Folgen für die Komplexität des Rechtsetzungsverfahrens *Schulze-Fielitz*, in: FS Scheuing, S. 165 (181).

C. Umsetzungsstrategie der EU

I. Ökonomischer Schwerpunkt

Ein Hauptdefizit des Konzepts ist der ökonomische Schwerpunkt einiger seiner Instrumente.[86] Ursächlich hierfür ist insbesondere deren inhaltliche Ausgestaltung.

1. Ökonomische Kategorien als praktikabler Maßstab

Dem ökonomischen Schwerpunkt der Instrumente des Konzepts ist allgemein zuträglich, dass sich mit Hilfe ökonomischer Kategorien, die Rechtsetzungsqualität insbesondere hinsichtlich der Effektivität und der Effizienz vergleichsweise einfach beurteilen lässt. Insbesondere ökonomische Vor- und Nachteile von Rechtsvorschriften können praktikabel und annähernd zutreffend – etwa durch das Standardkostenmodell[87] – ermittelt und in Form von finanziellen Kosten dargestellt werden. Fortschritte bei der Verbesserung der Rechtsetzungsqualität in diesem Bereich lassen sich hierdurch sichtbar machen.[88] Ökologische und soziale Vor- und Nachteile müssen hingegen in der Regel zunächst monetarisiert und quantifiziert werden, um sie als finanzielle Kosten beziffern und mit den ökonomischen Vor- und Nachteilen vergleichen zu können.[89] Darstellungsspielräume und Prognoseunsicherheiten sind hier größer, die Schätzung der Kosten von Vor- und Nachteilen ungenauer.[90] Teilweise lässt sich der tatsächliche (finanzielle) Nutzen von Rechtsvorschriften auch nicht eindeutig bestimmen.[91] So kann die Aufhebung einer umweltschützenden Regelung zwar kurzfristig kostengünstig sein, treten zu einem späteren Zeitpunkt aber unerwartet doch Umweltschäden auf, verursacht deren nachträgliche Beseitigung in der Regel hohe finanzielle Kosten.[92] Die Ermittlung und Bewertung von

---

[86] Vgl. dazu die Ausführungen in Kapitel 6 auf S. 201 f.

[87] Vgl. dazu die Ausführungen in Kapitel 2 auf S. 14.

[88] *Wegrich*, Better Regulation, S. 56; vgl. ferner die Empfehlungen im Mandelkernbericht, S. 65.

[89] *Smulders/Paquet*, in: Garben/Govaere, The EU Better Regulation Agenda, S. 79 (93); s. ähnl. *Eliantonio/Spendzharova*, in: EJLR 2017, S. 3 (12) und *Smismans*, in: EJRR 2015, S. 6 (25); vgl. zum Problem der unausgeglichenen Ermittlung von Vor- und Nachteilen von Rechtsetzung im Rahmen von Folgenabschätzungen und Ex-Post-Evaluierungen *Ausschuss für Regulierungskontrolle*, Quantification in Commission Impact Assessments and Evaluations, S. 2 f.

[90] Vgl. *Ausschuss für Regulierungskontrolle*, Jährlicher Bericht 2017, S. 24 f. und *ders.*, Quantification in Commission Impact Assessments and Evaluations, S. 1 f., der zwar feststellt, dass sich die Qualität der Quantifizierungen insgesamt verbessert habe, fehlende Quantifizierungen aber häufig der Grund für mangelhafte Folgenabschätzungen und Ex-Post-Evaluierungen seien. S. dazu auch *Smulders/Paquet*, in: Garben/Govaere, The EU Better Regulation Agenda, S. 79 (92).

[91] Vgl. ähnl. *Bundesrat*, Beschluss vom 25. September 2015, Drs. 242/15, S. 6 f. Rn. 21.

[92] *Bundesrat*, Beschluss vom 25. September 2015, Drs. 242/15, S. 6 f. Rn. 21.

Vor- und Nachteilen von Rechtsvorschriften im sozialen und ökologischen Bereich ist daher komplizierter und infolgedessen kostenintensiver als die schlichte Messung von Bürokratie- und Regulierungskosten.[93] Dies begünstigt nicht nur die bei Folgenabschätzungen und Ex-Post-Evaluierungen festgestellte Tendenz,[94] dass vorwiegend die Auswirkungen im ökonomischen Bereich ermittelt und quantifiziert werden. Vielmehr ist deswegen grundsätzlich zweifelhaft, ob die angestrebte vergleichende Bewertung von Vor- und Nachteilen aus den verschiedenen Bereichen Ökologie, Ökonomie und Soziales in Form eines Kosten-Nutzen-Verhältnisses überhaupt den tatsächlichen Nutzen von Rechtsvorschriften zutreffend abbilden kann.[95]

2. *Verfahrenshinweise und -vorgaben für einzelne Instrumente*

Zum ökonomischen Schwerpunkt einiger Instrumente des europäischen Konzepts tragen außerdem die Hinweise und Vorgaben der Better Regulation Guidelines und der Better Regulation Toolbox zu den Verfahren dieser Instrumente bei. Beide Dokumente begünstigen, dass insbesondere im Folgenabschätzungs- und Ex-Post-Evaluierungsverfahren ökonomische Auswirkungen von Rechtsvorschriften ermittelt werden. Zwar ergibt sich dies unmittelbar weder aus den Better Regulation Guidelines noch aus der Better Regulation Toolbox, die grundsätzlich die Ermittlung sowohl von ökonomischen als auch von sozialen und ökologischen Belangen fordern.[96] Auch offenbaren beide Dokumente, dass ein ausgeglichenes und breites Untersuchungsspektrum angestrebt wird.[97] So weist etwa die Better Regulation Toolbox darauf hin, dass sowohl positive als auch negative Auswirkungen identifiziert werden müssten, führt dabei außerdem ein konkretes Beispiel für Kosten in den Bereichen Umwelt und Soziales an und betont schließlich explizit, dass sich die positiven Auswirkungen in einem Bereich als negative Auswirkungen in einem anderen darstellen

---

[93] Vgl. ähnl. *Smismans*, in: EJRR 2015, S. 6 (25); vgl. in diesem Zusammenhang auch *Ausschuss für Regulierungskontrolle*, Jährlicher Bericht 2017, S. 24 f., der feststellt, dass die Vorteile von Rechtsnormen insgesamt gesehen häufig nur unzureichend ermittelt werden.

[94] Vgl. dazu die Ausführungen in Kapitel 6 auf S. 133 f.

[95] Vgl. ähnl. *Bundesrat*, Beschluss vom 25. September 2015, Drs. 242/15, S. 6 f. Rn. 21; s. zustimmend *Schroeder*, in: ZG 2016, S. 193 (210 f.); vgl. ferner mit ähnl. Ergebnis, allerdings in Bezug auf die Folgenabschätzung und die Ermittlung des Erfüllungsaufwands in Deutschland *UBA*, Analyse des Erfüllungsaufwands und der „One in one out"-Regel als Leitbilder der Politikgestaltung, S. 17.

[96] Dies betonen *Smulders/Paquet*, in: Garben/Govaere, The EU Better Regulation Agenda, S. 79 (93) und *Masnicki*, in: Grzeszczak, Challenges of Good Governance in the European Union, S. 197 (212), die beide das Untersuchungsspektrum für ausgewogen halten. Vgl. dem ebenfalls zustimmend in Bezug auf die vorherigen Leitlinien der Kommission für Folgenabschätzungen *Chittenden/Ambler/Xiao*, in: Weatherill, Better Regulation, S. 271 (285).

[97] Vgl. etwa Better Regulation Guidelines, S. 25 und Better Regulation Toolbox, S. 48 und S. 125.

könnten.[98] Abgesehen von diesen „neutralen“ Hinweisen enthalten die beiden Dokumente zur Analyse von Regelungsauswirkungen im ökonomischen Bereich aber umfangreichere und detailliertere Vorgaben und ausdifferenziertere Hinweise als für die beiden anderen Bereiche. Die Better Regulation Toolbox stellt beispielsweise neben den allgemeinen Hinweisen noch einmal besondere Hinweise zur Identifizierung von Regelungsauswirkungen in ausgewählten Themengebieten bereit, die die großen Bereiche von Ökonomie, Ökologie und Soziales konkretisieren.[99] Diese Themengebiete, namentlich Wettbewerb, Binnenmarkt, Außenhandel und Investitionen, Betrugsprävention, Arbeitsbedingungen, Verbraucherschutz sowie digitale Wirtschaft und Gesellschaft, weisen überwiegend einen ökonomischen Bezug auf.[100] Hingegen wird der Bereich Soziales mit den Themengebieten Gesundheit, Ausbildung und Kultur sowie Grund- und Menschenrechte wenig präzisiert. Gleiches gilt für den Bereich der Ökologie, zu dem sich zwar in der Better Regulation Toolbox mittlerweile[101] einige Ausführungen finden. Insbesondere existieren nun zahlreiche Hinweise zur Identifizierung von Auswirkungen auf diesen Bereich, die wiederum in die weitere Themen wie Klima, erneuerbare und nicht erneuerbare Ressourcen, Biodiversität einschließlich Flora- und Faunaökosysteme, Reduzierung von Abfall und ökologischen Risiken, Tierschutz sowie schließlich internationale Umweltauswirkungen unterteilt werden.[102] Außerdem stellt die Better Regulation Toolbox zur Ermittlung der Auswirkungen auf diese Bereiche Schlüsselfragen zur Verfügung, etwa zum Ausstoß von Treibhausgasen, zur Luft- und Wasserqualität oder zum Bodenschutz.[103] Deren Aufnahme in die Better Regulation Toolbox ist schon deshalb angezeigt, weil sie wichtige Bereiche der Unionsrechtsetzung und aktuelle Themen der Unionspolitiken betreffen. Jedoch sind auch diese Vorgaben und Hinweise nicht ausreichend, um eine ausgeglichene Berücksichtigung der Bereiche Ökonomie, Ökologie und Soziales zu gewährleisten. Die Ausdifferenzierung der Bereiche Soziales und Ökologie ist immer noch ungenügend, insbesondere existieren im Verhältnis zum ökonomischen Bereich zu wenig konkrete Hinweise zur Ermittlung von Regelungsauswirkungen. Es überrascht daher nicht, dass etwa im Folgenabschätzungsverfahren diesbezügliche Regelungsauswirkungen weitaus seltener ermittelt werden als ökonomi-

---

98 Better Regulation Guidelines, S. 24.

99 Vgl. ausführlich dazu die Better Regulation Toolbox, S. 121 ff.

100 Better Regulation Toolbox, S. 121 ff.

101 Vgl. zur Kritik der fehlenden Beachtung von Themen der Ökologie in den Better Regulation Guidelines und der Better Regulation Toolbox vor deren Aktualisierung im Jahr 2017 *Dawson*, in: CMLR 53 (2016), S. 1209 (1224).

102 S. dazu eingehend Better Regulation Toolbox, S. 125 ff. Außerdem verweist die Better Regulation Toolbox auf eine Website, die zur Unterstützung der Identifizierung von Auswirkungen dienen soll, vgl. http://www.liaise-kit.eu/impact-area/environmental-impacts.

103 Vgl. zu den Fragen im Einzelnen Better Regulation Toolbox, S. 131 f.

sche Regelungsauswirkungen.[104] Es liegt nahe, dass bei der Durchführung einer Folgenabschätzung zunächst die verfügbaren Hinweise berücksichtigt werden, da diese gewissermaßen abgearbeitet werden können, indes die Ermittlung von solchen Auswirkungen vernachlässigt wird, zu denen keine Hinweise oder Anleitungen zur Verfügung stehen. Hinzu kommt, dass Auswirkungen auf kleinere und mittlere Unternehmen sowie den Wettbewerb und damit wiederum solche mit ökonomischem Bezug zwingend im Folgenabschätzungsbericht angegeben werden müssen. Zwar existiert kein durch die Better Regulation Guidelines oder durch die Better Regulation Toolbox vorgegebenes abstraktes Rangverhältnis in der Form, dass der KMU-Test vorrangig durchzuführen sei und seinem Ergebnis größeres Gewicht beigemessen werden müsste.[105] Mit Blick darauf, dass die verfügbaren Ressourcen zur Durchführung von Folgenabschätzungsverfahren begrenzt sind, ist jedoch davon auszugehen, dass diese prioritär zur Erfüllung von verpflichtenden Vorgaben, etwa zur Durchführung des KMU-Tests, eingesetzt werden.

II. Öffentliche Darstellung

Ursächlich für die beschränkte Leistungsfähigkeit des Konzepts ist auch eine zum Teil kontraproduktive Strategie hinsichtlich der Darstellung der Besseren Rechtsetzung in der Öffentlichkeit.[106] Bereits der Mandelkernbericht wies auf die Bedeutung hin, die Bessere Rechtsetzung und diesbezügliche Fortschritte für die Öffentlichkeit durch entsprechende Informationspolitik sichtbar zu machen.[107] Zwar beeinflusst die Wahrnehmung der Besseren Rechtsetzung in der Öffentlichkeit nicht direkt die Funktion oder unmittelbar die Wirkung der Instrumente der Besseren Rechtsetzung, sie ist hierfür aber auch nicht völlig unbedeutend. So können beispielsweise die Mitteilungen der Kommission in der Öffentlichkeit psychologische und politische Wirkung entfalten.[108] Daher beeinflusst die Informationspolitik, inwieweit eine Bessere Rechtsetzung akzeptiert und ihre Fortschritte anerkannt werden. Sie ist damit für die Wirkungen des Konzepts in Bezug auf die Stärkung der Legitimität und Akzeptanz der Rechtsetzung entscheidend.[109] Die gegenwärtige öffentliche Darstellung

[104] S. hierzu die Ausführungen zur Qualität der Folgenabschätzung in Kapitel 6 auf S. 133 f.

[105] Vgl. in Bezug auf den KMU-Test *Dawson*, in: CMLR 53 (2016), S. 1209 (1224); vgl. allgemein zum Problem des Verhältnisses von besonderen Prüfkriterien im Folgenabschätzungsverfahren *Wegrich*, Better Regulation, S. 53.

[106] *Garben*, in: Garben/Govaere, The EU Better Regulation Agenda, S. 217 (241); s. hierzu ausführlich *Kelemen*, in: Garben/Govaere, The EU Better Regulation Agenda, S. 205 (206).

[107] Mandelkernbericht, S. 63.

[108] Vgl. nur *Bievert*, in: Schwarze, EU-Kommentar, Art. 288 AEUV Rn. 37.

[109] Vgl. ähnl. *Garben/Govaere*, in: Garben/Govaere, The EU Better Regulation Agenda, S. 3 (12), die die Wirkung des Konzepts und dessen Erfolg insgesamt von seiner Wahrnehmung durch die Öffentlichkeit beeinflusst sehen.

der Besseren Rechtsetzung ist stark defizitorientiert.[110] Anstatt eigene Erfolge sachlich festzustellen,[111] nimmt die EU in Bezug auf ihre Rechtsetzung häufig eine sehr selbstkritische Bewertung vor. Diese besteht im Wesentlichen aus der Feststellung, dass die EU zu viel Bürokratie und Rechtsvorschriften produziere sowie dem Versprechen zukünftiger Besserung.[112] Diese öffentliche Darstellung der europäischen Rechtsetzung und der Besseren Rechtsetzung wirkt wie ein Schuldeingeständnis und kann dazu beitragen, selbst solche Kritik bezüglich der Unionsrechtsetzung zu bestätigen, die inhaltlich unzutreffend ist.[113] Sie bietet einen Anknüpfungspunkt für Forderungen, die sich auf die eingestandenen Mängel der Unionsrechtsetzung beziehen. So können etwa Mitgliedstaaten ihre Forderungen nach mehr nationaler Regierungsautonomie damit rechtfertigen, dass sich die EU zu stark in nationale Angelegenheiten einmische, was durch die Existenz der unzähligen Unionsvorschriften bewiesen werde.[114] Das Konzept der Besseren Rechtsetzung wird auf diese Weise letztlich zum Opfer des politischen Tauziehens im Machtkampf zwischen der EU und ihren Mitgliedstaaten um die Frage der europäischen Integration. Darüber hinaus ermöglicht diese Art der öffentlichen Darstellung des Konzepts auch eine nicht ungefährliche Grundsatzkritik an der Unionsrechtsetzung.[115] Forderungen nach Deregulierung und Rechtsvereinfachung lassen sich ohne weiteres an die EU stellen, wenn diese selbst ständig verspricht, den Umfang von Rechtsvorschriften reduzieren zu wollen.[116] Dies birgt allerdings nicht nur die Gefahr, dass das Konzept zum Vehikel der Durchsetzung von Partialinteressen und die Unionsrechtsetzung verstärkt zur Zielscheibe von europaskeptischen Kritikern wird.[117] Vielmehr fördert diese Art der öffentlichen Darstellung auch eine abstrakte Rechtsetzungskritik, die unversehens in einen „Beitrag zur Delegitimierung von demokratischer Rechtsetzung" umschlagen kann.[118]

---

[110] S. dazu ausführlich *Kelemen*, in: Garben/Govaere, The EU Better Regulation Agenda, S. 205 (206).

[111] S. zum entsprechenden Reformvorschlag in der Literatur die Ausführungen in Kapitel 8 auf S. 269 f.

[112] Vgl. beispielhaft COM(2015) 215 endgültig vom 19. Mai 2015, S. 2, wobei ein „Neubeginn" betont wird; s. eingehend *Kelemen*, in: Garben/Govaere, The EU Better Regulation Agenda, S. 205 (206).

[113] Vgl. dazu ausführlich *Kelemen*, in: Garben/Govaere, The EU Better Regulation Agenda, S. 205 (211).

[114] Vgl. ähnl. *Garben/Govaere*, in: Garben/Govaere, The EU Better Regulation Agenda, S. 3 (10).

[115] *Schulze-Fielitz*, in: FS Scheuing, S. 165 (188); so auch bereits *Grüner*, Quantität und Qualität der europäischen Rechtsetzung, S. 390 ff.

[116] Vgl. ähnl. *Wegrich*, Better Regulation, S. 13; *Weatherill*, in: Weatherill, Better Regulation, S. 1 (3); s. auch ähnl. *Schulze-Fielitz*, in: FS Scheuing, S. 165 (188).

[117] Hierauf ebenfalls hinweisend *Smismans*, in: EJLR 2017, S. 74 (96).

[118] So explizit *Schulze-Fielitz*, in: FS Scheuing, S. 165 (189).

III. Zwischenfazit

Die beschränkte Leistungsfähigkeit des Konzepts wird zum Teil von Schwächen der europäischen Umsetzungsstrategie verursacht. Diese ist (mit-)verantwortlich für den ökonomischen Schwerpunkt bestimmter Instrumente. Begünstigt wird er insbesondere durch eine entsprechend inhaltliche Ausgestaltung dieser Instrumente durch die Verfahrensvorgaben der Better Regulation Guidelines und der Better Regulation Toolbox. Darüber hinaus verursacht die defizitorientierte Darstellung der Unionsrechtsetzung und der Besseren Rechtsetzung in der Öffentlichkeit ebenfalls eine verminderte Leistungsfähigkeit des Konzepts.

D. Fazit

Es hat sich gezeigt, dass die Ursachen für die in den vorangegangenen Kapiteln festgestellten Defizite vielfältig sind. Das Defizit der zu geringen Anwendung der Instrumente der Besseren Rechtsetzung sowie das der begrenzten Qualität von Konsultationen, Folgenabschätzungen und Ex-Post-Evaluierungen werden teilweise durch diesen Instrumenten immanente Beschränkungen verursacht. Für die Defizite des Konzepts ferner ursächlich ist die Unionsrechtsordnung selbst als eine schwierige Umsetzungsumgebung. Die Besonderheiten des europäischen Mehrebenensystems verstärken häufig die allgemeinen Schwächen und Wirkungsbeschränkungen der Instrumente.[119] So erhöht beispielsweise die Vielzahl an unterschiedlichen kulturellen, sprachlichen und regionalen Verständnissen, die bei der Ausarbeitung von Rechtsvorschriften berücksichtigt werden müssen, die ohnedies schon bestehende Komplexität der Verfahren der Integrierten Folgenabschätzung. Ferner verursachen der umfangreiche Normbestand sowie die Eigenheiten des europäischen Rechtsetzungsverfahrens Defizite des europäischen Konzepts. Hierzu zählen insbesondere die ungleiche Verteilung der Folgenabschätzungs- und Ex-Post-Evaluierungsverantwortung, die durch die Kompetenzverteilung im Rechtsetzungsverfahren zwischen den Unionsorganen begünstigt wird. Der indirekte Vollzug des Unionsrechts fördert detaillierte Rechtsvorschriften und schmälert dadurch die Wirkung von Instrumenten, die auf die Sicherstellung der formellen Rechtsetzungsqualität zielen. Schließlich lassen sich Schwächen in der konkreten Umsetzungsstrategie als Ursachen für die Defizite des Konzepts und seine beschränkte Wirkung feststellen. Ursächlich für das Hauptdefizit der ökonomischen Ausrichtung bestimmter Instrumente sind insbesondere die in gewissem Umfang eine Ermittlung von ökonomischen Regelungsauswirkungen begünstigenden Verfahrensvorgaben

---

[119] Vgl. mit dieser Feststellung bereits *Schulze-Fielitz*, in: FS Scheuing, S. 165 (165).

der Better Regulation Guidelines und der Better Regulation Toolbox. Abträglich ist der Leistungsfähigkeit des Konzepts außerdem seine (ungünstige) öffentliche Darstellung. Vor diesem Hintergrund gestaltet sich die Umsetzung des Konzepts im europäischen Kontext als eine ungleich schwierigere Aufgabe als die Verwirklichung einer Besseren Rechtsetzung in mitgliedstaatlichen Rechtsordnungen.[120]

[120] S. zustimmend *Schulze-Fielitz*, in: FS Scheuing, S. 165 (165).

Kapitel 8

Reformvorschläge

Im folgenden Kapitel werden konkrete Vorschläge zur Verbesserung des europäischen Konzepts der Besseren Rechtsetzung herausgearbeitet. Zunächst sind aber die Bedingungen einer möglichst effektiven Reform zu ermitteln (A.). Anschließend werden unter Berücksichtigung der festgestellten Defizite und deren Ursachen ausgewählte Maßnahmen vorgeschlagen, die das Konzept optimieren können (B.-G.). Des Weiteren sind vorhandene Vorschläge zur Verbesserung der Rechtsetzungsqualität darauf zu prüfen, inwieweit sie sich als Ergänzung des europäischen Konzepts eignen (H.). Abschließend wird die Einrichtung eines gemeinsamen Gremiums für Bessere Rechtsetzung empfohlen (I.).

A. Reformstrategie

Angesichts der Vielzahl der im vorangegangenen Kapitel festgestellten Ursachen der Defizite stellt sich die Frage, ob und auf welche Weise das Konzept effektiv reformiert werden kann. Zum einen ist fraglich, ob eine Reform die Leistungsfähigkeit des Konzepts überhaupt zu erhöhen vermag. Insbesondere könnte sie wegen zu geringer Erfolgsaussichten entbehrlich sein (I.). Zum anderen stellt sich die Frage, welche grundsätzlichen Anforderungen an konkrete Reformvorschläge gestellt werden müssen, damit diese praktisch realisierbar und effektiv sind (II.).

I. Notwendigkeit einer Reform

Es wurde festgestellt, dass das europäische Konzept mehrere Defizite aufweist, die teilweise von der Unionsrechtsordnung selbst verursacht werden. Deswegen ist seine Umsetzung auf Unionsebene nicht nur schwierig, die Leistungsfähigkeit des Konzepts ist infolgedessen auch von vornherein insgesamt beschränkt.[1] Dieses Ergebnis wirft die Frage auf, ob das europäische Konzept weiter umgesetzt werden sollte.[2] Denn – jedenfalls vordergründig – scheint

---

[1] Vgl. dazu die Ausführungen in Kapitel 7 auf S. 203 ff.

[2] So etwa *Garben*, in: Garben/Govaere, The EU Better Regulation Agenda, S. 217 (241); s. ebenfalls skeptisch *Kelemen*, in: Garben/Govaere, The EU Better Regulation Agenda, S. 205 (209).

der Beitrag des Konzepts zur Verbesserung der Rechtsetzungsqualität gering, in Bezug zu den Kosten und dem Aufwand, den seine Instrumente verursachen, scheint er unverhältnismäßig zu sein.[3] Zudem könnten auch die teilweise bedenklichen Auswirkungen des Konzepts etwa auf das institutionelle Gleichgewicht[4] oder auf Schutzstandards im ökologischen und sozialen Bereich[5] sowie die nahezu „unüberwindbaren Hindernisse" für Bemühungen um die Verbesserung der formellen Rechtsetzungsqualität, wie beispielsweise die Vielfalt an Kulturen und Sprachen, der dezentrale Vollzug und der politische Entscheidungsprozess, es rechtfertigen, das Konzept nicht zu reformieren und seine Umsetzung einzustellen.[6] Hiergegen spricht jedoch, dass aufgrund der komplexen Wirkungen der Instrumente des Konzepts sich der Nutzen einer Besseren Rechtsetzung möglicherweise erst langfristig zeigt, zumal sich seine Vorteile nicht exakt messen und mit seinen Kosten vergleichen lassen.[7] Trotz der Umsetzungsschwierigkeiten und seiner beschränkten Leistungsfähigkeit ist das Konzept – wie festgestellt[8] – auch nicht völlig wirkungslos.[9] Die Verbesserung der Rechtsetzungsqualität ist eine Daueraufgabe, die stetige Anstrengungen erfordert.[10] Diese Aufgabe kann das Konzept aber nur bewältigen, wenn es stetig überprüft, angepasst und verbessert wird. Mithin ist die regelmäßige Reform des Konzepts eine Notwendigkeit, die eine Bessere Rechtsetzung selbst erfordert.

II. Grundsätzliche Anforderungen an Reformvorschläge

Die Einwände gegen die Notwendigkeit einer Reform und gegen eine weitere Umsetzung des Konzepts werfen jedoch die Frage auf, wie dieses möglichst effektiv und praktisch realisierbar reformiert werden kann. Es wurde festgestellt, dass sich Defizite sowohl auf strukturimmanente Beschränkungen als auch auf die Unionsrechtsordnung als der Umsetzungsumgebung des Konzepts sowie ferner auf Schwächen der europäischen Umsetzungsstrategie zurückfüh-

[3] Mit diesem Argument *Garben*, in: Garben/Govaere, The EU Better Regulation Agenda, S. 217 (241); vgl. ähnl. *Kelemen*, in: Garben/Govaere, The EU Better Regulation Agenda, S. 205 (209).

[4] Vgl. hierzu nur die Ausführungen in Kapitel 6 auf S. 131 ff.

[5] Vgl. hierauf eingehend die Ausführungen in Kapitel 6 auf S. 174 f.

[6] Diesen Gedanken erwägend, allerdings im Ergebnis ablehnend *Garben*, in: Garben/Govaere, The EU Better Regulation Agenda, S. 217 (242).

[7] Dies einräumend *Garben*, in: Garben/Govaere, The EU Better Regulation Agenda, S. 217 (242).

[8] Vgl. hierzu die abschließenden Ausführungen zu Kapitel 6 auf S. 199 ff.

[9] In diesem Zusammenhang stellt sich auch die hypothetische Frage, welche Rechtsetzungsqualität das Unionsrecht haben würde, wenn die EU nicht vor zwanzig Jahren mit der Umsetzung des Konzepts begonnen hätte.

[10] Vgl. in Bezug auf den Bereich der Verwaltungsreform ähnl. *Voßkuhle*, in: Hoffmann-Riem/Schmidt-Aßmann/Voßkuhle, Grundlagen des Verwaltungsrechts I, § 1 Rn. 12.

ren lassen.[11] Während strukturimmanente Beschränkungen der Instrumente einer Reform von vornherein nicht zugänglich sind, dürften sich solche Defizite, die ihre Ursachen in der Unionsrechtsordnung haben, nur schwierig beseitigen lassen, wohingegen Defizite, die auf Schwächen der Umsetzungsstrategie beruhen, vergleichsweise einfach überwunden werden können. Mit Blick auf die Defizite, die durch die Unionsrechtsordnung selbst verursacht werden, besteht zwar die Möglichkeit einer „großen Reform", etwa indem der Ablauf des Rechtsetzungsverfahrens geändert, ein Initiativrecht des Parlaments eingeführt oder der europäische Verwaltungsapparat vergrößert würde. Solche Reformmaßnahmen könnten eine gleichmäßigere Verteilung der Folgenabschätzungsverantwortung bewirken oder solche Defizite beseitigen, die infolge des dezentralen Vollzugs von Unionsrecht entstehen.[12] Praktisch realisierbar dürften diese umfangreichen Reformmaßnahmen indes nicht sein, erfordern sie doch mit hoher Wahrscheinlichkeit eine Änderung der EU-Verträge. Daher sind aus praktischen Gründen diesen Reformmaßnahmen solche vorzuziehen, die sich auf die Umsetzungsstrategie der EU und auf die Änderung des Inhalts des Konzepts der Besseren Rechtsetzung beziehen. Allerdings sind auch diese Reformmaßnahmen durch das Primärrecht begrenzt und müssen daher insbesondere die Vorgaben zum institutionellen Gleichgewicht und zum Ablauf des europäischen Rechtsetzungsverfahrens berücksichtigen.[13] Darüber hinaus muss ein konkreter Reformvorschlag auch das bereits bestehende europäische Konzept beachten. Allzu radikale Reformen können bereits erfolgreiche Ansätze einer Besseren Rechtsetzung, wie etwa die Integration der Folgenabschätzung und der Ex-Post-Evaluierung in die Politikentwicklung der Kommission, wieder vernichten. Umfassende Änderungen des bestehenden Konzepts haben außerdem den Nachteil, dass gegebenenfalls bekannte Instrumente aufgegeben und der Umgang mit neuen zunächst erlernt werden muss.[14] Praktisch nützlich sind daher vor allem solche Reformvorschläge, welche die minimalinvasive Optimierung der gegenwärtig bestehenden Instrumente und Strukturen anstreben.[15]

---

[11] Vgl. dazu die Ausführungen in Kapitel 7 auf S. 203 ff.

[12] S. zu den genannten Ursachen für Defizite die Ausführungen in Kapitel 7 auf S. 213 ff. und S. 216 f.

[13] Vgl. ähnl. *Schulze-Fielitz*, in: FS Scheuing, S. 165 (188); s. auch *v. Danwitz*, Wege zu besserer Gesetzgebung in Europa, S. 8, der darauf hinweist, dass die institutionellen Rahmenbedingungen hinzunehmen seien.

[14] Vgl. ähnl. *Kahl/Hilbert*, in: FS Kloepfer, S. 399 (411), die dies in Bezug auf die regelmäßige Überarbeitung des Instruments der Folgenabschätzung zu bedenken geben.

[15] Vgl. in diesem Zusammenhang etwa die Kritik von *Schulze-Fielitz*, in: FS Scheuing, S. 165 (188), der darauf hinweist, dass bestehende Reformvorschläge häufig nicht realisierbar seien.

III. Zwischenfazit

Die Reform des europäischen Konzepts der Besseren Rechtsetzung ist nicht deshalb entbehrlich, weil ihr Nutzen in Frage steht. Seine stetige Reform ist notwendig, um eine Bessere Rechtsetzung dauerhaft zu verwirklichen. Für eine möglichst effektive Reform sind vor allem praktisch nützliche, realisierbare und mit wenig Aufwand umsetzbare Reformvorschläge erforderlich.

B. Konsultationen

Reformbedürftig zeigt sich das Konsultationsangebot des europäischen Konzepts mit Blick auf die festgestellten Defizite der unzureichenden Transparenz (I.) und Verständlichkeit (II.), seine Nutzung durch die Unionsbürger (III.) und seine Wirkung auf die Rechtsetzungsqualität (IV.).[16]

I. Höhere Transparenz des Konsultationsangebots

Die Transparenz des Konsultationsangebots kann verbessert werden, indem die Kommission nachvollziehbar macht, wie Konsultationsbeiträge, einschließlich solcher der REFIT-Plattform, von ihr verwendet werden.[17] Hierfür könnte sie etwa in den Better Regulation Guidelines und in der Better Regulation Toolbox genauer festlegen, auf welche Weise sie unterschiedliche Konsultationsbeiträge in der Regel nutzt.[18] Darüber hinaus könnte eine Rückmeldung über die Verwendung des Beitrags in Form einer kurzen Stellungnahme erfolgen.[19] Eine solche Rückmeldung ist bisher nur für die Eingabe von Vereinfachungsvorschlägen von Unionsbürgern in die REFIT-Plattform über die Internetseite „Beitrag zur Rechtsetzung" vorgesehen, nicht indes für öffentliche Konsultationen.[20] Allerdings ist zweifelhaft, ob für eine angemessene Rückmeldung die notwendigen personellen und finanziellen Mittel zur Verfügung stünden.[21]

---

[16] Vgl. zu den einzelnen Defiziten ausführlich die Ausführungen in Kapitel 6 auf S. 110 ff.

[17] Insoweit ist die Kommission einsichtig, vgl. COM(2017) 651 endgültig vom 24. Oktober 2017, S. 6; s. mit ebenfalls dieser Kritik *Impactassessmentinstitute*, Final Study 2017, S. 2 und *Marxen*, in: ELJ 2015, S. 257 (279); vgl. *Mross*, Bürgerbeteiligung am Rechtsetzungsprozess in der EU, S. 265, der dieses Defizit auch für die der REFIT-Plattform vorangegangenen Konsultationsformen feststellt.

[18] *Dawson*, in: CMLR 53 (2016), S. 1209 (1220) bemängelt, dass Vorgaben diesbezüglich fehlen.

[19] *Mross*, Bürgerbeteiligung am Rechtsetzungsprozess in der EU, S. 264; *Obradovic/Vizcaino*, in: CMLR 43 (2006), S. 1049 (1061) merken an, dass eine solche Rückmeldung Voraussetzung für einen ernsthaften Dialog sei.

[20] S. zur Rückmeldung bei Eingaben in die REFIT-Plattform die Ausführungen in Kapitel 6 auf S. 164.

[21] Vgl. eher skeptisch *Impactassessmentinstitute*, Final Study 2017, S. 26; vgl. auch dies

Des Weiteren stellt sich die Frage, ob die Transparenz dadurch erhöht werden könnte, dass Hintergrundinformationen, die etwa im Zusammenhang mit Folgenabschätzungen verwendet werden, wie zum Beispiel Politikanalysen, Berechnungsmodelle und Kalkulationen, veröffentlicht werden.[22] Zwar könnten diese Informationen zum vollständigen Verständnis von Konsultationsgegenständen, etwa zur Nachprüfung bestimmter Schlussfolgerungen, erforderlich sein.[23] Indes erhöht zu viel und zu spezielle Information aber auch die Komplexität des Konsultationsangebots und erschwert dadurch wiederum dessen Verständlichkeit für den einzelnen (nicht professionell agierenden) Unionsbürger. Aus einer abstrakten Perspektive lässt sich daher nicht allgemeingültig feststellen, in welchem Umfang zusätzliche Informationen zur besseren Verständlichkeit des Konsultationsgegenstands zur Verfügung stehen müssen. Es obliegt vielmehr der Verantwortung der jeweiligen Kommissionsdienststellen, dies bei Durchführung einer Konsultation im Einzelfall sorgfältig zu prüfen.

II. Bessere Verständlichkeit

Aufs Ganze gesehen sind das Konsultationsangebot und insbesondere die Konsultationsdokumente für das Gros der Unionsbürger schwierig zu verstehen.[24] Um dieses Defizit zu beseitigen, könnte sich die EU dem Instrument der „leichten Sprache“[25] bedienen. Ein Text in leichter Sprache ist nach Möglichkeit so gestaltet, dass er beim ersten Lesen verstanden werden kann.[26] Zum Teil wird leichte Sprache von mitgliedstaatlichen Behörden eingesetzt, etwa um ihre Aufgaben und Funktionen verständlicher zu erläutern.[27] Für die Konsultationen des europäischen Konzepts existiert zwar ein kurzes Erklärungsvideo,[28] das den allgemeinen Mechanismus der Konsultationen durchaus verständlich erläutert. Allerdings muss darüber hinaus vor allem der Inhalt einer jeweiligen Kommissionsinitiative sowie der zugehörigen Dokumente verständlicher er-

---

allgemein in Frage stellend *Mross*, Bürgerbeteiligung am Rechtsetzungsprozess in der EU, S. 265.

[22] So die Forderung von *Impactassessmentinstitute*, Final Study 2017, S. 19 und S. 16 ff.

[23] Mit diesem Argument *Impactassessmentinstitute*, Final Study 2017, S. 19.

[24] Vgl. zu diesem Defizit die Ausführungen in Kapitel 6 auf S. 111.

[25] Vgl. ausführlich zum Instrument der „leichten Sprache“ *Xanthaki*, in: Karpen/Xanthaki, Legislation in Europe, S. 275 (286 ff.).

[26] Vgl. ähnl. *Xanthaki*, in: Karpen/Xanthaki, Legislation in Europe, S. 275 (286); s. ebenfalls ausführlich hierzu *Nussbaumer*, in: LeGes 2016, S. 99 (100 f.).

[27] Vgl. etwa zu Großbritannien *Xanthaki*, in: Karpen/Xanthaki, Legislation in Europe, S. 275 (287); s. ferner beispielhaft etwa die Internetpräsenz des Bundesministerium des Innern, für Bau und Heimat, abrufbar unter: https://www.bmi.bund.de/DE/service/leichte-sprache/leichtesprache-node.html.

[28] https://ec.europa.eu/info/law/law-making-process/planning-and-proposing-law/better-regulation-why-and-how_de#videos.

klärt werden,[29] etwa dadurch, dass diese Konsultationsdokumente ebenfalls in leichter Sprache verfasst als Alternative zur Verfügung stehen. Zwar fordert die Better Regulation Toolbox bereits, dass bei der Abfassung der Konsultationsdokumente auf den Adressatenkreis geachtet, Personen mit begrenzten Sprachkenntnissen berücksichtigt und der Text klar, eindeutig sowie leicht verständlich abgefasst werden soll.[30] Außerdem existiert ein kommissionsinternes Handbuch „Klar und deutlich Schreiben",[31] das zur Umsetzung dieser Vorgaben bei der Erstellung von Konsultationsdokumenten herangezogen werden kann.[32] Diese Maßnahmen schließen aber nicht aus, dass die Konsultationsdokumente auch in einfacher Sprache veröffentlicht werden.

III. Unionsweite Nutzung von Konsultationen

Soll das Konsultationsangebot vermehrt genutzt werden, muss die EU die verfügbaren Konsultationsmöglichkeiten vor allem den einzelnen Unionsbürgern besser bewusst machen. Die mögliche Gefahr eines „Digital Divide" setzt dabei eine duale Konsultationsstrategie voraus.[33] Einerseits sollte die EU die Verbreitung des Konsultationsangebots über das Internet und vor allem über Soziale Medien noch stärker als bisher forcieren.[34] Es ist wahrscheinlicher, dass ein „durchschnittlicher Unionsbürger" auf diese Weise von Konsultationsmöglichkeiten und laufenden Konsultationsverfahren Kenntnis erlangt als dadurch, dass er hierüber in den Bekanntmachungen im Amtsblatt der EU liest.[35] Die neu eingeführte Möglichkeit, über Konsultationen mittels einer automatisch generierten E-Mail-Benachrichtigung zu informieren,[36] ist daher ein Schritt in die richtige Richtung. Andererseits muss die EU aber auch weiterhin klassische Konsultationsformen bereithalten und gleichzeitig „Digitale-Nichtnutzer" langsam an die Nutzung des Internets heranführen.[37] Letzteres erfordert neben

---

[29] S. zur gegenwärtigen Erläuterung dieser Inhalte beispielhaft: http://ec.europa.eu/info/law/better-regulation/initiatives.

[30] Better Regulation Toolbox, S. 398.

[31] Abrufbar unter: https://op.europa.eu/en/publication-detail/-/publication/c2dab20c-0414-408d-87b5-dd3c6e5dd9a5/language-en.

[32] Better Regulation Toolbox, S. 398.

[33] Vgl. mit Blick auf die nationale Ebene *Seckelmann*, in: Bieler/Schwarting, e-Government, Rn. 41.

[34] Die EU informiert zwar bereits durch Soziale Medien wie Facebook oder Instagram auch über Konsultationsmöglichkeiten und teilweise auch über den Inhalt laufender Konsultationsverfahren, ihre Internetpräsenz ist aber nach wie vor gering.

[35] Mit diesem Hinweis in Bezug auf Konsultationsmöglichkeiten allgemein *Mross*, Bürgerbeteiligung am Rechtsetzungsprozess in der EU, S. 259.

[36] Vgl. dazu *Europäische Kommission*, Bessere Rechtsetzung: wir ziehen Bilanz und erneuern unser Engagement, S. 9.

[37] Vgl. *Seckelmann*, in: Bieler/Schwarting, e-Government, Rn. 41.

Angeboten bezüglich Informationen, Schulungen und Fortbildungen[38] auch die Einrichtung von entsprechender Infrastruktur, etwa durch die Förderung eines Netzausbaus für Breitbandinternet insbesondere in der Peripherie der EU. Für eine unionsweite Nutzung des Konsultationsangebots ist darüber hinaus notwendig, dass Konsultationen in möglichst vielen verschiedenen Amtssprachen verfügbar sind.[39] Vor allem in den Mitgliedstaaten, in denen die gegenwärtig verfügbaren Sprachen – Englisch, Französisch und Deutsch – selten als Fremdsprachen erlernt werden, wird das Konsultationsangebot bei den dort lebenden Unionsbürgern kaum Interesse wecken.[40] Damit dürften insbesondere die Mitgliedstaaten betroffen sein, in denen sich die Menschen, etwa aufgrund des vergleichsweise geringeren ökonomischen Wachstums, ohnedies von der EU vernachlässigt fühlen.[41] Die Akzeptanz der Unionsrechtsetzung und den Zusammenhalt in der Union vermögen die Konsultationen insoweit nur begrenzt zu verbessern. Es wird daher vorgeschlagen, dass trotz der damit voraussichtlich verbundenen Kosten alle – und nicht nur wichtige – Konsultationen grundsätzlich in allen Amtssprachen der EU abgehalten werden.

IV. Flexible Konsultationen

Es wurde festgestellt, dass ein Spannungsverhältnis zwischen dem Umfang an Konsultationen und deren Nutzen für die Rechtsetzungsqualität besteht.[42] Vor diesem Hintergrund sollte die Kommission Konsultationen gezielter und maßvoller einsetzen, um deren Ergebnisse auch verwerten zu können. Anstatt regelmäßig umfangreiche Konsultationen durchzuführen, könnten sie auf Rechtsetzungs- und REFIT-Initiativen konzentriert werden. Außerdem könnte die EU erwägen, ob sie die in den Sozialen Medien vorhandenen Informationen, wie etwa Meinungen zu gesellschaftlichen Themen, als Ergänzung zu Konsultationen nutzt und systematisch auswertet.[43] Auf diese Weise werden Informationen kostengünstiger erlangt als mit Hilfe von Konsultationsverfahren, zumal

---

[38] *v. Lucke*, in: Reinermann/v. Lucke, Electronic Government in Deutschland, S. 68 (82 f.); *Seckelmann*, in: Bieler/Schwarting, e-Government, Rn. 41.

[39] Vgl. zu dieser Kritik die Ausführungen bereits in Kapitel 6 auf S. 111.

[40] Vgl. mit ähnl. Kritik *Bundesrat*, Beschluss vom 25. September 2015, Drs. 242/15, S. 3 Rn. 9. Bestätigt wird dies auch anhand der Untersuchung konkreter Konsultationsverfahren, bei denen die meisten Konsultationsbeiträge aus Deutschland kamen, vgl. beispielhaft zu solchen untersuchten Konsultationsverfahren *Ranchordás*, in: EJLR 2017, S. 52 (60).

[41] S. zur regional unterschiedlichen Nutzung von Konsultationen *Marxen*, in: ELJ 2015, S. 257 (274). Deutlich wurde dieses Missverhältnis beispielsweise auch an der von der Kommission durchgeführten Konsultation zur Bewertung ihrer Maßnahmen für eine Bessere Rechtsetzung, vgl. dazu *Europäische Kommission*, Bessere Rechtsetzung: wir ziehen Bilanz und erneuern unser Engagement, S. 2.

[42] Vgl. dazu die Ausführungen in Kapitel 7 auf S. 203 f.

[43] Vgl. zu diesem Vorschlag der „Citizen Narratives" *Ranchordás*, in: EJLR 2017, S. 52 (70 ff.).

dadurch auch den einzelnen Unionsbürgern das Gefühl vermittelt werden könnte, die EU interessiere sich für ihre Meinung, ohne dass sie hierfür komplexe Konsultationsfragen beantworten müssten.[44] Mit Blick auf die erlangten Informationen sollte die EU, und insbesondere die Kommission, aber ein Bewusstsein dafür entwickeln, dass die Erkenntnisse aus Sozialen Medien, aber auch Ergebnisse von öffentlichen Konsultationen nur eine begrenzte Aussagekraft für die Politikgestaltung haben und nicht etwa als repräsentatives Meinungsbild in der EU heranzuziehen sind.[45]

V. Zwischenfazit

Wesentliche Defizite des Konsultationsangebots können durch mehr Transparenz und eine bessere Verständlichkeit beseitigt werden. Mit einer dualen Konsultationsstrategie sollte die EU außerdem eine bessere Nutzung des Konsultationsangebots ermöglichen. Letzteres erfordert auch, dass das Konsultationsangebot in allen Amtssprachen der EU angeboten wird. Im Übrigen sollte ein flexiblerer Ansatz bei der Durchführung von Konsultationen dazu beitragen, deren Wirkung auf die Rechtsetzungsqualität zu verbessern.

C. Folgenabschätzungen

Das europäische System der Folgenabschätzung wurde als grundsätzlich leistungsfähiges Instrument des Konzepts bewertet.[46] Dennoch besteht Optimierungsbedarf mit Blick auf die Anzahl an durchgeführten Folgenabschätzungen (I.) und die ungleiche Verteilung der Folgenabschätzungsverantwortung zwischen den Rechtsetzungsorganen[47] (II.). Darüber hinaus sollte die Kommission auf ein ausgeglicheneres Analysespektrum der Integrierten Folgenabschätzung hinwirken (III.).

I. Steigerung der Anzahl der Folgenabschätzungen in der Kommission

Als ein Defizit der Folgenabschätzungen wurde festgestellt, dass das Instrument im Rechtsetzungsverfahren zu selten von den Rechtsetzungsorganen angewen-

---

[44] So sinngemäß die Argumentation von *Ranchordás*, in: EJLR 2017, S. 52 (72 f.).

[45] *Impactassessmentinstitute*, Final Study 2017, S. 30 und mit weitergehenden Forderungen a. a. O., S. 33; vgl. hierauf ebenfalls hinweisend *Marxen*, in: ELJ 2015, S. 257 (275).

[46] Vgl. dazu Kapitel 6 S. 135 und so ebenfalls bereits zuvor *Europäischer Rechnungshof*, Sonderbericht Nr. 3/2010, Rn. 87; *Grüner*, Quantität und Qualität der europäischen Rechtsetzung, S. 336 f., S. 358; *Kahl/Hilbert*, in: FS Kloepfer, S. 399 (412); *Renda*, Impact Assessment in the EU, S. 43.

[47] Vgl. Kapitel 6 S. 130 ff.; dies ebenfalls feststellend *Kahl/Hilbert*, in: FS Kloepfer, S. 399 (412).

det wird.[48] Dies betrifft auch die Kommission,[49] obwohl sie mit Abstand am meisten Folgenabschätzungen durchführt.[50] Zwar kann die Anzahl an Folgenabschätzungsverfahren wegen strukturimmanenter Beschränkungen des Instruments nicht beliebig gesteigert werden.[51] Indes schließt dies eine bessere Priorisierung nicht aus,[52] um jedenfalls die Anzahl von solchen Folgenabschätzungsverfahren zu erhöhen, die zu „wichtigen" Rechtsetzungsinitiativen durchgeführt werden. So könnte die Kommission in ihren Better Regulation Guidelines als verbindliche Grundregel festlegen, dass Rechtsetzungsvorschläge, die priorisierte Themen ihres Arbeitsprogramms betreffen, zwingend von einem Folgenabschätzungsverfahren begleitet werden.[53] Zwar fordert die Interinstitutionelle Vereinbarung über Bessere Rechtsetzung bereits, dass zu den im Arbeitsprogramm der Kommission und den in der gemeinsamen Erklärung der drei Unionsorgane aufgeführten Initiativen grundsätzlich Folgenabschätzungsverfahren durchzuführen sind.[54] Da aber – wie festgestellt[55] – Folgenabschätzungen dennoch nicht regelmäßig zu den priorisierten Themen der Kommission stattfinden, ist die Festlegung einer ergänzenden Regelung in den Better Regulation Guidelines angezeigt.[56] Schließlich kann eine verbindliche Grundregel auch die Tendenz unterbinden, dass infolge der Komplexität und des zu erwartenden Arbeitsaufwandes die Notwendigkeit eines Folgenabschätzungsverfahrens verneint wird.[57]

---

[48] Vgl. hierzu die Ausführungen in Kapitel 6 auf S. 129 f.

[49] S. zu den Reformvorschlägen für Parlament und Rat die noch folgenden Ausführungen im Zusammenhang mit der Folgenabschätzungsverantwortung in diesem Kapitel auf S. 234 ff.

[50] S. zu konkreten Zahlen die Ausführungen in Kapitel 6 auf S. 129 f.

[51] Vgl. dazu die Ausführungen zu den Ursachen für Defizite in Kapitel 7 auf S. 204 ff. und S. 213 f.

[52] Vgl. *Golberg*, Better Regulation: European Union Style, S. 71, die bspw. einen häufigeren Einsatz des Instruments bei delegierten Rechtsakten und Durchführungsrechtsakten fordert.

[53] Vgl. mit derselben Forderung, allerdings ohne den Vorschlag der Umsetzung durch eine Grundregel in den Better Regulation Guidelines *Impactassessmentinstitute*, Final Study 2017, S. 36.

[54] Interinstitutionelle Vereinbarung über Bessere Rechtsetzung vom 13. April 2016, ABl. 2016 L 123/1, S. 4 Rn. 13 Satz 2; vgl. auch andeutungsweise Better Regulation Guidelines, S. 37.

[55] S. zu diesem Defizit die Ausführungen in Kapitel 6 auf S. 129 f.

[56] So auch die Einschätzung von *Impactassessmentinstitute*, Final Study 2017, S. 36; vgl. ähnl. *Europäisches Parlament*, PE615.497v04–00, S. 14 f. Rn. 22.

[57] S. zu diesen Erscheinungsformen die Ausführungen in Kapitel 7 auf S. 206 f.

II. Stärkung der Folgenabschätzungsverantwortung von Parlament und Rat

1. Voraussetzung für mehr Folgenabschätzungsverantwortung

Die Reform der ungleichen Verteilung der Folgenabschätzungsverantwortung stellt eine besondere Herausforderung dar.[58] Mögliche Optimierungsvorschläge dürfen weder das Initiativrecht der Kommission noch das Recht von Parlament und Rat, eine Kommissionsinitiative abzuändern, beeinträchtigen. Ferner kann dieses Problem auch nicht dadurch gelöst werden, dass die Kommission ihr Engagement in diesem Bereich verringert und so auf eine ausgeglichenere Verteilung der Folgenabschätzungsverantwortung hinwirkt. Auch der Vorschlag einer frühen umfassenden Beteiligung von Parlament und Rat an den Folgenabschätzungen der Kommission ist nicht optimal,[59] da wegen der engen Verbindung von Folgenabschätzungsverfahren und Politikentwicklung in der Kommission[60] deren Initiativrecht beeinträchtigt werden könnte. Daher sollte eine bessere Verteilung der Folgenabschätzungsverantwortung allein dadurch herbeigeführt werden, dass Parlament und Rat selbst mehr Folgenabschätzungen durchführen, insbesondere, wenn sie einen Kommissionsvorschlag abändern.[61] Auf diese Weise könnte nicht nur der diesbezügliche, als defizitär erkannte Zustand überwunden werden.[62] Beide Organe wären auch weniger abhängig von den Erkenntnissen aus Folgenabschätzungen der Kommission und könnten ein Gegengewicht zur Dominanz der Kommission im europäischen Folgenabschätzungssystem bilden.

2. Definition des Begriffs „wesentliche Abänderung"

Entscheidend ist damit die Frage, auf welche Weise die Anzahl von Folgenabschätzungen im Parlament und Rat gesteigert werden kann. Es wurde bereits festgestellt, dass hierfür die (unverbindliche) Zusage in der Interinstitutionellen Vereinbarung nur bedingt geeignet ist.[63] Gleiches gilt auch für verbindliche und gegebenenfalls durchsetzbare oder sanktionsbewehrte Verpflichtungen, da sie mit hoher Wahrscheinlichkeit das Abänderungsrecht von Parlament und Rat

[58] S. nur die Ausführungen zur Unionsrechtsordnung als Ursache für Defizite in Kapitel 7 auf S. 210 ff.

[59] Vgl. zu diesem Vorschlag *Directorate-General for Internal Policies*, Comparative Study on the Purpose, Scope and Procedures of Impact Assessments Carried out in the Member States of the EU, S. 65, welches eine Beteiligung von Rat und Parlament aber wohl eher im Sinne einer Verbesserung der Transparenz der Folgenabschätzungsdokumente versteht. S. ferner zustimmend *Kahl/Hilbert*, in: FS Kloepfer, S. 399 (412).

[60] Vgl. dazu die abschließenden Ausführungen zur Folgenabschätzung in Kapitel 6 auf S. 135.

[61] Dies ebenfalls befürwortend bereits *Kahl/Hilbert*, in: FS Kloepfer, S. 399 (412 f.).

[62] Vgl. zu dieser Feststellung die Ausführungen in Kapitel 6 auf S. 130 ff.

[63] Vgl. dazu die Ausführungen zu den Ursachen der Defizite in Kapitel 7 auf S. 214 f.

beeinträchtigen.[64] Ohnehin ist fernliegend, dass die drei Rechtsetzungsorgane eine solche verbindliche Verpflichtung vereinbaren würden. Deswegen verbleiben als realisierbare Reformmaßnahmen nur solche, die darauf abzielen, die Befolgung der gegenwärtig vorhandenen Verpflichtung der Interinstitutionellen Vereinbarung zu verbessern und auf diese Weise ihre begrenzte Wirksamkeit zu erhöhen. In diesem Zusammenhang wird teilweise vorgeschlagen, die Einhaltung von Verpflichtungen der Interinstitutionellen Vereinbarung allgemein durch wechselseitige Rechenschaftspflichten der Unionsorgane zu sichern.[65] Hinsichtlich der Durchführung von Folgenabschätzungen dürfte jedoch eine Maßnahme auf operationaler Ebene wirksamer sein. Beispielsweise könnten das Parlament und der Rat ihre Leitlinien zur Durchführung von Folgenabschätzungen so gestalten, dass diese die Durchführung eines Folgenabschätzungsverfahrens bei wesentlicher Abänderung eines Kommissionsvorschlags forcieren. Die gegenwärtigen Leitlinien der beiden Organe entbehren – trotz ihrer erst kürzlich erfolgten Aktualisierung – konkreter Vorgaben zu der entscheidenden Frage, in welchen Fällen eine „wesentliche Abänderung" des Rechtsetzungsvorschlags vorliegt.[66] Vielmehr gilt als Grundprinzip die Einzelfallbewertung der „wesentlichen Abänderung".[67] Bei der Entscheidung, ob eine Folgenabschätzung tatsächlich durchgeführt wird, verbleibt den jeweils zur Entscheidung berufenen Personen damit ein weiter Ermessensspielraum.[68] Dadurch wird zwar sichergestellt, dass das Recht zur Abänderung einer Kommissionsinitiative nicht durch etwaige Folgenabschätzungen beeinträchtigt wird.[69] Jedoch begünstigt der Ermessensspielraum in Verbindung mit dem zu erwartenden Arbeitsaufwand einer Folgenabschätzung sowie knapper zeitlicher und finanzieller Ressourcen die Tendenz, dass das Vorliegen einer wesentlichen Abänderung verneint und damit von der Durchführung eines Folgenabschätzungsverfahrens abgesehen wird.[70] Daher sollten die Leitlinien der beiden Organe den vorhandenen Ermessensspielraum dadurch determinieren, dass sie den Begriff der „we-

---

[64] S. zu diesem Problem auch die Ausführungen in Kapitel 7 auf S. 214 f.

[65] *Impactassessmentinstitute*, Final Study 2017, S. 12.

[66] Vgl. dazu *Meuwese*, Impact Assessment in EU Lawmaking, S. 141, die auch schon die Vorgaben der vorangegangenen Leitlinien beider Organe für zu unbestimmt hielt. Dies dürfte sich auch in den aktualisierten Fassungen nicht geändert haben. Vgl. zu den Leitlinien des Rates a. F. Handling Impact Assessments in Council, Indicative Guidance for Working Party Chairs, Ratsdok. Nr. 9382/06.

[67] Vgl. Handbuch Folgenabschätzung, Rn. 15 und Ratsdok. Nr. 8849/17 vom 23. Mai 2017, S. 9 Rn. 21; s. dazu im Einzelnen die Ausführungen in Kapitel 6 auf S. 126 und S. 128.

[68] Vgl. in diesem Zusammenhang Ratsdok. Nr. 8849/17 vom 23. Mai 2017, S. 9 Rn. 21, worin der Rat einräumt, dass der flexible Ansatz der Einzelfallprüfung nicht ausschließe, gewisse indikative Kriterien zu formulieren, durch die die Feststellung erleichtert werde, ob eine wesentliche Abänderung vorliegt. Im Weiteren definiert der Rat solche konkreten Kriterien allerdings nicht.

[69] Vgl. ähnl. *Meuwese*, Impact Assessment in EU Lawmaking, S. 141, die feststellt, dass diese Intention die vorangegangenen Leitlinien des Rates prägten.

[70] Vgl. zu diesem Problem die Ausführungen in Kapitel 7 auf S. 214 f.

sentlichen Abänderung“ konkret definieren und festlegen, dass – sofern nach dieser Definition eine wesentliche Abänderung vorliegt – das Folgenabschätzungsverfahren als Regelfall durchzuführen ist. Eine solche Regelung könnte wie folgt formuliert werden: „Wird ein Rechtsetzungsvorschlag der Kommission wesentlich abgeändert, ist ein Folgenabschätzungsverfahren durchzuführen. Eine wesentliche Abänderung liegt vor, wenn der geänderte Entwurf solche Auswirkungen auf die Bereiche Ökologie, Ökonomie oder Soziales entfaltet, die mit Blick auf ihren Umfang oder ihre Intensität über die Auswirkungen, welche durch den vorgeschlagenen Rechtsetzungsentwurf der Kommission verursacht werden, hinausgehen, und diese Auswirkungen voraussichtlich erheblich sein werden. Von der Durchführung eines Folgenabschätzungsverfahrens kann im Einzelfall abgesehen werden, um den ordnungsgemäßen Ablauf des Rechtsetzungsverfahrens zu gewährleisten.“ Eine derart formulierte Regelung stellt die Notwendigkeit von Folgenabschätzungen bei wesentlicher Abänderung eines Kommissionsvorschlags in den Mittelpunkt, ohne gleichzeitig das Abänderungsrecht von Parlament und Rat zu beeinträchtigen, das durch die Ausnahmeregelung gewahrt bleibt. Durch das Kriterium der „voraussichtlich erheblichen Auswirkungen“ wird außerdem an die Methodik der Folgenabschätzungen der Kommission angeknüpft. Somit kann zur Bestimmung der Notwendigkeit eines Folgenabschätzungsverfahrens ergänzend auf die bereits vorhandenen und erprobten Vorgaben und Hinweise der Better Regulation Guidelines und der Better Regulation Toolbox zurückgegriffen werden.[71] Letzteres hat das Parlament bereits für die Durchführung von ergänzenden, vertiefenden und ersetzenden Folgenabschätzungen in seinen aktualisierten Leitlinien von 2017 vorgesehen,[72] sollte aber auch auf Folgenabschätzungen bei Abänderung eines Kommissionsvorschlags übertragen werden. Die vorgeschlagene Überarbeitung der Leitlinien von Parlament und Rat sollte somit die Folgenabschätzungspraxis beider Organe verbessern.

III. Ergänzende Verfahrensvorgaben für die Integrierte Folgenabschätzung

Auch die Kommission sollte ihre Vorgaben und Hinweise zum Folgenabschätzungsverfahren in den Better Regulation Guidelines und der Better Regulation Toolbox mit Blick auf das festgestellte unausgeglichene Analysespektrum des Instruments[73] überarbeiten. Sie sollte insbesondere darauf hinwirken, dass

[71] Auch *Pfeifer*, Bessere Rechtsetzung, S. 156 empfiehlt aus Praktikabilitätsgründen, dass Parlament und Rat an die Folgenabschätzungsmethodik der Kommission anknüpfen; vgl. auch mit diesbezüglich großer Bereitschaft das *Europäische Parlament*, PE615.497v04–00, S. 16 Rn. 32.

[72] Vgl. dazu die Vorgaben des Europäischen Parlaments im Handbuch Folgenabschätzung, Rn. 10.

[73] S. hierzu sowie zu den konkreten Zahlen bezüglich der seltener ermittelten ökologischen und sozialen Auswirkungen die Ausführungen in Kapitel 6 auf S. 133 ff.

ihre Folgenabschätzungen gleichermaßen soziale, ökologische und ökonomische Auswirkungen einer Regelung ermitteln und bewerten können.[74] Ein ausgeglichenes Analysespektrum könnte etwa dadurch hergestellt werden, dass die Better Regulation Guidelines und die Better Regulation Toolbox um solche Verfahrensvorgaben und -hinweise ergänzt werden, die sich auf die Ermittlung von Regelungsauswirkungen im sozialen und ökologischen Bereich beziehen. Trotz der Gefahr, dass allzu umfangreiche zusätzliche Vorgaben und Hinweise die Komplexität des Folgenabschätzungsverfahrens weiter erhöhen könnten,[75] ist die Ergänzung der beiden Dokumente mit Blick auf zwei konkrete Aspekte sinnvoll: Zum einen ist der Forderung nach einer Stärkung von territorialen Folgenabschätzungen im Rahmen des Folgenabschätzungsverfahrens zuzustimmen.[76] Denn es wurde festgestellt, dass die sprachliche, kulturelle und regionale Vielfalt der EU dem Instrument der Folgenabschätzung Schwierigkeiten bereitet, da die Wirkung einer Regelung abhängig davon, in welchem Mitgliedstaat sie zur Anwendung gelangt, unterschiedlich sein kann.[77] Folglich ist es erforderlich, das Instrument der Folgenabschätzung in diesem Bereich durch entsprechende Verfahrensvorgaben und -hinweise zu verbessern und die umfassende Ermittlung der Auswirkungen einer Regelung mit Blick auf unterschiedliche mitgliedstaatliche und regionale Gegebenheiten im Rahmen des Folgenabschätzungsverfahrens zu stärken.[78] Darüber hinaus könnte diese Analyse mit der Ermittlung von regionalen und lokalen Umweltauswirkungen verknüpft und auf diese Weise gemäß Art. 11 AEUV auch der Umweltschutz besser integriert werden. Zum anderen ist der Forderung nach einer Stärkung von geschlechterdifferenzierten Folgenabschätzungen im Rahmen des Folgenabschätzungsverfahrens zuzustimmen, mit deren Hilfe die Auswirkungen einer Regelung auf die Genderperspektive ermittelt werden soll.[79] Dies würde nicht nur zur Verwirklichung des Unionsziels der Gleichstellung beider Geschlechter gemäß Art. 3 Abs. 3 UAbs. 2 EUV im Bereich der Rechtsetzung beitragen.[80]

[74] So auch die Mahnung des *Bundesrates*, Beschluss vom 25. September 2015, Drs. 242/15, S. 3 Rn. 7 und des *Europäischen Parlaments*, PE615.497v04–00, S. 13 Rn. 17 f.

[75] Vgl. hierzu die Ausführungen zu Ursachen für Defizite in Kapitel 7 auf S. 206 f.

[76] Vgl. zu dieser Forderung des *Bundesrates*, Beschluss vom 25. September 2015, Drs. 242/15, S. 3 Rn. 8. Diesbezügliche Ansätze bestehen bereits und sollten vertieft werden; s. etwa zu sog. Prospektivstellungnahmen *Ausschuss der Regionen*, Das REFIT-Programm: die lokale und regionale Perspektive, S. 4 Rn. 9 ff.

[77] Vgl. dazu die Ausführungen in Kapitel 7 auf S. 211 f.

[78] Die Better Regulation Toolbox, S. 258 ff. enthält zwar bereits Hinweise zur Ermittlung von „Territorialen Auswirkungen“. Wegen des geringen Umfangs dieser Hinweise wird die Forderung nach einer entsprechenden Ergänzung dadurch allerdings nicht obsolet.

[79] So die Forderung des *Bundesrates*, Beschluss vom 25. September 2015, Drs. 242/15, 25, S. 9 Rn. 27.

[80] Vgl. ähnl. *Windoffer*, Verfahren der Folgenabschätzung als Instrument zur rechtlichen Sicherung von Nachhaltigkeit, S. 245; s. zu weiteren Gründen für eine geschlechterdifferenzierte Folgenabschätzung allgemein *Bundesrat*, Beschluss vom 25. September 2015, Drs. 242/15, S. 9 Rn. 27.

Vielmehr kann sich die geschlechtsneutrale Formulierung von Rechtstexten auf deren Lesbarkeit auswirken[81] und sollte auch deshalb stärker bereits in der Folgenabschätzung berücksichtigt werden.[82] Eine stärkere Ausrichtung der Integrierten Folgenabschätzung auf die territorialen und geschlechterdifferenzierten Auswirkungen einer Regelung durch Ergänzung der Better Regulation Guidelines und der Better Regulation Toolbox um entsprechende Verfahrensvorgaben und -hinweise sollte dazu beitragen, dass sich der Fokus der Analyse von Regelungsauswirkungen – jedenfalls in gewissem Umfang – vom ökonomischen Bereich zu einem ausgeglicheneren Analysespektrum verlagert.

IV. Zwischenfazit

Als Beitrag zur Reform des Systems der europäischen Folgenabschätzung sollte die Kommission die Anzahl ihrer Folgenabschätzungen erhöhen, indem sie Folgenabschätzungsverfahren insbesondere begleitend zu solchen wichtigen Rechtsetzungsinitiativen, die prioritäre Themen ihres Arbeitsprogramms betreffen, durchführt und dies als Regelfall in den Better Regulation Guidelines und der Better Regulation Toolbox festlegt. Parlament und Rat können ihre Folgenabschätzungspraxis bei Abänderung eines Kommissionsvorschlags verbessern, indem sie ihre Leitlinien um eine Definition der „wesentlichen Abänderung" ergänzen, die die Folgenabschätzung als notwendigen Regelfall in den Mittelpunkt stellt. Darüber hinaus sollte auch die Kommission ihr Folgenabschätzungsverfahren verbessern, indem sie die Better Regulation Guidelines und die Better Regulation Toolbox um Verfahrensvorgaben und -hinweise zur Ermittlung und Bewertung von territorialen und geschlechterdifferenzierten Regelungsauswirkungen erweitert und so auf ein ausgeglichenes Analysespektrum der Intergrierten Folgenabschätzung hinwirkt.

D. Ausschuss für Regulierungskontrolle

Der Ausschuss für Regulierungskontrolle wurde als ein wirksames Instrument zur Sicherstellung der Qualität von Folgenabschätzungen und Ex-Post-Evaluierungen bewertet.[83] Häufig wird seine Einrichtung aber auch kritisiert[84] und

[81] So kann etwa wegen der durchgehenden Nennung beider Geschlechter in einem Rechtstext dieser unübersichtlich werden, s. zum Ganzen *Grams*, Zur Gesetzgebung der Europäischen Union, S. 236 f.

[82] In geringem Umfang sind bereits Hinweise zur Gender-Thematik vorhanden, vgl. Better Regulation Toolbox, S. 125.

[83] Vgl. dazu die abschließende Bewertung zu diesem Instrument in Kapitel 6 auf S. 159.

[84] S. nur *Bundesrat*, Beschluss vom 25. September 2015, Drs. 242/15, S. 5 Rn. 16; *Meuwese*, in: EJRR 2015, S. 359 (359 f.); s. zur diesbezüglichen Diskussion um externe Kontrolle

die Wirksamkeit seiner Kontrollen in Zweifel gezogen.[85] Zunächst werden daher die bestehenden Reformvorschläge zur Verbesserung der Unabhängigkeit des Ausschusses bewertet (I.). Anschließend werden weiterführende Vorschläge herausgearbeitet, die seine Kontrollwirkung optimieren (II.) und seine Institutionalisierung und Legitimation verbessern könnten (III.).

I. Forderung nach organisatorischer und personeller Unabhängigkeit

Entgegen der hier vertretenen Ansicht[86] wird teilweise Reformbedarf hinsichtlich einer vermeintlich fehlenden Unabhängigkeit des Ausschusses für Regulierungskontrolle gesehen.[87] Diesbezüglich vorhandene Reformvorschläge beziehen sich etwa auf die Stärkung der personellen und organisatorischen Unabhängigkeit, etwa durch die Ausgliederung des Ausschusses aus der Kommission oder durch die Beteiligung der anderen beiden Rechtsetzungsorgane.[88]

1. Organisatorische Ausgliederung aus der Kommission?

Der Vorschlag, den Ausschuss für Regulierungskontrolle organisatorisch aus der Kommission auszugliedern,[89] beruht auf der Überlegung, dass hierdurch die Kontrolldistanz zwischen dem Ausschuss und der Kommission erhöht und infolgedessen die Objektivität der Kontrollen und auch deren Akzeptanz verbessert werden könnten.[90] Obgleich diese Überlegung grundsätzlich zutreffend ist, steht dennoch nicht zu erwarten, dass eine Ausgliederung des Ausschusses für Regulierungskontrolle aus der Organisation der Kommission seine Kontrollwirkung optimieren würde.[91] Durch die gegenwärtige organisatorische und personelle Ausgestaltung sind die Kontrollen des Ausschusses be-

---

und mit allgemeiner Kritik *dies.*, in: Weatherill, Better Regulation, S. 287 (302 f.); *Wegrich*, in: EJRR 2015, S. 369 (370).

[85] Skeptisch etwa *Schroeder*, in: ZG 2016, S. 193 (204).

[86] Vgl. hierzu im Einzelnen die Ausführungen in Kapitel 6 auf S. 157 ff.

[87] So etwa *Bundesrat*, Beschluss vom 25. September 2015, Drs. 242/15, S. 5 Rn. 16; *Meuwese*, in: EJRR 2015, S. 359 (359 f.).

[88] Vgl. *Bundesrat*, Beschluss vom 25. September 2015, Drs. 242/15, S. 5 Rn. 16; *Meuwese*, in: EJRR 2015, S. 359 (359 f.); s. zurückhaltend *Pfeifer*, Bessere Rechtsetzung, S. 152 und S. 155. Teilweise wird auch vorgeschlagen, die Kontrolle der Folgenabschätzungen durch den EuGH durch verschiedene Reformmaßnahmen zu stärken, was aber aus den im Folgenden genannten Gründen nicht optimal erscheint, vgl. zu diesem Reformvorschlag sowie diesbezüglich zu weiterführenden Literaturnachweisen *Albas/Castro-Montero*, in: The Theory and Practice of Legislation 2018, S. 25 (45 ff.).

[89] Dies bereits für den vorangegangenen Ausschuss für Folgenabschätzung erwägend *Pfeifer*, Bessere Rechtsetzung, S. 152 und S. 155; vgl. ein vollständig unabhängiges Gremium befürwortend etwa der *Bundesrat*, Beschluss vom 25. September 2015, Drs. 242/15, S. 5 Rn. 16 f.

[90] Vgl. hierzu eingehend die Ausführungen in Kapitel 6 auf S. 158.

[91] S. ähnl. *Pfeifer*, Bessere Rechtsetzung, S. 155 für den vorherigen Ausschuss für Folgenabschätzung.

reits sehr effektiv. Eine weitere Steigerung der Kontrollwirkung ist daher weder zwingend notwendig noch durch die vorgeschlagene Ausgliederung realisierbar. Die momentane Ausgestaltung des Ausschusses kombiniert Elemente interner Kontrolle mit denen einer externen Kontrolle, so dass er von den Vorteilen beider Kontrollarten profitiert. Einerseits verfügt der Ausschuss wegen seiner organisatorischen Eingliederung in die Kommission über Kenntnisse hinsichtlich kommissionsinterner Arbeitsstrukturen und -abläufe, die ihm bei seiner Kontrolltätigkeit nützlich sein können. Andererseits wird durch die personelle Beteiligung von externen Sachverständigen das notwendige Fachwissen in die Kontrollen einbezogen,[92] um auch die Objektivität der Kontrollen zu erhöhen.[93] Ein vollständig externes Gremium könnte die Folgenabschätzungs- und Ex-Post-Evaluierungsberichte der Kommission indes inhaltlich nicht im gleichen weiten Umfang überprüfen, wie dies gegenwärtig möglich ist.[94] Insbesondere die in den Folgenabschätzungsberichten enthaltenen (politischen) Überlegungen zur Notwendigkeit und zum Nutzen einer Rechtsetzungsinitiative oder zu alternativen Handlungsoptionen entziehen sich einer Kontrolle durch ein vollständig externes Gremium, da diese Beurteilung ausschließlich den Rechtsetzungsorganen[95] bzw. im Rahmen der Rechtsetzungsvorbereitung gemäß Art. 17 Abs. 2 Satz 1 EUV und Art. 294 Abs. 2 AEUV allein der Kommission obliegt.[96] Wegen seiner personellen und organisatorischen Integration in die Kommission bestehen diesbezüglich für die Kontrolltätigkeit des Ausschusses in der gegenwärtigen Ausgestaltung keine Bedenken.[97] Darüber hinaus sichert die Eingliederung in eine hohe hierarchische Ebene der Kommission ebenfalls die Unabhängigkeit des Ausschusses, da keine ihm übergeordneten, höherrangigen Bediensteten Einfluss auf seine Arbeit nehmen können.[98] Daher ist die organisatorische Ausgliederung des Ausschusses zur Stärkung seiner Unabhängigkeit nicht geeignet, seine Kontrollwirkung zu verbessern. Im Übrigen hat sich die gegenwärtige Ausgestaltung grundsätzlich bewährt[99] und sollte auch deshalb beibehalten werden.

[92] *Scott*, in: Garben/Govaere, The EU Better Regulation Agenda, S. 13 (21).

[93] Vgl. dazu den Bericht über die Gewährleistung unabhängiger Folgenabschätzungen vom 18. April 2011 des *Europäischen Parlaments*, PE454.384v03–00, Rn. 3.

[94] So die Argumentation in Bezug auf den Ausschuss für Folgenabschätzung von *Pfeifer*, Bessere Rechtsetzung, S. 155.

[95] Vgl. in Bezug auf den Ausschuss für Folgenabschätzung *Pfeifer*, Bessere Rechtsetzung, S. 155.

[96] *Smulders/Paquet*, in: Garben/Govaere, The EU Better Regulation Agenda, S. 79 (95).

[97] Im Ergebnis so auch *Pfeifer*, Bessere Rechtsetzung, S. 155.

[98] Vgl. zu dieser Überlegung allgemein *Lorenzen*, Verwaltungskontrolle, S. 329 f.

[99] Vgl. mit diesem Ergebnis für den Ausschuss für Folgenabschätzung *Pfeifer*, Bessere Rechtsetzung, S. 155.

2. Personelle Beteiligung der anderen Rechtsetzungsorgane?

Ein gewisser Kompromiss in der Diskussion um die Unabhängigkeit des Ausschusses ist der Vorschlag, die anderen beiden Rechtsetzungsorgane am Ausschuss personell zu beteiligen.[100] Dadurch könnten die Objektivität, Akzeptanz und das Vertrauen in die Kontrollen des Ausschusses erhöht werden. Auch ist es zweckmäßig, Parlament und Rat bereits frühzeitig in die Kontrolle der Folgenabschätzung einzubinden. Beide Organe bewerten ohnehin zu einem späteren Zeitpunkt im Rechtsetzungsverfahren die Folgenabschätzungen der Kommission.[101] Allerdings stößt dieser Vorschlag auf Bedenken hinsichtlich des interinstitutionellen Gefüges. Die Rechtsetzungsvorbereitung obliegt nach Art. 17 Abs. 2 Satz 1 EUV und Art. 294 Abs. 2 AEUV allein der Kommission.[102] Die Kontrolltätigkeit des Ausschusses ist eng in den Prozess der Rechtsetzungsvorbereitung integriert.[103] Er kann durch die Verweigerung einer positiven Stellungnahme Rechtsetzungsinitiativen zumindest verzögern.[104] Durch die Beteiligung von Rat und Parlament am Ausschuss für Regulierungskontrolle würden beiden Organen daher Einflussmöglichkeiten auf den Ausarbeitungsprozess zuteil, die sich nicht aus ihrer Rolle im Rechtsetzungsverfahren rechtfertigen.[105] Möglich erscheint allenfalls eine formale Beteiligung beider Organe, etwa in Form von Anhörungs- oder Teilnahmerechten an Sitzungen des Ausschusses. Eine weitergehende Beteiligung von Parlament und Rat ist aber wegen primärrechtlicher Bedenken abzulehnen.

II. Verbesserung der Kontrollwirkung

Die Kontrollen des Ausschusses lassen sich grundsätzlich als wirksam bewerten.[106] Dennoch könnte die Kontrollwirkung insbesondere mit Blick auf seine Arbeitsleistung, den Kontrollumfang und die Auswahl seiner externen Mitglieder optimiert werden.

---

[100] So der Vorschlag von *Meuwese*, in: EJRR 2015, S. 359 (360).

[101] S. zu dieser Kontrollfunktion die Ausführungen in Kapitel 6 auf S. 124 ff. und S. 127 f.

[102] Vgl. nur *Martenczuk*, in: Grabitz/Hilf/Nettesheim, Das Recht der EU, Art. 17 EUV Rn. 29 ff.; *Schoo*, in: von der Groeben/Schwarze/Hatje, Europäisches Unionsrecht, Art. 294 AEUV Rn. 15.

[103] Vgl. dazu die Ausführungen in Kapitel 6 auf S. 159.

[104] Vgl. hierzu die Ausführungen zur Arbeitsweise des Ausschusses in Kapitel 6 auf S. 153 f.

[105] A. A. *Meuwese*, in: EJRR 2015, S. 359 (360), die davon ausgeht, dass die Beteiligung von Parlament und Rat am Ausschuss für Regulierungskontrolle das Verhältnis der drei Organe im institutionellen Gefüge widerspiegle.

[106] Vgl. dazu die abschließende Bewertung des Instruments in Kapitel 6 auf S. 159.

1. Verfügbare Ressourcen

Damit eine wirksame Kontrolle durch den Ausschuss gewährleistet ist, müssen auch ausreichend finanzielle und personelle Ressourcen zur Verfügung stehen. Die Kommission sollte daher insbesondere erwägen, den Ausschuss mit weiteren Mitgliedern auszustatten.[107] Der Ausschuss könnte dann auch unvorhergesehenen Arbeitsaufwand bewältigen, etwa bei Folgenabschätzungen zu kurzfristigen, aber dringenden Rechtsetzungsinitiativen, und wäre in der Lage, neue Aufgaben, etwa die Ausweitung der Kontrolle von Ex-Post-Evaluierungsberichten,[108] zu übernehmen. Auch eine bessere Spezialisierung der Mitglieder des Ausschusses, etwa durch die Aufteilung der Aufgaben in die Bereiche Folgenabschätzungen, Ex-Post-Evaluierungen, Beratung der Kommission und Überarbeitung allgemeiner Dokumente, wäre mit mehr Personal einfacher möglich.

2. Erweiterung des Kontrollmandats

a) Eigeninitiative Kontrollen

Die Kontrollwirkung könnte auch durch die Erweiterung der Befugnisse des Ausschusses gesteigert werden. Momentan verfügt der Ausschuss mit der Befugnis, infolge der verweigerten positiven Stellungnahme eine Rechtsetzungsinitiative zu unterbrechen, über ein durchaus effektives Sanktionsmittel, um erkannte Mängel in Folgenabschätzungs- und Ex-Post-Evaluierungsberichten zu beseitigen, ohne gleichzeitig die Arbeitsprozesse der Kommission erheblich zu beeinträchtigen.[109] Eine Ausweitung seiner Sanktionsbefugnisse ist daher nicht geboten. Allerdings könnten die Befugnisse des Ausschusses in Bezug auf Eigeninitiativkontrollen erweitert werden, in dessen Rahmen er beispielsweise überprüft, ob eine Kommissionsinitiative von einem Folgenabschätzungsverfahren begleitet werden muss, und dieses gegebenenfalls anordnet. Gegenwärtig kann der Ausschuss weder eine solche Kontrolle noch das Folgenabschätzungsverfahren selbst einleiten, sondern ist in das jeweilige Verfahren zur Erarbeitung einer Kommissionsinitiative eingebunden.[110] Wird die Notwendigkeit eines Folgenabschätzungsverfahrens verneint, hat der Ausschuss grundsätzlich keine Möglichkeit, diese Entscheidung zu überprüfen und zu korrigieren. Daher sollten die Befugnisse des Ausschusses, um das Recht, Eigeninitiativkontrollen einzuleiten, erweitert werden.

---

[107] Vgl. zum diesbezüglich festgestellten Defizit sowie der entsprechenden Kritik Kapitel 6 S. 155.

[108] S. ähnl. *Europäischer Rechnungshof*, Sonderbericht Nr. 16/2018, Rn. 91, der in diesem Zusammenhang auch eine Mandatserweiterung für den Ausschuss für Regulierungskontrolle fordert.

[109] S. zu dieser positiven Bewertung die Ausführungen in Kapitel 6 auf S. 156 f.

[110] Dies ist der Kontrollwirkung insgesamt abträglich, vgl. für den vorherigen Ausschuss für Folgenabschätzung *Europäischer Rechnungshof*, Sonderbericht Nr. 3/2010, Rn. 54.

b) Kontrollbefugnisse gegenüber Parlament und Rat?

Es wurde festgestellt, dass das Kontrollniveau im europäischen Konzept der Besseren Rechtsetzung heterogen ist und insbesondere die Folgenabschätzungen von Parlament und Rat keiner Kontrolle unterliegen.[111] Um dieses Defizit zu beseitigen, könnten sie ebenfalls der Kontrolle durch den Ausschuss unterworfen werden. Zwar ließe sich auf diese Weise die vorhandene Einrichtung des Ausschusses effektiv nutzen, jedoch ist er zu sehr in die Organisation und die Arbeitsabläufe der Kommission integriert, als dass er eine Kontrollfunktion gegenüber Parlament und Rat wahrnehmen könnte, ohne dabei institutionelle Bedenken aufzuwerfen. Der Ausschuss ist in erster Linie ein Instrument der Kommission und kein umfassendes Kontrollgremium. Daher muss die Kontrolle der Folgenabschätzungen von Parlament und Rat anders organisiert werden.[112]

3. Vorgaben für die Auswahl externer Mitglieder

Die Kontrollwirkung des Ausschusses ist unter anderem abhängig vom vorhandenen Sachverstand seiner Mitglieder. Dieser Sachverstand wird um externes Fachwissen erweitert, indem drei Mitglieder außerhalb der Unionsorgane rekrutiert werden.[113] Es ist daher sinnvoll, bei der Auswahl dieser externen Mitglieder auf eine ausgeglichene Besetzung des Ausschusses zu achten.[114] Gegenwärtig ist für die Auswahlentscheidung vor allem die Fachkenntnis in Bezug auf Folgenabschätzung, Ex-Post-Evaluierungen und Regulierungspolitik ausschlaggebend.[115] Diese Vorgaben für die Auswahlentscheidung sollten erweitert werden, um das Fachwissen des Ausschusses zu verbessern. Zuzustimmen ist dem Vorschlag, die Sitze für die drei kommissionsexternen Mitglieder paritätisch nach den Bereichen Wirtschaft, Soziales und Ökologie zu besetzen,[116] wobei zusätzlich eine Karenzzeit zu fordern ist, die zwischen der Tätigkeit in einem der drei genannten Bereiche und der Mitarbeit im Ausschuss für Regu-

---

[111] Vgl. zum festgestellten heterogenen Kontrollniveau die Ausführungen in Kapitel 6 auf S. 154 f.

[112] Vgl. ferner *Pfeifer*, Bessere Rechtsetzung, S. 156, der eine externe und unabhängige Kontrolle für die Folgenabschätzungen von Parlament und Rat fordert. S. in diesem Zusammenhang auch die Ausführungen zum noch folgenden Vorschlag eines gemeinsamen Gremiums der Besseren Rechtsetzung in diesem Kapitel auf S. 272 ff.

[113] S. zur personellen Besetzung den Beschluss zur Einsetzung des Ausschusses C(2015) 3263 endgültig vom 19. Mai 2015, S. 3 Art. 3 Rn. 6 sowie die Ausführungen hierzu bereits in Kapitel 6 auf S. 153 f.

[114] *Bundesrat*, Beschluss vom 25. September 2015, Drs. 242/15, S. 5 Rn. 17.

[115] C(2015) 3262 endgültig vom 19. Mai 2015, S. 4; s. berichtend *Alemanno*, in: EJRR 2015, S. 344 (350); s. zur gegenwärtigen, tendenziell „ökonomisch geprägten" Besetzung des Ausschusses die Internetseite der Kommission, abrufbar unter: https://ec.europa.eu/info/law/law-making-process/regulatory-scrutiny-board/members-regulatory-scrutiny-board-0_en.

[116] So der Vorschlag von *Bundesrat*, Beschluss vom 25. September 2015, Drs. 242/15, S. 5 Rn. 17.

lierungskontrolle liegt.[117] Die Ergänzung einer solchen Regelung steigert nicht nur die Qualität der Kontrollen, da das notwendige Fachwissen des Ausschusses optimal erweitert wird. Die Einbeziehung von externen Sachverständigen aus den Bereichen Wirtschaft, Soziales und Ökologie spiegelt auch die Gleichbehandlung dieser Bereiche wider und sollte daher auch dazu beitragen, dass die Kontrollen mehr Akzeptanz erfahren.

III. Stärkere Institutionalisierung und Legitimation

Die Kontrollen des Ausschusses für Regulierungskontrolle sollten noch stärker institutionalisiert werden. Da der Ausschuss lediglich auf Grundlage des Selbstorganisationsrechts der Kommission – durch Beschluss des Kommissionspräsidenten – eingerichtet wurde, ist es möglich, dass – etwa nach Ablauf der Amtszeit einer Kommission – der Ausschuss aufgelöst, seine Arbeitsweise geändert, die Anzahl seiner Mitglieder verringert oder seine Befugnisse begrenzt werden. Die Interinstitutionelle Vereinbarung über Bessere Rechtsetzung steht jedenfalls den letztgenannten Beeinträchtigungen seiner Kontrolltätigkeit nicht entgegen, da sie nur festlegt, dass ein „Gremium die Folgenabschätzung der Kommission einer objektiven Kontrolle unterziehen wird",[118] zu den konkreten Modalitäten dieser Kontrolle aber schweigt. Damit verbleibt der Kommission ein Ausgestaltungsspielraum hinsichtlich der Arbeitsweise und den Befugnissen. Indes könnte die Einrichtung des Ausschusses durch eine im Gesetzgebungsverfahren erlassene Verordnung die Kontinuität der Kontrolltätigkeit des Ausschusses besser gewährleisten, etwa indem Details zur Arbeitsweise und zu Kontrollbefugnissen konkret gesetzlich festgelegt würden. Außerdem sollte ein Gesetzgebungsakt der Einrichtung des Ausschusses eine größere Legitimation vermitteln als der Beschluss des Kommissionspräsidenten, wodurch auch die Akzeptanz seiner Kontrollen in der öffentlichen Wahrnehmung und bei den übrigen Unionsorganen steigen könnte. Dass die Einrichtung eines solchen Gremiums durch Gesetz legitimations- und akzeptanzsteigernd wirken kann, zeigt sich etwa am Nationalen Normenkontrollrat in Deutschland, dessen Arbeit sowohl von der Bundesregierung als auch von Bundestag und Bundesrat geachtet wird. Die EU sollte daher diesem Beispiel folgend den Ausschuss für Regulierungskontrolle durch Verordnung einrichten.

---

[117] Der *Bundesrat*, Beschluss vom 25. September 2015, Drs. 242/15, S. 5 Rn. 17 empfiehlt bspw. eine Karenzzeit von mindestens zwei Jahren.

[118] Interinstitutionelle Vereinbarung über Bessere Rechtsetzung vom 13. April 2016, ABl. 2016 L 123/1, S. 4 Rn. 13.

IV. Zwischenfazit

Bei der Optimierung des Ausschusses für Regulierungskontrolle ist zu beachten, dass seine Kontrollen in die Politikentwicklung der Kommission integriert sind. Reformvorschläge sollten die sich hieraus ergebenden Vorteile für die Kontrollwirkung nicht beeinträchtigen. Daher sind insbesondere Bestrebungen, den Ausschuss organisatorisch aus der Kommission auszugliedern, nicht geeignet, um seine Kontrollwirkung zu steigern. Gleiches gilt für eine personelle Beteiligung von Rat und Parlament, jedenfalls sofern diese über bloße Informations- und Zugangsrechte hinausgeht. Umgekehrt sollte aber auch das Kontrollmandat des Ausschusses nicht auf die Folgenabschätzungen von Parlament und Rat erstreckt werden, da der Ausschuss letztlich ein Instrument der Kommission ist. Demgegenüber sind solche Reformmaßnahmen vielversprechend, die auf die Ausstattung des Ausschusses mit ausreichend Ressourcen zielen und die eine Ausdehnung der Kontrolltätigkeit innerhalb der Kommission ermöglichen, etwa im Bereich der Ex-Post-Evaluierungen oder in Form der Einführung von Initiativkontrollen. Außerdem sollte die Kontinuität der Kontrollen durch den Ausschuss sichergestellt werden, indem er durch Verordnung eingerichtet wird. Dies sollte auch dazu beitragen, seine Legitimation und das Vertrauen in die Objektivität seiner Kontrolltätigkeit zu erhöhen.

E. REFIT-Programm

Das REFIT-Programm weist – wie festgestellt[119] – verschiedenen Reformbedarf auf. Er besteht hinsichtlich der Sicherstellung einer ausgewogenen Analyse der Vor- und Nachteile von bestehender Rechtsetzung (I.), mit Blick auf die Verteilung der Verantwortung für das REFIT-Programm zwischen den Rechtsetzungsorganen (II.) sowie bezüglich der Maßnahmen der Rechtsvereinfachung und Rechtsbereinigung, die sich regelmäßig an einen konkreten REFIT-Prozess anschließen (III.).

I. Inhaltliche Ausgewogenheit des Programms

Wie auch für das Folgenabschätzungsverfahren wurde der ökonomische Schwerpunkt des REFIT-Programms als ein wesentliches Defizit festgestellt,[120] das Reformbedarf hervorruft. Dabei eignen sich die Ex-Post-Evaluierungen des REFIT-Programms grundsätzlich gut, zur Verbesserung der bestehenden Rechtsetzung beizutragen, etwa durch die Identifizierung von bestehenden Norm-

[119] Vgl. zu den Defiziten im Einzelnen die Ausführungen in Kapitel 6 auf S. 145 ff.
[120] Vgl. dazu die Ausführungen in Kapitel 6 auf S. 147 f.

widersprüchen oder unverständlich formulierten Rechtstexten.[121] Die hierfür erforderlichen Verfahrensstrukturen sind durch das REFIT-Programm bereits vorhanden und könnten diesbezüglich optimiert werden.[122] Ziel einer konkreten Reformmaßnahme sollte es deshalb sein, dass die Ex-Post-Evaluierungen des REFIT-Programms eine umfassende, inhaltlich ausgewogene Bewertung von Rechtsvorschriften ermöglichen und weniger dem Ziel des Abbaus von Bürokratie- und Regulierungskosten dienen.[123] Hierfür müssten zunächst die Verfahrensvorgaben und -hinweise der Better Regulation Guidelines und der Better Regulation Toolbox zur Identifizierung von Regelungsauswirkungen – wie bereits für das Folgenabschätzungsverfahren vorgeschlagen – entsprechend angepasst werden.[124] Es muss insbesondere sichergestellt werden, dass der REFIT-Prozess nicht nur überwiegend aus der Messung und Bewertung von Informationspflichten besteht.[125] Die Vorgabe der Better Regulation Toolbox, dass das Kriterium der Effizienz nicht allein ausschlaggebend für die Bewertung der Vorteile sein darf,[126] es also insbesondere nicht nur auf die Ergebnisse der Bürokratiekostenmessung ankommen kann, ist nicht ausreichend, um eine ausgeglichene Analyse der Vor- und Nachteile von Rechtsvorschriften sicherzustellen. Hingegen wäre die Ergänzung der Better Regulation Guidelines um eine Verfahrensvorschrift sinnvoll, welche die einen jeweiligen REFIT-Prozess durchführende Kommissionsdienststelle verpflichtet, Informationspflichten, deren Aufhebung sie beabsichtigt, eingehend auf ihre ökologischen und sozialen Vorteile zu untersuchen und dies detailliert zu dokumentieren. Dabei sollte insbesondere auch berücksichtigt werden, dass Informationspflichten der Kommission als wichtige Informationsquelle dienen und für ihre Vollzugstätigkeit als Wissensbasis notwendig sein können.[127] Einer ausgeglichenen Analyse von Vor- und Nachteilen wäre es außerdem zuträglich, wenn sich die diesbezügliche Bewertung der Rechtsetzung stärker auf Bereiche abseits der Ökonomie konzentrieren würde. Zuzustimmen ist deshalb dem Vorschlag, in den REFIT-Bewertungsprozess die Überprüfung der „legislatorischen Leistungsfähigkeit" zu integrieren, mit der die Kriterien formeller Rechtsetzungsqualität und insbesondere die redaktionelle Gestaltung von Rechtstexten untersucht werden könn-

---

[121] Vgl. ähnl. die Kritik von *Bundesrat*, Beschluss vom 25. September 2015, Drs. 242/15, S. 6 Rn. 19.

[122] S. in diesem Zusammenhang etwa *Europäischer Rechnungshof*, Sonderbericht Nr. 16/2018, Rn. 77, der vor allem die im Rahmen des REFIT-Programms stattfindende Bestandsaufnahme positiv bewertet, da dadurch die Verwaltung der verschiedenen den Gesetzgebungszyklus lenkenden Prozesse innerhalb der Generaldirektionen verbessert wurde.

[123] Vgl. zu diesem Defizit die Ausführungen in Kapitel 6 auf S. 147 f.

[124] S. hierzu die Ausführungen in diesem Kapitel auf S. 236 ff.

[125] Vgl. ähnl. *Bundesrat*, Beschluss vom 25. September 2015, Drs. 242/15, S. 6 Rn. 19.

[126] So ausdrücklich die Vorgabe der Better Regulation Toolbox, S. 278.

[127] *Schulze-Fielitz*, in: FS Scheuing, S. 165 (184).

ten.[128] Obwohl es im Rahmen von Ex-Post-Evaluierungen viele Möglichkeiten gibt, bestehende Rechtsvorschriften unter diesen Gesichtspunkten zu bewerten,[129] entbehren die Better Regulation Guidelines und die Better Regulation Toolbox diesbezüglich ausreichender Verfahrensvorgaben und -hinweise. Daher sollten diese Dokumente um Vorschriften zu einem „legislatorischen Modul" des REFIT-Programms erweitert werden.[130] Zweck dieses Moduls könnte es sein, systematisch solche Rechtsvorschriften zu identifizieren, die über umfangreiche Anhänge verfügen, um diese anschließend mit Inhaltsverzeichnissen zu versehen.[131] Auch könnten Handlungsanweisungen, Verbotsnormen oder Genehmigungsvoraussetzungen in Rechtsvorschriften systematisch darauf überprüft werden, ob sie präziser gefasst werden können, um auf diese Weise zukünftigen Auslegungsschwierigkeiten vorzubeugen.[132] Ferner ließe sich systematisch untersuchen, aufgrund welcher Rechtsvorschriften besonders häufig gerichtliche Auseinandersetzungen entstehen[133] und inwieweit deren formale Gestaltung möglicherweise für den Rechtsstreit bedeutend war.[134] Unabhängig von diesen Details der konkreten Ausgestaltung trägt allein die Existenz eines solchen Moduls dazu bei, dass der Verbesserung der formellen Rechtsetzungsqualität mehr Bedeutung eingeräumt und zur Beseitigung eines wesentlichen Defizits des europäischen Konzepts der Besseren Rechtsetzung[135] beigetragen wird.

II. Gesamtverantwortung für das REFIT-Programm

Reformbedarf besteht auch bei der Verteilung der Verantwortung für das REFIT-Programm. Wie festgestellt, liegt das REFIT-Programm ausschließlich in

[128] S. zum ähnl. Vorschlag des *Bundesrates*, Beschluss vom 10. Oktober 2014, Drs. 272/14, S. 3 Rn. 10.

[129] Die nachfolgenden Ausführungen erfolgen nur exemplarisch. Im Grunde könnte die systematische Überprüfung auf alle Aspekte der formellen Rechtsetzungsqualität erstreckt werden.

[130] S. hierzu ausführlich und auch zu anderen möglichen Modulen, die sich nicht auf die Rechtsetzungsqualität beziehen *Bundesrat*, Beschluss vom 10. Oktober 2014, Drs. 272/14, S. 3 Rn. 10.

[131] *Bundesrat*, Beschluss vom 10. Oktober 2014, Drs. 272/14, S. 3 Rn. 10.

[132] Vgl. dies vor allem in Bezug auf die Handlungsanweisungen des Unionsrechts für die einzelnen Mitgliedstaaten betonend *Bundesrat*, Beschluss vom 10. Oktober 2014, Drs. 272/14, S. 3 Rn. 10.

[133] Die Auswertung der Rechtsprechung dürfte mittels entsprechender Datenbanken mit angemessenem Aufwand möglich sein.

[134] Denkbar sind in diesem Zusammenhang etwa Fälle, in denen nicht eindeutig formulierte Rechtsvorschriften eine unklare Rechtslage, Rechtsunsicherheit oder Auslegungsschwierigkeiten begünstigen.

[135] Vgl. dazu und zu den weiteren Hauptdefiziten die abschließenden Ausführungen zu Kapitel 6 auf S. 199 ff.

der Verantwortung der Kommission.[136] Zwar ist die Einrichtung des REFIT-Programms bei der Kommission grundsätzlich zweckmäßig, da die Erkenntnisse des REFIT-Prozesses optimal in ihre Politikentwicklung und Rechtsetzungsvorbereitung einfließen können. Verantwortlich für die Revision des Sekundärrechts ist aber der Unionsgesetzgeber als dessen Urheber und damit nicht allein die Kommission. Vor allem eine stärkere Beteiligung des Europäischen Parlaments wäre sinnvoll,[137] um das REFIT-Programm und die Rechtsvereinfachungsbestrebungen der EU besser zu legitimieren. Außerdem ist die Einbeziehung des Parlaments in die Ex-Post-Evaluierungen des REFIT-Programms im Hinblick auf das institutionelle Gleichgewicht weniger bedenklich als bei den Folgenabschätzungen.[138] Denn die Sichtung und Bewertung des bestehenden Unionsrechts liegen zeitlich gesehen vor der konkreten Ausarbeitung eines Rechtsetzungsvorschlags und können grundsätzlich auch unabhängig hiervon erfolgen. Deswegen ist die Gefahr fernliegend, dass das Initiativrecht der Kommission beeinträchtigt wird. Eine Beteiligung des Parlaments könnte etwa in Form einer Kooperation zwischen den Kommissionsdienststellen, die eine Ex-Post-Evaluierung im Rahmen des REFIT-Programms durchführen, und der Direktion für Folgenabschätzungen erfolgen.[139] Da die Fitness- und Eignungstests des REFIT-Programms umfassend und auf längere Zeit ausgelegt sind, erscheint eine Zusammenarbeit der Rechtsetzungsorgane auf operativer Ebene durchaus realisierbar. Insbesondere könnten einzelne Verfahrensschritte, wie etwa die Untersuchung eines bestimmten Rechtsgebiets oder die Ermittlung bestimmter Vor- und Nachteile von Rechtsvorschriften von der Kommission auf die IMPT übertragen werden. Eine solche Unterstützung der Kommission durch das Parlament dürfte auch notwendig sein, soll die ambitionierte Aufgabe der Überprüfung des gesamten bestehenden Unionsrechts mit angemessener Sorgfalt bewältigt werden.

III. Prävention der Gefahren von Ko- und Selbstregulierung

Mit Blick auf die Maßnahmen, die sich an einen REFIT-Prozess anschließen können, besteht Reformbedarf hinsichtlich der vermehrten Nutzung alternativer Regelungsmöglichkeiten in Form von Ko- und Selbstregulierungen.[140] Diese

---

[136] Vgl. hierzu Kapitel 6 S. 146 f.; s. ferner zur behaupteten gemeinsamen Verantwortung der drei Unionsorgane für das REFIT-Programm COM(2015) 215 endgültig vom 19. Mai 2015, S. 11.

[137] S. in diesem Zusammenhang eher zurückhaltend der *Europäischer Rat*, Schlussfolgerung vom 12. November 2018 in Brüssel, 14137/18, S. 5.

[138] Vgl. hierzu die Ausführungen zur Folgenabschätzung in diesem Kapitel auf S. 234.

[139] Dass das Parlament über die hierfür notwendigen Ressourcen verfügt, ist angesichts der umfangreichen Ex-Post-Evaluierungen, die es mittlerweile durchführt, anzunehmen, s. hierzu etwa *Europäisches Parlament*, Activity Report for 2017, S. 35 ff.

[140] Vgl. zu den diesbezüglich festgestellten Defiziten die Ausführungen in Kapitel 6 auf S. 148 f.

bergen Gefahren für Individualrechtsschutz und die Vollzugspraxis.[141] Außerdem kann das Fehlen von förmlichen Rechtsakten zum Verlust der Autorität des Hoheitsträgers führen.[142] Trotzdem enthalten weder die Better Regulation Guidelines noch die Better Regulation Toolbox Vorgaben oder Hinweise, die geeignet wären, diesen Gefahren wirksam vorzubeugen.[143] Daher erscheint die Aufnahme von Vorschriften zu einer detaillierten, zwingend durchzuführenden Prüfung in diese Dokumente notwendig, durch die die konkreten Möglichkeiten und Grenzen von Ko- und Selbstregulierung ausgelotet und mit deren Hilfe eine maßvolle Verwendung dieses Instruments sichergestellt wird. Hierfür könnte auf den Mandelkernbericht zurückgegriffen werden, der beispielsweise Bedingungen für Koregulierungen definiert.[144] Diese könnten in die Better Regulation Guidelines und in die Better Regulation Toolbox übernommen werden und die dort vorhandenen „Prinzipien für eine bessere Selbst- und Koregulierung" ergänzen. Zudem sollte für solche Fälle, in denen bedeutende Grundrechte wie Leben oder Gesundheit betroffen sind, eine Selbstregulierung kategorisch ausgeschlossen werden. Während die Interinstitutionelle Vereinbarung über Bessere Rechtsetzung von 2003 eine solche Einschränkung für Selbstregulierung enthielt,[145] ist sie in der Vereinbarung von 2016 nicht mehr vorhanden, obwohl sie auch weiterhin erforderlich ist.[146] Deswegen sollte zumindest in den Better Regulation Guidelines oder wenigstens in der Better Regulation Toolbox eine entsprechende Vorschrift existieren.

IV. Zwischenfazit

Das REFIT-Programm sollte umfassend reformiert werden. Eine ausgeglichene Analyse von Vor- und Nachteilen von Rechtsvorschriften könnte insbesondere über die Ergänzung von entsprechenden Verfahrensvorgaben und -hinweisen in den Better Regulation Guidelines und der Better Regulation Toolbox erreicht werden. In diesem Zusammenhang sollten die Ex-Post-Evaluierungen des REFIT-Programms auch stärker dazu genutzt werden, die formelle Rechtsetzungsqualität von bestehenden Rechtsvorschriften systematisch zu bewerten und zu verbessern. Außerdem sollte die Verantwortung für das REFIT-Programm gleichmäßiger unter den drei Rechtsetzungsorganen aufgeteilt werden, insbesondere das Parlament könnte in den konkreten Arbeitsprozess von Ex-Post-Evaluierungen einbezogen werden. Zudem sollte den Gefahren von Ko-

---

[141] Vgl. hierzu *Dawson*, in: CMLR 53 (2016), S. 1209 (1231 f.) sowie Kapitel 6 S. 148.

[142] Mandelkernbericht, S. 23.

[143] Vgl. zu dieser Kritik bereits die Ausführungen in Kapitel 6 auf S. 149.

[144] Zu diesen Bedingungen zählen etwa die Aufrechterhaltung des Vorrangs des Staates und die Zusicherung von entsprechenden Garantien, vgl. dazu den Mandelkernbericht, S. 26 f.

[145] Interinstitutionelle Vereinbarung „Bessere Rechtsetzung" vom 16. Dezember 2003, ABl. 2003 C 321, S. 3 Rn. 17.

[146] Vgl. zum Ganzen ebenfalls kritisch *Dawson*, in: CMLR 53 (2016), S. 1209 (1231).

und Selbstregulierungen durch entsprechende Vorschriften in den Better Regulation Guidelines und der Better Regulation Toolbox vorgebeugt werden.

F. REFIT-Plattform

Die REFIT-Plattform weist Reformbedarf hinsichtlich der Transparenz des Auswahlverfahrens ihrer Mitglieder (I.), ihrer konkreten Mitgliederstruktur (II.) und bezüglich ihrer Institutionalisierung (III.) auf. Hingegen muss ihre Funktion, den Einfluss von Interessengruppen zu bündeln, nicht reformiert werden (IV.).

I. Höhere Transparenz im Mitgliederauswahlverfahren

Uneingeschränkte Transparenz kann verdeckten Lobbyismus und einen Missbrauch der REFIT-Plattform durch einzelne Mitglieder, etwa zur Durchsetzung von Partialinteressen, vorbeugen.[147] Deswegen ist es sinnvoll, dass die Kommission den beruflichen Werdegang aller Mitglieder auf ihrer Internetseite veröffentlicht.[148] Dies ermöglicht der Öffentlichkeit, Verbindungen einzelner Mitglieder zu bestimmten Wirtschaftszweigen oder politischen Gruppierungen nachzuvollziehen. Obgleich diese vorhandenen Maßnahmen positiv zu bewerten sind, mangelt es an entscheidender Stelle an Transparenz, nämlich im Verfahren, durch welches die Mitglieder der REFIT-Plattform ausgewählt werden. Die Kommission muss den Ablauf des Auswahlverfahrens sowie die Kriterien und die Gründe, welche letztlich für die konkrete Auswahlentscheidung ausschlaggebend waren, offenlegen. Zwar behauptet die Kommission, die Transparenz des Auswahlverfahrens zu gewährleisten.[149] Details zum Auswahlprozess wurden – abgesehen von der Information, welche Mitglieder endgültig ernannt wurden[150] – allerdings nicht veröffentlicht. Konkrete Hinweise auf die Auswahlkriterien und Verfahrensschritte des Auswahlprozesses sind nicht vorhanden. Diesbezüglich ergibt sich aus Art. 4 Nr. 3 und Nr. 4 des Beschlusses über die Einsetzung der REFIT-Plattform lediglich, dass bei der Auswahl auf eine ausgewogene Vertretung der verschiedenen Sektoren, Interessen und Re-

[147] Vgl. dazu allgemein *Wegrich*, Better Regulation, S. 38 und m. w. N. sowie mit konkretem Beispiel a. a. O., S. 36.

[148] Abrufbar unter: https://ec.europa.eu/info/law/law-making-process/evaluating-and-improving-existing-laws/refit-making-eu-law-simpler-and-less-costly/refit-platform/refit-platform-members/refit-platform-members-stakeholder-group_en.

[149] So explizit die Mitteilung der Kommission COM(2015) 215 endgültig vom 19. Mai 2015, S. 14.

[150] Außer über die Veröffentlichung auf der Internetseite der Kommission ist dies auch über den Beschluss zur Einsetzung der Mitglieder der REFIT-Plattform C(2015) 9063 endgültig vom 16. Dezember 2015, S. 3 Art. 1 Rn. 1 sowie dessen Anhang zu erfahren.

gionen der Union und des Geschlechts hingewirkt werden soll.[151] Auch aus dem Beschluss über die Ernennung der Mitglieder der REFIT-Plattform ist nicht ersichtlich, welche Faktoren die Entscheidung des konkreten Auswahlprozesses bestimmt haben.[152] Es ist nicht nachvollziehbar, aus welchen Gründen die Kommission aus insgesamt 90 Bewerbungen[153] die gegenwärtigen Mitglieder ausgewählt hat, zumal auch nicht bekannt ist, welche Interessenträger unter den 90 Bewerbern vertreten waren und warum die schließlich ausgewählten Personen geeigneter waren als andere. Für eine uneingeschränkte Transparenz der REFIT-Plattform, durch die ihre Akzeptanz und das Vertrauen in ihre Arbeit verbessert werden könnten, müssen solche Informationen zugänglich sein.

II. Reform der personellen Zusammensetzung

1. Paritätische Verteilung der Mitgliedschaft

Es wurde festgestellt, dass die Interessen aus den Bereichen Ökologie, Ökonomie und Soziales von den Mitgliedern der REFIT-Plattform nicht ausgeglichen repräsentiert werden.[154] Daher wird vorgeschlagen, den einzelnen Bereichen eine vorab festgelegte, bestimmte Anzahl von Sitzen in der Plattform zuzuteilen. Auf diese Weise wird sichergestellt, dass die Interessen aus jedem der drei Bereiche in der REFIT-Plattform ausreichend vertreten sind und alle relevanten Interessenträger gleichermaßen gehört werden.[155] Dabei müssten die Sitze nicht unbedingt formal-gerecht verteilt werden, so dass auf jeden Bereich je ein Drittel der Plätze entfällt. Es erscheint durchaus sachgerecht, den Bereichen, in denen die EU über umfangreiche Kompetenzen verfügt, auch mehr Sitze in der REFIT-Plattform zuzusprechen. Praktikabel könnte auch eine Verteilung der Sitze in Bezug auf Politik- oder Rechtsgebiete sein. Unabhängig von der konkreten Ausgestaltung sollten derartige abstrakte Verteilungsregeln dazu beitragen, dass die Interessen der drei Bereiche Ökonomie, Ökologie und Soziales in der REFIT-Plattform ausgeglichener als bisher repräsentiert werden.

---

[151] C(2015) 3261 endgültig vom 19. Mai 2015, S. 4 Art. 4 Rn. 4.

[152] Vgl. zu den wenig aufschlussreichen Informationen des Beschlusses über die Ernennung der Mitglieder der REFIT-Plattform C(2015) 9063 endgültig vom 16. Dezember 2015, S. 3 Art. 1 Rn. 1, Anhang.

[153] Die Auskunft über die Anzahl der Bewerber wurde dem Verfasser auf Anfrage vom 29. März 2018 von der Kommission mitgeteilt. Weitergehende Fragen, insbesondere bezüglich der konkreten Auswahlentscheidung, wurden allerdings nicht beantwortet.

[154] Vgl. hierzu die Ausführungen in Kapitel 6 auf S. 168 f.; vgl. zum Problem und den Folgen asymmetrischer Einflusschancen auf Regulierung allgemein *Wegrich*, Better Regulation, S. 33; s. ferner insoweit selbstkritisch *REFIT-Platform*, Opinion resulting from the dedicated Stocktaking Survey – Future prospects, S. 4.

[155] Mit dieser Forderung, allerdings ohne den Vorschlag einer konkreten Sitzverteilung, auch schon der *Bundesrat*, Beschluss vom 25. September 2015, Drs. 242/15, S. 6 Rn. 19 und ähnl., aber insgesamt mit allgemeinerer Forderung *Better Regulation Watchdog*, Europe needs a Strong Safety Net, S. 1.

2. *Reduzierung der Anzahl von Regierungsvertretern*

Die personelle Zusammensetzung der REFIT-Plattform sollte auch mit Hinblick auf die hohe Anzahl von Regierungsvertretern optimiert werden.[156] Es ist zweifelhaft, ob die REFIT-Plattform davon profitiert, dass jeder Mitgliedstaat einen eigenen Regierungsvertreter in die Plattform entsendet. Zwar kann die Beteiligung aller Mitgliedstaaten insoweit notwendig sein, als dass sich die Interessen der einzelnen Mitgliedstaaten in Bezug auf die Vereinfachung von Unionsrecht voneinander unterscheiden. Häufig werden sich diese Interessen aber auch überschneiden und voraussichtlich überwiegend auf die Umsetzung von Unionsrecht in nationales Recht sowie den Abbau von Bürokratie- und Regulierungskosten beziehen.[157] Daher wird vorgeschlagen, dass mehrere Mitgliedstaaten, die in Bezug auf die Vereinfachung von Unionsrecht ähnliche Interessen vertreten oder in der Vergangenheit in gleicher Weise von Unionsrecht betroffen waren, etwa wegen Eigenheiten ihrer Rechtsordnungen ähnliche Schwierigkeiten bei der Umsetzung von Unionsrecht hatten, einen gemeinsamen Vertreter in die REFIT-Plattform entsenden. Die Verkleinerung der REFIT-Plattform könnte nicht nur ihre Arbeitsfähigkeit verbessern.[158] Die frei gewordenen Kapazitäten könnten auch dazu genutzt werden, um eine umfassendere, ausgeglichenere und differenziertere Beteiligung von Interessenträgern zu verwirklichen, die insoweit wichtiger erscheint als die Gleichbehandlung aller Mitgliedstaaten. Ob sich allerdings tatsächlich ein Mitgliedstaat findet, der freiwillig seine Mitgliedschaft in der REFIT-Plattform zu Gunsten eines gemeinsamen Vertreters aufgibt, ist zweifelhaft und nicht unbedingt zu erwarten.

3. *Verbesserung der Beteiligung des einzelnen Unionsbürgers*

Als zentrale Reformmaßnahme sollte die Kommission eine Verbesserung der Beteiligung des einzelnen Unionsbürgers an der REFIT-Plattform anstreben. Wie festgestellt, entspricht die gegenwärtige Art der Beteiligung des Unionsbürgers, die sich in der Möglichkeit erschöpft, Stellungnahmen über das Internet einzureichen, nicht den Zielen einer Besseren Rechtsetzung.[159] Vorgeschlagen wird daher, einen Sitz in der REFIT-Plattform an einen „durchschnittlichen"

---

[156] S. zur entsprechenden Kritik die Ausführungen bereits in Kapitel 6 auf S. 168 f.

[157] Vgl. ähnl. in Bezug auf die der REFIT-Plattform vorangegangene Hochrangige Gruppe im Bereich Verwaltungslasten *Sarpi*, in: EJRR 2015, S. 372 (374); s. auch *Jancic*, in: EJLR 2019, S. 137 (146), der kritisiert, dass die nationalen Parlamente gerade nicht in der REFIT-Plattform vertreten seien.

[158] Vgl. zu diesem Zusammenhang die Ausführungen in Kapitel 7 auf S. 207 f.

[159] S. zu diesem Defizit die Ausführungen in Kapitel 6 auf S. 169. Vgl. in diesem Zusammenhang ähnl. in Bezug auf Deutschland *OECD*, Bessere Rechtsetzung in Europa: Deutschland 2010, S. 20, die ebenfalls die Notwendigkeit der stärkeren Berücksichtigung von Interessen der Bürger betont.

Unionsbürger aus „der Mitte der europäischen Gesellschaft“ zu vergeben,[160] der bei der Erarbeitung von Vereinfachungsvorschlägen zum Unionsrecht die Interessen der Unionsbürger aus der Perspektive einer Privatperson vertritt.[161] Eine solche Beteiligung hätte zwar wohl überwiegend symbolischen Charakter, gleichwohl sollte sie das Potenzial haben, das Vertrauen der Unionsbürger in die Arbeit der REFIT-Plattform und vermittelt hierüber auch in die Unionsrechtsetzung insgesamt zu stärken. Im Übrigen könnte auf diese Weise auch die Kommission ihr Versprechen erfüllen, alle Interessenträger an der Rechtsetzung umfassend beteiligen zu wollen.[162] Alternativ kommt zu diesem Reformvorschlag auch die Vergabe eines Sitzes an den Europäischen Bürgerbeauftragten in Betracht, der dann die Interessen der Unionsbürger in der REFIT-Plattform treuhänderisch wahrnehmen könnte. Als zentrale Institution, die sich gemäß Art. 43 GrCh den Problemen und Schwierigkeiten annimmt, denen der Unionsbürger mit Blick auf das Unionsrecht und dessen Vollzug durch die Unionsorgane gegenübersteht,[163] ist er für diese Aufgabe gut geeignet und verfügt – anders als ein „durchschnittlicher“ Unionsbürger – außerdem über die notwendigen Ressourcen, diese effektiv wahrzunehmen.

4. *Einbeziehung mitgliedstaatlicher Normenkontrollräte*

Als weitere Reformmaßnahme empfiehlt sich die personelle Beteiligung von Vertretern aus den mitgliedstaatlichen Normenkontrollräten. Auf diese Weise könnte das dort vorhandene Fachwissen über Bessere Rechtsetzung und Bürokratieabbau, aber insbesondere auch über Probleme beim mitgliedstaatlichen Vollzug von Unionsrecht, in der REFIT-Plattform genutzt und in den Vereinfachungsprozess des Unionsrechts eingespeist werden. Konkret umgesetzt werden könnte diese Beteiligung, indem einem Vertreter der Vereinigung „RegWatchEurope“ eine feste Mitgliedschaft eingeräumt würde. „RegWatchEurope“ besteht aus Mitgliedern der sieben Nationalen Normenkontrollräte, die gegenwärtig in den Mitgliedstaaten existieren.[164] Zwar besteht bereits ein Austausch zwischen der Vereinigung „RegWatchEurope“ und dem Europäischen Parlament sowie der Kommission über Fragen der Vereinfachung des Unions-

---

[160] Aufgrund der vielen unterschiedlichen Personen, die die EU vereint, wird es schwierig sein, *den* „durchschnittlichen“ Unionsbürger aus der „europäischen Gesellschaft“ zu bestimmen. Sinnvoll erscheint deswegen die Ernennung einer „ehrbaren“ Persönlichkeit, beispielsweise in Bezug auf ihre Verdienste für die europäische Integration.

[161] Vgl. hierzu die allgemeinere Forderung des *Bundesrates*, Beschluss vom 25. September 2015, Drs. 242/15, S. 2 Rn. 2, wonach die Interessen aller Unionsbürger in den Mittelpunkt eines jeden Regulierungsvorhabens zu stellen seien.

[162] Vgl. nur COM(2015) 215 endgültig vom 19. Mai 2015, S. 4.

[163] Vgl. zum Tätigkeitsbereich des Europäischen Bürgerbeauftragten ausführlich *Jarass*, EU-Grundrechte-Charta, Art. 43 GrCh Rn. 5 f.

[164] S. hierzu https://www.normenkontrollrat.bund.de/nkr-de/bessere-rechtsetzung-buerokratieabbau/aufgaben-des-nkr/eu-internationales.

rechts.[165] Die ständige Beteiligung eines Vertreters dieser Vereinigung an der REFIT-Plattform ist aber sinnvoll, um diesen Dialog dauerhaft zu institutionalisieren, zumal bestehende Kommunikationsstrukturen nicht aufgegeben werden müssten.

III. Institutionalisierung

Die REFIT-Plattform sollte stärker institutionalisiert werden. Anders als der Ausschuss für Regulierungskontrolle[166] wird die REFIT-Plattform nicht in der Interinstitutionellen Vereinbarung erwähnt und ist damit weniger fest im europäischen Konzept der Besseren Rechtsetzung verankert.[167] Auch die REFIT-Plattform sollte in die Institutionelle Vereinbarung aufgenommen werden, um sicherzustellen, dass sie dauerhaft einen Beitrag zu einer fakten- und wissensbasierten Rechtsetzung leistet.

IV. Bündelung des Einflusses von Interessengruppen?

Teilweise wird gefordert, dass die Einflussmöglichkeiten von Interessengruppen auf die Rechtsetzung stärker gebündelt werden sollten, da deren Bestrebungen, Partialinteressen zu verwirklichen, die Rechtsetzungsaktivität erhöhe und insbesondere umfangreiche Ausnahmeregelungen, einen hohen Detaillierungsgrad der Rechtsvorschriften und deren Kompliziertheit begünstige.[168] Zur Umsetzung dieser Forderung wurde in der Vergangenheit beispielsweise vorgeschlagen, den Wirtschafts- und Sozialausschuss „zum gemeinsamen Dach der verschiedenen Interessensgruppen zu machen", um auf diese Weise die Einflussnahme von Partikular- und Verbandsinteressen zu bündeln und zu beschränken.[169] Obgleich dieser Vorschlag grundsätzlich sinnvoll erscheint, dürfte er wegen der Einrichtung der REFIT-Plattform jedenfalls im Bereich der

---

[165] S. https://www.normenkontrollrat.bund.de/nkr-de/bessere-rechtsetzung-buerokratieabbau/aufgaben-des-nkr/eu-internationales; s. zu Empfehlungen an die EU https://www.normenkontrollrat.bund.de/resource/blob/87042/444174/5474476c90c56929881e787b6a4bfbff/2014-09-11-regwatch-europe-data.pdf?download=1.

[166] Vgl. zu dessen Institutionalisierung die Ausführungen in Kapitel 6 auf S. 152 und S. 244.

[167] Die Bestimmung der Interinstitutionellen Vereinbarung über Bessere Rechtsetzung vom 13. April 2016, ABl. 2016 L 123/1, S. 8 Rn. 48 bietet zwar einen Anknüpfungspunkt für die REFIT-Plattform, diese ist aber zu unbestimmt, als dass sie zur Verankerung eines solchen Gremiums dienen könnte.

[168] *Grüner*, Quantität und Qualität der europäischen Rechtsetzung, S. 161; *Herten-Koch*, Rechtsetzung und Rechtsbereinigung, S. 181; vgl. ähnl. *Schulze-Fielitz*, in: FS Scheuing, S. 165 (187).

[169] *Grüner*, Quantität und Qualität der europäischen Rechtsetzung, S. 368; vgl. ebenfalls für eine institutionelle Lösung dieses Problems *Herten-Koch*, Rechtsetzung und Rechtsbereinigung, S. 181.

Vereinfachung des Unionsrechts nicht mehr erforderlich sein. Die REFIT-Plattform beschränkt die Einflussmöglichkeiten von Interessengruppen, indem sie für die Eingabe und Bearbeitung von Vereinfachungsvorschlägen ein Verfahren vorsieht, das die verschiedenen Interessen aus Wirtschaft und Zivilgesellschaft kanalisiert, zusammenfasst und priorisiert.[170] Insbesondere sofern die personelle Struktur der REFIT-Plattform reformiert wird, ist sie geeignet, den Einfluss von Partialinteressen auf die Rechtsetzung zu bündeln und auf diese Weise zur Verbesserung der Rechtsetzungsqualität beizutragen.

V. Zwischenfazit

Die REFIT-Plattform wurde im Jahr 2015 eingerichtet, um einen dauerhaften Dialog mit den Mitgliedstaaten, der Zivilgesellschaft und der Wirtschaft über die Vereinfachung des Unionsrechts zu etablieren.[171] Dieses Ziel kann erreicht werden, wenn die Kommission die Plattform angemessen reformiert. Ein Schritt in die richtige Richtung wäre die Veröffentlichung der Auswahlkriterien für die Mitgliedschaft, wodurch das Auswahlverfahren deutlich transparenter würde. Außerdem sollte die personelle Zusammensetzung der Plattform reformiert und Interessenträger aus den drei Bereichen Ökologie, Ökonomie und Soziales im ausgeglichenen Verhältnis an der REFIT-Plattform beteiligt werden. Letzteres könnte durch eine vorab festgelegte, abstrakte Verteilung der Sitze in der REFIT-Plattform erfolgen. Zudem sollte die Zahl der Regierungsvertreter reduziert werden, deren umfassende Beteiligung für die Arbeit der REFIT-Plattform nicht zwingend erforderlich erscheint. Des Weiteren muss die Beteiligung des einzelnen Unionsbürgers an der Plattform verbessert werden, etwa durch die Aufnahme eines „durchschnittlichen" Unionsbürgers „aus der Mitte der europäischen Gesellschaft" oder des Europäischen Bürgerbeauftragten. Der Leistungsfähigkeit des Instruments zuträglich wäre ferner die Beteiligung eines Vertreters der Vereinigung „RegWatchEurope", die den Sachverstand der mitgliedstaatlichen Normenkontrollräte in den Vereinfachungsprozess des Unionsrechts einbringen würde. Auch ist eine stärkere Institutionalisierung der REFIT-Plattform durch ihre Aufnahme in die Interinstitutionelle Vereinbarung über Bessere Rechtsetzung wünschenswert. Im Übrigen wurde die Forderung nach einer stärkeren Bündelung des Einflusses von Partialinteressen auf die Rechtsetzung im Bereich der Vereinfachung des Unionsrechts mit der Einrichtung der REFIT-Plattform grundsätzlich erfüllt.

---

[170] S. hierzu im Einzelnen die Ausführungen in Kapitel 6 auf S. 162 ff. sowie abschließend S. 171.

[171] C(2015) 3261 endgültig vom 19. Mai 2015, S. 1 Erwägungsgrund 1.

G. Maßnahmen zur Sicherstellung der redaktionellen Qualität

Das europäische Konzept der Besseren Rechtsetzung misst der Verbesserung der formellen Rechtsetzungsqualität zu wenig Bedeutung bei.[172] Besseres Recht ist aber vor allem in der Wahrnehmung juristischer Laien verständliches Recht. Die Verbesserung der redaktionellen Qualität von Rechtstexten sollte daher zum Kernziel des Konzepts werden.[173] Hierfür erforderlich ist die Ausweitung von Sanktionsmitteln, mit denen die Einhaltung der Vorgaben für die redaktionelle Qualität von Rechtstexten verbessert werden kann (I.), die Überarbeitung des Gemeinsamen Leitfadens (II.), die Stärkung von juristischem und rechtsetzungstechnischem Sachverstand in der Rechtsetzungsvorbereitung (III.) sowie der Versuch eines grundsätzlichen Wandels der Rechtsetzungs- und Sprachkultur der EU (IV.).

I. Sanktionsmittel für den Juristischen Dienst

Die Überprüfung der redaktionellen Qualität von Rechtstexten durch die Juristischen Dienste der Organe wurde insgesamt als positiv bewertet.[174] Es wurde allerdings auch festgestellt, dass diese Kontrollen aufgrund fehlender Sanktionsmittel an Wirksamkeit verlieren.[175] Eine entsprechende Reformmaßnahme sollte daher auf die Einführung von Sanktionsmitteln bereits früh im Rechtsetzungsverfahren abzielen. Hierfür geeignet wäre beispielsweise die Rechtsetzungsvorbereitung, in deren Verlauf das LEG-Team der Kommission eine redaktionelle Überprüfung der Rechtstexte durchführt. Gegenwärtig verfügt das LEG-Team nur über schwache Sanktionsmittel, um die Beseitigung von redaktionellen Mängeln zu erzwingen. Die Bewertung der redaktionellen Qualität durch das LEG-Team ist Teil der Stellungnahme des Juristischen Dienstes im Verfahren der dienststellenübergreifenden Konsultation.[176] In diesem Zusammenhang verlangt Art. 12 GO-KOM eine befürwortende Stellungnahme des Juristischen Dienstes, insoweit also auch eine entsprechende Bewertung des Rechtstextes durch das LEG-Team. Die befürwortende Stellungnahme des Juristischen Dienstes ist allerdings nach Art. 12 GO-KOM nicht zwingende Voraussetzung dafür, dass die Kommissionsinitiative weitergeführt werden kann.[177] Daher wird vorgeschlagen, die Regelung von Art. 12 GO-KOM

---

[172] S. hierzu die abschließende Bewertung von Kapitel 6 auf S. 202.

[173] Vgl. ähnl. *Xanthaki*, in: Garben/Govaere, The EU Better Regulation Agenda, S. 29 (40).

[174] S. dazu die Ausführungen in Kapitel 6 auf S. 190 f.

[175] Vgl. die Kritik bereits in Kapitel 6 auf S. 190.

[176] Vgl. dazu näher die Ausführungen in Kapitel 6 auf S. 190.

[177] *Herten-Koch*, Rechtsetzung und Rechtsbereinigung, S. 164; s. dazu bereits Kapitel 6 S. 190 f.

dahingehend zu verschärfen, dass in den Fällen, in denen eine befürwortende Stellungnahme wegen redaktioneller Mängel des Rechtstextes verweigert wird, keine Möglichkeit besteht, die fehlende Stellungnahme zu ersetzen oder durch eine mündliche Beschlussfassung im Kommissionskollegium zu überwinden.[178] Die Kommissionsinitiative müsste dann solange unterbrochen werden, bis die sprachlichen Mängel beseitigt sind. Eine solche Regelung sollte dazu beitragen, die Disziplin bei der Einhaltung der Vorgaben für die redaktionelle Gestaltung von Rechtstexten zu verbessern.

II. Überarbeitung der Vorgaben des Gemeinsamen Leitfadens

Als reformbedürftig wurden auch die Vorgaben und Hinweise des Gemeinsamen Leitfadens zur redaktionellen Gestaltung von Rechtstexten erkannt.[179] Seine grundlegende Überarbeitung ist erforderlich, um die Defizite hinsichtlich der zu umfangreichen, zu abstrakten und zu allgemeinen Vorgaben und Hinweise zu beseitigen.[180] Vor allem sollte er stärker an die Bedürfnisse der Personen, die einen Rechtstext ausarbeiten, angepasst werden und konkreter gefasst, gegebenenfalls mit Beispielen angereichert und insgesamt kürzer und übersichtlicher gestaltet werden.[181] Da seine letzte Aktualisierung schon mehr als fünf Jahre zurückliegt, ist seine Erneuerung ohnedies angezeigt.[182]

III. Juristischer und rechtsetzungstechnischer Sachverstand

Seit langem wird gefordert, den juristischen Sachverstand[183] im Ausarbeitungsprozess eines Rechtsakts zu erweitern,[184] da rechtswissenschaftliche und

---

[178] Vgl. zu den Mechanismen von Art. 12 GO-KOM ausführlich *Herten-Koch*, Rechtsetzung und Rechtsbereinigung, S. 164 sowie bereits die Ausführungen in Kapitel 6 auf S. 191.

[179] S. hierzu eingehend die Ausführungen in Kapitel 6 auf S. 186 ff.

[180] Vgl. zu den genannten Defiziten die Ausführungen in Kapitel 6 auf S. 186 ff.; s. zu einem umfassenderen Reformansatz bezüglich des Leitfadens und der sonstigen Handbücher zur Rechtsetzungstechnik, jedoch bereits aus dem Jahr 2010 *Robinson*, in: Legisprudence 2010, S. 129 (151 ff.).

[181] Vor allem muss er in der Praxis handhabbar sein, vgl. so in Bezug auf Deutschland *Fliedner*, Moderner Staat – moderne Gesetzgebung?, S. 8. Vgl. zu dem Vorschlag, die Einhaltung der Vorgaben des Gemeinsamen Leitfadens zu verbessern, indem nur die Verwirklichung zentraler und wichtiger Gestaltungsaspekte angestrebt wird, die folgenden Ausführungen in diesem Kapitel auf S. 259 ff.

[182] Die 2. Auflage des Gemeinsamen Leitfadens ist vom 11. Juli 2013, s. Gemeinsamer Leitfaden, S. 5.

[183] Teilweise wird darüber hinausgehend auch eine umfassendere Einbeziehung von wissenschaftlichem Sachverstand gefordert, vgl. *Robinson*, in: EJLR 2014, S. 610 (628 f.), der bspw. mehr Linguisten für die Rechtsetzungsvorbereitung fordert; s. ferner etwa zum Ansatz einer phronetischen Rechtsaktentwurfsausarbeitung *Xanthaki*, in: Karpen/Xanthaki, Legislation in Europe, S. 275 (294 ff.).

[184] So etwa bereits *Gündisch/Mathijsen*, Rechtsetzung und Interessenvertretung, S. 213;

rechtsvergleichende Erkenntnisse die Rechtsetzungsqualität verbessern könnten.[185] Dieser Vorschlag erscheint grundsätzlich sinnvoll, da die einen Rechtsetzungsentwurf ausarbeitenden Kommissionsmitarbeiter häufig allein über technische Expertise verfügen.[186] Eine Stärkung des juristischen Sachverstandes sollte dem gegenwärtig formalen und technisch geprägten Ansatz der Erarbeitung eines Rechtstextes[187] entgegenwirken, da die rechtswissenschaftliche Perspektive diesen Prozess um Fragen erweitert, die über die vollständige Umsetzung eines bestimmten politischen Inhalts in einem Rechtsakt und die formale Erfüllung von Vorgaben des Gemeinsamen Leitfadens hinausgehen.[188]

Darüber hinaus sollte auch der rechtsetzungstechnische Sachverstand in den Unionsorganen durch die Ausweitung eines entsprechenden Schulungs- und Trainingsangebots verbessert werden.[189] Die Kommission hat zwar bereits ein Schulungsangebot aufgestellt, dies könnte jedoch mit Blick auf die Erfahrungen und Praktiken der Mitgliedstaaten erweitert werden.[190] Sinnvoll und mit wenig Aufwand umsetzbar wäre beispielsweise die Ergänzung des bestehenden Schulungsangebots um Aspekte aus dem schweizerischen Modell und dem Modell Großbritanniens.[191] Während die Schweiz vor allem das Prinzip „learning by doing“ anhand „echter Gesetzesentwürfe“ praktiziert, verfolgt Großbritannien den Ansatz, die Weitergabe von Erfahrungen durch Trainingsangebote mit praktisch besonders erfahrenen Personen zu erreichen.[192] Für die Kommission könnten diese Ansätze modifiziert etwa so übernommen werden, dass eine in der Rechtsetzungstechnik erfahrene, hochrangige Amtsperson mit der Aufgabe betraut würde, während der Ausarbeitung einer Rechtsetzungsinitiative als Ansprechpartner für entsprechende Fragen der beteiligten Kommissionsmit-

---

Kieninger/Leible, in: EuZW 1999, S. 37 (39); vgl. grundsätzlich zustimmend *Herten-Koch*, Rechtsetzung und Rechtsbereinigung, S. 197.

[185] *Herten-Koch*, Rechtsetzung und Rechtsbereinigung in der EU, S. 197.

[186] *Robinson*, in: Karpen/Xanthaki, Legislation in Europe, S. 229 (262); *ders.*, in: The Theory and Practice of Legislation 2014, S. 186 (195).

[187] So die Bewertung von *Xanthaki*, in: Garben/Govaere, The EU Better Regulation Agenda, S. 29 (36); s. zu den Defiziten der Vorgaben für die Erarbeitung von Rechtstexten Kapitel 6 S. 186 ff.

[188] Eine Stärkung der rechtswissenschaftlichen Perspektive könnte beispielsweise dazu beitragen, Fragen in Bezug auf die Systematik und die Kohärenz von Rechtsakten stärker in den Fokus der Rechtsetzungsvorbereitung zu rücken.

[189] Mit ähnl. Forderung *Xanthaki*, in: Garben/Govaere, The EU Better Regulation Agenda, S. 29 (43) und bereits zuvor auch mit weiteren Vorschlägen *Robinson*, in: Legisprudence 2010, S. 129 (154); *ders.*, in: Mader/de Almeida, Quality of Legislation, S. 263 (269 ff.).

[190] Die gegenwärtigen Schulungsangebote sind auf bestimmte Personenkreise, wie Linguisten, begrenzt und nicht für alle Kommissionsmitarbeiter verfügbar, vgl. *Strandvik*, in: The Theory and Practice of Legislation 2014, S. 211 (223); s. zum Ganzen eingehend *Robinson*, in: Karpen/Xanthaki, Legislation in Europe, S. 229 (264 ff.).

[191] Vgl. hierzu ausführlich *Robinson*, in: Karpen/Xanthaki, Legislation in Europe, S. 229 (272 f.).

[192] *Robinson*, in: Karpen/Xanthaki, Legislation in Europe, S. 229 (272 f.).

arbeiter zur Verfügung zu stehen. Allerdings sollte nicht nur die Kommission, sondern auch der Rat und insbesondere das Parlament ihr jeweiliges Schulungs- und Trainingsprogramm verbessern.[193] Die parlamentarischen Ausschüsse können einen Rechtsetzungsvorschlag der Kommission nicht angemessen auf seine formelle Rechtsetzungsqualität überprüfen, solange ihnen das entsprechende Fachwissen, etwa in Form geschulten Personals, fehlt. Es liegt im eigenen Interesse des Parlaments, seine Mitglieder mit dem entsprechenden Wissen und den Fähigkeiten auszustatten, möchte es verhindern, dass seine Fähigkeit schwindet, die Rechtsetzungsqualität des Unionsrechts zu beeinflussen und mitzubestimmen.[194]

IV. Vorschlag für eine Rechtsetzungskultur der Besseren Rechtsetzung

Der Mandelkernbericht forderte bereits vor beinahe 20 Jahren einen grundlegenden Wandel hin zu einer Rechtsetzungskultur der Besseren Rechtsetzung.[195] Während sich dieser Wandel etwa in den Bereichen der Folgenabschätzungen und Ex-Post-Evaluierungen durch die Integration dieser Instrumente in die Politikentwicklung der Kommission im Wesentlichen erfolgreich vollzogen hat,[196] ist er im Bereich der redaktionellen Qualität der europäischen Rechtstexte nicht gelungen.[197] Vielmehr scheint sich im Schatten der Bemühungen um eine Bessere Rechtsetzung, die sich zu sehr auf die Verbesserung der Wirkungsaspekte von Rechtsakten konzentrierten,[198] eine Rechtsetzungskultur verfestigt zu haben, welche nach wie vor von Erscheinungsformen mangelhafter formeller Rechtsetzungsqualität geprägt ist.[199] Mängel wie detaillierte Rechtstexte, kuriose Namen von Rechtsakten oder der übermäßige Gebrauch von Legaldefinitionen werden häufig mit der europäischen Rechtsetzungskultur verbunden.[200] Der Gemeinsame Leitfaden selbst, der solchen Erscheinungsformen vorbeugen

[193] S. zustimmend *Xanthaki*, in: Garben/Govaere, The EU Better Regulation Agenda, S. 29 (43).

[194] *Xanthaki*, in: Garben/Govaere, The EU Better Regulation Agenda, S. 29 (43).

[195] Mandelkernbericht, S. 63.

[196] Vgl. dazu die abschließende Bewertung in Kapitel 6 auf S. 199 ff.

[197] S. etwa beispielhaft die kritischen Anmerkungen von *Reinhardt*, in: NJW 2003, S. 3449 (3449 ff.).

[198] Vgl. zur Vernachlässigung der formellen Rechtsetzungsqualität im europäischen Konzept die Ausführungen in Kapitel 6 auf S. 202 sowie ähnl. *Xanthaki*, in: Garben/Govaere, The EU Better Regulation Agenda, S. 29 (40); *dies.*, in: Karpen/Xanthaki, Legislation in Europe, S. 275 (282).

[199] Vgl. ähnl. *Reinhardt*, in: NJW 2003, S. 3449 (3449), der konstatiert, dass sich Vieles „inzwischen so eingeschliffen [hat], dass man es im normalen Tagesgeschäft kaum mehr wahrnimmt."; *Kelemen*, in: Garben/Govaere, The EU Better Regulation Agenda, S. 205 (206) spricht von „Eurolegalismus".

[200] S. zu diesen und weiteren Mängeln die ausführliche Aufzählung mit Beispielen bei *Grams*, Zur Gesetzgebung der Europäischen Union, S. 194 ff. und *Grüner*, Quantität und Qualität der europäischen Rechtsetzung, S. 78 ff.

soll, missachtet seine eigenen Hinweise, indem er mit seiner vollständigen Bezeichnung „Gemeinsamer Leitfaden des Europäischen Parlaments, des Rates und der Kommission für Personen, die an der Abfassung von Rechtstexten der Europäischen Union mitwirken“ ein vollendetes Beispiel für die sprachliche Qualität europäischer Texte liefert.[201] Völlig ausreichend wäre etwa eine Bezeichnung wie „Europäischer Leitfaden für die Erstellung von Rechtstexten“. Vor diesem Hintergrund überrascht es nicht, wenn mit Blick auf die formelle Rechtsetzungsqualität des Unionsrechts teilweise von einem „aussichtslosen Kampf“ gesprochen wird,[202] der wegen der strukturellen Eigenheiten der unionalen Rechtserzeugung bereits verloren sei.[203] Da die Berücksichtigung von Vorgaben zur Rechtsetzungstechnik während des Ausarbeitungsprozesses eines Rechtstextes – wie festgestellt – häufig schwierig ist,[204] wird vorgeschlagen, dass nur die Verwirklichung von wenigen wichtigen – im Folgenden aufgezählten – Vorgaben angestrebt wird. Es ist wahrscheinlicher, dass sich ein Wandel in der Rechtsetzungskultur im Bereich der formellen Rechtsetzungsqualität infolge weniger, aber dafür stetiger und sorgfältiger Bemühungen vollzieht als durch allzu umfangreiche Vorgaben für die Ausarbeitung von Rechtstexten, die deren Autoren nur überfordern.[205]

1. Prägnante Bezeichnung von Rechtsakten

Die Benennung europäischer Rechtsakte ist dadurch gekennzeichnet, dass sie häufig lang, teilweise ungenau oder irreführend ist.[206] Daher sollten Unionsrechtsakte ausschließlich mit wenigen und vor allem einprägsamen Begriffen bezeichnet werden.[207] Eine kurze Bezeichnung sollte in vielen Fällen treffender sein als der Versuch einer erschöpfenden Beschreibung des Regelungsgegenstandes. Außerdem sollte stets ein Kurztitel für den Rechtsakt gefunden werden, der als Alternative zur vollständigen Bezeichnung und auch in anderen Rechtstexten oder offiziellen Dokumenten der EU und der Mitgliedstaaten verwendet werden darf.[208] Im Übrigen ist nicht ersichtlich, warum die Auto-

---

[201] Gleiches gilt etwa für das Handbuch der EU „Klar und deutlich Schreiben“, was richtigerweise wohl „Klar und verständlich Schreiben“ heißen müsste.

[202] *Garben*, in: Garben/Govaere, The EU Better Regulation Agenda, S. 217 (231).

[203] Vgl. insgesamt pessimistisch *Schulze-Fielitz*, in: FS Scheuing, S. 165 (165).

[204] S. hierzu im Einzelnen die Ausführungen in Kapitel 6 auf S. 186 ff.

[205] Vgl. anders *Xanthaki*, in: Garben/Govaere, The EU Better Regulation Agenda, S. 29 (42), die eine weitergehende und umfassende Reform vorzieht.

[206] Mit konkreten Beispielen *Grüner*, Quantität und Qualität der europäischen Rechtsetzung, S. 85 und *Xanthaki*, in: CMLR 38 (2001), S. 651 (653, 668 f.).

[207] *Grüner*, Quantität und Qualität der europäischen Rechtsetzung, S. 85; s. hierzu allgemein *Merten*, in: Rüthers/Stern, Festgabe zum 10jährigen Jubiläum der Gesellschaft für Rechtspolitik, S. 295 (295).

[208] Vgl. zu den Folgen von ausgedehnten Bezeichnungen von Rechtsakten für die formelle Rechtsetzungsqualität und der diesbezüglichen Kritik die Ausführungen in Kapitel 6 auf S. 189.

ren von Rechtstexten während deren Ausarbeitung nicht einen Augenblick versuchen könnten, eine treffendere, prägnantere oder kürzere Bezeichnung zu finden.

2. Weniger Erwägungsgründe

Selten eingehalten wird die Vorgabe des Gemeinsamen Leitfadens,[209] dass Erwägungsgründe knapp sein sollen.[210] Häufig enthalten sie wenig weiterführende, teilweise nicht relevante oder allgemein anerkannte Informationen.[211] Es wird daher vorgeschlagen, die Vorgaben des Gemeinsamen Leitfadens oder die Hinweise der Better Regulation Toolbox um eine Bestimmung zu ergänzen, wonach in der Regel nicht mehr als 10 Erwägungsgründe verwendet werden sollen.[212] Die gegenwärtige Regelung des Gemeinsamen Leitfadens, den Umfang der Erwägungsgründe von der Art des Rechtsakts abhängig zu machen,[213] ist zwar mit Blick auf ihre Flexibilität und Praktikabilität grundsätzlich sinnvoll, sie reicht aber nicht aus, um die Anzahl der Erwägungsgründe zu vermindern. Die regelmäßige Begrenzung auf 10 Erwägungsgründe sollte hingegen dazu beitragen, dass die Autoren von Rechtstexten eingehender prüfen, ob ein bestimmter Gesichtspunkt tatsächlich in die Erwägungsgründe aufgenommen werden muss oder sich beispielsweise nicht schon aus allgemeinen Erwägungen oder aus dem Primärrecht ergibt.

3. Bessere Begriffsbestimmungen

Kennzeichnend für das europäische Recht ist der exzessive Gebrauch von Begriffsbestimmungen in Rechtsakten.[214] Mangelhaft sind diese Legaldefinitionen häufig, weil sie wenig aussagekräftig, redundant oder zu detailliert sind, ohne dabei den definierten Begriff näher zu präzisieren.[215] Bei der Ausarbei-

---

[209] Gemeinsamer Leitfaden, S. 32 ff.

[210] *Grüner*, Quantität und Qualität der europäischen Rechtsetzung, S. 98 f.; *Xanthaki*, in: CMLR 38 (2001), S. 651 (670).

[211] Vgl. ausführlich und speziell dieses Problem vertiefend *Grüner*, Quantität und Qualität der europäischen Rechtsetzung, S. 99 f.; vgl. auch weitergehend *Xanthaki*, in: CMLR 38 (2001), S. 651 (670).

[212] Dabei besteht zwar die Gefahr, dass infolge dieser Beschränkung der Umfang der einzelnen Erwägungsgründe steigt. Dies lässt sich allerdings nicht vermeiden, sofern die Regelung nicht zu restriktiv sein soll.

[213] Gemeinsamer Leitfaden, S. 33.

[214] Vgl. ähnl. *Grüner*, Quantität und Qualität der europäischen Rechtsetzung, S. 86; s. zur Problematik der Vielzahl von existierenden – teilweise unverständlichen – rechtlichen und technischen Begriffe *Robinson*, in: The Theory and Practice of Legislation 2014, S. 185 (202 ff.).

[215] Vgl. mit anschaulichen Beispielen *Grüner*, Quantität und Qualität der europäischen Rechtsetzung, S. 86 ff.; s. ebenso *Karpen*, in: JuS 2016, S. 577 (583); s. mit der Feststellung dieser Mängel von Legaldefinitionen allgemein bereits *Burghart*, Die Pflicht zum guten Gesetz, S. 69.

tung eines Rechtstextes muss sichergestellt werden, dass die eigentlichen (juristischen) Zwecke von Legaldefinitionen, einen Begriff genauer zu beschreiben, eine Differenzierung von anderen Begriffen zu ermöglichen, Mehrdeutigkeit vorzubeugen sowie Wortgruppen und Phrasen abzukürzen,[216] besser verwirklicht werden.[217] Anstatt möglichst viele – für die Rechtsanwendung vermeintlich relevante – Begriffe zu definieren und insoweit die Vollständigkeit von Begriffsbestimmungen anzustreben, sollten die Autoren von Rechtstexten prüfen, ob eine Definition entbehrlich ist, etwa weil der Begriff bereits in anderen Rechtsvorschriften definiert wurde.[218] Hierfür zweckdienlich könnte beispielsweise die Einführung eines Wörterbuchs der europäischen Rechtsbegriffe sein. Ein solches Nachschlagewerk für die wichtigsten Definitionen in den einzelnen Rechtsgebieten des Unionsrechts[219] hat nicht nur das Potenzial, die Verwendung von Begriffsbestimmungen sinnvoll zu begrenzen, da auf vorhandene Begriffe zurückgegriffen werden kann. Es trägt auch zu einer einheitlichen Begriffsverwendung bei und begünstigt auf diese Weise die Entstehung einer besseren Systematik im Unionsrecht.

4. Angemessene Regelungsdichte

Bereits beinahe „identitätsprägend" für die europäische Rechtsetzung sind ihre stark detaillierten Regelungen, die teilweise den Anschein erwecken, einen bestimmten Regelungsgegenstand lückenlos erfassen zu wollen.[220] Zur Unterbindung dieser Erscheinungsform von mangelhafter Rechtsetzungsqualität ist der Forderung nach einer häufigeren Verwendung von Generalklauseln und unbestimmten Rechtsbegriffen zuzustimmen.[221] Dabei ist allerdings zu beachten, dass ihre vermehrte Verwendung im Spannungsverhältnis zu Präzision und Bestimmtheit der Rechtsetzung steht.[222] Außerdem setzt die häufigere Verwendung von Generalklauseln und unbestimmten Rechtsbegriffen auch den politischen Willen der Rechtsetzungsorgane voraus, einen Regelungsgegenstand

[216] *Ramos/Heydt*, in: Karpen/Xanthaki, Legislation in Europe, S. 129 (134); vgl. ausführlich und m. w. N. hierzu auch *Schärdel*, Die Bücherkodifikation, S. 134 ff.

[217] Häufig lassen sich die Begriffsbestimmungen eher als Verweisungen, denn als Definitionen qualifizieren, vgl. hierzu etwa die Definition von „Gefährliche Stoffe" in § 3 Abs. 1 BImSchG; vgl. ferner *Grüner*, Quantität und Qualität der europäischen Rechtsetzung, S. 90, der von „verweisungslastigen Definitionen" spricht.

[218] Vgl. ausführlich *Ramos/Heydt*, in: Karpen/Xanthaki, Legislation in Europe, S. 129 (135).

[219] Im Ansatz existiert ein solches Wörterbuch bereits in Form der Datenbank InterActive Terminology for Europe, abrufbar unter: http://iate.europa.eu/switchLang.do?success=mainPage&lang=de.

[220] *Grüner*, Quantität und Qualität der europäischen Rechtsetzung, S. 383.

[221] So etwa *Grüner*, Quantität und Qualität der europäischen Rechtsetzung, S. 389.

[222] Das Bestimmtheitsgebot schließt deren Verwendung zwar nicht aus, entscheidend ist aber, dass die Normen auslegungsfähig sind, vgl. *Grzeszick*, in: Maunz/Dürig, GG, Art. 20 GG, VII. Rn. 62.

nicht erschöpfend oder nur teilweise normieren zu wollen. Einem solchen politischen Willen ist allerdings in gewisser Weise abträglich, dass Besonderheiten der Unionsrechtsetzung ein Eigeninteresse der EU an detaillierten Regelungen begünstigen.[223] Insoweit ist die Herstellung einer angemessenen Regelungsdichte bei der Ausarbeitung von Rechtstexten ungleich schwieriger umzusetzen als die anderen, hier vorgeschlagenen Reformmaßnahmen.

V. Fazit

Reformen im Bereich der redaktionellen Gestaltung von Rechtstexten sollten einen Schwerpunkt künftiger Reformmaßnahmen der EU bilden. Zu lange wurde offenbar davon ausgegangen, dass die vorhandenen Instrumente zur Verbesserung der formellen Rechtsetzungsqualität ausreichen.[224] Die infolgedessen entstandene Rechtsetzungskultur im Bereich der formellen Rechtsetzungsqualität ändert sich nur, wenn die vorhandenen Vorgaben zur Rechtsetzungstechnik auch konkret bei der Ausarbeitung umgesetzt werden. Daher sollte der Juristische Dienst der Kommission die Befugnis erhalten, im Falle redaktioneller Mängel eines Rechtstextes eine Kommissionsinitiative zu unterbrechen. Darüber hinaus sollte der Gemeinsame Leitfaden erneuert und aktualisiert werden, um die festgestellten Defizite mit Blick auf die Abstraktheit und Allgemeinheit seiner Vorgaben zu beheben und diese insgesamt anwendungsfreundlicher zu gestalten. Sinnvoll ist auch die Erweiterung des juristischen Sachverstandes bei der Ausarbeitung von Rechtstexten sowie der Ausbau des Schulungs- und Trainingsangebots zur Rechtsetzungstechnik. Letztlich dürfte es aber bereits ein Erfolg für die Bessere Rechtsetzung sein, wenn bei der Ausarbeitung von Rechtstexten vor allem darauf geachtet würde, Rechtsakte knapp und treffend zu bezeichnen, weniger Erwägungsgründe zu verwenden, den Zweck von Definitionen besser zu berücksichtigen und einen geringeren Detaillierungsgrad der Rechtsvorschriften anzustreben. Ohne den ernsthaften Willen der Rechtsetzungsorgane, die genannten Vorgaben auch konkret umzusetzen, wird sich ein Wandel in der Rechtsetzungskultur aber wahrscheinlich nicht vollziehen.

H. Weitere Reformvorschläge

Neben den aufgezeigten Reformansätzen existieren noch zahlreiche weitere Ideen zur Verbesserung der europäischen Rechtsetzung.[225] Diese Reformvorschläge beziehen sich teilweise allerdings nicht direkt auf die Instrumente der

---

[223] Vgl. dazu die Ausführungen zu den Ursachen für Defizite in Kapitel 7 auf S. 216 f.

[224] Vgl. ähnl. *Xanthaki*, in: Garben/Govaere, The EU Better Regulation Agenda, S. 29 (40); *dies.*, in: Karpen/Xanthaki, Legislation in Europe, S. 275 (282).

[225] Vgl. etwa nur *Gündisch/Mathijsen*, Rechtsetzung und Interessenvertretung, S. 212 ff.

Besseren Rechtsetzung. Sie zielen weniger darauf ab, Instrumente zu optimieren oder sie aufeinander abzustimmen, um deren Wirkung und Leistungsfähigkeit zu verbessern, als vielmehr darauf, eine konkrete Maßnahme vorzuschlagen, die die Rechtsetzungsqualität direkt verbessern soll.[226] Im Folgenden wird eine Auswahl[227] von Reformvorschlägen darauf geprüft, ob diese geeignet sind, eine Bessere Rechtsetzung auf Unionsebene zu verwirklichen, und ob sie deshalb – unter Berücksichtigung der eingangs genannten Anforderungen an Reformvorschläge – das europäische Konzept ergänzen sollten.

I. Privatisierung der Rechtsetzungsvorbereitung

Vermehrt diskutiert wird in jüngerer Zeit die Einbeziehung von Privaten zur Unterstützung der Rechtsetzungsvorbereitung.[228] Beim sog. „Rechtsetzung-Outsourcing" sollen professionelle Rechtsanwender – beispielsweise Rechtsanwaltskanzleien – den Vorschlag eines Rechtsakts ausarbeiten, der dann Grundlage weiterer Arbeiten in den zuständigen staatlichen oder unionalen Stellen wird.[229] Diese Privatisierung der Rechtsetzungsvorbereitung sollte das Konzept der Besseren Rechtsetzung allenfalls für geeignete Einzelfälle vorsehen.[230] Zwar mögen insbesondere praktische Erwägungen und möglicherweise auch die Einsparung von Ressourcen[231] für ein „Rechtsetzung-Outsourcing" sprechen.[232] Das Ziel der Besseren Rechtsetzung, die Legitimität und Akzeptanz der Rechtsetzung zu verbessern, wird aber nicht erreicht werden können, wenn der Unionsgesetzgeber die Rechtsetzungsvorbereitung zum Teil auf Private überträgt und sich damit dem möglichen Vorwurf intransparenter und interessengeleiteter Rechtsetzung aussetzt.[233]

---

sowie die ausführlichen Darstellungen insbesondere bei *Grüner*, Quantität und Qualität der europäischen Rechtsetzung, S. 365 ff. und *Herten-Koch*, Rechtsetzung und Rechtsbereinigung, S. 187 ff.

[226] So etwa der Ansatz von *Grüner*, Quantität und Qualität der europäischen Rechtsetzung, S. 365 ff.

[227] Die nachfolgende Darstellung beschränkt sich auf ausgewählte bestehende Reformvorschläge. Eine erschöpfende Darstellung und Bewertung aller Reformvorschläge kann die vorliegende Arbeit nicht leisten.

[228] Vgl. nur *Battis*, in: ZRP 2009, S. 201 (201 f.); *Grüner*, Quantität und Qualität der europäischen Rechtsetzung, S. 413; *Kloepfer*, in: NJW 2011, S. 131 (131 ff.); vgl. zum Ganzen ausführlich *Heintzen*, in: Kluth/Krings, Gesetzgebung, S. 229 (229 ff.) und *v. Lewinski*, Gesetzesverfasser und Gesetzgeber, S. 21 ff.

[229] *Grüner*, Quantität und Qualität der europäischen Rechtsetzung, S. 413; s. ähnl. *Fliedner*, Rechtsetzung in Deutschland, S. 104.

[230] So bereits allgemein *Blum*, in: Beilage zu NJW 2004, S. 45 (51) und sich dem anschließend *Grüner*, Quantität und Qualität der europäischen Rechtsetzung, S. 413.

[231] Hierbei handelt es sich freilich nur vordergründig um ein stichhaltiges Argument, da die Ausarbeitung eines Rechtsakts durch einen privaten Akteur ebenso finanziert werden muss.

[232] Hierauf hinweisend etwa *v. Lewinski*, Gesetzesverfasser und Gesetzgeber, S. 23.

[233] Zu Recht wird daher als Voraussetzung für das „Rechtsetzung-Outsourcing" ein trans-

II. Durchsetzung von Qualitätsstandards für Rechtsakte

Einige Reformvorschläge zielen darauf ab, die Einhaltung der Vorgaben zur Rechtsetzungstechnik, die sich etwa aus dem Gemeinsamen Leitfaden zur Abfassung von Rechtstexten der EU[234] oder aus dem Primärrecht[235] ergeben, bei der Ausarbeitung eines Rechtsaktentwurfs zu verbessern.[236] Für die konkrete Umsetzung wird beispielsweise vorgeschlagen, verbindliche Qualitätsstandards festzulegen.[237] Die Einhaltung dieser Qualitätsstandards soll von einer entsprechenden Einrichtung, wie etwa einer eigenen, unabhängigen Legislativ-Kontrollstelle,[238] oder durch den EuGH[239] kontrolliert werden.[240] Ob diese Maßnahmen dazu beitragen können, die Einhaltung der Vorgaben der Rechtsetzungstechnik zu verbessern, ist zweifelhaft. Dass diese Vorgaben gegenwärtig nur unzureichend beachtet werden, liegt nicht daran, dass sie nicht verbindlich wären, sondern dass sie zu abstrakt, zu umfangreich und zu allgemein formuliert sind, als dass sie in einem konkreten Ausarbeitungsprozess angemessen berücksichtigt werden könnten.[241] Das Problem ist daher nicht die fehlende Verbindlichkeit dieser Vorgaben, sondern vielmehr die Schwierigkeit, auf einer konkreten Ebene verbindliche Vorgaben für die Rechtsetzungstechnik zu formulieren, da der Ausarbeitungsprozess ein gewisses Maß an Flexibilität und Unverbindlichkeit dieser Vorgaben erfordert.[242] Allein die Festlegung

---

parenzsicherndes Verfahren gefordert, vgl. *Battis*, in: ZRP 2009, S. 201 (202); s. zu weiteren allgemeinen Vor- und Nachteilen *Kloepfer*, in: NJW 2011, S. 131 (132 f.).

[234] Vgl. zu diesen Vorgaben im Einzelnen die Ausführungen in Kapitel 6 auf S. 183 f.

[235] Vgl. dazu die Ausführungen zu den primärrechtlichen Rahmenvorgaben in Kapitel 5 auf S. 87 ff.

[236] *Grüner*, Quantität und Qualität der europäischen Rechtsetzung, S. 414 ff. und S. 434 ff.; *Gündisch/Mathijsen*, Rechtsetzung und Interessenvertretung, S. 212 f.; *Herten-Koch*, Rechtsetzung und Rechtsbereinigung, S. 229.

[237] *Grüner*, Quantität und Qualität der europäischen Rechtsetzung, S. 434; vgl. erneut mit diesem Vorschlag *Nowag/Groussot*, in: Garben/Govaere, The EU Better Regulation Agenda, S. 185 (193).

[238] *Gündisch/Mathijsen*, Rechtsetzung und Interessenvertretung, S. 213.

[239] Dafür etwa *Nowag/Groussot*, in: Garben/Govaere, The EU Better Regulation Agenda, S. 185 (193); vgl. eine insgesamt stärkerer justizielle Kontrolle des Konzepts der Besseren Rechtsetzung durch den EuGH befürwortend *Voermans/Schuurmans*, in: EJRR 2011, S. 507 (525); s. ebenfalls zustimmend in Bezug auf die Kontrolle von Folgenabschätzungen durch den EuGH *Albas/Castro-Montero*, in: The Theory and Practice of Legislation 2018, S. 25 (49 f.); s. zu weiteren Überlegungen zur Einbeziehung des EuGH bereits *Alemanno*, in: ELJ 2009, S. 382 (395 ff.).

[240] So der Vorschlag von *Grüner*, Quantität und Qualität der europäischen Rechtsetzung, S. 436 und S. 438; s. mit ähnl. Vorschlag *Nowag/Groussot*, in: Garben/Govaere, The EU Better Regulation Agenda, S. 185 (193); vgl. allgemein und ausführlich zu diesem Ansatz *Schulze-Fielitz*, in: Meßerschmidt/Oliver-Lalana, Rational Law Making, S. 33 (44 f.).

[241] Vgl. zum Ganzen bereits die Ausführungen in Kapitel 6 auf S. 186 ff.

[242] Vgl. hierzu auch die Ausführungen in Kapitel 5 auf S. 92; s. ebenfalls die gerichtliche Durchsetzung von Qualitätskriterien ablehnend *Schulze-Fielitz*, in: Meßerschmidt/Oliver-Lalana, Rational Law Making, S. 33 (46).

von verbindlichen Vorgaben der Rechtsetzungstechnik hat daher wenig Aussicht auf Erfolg. Im Hinblick auf die Forderung nach einer Legislativ-Kontrollstelle ist festzustellen, dass eine Kontrolle der Rechtsaktentwürfe bereits durch das LEG-Team des Juristischen Dienstes der Kommission in einem verhältnismäßig frühen Stadium der Rechtsetzungsvorbereitung vorgenommen wird, sich die Kontrollen daher noch auf die Gestaltung des Rechtsakts auswirken können.[243] Die Einrichtung einer weiteren systematischen Kontrolle ist daher nicht erforderlich,[244] zumal diese tendenziell zu spät erfolgen dürfte.[245] Dieser Nachteil bestünde auch, wenn der EuGH die Rechtsetzungsqualität überprüfen würde, da dessen Kontrolle nur nachträglich erfolgen könnte. Es ist daher besser, die Kontrolle der Einhaltung der Vorgaben zur Rechtsetzungstechnik dem LEG-Team zu überlassen.

III. Rechtsetzungsbudget und Bürokratiebremse

Ein innovativer, dennoch zweifelhafter Ansatz ist die Eindämmung der Rechtsetzungsaktivität durch Einführung eines Rechtsetzungsbudgets[246] oder einer Bürokratiebremse.[247] Beide Vorschläge beruhen auf der Idee, die Anzahl an produzierten Rechtsakten durch ökonomische Handlungsprinzipien zu begrenzen. Beim Instrument des Rechtsetzungsbudgets darf eine bestimmte Gesamtkostenbelastung nicht überschritten werden, die für Bürger und Unternehmen durch die Rechtsetzung entsteht.[248] Der Gesetzgeber[249] kann daher solange Gesetze erlassen, bis die von ihnen verursachten Kosten eine im Voraus festgelegte Obergrenze erreicht haben.[250] Dadurch soll der Gesetzgeber im Wege der künstlichen Verknappung möglicher Gesetze zu einer überlegteren Rechtsetzung angehalten werden, die vor allem nach der wirtschaftlichsten und ef-

[243] Vgl. zum entsprechenden Zeitpunkt der Kontrolle die Ausführungen in Kapitel 6 auf S. 190; vgl. aber auch *Herten-Koch*, Rechtsetzung und Rechtsbereinigung, S. 164, die den Zeitpunkt der Kontrollen als zu spät erachtet, als dass diese noch eine entsprechende Wirkung entfalten könnten.

[244] Vgl. in diesem Zusammenhang auch die Ausführungen zu einem gemeinsamen Gremium für Bessere Rechtsetzung in diesem Kapitel auf S. 272 ff.

[245] Dies dürfte jedenfalls für externe Kontrollen gelten, die nur den endgültigen Rechtsakt überprüfen.

[246] Die Einführung eines solchen Rechtsetzungsbudgets grundsätzlich befürwortend *Grüner*, Quantität und Qualität der europäischen Rechtsetzung, S. 381.

[247] Vgl. beispielhaft zur konkreten Umsetzung in Deutschland *Bundesregierung*, Bessere Rechtsetzung 2015: Bericht nach § 7 NKRG, S. 63.

[248] *Grüner*, Quantität und Qualität der europäischen Rechtsetzung, S. 380.

[249] Die beiden dargestellten Ansätze adressieren nicht nur den Gesetzgeber, sondern in erster Linie bereits die einen Rechtsetzungsentwurf ausarbeitende Stelle, also insbesondere Ministerien bzw. auf Unionsebene die Kommission.

[250] S. zum Vorschlag eingehend *Grüner*, Quantität und Qualität der europäischen Rechtsetzung, S. 380.

fizientesten Lösung sucht.[251] Die Bürokratiebremse funktioniert in ähnlicher Weise nach dem sog. Prinzip „One in one out".[252] Hiernach soll der Gesetzgeber in dem Umfang, in dem er durch neue Gesetze Kosten und Belastungen für die Rechtsbetroffenen verursacht, Kosten und Belastungen an anderer Stelle durch entsprechende Entlastungsmaßnahmen innerhalb eines bestimmten Zeitraumes wieder abbauen, so dass die von der Rechtsetzung verursachte Gesamtbelastung insgesamt gleich bleibt.[253] Obwohl beide Vorschläge vordergründig in ihrer Wirkungsweise schlüssig und zur Beschränkung von übermäßiger Rechtsetzungsaktivität sinnvoll erscheinen, sind sie nicht geeignet, eine Bessere Rechtsetzung zu verwirklichen.[254] Sowohl die Bürokratiebremse als auch das Rechtsetzungsbudget erfordern die Ermittlung der voraussichtlichen Kosten der Rechtsetzung, etwa durch das Instrument der Folgenabschätzung oder mittels des Standardkostenmodells.[255] Wie bereits festgestellt, ist die exakte Bestimmung der von der Rechtsetzung tatsächlich verursachten und der durch sie verhinderten Kosten schwierig, etwa weil sich die Kosten von Rechtsetzung für die Wirtschaft leichter ermitteln lassen als diejenigen, die im Bereich der Umwelt durch Rechtsetzung verhindert werden.[256] Ein „Wettbewerb um den effizientesten Gesetzesentwurf" verstärkt diese Schwächen der Messung von Bürokratie- und Regulierungskosten, da er den Vergleich von Kosten und Nutzen der Rechtsetzung strukturell voraussetzt.[257] Darüber hinaus sprechen auch grundsätzliche Erwägungen gegen die Einführung einer Bürokratiebremse oder eines Rechtsetzungsbudgets. Die Gestaltungsfreiheit des Gesetzgebers wird auf nationaler und unionaler Ebene bereits in vielen Bereichen durch rechtliche und faktische Vorgaben beschränkt.[258] Es erscheint nicht richtig, sie durch ökonomische Handlungsprinzipien noch weiter einzuschränken. Die beiden genannten Instrumente sollten das europäische Konzept daher nicht ergänzen.[259]

---

[251] *Grüner*, Quantität und Qualität der europäischen Rechtsetzung, S. 380 f.

[252] Vgl. hierzu ausführlich *Bundesregierung*, Bessere Rechtsetzung 2017: Bericht nach § 7 NKRG, BT-Drs. 19/2160 vom 16. Mai 2018, S. 6 ff. und *dies.*, Bessere Rechtsetzung 2016, Bericht nach § 7 NKRG, S. 13 ff.

[253] *Bundesregierung*, Bessere Rechtsetzung 2017: Bericht nach § 7 NKRG, BT-Drs. 19/2160 vom 16. Mai 2017, S. 7.

[254] Ebenso wohl *Smulders/Paquet*, in: Garben/Govaere, The EU Better Regulation Agenda, S. 79 (98) und *DNR*, Bessere Rechtsetzung oder Deregulierung, S. 1 (6); s. ebenfalls kritisch *Golberg*, Better Regulation: European Union Style, S. 71 f. und *UBA*, Analyse des Erfüllungsaufwands und der „One in one out"-Regel als Leitbilder der Politikgestaltung, S. 29.

[255] *Grüner*, Quantität und Qualität der europäischen Rechtsetzung, S. 380; s. zur Notwendigkeit der Messung des Erfüllungsaufwands in Deutschland *UBA*, Analyse des Erfüllungsaufwands und der „One in one out"-Regel als Leitbilder der Politikgestaltung, S. 15.

[256] S. hierzu die Ausführungen zu den Ursachen für Defizite in Kapitel 7 auf S. 218 f.

[257] Vgl. ähnl. *UBA*, Analyse des Erfüllungsaufwands und der „One in one out"-Regel als Leitbilder der Politikgestaltung, S. 15 mit weiteren Defiziten der Bürokratiebremse.

[258] Vgl. dazu *Kluth*, Parlamentarische Gesetzgebung im postnationalen Zeitalter, S. 23.

[259] S. zu dem zweifelhaften Vorschlag der neuen Kommissionspräsidentin, eine Bürokratiebremse nach dem „One in one out"-Prinzip auch auf Unionsebene einzuführen *VCI*, Daten

Eine einfachere Möglichkeit, die Rechtsetzungsaktivität zu vermindern, ist hingegen, das Bestreben der Kommission, ihre Rechtsetzungsvorschläge besser zu priorisieren, sie zurückzunehmen, sofern sie überholt sind, und schlicht ihre Anzahl insgesamt zu verringern.[260] Diese Bestrebungen zeigen durchaus Wirkung.[261] Die Anzahl an neuen Rechtsetzungsinitiativen sank in den letzten Jahren kontinuierlich, zuletzt auf unter 50 Initiativen pro Jahr.[262] Zwar ist dieser Ansatz keineswegs so neu und innovativ, wie ihn die Kommission darstellt.[263] Bereits in den Neunziger Jahren ist es der Kommission gelungen, ihre Vorschläge von 60 auf insgesamt nur noch sieben Rechtsetzungsinitiativen zu reduzieren.[264] Dies zeigt aber, dass zur Verminderung der Rechtsetzungsaktivität der EU vor allem dauerhafte Bemühungen erforderlich sind.[265] Obwohl es damit letztlich im Wesentlichen vom Einsatz der Kommission abhängen dürfte, dass sich die Rechtsetzungsaktivität der EU verringert, ist dies dennoch dem Vorschlag der Einführung eines Rechtsetzungsbudgets oder einer Bürokratiebremse vorzuziehen.

IV. Radikale Rechtsbereinigung

Den Umfang des bestehenden Normbestandes im Blick hat eine besondere Art der Rechtsbereinigung, die gegenwärtig in Österreich verfolgt wird.[266] Gegenstand dieser Rechtsbereinigungsmaßnahme ist im Wesentlichen die Aufhebung von österreichischen Gesetzen mit der Besonderheit, dass alle Gesetze aus den Jahren vor 2000 aufgehoben werden, sofern sie nicht explizit ausgenommen sind.[267] Damit statuiert der österreichische Ansatz eine allgemeine Vermutung dahingehend, dass all diese Gesetze nicht mehr erforderlich seien, es sei denn diese Vermutung wird durch den Widerspruch eines Ministeriums oder von den Ergebnissen der mehrmonatigen Konsultationen der Zivilgesellschaft

---

und Fakten, Bürokratieabbau und bessere Rechtsetzung, S. 4 sowie https://www.deutsche-handwerks-zeitung.de/von-der-leyen-verspricht-buerokratieabbau/150/3094/393235.

[260] So die Mitteilung der Kommission COM(2016) 615 endgültig vom 14. September 2016, S. 3.

[261] Wohl ebenfalls mit positiver Bewertung *Zbíral*, in: Garben/Govaere, The EU Better Regulation Agenda, S. 63 (74) sowie *Golberg*, Better Regulation: European Union Style, S. 48.

[262] S. für den Zeitraum bis zum Jahr 2015 COM(2016) 615 endgültig vom 14. September 2016, S. 3; vgl. für den Zeitraum ab dem Jahr 2015 COM(2017) 651 endgültig vom 24. Oktober 2016, S. 5.

[263] Vgl. etwa COM(2016) 615 endgültig vom 14. September 2016, S. 3.

[264] *Gündisch/Mathijsen*, Rechtsetzung und Interessenvertretung, S. 212.

[265] Vgl. ähnl. *Gündisch/Mathijsen*, Rechtsetzung und Interessenvertretung, S. 212, die fordern, dass sich auch Parlament und Rat an diesen Bemühungen beteiligen.

[266] Vgl. eingehend dazu *Krakow*, Legistischer Kehraus, Legal Tribune Online vom 29. Januar 2018.

[267] Vgl. berichtend *Krakow*, Legistischer Kehraus, Legal Tribune Online vom 29. Januar 2018.

widerlegt.[268] Die Übertragung dieses Ansatzes auf die Unionsrechtsetzung ist zwar nicht von vornherein ausgeschlossen. Insbesondere könnte eine radikale Rechtsbereinigung durch den beachtlichen Umfang des bestehenden Unionsrechts und die festgestellten Defizite der vorhandenen, wenig wirksamen Rechtsbereinigungsmaßnahmen der EU gerechtfertigt werden.[269] Gleichwohl ist sie aus folgenden Gründen nicht zu befürworten: Zum einen ist zu erwarten, dass die Generaldirektionen – voraussichtlich auch infolge des Einflusses von Interessengruppen – von der Möglichkeit, durch die Benennung bestimmter Rechtsakte, diese von der Rechtsbereinigung auszunehmen,[270] intensiv Gebrauch machen würden. Die Wirkung der Rechtsbereinigung würde dadurch stark relativiert werden.[271] Zum anderen ist der österreichische Ansatz für die Unionsebene auch zu weitgehend. Die Aufhebung von vermeintlich wirkungslos gewordenen Rechtsakten erfordert – insbesondere wenn diese Schutzstandards für bestimmte Personengruppen aufstellen – eine sorgfältige Einzelfallprüfung, ob diese Rechtsakte tatsächlich obsolet geworden sind.[272] Durch die Festlegung einer bestimmten Datumsgrenze kann eine solche Überprüfung nicht gewährleistet werden, zumal schon zweifelhaft ist, welches Datum für die Unionsrechtsakte gelten sollte. Daher sollte dieser Ansatz der Rechtsbereinigung nicht in das europäische Konzept der Besseren Rechtsetzung aufgenommen werden.

V. Veröffentlichung der „Errungenschaften“ der Besseren Rechtsetzung

Teilweise wird gefordert, die Unionsorgane sollten die Fortschritte bei der Umsetzung des Konzepts besser kontrollieren und transparenter veröffentlichen.[273] Insbesondere solle die Einhaltung von Verfahrensstandards besser überwacht werden.[274] Hierzu sollten Erfolgsindikatoren eingerichtet werden, die insbesondere auch die Perspektive der Mitgliedstaaten berücksichtigen.[275] Diese Forderung dürfte mittlerweile weitgehend erfüllt sein. Der Ausschuss für Regulierungskontrolle nimmt in seinem jährlichen Abschlussbericht eine umfassende Analyse der Umsetzung des Konzepts in der Kommission vor[276] und

---

268 Vgl. berichtend *Krakow*, Legistischer Kehraus, Legal Tribune Online vom 29. Januar 2018.

269 Von 2015 bis 2017 wurden nur 23 Rechtsakte aufgehoben, vgl. zu diesem Defizit sowie den Zahlen und zu den entsprechenden Nachweisen die Ausführungen in Kapitel 6 auf S. 175.

270 Vgl. zum früheren Widerstand gegen Rechtsbereinigungsmaßnahmen innerhalb der Kommission *Zbíral*, in: Garben/Govaere, The EU Better Regulation Agenda, S. 63 (71 f.).

271 S. zu dieser Kritik für die Rechtsbereinigung in Österreich *Krakow*, Legistischer Kehraus, Legal Tribune Online vom 29. Januar 2018.

272 Vgl. hierzu die Ausführungen in Kapitel 6 auf S. 174 f.

273 Vgl. *Impactassessmentinstitute*, Final Study 2017, S. 9 f.

274 *Impactassessmentinstitute*, Final Study 2017, S. 11.

275 *Impactassessmentinstitute*, Final Study 2017, S. 13.

276 *Ausschuss für Regulierungskontrolle*, Jährlicher Bericht 2017, S. 11 ff.

auch die anderen Unionsorgane kontrollieren ihre Fortschritte und berichten hierüber.[277] Hingegen erscheint ein anderer Reformvorschlag im Zusammenhang mit der Veröffentlichung der durch das Konzept erreichten „Errungenschaften" sinnvoll. Zuzustimmen ist dem Vorschlag, dass die EU ihre Strategie hinsichtlich der öffentlichen Darstellung ihrer Rechtsetzung ändern sollte.[278] Es wurde festgestellt, dass die gegenwärtige, defizitorientierte öffentliche Darstellung auch die Leistungsfähigkeit des Konzepts der Besseren Rechtsetzung beeinträchtigen kann.[279] Daher sollte die EU stärker die Vorteile des Unionsrechts insbesondere für den Unionsbürger betonen und deutlicher kritisieren, wenn für das Versagen von Unionsrecht die Mitgliedstaaten, etwa wegen fehlerhafter Umsetzung, verantwortlich sind.[280] Besonders in Zeiten antieuropäischer Bestrebungen gerät schnell in Vergessenheit, dass die EU nicht nur ein Garant für Frieden, sondern auch verantwortlich für viele wirtschaftliche und gesellschaftliche Errungenschaften ist,[281] die durch ihr Recht erreicht wurden.[282] Im Ansatz wird diese Strategie von der EU bereits verfolgt,[283] sie sollte sie aber speziell für den Bereich der Besseren Rechtsetzung weiter ausbauen und vermehrt konkret Unionsrecht benennen, an dem die Bessere Rechtsetzung sichtbar wird.

VI. „Law-Screening"

Ein eher technisch-funktionaler Ansatz ist das „Law-Screening", welches den Umgang mit Rechtsvorschriften erleichtern soll.[284] Dieser Ansatz zielt auf die Optimierung von Datenbanken für Rechtsvorschriften, mit deren Hilfe Rechtsanwender, Wirtschaftsunternehmen oder Privatpersonen die sie jeweils in einer bestimmten Situation betreffenden Rechtsvorschriften zuverlässig identifizieren können. Hierfür werden entsprechend qualifizierte Suchfilter eingesetzt,

---

[277] Vgl. etwa für den Rat Ratsdok. Nr. 8849/17 vom 23. Mai 2017 und den Bericht über die Auslegung und Umsetzung der Interinstitutionellen Vereinbarung über bessere Rechtsetzung vom 15. Mai 2018 des *Europäischen Parlaments*, PE615.497, S. 28 Rn. 104 f. und ebenfalls ausführlich *Europäisches Parlament*, Activity Report for 2016, S. 9 f. und *dass.*, Activity Report for 2017, S. 12 ff.

[278] *Kelemen*, in: Garben/Govaere, The EU Better Regulation Agenda, S. 205 (211).

[279] Vgl. dazu ausführlich die Ausführungen in Kapitel 7 auf S. 221 f.

[280] Vgl. mit weitergehenden und konkreten Vorschlägen *Kelemen*, in: Garben/Govaere, The EU Better Regulation Agenda, S. 205 (211 ff.); s. mit derselben Forderung *Golberg*, Better Regulation: European Union Style, S. 70.

[281] S. näher hierzu *Kelemen*, in: Garben/Govaere, The EU Better Regulation Agenda, S. 205 (211 ff.).

[282] Völlig zu Recht betont die Kommission in COM(2015) 215 endgültig vom 19. Mai 2015, S. 4, dass das „Unionsregelwerk" auch gerade eine große Stärke der EU sei.

[283] Vgl. etwa COM(2015) 215 endgültig vom 19. Mai 2015, S. 8; COM(2017) 651 endgültig vom 24. Oktober 2017, S. 7.

[284] Vgl. zu diesem Ansatz ausführlich *Krebs/Jung*, in: BB 2014, S. 3081 (3081 ff.).

etwa in Bezug auf die Größe, den Umsatz oder die Mitarbeiteranzahl eines Unternehmens.[285] Diese Suchfilter sollen beispielsweise ermöglichen, eine zuständige Behörde schneller zu bestimmen oder für bestimmte „Standardsituationen", wie etwa der Unternehmensgründung, alle einschlägigen Rechtsnormen zu ermitteln.[286] Da die Kenntnis der einschlägigen Rechtsvorschriften eine wesentliche Voraussetzung dafür ist, dass diese eingehalten werden, leistet das Law-Screening auch einen Beitrag, um die Rechtsbefolgung zu verbessern.[287] Obgleich die Umsetzung eines funktionsfähigen und wirksamen „Law-Screenings" weder eine einfache noch eine finanziell günstige Reformmaßnahme ist,[288] empfiehlt sie sich für das Unionsrecht. Das europäische Konzept der Besseren Rechtsetzung verfügt zwar mit der Datenbank EUR-LEX bereits über ein leistungsfähiges und grundsätzlich anwenderfreundliches Instrument, das auch verschiedene Filter für eine effektive Suche von Rechtsvorschriften bereithält.[289] Die Datenbank könnte aber ohne großen Aufwand sukzessive um neue Filterfunktionen ergänzt werden, die – entsprechend dem vorgestellten Ansatz – alle Rechtsvorschriften für eine konkrete Situation[290] zu Verfügung stellen. Insbesondere für juristische Laien und kleine Unternehmen könnte auf diese Weise der Umgang mit europäischen Rechtsvorschriften im (geschäftlichen) Alltag erleichtert werden.

VII. Zwischenfazit

Obgleich viele sinnvolle Erwägungen zur Verbesserung der europäischen Rechtsetzungsqualität existieren, eignen sie sich nur selten, um das Set der Instrumente des europäischen Konzepts der Besseren Rechtsetzung zu ergänzen. Abzulehnen sind insbesondere Überlegungen zur Einführung einer Bürokratiebremse, wie sie in Deutschland praktiziert wird, oder eines Rechtsetzungsbudgets für die Unionsrechtsetzung. Auch die Übertragung des Ansatzes einer radikalen Rechtsbereinigung nach österreichischem Vorbild auf die Unionsebene ist nicht geeignet, um die Defizite der europäischen Rechtsbereinigungsmaßnahmen zu beseitigen. Die Aufnahme des Instruments des „Rechtsetzung-Outsourcing" in das europäische Konzept ist abzulehnen, jedenfalls sofern es über Einzelfälle hinausgeht. Dass die Festlegung verbindlicher Qualitätsstandards mit anschließender Kontrolle durch den EuGH dazu beitragen könnte, die Rechtsetzungsqualität des Unionsrechts zu verbessern, ist zwar nicht ausgeschlos-

---

285 S. im Einzelnen dazu *Krebs/Jung*, in: BB 2014, S. 3081 (3082).

286 *Krebs/Jung*, in: BB 2014, S. 3081 (3083).

287 Vgl. ähnl. *Krebs/Jung*, in: BB 2014, S. 3081 (3082 f.).

288 Vgl. ähnl. *Krebs/Jung*, in: BB 2014, S. 3081 (3082 f.).

289 S. zum EUR-LEX Portal und dessen Bewertung die Ausführungen in Kapitel 6 auf S. 178 f.

290 Bspw.: „Einfuhr von Waren in die EU/Ausfuhr in das EU-Ausland".

sen. Die Umsetzung dieses Vorschlags wäre aber mit Blick auf bestehende Instrumente schwierig, da sie voraussichtlich, etwa in Bezug auf die Kontrollen des LEG-Team, eine umfassende Neugestaltung des Konzepts erfordert. In das europäische Konzept ohne Einschränkung aufgenommen werden kann hingegen die Forderung nach einer deutlicheren Herausstellung der „Errungenschaften" des Unionsrechts, auch in Bezug auf die Bessere Rechtsetzung. Im Übrigen sollte das Konzept um das Instrument des „Law-Screenings" ergänzt werden, wodurch der Zugang zur Rechtsetzung verbessert würde.

I. Vorschlag für ein gemeinsames Gremium für die Bessere Rechtsetzung

Die Leistungsfähigkeit des europäischen Konzepts könnte zusätzlich durch die Einrichtung eines gemeinsamen Gremiums für eine Bessere Rechtsetzung, an dem alle drei Rechtsetzungsorgane beteiligt sind, gesteigert werden.

1. Vorhandene Vorschläge zu Rechtsetzungsgremien

Die Idee, die Rechtsetzungsqualität von Unionsrechtsvorschriften durch die Einrichtung eines eigenständigen Rechtsetzungsgremiums zu verbessern, ist nicht neu.[291] Die vorhandenen Vorschläge reichen von der Einrichtung besonderer Rechtsetzungsqualitätskammern beim EuGH[292] über die Schaffung eigener Gesetzgebungseinheiten bei der Kommission[293] bis hin zu externen, unabhängigen Beratungs- und Kontrollgremien,[294] etwa nach dem Vorbild des französischen Conseil d'Etat.[295] Die Umsetzung dieser bestehenden – größ-

[291] S. hierzu etwa die ausführliche Darstellung des Meinungsstands bei *Grüner*, Quantität und Qualität der europäischen Rechtsetzung, S. 405 ff. sowie bei *Herten-Koch*, Rechtsetzung und Rechtsbereinigung, S. 198 ff. und bei *Robinson*, in: The Theory and Practice of Legislation 2015, S. 257 (271).

[292] *Kortmann*, in: SEW 1996, S. 38 (46); s. berichtend *Grüner*, Quantität und Qualität der europäischen Rechtsetzung, S. 405.

[293] *Herten-Koch*, Rechtsetzung und Rechtsbereinigung, S. 204; s. m. w. N. auch *Grüner*, Quantität und Qualität der europäischen Rechtsetzung, S. 405 f.

[294] *Belis*, Implementation of EU Legislation, S. 23; *v. Danwitz*, in: JZ 2006, S. 1 (3 f.); *ders.*, Wege zu besserer Gesetzgebung in Europa, S. 11; *Gündisch/Mathijsen*, Rechtsetzung und Interessenvertretung, S. 212; sich dem Ganzen anschließend *Grüner*, Quantität und Qualität der europäischen Rechtsetzung, S. 411; vgl. dazu bereits auch schon zuvor *Müller-Graff*, in: EuZW 1998, S. 325 (330).

[295] *Koopmans Report*, The Quality of EC Legislation: Points for Consideration and Proposals, S. 42. Der Conseil d'Etat ist das oberste Verwaltungsgericht Frankreichs, er berät aber außerdem die französische Regierung bei der Vorbereitung von Gesetzen und kann sich fremd- und eigeninitiativ mit Fragen, die die Verwaltung und die öffentliche Politik betreffen, auseinandersetzen, vgl. hierzu https://www.conseil-etat.fr/de/.

tenteils älteren[296] – Vorschläge erscheint allerdings nicht optimal, da sich das europäische Konzept der Besseren Rechtsetzung, insbesondere in den letzten Jahren, stark verändert hat.[297] Die genannten Reformvorschläge berücksichtigen folglich nicht die Existenz neuer Instrumente wie die REFIT-Plattform[298] und den Ausschuss für Regulierungskontrolle. Es ist daher notwendig, auf Grundlage der vorhandenen Reformvorschläge die Idee eines Gremiums für Bessere Rechtsetzung weiterzuentwickeln, wobei die gegenwärtige Ausgestaltung des Konzepts sowie seine konkret festgestellten Defizite zu beachten sind.

II. Interinstitutioneller Ansatz

1. Organisatorische und personelle Ausgestaltung

An dem vorgeschlagenen gemeinsamen Gremium für eine Bessere Rechtsetzung sollten alle drei Rechtsetzungsorgane gleichermaßen beteiligt sein.[299] Dieser interinstitutionelle Ansatz entspricht nicht nur der Gleichberechtigung der Rechtsetzungsorgane im Rechtsetzungsverfahren, sondern spiegelt auch deren Gesamtverantwortung für das europäische Konzept der Besseren Rechtsetzung wider.[300] Für die Unionsrechtsetzung ist ihr Urheber verantwortlich und damit Kommission, Rat und Parlament gemeinsam. Vorbild für diese Zusammenarbeit könnte die Taskforce für Subsidiarität, Proportionalität und „Weniger, aber effizienteres Handeln" sein, an der ebenfalls Vertreter von Kommission, Parlament und Rat beteiligt waren.[301] Außerdem ist der notwendige Sachverstand des Gremiums durch die Einbeziehung von entsprechend geeigneten Persönlichkeiten aus der Wissenschaft und Praxis zu gewährleisten.[302]

---

[296] Die Diskussion um die Einrichtung interner bzw. externer Kontrollgremien fand überwiegend um die Jahrtausendwende statt. Der *Koopmans Report* stammt beispielsweise aus dem Jahr 1995.

[297] Die letzte „umfangreiche" Reform des Konzepts war im Jahr 2015, vgl. hierzu Kapitel 4 S. 72 ff.

[298] Teilweise wird vorgeschlagen, die REFIT-Plattform zu einem solchen externen Gremium umzubauen, vgl. *de Mulder*, in: Garben/Govaere, The EU Better Regulation Agenda, S. 137 (184). Allerdings erscheint dieser Vorschlag aufgrund der engen (organisatorischen) Verbindung zwischen REFIT-Plattform und Kommission nicht optimal. Insoweit kann auf die Ausführungen zum Ausschuss für Regulierungskontrolle verwiesen werden, s. hierzu die Ausführungen in diesem Kapitel auf S. 243.

[299] So bereits der Vorschlag von *Gündisch/Mathijsen*, Rechtsetzung und Interessenvertretung, S. 212.

[300] S. zu teilweise ähnl., aber im Detail abweichenden Vorschlägen zu einem gemeinsamen Gremium, dessen Aufgaben insb. nicht die Folgenabschätzung, sondern nur die Rechtsetzungsvorbereitung und redaktionelle Arbeiten betreffen sollen *Guggeis*, in: The Theory and Practice of Legislation 2014, S. 273 (280) und *Robinson*, in: The Theory and Practice of Legislation 2015, S. 257 (273 f.).

[301] Vgl. hierzu auch die Ausführungen in Kapitel 4 auf S. 79.

[302] Mit diesem Argument bereits *Gündisch/Mathijsen*, Rechtsetzung und Interessenvertretung, S. 212.

Mit wissenschaftlicher Kompetenz auf der einen und der interinstitutionellen Besetzung auf der anderen Seite sollte das Gremium sowohl fachlich als auch politisch über ausreichend Autorität verfügen, um seine Aufgaben[303] gegenüber den Rechtsetzungsorganen effektiv wahrnehmen zu können.[304]

Organisatorisch sollte das Gremium außerhalb der drei Organe errichtet werden. Einwände, die grundsätzlich gegen die externe Einrichtung von Rechtsetzungsgremien sprechen, wie etwa eine schlechtere Akzeptanz der Kontrollen oder die fehlende Kenntnis interner Verfahrensabläufe,[305] sind für das hier vorgeschlagene gemeinsame Gremium weniger beachtlich, da es in personeller Hinsicht kein vollständig externes Gremium ist. Die Beteiligung der drei Rechtsetzungsorgane sollte einerseits die Akzeptanz der Arbeit des Gremiums erhöhen, andererseits das notwendige Wissen um interne Verfahrensstrukturen in den drei Rechtsetzungsorganen in das Gremium einbringen. Mit Blick auf die konkrete Einrichtung des Gremiums wird eine entsprechende Ergänzung der Interinstitutionellen Vereinbarung über Bessere Rechtsetzung vorgeschlagen, die mit vergleichsweise wenig Aufwand vorgenommen werden könnte.[306]

2. *Aufgaben*

Das vorgeschlagene gemeinsame Gremium könnte als Kontroll- und Koordinationsgremium ausgestaltet werden. Es sollte aber nicht nur den Zweck haben, das Kontroll- und Beratungsniveau im Ausarbeitungsprozess von Rechtsakten zu verbessern.[307] Seine konkreten Aufgaben sollten vielmehr danach ausgewählt werden, dass die Arbeit des Gremiums dazu beiträgt, die herausgearbeiteten Defizite des Konzepts möglichst umfassend zu beseitigen.

a) Koordinierungs-, Beratungs- und Entwicklungsfunktion

Das gemeinsame Gremium sollte die allgemeine Aufgabe haben, die Rechtsetzungsorgane in Fragen der Besseren Rechtsetzung zu beraten.[308] Darüber hinaus bietet sich das gemeinsame Gremium als Plattform für die Koordinierung

---

303 Vgl. dazu noch die folgenden Ausführungen in diesem Kapitel auf S. 274 ff.

304 So bereits *Gündisch/Mathijsen*, Rechtsetzung und Interessenvertretung, S. 212.

305 Vgl. dazu die Ausführungen zur entsprechenden Diskussion im Hinblick auf den Ausschuss für Regulierungskontrolle in diesem Kapitel auf S. 239 f.

306 Denkbar wäre auch die primärrechtliche Einrichtung des Gremiums als Nebenorgan oder durch eine Verordnung. Beide Möglichkeiten haben zwar Vorteile mit Blick auf die vermittelte Legitimation, sind aber voraussichtlich langwierig und entsprechend aufwendig, weswegen die Ergänzung der Interinstitutionellen Vereinbarung die flexiblere und einfachere Lösung ist.

307 Hierauf zielen die meisten bestehenden Vorschläge zu Rechtsetzungsgremien, vgl. dazu etwa die Ausführungen bei *Grüner*, Quantität und Qualität der europäischen Rechtsetzung, S. 405 ff. und *Herten-Koch*, Rechtsetzung und Rechtsbereinigung, S. 189 f.

308 Insoweit kann auf dem Vorschlag, der die Einrichtung eines Rechtsetzungsgremiums nach dem Vorbild des Conseil d'Etat fordert, aufgebaut werden.

von Maßnahmen der drei Rechtsetzungsorgane im Bereich der Besseren Rechtsetzung an. Konkret betrifft dies etwa die Koordinierung im Rechtsetzungsverfahren, die gemeinsame Programmplanung der Rechtsetzungsorgane[309] und die Unterrichtung über künftige Vorhaben im Bereich der Besseren Rechtsetzung. Auch die Aufgaben der Erarbeitung neuer Regeln[310] und Dokumente zur Besseren Rechtsetzung oder der Überarbeitung solcher Dokumente, wie dem Gemeinsamen Leitfaden für die Abfassung von Rechtstexten der EU,[311] oder der Erarbeitung einer gesamtstrategischen Ausrichtung des europäischen Konzepts und dessen Weiterentwicklung sowie die periodische Überwachung seiner Umsetzung durch die Rechtsetzungsorgane könnten auf das Gremium übertragen werden. All diese Aufgaben sind gegenwärtig (ungleich) verteilt auf verschiedene Einrichtungen der Rechtsetzungsorgane, wie etwa dem Ausschuss für Regulierungskontrolle, dem LEG-Team des Juristischen Dienstes der Kommission oder der Direktion für Folgenabschätzungen des Parlaments.[312] Die Übertragung dieser Aufgaben auf ein gemeinsames Gremium sollte daher auch die gemeinsame Verantwortung der Rechtsetzungsorgane für das europäische Konzept stärken. Außerdem könnten alle am Gremium Beteiligten von den jeweiligen Erkenntnissen und Erfahrungen im Bereich der Besseren Rechtsetzung der anderen Rechtsetzungsorgane profitieren. Auf diese Weise könnte auch die Herausbildung einer einheitlichen Methodik in Bezug auf die Anwendung einzelner Instrumente begünstigt werden,[313] was der Leistungsfähigkeit der Instrumente der Besseren Rechtsetzung im interinstitutionellen Gefüge zuträglich wäre.

b) *Kontrollfunktion*

aa) *Kontrolle der Rechtsetzungsqualität*

Neben den genannten Aufgaben sollte das gemeinsame Gremium auch die Rechtsetzungsqualität kontrollieren. Dabei sollte das Gremium aber nicht als

---

309 Vgl. hierzu ausführlich die Interinstitutionelle Vereinbarung über Bessere Rechtsetzung vom 13. April 2016, ABl. 2016 L 123/1, S. 2 ff., Rn. 4 ff.

310 So ähnl. auch der Vorschlag von *Robinson*, in: The Theory and Practice of Legislation 2015, S. 257 (270), der fordert, dass die Rechtsetzungsorgane sich über Grundregeln der Rechtsetzung einigen sollten.

311 Für den Gemeinsamen Leitfaden besteht seit 2010 mit der Reflexionsgruppe zur Rechtsetzungstechnik bereits eine Zusammenarbeit der drei Unionsorgane, die als Vorbild dienen und im Rahmen des hier vorgeschlagenen gemeinsamen Gremiums vertieft werden könnte, vgl. dazu Gemeinsamer Leitfaden, S. 5.

312 Vgl. zu diesen Aufgaben im Einzelnen die Ausführungen in Kapitel 6, zu den Aufgaben des Ausschuss für Regulierungskontrolle S. 151 f., zu den Aufgaben der Direktion für Folgenabschätzungen S. 138 f. und zu den Aufgaben des LEG-Teams S. 185 f.

313 S. bspw. zu der Kritik einer fehlenden einheitlichen Methodik im Hinblick auf Ex-Post-Evaluierungen bereits schon innerhalb der Kommission *Europäischer Rechnungshof*, Sonderbericht Nr. 16/2018, Rn. 49.

gewöhnliche Legislativ-Kontrollstelle fungieren, deren Einrichtung wegen der mit ihr verbundenen Nachteile für das europäische Konzept nicht optimal ist.[314] Die Kontrollen des Gremiums sollten daher nicht systematisch und umfassend erfolgen. Solche Kontrollformen sind innerhalb der Rechtsetzungsorgane bereits vorhanden.[315] Vielmehr könnten sich die Kontrollen ausschließlich auf wenige ausgewählte – beispielsweise die hier bereits vorgeschlagenen – Vorgaben der Rechtsetzungstechnik beschränken.[316] Die Beschränkung auf die hier vorgeschlagenen Vorgaben hätte den Vorteil, dass sich diese, insbesondere in Bezug auf die prägnante Bezeichnung von Rechtsakten und die Anzahl von Erwägungsgründen, verhältnismäßig einfach kontrollieren lassen und diesbezügliche Mängel zügig und ohne unangemessene Verzögerung des Rechtsetzungsverfahrens beseitigt werden könnten.[317] Außerdem sollte diese Kontrolle als freiwillige Kontrollmöglichkeit ausgestaltet werden, welche die drei Rechtsetzungsorgane für die von ihnen ausgewählten Rechtsakte in Anspruch nehmen können, um diese mit Blick auf die Rechtsetzungsqualität „zu veredeln".[318] Auf diese Weise könnte auf die Einhaltung von Vorgaben der Rechtsetzungstechnik und ein höheres Kontrollniveau im europäischen Konzept hingewirkt werden, ohne dass die bestehenden Kontrollstrukturen beeinträchtigt würden.

bb) Kontrolle der Folgenabschätzungen von Parlament und Rat

Bereits der Entwurf der Kommission zur Erneuerung der Interinstitutionellen Vereinbarung aus dem Jahr 2015 enthielt einen Vorschlag zur Einrichtung eines Gremiums, welches mit Kontrollbefugnissen hinsichtlich Folgenabschätzungen ausgestattet sein sollte.[319] Allerdings wurde dieser Vorschlag wegen institutioneller Bedenken nicht realisiert.[320] Anknüpfend an den Vorschlag der

---

[314] Vgl. dazu die Ausführungen zum Reformvorschlag der Verbesserung der Durchsetzung von Qualitiätskriterien für Rechtsakte in diesem Kapitel auf S. 260 ff.

[315] Vgl. dazu insbesondere die Ausführungen zum Ausschuss für Regulierungskontrolle und zum Juristischen Dienst in Kapitel 6 auf S. 156 ff. sowie S. 185 ff.

[316] Die vorgeschlagenen Vorgaben fordern eine prägnante Bezeichnung von Rechtsakten, weniger Erwägungsgründe, bessere Begriffsbestimmungen und eine angemessene Regelungsdichte, vgl. dazu die Ausführungen in diesem Kapitel auf S. 260 ff.

[317] Die Kontrolle der hier vorgeschlagenen Vorgaben zur Benennung von Rechtsakten und zur Anzahl von Erwägungsgründen wäre auch nicht deshalb ineffektiv, weil diese Vorgaben von den Verfassern von Rechtstexten von vornherein nicht eingehalten werden könnten. Anders als etwa Vorgaben des Gemeinsamen Leitfadens sind diese vorgeschlagenen Vorgaben nicht so allgemein und abstrakt formuliert, dass sie im konkreten Ausarbeitungsprozess schon gar nicht berücksichtigt werden könnten.

[318] Vorteilhaft ist daher diese Art der Kontrolle insbesondere bei politisch brisanten oder öffentlichkeitswirksamen Rechtsakten.

[319] COM(2015) 216 endgültig vom 19. Mai 2015, S. 6 Rn. 12.

[320] Nach der geltenden Interinstitutionellen Vereinbarung über Bessere Rechtsetzung vom 13. April 2016, ABl. 2016 L 123/1, S. 4 Rn. 17 obliegt die Einrichtung einer Qualitätskontrolle der eigenen Folgenabschätzung gegenwärtig jedem Unionsorgan selbst.

Kommission sollte dem hier vorgeschlagenen gemeinsamen Gremium die Aufgabe der eigeninitiativen Kontrolle der Folgenabschätzungen von Parlament und Rat übertragen werden.[321] Da die Folgenabschätzungen von Parlament und Rat gegenwärtig keiner Kontrolle unterzogen werden,[322] ist eine systematische Kontrolle erforderlich, um ein entsprechendes Qualitätsniveau dieser Folgenabschätzungen zu gewährleisten. Darüber hinaus könnte das Gremium überprüfen, ob Parlament und Rat bei wesentlicher Abänderung eines Kommissionsvorschlags eine Folgenabschätzung überhaupt durchgeführt haben. Diese Prüfung würde erleichtert werden, wenn Parlament und Rat in ihren Leitlinien – beispielsweise wie vorgeschlagen[323] – genauer festlegen, in welchen Fällen ein Folgenabschätzungsverfahren tatsächlich durchgeführt werden muss. Auf diese Weise könnte die Einrichtung eines gemeinsamen Gremiums auch dazu beitragen, die Folgenabschätzungspraxis von Parlament und Rat zu verbessern. Diesbezügliche interinstitutionelle Einwände mit Blick darauf, dass die Kommission wegen ihrer Beteiligung am gemeinsamen Gremium die Möglichkeit habe, die Kontrolle der Folgenabschätzung von Parlament und Rat mitzubestimmen und zu beeinflussen, sind zwar gerechtfertigt. Sie könnten aber durch eine entsprechende Anpassung der Befugnisse oder der internen Verfahrens- und Zuständigkeitsvorschriften des gemeinsamen Gremiums entschärft werden. So könnte beispielsweise vorgesehen werden, dass die Kontrollen der Folgenabschätzungen von Parlament und Rat ausschließlich in den Zuständigkeitsbereich deren Vertreter im gemeinsamen Gremium fallen oder dass diesen bezüglich der Bewertung einer Folgenabschätzung ein Vetorecht eingeräumt wird. Im Übrigen sollte sich die Kontrolltätigkeit des Gremiums bei den Folgenabschätzungen – wie auch hinsichtlich der Rechtsetzungsqualität – allein darauf beschränken, Mängel zu identifizieren, deren Beseitigung aber den jeweiligen betroffenen Unionsorganen überlassen. Um den Ablauf des Rechtsetzungsverfahrens nicht unangemessen zu beeinträchtigen, könnte außerdem auch die Zusage der Vermeidung von erkannten Mängeln in einem erneuten Rechtsetzungsverfahren in Betracht kommen. Als eine interinstitutionelle Einrichtung sollte die Autorität des Gremiums ausreichen, eine entsprechende Verhaltensänderung bei den betroffenen Rechtsetzungsorganen zu veranlassen, ohne dass hierfür Sanktionsmittel eingeführt werden müssten.[324]

---

321 Im Vorschlag zur Erneuerung der Interinstitutionellen Vereinbarung über Bessere Rechtsetzung war vorgesehen, dass jedes Unionsorgan nach wesentlicher Abänderung eines Kommissionsvorschlags das unabhängige Gremium damit beauftragen können sollte, diesen Aspekt zu prüfen, vgl. COM(2015) 216 endgültig vom 19. Mai 2015, S. 6 Rn. 12.

322 S. hierzu die Ausführungen in Kapitel 6 auf S. 154 f.; s. dies bereits früher feststellend *Pfeifer*, Bessere Rechtsetzung, S. 156.

323 Vgl. dazu die Ausführungen in diesem Kapitel auf S. 235 f.

324 So auch der Vorschlag von *Gündisch/Mathijsen*, Rechtsetzung und Interessenvertretung, S. 212.

III. Zwischenfazit

Die Einrichtung eines gemeinsamen Gremiums für Bessere Rechtsetzung ist keine minimalinvasive Optimierungs-, sondern eine umfassende und aufwendige Reformmaßnahme, die das gegenwärtige europäische Konzept verändert. Obgleich deswegen fraglich ist, ob ein solches Gremium realisiert werden kann, empfiehlt sich seine Einrichtung wegen der hiermit verbundenen Vorteile. Die Beteiligung der drei Rechtsetzungsorgane an einem gemeinsamen Gremium stärkt deren Gesamtverantwortung für das europäische Konzept und fördert gleichzeitig die Herausbildung von solchen Strukturen der Besseren Rechtsetzung, die sich nicht auf die einzelnen Rechtsetzungsorgane beschränken.[325] Zudem bietet das Gremium die Möglichkeit, gemeinsame Strategien, Methoden und Dokumente für die Bessere Rechtsetzung zu entwickeln, wovon alle Rechtsetzungsorgane profitieren. Außerdem verbessert das Gremium als Kontrollinstanz für die Folgenabschätzungen von Parlament und Rat die Leistungsfähigkeit des europäischen Systems der Folgenabschätzung. Die Einrichtung eines solchen gemeinsamen Gremiums hat damit das Potenzial, ein Dach für die bestehenden Säulen der Besseren Rechtsetzung zu bilden und die singulären Bemühungen von Kommission, Parlament und Rat zu einem europäischen Gesamtkonzept zu verbinden.

J. Fazit

Die notwendigen Reformmaßnahmen können nach ihrer Zielrichtung zusammengefasst werden: Erstens sollte die EU bestehende Instrumente stärker institutionalisieren, um die vergangenen (erfolgreichen) Bemühungen um eine Bessere Rechtsetzung zu sichern. Zweitens muss die Leistungsfähigkeit der bestehenden Instrumente optimiert werden. Hierfür sollten insbesondere die Verfahrensvorschriften zu Folgenabschätzungen und Ex-Post-Evaluierungen überarbeitet werden, so dass diese eine inhaltlich ausgeglichene Ausrichtung erhalten und die Bereiche der Ökologie, Ökonomie und Soziales gleichermaßen berücksichtigen. Letzteres gilt insoweit auch für die REFIT-Plattform, weswegen deren personelle Zusammensetzung überarbeitet und insbesondere den Interessen des einzelnen Unionsbürgers als Privatperson mehr Bedeutung eingeräumt werden sollte. Drittens sollten bei der Anwendung bestehender Instrumente stärker alle Rechtsetzungsorgane einbezogen werden. Dies gilt insbesondere mit Blick auf die Dominanz der Kommission hinsichtlich Folgenabschätzungen und Ex-Post-Evaluierungen. Der Leistungsfähigkeit des europäischen Systems der Folgenabschätzung wäre es außerdem zuträglich, wenn

[325] Diese Beschränkung wird häufig als ein Mangel bei der Umsetzung des Konzepts der Besseren Rechtsetzung festgestellt, s. etwa *OECD*, Ausblick Regulierungspolitik 2018, S. 18.

Parlament und Rat mehr Folgenabschätzungen durchführten. Eine genauere Definition des Begriffs „wesentliche Änderung“ in den Leitlinien zur Durchführung von Folgenabschätzungen der beiden Organe könnte hierzu beitragen. Viertens sollte das Kontrollniveau im Konzept der Besseren Rechtsetzung verbessert werden. Dies betrifft sowohl die Kontrollen des Ausschusses für Regulierungskontrolle als auch die Kontrollen durch das LEG-Team des Juristischen Dienstes der Kommission. Ohne die entsprechende Ausstattung mit personellen und finanziellen Ressourcen sowie den entsprechend wirksamen Befugnissen werden Vorgaben zur Rechtsetzungstechnik weder von den Autoren von Rechtstexten hinreichend berücksichtigt noch im Falle ihrer Missachtung sanktioniert und durchgesetzt werden können. Darüber hinaus sollte die Einhaltung von Vorgaben der Rechtsetzungstechnik auch dadurch verbessert werden, dass die gegenwärtigen Defizite des Gemeinsamen Leitfadens beseitigt und ausschließlich die Verwirklichung von wenigen wichtigen Vorgaben, wie etwa die prägnante Bezeichnung von Rechtsakten, bessere Begriffsbestimmungen, weniger Erwägungsgründe sowie eine angemessene Regelungsdichte, angestrebt werden. Im Übrigen existieren zahlreiche weitergehende Reformvorschläge zur Verbesserung der europäischen Rechtsetzung, die allerdings mehrheitlich nicht optimal in das bestehende Konzept integriert werden können. Unabhängig davon sollten die drei Rechtsetzungsorgane das Konzept weiter entwickeln und stärker einen interinstitutionellen Ansatz der Besseren Rechtsetzung verfolgen. Hierfür geeignet wäre die Einrichtung eines gemeinsamen Gremiums für Bessere Rechtsetzung mit Beratungs-, Koordinierungs- und Kontrollfunktionen.

Die hier vorgeschlagenen Reformmaßnahmen, insbesondere mit Blick auf die Einrichtung eines gemeinsamen Gremiums, erfordern eine erneute und – insgesamt betrachtet – auch eine aufwendige Reform des Konzepts. Auch wird es ohne einen entsprechenden politischen Willen der drei Rechtsetzungsorgane nicht möglich sein, das Konzept so zu reformieren, dass die identifizierten Defizite beseitigt werden. Obwohl die erneute Reform des Konzepts daher voraussichtlich mit einigen Schwierigkeiten belastet sein wird, sollten Kommission, Parlament und Rat nicht zögern, sie in Angriff zu nehmen. Denn eine erneute Reform bietet die Möglichkeit, an die – teilweise auch gelungenen – Ansätze aus der Vergangenheit anzuknüpfen und die Anzahl der Defizite des Konzepts zu verringern. Dem Ziel einer Besseren Rechtsetzung würde die EU auf diese Weise einen Schritt näher kommen.

Kapitel 9

Zusammenfassung

Seit Jahren ist die EU darum bemüht, ihre Rechtsetzung zu verbessern. Verständliche und wirkungsvolle Rechtsvorschriften sollen dazu beitragen, zunehmend schwierigere Herausforderungen – wie Klimawandel und Migration – zu bewältigen und den Unionsbürgern, der Wirtschaft und den Verwaltungen der Mitgliedstaaten einen nachhaltigen Nutzen bringen. Dennoch mehren sich kritische Stimmen, die die Bessere Rechtsetzung in der EU insgesamt in Frage stellen, was Anlass dazu gibt, die tatsächliche Leistungsfähigkeit des europäischen Konzepts der Besseren Rechtsetzung zu untersuchen.

Das Konzept der Besseren Rechtsetzung verbindet mehrere, aufeinander abgestimmte Inhalte, wie unter anderem Konsultationen, (Gesetzes-)Folgenabschätzungen, Ex-Post-Evaluierungen und Vereinfachungsprogramme, unter Einbeziehung von allgemeinen Prinzipien, wie Verhältnismäßigkeit, Transparenz, Zugänglichkeit und Einfachheit, unter dem Gesamtziel der Verbesserung der Rechtsetzung. Dieses Gesamtziel zerfällt in verschiedene Teilziele, namentlich die Stärkung des Fakten- und Wissensbezugs der Rechtsetzung, die Erhöhung ihrer Legitimität, die Verringerung ihres Umfangs und schließlich die Verbesserung der sprachlichen Gestaltung von Rechtstexten. Den Maßstab für die Zielerreichung bildet dabei die Rechtsetzungsqualität, die anhand von formellen und materiellen Kriterien ohne Ansehung des konkreten politischen Inhalts der jeweiligen Rechtsakte ermittelt wird. Eine hohe Rechtsetzungsqualität zeichnet sich insbesondere dadurch aus, dass Rechtsnormen in formeller Hinsicht bestimmt, verständlich, beständig und systematisch, in materieller Hinsicht effektiv und effizient sind. Erfüllt eine Rechtsetzung diese Kriterien kann sie als „hochwertige" oder „gute" Rechtsetzung qualifiziert werden. Eine hohe Rechtsetzungsqualität soll ermöglichen, jede beliebige (politische) Zielsetzung zu verwirklichen. Die Bezeichnung einer Rechtsetzung als „Bessere" Rechtsetzung betont außerdem, dass die Überwindung eines als kritikwürdig erkannten Ausgangszustands der Rechtsetzung angestrebt wird.

Das Konzept der Besseren Rechtsetzung weist bei abstrakter Betrachtungsweise vielfältige Verbindungen zu ähnlichen und verwandten Konzepten, wie etwa Bürokratieabbau, Deregulierung, Nachhaltigkeit, Good Governance, Recht auf gute Verwaltung, wohlgeordnetes Recht und Intelligente Regulierung, auf. Diese Verbindungen beruhen im Wesentlichen darauf, dass sich die Bessere Rechtsetzung teilweise deren Instrumente bedient, Ziele dieser verwandten Konzepte als eigene Teilziele verfolgt oder die Erreichung konzeptfremder Ziele durch eigene Maßnahmen fördert. Trotz dieser – teilweise engen und zahlreichen – Verbindungen ist das Konzept der Besseren Rechtsetzung nicht (vollständig) mit den ihm verwandten Konzepten kongruent, weswegen es als ein eigenständiges Konzept zu qualifizieren ist. Die Bessere Rechtsetzung weist zwar gemeinsame Schnittmengen mit den genannten Konzepten auf, geht aber zugleich häufig über diese hinaus oder bezieht sich nur punktuell auf begrenzte Teilaspekte. Beispielsweise mit dem Bürokratieabbau und der Deregulierung ist die Bessere Rechtsetzung nur teilweise eng verbunden. Dies zeigt sich etwa am Einsatz von Instrumenten aus der Ex-Post-Perspektive, die im Rahmen der Besseren Rechtsetzung unter anderem der Verringerung des Normbestandes dienen und beim Bürokratieabbau und der Deregulierung auf die Beseitigung von bestehender Bürokratie oder die Reduzierung staatlicher Aktivität abzielen. Hingegen ist die sorgfältige Analyse von möglichen Auswirkungen und Folgen einer zukünftigen Regelung im Rahmen der Folgenabschätzung ein dem Konzept der Besseren Rechtsetzung eigenes Instrument, das allerdings auch geeignet ist, unnötiger Bürokratie vorzubeugen. Zum Konzept der Nachhaltigkeit und dem Governance-Konzept weist die Bessere Rechtsetzung ebenfalls einen starken Bezug auf. Insbesondere wird die Verwirklichung der Ziele dieser Konzepte von einer Besseren Rechtsetzung begünstigt. Die Verbindungen der Besseren Rechtsetzung zum Recht auf gute Verwaltung gemäß Art. 41 GrCh und zum Leitbild des wohlgeordneten Rechts sind hingegen weniger stark ausgeprägt.

Anhand der historischen Entwicklung der Besseren Rechtsetzung auf nationaler und unionaler Ebene kann die Herausbildung des Konzepts konkret nachvollzogen werden. Während in der Frühphase der Besseren Rechtsetzung diese nur in Form vereinzelter Vorgaben für die Rechtsetzung oder in punktuellen Maßnahmen im Rahmen von Verwaltungsreformen, Bürokratieabbau und Deregulierung existierte, bildete sich unter dem Einfluss der OECD und des Mandelkernberichts ab dem Millennium ein eigenständiges europäisches Konzept heraus. In der Folgezeit wurde dieses Konzept auf Unionsebene umgesetzt, ergänzt und weiterentwickelt, wodurch es an konkreten Konturen gewann. Ausgehend vom Aktionsplan „Vereinfachung und Verbesserung des Regelungsumfelds“ aus dem Jahr 2002 verabschiedeten die drei am Rechtsetzungsverfahren beteiligten Organe im Jahr 2003 eine Interinstitutionelle Vereinbarung über Bessere Rechtsetzung, in die verschiedene Instrumente, wie Folgenabschätzungen und Konsultationen, aufgenommen wurden. Mit der Lissabon-Strategie rückten im Jahr 2005 die ökonomischen Vorteile einer Besseren Rechtsetzung, die seitdem auch ausdrücklich dem Wachstum und der Schaffung von Arbeitsplätzen in der EU dienen soll, in den Vordergrund des Konzepts. Durch „Smart Regulation“ im Jahr 2010 und die Einführung des REFIT-Programms im Jahr 2012 erlangte insbesondere das Instrument der Ex-Post-Evaluierung größere Bedeutung im europäischen Konzept der Besseren Rechtsetzung. Im Jahr 2015 strebte die EU mit der Agenda für Bessere Rechtsetzung und den Folgemaßnahmen in den Jahren 2016 und 2017 eine erneute Überarbeitung des Konzepts an. Im Rahmen dieser Agenda wurde unter anderem der Ausschuss für Regulierungskontrolle eingerichtet, der den Ausschuss für Folgenabschätzungen ablöste und nunmehr die Qualität der Folgenabschätzungen und Ex-Post-Evaluierungen der Kommission überprüft. Darüber hinaus schuff die Kommission die REFIT-Plattform, um die Mitgliedstaaten und die Zivilgesellschaft in den Vereinfachungsprozess des Unionsrechts mit einzubeziehen und am REFIT-Programm zu beteiligen. Begleitet wurden die umfangreichen Maßnahmen mit einem Vorschlag zur Erneuerung der Interinstitutionellen Vereinbarung über Bessere Rechtsetzung, die von den Rechtsetzungsorganen im Jahr 2016 beschlossen wurde.

Obschon die historische Entwicklung der Besseren Rechtsetzung auf europäischer Ebene zeigt, dass sich die konkreten Inhalte des europäischen Konzepts entwickeln und verändern können, lassen sich bestimmte Inhalte des Konzepts – wenn auch nicht alle auf dieselbe Weise und im selben Umfang – dogmatisch im Primärrecht, insbesondere in den Bestimmungen zu Offenheit, Transparenz, Bürgernähe, Partizipation, Rechtsstaatlichkeit, Kohärenz, dem Grundsatz der begrenzten Einzelermächtigung, Subsidiarität und Verhältnismäßigkeit sowie Begründungs- und Bezugnahmepflichten, verankern. Vielfältige Bezüge weist die Bessere Rechtsetzung insbesondere zur Rechtsstaatlichkeit auf. Zahlreiche Kriterien der formellen Rechtsetzungsqualität, wie Bestimmtheit, Verständlichkeit und Beständigkeit, können auf Ausprägungen des Rechtsstaatsprinzips zurückgeführt werden. Auch weist das Instrument der Folgenabschätzung enge Beziehungen zum Verhältnismäßigkeits- und Subsidiaritätsprinzip auf. Abseits von diesen Verbindungen zwischen den Inhalten einer Besseren Rechtsetzung und einzelnen primärrechtlichen Bestimmungen können dem Primärrecht aber keine absoluten oder ganz exakten Vorgaben für die Ausgestaltung einzelner Instrumente des Konzepts entnommen werden. Daher und auch aus Gründen des Demokratieprinzips verbleibt den Rechtsetzungsorganen bei der Einrichtung der Instrumente und Verfahren ein grundsätzlich weites Ermessen. Aus dem Primärrecht lässt sich somit auch keine Pflicht der Unionsorgane zu einer Besseren Rechtsetzung ableiten. Vielmehr sind die einzelnen Bestimmungen als Rahmenvorgaben zu deuten.

Die drei am Rechtsetzungsverfahren beteiligten Unionsorgane, Kommission, Parlament und Rat, haben bei der Umsetzung des Konzepts von ihrem Gestaltungsspielraum, insbesondere durch die Erneuerung der Interinstitutionellen Vereinbarung über Bessere Rechtsetzung im Jahr 2016, Gebrauch gemacht und auf diese Weise dem europäischen Konzept seine gegenwärtige Gestalt gegeben. In diesem Konzept bilden die zentralen Säulen der Besseren Rechtsetzung: Konsultationen, das europäische System der Folgenabschätzungen, Ex-Post-Evaluierungen, diese vor allem im Rahmen des REFIT-Programms und mit Unterstützung der REFIT-Plattform, Rechtsbereinigung- und Rechtsvereinfachungsmaßnahmen sowie die Kontrolle von Folgenabschätzung und Ex-Post-Evaluierungen durch den Ausschuss für Regulierungskontrolle. Weitere Bausteine des Konzepts sind: der verbesserte Zugang zu Rechtsvorschriften und Dokumenten, die Sicherstellung einer angemessenen redaktionellen Qualität der Rechtstexte durch den Juristischen Dienst der Unionsorgane sowie Maßnahmen zur Gewährleistung einer ordnungsgemäßen Umsetzung und einer wirksamen Anwendung von Unionsrecht in den Mitgliedstaaten. Diese Bemühungen der EU für eine Bessere Rechtsetzung sind bemerkenswert. Hervorzuheben sind dabei insbesondere die Anzahl der vorhandenen Instrumente sowie deren differenzierte Ausgestaltung durch entsprechende Leitlinien. Begrüßenswert ist auch ein vorhandener politischer Rückhalt für das Konzept, der die Ausbildung von dauerhaften Strukturen einer Besseren Rechtsetzung in der EU begünstigen dürfte. Grundsätzlich hat das Konzept mit seinen positiven Ansätzen daher das Potenzial, das Ziel einer Besseren Rechtsetzung tatsächlich zu verwirklichen. Allerdings lassen sich vier Hauptdefizite identifizieren: die geringe Anwendung der Instrumente, die ungleiche Verteilung der Verantwortung für Maßnahmen der Besseren Rechtsetzung zwischen der Kommission und den anderen Rechtsetzungsorganen, ein ökonomischer Schwerpunkt der Ausgestaltung bestimmter Instrumente sowie ein Ungleichgewicht bei den Bemühungen um die Verwirklichung von formellen und materiellen Kriterien der Rechtsetzungsqualität. Als Beispiel für das erste Defizit sind etwa die von der Kommission eingerichteten öffentlichen Konsultationen zu nennen, die kaum die ihnen zugedachte Funktion der stärkeren Einbeziehung der Unionsbürger in die Unionsrechtsetzung erfüllen können, wenn sie nicht unionsweit genutzt werden. Das zweite Defizit der ungleichen Verantwortung für Maßnahmen der Besseren Rechtsetzung zwischen den Unionsorganen offenbart sich etwa am REFIT-Programm, das ausschließlich in den Händen der Kommission liegt. Die im Parlament und im Rat mittlerweile vorhandenen organisatorischen Strukturen zur Umsetzung von Maßnahmen für eine Bessere Rechtsetzung sind zwar zu begrüßen, sie reichen allerdings nicht aus, um das festgestellte Defizit zu beseitigen. Beispielhaft für das dritte Defizit ist die Auswahl der Mitglieder der REFIT-Plattform, die Zweifel aufkommen lässt, ob nichtwirtschaftliche Interessen bei der Ausarbeitung von Stellungnahmen der Plattform ausreichend berücksichtigt werden. Das vierte Defizit der inhaltlichen Unausgewogenheit des Konzepts zwischen der angestrebten Verwirklichung von Kriterien formeller Rechtsetzungsqualität auf der einen Seite und von Kriterien der materiellen Rechtsetzungsqualität auf der anderen Seite zeigt sich schließlich daran, dass das europäische Konzept der Besseren Rechtsetzung vor allem Maßnahmen zur Optimierung von Konsultationen, Folgenabschätzungen und Ex-Post-Evaluierungen forciert, hingegen der Verbesserung der sprachlichen Gestaltung von Rechtstexten tendenziell zu geringe Beachtung beimisst.

Ursächlich für die festgestellten Defizite im Konzept der Besseren Rechtsetzung sind im Wesentlichen immanente Beschränkungen der Instrumente, die Unionsrechtsordnung als eine schwierige Umsetzungsumgebung sowie Schwächen in der konkreten Umsetzungsstrategie der Unionsorgane. So wird etwa das Defizit der zu geringen Anwendung der Instrumente der Besseren Rechtsetzung sowie das der begrenzten Qualität von Konsultationen, Folgenabschätzungen und Ex-Post-Evaluierungen durch diesen Instrumenten immanente Beschränkungen verursacht. Die Unionsrechtsordnung als besondere Umsetzungsumgebung für das Konzept verstärkt außerdem häufig bereits vorhandene Defizite, wie etwa die Komplexität der Folgenabschätzungsverfahren. Mögliche Auswirkungen einer Regelung müssen beispielsweise abhängig von den jeweils unterschiedlichen Gegebenheiten in den einzelnen Mitgliedstaaten ermittelt werden. Die unterschiedliche Verteilung von Kompetenzen im Rechtsetzungsverfahren ist außerdem mitverantwortlich für das Defizit einer ungleichen Verteilung der Folgenabschätzungs- und Ex-Post-Evaluierungsverantwortung zwischen den Unionsorganen. Der ökonomische Schwerpunkt bestimmter Instrumente wird schließlich durch eine entsprechend inhaltliche Ausgestaltung, etwa durch die Vorgaben der Better Regulation Guidelines und der Better Regulation Toolbox, begünstigt und damit auch durch eine entsprechend defizitäre Umsetzungsstrategie der EU verursacht.

Um die festgestellten Defizite des Konzepts zu beseitigen und seine Leistungsfähigkeit insgesamt zu steigern, sollte es (erneut) reformiert werden. Eine Reform des Konzepts ist nicht von vornherein unmöglich oder mit Blick auf das Kosten-Nutzen-Verhältnis aussichtslos. Auch ist die durch die festgestellten Defizite verminderte Leistungsfähigkeit des Konzepts kein Grund, vom ständigen Streben nach einer Besseren Rechtsetzung Abstand zu nehmen. Allerdings ist mit Rücksicht auf die bestehenden und funktionierenden Instrumente sowie mit Blick auf die praktische Realisierbarkeit von Reformvorschlägen eine minimalinvasive Optimierung des Konzepts seiner radikalen Umgestaltung vorzuziehen. Außerdem müssen etwaige Reformmaßnahmen sowohl die Ursachen der festgestellten Defizite als auch die primärrechtlichen Bestimmungen, insbesondere zum Rechtsetzungsverfahren und zum institutionellen Gleichgewicht, beachten. Unter diesen Bedingungen ist die Reform des Konzepts ein ambitioniertes Vorhaben. Unabhängig von der konkreten Ausgestaltung einzelner Reformmaßnahmen sollte die EU Maßnahmen mit folgenden Zielsetzungen ergreifen: Bestehende Instrumente sollten stärker institutionalisiert werden, um die Bessere Rechtsetzung in der Unionsrechtsetzung dauerhaft zu verankern, die Leistungsfähigkeit der bestehenden Instrumente sollte optimiert werden, bei der Anwendung bestehender Instrumente sollte darauf geachtet werden, dass alle Rechtsetzungsorgane gleichermaßen einbezogen werden und schließlich sollte das Kontrollniveau im gesamten Konzept verbessert werden. Als konkrete Reformmaßnahmen werden insbesondere die folgenden vorgeschlagen: Die Verfahrensvorschriften zu Folgenabschätzungen und Ex-Post-Evaluierungen sollten so überarbeitet werden, dass – mit Blick auf verfügbare Anleitungen, Vorgaben und Hinweise für diese Instrumente – eine inhaltlich ausgeglichene Analyse von Regelungsauswirkungen gewährleistet ist. Außerdem sollten die Leitlinien zur Durchführung von Folgenabschätzungen von Parlament und Rat inhaltlich konkretisiert werden, so dass verlässlicher festgestellt werden kann, in welchen Fällen bei Abänderung eines Kommissionsvorschlags eine Folgenabschätzung durchzuführen ist. Darüber hinaus ist die personelle Zusammensetzung der REFIT-Plattform zu überarbeiten und auf diese Weise insbesondere die Vertretung der Interessen des einzelnen Unionsbürgers als Privatperson zu stärken. Ferner könnten die redaktionellen Kontrollen der Rechtstexte durch das LEG-Team des Juristischen Dienstes der Kommission verbessert werden, indem ihm mehr personelle und finanzielle Ressourcen zur Verfügung gestellt und seine Befugnisse in Bezug auf die Durchsetzung einer angemessenen redaktionellen Qualität erweitert würden. Abgesehen hiervon sollte die EU einen Wandel ihrer Rechtsetzungskultur dadurch anstreben, dass sie bei der Ausarbeitung von Rechtstexten die Einhaltung von nur wenigen wichtigen, im konkreten Rechtsetzungsprozess auch umsetzbaren Vorgaben der Rechtsetzungstechnik sicherstellt. Beispielsweise könnte vor allem die prägnante Bezeichnung von Rechtsakten, die Verwendung von besseren Begriffsbestimmungen und weniger Erwägungsgründe sowie die Herstellung einer angemessenen Regelungsdichte, angestrebt werden. Im Übrigen sollte das europäische Konzept der Besseren Rechtsetzung nur um solche neuen Instrumente ergänzt werden, die mit Blick auf ihre Wirkungs- und Funktionsweise optimal in bestehende Strukturen integriert werden können. Vorschläge zur Durchführung einer radikalen Rechtsbereinigung oder zur Einführung eines Rechtsetzungsbudgets oder einer Bürokratiebremse sind abzulehnen, da deren Beitrag zu den Zielen einer Besseren Rechtsetzung zweifelhaft ist. Gleichwohl sollten die Rechtsetzungsorgane nicht nur bereits bestehende Instrumente reformieren, sondern das Konzept dadurch weiter entwickeln, dass sie ein gemeinsames Gremium für Bessere Rechtsetzung mit Beratungs-, Koordinierungs- und Kontrollfunktionen einrichten. Obgleich es sich hierbei um eine aufwendige Reformmaßnahme handelt, könnte sie sich als ein wichtiger Beitrag zur Beseitigung der festgestellten Defizite erweisen. Denn der Vorteil dieser Reformmaßnahme liegt in ihrem interinstitutionellen Ansatz, der geeignet ist, die einzelnen Bemühungen der Rechtsetzungsorgane zu einem wirksamen Gesamtkonzept zu verbinden.

Literaturverzeichnis

von Achenbach, Jelena: Transparenz statt Öffentlichkeit und demokratische Repräsentation, Aktuelle Entwicklungen des Verhandelns in Trilogen im EU-Gesetzgebungsverfahren, in: Die Öffentliche Verwaltung 2018, S. 1025–1035 (zitiert: *v. Achenbach*, in: DÖV 2018).

Ahrens, Gerlinde/Leier, Klaus-Peter: Bessere Rechtsetzung in der EU nach der deutschen EU Ratspräsidentschaft, in: Zeitschrift für Gesetzgebung 2007, S. 383–398 (zitiert: *Ahrens/Leier*, in: ZG 2007).

Alblasa, Edwin/Castro-Monterob, José Luis: Competence versus competency: judicial review of impact assessments by the Court of Justice of the European Union, in: The Theory and Practice of Legislation 2018, Oxfordshire Vereinigtes Königreich Großbritannien und Nordirland, S. 25–51.

Alemanno, Alberto: Courts and regulatory impact assessment, in: Dunlop, Claire A./Radaelli, Claudio M. (Hrsg.), Handbook of Regulatory Impact Assessment, Cheltenham Vereinigtes Königreich Großbritannien und Nordirland 2016, S. 127–141.

Ders.: How much better is Better Regulation?, Assessing the Impact of the Better Regulation Package on the European Union – A Research Agenda, in: European Journal of Risk Regulation 2015, Cambridge Vereinigtes Königreich Großbritannien und Nordirland, S. 344–356 (zitiert: *Alemanno*, in: EJRR 2015).

Ders.: A Meeting of Minds on Impact Assessment, When Ex Ante Evaluation Meets Ex Post Judicial Control, in: European Public Law 2011, Alphen aan den Rijn Niederlande, S. 485–505 (zitiert: *Alemanno*, in: EPL 2011).

Ders.: The Better Regulation initiative at the judicial gate: A Trojan horse within the walls of the Commission or the way forward?, in: European Law Journal 2009, Hoboken Vereinigte Staaten von Amerika, S. 382–401 (zitiert: *Alemanno*, in: ELJ 2009).

Allio, Lorenzo: The Emergence of Better Regulation in the European Union, London Vereinigtes Königreich Großbritannien und Nordirland 2009, abrufbar unter: https://www.academia.edu/8029631/THE_EMERGENCE_OF_BETTER_REGULATION_IN_THE_EUROPEAN_UNION_defended_on_3_October_2008.

Almeida, de Tavares Marta/Moll, Chris: Legislative Training, in: Karpen, Ulrich/Xanthaki, Helen (Hrsg.), Legislation in Europe, A Comprehensive Guide for Scholars and Practitioners, London Vereinigtes Königreich Großbritannien und Nordirland 2017, S. 257–274.

Appel, Ivo: Aufgaben und Verfahren der Innovationsfolgenabschätzung, in: Hoffmann-Riem, Wolfgang/Eifert, Martin (Hrsg.), Innovationsverantwortung, Berlin 2009, S. 147–182.

Arbeitskreis Mittelstand: 10 Maßnahmen für eine Bessere Rechtsetzung in Europa, Berlin 2014, abrufbar unter: https://www.arbeitsgemeinschaft-mittelstand.de/content/Positionen/160114_08-10_Stellungnahme_AG-Mittelstand.PDF.

Avosseta-Gruppe: The true face of Better Regulation regarding environmental policy, abrufbar unter: https://avosetta.jura.uni-bremen.de/betterregulation.pdf.

Baer, Susanne: Schlüsselbegriffe, Typen und Leitbilder als Erkenntnismittel und ihr Verhältnis zur Rechtsdogmatik, in: Schmidt-Aßmann, Eberhard/Hoffmann-Riem, Wolfgang (Hrsg.), Methoden der Verwaltungsrechtswissenschaft, Baden-Baden 2004, S. 223–252.

Baer, Susanne/Lewalter, Sandra: Zielgruppendifferenzierte Gesetzesfolgenabschätzung – Ein Aspekt des Gender Mainstreaming und ein Beitrag zu „better governance", in: Die Öffentliche Verwaltung 2007, S. 195–205 (zitiert: *Baer/Lewalter*, in: DÖV 2007).

Baldwin, Robert: Better Regulation: The Search and the Struggle, in: Baldwin, Robert/Cave, Martin/Lodge, Martin (Hrsg.), The Oxford Handbook of Regulation, Oxford Vereinigtes Königreich Großbritannien und Nordirland 2010, S. 259–278.

Ders.: Better Regulation: Tension aboard the Enterprise, in: Weatherill, Stephen (Hrsg.), Better Regulation, Oxford Vereinigtes Königreich Großbritannien und Nordirland 2007, S. 27–48.

Ders.: Is Better Regulation smarter Regulation?, in: Public Law 2005, London Vereinigtes Königreich Großbritannien und Nordirland, S. 485–511 (zitiert: *Baldwin*, in: PL 2005).

Bar-Siman-Tov, Ittai: Temporary legislation, better regulation, and experimentalist governance: An empirical study, in: Regulation & Governance 2018, Hoboken Vereinigte Staaten von Amerika, S. 192–219 (zitiert: *Bar-Siman-Tov*, in: Regulation & Governance 2018).

Baratta, Robert: Complexity of EU Law in the domestic implementing Process, in: The Theory and Practice of Legislation 2014, S. 293–303.

Bartlett, Oliver: Reforming the Regulation on Spirit Drinks – an Example of Better Regulation?, in: European Journal of Risk Regulation 2018, S. 310–315 (zitiert, *Bartlett*, in: EJRR 2018).

Basedow, Jürgen: Deregulierungspolitik und Deregulierungspflichten: vom Zwang zur Marktöffnung in der EG, in: Staatswissenschaften und Staatspraxis 1991, S. 151–169.

Battis, Ulrich: Outsourcing von Gesetzentwürfen?, in: Zeitschrift für Rechtspolitik 2009, S. 201–202 (zitiert: *Battis*, in: ZRP 2009).

Bauer, Ralf: Das Recht auf eine gute Verwaltung im Europäischen Gemeinschaftsrecht, Inhalt, Anwendungsbereich und Einschränkungsvoraussetzungen des Grundrechts auf eine gute Verwaltung in Artikel 41 der Charta der Grundrechte der Europäischen Union, Frankfurt am Main 2002.

Beaupérin, Meter Typhaine: Regulatory Impact Assessment: „Think small first in the EU"?, A Reality Check, in: European Journal of Risk Regulation 2014, S. 93–96 (zitiert: *Beaupérin*, in: EJRR 2014).

Beer, Marc Jan: Staatsleitbilder, in: Blanke, Bernhard/Nullmeier, Frank/Reichard, Christoph/Wewer, Göttrik (Hrsg.), Handbuch zur Verwaltungsreform, 4. Auflage, Wiesbaden 2011, S. 52–59 (zitiert: *Beer*, in: Blanke/Nullmeier/Reichard/Wewer, Hb. zur Verwaltungsreform).

Belis, Robin: Implementation of EU Legislation, An Independent Study for the Foreign & Commonwealth Office, Vereinigtes Königreich Großbritannien und Nordirland 2003, abrufbar unter: https://webarchive.nationalarchives.gov.uk/20041229103759/http:/www.fco.gov.uk/Files/kfile/EUBellis.pdf (zitiert: *Belis*, Implementation of EU Legislation).

Benz, Arthur: Politik in Mehrebenensystemen, Wiesbaden 2009.

Ders.: Governance in Mehrebenensystemen, in: Schuppert, Gunnar Folke (Hrsg.), Governance-Forschung, Vergewisserung über Stand und Entwicklungslinien, 2. Auflage, Baden-Baden 2006, S. 95–120.

Benz, Arthur/Dose, Nicolai: Governance – Modebegriff oder nützliches sozialwissenschaftliches Konzept?, in: Benz, Arthur/Dose, Nicolai (Hrsg.), Governance – Regieren in komplexen Regelsystemen: Eine Einführung, 2. Auflage, Wiesbaden 2010, S. 13–36.

Benz, Arthur/Lütz, Susanne/Schimank, Uwe/Simonis, Georg: Einleitung, in: Benz, Arthur/Lütz, Susanne/Schimank, Uwe/Simonis, Georg (Hrsg.), Handbuch Governance, Theoretische Grundlagen und empirische Anwendungsfelder, Wiesbaden 2007, S. 9–25 (zitiert: *Benz/Lütz/Schimank/Sim*onis, in: Benz/Lütz/Simank/Simonis, Hb. Governance).

Berg, Wilfried: Nachhaltigkeit und Umweltstaat, in: Kahl, Wolfgang (Hrsg.), Nachhaltigkeit als Verbundbegriff, Tübingen 2009, S. 425–442.

Bergmann, Jan (Hrsg.): Handlexikon der Europäischen Union, Baden-Baden 2015.

Berliner Kommentar: Grundgesetz, Friauf, Karl Heinrich/Höfling, Wolfram u. a. (Hrsg.), Band II, 51. Ergänzungslieferung, Berlin 2018 (zitiert: *Bearbeiter*, in: Berliner Kommentar, GG, nach Art. und Rn.).

Better Regulation Watchdog: Open letter from the Better Regulation Watchdog Network in response to the Commission proposal for an Inter-Institutional Agreement and the Commission communication on Better Regulation for Better Results, Brüssel 2015, abrufbar unter: http://www.betterregwatch.eu/Open_Letter_to_EP_on_IIA.pdf (zitiert: *Better Regulation Watchdog*, Open Letter).

Ders.: Europe needs a Strong Safety Net, Agenda for a Better Europe, Brüssel 2015, abrufbar unter: http://www.betterregwatch.eu/wp%20content/uploads/2016/12/BRWN EuropeneedsaStrong-Safety-Net.pdf (zitiert: *Better Regulation Watchdog*, Europe needs a Strong Safety Net).

Ders.: Founding Statement, abrufbar unter: http://www.betterregwatch.eu/BRWN_Foun ding_Statement_and_Members.pdf (zitiert: *Better Regulation Watchdog*, Founding Statement).

von Beyme, Klaus: Der Gesetzgeber – Der Bundestag als Entscheidungszentrum, Wiesbaden 1997.

Blum, Peter: Verhandlungen des 65. Deutschen Juristentages, Bonn 2004, Band I: Gutachten/Teil I – Abteilung Gesetzgebung: Wege zu besserer Gesetzgebung – sachverständige Beratung, Begründung, Folgeabschätzung und Wirkungskontrolle, München 2004.

Ders.: Wege zu besserer Gesetzgebung – sachverständige Beratung, Begründung, Folgeabschätzung und Wirkungskontrolle, in: Beilage zu Heft 27 Neue Juristische Wochenschrift 2004, S. 45–54 (zitiert: *Blum*, in: Beilage zu NJW 2004).

Böhret, Carl/Konzendorf, Götz: Handbuch der Gesetzesfolgenabschätzung (GFA), Gesetze, Verordnungen, Verwaltungsvorschriften, Baden-Baden 2001 (zitiert: *Böhret/ Konzendorf*, Hb. Gesetzesfolgenabschätzung).

Dies.: Leitfaden zur Gesetzesfolgenabschätzung, in: Bundesministerium des Innern, für Bau und Heimat (Hrsg.), Moderner Staat – Moderne Verwaltung, Meckenheim 2000, abrufbar unter: http://www.verwaltung-innovativ.de/SharedDocs/Pub likationen/Presse__Archiv/leitfaden_zur_gesetzesfolgenabschaetzung.pdf?__blob=

publicationFile&v=1 (zitiert: *Böhret/Konzendorf*, Leitfaden zur Gesetzesfolgenabschätzung).

Böllhof, Dominik: Bessere Rechtsetzung in der Europäischen Union, Stand der Umsetzung und Ausblick zu Initiativen der Europäischen Kommission zur Rechtsvereinfachung und Gesetzesfolgenabschätzung, in: Bohne, Eberhard (Hrsg.), Bürokratieabbau zwischen Verwaltungsreform und Reformsymbolik, Beiträge zum Forum „Bürokratieabbau: Verwaltungsreform oder Reformsymbolik?“ vom 7. bis 8. Oktober 2004 an der Deutschen Hochschule für Verwaltungswissenschaften Speyer, Berlin 2006, S. 123–134 (zitiert: *Böllhof*, in: Bohne, Verwaltungsreform).

von Bogdandy, Armin: Gubernative Rechtsetzung, Eine Neubestimmung der Rechtsetzung und des Regierungssystems unter dem Grundgesetz in der Perspektive gemeineuropäischer Dogmatik, Tübingen 2000 (zitiert: *v. Bogdandy*, Gubernative Rechtsetzung).

Bogumil, Jörg/Jann, Werner: Verwaltung und Verwaltungswissenschaft in Deutschland, Einführung in die Verwaltungswissenschaft, 2. Auflage, Berlin 2009.

Bonner Kommentar: Grundgesetz, Kahl, Wolfgang/Waldhoff, Christian/Walter, Christian/Dolzer, Rudolf (Hrsg.), Band III, 198. Ergänzungslieferung, Heidelberg 2019 (zitiert: *Bearbeiter*, in: Bonner Kommentar, nach Art. und Rn.).

Britz, Gabriele: § 26 Elektronische Verwaltung, in: Hoffmann-Riem, Wolfgang/Schmidt-Aßmann, Eberhard/Voßkuhle, Andreas (Hrsg.), Grundlagen des Verwaltungsrechts, Band II, Informationsordnung, Verwaltungsverfahren Handlungsformen, 2. Auflage, München 2012, S. 435–495 (zitiert: *Britz*, in: Hoffmann-Riem/Schmidt-Aßmann/Voßkuhle, Grundlagen des Verwaltungsrechts II, nach § und Rn.).

Brocker, Lars: Gesetzesfolgenabschätzung – ein Überblick, in: Deutsche Richterzeitung 2002, S. 462–467 (zitiert: *Brocker*, in: DRiZ 2002).

Brözel, Tanja Anita: European Governance – nicht neu, aber anders, in: Schuppert, Gunnar Folke (Hrsg.), Governance-Forschung, Vergewisserung über Stand und Entwicklungslinien, 2. Auflage, Baden-Baden 2006, S. 72–94.

Broughel, James: What the United States Can Learn from the European's Commission's Better Regulation Initiative, in: European Journal of Risk Regulation 2015, S. 380–381 (zitiert: *Broughel*, in: EJRR 2015).

Brown, Ciara/Scott, Colin: Regulation, public law and Better Regulation, in: European Public Law 2011, S. 469–484 (zitiert: *Brown/Scott*, in: EPL 2011).

Bull, Hans Peter/Mehde, Veith: Allgemeines Verwaltungsrecht mit Verwaltungslehre, 9. Auflage, Heidelberg 2015, (zitiert: *Bull/Mehde*, Allgemeines Verwaltungsrecht, nach § und Rn.).

Bumke, Christian: Die Pflicht zur konsistenten Gesetzgebung. Am Beispiel des Ausschlusses der privaten Vermittlung staatlicher Lotterien und ihrer bundesverfassungsgerichtlichen Kontrolle, in: Der Staat 59 (2010), S. 77–105.

Bunea, Adriana: Designing stakeholder consultations: Reinforcing or alleviating bias in the European Union system of governance?, in: European Journal of Political Research 2017, S. 46–69 (zitiert: *Bunea*, in: EJPR 2017).

Bunea, Adriana/Ibenskas, Raimondas: Unveiling patterns of contestation over Better Regulation reforms in the European Union, in: Public Administration 2017, Oxford Vereinigtes Königreich Großbritannien und Nordirland, S. 589–604 (zitiert: *Bunea/Ibenskas*, in: PA 2017).

Burghard, Axel: Die Pflicht zum guten Gesetz, Berlin 1996.

Bussmann, Werner: Rechtliche Anforderungen an die Qualität von Gesetzesfolgenabschätzungen?, in: Zeitschrift für Gesetzgebung 1998, S. 127–141 (zitiert: *Bussmann*, in: ZG 1998).

Calliess, Christian: Bausteine einer erneuerten Europäischen Union, Auf der Suche nach dem europäischen Weg: Überlegungen im Lichte des Weißbuchs der Europäischen Kommission zur Zukunft Europas, in: Neue Zeitschrift für Verwaltungsrecht 2018, S. 1–9 (zitiert: *Calliess*, in: NVwZ 2018).

Ders.: § 23 Subsidiaritätskontrolle durch Bundestag, Bundesrat und Landesparlamente, in: Kluth, Winfried/Krings, Günter (Hrsg.), Gesetzgebung, Rechtsetzung durch Parlamente und Verwaltung sowie ihre gerichtliche Kontrolle, Heidelberg 2014, S. 563–586 (zitiert: *Calliess*, in: Kluth/Krings, Gesetzgebung).

Ders.: Gerichtliche Kontrolldichte und institutionelle Begründungspflicht im Europarecht – ein Kompensationsverhältnis, in: Hendler, Reinhard/Ibler, Martin/Soria, José Martinez (Hrsg.), „Für Sicherheit, für Europa“, Festschrift für Volkmar Götz, Göttingen 2005, S. 239–257 (zitiert: *Calliess*, in: FS Götz).

Calliess, Christian/Ruffert, Matthias (Hrsg.): EUV/AEUV, Das Verfassungsrecht der Europäischen Union mit Europäischer Grundrechtecharta, 5. Auflage, München 2016 (zitiert: *Bearbeiter*, in: Calliess/Ruffert, EUV/AEUV, nach Art. und Rn.).

Cáráuşan, Mihaela V.: Better Regulation a Renewed Impetus of the European Union, in: Journal of Public Administration, Finance and Law 2016, S. 141–121 (zitiert: *Cáráuşan*, in: JPAFL 2016).

Cecot, Caroline/Hahn, Robert/Renda, Andrea/Schrefler, Lorna: An evaluation of the quality of impact assessment in the European Union with lessons for the US and the EU, in: Regulation & Governance 2008, S. 405–424 (zitiert: *Cecot/Hahn/Renda/Schrefler*, in: Regulation & Governance 2008).

Chase, Peter/Schlosser, Adam: Better regulation an ongoing journey, in European Journal of Risk Regulation 2015, S. 378–379 (zitiert: *Chase/Schlosser*, in: EJRR 2015).

Chittenden, Francis/Ambler, Tim/Xiao, Deming: Impact Assessment in the EU, in: Weatherill, Stephen (Hrsg.), Better Regulation, Oxford Vereinigtes Königreich Großbritannien und Nordirland 2007, S. 271–286.

Cornils, Matthias: Rationalitätsanforderungen an die parlamentarische Rechtsetzung im demokratischen Rechtsstaat, in: Deutsches Verwaltungsblatt 2011, S. 1053–1061 (zitiert: *Cornils*, in: DVBl. 2011).

Czada, Roland: Good Governance als Leitkonzept für Regierungshandeln: Grundlagen, Anwendungen und Kritik, in: Benz, Arthur/Dose, Nicolai (Hrsg.), Governance – Regieren in komplexen Regelsystemen: Eine Einführung, 2. Auflage, Wiesbaden 2010, S. 201–224.

Czuczai, Jenö: The Council: Some Historical and Practical Aspects to the Better Regulation Agenda, in: Garben, Sacha/Govaere, Inge (Hrsg.), The EU Better Regulation Agenda, A Critical Assessment, Oxfort Vereinigtes Königreich Großbritannien und Nordirland 2018, S. 119–136 (zitiert: *Czuczai*, in: Garben/Govaere, The EU Better Regulation Agenda).

Dann, Philipp: Verfassungsgerichtliche Kontrolle gesetzgeberischer Rationalität, in: Der Staat 49 (2010), S. 630–646.

Danner, Wolfgang: Qualität der Gesetzgebung, Eine Herausforderung am Beispiel der Energiewirtschaft, in: Zeitschrift für das gesamte Recht der Energiewirtschaft 2012, S. 66–71 (zitiert: *Danner*, in: EnZW 2012).

von Danwitz, Thomas: Wege zu besserer Gesetzgebung in Europa, in: JuristenZeitung 2006, S. 1–9 (zitiert: *v. Danwitz*, in: JZ 2006).

Ders.: Wege zu besserer Gesetzgebung in Europa, in: Rechtspolitisches Forum – Legal Policy Forum 31, Trier 2005, S. 3–28, abrufbar unter: https://www.uni-trier.de/fileadmin/fb5/inst/IRP/Rechtspolitisches_Forum/31_vonDanwitz_EBook_geschuetzt.pdf (zitiert: *v. Danwitz*, Wege zu besserer Gesetzgebung in Europa).

Ders.: Was ist eigentlich Regulierung?, in: Die Öffentliche Verwaltung 2004, S. 977–985 (zitiert: *v. Danwitz*, in: DÖV 2004).

Dawson, Mark: Better Regulation and the future of EU Regulation Law and Politics, in: Common Market Law Review 53 (2016), Alphen aan den Rijn Niederlande, S. 1209–1236 (zitiert: *Dawson*, in: CMLR 53 [2016]).

Deckert, Martina: Zur Methodik der Folgenantizipation in der Gesetzgebung, in: Zeitschrift für Gesetzgebung 1995, S. 240–254 (zitiert: *Deckert*, in: ZG 1995).

Denker, Phillip: Alternative Regulierungsansätze im Kontext der Better Regulation Agenda, Eine Analyse von Konzepten, Potenzialen und Erfolgsfaktoren von Regulierung im Schatten staatlicher Hierarchie, Potsdamer Diskussionspapiere, Potsdam 2008, abrufbar unter: https://publishup.uni-potsdam.de/opus4-ubp/files/2463/pdpvw01.pdf.

Deutscher Gewerkschaftsbund: Stellungnahme des Deutschen Gewerkschaftsbundes zu Bessere Rechtssetzung in der Europäischen Union vom 2. Juni 2015, abrufbar unter: https://www.dgb.de/themen/++co++595a6e5e-0a9d-11e5-a987-52540023ef1a?t=1 (zitiert: *DGB*, Bessere Rechtsetzung in der EU).

Deutscher Naturschutzring: DNR-Steckbrief zu Bessere Rechtsetzung oder Deregulierung, Berlin März 2016, abrufbar unter: https://www.dnr.de/fileadmin/user_upload/16_03_EUK_Steckbrief_Bessere_Rechtsetzung_Deregulierung.pdf.

Ders.: DNR-Steckbrief zu Deregulierungs- und Entdemokratisierungstendenzen in der EU, Berlin August 2015, abrufbar unter: https://www.dnr.de/fileadmin/user_upload/15_08_EUK_Steckbrief_Deregulierung_Entdemokratisierung_EU.pdf.

Dreier, Horst (Hrsg.): Grundgesetz Kommentar, Art. 20–82, Band II, 3. Auflage, Tübingen 2015 (zitiert: *Bearbeiter*, in: Dreier, GG, nach Art. und Rn.).

Dreier, Ralf: Mißlungene Gesetze, in: Diedrichsen, Uwe/Dreier, Ralf (Hrsg.), Das mißglückte Gesetz, 8. Symposion der Kommission „Die Funktion des Gesetzes in Geschichte und Gegenwart“, S. 1–16 (zitiert: *R. Dreier*, in: Diedrichsen/Dreier, Das mißglückte Gesetz).

Dunlop, Claire A./Radaelli, Claudio M.: Impact Assessment in the European Union: Lessons from a Research Project, in: European Journal of Risk Regulation 2015, S. 27–45 (zitiert: *Dunlop/Radaelli*, in: EJRR 2015).

Eckert, Christoph: Das Standardkosten-Modell – Möglichkeiten und Grenzen, in: Kommunaljurist 2008, S. 332–336 (zitiert: *Eckert*, in: KommJur 2008).

Edinger, Florian: Folgenabschätzung und Evaluation von Gesetzen, in: Zeitschrift für Gesetzgebung 2004, S. 149–165 (zitiert: *Edinger*, in: ZG 2004).

Eichenberger, Kurt: Gesetzgebung im Rechtsstaat, Selbstbindungen der Verwaltung, Berichte und Diskussionen auf der Tagung der Vereinigung der Deutschen Staatsrechtslehrer in Trier vom 30. September–3. Oktober 1981, in: Veröffentlichungen der Vereinigung der Deutschen Staatsrechtslehrer 40 (1982), Berlin 2012 (Reprint), S. 8–39 (zitiert: *Eichenberger*, in: VVDStRL 40 [1982]).

Eifert, Martin: § 19 Regulierungsstrategien, in: Hoffmann-Riem, Wolfgang/Schmidt-Aßmann, Eberhard/Voßkuhle, Andreas (Hrsg.), Grundlagen des Verwaltungsrechts,

Band I: Methoden, Maßstäbe, Aufgaben, Organisation, S. 1247–1310, 2. Auflage, München 2012 (zitiert: *Eifert*, in: Hoffman-Riem/Schmidt-Aßmann/Voßkuhle, Grundlagen des Verwaltungsrechts I, nach § und Rn.).

Ders.: Electronic Government, Das Recht der elektronischen Verwaltung, Baden-Baden 2006.

Eising, Rainer/Lenschow, Andrea: Europäische Union, in: Benz, Arthur/Lütz, Susanne/Schimank, Uwe/Simonis, Georg (Hrsg.), Handbuch Governance, Theoretische Grundlagen und empirische Anwendungsfelder, Wiesbaden 2007, S. 325–338 (zitiert: *Eising/Lenschow*, in: Benz/Lütz/Simank/Simonis, Hb. Governance).

Eliantonio, Mariolina: Alternative Forms of Regulation: Are They Really „Better" Regulation?, A Case Study of the European Standardization Process, in: European Journal of Law Reform 2017, Oxford Vereinigtes Königreich Großbritannien und Nordirland, S. 141–163 (zitiert: *Eliantonio*, in: EJLR 2017).

Eliantonio, Mariolina/Spendzharova, Aneta: The European Union's New „Better Regulation" Agenda: Between Procedures and Politics, in: European Journal of Law Reform 2017, S. 3–14 (zitiert: *Eliantonio/Spendzharova*, in: EJLR 2017).

Emmenegger, Sigrid: Gesetzgebungskunst, Gute Gesetzgebung als Gegenstand einer legislativen Methodenbewegung in der Rechtswissenschaft um 1900 – Zur Geschichte der Gesetzgebungslehre, Tübingen 2006 (zitiert: *Emmenegger*, Gesetzgebungskunst).

Ennuschat, Jörg: Wege zu besserer Gesetzgebung – sachverständige Beratung, Begründung, Folgenabschätzung und Wirkungskontrolle, in: Deutsches Verwaltungsblatt 2004, S. 986–994 (zitiert: *Ennuschat*, in: DVBl. 2004).

Fink, Meike: „Better Regulation" – Bessere Rechtssetzung in Europa, Freibrief für den Abbau von Umweltregulation im Namen von Wirtschaftswachstum und Schaffung von Arbeitsplätzen oder Basis für eine bessere (Umwelt-) Gesetzgebung?, Studie verfasst im Auftrag des DNR, Februar 2007, abrufbar unter: https://www.yumpu.com/de/document/read/19544455/better-regulation-bessere-rechtssetzung-in-eu-koordination (zitiert: *Fink*, Better Regulation – Bessere Rechtsetzung in Europa).

Fliedner, Ortlieb: Rechtsetzung in Deutschland, Gesetzgebung in der Demokratie, Baden-Baden 2013 (zitiert: *Fliedner*, Rechtsetzung in Deutschland).

Ders.: Gute Gesetzgebung, Welche Möglichkeiten gibt es, bessere Gesetze zu machen?, FES-Analyse Verwaltungspolitik, Bonn 2001, abrufbar unter: https://library.fes.de/pdf-files/stabsabteilung/01147.pdf (zitiert: *Fliedner*, Gute Gesetzgebung).

Ders.: Moderner Staat – moderne Gesetzgebung?, Sieben Thesen für bessere Gesetze, FES-Analyse Verwaltungspolitik, Bonn 2001, abrufbar unter: http://library.fes.de/pdf-files/stabsabteilung/02109.pdf (zitiert: *Fliedner*, Moderner Staat – moderne Gesetzgebung?).

Flückinger, Alexandre: Can Better Regulation be achieved by guiding Parliaments and Governments?, How the Definition of the Quality of Legislation affects Law Improvement Methods, in: Legisprudence 2010, Oxford Vereinigtes Königreich Großbritannien und Nordirland, S. 213–218.

Franz, Thorsten: Einführung in die Verwaltungswissenschaft, Wiesbaden 2013.

Frenz, Walter: Kohärente und systematische nationale Normgebung – nicht nur im Glücksspielrecht, in: Europarecht 2012, S. 344–354 (zitiert: *Frenz*, in: EuR 2012).

Ders.: Handbuch Europarecht, Institutionen und Politiken, Band VI, Heidelberg 2011 (zitiert: *Frenz*, Hb. Europarecht, Institutionen und Politiken, nach Rn.).

Frick, Frank/Brinkmann, Henrik/Ernst, Tobias: Das Standard-Kosten-Modell, Ein neuer Ansatz für effektiven Bürokratieabbau, in: Zeitschrift für Gesetzgebung 2006, S. 28–43 (zitiert: *Frick/Brinkmann/Ernst*, in: ZG 2006).

Führ, Martin: Rationale Gesetzgebung, Systematisierung verfassungsrechtlicher Anforderungen, Sofia-Diskussionsbeiträge zur Institutionenanalyse Nr. 98–2, Darmstadt 1998, abrufbar unter: https://www.sofia-darmstadt.de/fileadmin/Dokumente/Diskussion/1998/02-98.pdf (zitiert: *Führ*, Rationale Gesetzgebung).

Funk, Albrecht/Haupt, Heinz Gerhard/Narr, Wolf-Dieter/Werkentin, Falco: Verrechtlichung und Verdrängung, Die Bürokratie und ihre Klientel, Opladen 1983.

Garben, Sacha: An „Impact Assessment" of EU Better Regulation, in: Garben, Sacha/ Govaere, Inge (Hrsg.), The EU Better Regulation Agenda, A Critical Assessment, Oxfort Vereinigtes Königreich Großbritannien und Nordirland 2018, S. 217–242 (zitiert: *Garben*, in: Garben/Govaere, The EU Better Regulation Agenda).

Garben, Sacha/Govaere, Inge: The Multifacetted Nature of Better Regulation, in: Garben, Sacha/Govaere, Inge (Hrsg.), The EU Better Regulation Agenda, A Critical Assessment, Oxfort Vereinigtes Königreich Großbritannien und Nordirland 2018, S. 3–12 (zitiert: *Garben/Govaere*, in: Garben/Govaere, The EU Better Regulation Agenda).

Gehne, Katja: Nachhaltige Entwicklung als Rechtsprinzip, Normativer Aussagegehalt, Rechtstheoretische Einordnung, Funktionen im Recht, Tübingen 2011.

Geiger, Rudolf/Khan, Daniel-Erasmus/Kotzur, Markus: EUV/AEUV: Vertrag über die Europäische Union und Vertrag über die Arbeitsweise der Europäischen Union, 6. Auflage, München 2017 (zitiert: *Bearbeiter*, in: Geiger/Khan/Kotzur, EUV/AEUV, nach Art. und Rn.).

Gesamtverband der Deutschen Versicherungswirtschaft: Kommentare des Gesamtverbandes der Deutschen Versicherungswirtschaft (GDV) zur besseren Rechtsetzung auf EU-Ebene mit Blick auf die weiteren Diskussionen in den EU-Institutionen zum Programm zur „Regulatorischen Eignung der EU-Vorschriften" (REFIT), Berlin 2015, abrufbar unter: https://www.gdv.de/resource/blob/8522/09889cad35b402cd824cfe6892d25a02/zur-besseren-rechtsetzung-auf-eu-ebene-1164433917-data.pdf.

van Gestel, Rob/van Dijck, Gijs: Better Regulation through Experimental Legislation, in: European Public Law 2013, S. 539–553 (zitiert: *v. Gestel/v. Dijck*, in: EPL 2013).

van Gestel, Rob/de Poorter, Jurgen: Putting evidence-based law making to the test: judicial review of legislative rationality, in: The Theory and Practice of Legislation 2016, S. 155–185.

Glaser, Andreas: Nachhaltige Entwicklung und Demokratie: Ein Verfassungsrechtsvergleich der politischen Systeme Deutschlands und der Schweiz, Tübingen 2006.

Golberg, Elizabeth: Better Regulation: European Union Style, Harvard 2018, abrufbar unter: https://www.hks.harvard.edu/sites/default/files/centers/mrcbg/files/98_final2.pdf.pdf.

van Golen, Thomas/van Voorst, Stijn: Towards a Regulatory Cycle?, The Use of Evaluative Information in Impact Assessments and Ex-post Evaluations in the European Union, in: European Journal of Risk Regulation 2016, S. 388–403 (zitiert: *v. Golen/v. Voorst*, in: EJRR 2016).

Grabitz, Eberhard/Hilf, Meinhard/Nettesheim, Martin (Hrsg.): Das Recht der Europäischen Union, EUV/AEUV, Band I, 67. Ergänzungslieferung, München 2019 (zitiert: *Bearbeiter* in: Grabitz/Hilf/Nettesheim, Das Recht der EU, nach Art. und Rn.).

Dies.: Das Recht der Europäischen Union, EUV/AEUV, Band III, 67. Ergänzungslieferung, München 2019.

Grabow, Karsten/Hartleb, Florian: Europa – Nein Danke?, Studie zum Aufstieg Rechts- und Nationalpopulistischer Parteien in Europa, Berlin 2013, abrufbar unter: https://www.kas.de/c/document_library/get_file?uuid=54f21f65-555b-f34a-f010-4e4ec1b686f1&groupId=252038.

Grams, Hartmut: Zur Gesetzgebung der Europäischen Union, Eine vergleichende Strukturanalyse aus staatsorganisatorischer Sicht, München 1998.

Grawert, Rolf: Gesetzgebung zwischen Politik und Bürokratie, in: Zeitschrift für Gesetzgebung 1991, S. 97–116 (zitiert: *Grawert*, in: ZG 1991).

Grimm, Christoph: Gesetzesfolgenabschätzung – Möglichkeiten und Grenzen aus Sicht des Parlamentes, in: Zeitschrift für Rechtspolitik 2000, S. 87–91 (zitiert: *Grimm*, in: ZRP 2000).

Grimm, Christoph/Brocker, Lars: Die Rolle der Parlamente im Prozeß der Gesetzesfolgenabschätzung, in: Zeitschrift für Gesetzgebung 1999, S. 58–76 (zitiert: *Grimm/Brocker*, in: ZG 1999).

von der Groeben, Hans/Schwarze, Jürgen/Hatje, Armin (Hrsg.): Europäisches Unionsrecht, Vertrag über die Europäische Union – Vertrag über die Arbeitsweise der Europäischen Union – Charta der Grundrechte der Europäischen Union, Band I: Art. 1 bis 55 EUV, Art. 1 bis 54 GRC, Art. 1 bis 66 AEUV, 7. Auflage, Baden-Baden 2015 (zitiert: *Bearbeiter*, in: von der Groeben/Schwarze/Hatje, Europäisches Unionsrecht, nach Art. und Rn.).

Dies.: Europäisches Unionsrecht, Vertrag über die Europäische Union – Vertrag über die Arbeitsweise der Europäischen Union – Charta der Grundrechte der Europäischen Union, Band III: Art. 106 bis 173 AEUV, 7. Auflage, Baden-Baden 2015.

Dies.: Europäisches Unionsrecht, Vertrag über die Europäische Union – Vertrag über die Arbeitsweise der Europäischen Union – Charta der Grundrechte der Europäischen Union, Band IV: Art. 174 bis 358 AEUV, 7. Auflage, Baden-Baden 2015.

Gröhe, Hermann/Naundorf, Stephan: Bürokratieabbau und bessere Rechtsetzung, Eckpunkte, Erfahrungen und Perspektiven, in: Zeitschrift für Gesetzgebung 2009, S. 367–382 (zitiert: *Gröhe/Naundorf*, in: ZG 2009).

Grüner, Christian: Quantität und Qualität der europäischen Rechtsetzung, Frankfurt 2011.

Grzeszick, Bernd: Rationalitätsanforderungen an die parlamentarische Rechtsetzung im demokratischen Verfassungsstaat, Grundsatzfragen der Rechtsetzung und Rechtsfindung, Referate und Diskussionen auf der Tagung der Vereinigung der Deutschen Staatsrechtslehrer in Münster vom 5. Oktober–8. Oktober 2011, in: Veröffentlichungen der Vereinigung der Deutschen Staatsrechtslehrer 71 (2012), Berlin 2012, S. 49–81 (zitiert: *Grzeszick*, in: VVDStRL 71 [2012]).

Gündisch, Jürgen: Qualität europäischer Rechtsetzung, in: Basedow, Jürgen/Drobing, Ulrich/Ellger, Reinhard/Hopt, Klaus/Kötz, Hein/Kulms, Reiner/Mestmäcker, Ernst-Joachim (Hrsg.), Aufbruch nach Europa: 75 Jahre Max-Planck-Institut für Privatrecht, mit einem Geleitwort von Ferenc Madl, Präsident der Republik Ungarn, Tübingen 2001, S. 109–121 (zitiert: *Gündisch*, in: Basedow/Drobnig/Ellger/Hopt/Kötz/Kulms/Mestmäcker, Aufbruch nach Europa).

Gündisch, Jürgen/Mathijsen, Petrus: Rechtsetzung und Interessenvertretung in der Europäischen Union: Verfahren, Mitwirkung, Qualität, Legitimation, Stuttgart 1999.

Guggeis, Manuela: The Role of the Council Lawyer-Linguists in Improving the Formal Quality of EU Legislation, in: The Theory and Practice of Legislation 2014, S. 273–281.

Hadamek, Thomas: § 17 Die Gesetzesberatung im Bundestag und seinen Ausschüssen, in: Kluth, Winfried/Krings, Günter (Hrsg.), Gesetzgebung, Rechtsetzung durch Parlamente und Verwaltung sowie ihre gerichtliche Kontrolle, Heidelberg 2014, S. 393–427 (zitiert: *Hadamek*, in: Kluth/Krings, Gesetzgebung).

Härtel, Ines: Gesetzgebungsordnung der Europäischen Union, in: Hatje, Armin/Müller-Graff, Peter-Christian (Hrsg.), Enzyklopädie Europarecht, Europäisches Organisations- und Verfassungsrecht, Band I, Baden-Baden 2014, S. 623–708 (zitiert: *Härtel*, in: Hatje/Müller-Graff, Enzyklopädie Europarecht).

Dies.: Handbuch europäische Rechtsetzung, Heidelberg 2006 (zitiert: *Härtel*, Hb. europäische Rechtsetzung, nach § und Rn.).

McHarg, Aileen: Devolution and the Regulatory State: Constraints and Opportunities, in: Oliver, Dawn/Prosser, Tony/Rawlings, Richard (Hrsg.), The Regulatory State: Constitutional Implications, Oxford Vereinigtes Königreich Großbritannien und Nordirland 2012, S. 67–91 (zitiert: *McHarg*, in: Oliver/Prosser/Rawlings, The Regulatory State: Constitutional Implications).

Hartmann, Peter: Institutionelle Möglichkeiten der Gesetzesfolgenabschätzung, in: Zeitschrift für Gesetzgebung 2003, S. 74–80 (zitiert: *Hartmann*, in: ZG 2003).

Hauschild, Malte: Eine Bessere Rechtsetzung – 1997, in: Zeitschrift für Gesetzgebung 1998, S. 79–83 (zitiert: *Hauschild*, in: ZG 1998).

Haythornthwaite, Rick: Better Regulation in Europe, in: Weatherill, Stephen (Hrsg.), Better Regulation, Oxford Vereinigtes Königreich Großbritannien und Nordirland 2007, S. 19–26.

Heintzen, Markus: § 8 Externe Beratung in der Gesetzgebung, in: Kluth, Winfried/Krings, Günter (Hrsg.), Gesetzgebung, Rechtsetzung durch Parlamente und Verwaltung sowie ihre gerichtliche Kontrolle, Heidelberg 2014, S. 229–245 (zitiert: *Heintzen*, in: Kluth/Krings, Gesetzgebung).

Hensel, Stephan: Der Nachhaltigkeitsbegriff und die Gesetzesfolgenabschätzung in Deutschland, in: Hensel, Stephan/Bizer, Kilian/Führ, Martin/Lange, Joachim (Hrsg.), Gesetzesfolgenabschätzung in der Anwendung, Perspektiven und Entwicklungstendenzen, Baden-Baden 2010, S. 291–316 (zitiert: *Hensel*, in: Hensel/Bizer/Führ/Lange, Gesetzesfolgenabschätzung in der Anwendung).

Herten-Koch, Rut: Rechtsetzung und Rechtsbereinigung in Europa: Vorschläge für eine Verbesserung der Vorbereitung von Rechtsnormen der Europäischen Kommission, Frankfurt 2003 (zitiert: *Herten-Koch*, Rechtsetzung und Rechtsbereinigung).

Hilbert, Patrick: Erkenntnisfunktionen und Richtigkeitsgewähr von Verwaltungsverfahren, in: Die Verwaltung 2018, S. 313–350 (zitiert: *Hilbert*, in: Die Verwaltung 2011).

Hill, Hermann: Recht als Geschäftsmodell, von Better Regulation zu New Regulation, in: Die Öffentliche Verwaltung 2007, S. 809–819 (zitiert: *Hill*, in: DÖV 2007).

Ders.: Good Governance – Konzepte und Kontexte, in: Schuppert, Gunnar Folke (Hrsg.), Governance-Forschung, Vergewisserung über Stand und Entwicklungslinien, 2. Auflage, Baden-Baden 2006, S. 220–250.

Ders.: Bürokratieabbau und Verwaltungsmodernisierung, in: Die Öffentliche Verwaltung 2004, S. 721–729 (zitiert: *Hill*, in: DÖV 2004).

Ders.: Maßnahmen zur Verbesserung der Gesetzgebungskultur in nationalen Rechtsordnungen in Anlehnung an das EG-Recht, in: Hill, Hermann (Hrsg.), Gesetzgebungsvorspruch, Verbesserter Zugang des Bürgers zum Recht, Heidelberg 1998, S. 1–12 (zitiert: *Hill*, in: Hill, Gesetzgebungsvorspruch).

Ders.: Bemühungen zur Verbesserung der Gesetzgebung, in: Zeitschrift für Gesetzgebung 1993, S. 1–11 (zitiert: *Hill*, in: ZG 1993).

Ders.: Einführung in die Gesetzgebungslehre, Heidelberg 1982.

Hjerp, Peter/Homeyer, Ingmar/Pallemaerts, Marc/Farmer, Andrew: The Impact of Better Regulation on EU Environmental Policy under the Sixth Environment Action Programme, An IEEP Report for the Brussels Institute for Environmental Management, Brüssel 2010.

Hoffmann, Gerhard: Das verfassungsrechtliche Gebot der Rationalität im Gesetzgebungsverfahren, in: Zeitschrift für Gesetzgebung 1990, S. 97–116 (zitiert: *Hoffmann*, in: ZG 1990).

Hoffmann-Riem, Wolfgang: Innovation und Recht – Recht und Innovation, Recht im Ensemble seiner Kontexte, Tübingen 2016 (zitiert: *Hoffmann-Riem*, Innovation und Recht).

Hofmann, Ekkehard: Die europäische Folgenabschätzung in der Umweltpolitik, Der Abschätzungsbericht als justiziable Begründung im Sinne von Art. 253 EG?, in: Zeitschrift für Umweltrecht 2006, S. 574–582 (zitiert: *E. Hofmann*, in: ZUR 2006).

Hofmann, Hans: Von der Deregulierung zur Rückführung der Staatsaufgaben, in: Zeitschrift für Gesetzgebung 1999, S. 44–57 (zitiert: *H. Hofmann*, in: ZG 1999).

Hofmann, Hans/Birkenmaier, Philipp: § 11 Die Aufgaben des Normenkontrollrats im Gesetzgebungsverfahren, in: Kluth, Winfried/Krings, Günter (Hrsg.), Gesetzgebung, Rechtsetzung durch Parlamente und Verwaltung sowie ihre gerichtliche Kontrolle, Heidelberg 2014, S. 295–307 (zitiert: *H. Hofmann/Birkenmaier*, in: Kluth/Krings, Gesetzgebung).

Hugger, Werner: Gesetze – Ihre Vorbereitung, Abfassung und Prüfung, Baden-Baden 1983.

Hummer, Waldemar: „Bessere Rechtsetzung“ und „Intelligente Regulierung“ in der EU, abrufbar unter: http://www.eu-infothek.com/article/bessererechtsetzungundintelligen te-regulierung-in-der-eu-teil-1.

Impact Assessment Institute: Impartial Analysis for Policy Making, Final study, A year and a half of the Better Regulation Agenda: what happened?, Assessing the first 1½ years of implementation of the European Commission's May 2015 Better Regulation Agenda and reviewing the European Commission communication: „Better Regulation: Delivering better results for a stronger Union“, COM(2016) 615 30th January 2017, abrufbar unter: https://0a124c91-5c8d-4b0f-bb40-a8415e6b2802.filesusr.com/ugd/4e262e_6b29131f31ad40fd8072fef2b6280bd6.pdf (zitiert: *Impactassessment-institute*, Final Study 2017).

Ipsen, Knut (Hrsg.): Völkerrecht, Ein Studienbuch, 7. Auflage, München 2018 (zitiert: *Ipsen*, in: Ipsen, Völkerrecht, nach § und Rn.).

Jachtenfuchs, Markus/Kohler-Koch, Beate: Governance in der Europäischen Union, in: Benz, Arthur/Dose, Nicolai (Hrsg.), Governance – Regieren in komplexen Regelsystemen: Eine Einführung, 2. Auflage, Wiesbaden 2010, S. 69–92.

Jacob, Klaus/Veit, Sylvia/Hertin, Julia: Gestaltung einer Nachhaltigkeitsprüfung im Rahmen der Gesetzesfolgenabschätzung, Studie der Freien Universität Berlin im Auftrag der Bertelsmann Stiftung, Berlin 2009, abrufbar unter: https://www.bertelsmann-stiftung.de/fileadmin/files/BSt/Presse/imported/downloads/xcms_bst_dms_27523_27524_2.pdf.

Jancic, Davor: Better Regulation and Post-Legislative Scrutiny in the European Union, in: European Journal of Law Reform 2019, S. 137–153 (zitiert: *Jancic*, in: EJLR 2019).

Jann, Werner/Wegrich, Kai: Governance und Verwaltungspolitik: Leitbilder und Reformkonzepte, in: Benz, Arthur/Dose, Nicolai (Hrsg.), Governance – Regieren in komplexen Regelsystemen: Eine Einführung, 2. Auflage, Wiesbaden 2010, S. 175–200.

Dies.: Wie bürokratisch ist Deutschland? Und warum?, Generalisten und Spezialisten im Entbürokratisierungsspiel, in: der moderne Staat 2008, S. 49–72 (zitiert: *Jann/Wegrich*, in: dms 2008).

Jantz, Bastian/Veit, Sylvia: Entbürokratisierung und Bessere Rechtsetzung, in: Blanke, Bernhard/Nullmeier, Frank/Reichard, Christoph/Wewer, Göttrik (Hrsg.), Handbuch zur Verwaltungsreform, 5. Auflage, Wiesbaden 2019, S. 509–520 (zitiert: *Jantz/Veit*, in: Blanke/Nullmeier/Reichard/Wewer, Hb. zur Verwaltungsreform).

Jarass, Hans Dieter: Charta der Grundrechte der Europäischen Union, Kommentar, unter Einbeziehung der vom EuGH entwickelten Grundrechte, der Grundrechtsregelungen der Verträge und der EMRK, 3. Auflage, München 2016 (zitiert: *Jarass*, EU-Grundrechte-Charta, nach Art. und Rn.).

Ders.: Die EU-Grundrechte, Ein Studien- und Handbuch, München 2005 (zitiert: *Jarass*, EU-Grundrechte, nach § und Rn.).

Junghans, Hermann: Überlegungen zur Verbesserung der Übersichtlichkeit und der Systematisierung des Rechts, in: Zeitschrift für Rechtspolitik 1999, S. 359–361 (zitiert: *Junghans*, in: ZRP 1999).

Kaczorowska, Alina: European Union Law, 3. Auflage, London Vereinigtes Königreich Großbritannien und Nordirland 2013.

Kaeding, Michael: In Search of Better Quality of EU Regulations for Prompt Transposition, in: European Law Journal 2008, S. 583–603 (zitiert: *Kaeding*, in: ELJ 2008).

Kahl, Wolfgang: Nachhaltigkeitsverfassung, Reformüberlegungen, Tübingen 2018.

Ders.: Einleitung: Nachhaltigkeit durch Organisation und Verfahren, in: Kahl, Wolfgang (Hrsg.), Nachhaltigkeit durch Organisation und Verfahren, Tübingen 2016, S. 1–42.

Ders.: § 13 Gesetzesfolgenabschätzung und Nachhaltigkeitsprüfung, in: Kluth, Winfried/Krings, Günter (Hrsg.), Gesetzgebung, Rechtsetzung durch Parlamente und Verwaltung sowie ihre gerichtliche Kontrolle, Heidelberg 2014, S. 309–332 (zitiert: *Kahl*, in: Kluth/Krings, Gesetzgebung).

Ders.: Einleitung: Nachhaltigkeit als Verbundbegriff, in: Kahl, Wolfgang (Hrsg.), Nachhaltigkeit als Verbundbegriff, Tübingen 2009, S. 1–38.

Ders.: Der Nachhaltigkeitsgrundsatz im System der Prinzipien des Umweltrechts, in: Bauer, Hartmut/Kahl, Wolfgang/Voßkuhle, Andreas/Czybulka, Detlef (Hrsg.), Umwelt, Wirtschaft und Recht, Wissenschaftliches Symposium aus Anlaß des 65. Geburtstages von Reiner Schmidt, 16./17. November 2001, Tübingen 2002, S. 111–148.

Kahl, Wolfgang/Gärditz, Ferdinand: Umweltrecht, 11. Auflage, München 2019.

Kahl, Wolfgang/Glaser, Andreas: Die Nachhaltigkeitsfähigkeit der parlamentarischen Demokratie, in: Lange, Klaus (Hrsg.), Nachhaltigkeit im Recht, Eine Annäherung, Baden-Baden 2003, S. 9–38.

Kahl, Wolfgang/Hilbert, Patrick: Impact Assessment in der EU – Sicherung von Nachhaltigkeit durch Integration, in: Franzius, Claudio/Lejeune, Stefanie/von Lewinski, Kai/Meßerschmidt, Klaus/Michael, Gerhard/Rossi, Matthias/Schilling, Theodor/Wysk, Peter (Hrsg.), Beharren. Bewegen, Festschrift für Michael Kloepfer zum 70. Geburtstag, Berlin 2013, S. 399–413 (zitiert: *Kahl/Hilbert*, in: FS Kloepfer).

Dies.: Folgenabschätzungen als Instrument der Umwelt- und Technikgesetzgebung – Stand und Perspektiven, in: Jahrbuch des Umwelt- und Technikrechts 2009, S. 207–235 (zitiert: *Kahl/Hilbert*, in: JbUTR 2009).

Karpen, Ulrich: Introduction, in: Karpen, Ulrich/Xanthaki, Helen (Hrsg.), Legislation in Europe, A Comprehensive Guide for Scholars and Practitioners, London Vereinigtes Königreich Großbritannien und Nordirland 2017, S. 1–16.

Ders.: Rechtssetzungslehre, in: Juristische Schulung 2016, S. 577–584 (zitiert: *Karpen*, in: JuS 2016).

Ders.: § 7 Gesetzgebung im Rechtsvergleich, in: Kluth, Winfried/Krings, Günter (Hrsg.), Gesetzgebung, Rechtsetzung durch Parlamente und Verwaltung sowie ihre gerichtliche Kontrolle, Heidelberg 2014, S. 159–188 (zitiert: *Karpen*, in: Kluth/Krings, Gesetzgebung).

Ders.: Staatsmodernisierung und Bürokratieabbau, in: Röttgen, Norbert/Vogel, Bernhard (Hrsg.), Bürokratieabbau in Deutschland, Entstehung, Praxis und Perspektiven, Zur Geschichte des Standardkostenmodells in Deutschland und den Möglichkeiten seiner Ausweitung auf die öffentliche Verwaltung am Beispiel der Kommunen, Baden-Baden 2010, S. 231–237 (zitiert: *Karpen*, in: Röttgen/Vogel, Bürokratieabbau in Deutschland).

Ders.: Gesetzescheck (2005–2007): Empfehlungen zur Qualitätsverbesserung von Gesetzen, in: Zeitschrift für Rechtspolitik 2008, S. 97–100 (zitiert: *Karpen*, in: ZRP 2008).

Ders.: Gesetzgebungslehre – neu evaluiert – Legistics – freshly evaluated (European Association of Legislation [EAL]), Baden-Baden 2008 (zitiert: *Karpen*, Gesetzgebungslehre – neu evaluiert).

Ders.: Gesetzesfolgenabschätzung in der Europäischen Union, in: Hof, Hagen/Karpen, Ulrich (Hrsg.), Wirkungsforschung zum Recht IV, Möglichkeiten einer Institutionalisierung der Wirkungskontrolle von Gesetzen, Baden-Baden 2003, S. 148–166.

Ders.: Gesetzesfolgenabschätzung – ein Mittel zur Entlastung von Bürgern, Wirtschaft und Verwaltung?, in: Zeitschrift für Rechtspolitik 2002, S. 443–446 (zitiert: *Karpen*, in: ZRP 2002).

Ders.: Gesetzesfolgenabschätzung in der Europäischen Union, in: Archiv des öffentlichen Rechts 1999, S. 400–422 (zitiert: *Karpen*, in: AöR 1999).

Ders.: Zum gegenwärtigen Stand der Gesetzgebungslehre der Bundesrepublik Deutschland, in: Karpen, Ulrich (Hrsg.), Zum gegenwärtigen Stand der Gesetzgebung der Bundesrepublik Deutschland, zehn Jahre Deutsche Gesellschaft für Gesetzgebung, zehn Jahre Zeitschrift für Gesetzgebung, Heidelberg 1998, S. 371–396.

Ders.: Germany, in: Karpen, Ulrich (Hrsg.), Legislation in European Countries, Proceedings of a Conference in Bad Homburg/Germany (Dec. 11–13, 1991), Baden-Baden 1996, S. 197–213 (zitiert: *Karpen*, in: Karpen, Legislation in European Countries).

Kelemen, R. Daniel: Eurolegalism and the Better Regulation Agenda, in: Garben, Sacha/Govaere, Inge (Hrsg.), The EU Better Regulation Agenda, A Critical Assessment, Oxfort Vereinigtes Königreich Großbritannien und Nordirland 2018, S. 205–215 (zitiert: *Kelemen*, in: Garben/Govaere, The EU Better Regulation Agenda).

Keyaerts, David: The Impact of Better Regulation in the Case Law of the European Court of Justice, in: European Journal of Risk Regulation 2012, S. 241–247 (zitiert: *Keyaerts*, in: EJRR 2012).

Kieninger, Eva-Maria/Leible, Stefan: Plädoyer für einen Europäischen wissenschaftlichen Ausschuß für Privatrecht, in: Europäische Zeitschrift für Wirtschaftsrecht 1999, S. 37–40 (zitiert: *Kieninger/Leible*, in: EuZW 1999).

Kirchhof, Paul: Sprachstil und System als Geltungsbedingung des Gesetzes, in: Neue Juristische Wochenschrift 2002, S. 2760–2761 (zitiert: *Kirchhof*, in: NJW 2002).

Kisker, Gunter: Vertrauensschutz im Verwaltungsrecht, Die staatsrechtliche Stellung der Ausländer in der Bundesrepublik Deutschland, Berichte und Diskussionen auf der Tagung der Vereinigung der Deutschen Staatsrechtslehrer in Mannheim vom 3. Oktober bis 6. Oktober 1973, in: Veröffentlichungen der Vereinigung der Deutschen Staatsrechtslehrer 32 (1974), Berlin 2012 (Reprint), S. 149–193 (zitiert: *Kisker*, in: VVDStRL 32 [1974]).

Klenk, Tanja/Nullmeier, Frank: Public Governance als Reformstrategie, 2. Auflage, Düsseldorf 2004.

Kloepfer, Michael: Gesetzgebungsoutsourcing – Die Erstellung von Gesetzentwürfen durch Rechtsanwälte, in: Neue Juristische Wochenschrift 2011, S. 131–134 (zitiert: *Kloepfer*, in: NJW 2011).

Ders.: Spannungslage zwischen deutschem und europäischem Umweltrecht, in: Neue Zeitschrift für Verwaltungsrecht 2002, S. 645–657 (zitiert: *Kloepfer*, in: NVwZ 2002).

Ders.: Gesetzgebung im Rechtsstaat, Selbstbindungen der Verwaltung, Berichte und Diskussionen auf der Tagung der Vereinigung der Deutschen Staatsrechtslehrer in Trier vom 30. September bis 3. Oktober 1981, in: Veröffentlichungen der Vereinigung der Deutschen Staatsrechtslehrer 40 (1982), Berlin 2012 (Reprint), S. 63–98 (zitiert: *Kloepfer*, in: VVDStRL 40 [1982]).

Kluth, Winfried: § 14 Die Begründung von Gesetzen, in: Kluth, Winfried/Krings, Günter (Hrsg.), Gesetzgebung, Rechtsetzung durch Parlamente und Verwaltung sowie ihre gerichtliche Kontrolle, Heidelberg 2014, S. 333–353 (zitiert: *Kluth*, in: Kluth/Krings, Gesetzgebung).

Ders.: § 21 Ratifikation- und Umsetzungsgesetzgebung, in: Kluth, Winfried/Krings, Günter (Hrsg.), Gesetzgebung, Rechtsetzung durch Parlamente und Verwaltung sowie ihre gerichtliche Kontrolle, Heidelberg 2014, S. 523–541 (zitiert: *Kluth*, in: Kluth/Krings, Gesetzgebung).

Ders.: Parlamentarische Gesetzgebung im postnationalen Zeitalter, Baden-Baden 2013.

Knauff, Matthias: Der Rechtsstaat – Grundlagen, Ausprägungen, Entwicklungen und Gefährdungen, in: Verwaltungsrundschau 2012, S. 188–196 (zitiert: *Knauff*, in: VR 2012).

Ders.: Der Regelungsverbund, Recht und Soft Law im Mehrebenensystem, Tübingen 2010 (zitiert: *Knauff*, Der Regelungsverbund).

Ders.: Gute – bessere – europäische Gesetzgebung?, Anmerkung aus Anlass der „Dritte[n] Strategische[n] Überlegung zur Verbesserung der Rechtsetzung in der Europäischen Union", in: Zeitschrift für Gesetzgebung 2009, S. 354–366 (zitiert: *Knauff*, in: ZG 2009).

Köck, Wolfgang: Gesetzesfolgenabschätzung und Gesetzgebungsrechtslehre, in: Verwaltungsarchiv 2002, S. 1–21 (zitiert: *Köck*, in: VerwArch 2002).

König, Klaus: Zum Governance-Begriff, in: König, Klaus/Adam, Markus, Governance als Entwicklungspolitischer Ansatz, Forschungssymposium vom 29. bis 30. September 2000 (Speyerer Forschungsberichte), Speyer 2001, S. 1–10.

Koopmans Report: The Quality of EC Legislation: Points of Consideration and Proposals, Den Haag Niederlande 1995.

Kortmann, Constantin: Goede raad over Gemeenschapsrecht, in: Tijdschrift voor Europees en Economisch Recht 1996, Zutphen Niederlande, S. 38–46 (zitiert: *Kortmann*, in: SEW 1996).

Krakow, Georg: Rechtsbereinigung in Österreich, Legistischer Kehraus, in: Legal Tribune Online vom 29. Januar 2018, abrufbar unter: https://www.lto.de/recht/hintergruende/h/rechtsbereinigung-oesterreich-reform-gesetze/.

Krebs, Peter/Jung, Stephanie: Law Screening – ein neuer Ansatz zum Umgang mit der Gesetzesflut, in: Betriebsberater 2014, S. 3081–3084 (zitiert: *Krebs/Jung*, in: BB 2014).

Krings, Günter: Die Nachhaltigkeitsprüfung in der Gesetzesfolgenabschätzung, Ein Beitrag zu mehr Generationengerechtigkeit in der Gesetzgebung, in: Zeitschrift für Gesetzgebung 2009, S. 237–244 (zitiert: *Krings*, in: ZG 2009).

Lange, Christian: Gesetzesfolgenabschätzung auf der Ebene der Europäischen Union, in: Zeitschrift für Gesetzgebung 2001, S. 268–278 (zitiert: *Lange*, in: ZG 2001).

Leidenmühler, Franz: Die freiwillige „Übererfüllung" unionsrechtlicher Vorgaben durch die Mitgliedstaaten, Ein Beitrag zur rechtsdogmatischen und rechtspolitischen Diskussion um das sog. „Gold Plating", in: Europarecht 2019, S. 383–400 (zitiert: *Leidenmühler*, in: EuR 2019).

Lenarts, Koen: The European Court of Justice and Process-Oriented Review, in: Yearbook of European Law 2012, Oxford Vereinigtes Königreich Großbritannien und Nordirland, S. 3–16 (zitiert: *Lenarts*, in: YEL 2012).

Lenz, Carl Otto/Borchardt, Klaus-Dieter (Hrsg.): EU-Verträge Kommentar, EUV, AEUV, GRCh, 6. Auflage, Köln 2012 (zitiert: *Bearbeiter*, in: Lenz/Borchardt, EU-Verträge, nach Art. und Rn.).

Lenzhofer, Stephan: Bessere Rechtsetzung in der EU – Der Stand der Dinge, in: Journal für Rechtspolitik 2008, Wien Österreich, S. 157–168 (zitiert: *Lenzhofer*, in: JRP 2008).

Lepsius, Oliver: Nachhaltigkeit und Parlament, in: Kahl, Wolfgang (Hrsg.), Nachhaltigkeit als Verbundbegriff, Tübingen 2008, S. 326–349.

von Lewinski, Kai: Gesetzesverfasser und Gesetzgeber, Outsourcing und Fertigprodukte im Normsetzungsverfahren, Baden-Baden 2015.

Ders.: Kodifikationsstrategien im Datenschutzrecht, oder: Wann ist der Zeitpunkt der Unkodifizierbarkeit erreicht?, in: Kloepfer, Michael (Hrsg.), Gesetzgebung als wissenschaftliche Herausforderung, Gedächtnisschrift für Thilo Brandner, Baden-Baden 2011, S. 107–122 (zitiert: *v. Lewinski*, in: GS Brandner).

Lindemann, Stefan/Jänicke, Martin: Europäische Nachhaltigkeitsstrategien im Spannungsfeld von Umwelt- und Wettbewerbspolitik – eine kritische Zwischenbilanz, in: Zeitschrift für Umweltpolitik & Umweltrecht 2008, S. 355–392 (zitiert: *Lindemann/Jänicke*, in: ZfU 2008).

Listorti, Giulia/Basyte Ferrari, Egle/Acs, Szvetlana/Munda, Giuseppe/Rosenbaum, Eckehard/Paruolo, Paolo/Smits, Paul: The debate on the EU Better Regulation Agenda: a literature review, A contribution to the Stocktaking of the Commission's Better Regulation approach Joint Research Centre, Luxemburg 2019, abrufbar unter: https://publications.jrc.ec.europa.eu/repository/bitstream/JRC116035/kjna29691enn.pdf (zitiert: *Listorti/Basyte Ferrari/Acs/Munda/Rosenbaum/Paruolo/Smits*, The debate on the EU Better Regulation Agenda: a literature review).

van Lochem, Peter/Westerman, Pauline: Rules on Rulemaking, in: Legisprudence 2010, S. 107–109.

Lodge, Martin: Bessere Regulierung – Anspruch und Realität, in: LeGes 2017, Bern Schweiz, S. 487–497.

Lofstedt, Ragnar E.: „The Plateau-ing" of the European Better Regulation Agenda: An Analysis of Activities Carried out by the Barroso Commission, in: Journal of Risk Research 2007, London Vereinigtes Königreich Großbritannien und Nordirland, S. 423–447 (zitiert: *Lofstedt*, in: JRR 2007).

Lohmann, Beate: Initiative Bürokratieabbau der Bundesregierung: Stand und Entwicklung, in: Bohne, Eberhard (Hrsg.), Bürokratieabbau zwischen Verwaltungsreform und Reformsymbolik, Beiträge zum Forum „Bürokratieabbau: Verwaltungsreform oder Reformsymbolik?" vom 7. bis 8. Oktober 2004 an der Deutschen Hochschule für Verwaltungswissenschaften Speyer, Berlin 2006, S. 21–32 (zitiert: *Lohmann*, in: Bohne, Verwaltungsreform).

Lorenzen, Jacqueline: Verwaltungskontrolle in einer sich ausdifferenzierenden EU-Eigenverwaltung, Tübingen 2019 (zitiert: *Lorenzen*, Verwaltungskontrolle).

Luchetta, Giacomo: Impact Assessment and the Policy Cycle in the EU, in: European Journal of Risk Regulation 2012, S. 561–575 (zitiert: *Luchetta*, in: EJRR 2012).

von Lucke, Jörn: E-Government – Barrieren und Hindernisse, in: Reinermann, Heinrich/von Lucke, Jörn (Hrsg.), Electronic Government in Deutschland: Ziele, Stand, Barrieren, Beispiele, Umsetzung (Speyerer Forschungsberichte), 2. Auflage, Speyer 2002, S. 68–102.

Lücke, Jörg: Die Allgemeine Gesetzgebungsordnung, in: Zeitschrift für Gesetzgebung 2001, S. 1–49 (zitiert: *Lücke*, in: ZG 2001).

Mader, Luiz: Materielle und formelle Überprüfung der Gesetzgebung, auf dem Weg zu einer besseren Gesetzgebung, in: LeGes 2007, S. 391–395.

Mager, Ute: Die Bedeutung der Neufassung des Umweltrechtsbehelfsgesetzes vom 29. Mai 2017 für das Raumplanungs- und Baurecht, in: Zeitschrift für Europäisches Umwelt- und Planungsrecht 2018, S. 1–7 (zitiert: *Mager*, in: EurUP 2018).

Mandelkern-Gruppe: Moderner Staat – Moderne Verwaltung, Der Mandelkern-Bericht, Auf dem Weg zu besseren Gesetzen, Abschlussbericht, 13. November 2001, herausgegeben vom Bundesministerium des Innern, Berlin 2002, abrufbar unter: http://www.verwaltung-innovativ.de/SharedDocs/Publikationen/Bestellservice/moderner_staat_mandelkern_bericht.pdf?__blob=publicationFile&v=1 (zitiert: Mandelkernbericht).

von Mangoldt, Hermann/Klein, Friedrich/Stark, Christian (Hrsg.): Kommentar zum Grundgesetz: GG, Band II: Art. 20–82, 7. Auflage, München 2018 (zitiert: *Bearbeiter*, in: v. Mangoldt/Klein/Stark, GG, nach Art. und Rn.).

Martínez Iglesias, María José: The European Parliament and the Better Law-Making Agenda, in: Garben, Sacha/Govaere, Inge (Hrsg.), The EU Better Regulation Agenda, A Critical Assessment, Oxfort Vereinigtes Königreich Großbritannien und Nordirland 2018, S. 105–118 (zitiert: *Martínez Iglesias*, in: Garben/Govaere, The EU Better Regulation Agenda).

Marxen, Christian: Open Stakeholder Consultations at the European Level – Voice of the Citizens?, in: European Law Journal 2015, S. 257–280 (zitiert: *Marxen*, in: ELJ 2015).

Masnicki, Jedrzej: Good Governance through Better Regulation, in: Grzeszczak, Robert (Hrsg.), Challenges of Good Governance in the European Union, Baden-Baden 2016, S. 197–228.

Mastenbroek, Ellen/van Voorst, Stijn/Meuwese, Anne: Closing the regulatory cycle?, A meta evaluation of ex-post legislative evaluations by the European Commission, in: Journal of European Public Policy 2016, London Vereinigtes Königreich Großbritannien und Nordirland, S. 1329–1348 (zitiert: *Mastenbroek/v. Voorst/Meuwese*, in: JEPP 2016).

Mathis, Klaus: Nachhaltige Entwicklung und Generationengerechtigkeit, Eine interdisziplinäre Studie aus rechtlicher, ökonomischer und philosophischer Sicht, Tübingen 2017.

Maunz, Theodor/Dürig, Günter (Begr.): Grundgesetz, Kommentar, Herzog, Roman/Klein, Hans/Di Fabio, Udo/Kirchhof, Paul/Papier, Hans-Jürgen/Kirchhof, Ferdinand/Langenfeld, Christine/Kube, Hanno (Hrsg.), Band III, 87. Ergänzungslieferung, München 2019.

Maurer, Markus: Gesetzesfolgenabschätzung als notwendiges Element eines Programms zur Besseren Rechtsetzung, in: Zeitschrift für Gesetzgebung 2006, S. 378–387 (zitiert: *Maurer*, in: ZG 2006).

Mayer-Ries, Jörg: Folgen für Andere, Folgen für Nachkommende – Thesen zu Nachhaltigkeit und Gesetzesfolgenabschätzung, in: Hensel, Stephan/Bizer, Kilian/Führ, Martin/Lange, Joachim (Hrsg.), Gesetzesfolgenabschätzung in der Anwendung, Perspektiven und Entwicklungstendenzen, Baden-Baden 2010, S. 285–291.

Mayntz, Renate: Über Governance, Institutionen und Prozesse politischer Regelung, Frankfurt am Main 2009.

Meier, Andreas: eDemocracy & eGovernment: Entwicklungsstufen einer demokratischen Wissensgesellschaft, Heidelberg 2009.

Meister-Scheufelen, Gisela: Schuldet der Gesetzgeber ein gutes Gesetz?, in: Zeitschrift für Gesetzgebung 2018, S. 231–240 (zitiert: *Meister-Scheufelen*, in: ZG 2018).

Mengel, Hans-Joachim: Die verfahrensmäßigen Pflichten des Gesetzgebers und ihre verfassungsgerichtliche Kontrolle, in: Zeitschrift für Gesetzgebung 1990, S. 193–212 (zitiert: *Mengel*, in: ZG 1990).

Menzel, Hans-Joachim: Das Konzept der „nachhaltigen Entwicklung“ – Herausforderung an Rechtssetzung und Rechtsanwendung, in: Zeitschrift für Rechtspolitik 2001, S. 221–229 (zitiert: *Menzel*, in: ZRP 2001).

Merten, Detlef: „Gute“ Gesetzgebung als Verfassungspflicht oder Verfahrenslast?, in: Die Öffentliche Verwaltung 2015, S. 349–360 (zitiert: *Merten*, in: DÖV 2015).

Ders.: Gesetzeswahrheit und Titelklarheit – Konstitutionelle und legistische Probleme, in: Rüthers, Bernd/Stern, Klaus (Hrsg.), Freiheit und Verantwortung im Verfassungsstaat: Festgabe zum 10jährigen Jubiläum der Gesellschaft für Rechtspolitik, München 1984, S. 295–314.

Meßerschmidt, Klaus: Nachhaltigkeit im EU-Gesetzgebungsverfahren, in: Kahl, Wolfgang (Hrsg.), Nachhaltigkeit durch Organisation und Verfahren, Tübingen 2016, S. 195–215.

Ders.: Special Interest Legislation – Chancen und Risiken, in: Lejeune, Stefanie (Hrsg.), Interessengeleitete Gesetzgebung, Lobbyismus in der Demokratie, Baden-Baden 2015, S. 55–90.

Ders.: Europäisches Umweltrecht, Ein Studienbuch, München 2011.

Ders.: Gesetzesänderung in der Europäischen Union, in: Kloepfer, Michael (Hrsg.), Gesetzgebung als wissenschaftliche Herausforderung, Gedächtnisschrift für Thilo Brandner, Baden-Baden 2011, S. 29–46 (zitiert: *Meßerschmidt*, in: GS Brandner).

Ders.: Gesetzgebungslehre zwischen Wissenschaft und Politik Entwicklungstendenzen der Legisprudenz – Teil 1, in: Zeitschrift für das Juristische Studium 2008, S. 111–122 (zitiert: *Meßerschmidt*, in: ZJS 2008).

Meuwese, Anne: Regulatory Review of European Commission Impact Assessments, What Kind for Which Better Regulation Scenario?, in: European Journal of Law Reform 2017, S. 16–33 (zitiert: *Meuwese*, in: EJLR 2017).

Dies.: Regulatory Scrutiny in Transition, in: European Journal of Risk Regulation 2015, S. 359–360 (zitiert: *Meuwese*, in: EJRR 2015).

Dies.: Impact Assessment in EU Lawmaking, Leiden Niederlande 2008, abrufbar unter: https://openaccess.leidenuniv.nl/bitstream/handle/1887/12589/Thesis.pdf.

Dies.: Interinstitutionalising EU Impact Assessment, in: Weatherill, Stephen (Hrsg.), Better Regulation, Oxford Vereinigtes Königreich Großbritannien und Nordirland 2007, S. 287–310.

Meuwese, Anne/Gomtsian, Suren: Regulatory Scrutiny of Subsidiarity and Proportionality, in: Maastricht Journal of European and Comparative Law 2015, New York Vereinigte Staaten von Amerika, S. 483–505 (zitiert: *Meuwese*, in: MJECL 2015).

Meuwese, Anne/Popelier, Patricia: Legal implications of better regulation: a special issue, in: European Public Law 2011, S. 455–466 (zitiert: *Meuwese/Popelier*, in: EPL 2011).

Meyer, Jürgen (Hrsg.): Charta der Grundrechte der Europäischen Union, 4. Auflage, Baden-Baden 2014 (zitiert: *Bearbeiter*, in: Meyer, Charta der Grundrechte der Europäischen Union, nach Art. und Rn.).

Möckel, Stefan: Fitness-Check: Europäisches Naturschutzrecht top, seine Umsetzung zu oft ein Flop, in: Zeitschrift für Umweltrecht 2016, S. 513–515 (zitiert: *Möckel*, in: ZUR 2016).

Moes, Johannes: Accountability – eine Antwort auf Legitimationsprobleme in neuen Governancestrukturen?, in: von Botzem, Sebastian/Hofmann, Jeanette/Quack, Sigrid/Schuppert, Gunnar Folke/Straßheim, Holger (Hrsg.), Governance als Prozess, Koordinationsformen im Wandel, Baden-Baden 2009, S. 29–54.

Mousmouti, Maria: Effectiveness as an Aspect of Quality of EU Legislation: Is it Feasible?, in: The Theory and Practice of Legislation 2014, S. 309–327.

Mross, Oliver: Bürgerbeteiligung am Rechtsetzungsprozess in der Europäischen Union, Ein Beitrag zur Stärkung der demokratischen Legitimation?, Berlin 2010 (zitiert: *Mross*, Bürgerbeteiligung am Rechtsetzungsprozess in der EU).

Müller, Georg: Was ist und wie entsteht „gute Regulierung“?, in: LeGes 2017, S. 469–472.

Müller, Georg/Uhlmann, Felix: Elemente einer Rechtssetzungslehre, 3. Auflage 2013, Zürich Schweiz 2013.

Müller-Graff, Peter-Chistian: The Quality of European and National Legislation, in: Kellermann, Alfred/Azzi, Giuseppe Chiavarini/Jacobs, Scott/Deighton-Smith, Rex (Hrsg.), Improving the Quality of Legislation in Europe, London Vereinigtes Königreich Großbritannien und Nordirland 1998, S. 111–128 (zitiert: *Müller-Graff*, in: Kellermann/Azzi/Jacobs/Deighton-Smith, Improving the Quality of Legislation in Europe).

Ders.: The Quality of European and National Legislation – German Experiences and Initiatives, in: Europäische Zeitschrift für Wirtschaftsrecht 1998, S. 325–331 (zitiert: *Müller-Graff*, in: EuZW 1998).

Müller-Ibold, Till: Die Begründungspflicht im europäischen Gemeinschaftsrecht und im deutschen Recht, eine rechtsvergleichende Untersuchung, Frankfurt am Main 1990.

von Münch, Ingo/Kunig, Philip (Hrsg.): Grundgesetz-Kommentar, Band I: Art. 1–69, 6. Auflage, München 2012 (zitiert: *Bearbeiter*, in: v. Münch/Kunig, GG, nach Art. und Rn.).

de Mulders, Jan: The Member States and the Better Regulation Agenda, The Case of Belgium/Flanders, in: Garben, Sacha/Govaere, Inge (Hrsg.), The EU Better Regulation Agenda, A Critical Assessment, Oxfort Vereinigtes Königreich Großbritannien und Nordirland 2018, S. 137–184 (zitiert: *de Mulders*, in: Garben/Govaere, The EU Better Regulation Agenda).

Mußgnug, Reinhard: Zustand und Perspektiven der Gesetzgebung, in: Hill, Hermann (Hrsg.), Zustand und Perspektiven der Gesetzgebung, Vorträge und Diskussionsbeiträge der 56. Staatswissenschaftlichen Fortbildungstagung 1988 der Hochschule für Verwaltungswissenschaften Speyer, Berlin 1989, S. 23–48.

Nowag, Julian/Groussot, Xavier: From Better Regulation to Better Adjudication?, Impact Assessment and the Court of Justice's Review, in: Garben, Sacha/Govaere, Inge (Hrsg.), The EU Better Regulation Agenda, A Critical Assessment, Oxfort Vereinigtes Königreich Großbritannien und Nordirland 2018, S. 185–202 (zitiert: *Nowag/Groussot*, in: Garben/Govaere, The EU Better Regulation Agenda).

Nussbaumer, Markus: Gesetze in „leichter Sprache"?, in: LeGes 2016, S. 99–110.

Obradovic, Daniela/Vizcaino, Jose M. Alonso: Good Governance Requirements concerning the Participation of Interest Groups in EU Consultations, in: Common Market Law Review 43 (2006), S. 1049–1085 (zitiert: *Obradovic/Vizcaino*, in: CMLR 43 [2006]).

Ogus, Anthony: Better Regulation – Better Enforcement, in: Weatherill, Stephen (Hrsg.), Better Regulation, Oxford Vereinigtes Königreich Großbritannien und Nordirland 2007, S. 107–122.

Olberding, Benedikt: Rechtliche Möglichkeiten der Steuerung von Interessenpolitik, eine Untersuchung am Beispiel der Gesetzgebung des Deutschen Bundestages, Göttingen 2013 (zitiert: *Olberding*, Rechtliche Möglichkeiten der Steuerung von Interessenpolitik).

Olivi, Elisabetta: The EU Better Regulation Agenda, in: Weatherill, Stephen (Hrsg.), Better Regulation, Oxford Vereinigtes Königreich Großbritannien und Nordirland 2007, S. 191–194.

Organ, James: EU citizen participation, openness and the European Citizens Initiative: The TTIP legacy, in: Common Market Law Review 54 (2017), S. 1713–1747 (zitiert: *Organ*, in: CMLR 54 [2017]).

Organisation für wirtschaftliche Zusammenarbeit und Entwicklung: Better Regulation Practices across the European Union, 2019, abrufbar unter: https://www.oecd-ilibrary.org/sites/9789264311732-en/index.html?itemId=/content/publication/9789264311732-en&mimeType=text/html.

Dies.: OECD-Ausblick Regulierungspolitik 2018, abrufbar unter: https://www.oecd.org/publications/oecd-ausblick-regulierungspolitik-2018-9789264307988-de.htm.

Dies.: OECD-Ausblick Regulierungspolitik 2015, abrufbar unter: http://www.oecd.org/publications/oecd-ausblick-regulierungspolitik-2015-9789264252325-de.htm.

Dies.: Best Practice Principles for Regulatory Policy, Juli 2014 abrufbar unter: https://www.oecd-ilibrary.org/docserver/9789264209015-en.pdf?expires=1574595100&id=id&accname=guest&checksum=7A8434C06CCFE362FFCBAA94EF0C7F5A.

Dies.: Framework for Regulatory Policy Evaluation, Juni 2014, abrufbar unter: http://www.oecd.org/regreform/framework-for-regulatory-policy-evaluation.htm.

Dies.: Empfehlungen des Rates zur Regulierungspolitik und Governance, 2012, abrufbar unter: https://www.oecd.org/gov/regulatory-policy/Recommendation%20on%20Regulatory%20Policy%20and%20Governance_GER_web.pdf.

Dies.: Guiding Principles for Regulatory Quality and Performance, Oktober 2011, abrufbar unter: https://www.oecd.org/fr/reformereg/34976533.pdf.

Dies.: Bessere Rechtsetzung in Europa: Deutschland 2010, abrufbar unter: https://www.oecd-ilibrary.org/docserver/9789264085961-de.pdf?expires=1574431743&id=id&accname=guest&checksum=BDF09E1EAB5FAEFCA6764755711B82E4.

Dies.: Government capacity to assure high quality regulation: OECD Reviews of regulatory Reform in Germany, 2004, abrufbar unter: http://www.oecd.org/germany/32407522.pdf.

Dies.: OECD-Prüfungen im Bereich Regulierungsreform: Deutschland, 2004, abrufbar unter: https://www.oecd-ilibrary.org/governance/deutschland_9789264016125-de.

Dies.: The OECD Report on Regulatory Reform: Synthesis, Paris 1997, abrufbar unter: https://www.oecd.org/gov/regulatorypolicy/2391768.pdf.

Dies.: Participatory Development and Good Governance, Paris 1995, abrufbar unter: https://www.oecd.org/dac/accountable-effective-institutions/31857685.pdf.

Pachl, Ursula: Repercussions of the European Commission's Better Regulation Agenda on Consumer Interests and Policy, European Journal of Risk Regulation 2015, S. 375–377 (zitiert: *Pachl*, in: EJRR 2015).

Pechstein, Matthias/Nowak, Carsten/Häde, Ulrich (Hrsg.): Frankfurter Kommentar, EUV und GRC, Band I, Tübingen 2017 (zitiert: *Bearbeiter*, in: Pechstein/Nowak/Häde, Frankfurter Kommentar, nach Art. und Rn.).

Dies.: Frankfurter Kommentar, AEUV, Artikel 216–358, Band IV, Tübingen 2017.

Pedersen, Morten Jarlbaek: Qui Exanimis Nascitur?, Can „Better Regulation" in the European Union really be a Servant of Technocracy?, in: European Journal of Risk Regulation 2017, S. 387–402 (zitiert: *Pedersen*, in: EJRR 2017).

Ders.: Defining „Better", Investigating a New Framework to Understand Quality of Regulation, in: European Journal of Law Reform 2016, S. 159–179 (zitiert: *Pedersen*, in: EJLR 2016).

Pfeffer, Kristin: Das Recht auf eine gute Verwaltung, Art. II-101 der Grundrechtecharta des Vertrages über eine Verfassung für Europa, Baden-Baden 2006.

Pfeifer, Markus: Bessere Rechtsetzung als Leitbild europäischer Gesetzgebung, Berlin 2011 (zitiert: *Pfeifer*, Bessere Rechtsetzung).

Philipp, Ottmar: Institutionelles: Umsetzung der Interinstitutionellen Vereinbarung über bessere Rechtsetzung, in: Europäische Zeitschrift für Wirtschaftsrecht 2018, S. 515–515 (zitiert: *Philipp*, in: EuZW 2018).

Ders.: Institutionelles: Bessere Rechtsetzung, in: Europäische Zeitschrift für Wirtschaftsrecht 2016, S. 367–367 (zitiert: *Philipp*, in: EuZW 2016).

Piesker, Alex: Better Regulation in Europe – Entwicklungspfade, Akteure, Instrumente in Großbritannien und Deutschland, in: Hill, Hermann (Hrsg.), Verwaltungsmodernisierung im europäischen Vergleich, Baden-Baden 2009, S. 139–172 (zitiert: *Piesker*, in: Hill, Verwaltungsmodernisierung).

Pimenova, Oxana: Subsidiarity as a „regulation principle" in the EU, in: The Theory and Practice of Legislation 2016, S. 381–398.

Piris, Jean-Claude: How to improve the Quality of Community Legislation: The Viewpoint of the Council Legal Service, in: Kellermann, Alfred/Azzi, Giuseppe Chiavarini/Jacobs, Scott/Deighton-Smith, Rex (Hrsg.), Improving the Quality of Legislation in Europe, London Vereinigtes Königreich Großbritannien und Nordirland 1998, S. 25–38 (zitiert: *Piris*, in: Kellermann/Azzi/Jacobs/Deighton-Smith, Improving the Quality of Legislation in Europe).

Popelier, Patricia: Governance and Better Regulation: Dealing with the Legitimacy Paradox, in: European Public Law 2011, S. 555–569 (zitiert: *Popelier*, in: EPL 2011).

de Pous, Pieter: Better Regulation, TTIP under the Radar?, Berlin 2016, abrufbar unter: https://www.brot-fuer-die-welt.de/fileadmin/mediapool/2_Downloads/Fachinformationen/Sonstiges/better_regulation-ttip_under_the_radar.pdf.

Priebe, Reinhard: Rückverlagerung von Aufgaben – ein Beitrag zu besserer Akzeptanz der Europäischen Union?, in: Europäische Zeitschrift für Wirtschaftsrecht 2015, S. 697–702 (zitiert: *Priebe*, in: EuZW 2015).

Prosser, Tony: Models of Economic and Social Regulation, in: Oliver, Dawn/Prosser, Tony/Rawlings, Richard (Hrsg.), The Regulatory State: Constitutional Implications, Oxford Vereinigtes Königreich Großbritannien und Nordirland 2012, S. 34–49 (zitiert: *Prosser*, in: Oliver/Prosser/Rawlings, The Regulatory State: Constitutional Implications).

Psychny, Nicole Maldonado: Good Governance, Begriff, Inhalt und Stellung zwischen allgemeinem Völkerrecht und Souveränität, Köln 2013 (zitiert: *Psychny*, Good Governance).

Purnhagen, Kai P./Feindt, Peter H.: Better Regulatory Impact Assessment: Making Behavioural Insights Work for the Commission's New Better Regulation Strategy, in: European Journal of Risk Regulation 2015, S. 361–368 (zitiert: *Purnhagen/Feindt*, in: EJRR 2015).

Quintana, Jose Luis Rufas/Anglmayer, Irmgard: Retrospective Policy Evaluation at the European Parliament, in: European Journal of Law Reform 2019, S. 118–127 (zitiert: *Quintana/Anglmayer*, in: EJLR 2019).

Radaelli, Claudio M.: Halfway Through the Better Regulation Strategy of the Juncker Commission, What Does the Evidence Say?, in: Journal of Common Market Studies 2018, S. 85–95 (zitiert: *Radaelli*, in: JCMS 2018).

Ders.: Whither better regulation for the Lisbon agenda?, in: Journal of European Public Policy 2007, S. 190–207 (zitiert: *Radaelli*, in: JEPP 2007).

Ders.: The public policy of the European Union: whither politics of expertise?, in: Journal of European Public Policy 1999, S. 760–774 (zitiert: *Radaelli*, in: JEPP 1999).

Ders.: Governing European Regulation: the challenges ahead, 1998, abrufbar unter: https://www.eui.eu/RSCAS/WP-Texts/RSCPP98_03.html (zitiert: *Radaelli*, Governing European Regulation, nach Rn.).

Radaelli, Claudio M./de Francesco, Fabrizio: Regulatory quality in Europe, Concepts, measures and policy processes, Glasgow Vereinigtes Königreich Großbritannien und Nordirland 2007 (zitiert: *Radaelli/de Francesco*, Regulatory Quality in Europe).

Radaelli, Claudio M./Meuwese, Anne: Hard Questions, Hard Solutions: Proceduralisation through Impact Assessment in the EU, in: West European Politics 2010, London Vereinigtes Königreich Großbritannien und Nordirland, S. 136–153 (zitiert: *Radaelli/Meuwese*, in: WEP 2010).

Dies.: Better Regulation in Europe: Between Public Management and Regulatory Reform, in: Public Administration 2009, S. 639–654 (zitiert: *Radaelli/Meuwese*, in: PA 2009).

Radaelli, Claudio M./Schrefler, Lorna S.: Contribution to the Better Regulation Debate, in: European Journal of Risk Regulation 2015, S. 357–358 (zitiert: *Radaelli/Schrefler*, in: EJRR 2015).

Ramos, Mario Hernández/Heydt, Volker: Legislative Language and Style, in: Karpen, Ulrich/Xanthaki, Helen (Hrsg.), Legislation in Europe, A Comprehensive Guide for Scholars and Practitioners, London Vereinigtes Königreich Großbritannien und Nordirland 2017, S. 129–164.

Randchordás, Sofia: Consultations, Citizen Narratives and Evidence-Based Regulation, The Strange Case of the Consultation on the Collaborative Economy, in: European Journal of Law Reform 2017, S. 52–73 (zitiert: *Randchordás*, in: EJLR 2017).

Redaktion der Zeitschrift für europäisches Wirtschaftsrecht: Rechtsausschuss des Europaparlaments will Bürgern Zugang zu wichtigen Dokumenten erleichtern, in: Europäische Zeitschrift für Wirtschaftsrecht 2011, S. 365–365 (zitiert: *Redaktion*, in: EuZW 2011).

Redeker, Konrad: Wege zu besserer Gesetzgebung, in: Zeitschrift für Rechtspolitik 2004, S. 160–163 (zitiert: *Redeker*, in: ZRP 2004).

Ders.: Auf der Suche nach besserer Gesetzgebung, in: Neue Juristische Wochenschrift 2002, S. 2756–2259 (zitiert: *Redeker*, in: NJW 2002).

Redeker, Konrad/Karpenstein, Ulrich: Über Nutzen und Notwendigkeiten, Gesetze zu begründen, in: Neue Juristische Wochenschrift 2001, S. 2825–2831 (zitiert: *Redeker/Karpenstein*, in: NJW 2001).

Reimer, Franz: Nachhaltigkeit und „Good Governance“, in: Kahl, Wolfgang (Hrsg.), Nachhaltigkeit durch Organisation und Verfahren, Tübingen 2016, S. 43–61.

Ders.: § 9 Das Parlamentsgesetz als Steuerungsmittel und Kontrollmaßstab, in: Hoffmann-Riem, Wolfgang/Schmidt-Aßmann, Eberhard/Voßkuhle, Andreas (Hrsg.), Grundlagen des Verwaltungsrechts, Band I, Methoden, Maßstäbe, Aufgaben, Organisation, 2. Auflage, München 2012, S. 435–495 (zitiert: *F. Reimer*, in: Hoffmann-Riem/Schmidt-Aßmann/Voßkuhle, Grundlagen des Verwaltungsrechts I, nach § und Rn.).

Reinhardt, Michael: Europäische Rechtssprache, Verspätete Randbemerkungen über einen fortgeschrittenen Verfall, in: Neue Juristische Wochenschrift 2003, S. 3449–3452 (zitiert: *Reinhardt*, in: NJW 2003).

Renda, Andrea: Cost-Benefit Analysis and EU Policy, Limits and Opportunities, in: Garben, Sacha/Govaere, Inge (Hrsg.), The EU Better Regulation Agenda, A Critical Assessment, Oxfort Vereinigtes Königreich Großbritannien und Nordirland 2018, S. 49–62 (zitiert: *Renda*, in: Garben/Govaere, The EU Better Regulation Agenda).

Ders.: Too good to be true?, A quick assessment of the European Commission's new Better Regulation Package, No. 108/May 2015, in: Centre for European Policy Studies Brüssel 2015, S. 1–12, abrufbar unter: https://papers.ssrn.com/sol3/Delivery.cfm/SSRN_ID2613343_code1194431.pdf?abstractid=2613343&mirid=1 (zitiert: *Renda*, in: CEPS 2015).

Ders.: Impact Assessment in the EU, The State of the Art and the Art of the State, Brüssel 2006 (zitiert: *Renda*, Impact Assessment in the EU).

Riemann, Frank: Die Transparenz der Europäischen Union, Das neue Recht auf Zugang zu Dokumenten von Parlament, Rat und Kommission, Berlin 2004.

Robinson, William: EU Legislation, in: Karpen, Ulrich/Xanthaki, Helen (Hrsg.), Legislation in Europe, A Comprehensive Guide for Scholars and Practitioners, London Vereinigtes Königreich Großbritannien und Nordirland 2017, S. 229–256.

Ders.: Time for coherent rules on EU regulation, in: The Theory and Practice of Legislation 2015, S. 257–278.

Ders.: Drafting EU Legislation in the European Commission: A Collaborative Process, in: The Theory and Practice of Legislation 2014, S. 249–272.

Ders.: Making EU Legislation Clearer, in: European Journal of Law Reform 2014, S. 610–632 (zitiert: *Robinson*, in: EJLR 2014).

Ders.: Translating Legislation: The European Union Experience, in: The Theory and Practice of Legislation 2014, S. 185–210.

Ders.: Making Eu Legislation more accessible, in: Mader, Luzius/de Almeida, Marta Tavares (Hrsg.), Quality of Legislation, Principles and Instruments, Proceedings of the Ninth Congress of the International Assosciation of Legislation (IAL) in Lisbon, June 24th–25th 2010, Baden-Baden 2010, S. 263–276.

Ders.: Manuals for Drafting European Union Legislation, in: Legisprudence 2010, S. 129–155.

Röhl, Klaus Friedrich/Röhl, Hans Christian: Allgemeine Rechtslehre, Ein Lehrbuch, 3. Auflage, München 2008.

Rösch, Franziska: Zur Rechtsformenwahl des europäischen Gesetzgebers im Lichte des Verhältnismäßigkeitsgrundsatzes, Von der Richtlinie zur Verordnung, Berlin 2013 (zitiert: *Rösch*, Zur Rechtsformenwahl des europäischen Gesetzgebers).

Rüefli, Christian: Ansätze und Instrumente besserer Regulierung – eine Auslegeordnung, in: LeGes 2017, S. 445–467.

Rüthers, Bernd/Fischer, Christian/Birk, Alex: Rechtstheorie, mit Juristischer Methodenlehre, 10. Auflage, München 2018.

Sachs, Michael (Hrsg.): GG, Grundgesetz, Kommentar, 8. Auflage, München 2018 (zitiert: *Bearbeiter*, in: Sachs, GG, nach Art. und Rn.).

Sarpi, Francesco: Better for Whom?, in: European Journal of Risk Regulation 2015, S. 372–374 (zitiert: *Sarpi*, in: EJRR 2015).

Schäffer, Heinz: Über Möglichkeit, Notwendigkeit und Aufgaben einer Theorie der Rechtssetzung, in: Schäffer, Heinz (Hrsg.), Theorie der Rechtssetzung, Wien Österreich 1988, S. 11–40.

Schärdel, Florian: Die Bücherkodifikation, Untersuchung einer Gesetzgebungstechnik, Baden-Baden 2011.

Schäuble, Wolfgang: Bessere Rechtsetzung als politische Führungsaufgabe, in: Zeitschrift für Gesetzgebung 2007, S. 209–217 (zitiert: *Schäuble*, in: ZG 2007).

Schipper, Katharina: Lebensmittelkennzeichnung im Lichte des wohlgeordneten Rechts, Baden-Baden 2015.

Schmidt-Aßmann, Eberhard: Das allgemeine Verwaltungsrecht als Ordnungsidee, Grundlagen und Aufgaben der verwaltungsrechtlichen Systembildung, Berlin 2006 (zitiert: *Schmidt-Aßmann*, Ordnungsidee, nach Kapitel und Rn.).

Ders.: § 26 Der Rechtsstaat, in: Kirchhof, Paul/Isensee, Josef (Hrsg.), Handbuch des Staatsrechts der Bundesrepublik Deutschland, Band II: Verfassungsstaat, 3. Auflage, Heidelberg 2004, S. 541–611 (zitiert: *Bearbeiter*, in: Kirchhof/Isensee, Hb. des Staatsrechts I, nach § und Rn.).

Ders.: Verwaltungskontrolle – Einleitende Problemskizze –, in: Schmidt-Aßmann, Eberhard/Hoffmann-Riem, Wolfgang (Hrsg.), Verwaltungskontrolle, Baden-Baden 2001, S. 9–44.

Schmidt-Eichstaedt, Gerd: Wirkungsforschung im Recht, Unter welchen Voraussetzungen erfüllen Gesetze ihren Zweck?, in: Deutsches Verwaltungsblatt 1998, S. 322–326 (zitiert: *Schmidt-Eichstaedt*, in: DVBl. 1998).

Schneider, Hans: Gesetzgebung, Ein Lehr- und Handbuch, 3. Auflage, Heidelberg 2002.

Schneider, Hans-Peter: Meliora Legalia, Wege zu besseren Gesetzgebung, in: Zeitschrift für Gesetzgebung 2004, S. 105–121 (zitiert: *H.-P. Schneider*, in: ZG 2004).

Schreckenberger, Waldemar: Krise der Gesetzgebung?, in: Schreckenberger, Waldemar (Hrsg.), Gesetzgebungslehre, Grundlagen – Zugänge – Anwendung, Stuttgart 1986.

Schrefler, Lorna/Luchetta, Giacomo/Simonelli, Felice: A New Tool in the Box?, The Cumulated Cost Assessment, in: European Journal of Risk Regulation 2015, S. 68–78 (zitiert: *Schrefler/Luchetta/Simonelli*, in: EJRR 2015).

Schroeder, Werner: Bessere Ergebnisse durch bessere Rechtsetzung der Europäischen Union?, in: Zeitschrift für Gesetzgebung 2016, S. 193–214 (zitiert: *Schroeder*, in: ZG 2016).

Ders.: Better Regulation und REFIT – Was bringt die neue EU-Initiative für bessere Rechtsetzung?, in: wirtschaftsrechtliche blätter 2016, Wien Österreich, S. 361–365 (zitiert: *Schroeder*, in: wbl 2016).

Schulze, Reiner/Zuleeg, Manfred/Kadelbach, Stefan (Hrsg.): Europarecht, Handbuch für die deutsche Rechtspraxis, 3. Auflage, Baden-Baden 2015 (zitiert: *Bearbeiter*, in: Schulze/Zuleeg/Kadelbach, Europarecht, nach § und Rn.).

Schulze-Fielitz, Helmuth: Path Towards Better Legislation, Detours and Dead-Ends, in: Meßerschmidt, Klaus/Oliver-Lalana, Daniel A. (Hrsg.), Rational Lawmaking under Review, Legisprudence According to the German Federal Constitutional Court, Berlin 2016, S. 33–60.

Ders.: Strukturprobleme europäischer Sekundärrechtsetzung, in: Müller-Graff, Peter-Christian/Schmahl, Stefanie/Skouris, Vassilios (Hrsg.), Europäisches Recht zwischen Bewährung und Wandel, Festschrift für Dieter H. Scheuing, Baden-Baden 2011, S. 165–189 (zitiert: *Schulze-Fielitz*, in: FS Scheuing).

Ders.: Wege, Umwege oder Holzwege zu besserer Gesetzgebung durch sachverständige Beratung, Begründung, Folgeabschätzung und Wirkungskontrolle?, in: JuristenZeitung 2004, S. 862–871 (zitiert: *Schulze-Fielitz*, in: JZ 2004).

Ders.: Rationalität als rechtsstaatliches Prinzip für den Organisationsgesetzgeber, Über Leistungsfähigkeit und Leistungsgrenzen „weicher“ Leitbegriffe in der Rechtsdogmatik, in: Kirchhof, Paul u. a. (Hrsg.), Staaten und Steuern. Festschrift für Klaus Vogel, Heidelberg 2000, S. 311–330 (zitiert: *Schulze-Fielitz*, in: FS Vogel).

Ders.: Grenzen rationaler Gesetzesgestaltung, insbesondere im Leistungsrecht, in: Die Öffentliche Verwaltung 1988, S. 758–768 (zitiert: *Schulze-Fielitz*, in: DÖV 1988).

Ders.: Theorie und Praxis parlamentarischer Gesetzgebung: besonders des 9. Deutschen Bundestages (1980–1983) Berlin 1988 (zitiert: *Schulze-Fielitz*, Theorie und Praxis parlamentarischer Gesetzgebung).

Schuppert, Gunnar Folke: Governance und Rechtsetzung, Grundfragen einer modernen Regelungswissenschaft, Baden-Baden 2011.

Ders.: Governance-Forschung: Versuch einer Zwischenbilanz, in: Die Verwaltung 2011, S. 273–289 (zitiert: *Schuppert*, in: Die Verwaltung 2011).

Ders.: Gute Gesetzgebung – Bausteine einer kritischen Gesetzgebungslehre, in: Zeitschrift für Gesetzgebung Sonderheft 2003, Heidelberg 2003 (zitiert: *Schuppert*, in: ZG Sonderheft 2003).

Ders.: Verwaltungswissenschaften, Verwaltung, Verwaltungsrecht, Verwaltungslehre, Baden-Baden 2000 (*Schuppert*, Verwaltungswissenschaften).

Schuster, Ulrike: Das Kohärenzprinzip in der Europäischen Union, Baden-Baden 2017.

Schwarze, Jürgen (Hrsg.): EU-Kommentar, 4. Auflage, Baden-Baden 2019 (zitiert: *Bearbeiter*, in: Schwarze, EU-Kommentar, nach Art. und Rn.).

Scott, Colin: Integration Regulatory Governance and Better Regulation, in: Garben, Sacha/Govaere, Inge (Hrsg.), The EU Better Regulation Agenda, A Critical Assessment, Oxfort Vereinigtes Königreich Großbritannien und Nordirland 2018, S. 13–26 (zitiert: *Scott*, in: Garben/Govaere, The EU Better Regulation Agenda).

Seckelmann, Margrit: Die Optimierung des Informations- und Kommunikationsmanagements der öffentlichen Verwaltung – ein Baustein zu einer Qualitätsverbesserung staatlichen und kommunalen Handelns (Good Governance)?, in: Bieler, Frank/Schwarting, Gunnar (Hrsg.), e-Government: Perspektiven – Probleme – Lösungsansätze, Berlin 2007, S. 33–82 (zitiert: *Seckelmann*, in: Bieler/Schwarting, e-Government, nach Rn.).

Seifert, Matthias: Good Governance in der Sackgasse?, Ein Problemaufriss in: Weiland, Heribert/Wehr, Ingrid/Seifert, Matthias (Hrsg.), Good Governance in der Sackgasse?, Baden-Baden 2009, S. 9–30 (zitiert: *Seifert*, in: Good Governance in der Sackgasse?).

Sensburg, Patrick Ernst: Kompetenzen bei der Kodifizierung bestehender EU-Rechtsakte, Spannungsverhältnis zwischen Brüssel und Berlin am Beispiel des gesellschaftsrechtlichen REFIT, in: Neue Juristische Wochenschrift 2016, S. 3287–3290 (zitiert: *Sensburg*, in: NJW 2016).

Skrobotz, Jan: Das elektronische Verwaltungsverfahren, Die elektronische Signatur im E-Government, Berlin 2005 (zitiert: *Skrobotz*, Das elektronische Verwaltungsverfahren).

Smeddinck, Ulrich: Integrierte Gesetzesproduktion: Der Beitrag der Rechtswissenschaft zur Gesetzgebung in interdisziplinärer Perspektive, Berlin 2010 (zitiert: *Smeddinck*, Integrierte Gesetzesproduktion).

Ders.: Optimale Gesetzgebung im Zeitalter des Mandelkern-Berichts, in: Deutsche Verwaltungsblätter 2003, S. 641–646 (zitiert: *Smeddinck*, in: DVBl. 2003).

Smismans, Stijn: The Politicization of ex post Policy Evaluation in the EU, in: European Journal of Law Reform 2017, S. 74–96 (zitiert: *Smismans*, in: EJLR 2017).

Ders.: Policy Evaluation in the EU: The Challenges of Linking Ex Ante and Ex Post Appraisal, in: European Journal of Risk Regulation 2015, S. 6–26 (zitiert: *Smismans*, in: EJRR 2015).

Smulders, Ben/Paquet, Jean-Eric: The European Commission and its Better Regulation Agenda, in: Garben, Sacha/Govaere, Inge (Hrsg.), The EU Better Regulation Agenda, A Critical Assessment, Oxfort Vereinigtes Königreich Großbritannien und Nordirland 2018, S. 79–104 (zitiert: *Smulders/Paquet*, in: Garben/Govaere, The EU Better Regulation Agenda).

Sohn, Klaus-Dieter/Czuratis, Sebastian: Subsidiaritätsprinzip mit Leben füllen, Fünf Anforderungen an eine „bessere Rechtsetzung" in der Europäischen Union, in: Cep-Input 4 (2015), S. 1–15, Freiburg 2015, abrufbar unter: https://www.cep.eu/Studien/cepInput_Subsidiaritaet/cepInput_Vertrauen_Das_Subsidiaritaetsprinzip_mit_Leben_fuellen.pdf (zitiert: *Sohn/Czuratis*, in: CepInput 4 [2015]).

Sohn, Klaus-Dieter/Dauner, Matthias: Das neue Konzept für eine „bessere Rechtsetzung", in: CepInput 17 (2015), S. 1–16, abrufbar unter: www.cep.eu/Studien/cepIn put_Better_Regulation/cepInput_Bessere_Rechtsetzung.pdf (zitiert: *Sohn/Dauner*, in: CepInput 17 [2015]).

Souto-Otero, Manuel: Is „better regulation" possible?, Formal and substantive quality in the impact assessments in education and culture of the European Commission, in: Evidence & Policy 2013, Bristol Vereinigtes Königreich Großbritannien und Nordirland, S. 513–529.

Spendzharova, Aneta/Radulova, Elissaveta/Surala, Kate: Get Your Money's Worth from Investment Advice, Analysing the Clash over the Knowledge and Competence Requirements in the Markets in Financial Instruments Directive (MiFID II), in: European Journal of Law Reform 2017, S. 34–51 (zitiert: *Spendzharova/Radulova/Surala*, in: EJLR 2017).

Steinbach, Armin: Rationale Gesetzgebung, Tübingen 2017.

Stephenson, Paul: Why Better Regulation Demands Better Scrutiny of Results, The European Parliament's Use of Performance Audits by the European Court of Auditors in ex post Impact Assesssment, in: European Journal of Law Review 2017, S. 97–120 (zitiert: *Stephenson*, in: EJLR 2017).

Stern, Klaus: Staatsrecht der Bundesrepublik Deutschland, Grundbegriffe und Grundlagen des Staatsrechts, Strukturprinzipien der Verfassung, 2. Auflage, München 1984 (zitiert: *Stern*, Staatsrecht I).

Stern, Klaus/Sachs, Michael (Hrsg.): GrCh, Europäische Grundrechte-Charta, Kommentar, München 2016 (zitiert: *Bearbeiter*, in: Stern/Sachs, Europäische Grundrechte-Charta, nach Art. und Rn.).

Stöbener de Mora, Patricia Sarah: Institutionelles: Konsultation für Bessere Rechtsetzung, in: Europäische Zeitschrift für Wirtschaftsrecht 2018, S. 747–747 (zitiert: *Stöbener de Mora*, in: EuZW 2018).

Dies.: Institutionelles: Abschlussbericht der Taskforce für Subsidiarität, in: Europäische Zeitschrift für Wirtschaftsrecht 2018, S. 747–748 (zitiert: *Stöbener de Mora*, in: EuZW 2018).

Strandvik, Ingemar: Is There Scope for a more Professional Approach to EU Multilingual Lawmaking?, in: The Theory and Practice of Legislation 2014, S. 211–228.

Streinz, Rudolf: Europarecht, 11. Auflage, München 2019.

Ders.: EUV/AEUV, Vertrag über die Europäische Union und Vertrag über die Arbeitsweise der Europäischen Union, Charta der Grundrechte der Europäischen Union, 3. Auflage, München 2018 (zitiert: *Bearbeiter*, in: Streinz, EUV/AEUV, nach Art. und Rn.).

Tala, Jyrki: Better Regulation through Programs and Quality Standards – Are new Perspectives needed?, in: Legisprudence 2010, S. 193–212.

Terhechte, Jörg (Hrsg.): Verwaltungsrecht der Europäischen Union, Baden-Baden 2011 (zitiert: *Bearbeiter*, in: Terhechte, Verwaltungsrecht der Europäischen Union, nach § und Rn.).

Thews, Michael: Welche Begriffe schuldet der Gesetzgeber, in: Zeitschrift für Gesetzgebung 1998, S. 62–79 (zitiert: *Thews*, in: ZG 1998).

Thierse, Wolfgang: Wege zur besseren Gesetzgebung – sachverständige Beratung, Begründung, Folgeabschätzung und Wirkungskontrolle, in: Neue Zeitschrift für Verwaltungsrecht 2005, S. 153–157 (zitiert: *Thierse*, in: NVwZ 2005).

Timmermans, Christiaan: Bessere Rechtsetzung für bessere Ergebnisse – das neue Konzept der Europäischen Kommission, in: Der Landkreis 2015, S. 749–750 (zitiert: *Timmermanns*, in: LK 2015).

Ders.: How to improve the Quality of Community Legislation: The Viewpoint of the European Commission, in: Kellermann, Alfred/Azzi, Giuseppe Chiavarini/Jacobs, Scott/Deighton-Smith, Rex (Hrsg.), Improving the Quality of Legislation in Europe, London Vereinigtes Königreich Großbritannien und Nordirland 1998, S. 39–59 (zitiert: *Timmermanns*, in: Kellermann/Azzi/Jacobs/Deighton-Smith, Improving the Quality of Legislation in Europe).

Ders.: How can one improve the Quality of Community Legislation?, in: Common Market Law Review 30 (1997), S. 1229–1257 (zitiert: *Timmermanns*, in: CMLR 30 [1997]).

Tombs, Steve: Making Better Regulation, Making Regulation Better?, in: Policy Studies 2016, Honolulu Vereinigte Staaten von Amerika, S. 332–349 (zitiert: *Tombs*, in: PS 2016).

Torriti, Jacopo: Impact Assessment in the EU: A Tool for Better Regulation, Less Regulation or Less Bad Regulation?, in: Journal of Risk Research 2007, S. 239–276 (zitiert: *Torriti*, in: JRR 2007).

Ders.: The Standard Cost Model: When „Better Regulation" Fights Against Red Tape, in: Weatherill, Stephen (Hrsg.), Better Regulation, Oxford Vereinigtes Königreich Großbritannien und Nordirland 2007, S. 83–106.

Trstenjak, Verica/Beysen, Erwin: Das Prinzip der Verhältnismäßigkeit in der Unionsrechtsordnung, in: Europarecht 2012, S. 265–285 (zitiert: *Trstenjak/Beysen*, in EUR 2012).

Uhlmann, Felix/Konrath, Christoph: Participation in EU Legislation, in: Karpen, Ulrich/Xanthaki, Helen (Hrsg.), Legislation in Europe, A Comprehensive Guide for Scholars and Practitioners, London Vereinigtes Königreich Großbritannien und Nordirland 2017, S. 73–96.

Umweltbundesamt (Hrsg.): Analyse des Erfüllungsaufwands und der „One in one out"-Regel als Leitbilder der Politikgestaltung, Bericht im Rahmen des Vorhabens „Ökonomische Bewertung des Nutzens umweltpolitischer Maßnahmen in der Gesetzesfolgenabschätzung", Teilbericht 50/2016, abrufbar unter: https://www.umweltbundes amt.de/sites/default/files/medien/378/publikationen/texte_50_2016_analyse_des_er fuellungsaufwands_und_der_one_in_one_out_regel.pdf.

Vedder, Christoph/Heintschel von Heinegg, Wolf: Europäisches Unionsrecht, EUV, AEUV, GRCh, EAGV, 2. Auflage, Baden-Baden 2018, (zitiert: *Bearbeiter*, in: Vedder/Heintschel von Heinegg, Europäisches Unionsrecht, nach Art. und Rn.).

Veit, Sylvia: Bessere Gesetze durch Folgenabschätzung?, Deutschland und Schweden im Vergleich, Wiesbaden 2010.

Verband chemischer Industrie: Daten und Fakten, Bürokratieabbau und bessere Rechtsetzung, 2019, abrufbar unter: https://www.vci.de/vci/downloads-vci/top-thema/da ten-fakten-buerokratieabbau-bessere-rechtsetzung.pdf (zitiert: *VCI*, Daten und Fakten, Bürokratieabbau und bessere Rechtsetzung).

Ders.: Gute Ideen für bessere Gesetze, 2015, abrufbar unter: https://www.vci.de/langfas sungen-pdf/2015-05-19-gute-ideen-fuer-bessere-gesetze.pdf.

Verbruggen, Paul: Private Regulation in EU Better Regulation, Past Performance and Future Promises, in: European Journal of Law Reform 2017, S. 121–140 (zitiert: *Verbruggen*, in: EJLR 2017).

Voermans, Wim: Implementation: The Achilles Heel of European Integration, in: The Theory and Practice of Legislation 2014, S. 343–359.

Ders.: Concern about the Quality of EU Legislation: What kind of Problem, by What kind of Standards?, in: Mader, Luzius/de Almeida, Marta Tavares (Hrsg.), Quality of Legislation, Principles and Instruments, Proceedings of the Ninth Congress of the International Assosciation of Legislation (IAL) in Lisbon, June 24th–25th 2010, Baden-Baden 2010, S. 31–66.

Voermans, Wim/Schuurmans, Ymre: Better Regulation by Appeal, in: European Journal of Risk Regulation 2011, S. 507–525 (zitiert: *Voermans/Schuurmans*, in: EJRR 2011).

Vogel, Laurent/van den Abeele, Eric: Better Regulation: a critical assessment, European Trade Institute 2010, abrufbar unter: https://www.etui.org/content/download/2177/24098/file/report-113-EN.pdf.

Vossen, Bjela: „Bessere" Rechtsetzung auf Kosten der Umwelt, Newsletter für Engagement und Partizipation in Europa, November 2015, abrufbar unter: https://www.b-b-e.de/fileadmin/inhalte/aktuelles/2015/11/enl-11-vossen-gastbeitrag.pdf.

Voßkuhle, Andreas: § 1 Neue Verwaltungsrechtswissenschaft, in: Hoffmann-Riem, Wolfgang/Schmidt-Aßmann, Eberhard/Voßkuhle, Andreas (Hrsg.), Grundlagen des Verwaltungsrechts, Band I, Methoden, Maßstäbe, Aufgaben, Organisation, 2. Auflage, München 2012, S. 1–63 (zitiert: *Voßkuhle*, in: Hoffmann-Riem/Schmidt-Aßmann/Voßkuhle, Grundlagen des Verwaltungsrechts I, nach § und Rn.).

Ders.: Der „Dienstleistungsstaat", Über Nutzen und Gefahren von Staatsbildern, in: Der Staat 40 (2001), S. 495–523.

Wagner, Erika: Das Prinzip der nachhaltigen Entwicklung, Eine kritische Reflexion des Europäischen und Österreichischen Rechts, in: Zeitschrift für Europäisches Umwelt- und Planungsrecht 2016, S. 121–131 (zitiert: *E. Wagner*, in: EurUP 2016).

Wagner, Hellmut: Gesetzesfolgenabschätzung – Modeerscheinung oder Notwendigkeit?, in: Zeitschrift für Rechtspolitik 1999, S. 480–486 (zitiert: *H. Wagner*, in: ZRP 1999).

Wägenbaur, Rolf: Verbesserung der Rechtsetzung durch mehr Konsultation und Folgenabschätzung, in: Zeitschrift für Rechtspolitik 2004, S. 454–455 (zitiert: *Wägenbaur*, in: ZRP 2004).

Weatherill, Stephen: The Challenge of Better Regulation, in: Weatherill, Stephen (Hrsg.), Better Regulation, Oxford Vereinigtes Königreich Großbritannien und Nordirland 2007, S. 1–18.

Weber, Martin/Edwards, Nicholas/Huber, Stephan: EU Review Clauses in Need of Review?, An Analysis of Review Clauses in EU Legislation in the Context of Better Lawmaking, in: European Journal of Risk Regulation 2017, S. 121–139 (zitiert: *Weber/Edwards/Huber*, in: EJRR 2017).

Weckerling-Wilhelm, Dorothee: § 10 Zu den Anforderungen der Rechtsförmlichkeit, in: Kluth, Winfried/Krings, Günter (Hrsg.), Gesetzgebung, Rechtsetzung durch Parlamente und Verwaltung sowie ihre gerichtliche Kontrolle, Heidelberg 2014, S. 247–277 (zitiert: *Weckerling-Wilhelm*, in: Kluth/Krings, Gesetzgebung).

Wegrich, Kai: Which Results?, Better Regulation and Institutional Politics, in: European Journal of Risk Regulation 2015, S. 368–371 (zitiert: *Wegrich*, in: EJRR 2015).

Ders.: Das Leitbild „Better Regulation", Ziele, Instrumente, Wirkungsweise, Berlin 2010 (zitiert: *Wegrich*, Better Regulation).

Ders.: Governing „Better Regulation" in Europe, The Logic, Limits of and Prospects for a „middelaged" Reform Policy, in: CESifo DICE Report 2010, S. 34–41, abrufbar unter: https://www.ifo.de/DocDL/CESifoDICEreport110.pdf (zitiert: *Wegrich*, in: CESifo DICE Report 2010).

Ders.: Better Regulation?, Grundmerkmale moderner Regulierungspolitik im internationalen Vergleich, Gütersloh 2009, abrufbar unter: https://www.bertelsmann stiftung.de/fileadmin/files/BSt/Publikationen/GrauePublikationen/GP_Better_Regulation.pdf.

Wegrich, Kai/Shergold, Miriam/van Stolk, Christian/Jann, Werner: Agenda Moderne Regulierung, Gutachten: Wirksamkeit von Sunset Legislation und Evaluationsklauseln, Potsdam 2005, abrufbar unter: https://www.bertelsmannstiftung.de/fileadmin/files/BSt/Presse/imported/downloads/xcms_bst_dms_15600__2.pdf.

Weingarten, Elke: Better Regulation in umwelt- und naturschutzrechtlichen Prüfungen, Berlin 2011.

Widmer, Thomas: Der Beitrag der Evaluation zu einer guten Gesetzgebung, in: LeGes 2015, S. 15–19.

Wiener, Jonathan B.: Better Regulation in Europe, in: Current Legal Problems 2006, Oxford Vereinigtes Königreich Großbritannien und Nordirland, S. 447–518.

Windoffer, Alexander: Nachhaltigkeit und Gesetzesfolgenabschätzung, in: Kahl, Wolfgang (Hrsg.), Nachhaltigkeit durch Organisation und Verfahren, Tübingen 2016, S. 217–234.

Ders.: Verfahren der Folgenabschätzung als Instrument zur rechtlichen Sicherung von Nachhaltigkeit, Tübingen 2011.

Winter, Heinrich: The Forum Model in Evaluation of Legislation, in: Wintgens, Luc (Hrsg.), Legisprudence, A New Theoretical Approach to Legislation, Newbridge Irland 2000, S. 139–150 (zitiert: *Winter*, in: Wintgens, Legisprudence).

Wintgens, Luc: Legislation as an Object of Study of Legal Theory: Legisprudence, in: Wintgens, Luc (Hrsg.), Legisprudence, A New Theoretical Approach to Legislation, Newbridge Irland 2000, S. 9–40 (zitiert: *Wintgens*, in: Wintgens, Legisprudence).

Wischmeyer, Thomas: Nachhaltige Gesetzgebung und Sachverständigenberatung, in: Kahl, Wolfgang (Hrsg.), Nachhaltigkeit durch Organisation und Verfahren, Tübingen 2016, S. 253–271.

Wittkämper, Gerhard W.: Bürokratisierung und Entbürokratisierung, Entwicklung eines Rasters zur Überprüfung von Organisationen im Hinblick auf Bürokratisierungsprozesse, Regensburg 1982 (zitiert: *Wittkämper*, Bürokratisierung und Entbürokratisierung).

Wolf-Hegerbekermeier, Thomas: Internationaler Methodenvergleich zur Nutzenbetrachtung in der Gesetzgebung, in: Zeitschrift für Gesetzgebung 2013, S. 357–375 (zitiert: *Wolf-Hegerbekermeier*, in: ZG 2013).

World Bank: Sub-Saharan Africa, From Crisis to Sustainable Growth, A Long-Term Perspective Study, Washington D. C. Vereinigte Staaten von Amerika 1989, abrufbar unter: http://documents.worldbank.org/curated/en/498241468742846138/pdf/multi0page.pdf.

Xanthaki, Helen: Improving the Quality of EU Legislation, Limits and Opportunities?, in: Garben, Sacha/Govaere, Inge (Hrsg.), The EU Better Regulation Agenda, A Critical Assessment, Oxfort Vereinigtes Königreich Großbritannien und Nordirland 2018, S. 29–48 (zitiert: *Xanthaki*, in: Garben/Govaere, The EU Better Regulation Agenda).

Dies.: Emerging Trends in Legislation in Europe, Karpen, Ulrich/Xanthaki, Helen (Hrsg.), Legislation in Europe, A Comprehensive Guide for Scholars and Practitioners, London Vereinigtes Königreich Großbritannien und Nordirland 2017, S. 275–296.

Dies.: Quality of Legislation: Focus on Smart EU and Post Smart Transposition, in: The Theory and Practice of Legislation 2014, S. 329–342.

Dies.: Drafting Manuals and Quality in Legislation: Positive Contribution towards certainty in the Law or Impediment to the Necessity for Dynamism of Rules?, in: Legisprudence 2010, S. 111–128 (zitiert: *Xanthaki*, in: Legisprudence 2010).

Dies.: Quality of Legislation: an achievable universal concept or an utopia pursuit?, in: Mader, Luzius/de Almeida, Marta Tavares (Hrsg.), Quality of Legislation, Principles and Instruments, Proceedings of the Ninth Congress of the International Assosciation of Legislation (IAL) in Lisbon, June 24th–25th 2010, Baden-Baden 2010, S. 75–85.

Dies.: The Problem of Quality in EU Legislation: What on Earth is Really Wrong?, in: Common Market Law Review 38 (2001), S. 651–676 (zitiert: *Xanthaki*, in: CMLR 38 [2001]).

Zbíral, Robert: The Better Regulation Agenda and the Deactivation of EU Competences, Limits and Opportunities, in: Garben, Sacha/Govaere, Inge (Hrsg.), The EU Better Regulation Agenda, A Critical Assessment, Oxfort Vereinigtes Königreich Großbritannien und Nordirland 2018, S. 63–76 (zitiert: *Zbíral*, in: Garben/Govaere, The EU Better Regulation Agenda).

Zippelius, Reinhold: Allgemeine Staatslehre, Ein Studienbuch, 17. Auflage, München 2017.

Zypries, Brigitte/Peters, Cornelia: Eine neue Gemeinsame Geschäftsordnung der Bundesministerien, in: Zeitschrift für Gesetzgebung 2000, S. 316–327 (zitiert: *Zypries/Peters*, in: ZG 2000).

Anhang

Verzeichnis der zitierten Dokumente unionaler und nationaler Institutionen

Ausschuss der Regionen: Das REFIT-Programm: die lokale und regionale Perspektive, Entwurf einer Stellungnahme, CIVEX-VI/012, 10. Sitzung am 22. September 2016 der Fachkommission für Unionsbürgerschaft, Regieren, institutionelle Fragen und Außenbeziehungen.

Ausschuss für Regulierungskontrolle: Annual Report 2018, Brüssel 15. April 2019, abrufbar unter: https://ec.europa.eu/info/sites/info/files/rsb_report_2018_en.pdf (zitiert: *Ausschuss für Regulierungskontrolle*, Jährlicher Bericht 2018).

Ders.: Quantification in Commission Impact Assessments and Evaluations, Report of the RSB/SG/JRC Working Group, Brüssel 2018, abrufbar unter: https://ec.europa.eu/info/sites/info/files/report-of-rsb-sg-jrc-working-group-for-publication_en.pdf.

Ders.: Annual Report 2017, Brüssel, abrufbar unter: https://ec.europa.eu/info/sites/info/files/rsb-report-2017_en.pdf (zitiert: *Ausschuss für Regulierungskontrolle*, Jährlicher Bericht 2017).

Ders.: Geschäftsordnung des Ausschusses für Regulierungskontrolle, Ref.Ares (2016) 5764766–05 vom 5. Oktober 2016.

Bundesministerium der Justiz und für Verbraucherschutz (Hrsg.): Handbuch der Rechtsförmlichkeit, Empfehlungen zur Gestaltung von Gesetzen und Rechtsverordnungen, 3. Auflage, Köln 2008.

Bundesministerium des Innern, für Bau und Heimat (Hrsg.): Handbuch zur Vorbereitung von Rechts- und Verwaltungsvorschriften, Empfehlungen des Bundesministeriums des Innern zur Vorbereitung von Rechts- und Verwaltungsvorschriften nach § 42 Abs. 3 und § 69 Abs. 2 der Gemeinsamen Geschäftsordnung der Bundesministerien, 2. Auflage, Köln 2012.

Bundesrat der Bundesrepublik Deutschland: Bundesrat Drucksache 242/15, Beschluss vom 25. September 2015 zur Mitteilung der Kommission an das Europäische Parlament, den Rat, den Europäischen Wirtschafts- und Sozialausschuss und den Ausschuss der Regionen: Bessere Ergebnisse durch bessere Rechtsetzung – Eine Agenda der EU COM(2015) 215 final, abrufbar unter: https://www.bundesrat.de/SharedDocs/drucksachen/2015/0201-0300/242-15(B).pdf?__blob=publicationFile&v=1.

Ders.: Bundesrat Drucksache 272/14, Beschluss vom 10. Oktober 2014 zur Mitteilung der Kommission an das Europäische Parlament, den Rat, den Europäischen Wirtschafts-und Sozialausschuss und den Ausschuss der Regionen: Programm zur Gewährleistung der Effizienz und Leistungsfähigkeit der Rechtsetzung (REFIT) – Bestandsaufnahme und Ausblick COM(2014) 368 final, abrufbar unter: http://www.bundesrat.de/SharedDocs/drucksachen/2014/0201-0300/272-14.pdf?__blob=publicationFile&v=1.

Bundesrechnungshof Bundesrepublik Deutschland: Gutachten über Maßnahmen zur Verbesserung der Rechtsetzung und der Pflege des Normenbestandes, Empfehlungen des Präsidenten des Bundesrechnungshofes als Bundesbeauftragter für Wirtschaftlichkeit in der Verwaltung zur Verbesserung der Rechtsetzung und der Pflege des Normenbestandes, Stuttgart 2010.

Bundesregierung der Bundesrepublik Deutschland: Bessere Werkzeuge für besseres Recht, Bericht der Bundesregierung zum Stand des Bürokratieabbaus und zur Fortentwicklung auf dem Gebiet der besseren Rechtsetzung für das Jahr 2018, Juni 2019, abrufbar unter: https://www.bundesregierung.de/resource/blob/997532/1638896/100d34950150332b04201f46b3fe9693/2019-0619-bericht-buerokratieabbau-data.pdf?download=1.

Dies.: Kabinettbeschluss vom 12. Dezember 2018, Arbeitsprogramm Bessere Rechtsetzung und Bürokratieabbau 2018, abrufbar unter: https://www.bundesregierung.de/resource/blob/997532/1560386/a5004f6046edb6a8ce916b411c8c3e43/2018-12-12-arbeitsprogramm-bessere-rechtsetzung-data.pdf?download=1.

Dies.: Bessere Rechtsetzung 2017: Die Bürokratiebremse wirkt, Bericht der Bundesregierung 2017 nach § 7 des Gesetzes zur Einsetzung eines Nationalen Normenkontrollrates Mai 2018, BT-Drs. 19/2160 vom 16. Mai 2018, abrufbar unter: https://www.bundesregierung.de/resource/blob/975232/1008412/d504f43cc87bb15b0e6547e7afb72de6/2018-05-15-jahresbericht-2017-data.pdf?download=1.

Dies.: Bessere Rechtsetzung 2016: Mehr Zeit für das Wesentliche, Bericht der Bundesregierung 2016 nach § 7 des Gesetzes zur Einsetzung eines Nationalen Normenkontrollrates, Mai 2017, abrufbar unter: https://www.bundesregierung.de/resource/blob/975232/455188/dd9d21649544c1cee76737e3b9ed549e/2017-05-03-jahresbericht-2016-data.pdf?download=1.

Dies.: Kabinettbeschluss vom 22. Juni 2016, Arbeitsprogramm Bessere Rechtsetzung 2016, abrufbar unter: https://www.bundesregierung.de/resource/blob/975228/470828/74afc66f4119ba09a53bc868a937fddd/2017-09-27-arbeitsprogramm-2016-data.pdf?download=1.

Dies.: Bessere Rechtsetzung 2015: Mehr Entlastung, Mehr Transparenz, Mehr Zeit für das Wesentliche, Bericht der Bundesregierung 2015 nach § 7 des Gesetzes zur Einsetzung eines Nationalen Normenkontrollrates, April 2016, abrufbar unter: https://www.bundesregierung.de/resource/blob/975232/455192/9a9cf05dd58c299e98fa2213cdbec991/2016-04-27-jahresbericht-2015-data.pdf?download=1.

Dies.: Kabinettbeschluss vom 11. Dezember 2014, Eckpunkte zur weiteren Entlastung der mittelständischen Wirtschaft von Bürokratie, abrufbar unter: https://www.bundesregierung.de/resource/blob/975232/468676/62bdd4f99ec5f521d460fd754d8b03b3/2014-10-11-kabinettbeschluss-dezember-2014-data.pdf?download=1.

Dies.: Kabinettbeschluss vom 4. Juni 2014, Arbeitsprogramm Bessere Rechtsetzung 2014, abrufbar unter: https://www.bundesregierung.de/resource/blob/975228/468684/ac87cf980062dd9936f4726900e3f10b/2014-06-04-kabinettbeschluss-juni-2014-data.pdf?download=1.

Dies.: Kabinettbeschluss vom 27. Januar 2010, Eckpunkte zum Bürokratieabbau und zur besseren Rechtsetzung in der 17. LP, abrufbar unter: https://www.bundesregierung.de/resource/blob/975232/444378/55741af4a67e5dc3a5aaa7e2b241857f/20100917kabinettbeschlussjanuar2010-data.pdf?download=1.

Dies.: Kabinettbeschluss vom 25. April 2006, Programm Bürokratieabbau und bessere Rechtsetzung, abrufbar unter: https://www.bundesregierung.de/resource/blob/

975226/449962/ff1d2b787b306b16042315464aa50ff7/programm-fuer-buerokratieabbau-und-bessere-rechtsetzung994101-data.pdf?download=1.

Bundestag der Bundesrepublik: Deutschland Regierungserklärung, Plenarprotokoll 10/4, 4. Sitzung 4. Mai 1983, abrufbar unter: http://dipbt.bundestag.de/doc/btp/10/10004.pdf.

Directorate-General for Internal Policies: Potential and Challenges of E-Participation in the European Union, Brüssel 2016, abrufbar unter: www.europarl.europa.eu/RegData/etudes/STUD/2016/556949/IPOL_STU(2016)556949_EN.pdf.

Dies.: Comparative Study on the Purpose, Scope and Procedures of Impact Assessments Carried out in the Member States of the EU, Brüssel 2011, abrufbar unter: https://www.europarl.europa.eu/RegData/etudes/etudes/join/2011/453179/IPOL-JURI_ET(2011)453179_EN.pdf.

Enterprise Directorate-General: European Commission Business impact assessment pilot project. Final report, Enterprise papers No 9 2002, abrufbar unter: https://op.europa.eu/en/publication-detail/-/publication/55c98fa0-fcd1-4e2f-be14-2e05c30774d9.

Europäische Kommission: Bessere Rechtsetzung: wir ziehen Bilanz und erneuern unser Engagement, April 2019, S. 1–16, abrufbar unter: https://ec.europa.eu/info/sites/info/files/better-regulation-taking-stock_de.pdf.

Dies.: Bessere Rechtsetzung als zentrales Element der EU-Politik, Luxemburg 2019, abrufbar unter: https://ec.europa.eu/info/sites/info/files/file_import/br_factsheet_de.pdf.

Dies.: Stocktaking of the Commission's better regulation approach, Summary report of contributions to the public consultation, Brüssel 2019, abrufbar unter: https://ec.europa.eu/info/sites/info/files/summary-report-consultaion-results-better-regulation_en.pdf.

Dies.: COM(2018) 703 endgültig vom 23. Oktober 2018, Mitteilung der Kommission an das Europäische Parlament, den Europäischen Rat, den Rat, den Europäischen Wirtschafts- und Sozialausschuss und den Ausschuss der Regionen, Die Grundsätze der Subsidiarität und der Verhältnismäßigkeit: Stärkung ihrer Rolle bei der Politikgestaltung der EU.

Dies.: COM(2017) 738 endgültig vom 6. Dezember 2017, Bericht der Kommission über die Anwendung der Verordnung (EG) Nr. 1049/2001 über den Zugang der Öffentlichkeit zu Dokumenten des Europäischen Parlaments, des Rates und der Kommission im Jahr 2016.

Dies.: C(2017) 7810 vom 14. November 2017, Beschluss des Präsidenten der Kommission über die Einsetzung einer Task-Force für Subsidiarität, Proportionalität und „Weniger, aber effizienteres Handeln".

Dies.: COM(2017) 651 endgültig vom 24. Oktober 2017, Mitteilung der Kommission an das Europäische Parlament, den Rat, den Europäischen Wirtschafts- und Sozialausschuss und den Ausschuss der Regionen: Vollendung der Agenda für bessere Rechtsetzung: bessere Lösungen für bessere Ergebnisse.

Dies.: COM(2017) 650 endgültig vom 24. Oktober 2017, Mitteilung der Kommission an das Europäische Parlament, den Rat, den Europäischen Wirtschafts- und Sozialausschuss und den Ausschuss der Regionen: Arbeitsprogramm der Kommission 2018: Agenda für ein enger vereintes, stärkeres und demokratischeres Europa.

Dies.: COM(2017) 650 endgültig vom 24. Oktober 2017, Annex I, Mitteilung der Kommission an das Europäische Parlament, den Rat, den Europäischen Wirtschafts- und Sozialausschuss und den Ausschuss der Regionen: Arbeitsprogramm der Kommission 2018: Agenda für ein enger vereintes, stärkeres und demokratischeres Europa.

Dies.: COM(2017) 650 endgültig vom 24. Oktober 2017, Annex II, Mitteilung der Kommission an das Europäische Parlament, den Rat, den Europäischen Wirtschafts- und Sozialausschuss und den Ausschuss der Regionen: Arbeitsprogramm der Kommission 2018: Agenda für ein enger vereintes, stärkeres und demokratischeres Europa.

Dies.: SWD(2017) 675 final vom 4. Oktober 2017, Commission Staff Working Document: Overview of the Union's Efforts to Simplify and to Reduce Regulatory Burdens, Accompanying the document Communication Completing the Better Regulation Agenda: Better solutions for better results COM(2017) 651 final.

Dies.: Lage der Union 2017, Rede des Präsidenten der Europäischen Kommission vom 13. September 2017, Luxemburg 2017, abrufbar unter: https://ec.europa.eu/commission/sites/beta-political/files/state-union-2017-brochure_de.pdf (zitiert: *Europäische Kommission*, State of the Union 2017 brochure).

Dies.: SWD(2017) 350 vom 7. Juli 2017, Commission Staff Working Document: Better Regulation Guidelines (zitiert: Better Regulation Guidelines).

Dies.: SWD(2017) 350 vom 7. Juli 2017, Commission Staff Working Document: Better Regulation Toolbox (zitiert: Better Regulation Toolbox).

Dies.: COM(2017) 600 endgültig vom 30. Juni 2017, Bericht der Kommission: Jahresbericht 2016 über die Anwendung der Grundsätze der Subsidiarität und der Verhältnismäßigkeit.

Dies.: C(2016) 8600 endgültig vom 21. Dezember 2016, ABl. 2017 C 18/02, Mitteilung der Kommission: EU Recht: Bessere Ergebnisse durch bessere Anwendung.

Dies.: Rules of Procedure of the REFIT Platform's Government Group vom 23. November 2016, Brüssel 2016 Ref.Ares(2016) 643698, abrufbar unter: https://ec.europa.eu/info/sites/info/files/rules_of_procedure_government_group.pdf.

Dies.: Rules of Procedure of the REFIT Platform's Stakeholder Group vom 22. November 2016, Brüssel 2016 abrufbar unter: https://ec.europa.eu/info/sites/info/files/rules_of_procedure_stakeholder_group.pdf.

Dies.: COM(2016) 710 endgültig vom 25. Oktober 2016, Mitteilung der Kommission an das Europäische Parlament, den Rat, den Europäischen Wirtschafts- und Sozialausschuss und den Ausschuss der Regionen: Arbeitsprogramm der Kommission 2017: Für ein Europa, das schützt, stärkt und verteidigt.

Dies.: COM(2016) 615 endgültig vom 14. September 2016, Mitteilung der Kommission an das Europäische Parlament, den Europäischen Rat und den Rat: Bessere Rechtsetzung: Bessere Ergebnisse für eine stärkere Union.

Dies.: C(2015) 9063 endgültig vom 16. Dezember 2015, Beschluss zur Einsetzung der Mitglieder der REFIT-Plattform.

Dies.: C(2015) 3263 endgültig vom 19. Mai 2015, Beschluss des Präsidenten der Europäischen Kommission über die Einrichtung eines unabhängigen Ausschusses für Regulierungskontrolle.

Dies.: C(2015) 3262 endgültig vom 19. Mai 2015, Mitteilung an die Europäische Kommission: Ausschuss für Regulierungskontrolle, Auftrag, Aufgaben und Personal.

Dies.: C(2015) 3261 endgültig vom 19. Mai 2015, Beschluss der Europäischen Kommission über die Einrichtung der REFIT Plattform.

Dies.: C(2015) 3260 endgültig vom 19. Mai 2015, Mitteilung an die Europäische Kommission: Die REFIT-Plattform, Struktur und Arbeitsweise.

Dies.: COM(2015) 216 endgültig vom 19. Mai 2015, Mitteilung der Kommission an das Europäische Parlament, den Europäischen Rat und den Rat: Bessere Rechtsetzung: Vorschlag für eine Interinstitutionelle Vereinbarung über bessere Rechtsetzung.

Dies.: COM(2015) 215 endgültig vom 19. Mai 2015, Mitteilung der Kommission an das Europäische Parlament, den Rat, den Europäischen Wirtschafts- und Sozialausschuss und den Ausschuss der Regionen: Bessere Ergebnisse durch bessere Rechtsetzung – Eine Agenda der EU.

Dies.: SWD(2015) 111 endgültig vom 19. Mai 2015, Commission Staff Working Document: Better Regulation Guidelines.

Dies.: Brochure explaining the REFIT Platform, Luxemburg 2015, abrufbar unter: https://ec.europa.eu/info/sites/info/files/refit_platform_brochure.pdf (zitiert: REFIT-Platform brochure).

Dies.: C(2014) 9004 vom 11. November 2014, Mitteilung des Präsidenten an die Europäische Kommission: Die Arbeitsmethoden der Europäischen Kommission 2014–2019.

Dies.: Die Hochrangige Gruppe im Bereich Verwaltungslasten – Fragen und Antworten, Brüssel 14. Oktober 2014, abrufbar unter: https://ec.europa.eu/commission/presscorner/api/files/document/print/de/memo_14_574/MEMO_14_574_DE.pdf.

Dies.: COM(2014) 368 endgültig vom 18. Juni 2014, Mitteilung der Kommission an das Europäische Parlament, den Rat, den Europäischen Wirtschafts- und Sozialausschuss und den Ausschuss der Regionen: Programm zur Gewährleistung der Effizienz und Leistungsfähigkeit der Rechtsetzung (REFIT): Bestandsaufnahme und Ausblick.

Dies.: SWD(2014) 192 endgültig vom 18. Juni 2014, Commission Staff Working Document: Accompanying the document Regulatory Fitness and Performance Programme (REFIT): State of Play and Outlook.

Dies.: COM(2013) 685 endgültig vom 2. Oktober 2013, Mitteilung der Kommission an das Europäische Parlament, den Rat, den Europäischen Wirtschafts- und Sozialausschuss und den Ausschuss der Regionen: Effizienz und Leistungsfähigkeit der Rechtsetzung (REFIT): Ergebnisse und Ausblick.

Dies.: SWD(2013) 401 endgültig vom 1. August 2013, Commission Staff Working Document: Regulatory Fitness and Performance Programme (REFIT): Initial Results of the Mapping of the Acquis.

Dies.: COM(2012) 746 endgültig vom 12. Dezember 2012, Mitteilung der Kommission an das Europäische Parlament, den Rat, den Europäischen Wirtschafts- und Sozialausschuss und den Ausschuss der Regionen: Regulatorische Eignung der EU-Vorschriften.

Dies.: SWD(2012) 423 endgültig vom 12. Dezember 2012, Commission Staff Working Document: Action Programme for Reducing Administrative Burdens in the EU, Final Report.

Dies.: COM(2011) 803 endgültig vom 23. November 2011, Report from the Commission to the Council and the European Parliament: Minimizing regulatory burden for SMEs Adapting EU regulation to the needs of micro-enterprises.

Dies.: KOM(2010) 543 endgültig vom 8. Oktober 2010, Mitteilung der Kommission an das Europäische Parlament, den Rat, den Europäischen Wirtschafts- und Sozialausschuss und den Ausschuss der Regionen: Intelligente Regulierung in der Europäischen Union.

Dies.: COM(2009) 544 endgültig vom 22. Oktober 2009, Communication from the Commission to the Council and the European Parliament: Action Programme for Reducing Administrative Burdens in the EU Sectoral Reduction Plans and 2009 Actions.

Dies.: KOM(2009) 15 endgültig vom 28. Januar 2009, Mitteilung der Kommission an das Europäische Parlament, den Rat, den Europäischen Wirtschafts- und Sozialausschuss und den Ausschuss der Regionen: Dritte Strategische Überlegungen zur Verbesserung der Rechtsetzung in der Europäischen Union.

Dies.: SEK(2009) 92 vom 15. Januar 2009, Leitlinien zur Folgenabschätzung.

Dies.: KOM(2008) 32 endgültig vom 31. Januar 2008, Mitteilung der Kommission an das Europäische Parlament, den Rat, den Europäischen Wirtschafts- und Sozialausschuss und den Ausschuss der Regionen: Zweite Strategische Überlegungen zur Verbesserung der Rechtsetzung in der Europäischen Union.

Dies.: C(2007) 4063 vom 31. August 2007, Beschluss zur Einsetzung einer Hochrangigen Gruppe unabhängiger Interessenträger im Bereich Verwaltungslasten.

Dies.: KOM(2007) 502 endgültig vom 5. September 2007, Mitteilung der Kommission: Ein Europa der Ergebnisse – Anwendung des Gemeinschaftsrechts.

Dies.: COM(2007) 23 endgültig vom 24. Januar 2007, Communication from the Commission to the Council, the European Parliament, the European Economic and Social Committee and the Committee of the Regions: Action Programme for Reducing Administrative Burdens in the European Union.

Dies.: COM(2006) 691 endgültig vom 14. November 2006, Commission Working Document, Measuring Administrative Costs and reducing Administrative Burdens in the European Union.

Dies.: KOM(2006) 689 endgültig vom 14. November 2006, Mitteilung der Kommission an den Rat, das Europäische Parlament, den Europäischen Wirtschafts- und Sozialausschuss und den Ausschuss der Regionen: Strategische Überlegungen zur Verbesserung der Rechtsetzung in der Europäischen Union.

Dies.: Beschluss zur Einsetzung einer Gruppe von hochrangigen nationalen Rechtsetzungssachverständigen vom 15. März 2006, ABl. 2006 L 76.

Dies.: KOM(2005) 535 endgültig vom 25. Oktober 2005, Mitteilung der Kommission an das Europäische Parlament, den Rat, den Europäischen Wirtschafts- und Sozialausschuss und den Ausschuss der Regionen: Umsetzung des Lissabon-Programms der Gemeinschaft: Eine Strategie zur Vereinfachung des ordnungspolitischen Umfelds.

Dies.: KOM(2005) 97 endgültig vom 16. März 2005, Mitteilung der Europäischen Kommission an das Europäische Parlament, den Europäischen Rat und den Rat: „Bessere Rechtsetzung für Wachstum und Arbeitsplätze in der Europäischen Union.

Dies.: KOM(2004) 839 endgültig vom 30. Dezember 2004, Bericht der Europäischen Kommission über die Kontrolle der Anwendung des Gemeinschaftsrechts (2003) – Gesamtsituation – 21. Jahresbericht.

Dies.: KOM(2003) 770 endgültig vom 12. Dezember 2003, Bericht der Kommission „Bessere Rechtsetzung 2003" gemäß Artikel 9 des Protokolls über die Anwendung der Grundsätze der Subsidiarität und der Verhältnismäßigkeit.

Dies.: KOM(2002) 725 endgültig/4 vom 16. Mai 2003, Mitteilung der Europäischen Kommission zur besseren Anwendung des Gemeinschaftsrechts.

Dies.: COM(2002) 713 endgültig vom 11. Dezember 2002, Mitteilung der Kommission über die Einholung und Nutzung von Expertenwissen durch die Kommission, Grundsätze und Leitlinien, Eine bessere Wissensgrundlage für eine bessere Politik.

Dies.: COM(2002) 704 endgültig vom 11. Dezember 2002, Communication from the Commission: Towards a reinforced culture of consultation and dialogue – General principles and minimum standards for consultation of interested parties by the Commission.

Dies.: KOM(2002) 275 endgültig/2 vom 6. Juni 2002, Mitteilung der Europäischen Kommission: Europäisches Regieren: „Bessere Rechtsetzung".

Dies.: KOM(2002) 278 endgültig vom 5. Juni 2002, Mitteilung der Europäischen Kommission: Aktionsplan „Vereinfachung und Verbesserung des Regelungsumfelds".

Dies.: KOM(2002) 276 endgültig vom 5. Juni 2002, Mitteilung der Europäischen Kommission über Folgenabschätzung.

Dies.: KOM(2001) 702 endgültig vom 27. November 2001, Mitteilung der Kommission an das Europäische Parlament, den Rat, den Europäischen Wirtschafts- und Sozialausschuss und den Ausschuss der Regionen: Eine wirksame Problemlösung im Binnenmarkt („SOLVIT").

Dies.: KOM(2001) 645 vom 21. November 2001, Mitteilung der Europäischen Kommission an das Europäische Parlament und den Rat: Kodifizierung des Acquis communautaire.

Dies.: KOM(2001) 428 endgültig vom 25. Juli 2001, Mitteilung der Europäischen Kommission: Europäisches Regieren – Ein Weissbuch.

Dies.: Geschäftsordnung der Europäischen Kommission, K(2000) 3614, ABl. 2000 L 308 vom 8. Dezember 2000, zuletzt geändert durch Beschluss der Kommission vom 9. November 2011, ABl. 2011 L 296/58.

Dies.: COM(1996) 559 endgültig vom 6. November 1996, Communication from the Commission to the Council and the European Parliament, The SLIM Initiative, Report of the Commission on the SLIM Pilot Project, Simpler Legislation for the Internal Market.

Dies.: KOM(1993) 545 endgültig vom 24. November 1993, Bericht der Kommission an den Europäischen Rat über die Anpassung der geltenden Rechtsvorschriften an das Subsidiaritätsprinzip.

Dies.: Mitteilung der Europäischen Kommission über den Zugang der Öffentlichkeit zu Dokumenten vom 5. Mai 1993, ABl. 1993 C 156/05.

Dies.: Legislative Drafting, A Commission Manual, abrufbar unter: http://ec.europa.eu/smart-regulation/better_regulation/documents/legis_draft_comm_en.pdf (zitiert: Manual Kommission).

Dies.: REFIT Platform Government group working method, abrufbar unter: https://ec.europa.eu/info/sites/info/files/working_method_government_group.pdf.

Dies.: REFIT Platform Stakeholder group working method, abrufbar unter: https://ec.europa.eu/info/sites/info/files/working_method_stakeholder_group.pdf.

Dies.: Workflow of the REFIT-Platform, abrufbar unter: https://ec.europa.eu/info/sites/info/files/flowchart.pdf (zitiert: Workflow of the REFIT-Platform).

Europäische Union: Antwortschreiben von EU-Kommisarin Vera Jourová, EU-Dok.: 125/2016.

Dies.: Interinstitutionelle Vereinbarung zwischen dem Europäischen Parlament, dem Rat der Europäischen Union und der Europäischen Kommission über bessere Rechtsetzung vom 13. April 2016, ABl. 2016 L 123/1.

Dies.: „Klar und deutlich Schreiben", Luxemburg 2015, abrufbar unter: https://op.europa.eu/de/publication-detail/-/publication/725b7eb0-d92e-11e5-8fea-01aa75ed71a1.

Dies.: Gemeinsamer Leitfaden für Personen, die an der Abfassung von Rechtstexten der Europäischen Union mitwirken, 2. Auflage, Brüssel 2013, abrufbar unter: https://eur-lex.europa.eu/content/techleg/DE-leitfaden-fuer-die-abfassung-von-rechtstexten.pdf (zitiert: Gemeinsamer Leitfaden).

Dies.: Interinstitutionelle Regeln für Veröffentlichungen, Luxemburg 2011, abrufbar unter: https://op.europa.eu/de/publication-detail/-/publication/e774ea2a-ef84-4bf6-be92-c9ebebf91c1b.

Dies.: Gemeinsame Erklärung zu den praktischen Modalitäten des Mitentscheidungsverfahrens vom 6. Juni 2007, ABl. 2007 C 145.

Dies.: Interinstitutionelle Vereinbarung zwischen dem Europäischen Parlament, dem Rat der Europäischen Union und der Europäischen Kommission „Bessere Rechtsetzung" vom 16. Dezember 2003, ABl. 2003 C 321/1.

Dies.: Zugang zu den Dokumenten des Europäischen Parlaments, des Rates und der Kommission, Gebrauchsanleitung, Luxemburg 2002, abrufbar unter: https://www.consilium.europa.eu/media/30991/accesdocsde.pdf.

Dies.: Interinstitutionelle Vereinbarung zwischen dem Europäischen Parlament, dem Rat der Europäischen Union und der Europäischen Kommission über die systematischere Neufassung von Rechtsakten vom 28. November 2001, ABl. 2002 C 77/1.

Dies.: Interinstitutionelle Vereinbarung zwischen dem Europäischen Parlament, dem Rat der Europäischen Union und der Europäischen Kommission über Gemeinsame Leitlinien für die redaktionelle Qualität der gemeinschaftlichen Rechtsvorschriften vom 22. Dezember 1998, ABl. 1998 C 73/3.

Dies.: Interinstitutionelle Vereinbarung zwischen dem Europäischen Parlament, dem Rat der Europäischen Union und der Europäischen Kommission über ein beschleunigtes Arbeitsverfahren für die amtliche Kodifizierung von Rechtstexten vom 20. Dezember 1994, ABl. 1996 C 102/2.

Europäischer Rat: Schlussfolgerung vom 2. November 2018 in Brüssel, 14137/18.

Ders.: Schlussfolgerung vom 23. und 24. März 2000 in Lissabon, abrufbar unter: https://www.europarl.europa.eu/summits/lis1_de.htm.

Ders.: Schlussfolgerung vom 11. und 12. Dezember 1992 in Edinburgh, abrufbar unter: https://www.consilium.europa.eu/media/20492/1992_december_-_edinburgh__eng_.pdf.

Ders.: Schlussfolgerung vom 29. und 30. März 1985 in Brüssel, abrufbar unter: https://www.consilium.europa.eu/media/20648/1985_marz_-_bruxellles__de_.pdf.

Europäischer Rechnungshof: Ex-post-Überprüfung von EU-Rechtsvorschriften: ein bewährtes, aber unvollständiges System, Sonderbericht Nr. 16, 2018, Luxemburg 2018, abrufbar unter: https://www.eca.europa.eu/Lists/ECADocuments/SR18_16/SR_BETTER_REGULATION_DE.pdf (zitiert: *Europäischer Rechnungshof*, Sonderbericht Nr. 16/2018, nach Rn.).

Ders.: Folgenabschätzung in den EU-Organen: Helfen sie bei der Entscheidungsfindung?, Sonderbericht Nr. 3, 2010, Luxemburg 2010, abrufbar unter: https://ec.europa.eu/smart-regulation/impact/docs/coa_report_3_2010_de.pdf (zitiert: *Europäischer Rechnungshof*, Sonderbericht Nr. 3/2010, nach Rn.).

Europäisches Parlament: European Parliament work in the fields of Impact Assessment and European Added Value, Activity Report for 2018, Brüssel März 2019, abrufbar unter: https://europarl.europa.eu/EPRS/EPRS_631.723_IA-EAV-Activity_Report_2018.pdf (zitiert: *Europäisches Parlament*, Activity Report for 2018).

Dass.: Bericht über die Auslegung und Umsetzung der Interinstitutionellen Vereinbarung über bessere Rechtsetzung vom 14. Mai 2018, PE615.497v04–00.

Dass.: European Parliament work in the fields of Impact Assessment and European Added Value, Activity Report for 2017, Brüssel Mai 2018, abrufbar unter: https://www.europarl.europa.eu/EPRS/EPRS_615.642_IA-EAV-Activity_Report_2017.pdf (zitiert: *Europäisches Parlament*, Activity Report for 2017).

Dass.: Conference of committee Chairs, Impact Assessment Handbook, Guidelines for Committees, vom 12. September 2017, DV\1136\1136722, abrufbar unter: www.

europarl.europa.eu/EPRS/IA_Handbook_12_September_2017.pdf (zitiert: Handbuch Folgenabschätzung).

Dass.: European Parliament work in the fields of Impact Assessment and European Added Value, Activity Report for 2016, Brüssel März 2017 abrufbar unter: https://www.europarl.europa.eu/EPRS/IA_EAV_Activity_Report_2016_final.pdf (zitiert: *Europäisches Parlament*, Activity Report for 2016).

Dass. (Hrsg.): Review Clauses in EU Legislation, A Rolling Check-List, PE 598.601, März 2017, abrufbar unter: https://www.europarl.europa.eu/RegData/etudes/STUD/2018/621821/EPRS_STU(2018)621821_EN.pdf.

Dass.: Entschließung vom 9. Juni 2016 zu einer offenen, effizienten und unabhängigen Verwaltung der Europäischen Union (2016/2610[RSP]).

Dass.: Entschließung vom 12. April 2016 zu dem Programm zur Gewährleistung der Effizienz und Leistungsfähigkeit der Rechtsetzung (REFIT): Bestandsaufnahme und Ausblick (2014/2150[INI]), P8_TA(2016)0104.

Dass.: Drafting European Union Legislation, Brüssel 2012, abrufbar unter: https://www.europarl.europa.eu/RegData/etudes/note/join/2012/462442/IPOL-JURI_NT(2012)462442_EN.pdf (zitiert: Manual Parlament).

Dass.: Bericht über die Gewährleistung unabhängiger Folgenabschätzungen vom 18. April 2011, PE454.384v03–00.

Dass.: Geschäftsordnung des Europäischen Parlaments, ABl. 2011 L 116.

High Level Group on Administrative Burdens: Cutting Red Tape in Europe, Legacy and Outlook, Final Report, Brüssel 2014, abrufbar unter: https://ec.europa.eu/info/sites/info/files/final-report-of-the-high-level-group_july2014_en.pdf (zitiert: *High Level Group on Administrativ Burdens*, Cutting Red Tape in Europe, Final Report).

Nationaler Normenkontrollrat: Weniger Bürokratie, bessere Gesetze – Praxis mitdenken, Ergebnisse spürbar machen, Fortschritte einfordern, Jahresbericht 2019 des Nationalen Normenkontrollrates gemäß § 6 Absatz 2 des Gesetzes zur Einsetzung eines Nationalen Normenkontrollrates, abrufbar unter: https://www.normenkontrollrat.bund.de/resource/blob/300864/1680506/031c2177c968abf4b7e12dff189d219c/2019-10-22-nkr-jahresbericht-2019-des-nationalen-normenkontrollrates-data.pdf?download=1 (zitiert: *Nationaler Normenkontrollrat*, Jahresbericht 2019).

Rat der Europäischen Union: Ratsdokument Nr. 10006/2017 vom 12. Juni 2017, Implementation of the Interinstitutional Agreement on Better Law-Making – Work undertaken during the Presidency.

Ders.: Ratsdokument Nr. 9865/17 vom 2. Juni 2017, Impact assessment within the Council – 2017 Annual Report.

Ders.: Ratsdokument Nr. 8849/17 vom 23. Mai 2017, Impact assessment within the Council – 2017 Annual Report.

Ders.: Ratsdokument Nr. 8680/17 vom 3. Mai 2017, Follow-up to the IIA on Better Law-Making – Impact assessment within the Council = triggering procedure.

Ders.: Ratsdokument Nr. 9790/16 vom 9. Juni 2016, Folgenabschätzung – Indikative Leitlinien für Vorsitzende von Arbeitsgruppen (zitiert: Indikative Leitlinien des Rates für Folgenabschätzung).

Ders.: Geschäftsordnung des Rates der Europäischen Union, ABl. 2015 L 358.

Ders.: Ratsdokument Nr. 9382/06 vom 16. Dezember 2014, Handling Impact Assessments in Council, Indicative Guidance for Working Party Chairs.

Ders.: Ratsdokument Nr. 14901/05 vom 24. November 2005, Bessere Rechtsetzung: Gemeinsames Interinstitutionelles Konzept für die Folgenabschätzung – Annahme.

Ders.: Manual of precedents for acts established within the Council of the European Union, Juli 2002, abrufbar unter: https://op.europa.eu/en/publication-detail/-/publication/431ccffd-00c2-491a-b423-ce709af0d6c3.

REFIT-Plattform: Opinion resulting from the dedicated Stocktaking Survey – Future prospects, 2019, abrufbar unter: https://ec.europa.eu/info/sites/info/files/xxii.10.a_rp_survey_future_prospects.pdf.

Dies.: Opinion on the submissions XXII.4.a by the DIHK and XXII.4.b by a citizen on Stakeholder consultation mechanisms, Juni 2017, abrufbar unter: https://ec.europa.eu/info/sites/info/files/xxii4ab_on_stakeholder_consultation_mechanisms.pdf (zitiert: *REFIT-Plattform*, Opinion on the submissions XXII.4.a and XXII.4.b).

Taskforce für Subsidiarität, Verhältnismäßigkeit und „Weniger, aber effizienteres Handeln“: Aktive Subsidiarität, Eine neue Arbeitsweise, Bericht, abrufbar unter: https://ec.europa.eu/commission/sites/beta-political/files/report-task-force-subsidiarity-proportionality-and-doing-less-more-efficiently_de.pdf (zitiert: Bericht der Taskforce für Subsidiarität, Verhältnismäßigkeit und „Weniger, aber effizienteres Handeln“).

Sachverzeichnis

Studien zum europäischen und deutschen Öffentlichen Recht

herausgegeben von
Christian Calliess und Matthias Ruffert

Die Schriftenreihe *Studien zum europäischen und deutschen Öffentlichen Recht* (EuDÖR) widmet sich den Verbindungen zwischen dem nationalen und dem europäischen Recht. Das Öffentliche Recht ist in Bewegung. Vor allem die europäische Integration stellt überkommene Strukturen und Denkmuster in Theorie und Dogmatik vor neue Herausforderungen. Nicht zuletzt der Vertrag von Lissabon etabliert neuartige Verbundstrukturen im Verfassungs- und Verwaltungsrecht. Die Reihe EuDÖR setzt sich zum Ziel, diesen Prozess mit aktuellen Forschungsarbeiten rechtswissenschaftlich zu begleiten.

ISSN: 2192-2470
Zitiervorschlag: EuDÖR

Mohr Siebeck
www.mohrsiebeck.com